国家社科基金一般项目"佛教中国化视阈下支遁接受研究"（15BZW107）最终成果

河南师范大学学术专著出版基金重点资助项目

河南省普通高等学校人文社会科学重点研究基地
河南师范大学中原文献与文化研究中心资助项目

张富春 著

支遁接受研究

中华书局

图书在版编目(CIP)数据

支遁接受研究/张富春著. —北京:中华书局,2022.10
ISBN 978-7-101-15877-9

Ⅰ.支… Ⅱ.张… Ⅲ.支遁(314~366)-人物研究
Ⅳ.B949.92

中国版本图书馆 CIP 数据核字(2022)第 163266 号

书　　名	支遁接受研究	
著　　者	张富春	
责任编辑	樊玉兰	
责任印制	陈丽娜	
出版发行	中华书局	
	(北京市丰台区太平桥西里 38 号　100073)	
	http://www.zhbc.com.cn	
	E-mail:zhbc@zhbc.com.cn	
印　　刷	三河市中晟雅豪印务有限公司	
版　　次	2022 年 10 月第 1 版	
	2022 年 10 月第 1 次印刷	
规　　格	开本/920×1250 毫米　1/32	
	印张 19½　插页 2　字数 455 千字	
国际书号	ISBN 978-7-101-15877-9	
定　　价	128.00 元	

目　录

绪　论

时至东晋十六国，佛教中国化取得了重大突破，支遁所创建的士大夫佛教即是其重要标志之一。"掀开整篇的中国佛教史，想找出像支遁这样，在佛学上开创了新说，在玄学上发展了新义，使同时代的学术界、政治界人士无不敬服，乃至帝王、宰相都钦崇的人物，实在很难。"[①]异于胡僧，支遁长于清谈，兼擅诗文。释德清《梦游诗集自序》云"僧之为诗者，始于晋之支、远"[②]，中国佛教文学因之勃兴，中国文学因之新变。支遁是中国第一位有诗文集传世的僧人，曾四十九次现身《世说新语》。朱右《全室集序》云："抑予尝观晋、唐来高僧以诗名者，概不少也。若支遁之冲淡，惠休之高明，贯休、齐己之清丽，灵澈、皎然之洁峻，道标、无本之超绝，惠勤、道潜之滋腴，虽造诣不同，要适于情性，寓意深远，至于今传诵不衰。"[③]虽《支遁集》赵宋时已亡佚，然经由《世说新语》及佛学典籍，集高僧、名士于一身的支遁及其诗文创作仍可为今人所知。

[①]林传芳：《支遁传考略》，张曼涛主编：《现代佛教学术丛刊》第13册，台北：大乘文化出版社，1978年，第31页。

[②]〔明〕释德清：《憨山老人梦游集》卷三五，《续修四库全书》第1378册，上海：上海古籍出版社，第236页下。

[③]〔明〕朱右：《白云稿》卷五，《续修四库全书》第1326册，第276页上。

一、支遁研究的学术史及研究动态

学界关于支遁的研究，可分为佛玄思想、诗文创作、生平著述等方面。

（一）佛玄思想研究

治中国佛学者，如汤用彤、陈寅恪、任继愈、方立天、福永光司、许理和等先生，于即色游玄、逍遥新义、小顿悟等均有鸿论，其中汤用彤《汉魏两晋南北朝佛教史》第七章《两晋际之名僧与名士·支遁》、第九章《释道安时代之般若学·支道林之即色义》①尤有筚路蓝缕之功。其后专论此并具创见的哲学、宗教学论文时有，论魏晋思想文化者亦多涉支遁佛玄思想。新近成果如李耀南《论支遁对"适性逍遥"的批评及其逍遥新义》认为支遁对"适性逍遥"的批评不具有严格的理论有效性，其逍遥义既不同于庄子与万物一体的共在逍遥，也异于郭象基于门阀制度下的各安其分的适性逍遥，新在以"心"代替郭象的"性"，是蕴含着山林气象的佛门大德独有的精神境界②；王颂《支遁"逍遥新义"新诠——兼论格义、即色与本无义》指出支遁新义并非是对向郭的简单肯定或否定，而是化用老庄与佛学思想，用外物、内心的二元架构替代了向郭的有待、无待二分框架，并引入般若学无生、无住、相即等思想，以破除对色心二法的执着，实现逍遥无为的状

---

① 汤用彤：《汉魏两晋南北朝佛教史》，北京：中华书局，2016年，第125—129、180—186页。
② 李耀南：《论支遁对"适性逍遥"的批评及其逍遥新义》，《哲学动态》，2018年第11期。

态①。囿于文献,此类论述洵难再有实质性的突破。

亦有学者另辟新径探究支遁佛玄思想与魏晋文学艺术自觉的关系。葛晓音《东晋玄学自然观向山水审美观的转化——兼探支遁注〈逍遥游〉新义》认为"支遁《逍遥论》所标新理,是由道家之言转向佛理的关键","在佛理化的玄言的催化下,山水诗逐渐臻于独立,并具有了区别于以前所有写景诗的全新意义"②;章启群《论魏晋自然观——"中国艺术自觉"的哲学考察》第五章谓支遁"沟通了哲学自然观与艺术实践之关系","即在哲学意义上的全新的自然已经转化成一种鲜活生动、乐生畅神的新的审美对象"③;刘方《中国美学的历史演进及其现代转型》第十章亦云"支遁思想实际上是一种充满着艺术精神的佛教哲学","以丰富的想象力和深刻的内心体验去捕捉这些佛教观念,用直观体验的方式思考理想化的世界,追求的是一种审美化的、充分体现自由精神的人生境界"④。

(二)诗文创作研究

与佛玄思想相关,支遁的文学创作亦受学者关注。孙昌武《支遁——袈裟下的文人》即要"为他在文学史上争一席地位",认为支遁"开了诗歌创作与佛教思想交流的先河","确立起认识社会和人生的另一种角度,创造出诗歌表现的另一种境

---

①王颂:《支遁"逍遥新义"新诠——兼论格义、即色与本无义》,《中国哲学史》,2019年第4期。

②葛晓音:《东晋玄学自然观向山水审美观的转化——兼探支遁注〈逍遥游〉新义》,《中国社会科学》,1992年第1期。

③章启群:《论魏晋自然观——"中国艺术自觉"的哲学考察》,合肥:安徽教育出版社,2013年,第144页。

④刘方:《中国美学的历史演进及其现代转型》,成都:巴蜀书社,2005年,第210页。

界,在诗歌创作方法上也就确立起不同于传统的褒贬讽喻、风雅比兴的另一种传统"①;徐正英《说支遁》亦云"若讲对东晋诗坛的贡献,除了陶渊明,首先提到的就应该是支遁。若说玄言诗对山水诗的发展是一种助力的话,这之中出力最大的也应当是支遁"②;张君梅《略论支遁的佛理玄言诗》基于具体作品的论述认为"支遁诗中的'即色本无'、兼忘以及顿悟禅观全面反映了其本体论、认识论和功夫论思想","支遁诗的艺术特色正反映了魏晋诗歌发展的时尚和趋势","支遁的玄言诗虽以玄理为宗旨,但因展现了其个性心灵及精神境界,且注重辞采,获得了较高的艺术成就"③,张富春《玄言佛理交融:从支遁诗看东晋诗歌之新变》《赞体新变:佛教题材及五言诗赞之开拓——以东晋名僧支遁诗文为例》分别论述了支遁诗、赞对东晋诗歌及赞体文学的开拓意义④;蔡彦峰《支遁的五言诗创作及其诗史意义》认为支遁"诗歌创作对东晋中后期士族的诗歌创作风气、五言体的观念,都产生了直接的影响","很大程度上改变了士族士人以五言为俗体的观念,促进了士族士人重新关注五言体,自觉体认魏晋五言诗的艺术传统……这是晋宋之际诗歌变革的契机,也是支遁诗歌创作在东晋诗歌史上一个重要的意义"⑤。

---

① 孙昌武:《支遁——裂裟下的文人》,《中国文化》,1995年第2期。
② 徐正英:《说支遁》,《殷都学刊》,1995年第3期。
③ 张君梅:《略论支遁的佛理玄言诗》,《文学遗产》,2008年第2期。
④ 张富春:《玄言佛理交融:从支遁诗看东晋诗歌之新变》,《北方论丛》,2013年第5期;《赞体新变:佛教题材及五言诗赞之开拓——以东晋名僧支遁诗文为例》,《当代文坛》,2014年第1期。
⑤ 蔡彦峰:《支遁的五言诗创作及其诗史意义》,《文艺理论研究》,2018年第3期。

（三）生平著述研究

前揭汤用彤《汉魏两晋南北朝佛教史》已为支遁生平、交游、著述研究奠定了坚实的基础，其后此类成果主要有前揭林传芳《支遁传考略》及王晓毅《支道林生平事迹考》[①]等。林氏依二十五岁出家、入沃洲山、应诏入京、辞归剡县将支遁一生分为求法学道、弘教游化、隐修著述、京师说法、息影终老五阶段，全面细致地考论其生卒、交游、著述。王氏以所居寺院将其一生划为从吴县余杭山到建康白马寺、吴县支山寺、山阴县灵嘉寺、剡县沃洲山禅院与石城山栖光寺、建康东安寺、石城山栖光寺六时期，将《世说新语》《高僧传》等所述支遁事件按时间顺序排列并逐一考辨，兼及有关寺院、遗迹变迁，文末附录《支道林著述表》《支道林学术活动地图》。二文以考为主，各有所长。梁归智《即色本空——支遁大师传》则是基于现存支遁史料、诗文用"散文的笔法"创作的"传记小说"[②]。张富春《支遁诗文辑本考》[③]、王京州《〈支遁集〉版本叙录》[④]、刘明《支遁集成书及版本考论》[⑤]等，则对现存钞刊本支遁集进行了详实的考论、梳理。李正西《支遁评传》[⑥]、《支遁诗文译释》[⑦]及张富春《支遁集校注》[⑧]等专

---

①王晓毅：《支道林生平事迹考》，《中华佛学学报》，1995年第8期。

②梁归智：《即色本空——支遁大师传》，高雄：佛光文化事业有限公司，2007年，第229、228页。

③张富春：《支遁诗文辑本考》，《清华大学学报》，2014年第4期。

④王京州：《〈支遁集〉版本叙录》，《古籍整理研究学刊》，2014年第3期。

⑤刘明：《支遁集成书及版本考论》，《图书馆研究与工作》，2017年第8期。

⑥李正西：《支遁评传》，北京：宗教文化出版社，2009年。

⑦李正西：《支遁诗文译释》，北京：宗教文化出版社，2011年。

⑧〔东晋〕支遁著，张富春校注：《支遁集校注》，成都：巴蜀书社，2014年。

著全面研究支遁生平、事功,整理、校释支遁诗文。

此外,因支遁现存诗文不多又影响较大,硕士学位论文多有以之为选题者,其要者如庞书樵《支遁其人及其〈支遁集〉研究》[①]探讨了支遁生平、行迹、交游、著述、出家诸事,考察《支遁集》学术背景,分析其版本、流传、内容,可谓全面具体、细致深入;周小敏《支遁文学接受研究》[②]从诗歌、文集、形象、典故四方面研究支遁文学接受,视角新颖,创获较多,颇益于支遁研究,然终显单薄,于支遁接受而言,仍有较大的拓展空间。

综言之,目前支遁研究成果多为单篇论文、硕士学位论文及著作中的些许章节,内容集中在生平著述、佛玄思想、诗文创作及在魏晋文学艺术自觉中的作用。名僧兼名士的支遁,辞世至今已一千六百余年,作品稀见,然接受资料异常丰富。前此相关研究,多着眼今存支遁著述及《世说新语》《高僧传》《广弘明集》等文献,洵难再有新突破。本书更换视角和思路,以接受美学与接受理论为指导,以佛教中国化为背景,以读者为中心,研究东晋以迄清末支遁的接受,并将其置于佛教中国化的大背景下细致考察,期冀全面阐释支遁在中国思想文化史与中国文学史上的地位与影响。

二、支遁接受研究思路及主要内容

支遁无形而心成,与诸名士或谈玄佛,或行佛事,或渔弋山水,或谈说属文,佛教中国化因此有了重大突破,传统文学因此

---

① 庞书樵:《支遁其人及其〈支遁集〉研究》,台北:"国立"政治大学中国文学研究所硕士学位论文,1995年。
② 周小敏:《支遁文学接受研究》,河北师范大学硕士学位论文,2018年。

发生新变,中国佛教文学因此肇兴。全面梳理东晋以迄清末的支遁接受史,在具体而微地深入探究中把握中国佛教文化的宏观历史,能促进以接受为中心的中国佛教文化史的建构,有益于总结民族审美观念与文化心理结构,为当今世界异质文化间对话交流、和谐共处提供经验。

(一)研究思路

支遁接受,就时间言,有当世、后世之别;就接受者言,有僧侣、俗士之异。时代不同,接受者不同,接受重点亦不同。本书基本思路为:以支遁接受为中心,以探讨佛教中国化与中国佛教文化发展历程为立足点。具体研究方法为:

首先,手工查阅与电子检索相结合的文献搜集法。汇编研究资料时,能检索者,以电子检索找线索,以手工查阅保质量;否则,以手工排查。无论通过何种途径获得的文献均尽可能地与善本或权威整理本复核,并用时下学术规范详细注明出处,以便读者查阅、核对。

其次,归纳法与演绎法相结合的分析法。基于文献的充分占有,归纳支遁接受特点,分析原因,总结演变规律。

再次,文献考证与田野考察相结合的研究方法。严格遵循学术规范,考辨相关文献,力求论从史出;对于课题涉及的遗迹、传说,逐一实地考察,努力回到历史现场,在现场中理解、阐释文献。

本书研究思路与方法的创新之处在于:

第一,突破学科藩篱,立足不同民族文化交流的大背景,遵循"了解之同情"的原则,采取心灵对话的方式,以文本为媒介,与作者及接受者沟通、交流。基于历史现场的体验,全面考察并客观描述、分析支遁在中国思想文化史上的地位与影响。

第二，运用接受美学与接受理论，以读者为中心，细致深入地研究支遁接受，力争在充分占有文献的基础上，翔实描绘支遁一千多年的接受史，寻绎中国佛教文化发展演变的规律、特点。

（二）主要内容

本书主体部分共分五章：

第一章简述佛教中国化之肇启。入传中土伊始，佛教即开始其中国化历程。三国时，佛教中国化已初具规模。

就信仰言，经楚王刘英尚浮屠祠、洁斋三月、供养伊蒲塞桑门，桓帝刘志立黄老、佛陀祠于宫中，至下邳相笮融大起浮图祠、作黄金涂像、课读佛经、浴佛设斋，后世佛教信仰形态因此而完备。

就阐释言，《牟子理惑论》大量引用儒、道二家经典，从佛、法、僧三方面证解佛教合乎儒家、有似道家但截然异于道教，佛教中国化阐释的基础因此而奠定。

就翻译言，《四十二章经》体例仿《孝经》《道德经》，译写用道家话语体系，开启佛经翻译的中国化传统；安世高译小乘禅数将坐禅与道家无为养生甚至神仙方术相沟通，康僧会承之以儒释佛纾缓佛教与儒家思想的矛盾；支谶及其再传弟子支谦译经以大乘般若与道家本无、自然相合为佛学玄学化开端，中国佛学因此而勃兴。

第二章论述支遁与佛教中国化之重要进展。时至西晋，玄学哲学本体论的建立实现了中土士人思维方式的转化，《般若经》《维摩经》的传译亦为佛玄融合做好了准备。两晋之交，名士致力于名教与自然的统一，对玄远精神境界的追求更为迫切；佛学名僧则以格义法围绕本体论沟通佛玄终成"六家七宗"，复着力宣扬即色游玄的维摩诘菩萨，主动回应玄学名士的重大现实关切。

　　名僧兼名士的支遁活跃于东晋清谈场上，努力建构士大夫佛教体系。佛教在士大夫阶层的传播因此实现了新突破。此士大夫佛教遵循了中国社会的传统秩序，具有鲜明的中国特色，既能满足士大夫对义理与信仰的需求，又为其塑造了可供效仿的维摩诘居士形象，谓之中国佛教似不为过。

　　以文学形式在中土弘宣佛法，是两晋新兴的佛教传播方式。基于信仰激情，支遁运其不世才学，以传统诗文咏怀赞佛，或塑造自我形象，或塑造玄学化的佛菩萨形象，佛教由此成为中国文学的重要题材；以其"新理"及创作促玄言诗新变，促山水诗产生。东晋文学面貌因之而变，中国佛教文学因之肇兴。另外，支遁以五言诗作赞，以禅入诗、为画题诗、称诗为首等，亦开中国文学风气之先。

　　第三章阐释支遁形象之接受。在《世说新语》中，支遁实乃一身披袈裟的清谈名士，虽出家为僧却养鹰马好鹤，虽无形而心成——形貌丑异而双眸黯黑、器朗神俊。清谈场上，支遁佛玄兼谈，标新理、立异义，叙致精当清丽，辞藻新奇挺拔，佛法因此为名士了解甚至接受，有力推动了佛教在士大夫阶层的传播，然时或难免"谈中之谈"之弊而徒增口业，时或理屈气急乃至逃避，亦见其凡俗情重。与清谈相类，后世又不乏据《世说新语》云其以围棋为手谈者，支遁因而与围棋、手谈相关联。

　　刘孝标注《世说新语》引《支遁传》《支遁别传》所见支遁仍为一名士，《支法师传》则为一佛玄兼修之名僧，《高逸沙门传》亦一清谈弘佛、高才逸度之名僧。慧皎《高僧传》则将《世说新语》及诸僧传等素材改删、移写、互见，复以史传叙事通例精心结撰，一绍明大法的高僧形象遂呼之而出。

　　唐释道宣《续高僧传》将支遁与道生并举，强调其以新理开创中国佛教传播的新局面；神清《北山录》表彰支遁以其泠然素风、道德文章致力于在士大夫中传扬佛教，称许其"为天下之人"；皎然《支公诗》赞支遁率性无机诗禅纵横，灵一《林公》诗赞支遁将孙许游、尽逍遥趣。李唐文士"称高僧以支公为先"，考察其时诗文中支遁、支公、林公、支安、林远、支许等词，可见其名僧兼名士形象得到强化的同时，有关称谓渐成颂美僧侣和僧俗交游之典。此部分还修正了前贤时彦的一些说法，如岑参《秋夜宿仙游寺南凉堂呈谦道人》以及李华《仙游寺》诗、白居易《禁中寓直梦游仙游寺》《仙游寺独宿》《寄题仙游寺》之仙游寺乃《长安志》所谓盩至县南三十五里之仙游宫，隋时已名仙游寺，而非县东三十五里之仙游寺，该志云后者咸通七年（866）置不误；皮日休《茶中杂咏·茶瓯》、裴拾遗《文学泉》之支公亦是泛称高僧，不宜将之坐实为支遁本人；李善注《文选》卷五九王简栖《头陀寺碑文》"林远肩随乎江左"引《高僧传》谓支遁、慧远"师释道安、符丕。后还吴"乃涉下、涉上致误，所引支遁传应删去"师释道安符丕"六字，所引慧远传应删去"后还吴"三字，"符丕"与"入襄阳"为一句作慧远"南达荆州"的时间状语；李白《别山僧》"谑浪肯居支遁下"古今注家多引风流之宗、好养鹰马、交游王谢等与谑浪无关的文献，不如注以《世说新语·轻诋第二十六》第二十一"王中朗与林公绝不相得"条、第三十"支道林入东"条为妥。

　　考察唐五代及其以降诗文"支郎"一词所指的演变，更可见出佛教中国化的全面与深入。作为典故的支郎，语源虽为支谦，然诗文用以特指支谦者鲜见，常见者乃是着力淡化其"眼中黄"的内涵而以之美称或代称僧侣，并时常赋以能诗、好鹤、畜马等意，其所指遂易作中国本土高僧支遁。

第四章分析支遁传说之接受。唐宋及其以降，有关支遁的诸种传说或化为诗文事典，或物化为遗迹，或物化为绘图，支遁接受因之而丰富、多元。

支遁养马事典，武周时《王二娘造石浮图像记》已用之，张九龄《鹰鹘图赞序》所谓支遁养名马重其神骏或当为《许玄度集》养鹰马云云，杜甫《韦讽录事宅观曹将军画马图歌》《天育骠图歌》则两用支遁养马重神骏典。晚唐以迄明清，支遁鹤、支公鹤、支遁马、支遁青骊、支公怜神骏、支遁鹰、支遁爱鹰等事典，及由买岇山衍生出的买峰、买山钱、道林钱、支遁隐等事典，时见于诗文。特别是后者，多反向接受，变嘲讽为颂美，或着眼买卖，或着眼钱，以之喻贤士归隐或才德高迈。

由传说还衍生出支遁庵、支遁岭、支硎山、放鹤亭、放鹤峰、养马坡、马迹石等遗迹。

虽未亲历沃洲山，然白居易有书、有图，又有丰富的文学想象力、极高的文学创造力，支遁岭、养马坡、放鹤峰因《沃洲山禅院记》而名益彰。吴处厚《游沃洲山真封院》于养马坡、放鹤峰外又增以支遁庵。唐宋诸多诗文渲染，加之方志荟萃、强化，支遁遗迹与传说日趋丰富，渐成沃洲山的历史记忆与人文符号。

异于沃洲山的"窜于一隅"，支硎山的名声在唐时已因支遁而敌虎丘，刘长卿、白居易、刘禹锡、皎然、皮日休等游报恩寺、支硎寺而赋诗。《吴郡图经续记》《吴郡志》及《舆地纪胜》等又载支硎山放鹤亭、支遁庵、马迹石、白马涧，支遁遗迹与传说基本全备于此。北宋曾旼有感于吴之报恩与越之沃洲相当，德兴新天峰院与寂然成沃洲禅院相仿，而报恩寂寥，故效白居易而为《天峰院记》。曾《记》有功于攴硎山亦犹白《记》有功于沃洲山。天峰院、报恩寺、观音禅院、支硎（山）寺、支山禅院、南峰寺、支遁别庵，其实皆一；支遁庵亦在南峰，或即楞伽院报恩遗址，其旁有放鹤亭、白马涧、马迹石等。叶梦得、范成大、顾瑛、陆仁、于立、高启、周南老、韩奕等相关诗作，使得游支硎山吟咏支遁遗迹渐成一文学传统。受此影响，加之支硎山近苏州，又泉石清秀，遗迹众多，文士、僧侣乐居而喜游，故诗文涉及支遁遗迹者甚夥，成为支遁接受的重要方式。

　　诗文接受外，支遁及其事典又成为绘画的题材。五代画家周行通有《支遁》图传世，顾闳中曾据许询、王羲之、谢安、支遁游山阴作《山阴图》，宋神宗元丰年间云师无著藏有《支遁鹰马图》。

　　支遁养鹰文献依据亦相当可信，臆测今辽宁省博物馆藏《传韩干神骏图卷》或即云师无著欲遗苏轼者，故有"木人骑土牛"之谓，甚或此图与周行通有某种关联。苏轼又曾于元祐六年（1091）题李伯时画《支遁养马图》。与苏轼颇多交往的释仲殊则有《题李伯时支遁相马图》诗，元人王恽亦有《题李伯时画〈支遁观马图〉》诗、魏初亦有《韩君美所藏〈支遁观马图〉》诗。疑四氏所谓实或一图。赵秉文又有《支遁相马图》诗，李庭亦有《跋支道林马图》诗，然不明图之作者。赵孟頫曾作《支遁相马图》《支遁洗马图》，张穆亦为屈大均画《支公养马图》，清末任颐作有《支遁爱马图》《支遁鹰马图》等。

　　李伯时有感于三英（吴）老僧宝顾闳中《山阴图》秘不示人，遂据米芾言复作《山阴图》，仲殊亦为作《减字木兰花》赞之；米芾又尝作支、许、王、谢行于山水间，自挂斋室；周辉曾在池阳一士大夫家见叶梦得门僧梵隆为其临写李伯时《山阴图》，后又见他人另一摹本。明清人收藏所谓王摩诘《山阴图》《山阴高会图》或均源于李伯时画《山阴图》。

　　第五章详论支遁述作之接受。《支遁集》萧梁时卷数已异，至隋惟存八卷，两《唐志》录作十卷，《宋史·艺文志》不录，则其时已佚。然藉陆澄《法论》、僧祐《出三藏记集》、慧皎《高僧传》及道宣《广弘明集》，支遁著述仍可为后世稍知一二。《法论》收录支遁作品计十六篇，慧皎传支遁或即得益于此。《出三藏记集》录《法论》目录及序，录《大小品对比要钞序》，亦有功于支遁作品流布。《广弘明集》卷一五《佛德篇第三之初》录《释迦文佛像赞并序》《阿弥陀佛像赞并序》及诸菩萨赞十一首，卷三〇《统归篇第十》录十八首赞佛咏怀诗。二书所收连同慧皎《高僧传》因作传需要引《座右铭》《上哀帝书》《与高丽道人书》《竺法护像赞》《于法兰像赞》《于道邃铭赞》，成为后世辑佚支遁作品的来源。

南朝以迄隋唐，文人亦时常称引支遁著述，由此形成支遁接受的又一路径。《世说新语》刘孝标注称引《逍遥论》《妙观章》；成玄英《南华真经注疏》将古今释《逍遥游》者略为三释，支遁所释即其二。二家引文可互补。历代注疏《肇论》者甚夥。藉此，支遁《即色论》一再被后人论及。将之与刘孝标称引《妙观章》合勘，可辑录《即色论》（或曰《即色游玄论》《妙观章》）。同时，慧达《肇论疏》引支遁其他著述亦有益于辑佚。陆德明《经典释文》卷二六《庄子音义上》采摭支遁注《逍遥游》七条可使人窥支遁"注《逍遥篇》"之一斑，王夫之《庄子解》"小知不及大知，小年不及大年"下引"支遁曰"实为林希逸《庄子口义》。《文选》李善注引《天台山铭序》"剡县东南有天台山"可正《编珠》引"剡县西有天台山"之误，后者引"盖仙圣之所栖翔，道士之所鳞萃"又可补前者未引之憾。

赵宋时业已散亡的《支遁集》，至明代复被辑佚。因支遁名僧兼名士的声望，因所辑诗文规模不人，故明清两代支遁诗文复以钞本或刊本形式流布，并形成两个系统：一为二卷本《支遁集》，已知钞本以明代都穆藏最早；一为一卷本《支道林集》，以嘉靖十九年（1540）皇甫涍辑刊本为早。

都穆藏《支遁集》或为其辑钞本。杨钞《支遁集》为现存最早的支遁集钞本，经诸生秦四麟以及曹生收藏后，于崇祯二年己巳（1629）至叶弈处，复辗转至黄丕烈处，吾与庵僧寒石曾借之刊行。汪士钟或由"他所"，或径由黄丕烈处获得此钞本，后为潘介繁收藏。光绪十七年辛卯（1891），莫棠于苏州得此杨钞，后又为潘承谋所得。是书卷末"支遁集卷下"五字下之"无相自在室主人觉元印"疑为许樾身收藏印，许氏卒于光绪二十一年（1895）；左上之"一字斋"明钞本时见，或与叶弈钞本卷末附录谢安《与支遁书》后题"崇祯庚午三月一字主人记"有关。

叶弈得杨钞《支遁集》后，舅氏伯仁为其钞录一本，并增益谢安《与支遁书》，此即叶弈钞本。季振宜曾收藏。同治壬申（1872）冬，傅以礼从福州陈氏购得季氏藏叶钞《支遁集》，后转赠给陆心源。徐幹辗转写得并刊印之，同时删去谢安《与支遁书》。今存同治五年（1866）十一月周星诒、光绪三十一年（1905）夏李盛铎、光绪三十二年冬马钟琇钞本《支遁集》均为叶弈钞本。

《支遁集》冯钞本与毛钞本同出杨钞本。毛钞经由阮元过录得入《宛委别藏》。由诸藏书印知范承谟、揆叙等曾经收藏冯钞《支遁集》。刘喜海味经书屋曾钞此本。

嘉庆十年（1805），神似支遁的支砚山吾与庵僧寒石刊印杨钞《支遁集》。顾沅曾藏寒石刊本，道光中由潘锡恩出资重刊。光绪十年（1884），时任嵊县知县的徐幹将叶钞《支遁集》及蒋清翊补遗列入其《邵武徐氏丛书初集》一并付梓。

杨仪钞《支遁集》稍后，嘉靖十九年（1540），皇甫涍辑刊了一卷本《支道林集》。因贬谪、父丧，皇甫涍徜徉支遁曾经隐居的

西山，加之其宪章汉魏、取材六朝、错综魏晋的诗学思想和诗歌
创作，遂有此表彰六朝乡先贤文学之举。同时，与其中表亲的黄省
曾亦辑支遁作品而成《支道林文集》。国家图书馆今藏皇甫涍辑
刊本《支道林集》曾经李流芳、叶树廉、钱曾、席鉴、女诗人沈绮、
铁琴铜剑楼等收藏。上海图书馆今藏皇甫涍此辑刊本，曾经汪士
钟艺芸书舍、徐康收藏。

　　明清之交，家与支硎山仅一水之隔的史玄，为"别乡贤"掇拾
支遁"隽语佳事"而成《支道林外集》，并以按语形式进行简单考
辨、补充。吴家骕将之与皇甫涍《支道林集》一并刊布，动因可由
其刊刻释智舷《黄叶庵诗草》窥知，亦在于鼓舞魏晋风流。南京图
书馆藏丁丙跋本被收入《续修四库全书》第1304册，国家图书馆
藏吴仰贤跋本亦发布于中华古籍资源库网站。

　　在《广弘明集》《高僧传》中，支遁诗文极易检阅、辑钞。由此
臆测，都穆藏《支遁集》、黄省曾辑藏《支道林文集》、皇甫涍辑
刊《支道林集》均应是各自辑钞二书支遁诗文而成。由于所据版
本和各自编排不同，二卷本《支遁集》与一卷本《支道林集》存在
部分差异。《古诗纪》所收支遁诗虽参考了皇甫涍《支道林集》，
然二者仍有些微差异。就其所收僧诗言，支遁诗可谓最早、最多；
就其所收东晋诗言，支遁诗仅次于陶渊明，与庾阐并列，均为十八
首。支遁的诗歌史地位因此突显。或受李攀龙《古今诗删》影响，
作为选集的《六朝诗乘》亦收录支遁《四月八日赞佛诗·三春迭云
谢》及《咏怀诗·晞阳熙春圃》二首，更加彰显了支遁赞佛、咏怀
诗在六朝诗史上的地位。陈祚明《采菽堂古诗选》以《古诗纪》为
底本选评支遁十一首诗，又使支遁诗的艺术特质得以显豁。《古今
禅藻集》专收僧诗，以支遁开篇，收其诗、赞二十三首，则见出支
遁诚为中国佛教诗歌的开山鼻祖。相较辑本《支遁集》或《支道

林集》，梅鼎祚《释文纪》复从《高僧传》辑出《与高骊道人论竺
法深书》《竺法护像赞》《于法兰赞》《于道邃像赞》，从《出三藏
记集》卷八《序》辑出《大小品对比要抄序》。支遁文之辑佚，梅
氏之功甚著。

　　明代中晚期，吴中、金陵文人多祖述六朝文学。如同梅鼎祚
编选《六朝诗乘》，支遁赞佛咏怀诗亦成为吴中乃至浙闽等地
文士拟作的对象。此为作家对支遁及其作品的能动接受。嘉靖
三十八年（1559）冬，王世贞因父狱少纾由京师归乡里。以旅途无
所欢，且挟书仅江淹一编，遂继薛蕙仿江淹《杂体诗三十首》作
《拟古诗七十首》。《支道人遁赞佛》即其中之一。在汉魏以迄盛
唐的五言诗谱系中，王氏以此种方式标识出了支遁及其赞佛诗的
诗歌史地位。其后盛时泰、费元禄的拟作，甚或刘凤《咏怀拟支
道林》三首、程于古《拟支遁颂佛诗》、张瑞图《效支道林》及魏
畊《拟支遁四月八日赞佛》《拟支遁述怀诗五首》，或多或少都受
王世贞拟作影响。

　　综言之，支遁接受实即佛教中国化的缩微版。

第一章　佛教中国化之肇启

　　两汉之际，佛教初传中国。《三国志·魏书·乌丸鲜卑东夷传》裴松之注引鱼豢《魏略·西戎传》云："天竺又有神人，名沙律。昔汉哀帝元寿元年，博士弟子景卢受大月氏王使伊存口受《浮屠经》曰复立者其人也。"①《世说新语·文学第四》"殷中军见佛经"条刘孝标注引《魏略·西戎传》"复立"作"复豆"②。浮屠、复立（豆）即佛陀（Buddha），浮屠经即佛经。元寿元年（前2），大月氏王使伊存口授汉博士弟子佛经，标志着佛教已传入中国。其时，儒道二家居中国思想文化的主流地位。作为一种外来异质文化，佛教欲立足中土，流布华夏，舍"中国化"别无他途。陈寅恪《冯友兰中国哲学史下册审查报告》云："释迦之教义，无父无君，与吾国传统之学说，存在之制度，无一不相冲突。输入之后，若久不变易，则绝难保持。是以佛教学说，能于吾国思想史上，发生重大久远之影响者，皆经国人吸收改造之过程。"③

---

① 〔晋〕陈寿撰，〔南朝宋〕裴松之注：《三国志》卷三〇，北京：中华书局，1982年，第859页。
② 〔南朝宋〕刘义庆著，〔南朝梁〕刘孝标注，余嘉锡笺疏，周祖谟等整理：《世说新语笺疏》卷上之下，北京：中华书局，2015年，第235页。
③ 陈寅恪：《金明馆丛稿二编》，北京：生活·读书·新知三联书店，2015年，第283页。

东汉三国时，佛教从奉祀、翻译、阐释等方面开始中国化，其中佛陀奉祀的中国化起步最早，进展最快。

第一节　奉祀、阐释之中国化

由老子而黄老，由孔子而谶纬，见出先秦儒道二家至西汉已与神仙方术混杂。"周秦以还，图箓遗文渐兴，儒道二家相杂，入道家者为符箓，入儒家者为谶纬。"①汉时，鬼神方术、图书谶纬风行于世。"汉自武帝颇好方术，天下怀协道艺之士，莫不负策抵掌，顺风而届焉。后王莽矫用符命，及光武尤信谶言，士之赴趣时宜者，皆骋驰穿凿，争谈之也。"②西汉末业已传入中土的佛教因应此风，屈附鬼神方术。"徒以冀福畏祸，今古同情。趋避之念一萌，方技者流各乘其隙以中之。"③佛陀遂厕身时人奉祀之列。

一、奉祀

（一）刘英

汉光武之子楚王刘英少好游侠，交通宾客，晚更喜黄老，学为浮屠斋戒祭祀。"（永平）八年（65），诏令天下死罪皆入缣赎。英遣郎中令奉黄缣白纨三十匹诣国相曰：'托在蕃辅，过恶累积，欢喜大恩，奉送缣帛，以赎愆罪。'国相以闻。诏报曰：'楚王诵黄

---

① 刘师培：《国学发微》，邬国义、吴修艺编校：《刘师培史学论著选集》，上海：上海古籍出版社，2006年，第136页。
② 〔南朝宋〕范晔撰，〔唐〕李贤等注：《后汉书》卷八二上《方术列传上》，北京：中华书局，1965年，第2705页。
③ 〔清〕永瑢等撰：《四库全书总目》卷一〇八《子部十八·术数一》，北京：中华书局，1965年，第914页上。

老之微言，尚浮屠之仁祠，洁斋三月，与神为誓，何嫌何疑，当有悔吝？其还赎，以助伊蒲塞桑门之盛馔。'因以班示诸国中傅。"伊蒲塞即优婆塞，亦即居士，桑门即沙门。据此，刘英奉佛方式为：一，祭祀；二，洁斋三月；三，供养居士、沙门。"诵黄老之微言""尚浮屠之仁祠"当为互文，意谓刘英诵黄老、浮屠之微言，尚黄老、浮屠之仁祠。朝廷还其赎以资楚王府居士、沙门饮食，并班示诸国傅相。刘英以此恃之无恐，遂大力交结方士，造作图谶谋逆，最终致祸自杀。"楚狱遂至累年，其辞语相连，自京师亲戚诸侯州郡豪桀及考案吏，阿附相陷，坐死徙者以千数。"①其中自不乏刘英所交结的方士，甚至有"伊蒲塞桑门"之属。

　　刘英奉佛在中国佛教发展史上具有标志性意义。"楚王英始信其术，中国因此颇有奉其道者。后桓帝好神，数祀浮图、老子，百姓稍有奉者，后遂转盛。"因刘英始信其术，故中国颇有奉佛者；因刘英案之惨酷，近百年后始有桓帝祀浮图、老子的记载。范晔复于卷末论云："至于佛道神化，兴自身毒，而二汉方志莫有称焉。……汉自楚英始盛斋戒之祀，桓帝又修华盖之饰。将微义未译，而但神明之邪？"②虽仍视佛陀为神明，然佛教由此转盛则实缘于桓帝。"自永平以来，臣民虽有习浮屠术者，而天子未之好；至帝，始笃好之，常躬自祷祠，由是其法浸盛，故榷言及之。"③

　　（二）刘志

　　桓帝刘志，章帝刘炟曾孙。"桓帝即位十八年，好神仙事。"④

①《后汉书》卷四二《楚王英传》，第1428—1429、1430页。
②《后汉书》卷八八《西域·天竺传》，第2922、2931—2932页。
③〔宋〕司马光编著，〔元〕胡三省音注：《资治通鉴》卷五五《汉纪四十七》孝桓皇帝延熹九年，北京：中华书局，2011年，第1830页。
④《后汉书》志第八《祭祀中·老子》，第3188页。

延熹九年（166），平原隰阴（今山东临邑县）人襄楷自家诣阙上疏，云："又闻宫中立黄老、浮屠之祠。此道清虚，贵尚无为，好生恶杀，省欲去奢。……或言老子入夷狄为浮屠。"[①]由此可见时人对佛教的理解，较明帝诏谓楚王英诵黄老之微言、尚浮屠之仁祠更为显豁。"或言老子入夷狄为浮屠"则见出佛道一致同源，二者并祠因之而有了理论基础。"但外族之神，何以能为中华所信奉，而以之与固有道术并重？则吾疑此因有化胡之说为之解释，以为中外之学术本出一源，殊途同归，实无根本之差异，而可兼奉并祠也。"[②]老子化胡说一出，许多中国人接受佛教的一大障碍遂得冰释。

（三）笮融

佛陀与中国本土黄帝、老子共享祭祀，虽泯灭了佛教特质，但赢得了中国民众最为广泛、最为持久、最为热烈的信仰。献帝时，下邳相笮融大起佛寺，铸铜佛像，课读佛经，举办浴佛法会，已具鲜明的佛教特色。

> 笮融者，丹杨人，初聚众数百，往依徐州牧陶谦。谦使督广陵、彭城运漕，遂放纵擅杀，坐断三郡委输以自入。乃大起浮图祠，以铜为人，黄金涂身，衣以锦采，垂铜盘九重，下为重楼阁道，可容三千余人，悉课读佛经，令界内及旁郡人有好佛者听受道，复其他役以招致之，由此远近前后至者五千余人户。每浴佛，多设酒饭，布席于路，经数十里，民人来观及就食且万人，费以巨亿计。[③]

---

① 《后汉书》卷三〇下《襄楷传》，第1082页。
② 汤用彤：《汉魏两晋南北朝佛教史》，第42页。
③ 《三国志》卷四九《吴书·刘繇传》，第1185页。

初，同郡人笮融，聚众数百，往依于谦，谦使督广陵、下邳、彭城运粮。遂断三郡委输，大起浮屠寺。上累金盘，下为重楼，又堂阁周回，可容三千许人，作黄金涂像，衣以锦彩。每浴佛，辄多设饮饭，布席于路，其有就食及观者且万余人。[①]

丹杨（一作丹阳），笮融事佛之地，即楚王刘英封地，亦即黄巾起事地。笮融"放纵擅杀"，因督运漕便利，断三郡转运物资，建佛寺，铸佛像，以"复其他役"诱使民众聚集寺院，诵读佛经，借浴佛设酒饭引人围观、就食。曹操攻陶谦，笮融率众走广陵，杀太守赵昱，纵兵大掠；过秣陵，杀彭城相薛礼；过江奔豫章，杀郡守朱皓，占其城。笮融嗜杀成性，审其所为，事佛仅其招致民众的手段，与太平道、五斗米道等实无甚异，亦属佛教中国化之一表现。

笮融所为无疑会将佛教引向绝路，故后世佛书罕言之。虽如此，起寺、铸像、读经、浴佛诸事毕竟为传世文献首次记载，见出此时佛陀奉祀已从依附黄老走向具有佛教特色的发展路径。

二、阐释

严浮调《沙弥十慧章句》，为已知最早的中国佛教撰著，惜已亡佚，惟序存于僧祐《出三藏记集》卷十。《沙弥十慧章句序》文笔流畅，骈散相间，过庭善诱、升堂室等典随手拈来，运用自如。"夫调能译，且以佛理著书，又为发心出家之最早者，则严氏者，真中国佛教徒之第一人矣。"[②]严氏虽仅具僧相，并未受具足戒，

---

①《后汉书》卷七三《陶谦传》，第2368页。
②汤用彤：《汉魏两晋南北朝佛教史》，第47页。

但其于佛教中国化的意义实极重大，见出佛教逐步摆脱惟以方术吸引信徒的发展方式，渐向儒道二家靠拢。严浮调与稍后《牟子理惑论》的作者显然属于"相对少量的不知社会背景但肯定不属于中高层官员的文人或准文人"①。

《牟子理惑论》，始见于刘宋时陆澄所撰《法论》第十四帙《缘序集》。《法论》早佚，《出三藏记集》卷一二《杂录》收其目录及序，名曰《宋明帝敕中书郎陆澄撰法论目录序第一》。其中《序》云："牟子不入教门，而入缘序，以特载汉明之时，像法初传故也。"《目录·〈牟子〉》云："一云苍梧太守牟子博传。"②僧祐《弘明集》卷一收录《牟子理惑论》三十七篇，题下注同③。学界关于《牟子理惑论》之真伪、成书颇有争议，目前多倾向成书于东汉末或三国孙吴初期。

汉魏之际，佛教在中国有了一定发展。由于佛教信众的增加与社会影响的扩大，质疑和责难也相随而来。佛教颇多迥异中国文化处，阐释这些差异，应对各种质疑、责难，就成为佛教进一步发展的关键所在。

《牟子理惑论序》云牟子修经传诸子，以神仙不死之书为虚诞，常用儒家五经难神仙辟谷长生术，仙家术士无人敢对，时人比之以孟子驳杨朱、墨翟。异于楚王刘英、桓帝刘志以佛陀与中土神祇共奉，也异于笮融以佛教为招牌聚拢民众，甚至异于严浮

①〔荷兰〕许理和著，李四龙、裴勇等译：《佛教征服中国：佛教在中国中古早期的传播与适应》，南京：江苏人民出版社，2017年，第85页。
②〔南朝梁〕释僧祐撰，苏晋仁、萧鍊子点校：《出三藏记集》，北京：中华书局，1995年，第429、445页。
③〔南朝梁〕释僧祐撰，李小荣校笺：《弘明集校笺》，上海：上海古籍出版社，2013年，第6页。

调落发出家，牟子乃一儒士，因世乱扰攘绝意仕宦而用心佛道。《序》又云牟子口含老子玄妙以为酒浆，手玩儒家五经以为琴簧，然其向佛仍被世俗之徒指责为背五经向异道，遂依佛经之要三十七品、老子《道经》三十七篇之例，条列世俗三十七条问难，假设客（来自北方的儒者）问难，主（牟子）引圣贤言论证解之[1]。概言之，这些问难可分为佛、法、僧三方面；牟子亦由此证解佛教合乎儒家，有似道家，并特别强调佛教截然异于神仙方术。

（一）佛陀、佛法

首条即述佛本生以答佛生何地、有无先祖与国邑、有何施行、相貌何如等问，谓佛生于孟夏之月以其为中吕之时[2]，生于天竺以其为天地之中；谓佛教经戒与古时典礼无异，乃《老子》"孔德之容，惟道是从"之谓。次条答何以正言佛、佛为何谓，云佛乃谥号，如同儒家名三皇五帝；乃道德之元祖，神明之宗绪，无异道家之真人、至人。第八条答佛三十二相八十种好何其异于人之甚也，释以尧、舜、皋陶、文王、禹、周公、伏羲、仲尼、老子均具异相。经过牟子的阐释，佛陀形象已中国化。

牟子以佛道谓佛法，已有沟通佛、道二家意，继而融会佛、道、儒，以应对时人的各种责难。第三条释何为道，云道之言导，导人致于无为；释道何似，谓牵之无前引之无后与《老子》第十四

---

① 《牟子理惑论》第二十七条："吾昔在京师，入东观，游太学，视俊士之所规，听儒林之所论，未闻修佛道以为贵，自损容以为上也。"按：本书所引《牟子理惑论》均见《周叔迦佛学论著全集》（周叔迦著，北京：中华书局，2006年）第2册《牟子丛残·牟子理惑论一卷》。为行文方便，惟在文中注明其为第×条，不一一标注页码。

② 中吕为古乐十二律的第六律，其于十二月为四月即孟夏之月，故谓中吕之时。

章所云"迎不见其首,随不见其后"①相近,谓举之无上抑之无下
与《淮南子·原道训》所云"累之而不高,堕之而不下"②相近,
谓视之无形听之无声与《老子》第三十五章所云"视不足见,听不
足闻"③相近,谓四表为大蜿蜒其外、毫厘为细闲关其内与《庄
子》外篇《知北游》所云"六合为巨,未离其内;秋豪为小,待之成
体"④相近。在牟子看来,佛教之道直是道家之道耳。即如此,仍
有人质疑牟子说道虚无恍惚,不见其意,不指其事,异于孔子以
五经为道德教化可拱而诵、履而行。第四条即答此质疑,云道为
世界本源,先天地而生;为天道,以四时为法;为人道,以五常为
法;为道德,立事须遵循天道、人道。道家化的佛法因此又儒家
化——"居家可以事亲,宰国可以治民,独立可以治身"。以此为
基础,牟子驳斥了当时社会上对佛教的各种责难,其要者有:

佛教乃夷狄之术。第七条设问佛道至尊至大,尧、舜、周、孔
曷不修之;子既耽《诗》《书》,说《礼》《乐》,奚为复好佛道,喜
异术。牟子引子贡云夫子何常师之有相答,复谓尧事尹寿、舜事务
成、姬旦学吕望、孔丘学老聃俱不见于七经,尹寿等四师比之于佛
犹白鹿之与麒麟、燕鸟之与凤凰,尧、舜、周、孔且犹学之,况佛
身相好,变化神力无方,焉能舍而不学。第十四条以孔子"夷狄之
有君,不如诸夏之亡也"、孟子讥陈相更学许行之术"吾闻用夏变
夷,未闻用夷变夏者也"设问:"吾子弱冠学尧、舜、周、孔之道。

---

① 朱谦之:《老子校释》,北京:中华书局,1984年,第55页。
② 〔汉〕刘安编,刘文典撰,冯逸、乔华点校:《淮南鸿烈集解》,北京:中华书
　　局,1989年,第4页。
③ 朱谦之:《老子校释》,第141页。
④ 〔清〕郭庆藩撰,王孝鱼点校:《庄子集释》卷七下,北京:中华书局,2012
　　年,第732页。

而今舍之，更学夷狄之术，不已惑乎？"牟子释云孔子所言在矫世法，孟轲所云在疾专一，昔孔子欲居九夷曰君子居之何陋之有，仲尼不容于鲁卫、孟轲不用于齐梁，岂可复仕于夷狄；禹虽出西羌而为圣哲，瞽叟虽生舜而性顽嚚，由余虽产狄国而终霸秦，管、蔡虽生河洛而流言周公，故夏夷惟有地域之分，汉地未必为中，且佛经云物皆属佛，是以尊学佛非舍尧、舜、周、孔之道，金玉不相伤，精魄不相妨，儒佛实可兼学。第二十条则相反设问：既云佛经深妙靡丽，子胡不谈之于朝廷，论之于君父，修之于闺门，按之于朋友？何复学经传读诸子乎？此问犀利非常，牟子譬以持孔子之术入商鞅之门，赍孟轲之说诣苏、张之庭，谓乖处非时，功无分寸，过有丈尺矣。复以《老子》所曰"上士闻道，勤而行之；中士闻道，若存若亡；下士闻道，大笑之"自许，谓惧大笑故不为谈。至于缘何复治经传，谓以井水即可解渴，自不必待江河而饮。牟子崇佛之情于此可见一斑。

　　佛经深妙为何以经传解佛之说。第二十六条云既然佛经如江海，文彩如锦绣，缘何不径以佛经答问，而引《诗》《书》，合异为同？牟子辩曰渴者不必需江海而饮，饥者不必待廒仓而饱，以子知《诗》《书》故引其事。若径说佛经之语，谈无为之要，则譬如对盲者说五色，为聋者奏五音也。公明仪为牛弹清角之操，牛伏食如故；转为蚊虻之音、孤犊之鸣，牛则掉尾奋耳，蹀躞而听。在牟子看来，佛道乃清角之操，《诗》《书》则是蚊虻之音、孤犊之鸣耳。第二十五条即以此设问，云牟子以经传解佛说，辞富义显，文炽说美，得无本非如此，是子善辩之故。牟子答曰不是善辩，是自己读佛经而见博不惑。既睹佛经之说，复览《老子》之要，守恬淡之性，观无为之行，之后视世事，犹如临天井而窥溪谷，登嵩岱而见丘垤。两相比较，五经如五味，佛道如五谷，五味由五谷而生。

第二十八条设问与此相类,云牟子以经传之辞、华丽之说,褒赞佛行,称誉佛德,得无逾其本、过其实乎?己之讥刺颇能中其病也。牟子云吾所褒犹以尘埃附嵩泰,收朝露投江海,不能使佛益高益深;子所谤犹握瓢瓠欲减江海,蹑耕耒欲损昆仑,侧一掌以翳日光,举土块以塞河冲,不能使佛减损翳塞。第二十四条设问世人学士何以讥毁佛道廓落难用、虚无难信,牟子以至味不合于众口、大音不比于众耳辩之,如作《咸池》、设《大章》、发《九韶》、咏《九成》则人莫之和,如张郑卫弦歌、时俗之音则必不期而拊手,故宋玉云为下里之曲和者千人、引商徵角众莫之应,此为悦邪声而不晓大度。佛道不为人解亦类此。世人学士之讥毁佛道,则如韩非以管窥之见谤尧舜,接舆以毛牦之分刺仲尼,此为耽小而忽大。圣人尚不能免谤刺,无怪佛道遭讥毁耳。闻清商而谓之角,非弹弦之过,过在听者不聪;见和璧而名之石,非璧之贱,过在视者不能识;世人讥毁,过亦不在佛道。神蛇能断而复续,但不能使人不断己;灵龟能发梦于宋元,但不能使己免于豫且之纲;佛道亦不能免于讥毁,但其至尊无为非俗所见,不因誉者所誉而贵,亦不因毁者所毁而贱。

佛经烦而不要。第五条设问圣人制七经不过三万言,佛经卷以万计、言以亿数,非一人力可能堪,故以为烦而不要。牟子答云佛经前说亿载之事,却道万世之要,佛悉弥纶乾坤广大之外,剖析乾坤窈妙之内,靡不记之,应据己所需读诵经卷,譬若临河饮水饱而自足。第六条亦就此设问,云佛经众多欲得其要而弃其余,何如直说其实而除其华。牟子答曰不可,孔子不以五经备而复作《春秋》《孝经》者,意欲博道术恣人意耳;佛经虽多其归为一,犹七典虽异其贵道德仁义亦一也。所以多说孝者,意在随人行所需而与之。若子张、子游俱问一孝,而仲尼答之各异,攻其短也。

佛经众多其用亦多,何弃之有哉!第十八条继续就此设问,云佛说经不指其事,徒广取譬喻,辞多语博,非道之要。牟子例以《老子》曰"天地之间,其犹橐籥乎""譬道于天下,犹川谷与江海",《论语》曰"为政以德,譬如北辰""譬诸草木,区以别之矣",云自诸子谶纬,圣人秘要,莫不引譬取喻,缘何独恶佛说经牵譬喻。不过,儒、道二家经典只是偶用譬喻,其数量远不能与佛典相比。

佛经说生死鬼神不可信。中国本土思想虽认为灵魂不灭,但无轮回转生之说,第十二条即设问佛言人死当复更生不可信。牟子以人临死其家人上屋招魂之俗,谓人死魂鬼不灭但身自朽烂,身如五谷根叶生当必死,魂神如五谷种子转生不已,复引《老子》曰"吾所以有大患,以吾有身也;若吾无身,吾有何患"及"功成,名遂,身退,天之道也"证成"得道身灭"——惟有得道者方可免轮回转生之苦,其实此二者并无内在关联。复设问为道亦死不为道亦死其有何异。牟子答云有道虽死神归佛堂,为恶既死神当其殃。此说亦不全合佛教义旨,然可贯通《周易·坤卦·文言》所谓"积善之家必有余庆。积不善之家必有余殃"①,简单通俗,颇便中土民众理解、接受。第十三条复据孔子所云"未能事人,焉能事鬼?未知生,焉知死"设问,谓佛教说生死、鬼神殆非圣哲之语,履道者当虚无淡泊归志质朴,何为乃道生死以乱志,说鬼神之余事乎。牟子云《孝经》曰"为之宗庙,以鬼享之,春秋祭祀,以时思之""生事爱敬,死事哀戚"及《尚书》周公为武王请命曰"旦多才多艺,能事鬼神",佛经所说生死之趣即是此类;《老子》曰"既知其子,复守其母,没身不

---

① 高亨:《周易大传今注》卷一《坤第二》,济南:齐鲁书社,2009年,第60页。

殆”“用其光，复其明，无遗身殃”，亦道生死吉凶。

（二）沙门

佛教初传，时人对沙门剃发、不娶妻等颇多诟病。第九条据《孝经》“身体发肤，受之父母，不敢毁伤”及《论语》曾子临没“启予手，启予足”，谓沙门剃头违圣人之语，不合孝子之道。牟子亦以孔子曰“可与适道，未可与权”及“先王有至德要道”辩解，云泰伯与虞仲为使父位传于三弟季历之子姬昌，短发文身从吴越之俗，虽违于身体发肤之义，然孔子称之“可谓至德”，不以其短发毁之。由是而观，苟有大德，可不拘于小。沙门捐家财，弃妻子，不听音，不视色，亦可谓让之至也，有何违圣语，不合孝道？豫让吞炭漆身，聂政皮面自刑，伯姬守礼蹈火，高行守贞截容，君子以为勇而有义，不闻讥其自毁没。沙门剃发，比之四人，不已远乎？

第十条则针对沙门弃妻子捐财货或终身不娶设问，谓此何其违福孝之行。牟子以《老子》所云“名与身孰亲，身与货孰多”辩解；复云许由栖巢木，夷、齐饿首阳，孔子称其贤曰“求仁得仁者也”，不闻讥其无后、无货。以是，沙门所弃妻子财物乃世之所余，所修清躬无为乃道之要妙，是不为奇，孰与为奇？是不为异，孰与为异哉？

第十一条据黄帝垂衣裳制服饰，箕子陈《洪范》貌为五事首[1]，孔子作《孝经》服为三德始[2]，原宪虽贫不离华冠，子路遇难不忘结缨等，设问沙门剃头发、被赤布违貌服之制、乖搢绅之

---

[1]《尚书·洪范第六》云：“次二，曰敬用五事。”“二，五事：一曰貌，二曰言，三曰视，四曰听，五曰思。”（顾颉刚、刘起釪：《尚书校释译论》，北京：中华书局，2005年，第1148、1155页）

[2]《孝经·卿大夫章第四》云：“非先王之法服不敢服，非先王之法言不敢道，非先王之德行不敢行。”（胡平生译注：《孝经译注》，北京：中华书局，2009年，第8页）

饰。牟子据《老子》"上德不德,是以有德。下德不失德,是以无德",将沙门剃头发、被赤布比作三皇时人食肉衣皮、巢居穴处以崇质朴,沙门亦如同彼时人有德而敦庞、允信而无为。复设问如此则黄帝、尧、舜、周、孔等弃而不足法也。牟子云诸人之用在修世事,佛老之用在无为志,所用不同,何弃之有。

(三)批辟谷长生神仙不死诸事

《牟子理惑论序》云牟子认为神仙不死之书虚诞,排抑而不信,常以五经难神仙辟谷长生术。第二十九条设问王乔、赤松、八仙之篆及神书百七十卷①、长生之事,与佛经是否相同。牟子曰其类之异如五霸之与五帝,阳货之与仲尼②;其形之异如丘垤之与华恒二岳,涓渎之与江海;其文之异如虎鞟之与羊皮,斑纻之与锦绣。九十六种道,佛道至尊大。神仙之书听之洋洋盈耳,求其效则如握风捕影,以是大道不取,无为不贵。

第三十一条,牟子说自己在未解佛道时亦尝学辟谷,辟谷法虽有数千百术,然均行之无效,为之无征,故废弃之。复以自己所从学之三师为例,说其虽或自称七百岁,或自称五百岁,或自称三百岁,然从学不足三年即各自死去。况且尧、舜、周、孔各不能百岁,因此,欲服食辟谷求长生,岂不哀哉!

第三十条设问有求道者以辟谷不食然而饮酒啖肉为老氏之

①《太平清领书》一百七十卷,"神书"或谓此。《后汉书》卷三〇下《襄楷传》:"初,顺帝时,琅邪宫崇诣阙,上其师干吉于曲阳泉水上所得神书百七十卷,皆缥白素朱介青首朱目,号《太平清领书》。"(第1084页)

②阳货即阳虎。《史记》卷四七《孔子世家》:"将适陈,过匡,颜刻为仆,以其策指之曰:'昔吾入此,由彼缺也。'匡人闻之,以为鲁之阳虎。阳虎尝暴匡人,匡人于是遂止孔子。孔子状类阳虎,拘焉五日。"(〔汉〕司马迁撰,〔南朝宋〕裴骃集解,〔唐〕司马贞索隐,〔唐〕张守节正义,北京:中华书局,1982年,第1919页)

术,佛教却以酒肉为戒然而食谷,为何乖异如此?牟子云观《老子》上下篇,闻其禁戒五味,不见绝食五谷之语,更无辟谷之事;圣人制《论语》《孝经》《诗》《书》《礼》《易》《春秋》七典,亦无止粮之术。世人不明圣人所云"食谷者智,食草者痴,食肉者悍,食气者寿"何谓,惟欲效法六禽闭气不息秋冬不食,不知道物类各自有其性,如磁石能吸铁而不能移毫毛。

第三十四条云牟子讪弃神仙,排抑奇怪,不信有不死之道,为何独信佛道当得度世?何况佛在异域,子足未能履其地,目未能见其所,仅观其经而信其行,这大概不妥吧?牟子先引孔子曰"视其所以,观其所由,察其所安,人焉廋哉"为据,复云吕望、周公问于施政各知其封国所终,颜渊乘骀之日见东野毕驭而知其马将佚,子贡观邾鲁之会而知二君将亡,仲尼闻师旷之弦而识其所奏为文王之操,季子听乐而览众国之风。凡此种种,何必足履目见乎?

第三十七条以道家谓尧、舜、周、孔及孔门七十二弟子皆不死,而仙佛家谓人皆当死概莫能免,原因何在?牟子首谓不死说实是妖妄之言,非圣人所语,其次举老子言"天地尚不得长久,而况人乎"、孔子言"贤者避世"及"仁孝常在"为据,再次六艺传记中尧、舜、禹、伯夷、叔齐、文王、武王、周公、仲尼、伯鱼、子路、伯牛、曾参、颜渊皆死的记载为证,驳斥不死说之惑。

牟子广引儒道等著述极力辩驳对佛教的各种责难,从佛法僧三方面阐释佛教不违儒家、有似道家,但绝不同于长生辟谷等神仙方术。

第二节　佛经翻译之中国化

相较佛陀奉祀与佛教阐释,佛经翻译的中国化道路则要复杂得多。

"祐检阅三藏，访核遗源，古经现在，莫先于《四十二章》；传译所始，靡逾于张骞之使。"①东汉襄楷奏疏已引《四十二章经》，其初译时间自当在此前，属佛教初传时期。

一、《四十二章经》

《四十二章经》，一卷，分四十二段，故名，通行本有二千余言。此经概述早期佛教基本教义与修道纲领，是了解佛教的简明读本，在后世广为流布，现存版本十余种。《四十二章经》所以能在后世广泛流传，原因如下。

（一）体例似《孝经》十八章

费长房《历代三宝记》卷四《译经·后汉》"后汉四十二章经一卷"条引旧录云："本是外国经抄，元出大部，撮要引俗，似此《孝经》一十八章。"②此旧录今不知何人所书。"抄经者，盖撮举义要也。"③如同其他儒家经典，《孝经》亦有今古文之分，今文十八章近两千字。尤为重要者，《孝经》乃六经之纲要、总会。

西汉匡衡疏云："及《论语》、《孝经》，圣人言行之要，宜究其意。"④郑玄《六艺论》亦云："孔子以六艺题目不同，指意殊别，恐道离散，后世莫知根源，故作《孝经》以总会之。"⑤

---

① 〔南朝梁〕释僧祐：《出三藏记集》卷二《序》，第22页。
② 〔日〕高楠顺次郎、渡边海旭等编：《大正新修大藏经》卷四九，东京：大正一切经刊行会，第49页下。
③ 〔南朝梁〕释僧祐：《出三藏记集》卷五《新集抄经录第一》，第217页。
④ 〔汉〕班固撰，〔唐〕颜师古注：《汉书》卷八一《匡衡传》，北京：中华书局，1962年，第3343页。
⑤ 〔清〕皮锡瑞撰，吴仰湘编：《六艺论疏证·孝经论》，北京：中华书局，2015年，第575页。

《四十二章经》二千余言，撮要佛教大部经；今文《孝经》近二千字，总会儒家六经典。二者均在导引入门、教化世俗。"此乃始进者之鸿渐，深入者之奥藏也。可以启蒙辨惑，诱人自立，学之功微，而所苞者广，实可谓妙要者哉！"①在汉代，《孝经》是一部流传极广的"经"，是朝廷以孝治天下的根基。

"夫孝，天之经，地之义，民之行也。举大者言，故曰《孝经》。"②《孝经》博采先秦诸子孝道思想，集中阐释儒家伦理思想，并移孝作忠，将之上升为社会政治伦理，成为教化的基石。孔子曰："夫孝，德之本也，教之所由生也。"③自惠帝始，汉代帝王谥号均冠以"孝"字。颜师古曰："孝子善述父之志，故汉家之谥，自惠帝已下皆称孝也。"④文帝时，置《孝经》博士。"汉兴，除秦虐禁，开延道德，孝文皇帝欲广游学之路，《论语》、《孝经》、《孟子》、《尔雅》皆置博士。后罢传记博士，独立五经而已。"⑤此所谓传记为翼经之作。"孔子所定谓之经；弟子所释谓之传，或谓之记；弟子展转相授谓之说。"⑥以是，非五经之《论语》《孝经》《孟子》《尔雅》通谓之传记，亦即传说记。武帝何以"罢传记博士"？钱穆《两汉博士家法考》云："盖申公之俦其前为博士，乃以'通古今'，非以其'专经'。其时则诸子百家皆得为博士。至

---

① 〔南朝梁〕释僧祐：《出三藏记集》卷七未详作者《法句经序第十三》，第273页。按：《法句经》亦属经抄。
② 《汉书》卷三〇《艺文志》，第1719页。
③ 胡平生译注：《孝经译注》，第1页。
④ 《汉书》卷二《惠帝纪》，第86页。
⑤ 〔清〕焦循撰，沈文倬点校：《孟子正义》卷一《孟子题辞》，北京：中华书局，1987年，第17页。
⑥ 〔清〕皮锡瑞著，周予同注释：《经学历史》，北京：中华书局，1959年，第67页。

武帝专隆儒术，乃特称'五经博士'。而其他不以五经为博士者，遂见罢黜；后世因名之曰'诸子传记博士'。其先皆以通古今，则不别五经与诸子传记也。"①武帝后，出于尊经，诸子亦时被视为解经之作。"献王所得书皆古文先秦旧书，《周官》、《尚书》、《礼》、《礼记》、《孟子》、《老子》之属，皆经传说记，七十子之徒所论。"②《老子》显属诸子，亦入经传说记。然武帝罢传记博士、立五经博士，并非卑视《论语》《孝经》。王国维《汉魏博士考》案云："传记博士之罢，钱氏大昕以为即在置五经博士时，其说盖信。然《论语》、《孝经》、《孟子》、《尔雅》虽同时并罢，其罢之意则不同。《孟子》，以其为诸子而罢之也。至《论语》、《孝经》，则以受经与不受经者皆诵习之，不宜限于博士而罢之者也。"③意在强调非通经博士亦应通《论语》《孝经》。"由此，可见汉武立五经博士，而传记（《论语》、《孝经》……）博士皆罢，正所以加强推广《论语》、《孝经》……之教。"④《孝经》流布实广于五经，并终成"以孝治天下"的基本国策。"故汉制使天下诵《孝经》，选吏举孝廉。"⑤一旦成为"禄利之路"⑥，传诵者自然更盛。西汉末，庠序设《孝经》师。元始三年（3）夏，"立官稷及学官。郡国曰学，县、道、邑、侯国曰校。校、学置经师一人。乡曰庠，聚曰序。序、庠置《孝经》师一人"⑦。东汉明帝时，诏令期

---

① 钱穆：《两汉经学今古文平议》，北京：商务印书馆，2001年，第198页。
② 《汉书》卷五三《景十三王·河间献王刘德传》，第2410页。
③ 王国维著，彭林整理：《观堂集林》卷四《艺林四》，石家庄：河北教育出版社，2003年，第86页。
④ 陈铁凡：《孝经学源流》，台北："国立"编译馆，1986年，第120页。
⑤ 《后汉书》卷六二《荀爽传》，第2051页。
⑥ 《汉书》卷八八《儒林传》"赞曰"，第3620页。
⑦ 《汉书》卷一二《平帝纪》，第355页。

门、羽林等武士亦须通《孝经》。"其后复为功臣子孙、四姓末属别立校舍，搜选高能以受其业，自期门羽林之士，悉令通《孝经》章句，匈奴亦遣子入学。"①《孝经》篇幅短小，文简义浅，便于诵读，故又成童蒙读物。《四民月令·十一月》云："研水冻，命幼童读《孝经》、《论语》篇章，入小学。"②

《四十二章经》在体例与篇幅方面与《孝经》十八章相似，无疑使之具有了与中土民众的亲和力，而其导引入门的性质则使之在后世亦极受重视，广为流布。正如邵泰衢《四十二章经疏抄序》所云："佛氏马鸣作《大乘论》，先归真之博，后起信之约；龙树记《华严经》，先上本之详，后下本之略。不特为利钝诸根均其教泽，且可以总统真如，圣凡一致矣。摩腾、竺法兰之《四十二章》即此意也。盖尝汉帝兆梦之后，法兰于月氏说法以三藏之汪洋、五乘之浩瀚也，乃于十二部中取四十二章以为诸宗之纲领，东渡之舟航焉。……统摄诸宗，其有过于此者乎？"③

（二）翻译用"中国式的译写"

趋福避祸，人同此情，古今中外，所信多通，形诸文字，虽各相异，传理则同。"昔造书之主凡有三人：长名曰梵，其书右行；次曰佉楼，其书左行；少者苍颉，其书下行。梵及佉楼居于天竺，黄史苍颉在于中夏。梵佉取法于净天，苍颉因华于鸟迹。文画诚

---

① 《后汉书》卷七九上《儒林列传上》，第2546页。
② 〔汉〕崔寔著，石声汉校注：《四民月令》，北京：中华书局，1965年，第71页。
③ 《中华大藏经》编委会编：《中华大藏经》第103册，北京：中华书局，1984年，第150页上。

异，传理则同矣。"①然中印两种文化截然不同。"又诸佛兴，皆在天竺，天竺言语与汉异音，云其书为天书，语为天语，名物不同，传实不易。"因此，翻译策略的选择就显得至为重要。孙吴时天竺僧人维祇难云："佛言'依其义不用饰，取其法不以严'。其传经者，当令易晓，勿失厥义，是则为善。"②《四十二章经》的翻译，是中印两种不同语言文化的初始接触，欲达此善更是不易。

"《四十二章经》，虽不含大乘教义、《老》《庄》玄理，虽其所陈朴质平实，原出小乘经典，但取其所言，与汉代流行之道术比较，则均可相通。"③为此，译者明智地采用了译写的策略："这样我们就可以确定《四十二章经》的翻译性质是'中国式的译写'，或是'中国式经抄'。这种经抄因为有了《老子》和《孝经》的参照，形成了一种精炼宏大简洁的特征，因而在相当的程度上也就有了其本身被赋予的经典性。"④这种译写与严复所谓达旨相类："译文取明深义，故词句之间，时有所颠倒附益，不斤斤于字比句次，而意义则不倍本文。题曰达旨，不云笔译，取便发挥，实非正法。"⑤

《大正新修大藏经》所收《四十二章经》，题名"后汉西域沙门迦叶摩腾共法兰译"⑥。"据此则刘宋时，《四十二章》犹

①〔南朝梁〕释僧祐：《出三藏记集》卷一《胡汉译经文字音义同异记第四》，第12页。

②〔南朝梁〕释僧祐：《出三藏记集》卷七未详作者《法句经序第十三》，第273页。按：注云"序当为支谦所撰"（第284页）。

③汤用彤：《汉魏两晋南北朝佛教史》，第31页。

④傅惠生：《论〈四十二章经〉译文的历史经典性》，《华东师范大学学报》（哲学社会科学版），2014年第6期，第78页。

⑤严复：《〈天演论〉译例言》，罗新璋、陈应年编：《翻译论集》，北京：商务印书馆，2009年，第202页。

⑥《大正新修大藏经》卷一七，第722页上。

存二译。一者汉代所译，一者吴支谦所出。别录作者谓此二本少异。汉译文句，想极朴质。而支谦所译，'则文义允正，辞句可观'。刘宋以后，汉译辞劣，因少读者，或即亡佚。支谦所出，则以文章优美而得长存。但古人写经，往往不著译人。而摩腾译经为一大事，因遂误以支谦所出即是汉译，流传至今，因袭未改。"①故此《四十二章经》实即支谦译本，但与汉译本"少异"。通观此经，我们不难推测其初译者采用了归化（Domestication）与异化（Foreignization）两种翻译方式。

1995年，美籍意大利翻译理论家劳伦斯·韦努狄（Lawrence Venuti）在其《译者之无形——翻译史视角》（*The Translator's Invisibility: A History of Translation*）一书使用了domesticating translation（归化翻译）和foreignizing translation（异化翻译）这两个概念，其直接源头是1813年德国思想家施莱尔马赫（Schleiermacher）的演讲《论翻译的方法》。"韦努狄认为，这些文化'习惯于行文流畅的翻译，这些翻译用（目标语的）价值，通过隐形的方式，来刻画外来文本，并使读者在他者文化中意识到自己的文化而自我陶醉'。""韦努狄将异化翻译描述为一种'民族偏离的压力'，并因而认为它具有'记录外来文本的语言和文化差异，使读者置身国外'的作用。"②

与《孝经》十八章相似的《四十二章经》无疑是适合归化翻译的文本。尽管是佛经初始翻译，支谦译本中沙门、阿罗汉、阿那含、斯陀含、须陀洹、优婆塞、辟支佛、迦叶佛等佛教专有名词，

①汤用彤：《汉魏两晋南北朝佛教史》，第26页。
②〔英〕Mark Shuttleworth、〔英〕Moira Cowie著，谭载喜主译，王克非校：《翻译研究词典》，北京：外语教学与研究出版社，2005年，第59、80页。

还是采取了异化的翻译方式。关于如何用汉字来表示佛教这些专有名称或术语的读音，"我们只能认为：佛教传译者使用了当时翻译外来语音的基本系统。……中国政府方面所形成的音译系统（最可能在对外联络部门）是怎样开始被佛教译者使用的，这仍然不很清楚"[①]。为道、道法、得道、奉道、施道、道无形、道真、佛道、学道等词则是以中土道家的话语体系归化翻译佛教词汇。如此翻译，既保持了外来印度文化的神秘感，体现了中印文化的差异，又借助当时盛行的道家话语"使读者在他者文化中意识到自己的文化而自我陶醉"，从而有利于佛教在中土立足。

　　汉初统治者汲取秦亡教训，以无为而治为治国方略，老子思想及《老子》一书因此风行于世，成为主流思想并用于政治实践。《十七史商榷》卷六《史记六》"司马氏父子异尚"条云："汉初，黄老之学极盛。"[②]文帝好道家之学，修黄老之言，不喜儒术，罢斥繁礼。"孝文即位，有司议欲定仪礼，孝文好道家之学，以为繁礼饰貌，无益于治，躬化谓何耳，故罢去之。"[③]文帝妻窦氏夫唱妇随，甚或变本加厉。"窦太后好黄帝、老子言，帝及太子诸窦不得不读《黄帝》、《老子》，尊其术。"[④]受窦氏强势影响，其身边亲近子孙、娘家诸窦均不得不读黄老之书，尊黄老之术。"至汉景帝，以《黄子》、《老子》义体尤深，改子为经，始立道学，敕令朝

① 〔荷兰〕许理和：《佛教征服中国：佛教在中国中古早期的传播与适应》，第50—51页。
② 〔清〕王鸣盛撰，黄曙辉点校：《十七史商榷》，上海：上海古籍出版社，2013年，第65页。
③ 《史记》卷二三《礼书》，第1160页。
④ 《史记》卷四九《外戚世家》，第1975页。

野，悉讽诵之。"①

窦太后去世，武帝独尊儒术，道家之学丧失了主流政治思想的地位，但在社会上仍有很大影响。

首先宗教化，成为祠祀的重要对象。西汉后期至东汉，谶纬神学盛极一时，孔子、老子、黄帝等——甚至初传中土的佛陀——均被神化。老子成了道的化身，一变而为太上老君，受人膜拜，如前述楚王刘英与桓帝刘志。据统计，"汉画像石《孔子见老子图》的总数大约有30幅，其分布地点相当广泛，散布于黄河中下游与长江中下游的陕西、河南、山东、四川和江苏等广大地区。而且，随着各地区考古发掘工作的进行，汉画像石《孔子见老子图》仍在不断地被发现之中"②。此图屡屡出现在汉墓画像中，意义绝非仅仅局限于孔子问礼于老子这一简单的历史故事。"汉墓画像孔子见老子图乃是汉代道教墓葬仪式的重要组成部分。汉代道教经典和仪式文本可提供相当明朗的解释。在汉代道教中老子乃是神格仅次于西王母的'太上老君'；孔子率众弟子拜见老君遂'得道受书'，不复经受北酆鬼官之考谪，升入仙界成为地位相当高的'真公'（仙格崇高的真人）。"③

其次哲学化，成为人生的一种抉择。无论黄老，抑或老庄，均主张清静养生。丧失政治哲学地位后，老子的另一重要影响，即是成为归隐养生人生道路的选择。疏广、疏受叔侄同时分任宣帝太子

①〔唐〕释道宣：《广弘明集》卷一《归正篇·吴主孙权论叙佛道三宗五》，《大正新修大藏经》卷五二，第100页上。
②李强：《汉画像石〈孔子见老子图〉考述》，《华夏考古》，2009年第2期，第125页。
③姜生：《汉画孔子见老子与汉代道教仪式》，《文史哲》，2011年第2期，第58页。

太傅、少傅，在位五岁，皇太子年十二，通《论语》《孝经》。广谓受曰："吾闻'知足不辱，知止不殆'，'功遂身退，天之道'也。今仕官至二千石，宦成名立，如此不去，惧有后悔，岂如父子相随出关，归老故乡，以寿命终，不亦善乎？"受叩头曰："从大人议。"① 作为一种人生态度，二疏此举不仅引起时人强烈的共鸣，而且广为后世传颂。皇太子刘庄见光武帝刘秀勤劳不怠，承闲谏曰："陛下有禹汤之明，而失黄老养性之福，愿颐爱精神，优游自宁。"②

撩开明帝感梦传说的神秘面纱，可以看出《四十二章经》的译出及在中土流传，首要在于其"似此《孝经》十八章"概要、入门的体例与篇幅，为流布提供了极大便利；其次译者借助《老子》的话语体系强化了本是一家的亲切感，消解了对外来文化的陌生感以及由此而生的排斥感。

《四十二章经》初次译出后，佛经翻译或阙如。逮至桓灵时，安世高、支娄迦谶相继抵达中夏，译经的沉寂局面始有改变。"洎章、和以降，经出盖阙。良由梵文虽至，缘运或殊，有译乃传，无译则隐，苟非其人，道不虚行也。迄及桓、灵，经来稍广。安清、朔佛之俦，支谶、严调之属，翻译转梵，万里一契，离文合义，炳焕相接矣。"③

二、安世高与康僧会之译经

安清，字世高，安息国太子，桓帝建和二年（148），到达洛阳。"世高才悟机敏，一闻能达，至止未久，即通习华语。……其先后所出经凡三十五部，义理明析，文字允正，辩而不华，质而不野，

---

① 《汉书》卷七一《疏广传》，第3039—3040页。
② 《后汉书》卷一卜《光武帝纪下》，第85页。
③ 〔南朝梁〕释僧祐：《出三藏记集》卷二《序》，第22页。

凡在读者,皆亹亹而不惓焉。"世高译经至灵帝建宁(168—171)间中止,持续时间长达二十余年,出经数量前所未有,内容多关禅数,所宣禅法盛行于汉末及曹魏时期,佛教自家面目遂得渐次彰显,中国佛学自此真正肇启。世高通习汉语,译经义理明晰,质文允正,颇受后人称许。"天竺国自称书为天书,语为天语,音训诡蹇,与汉殊异,先后传译,多致谬滥。唯世高出经,为群译之首。安公以为'若及面禀,不异见圣'。"①道安复谓《人本欲生经》"似安世高译为晋言也。言古文悉,义妙理婉。睹其幽堂之美,阙庭之富者或寡矣。安每览其文,欲疲不能";谓安世高译《大十二门经》"辞旨雅密,正而不艳,比诸禅经,最为精悉"②。道安、僧祐评价世高译经可谓高矣!

(一)安世高译《安般守意经》:"佛学在我国独立而为道法之一大宗"

一如《四十二章经》,《安般守意经》屡屡出现的道人、行道、无为等词汇,明示该经传译亦借用了道家的话语体系;"安般守意,名为御意至得无为也""安为清,般为净,守为无,意名为,是清净无为也"③等更是直接源自《老子》。其实,安般(即数息)与中土吐纳养气之术形式上也颇相类:惟"吹呴呼吸,吐故纳新,熊经鸟申,为寿而已矣",若夫"不道引而寿,无不忘也,无不有也,澹然无极而众美从之。此天地之道,圣人之德也"④。庄子所

①〔南朝梁〕释僧祐:《出三藏记集》卷一三《安世高传》,第508、510页。
②〔南朝梁〕释僧祐:《出三藏记集》卷六释道安《人本欲生经序》《大十二门经序》,第250、254页。
③《大正新修大藏经》卷一五,第163页下、第164页上。
④《庄子》外篇《刻意》,〔清〕郭庆藩撰:《庄子集释》卷六上,第536、538页。

谓不导引而寿即无为而寿。"无视无听，抱神以静，形将自正。必静必清，无劳女形，无摇女精，乃可以长生。目无所见，耳无所闻，心无所知，女神将守形，形乃长生。……我守其一以处其和，故我修身千二百岁矣，吾形未常衰。"①

安世高译无我为非身："数息不得者，失其本意故。本意，谓非常、苦、空、非身。"②"名为五阴种，当知是。是从何知？为非常、苦、空、非身。"③此与《四十二章经》所云"熟自念身中四大，名自有名，都为无吾，我者寄生，生亦不久，其事如幻耳"④之"无吾"无异，均与中土传统的鬼神、灵魂说相混淆。佛教无我学说，主要是为反对婆罗门教有我论而提出的。无我分人无我与法无我。小乘说无我指人无我，大乘说无我指人无我与法无我。人无我认为人是由五蕴假和合而成，没有常恒自在的主体——我（灵魂）；法无我认为一切法都由种种因缘和合而生，不断变迁，没有常恒的主宰者。非身之译的混淆显然消解了无我的佛学内涵，然可与道家相沟通，如安般守意即是清净无为。"在佛教中国化的过程中，译'无我'为'非身'是一个很值得注意的环节。就佛教本意说，要把'无我'贯彻到底，在逻辑上必然否认魂灵不死。但是，这又与他们主张因果轮回的业报学说相矛盾。……现在，把'无我'译成'非身'，就便于承认魂灵的存在了。"⑤再如佛教把

---

① 《庄子》外篇《在宥》，〔清〕郭庆藩撰：《庄子集释》卷四下，第390—391页。

② 《安般守意经》卷上，《大正新修大藏经》卷一五，第164页下。

③ 《阴持入经》卷上，《大正新修大藏经》卷一五，第173页中。

④ 《大正新修大藏经》卷一七，第723页上。

⑤ 任继愈主编：《中国佛教史（第一卷）》，北京：中国社会科学出版社，1981年，第244页。

通过修行所达六种智慧名曰六神通，其一曰身如意通，亦曰神足通，谓身能飞行，山海无碍，大能作小，小能作大，随意变现。安世高将之与中土神仙方术相比附："断生死得神足，谓意有所念为生，无所念为死。得神足者，能飞行故，言生死当断也。""欲飞便飞，有时精进坐七日便得，或七日，或七岁也。得神足可久在世间，不死有药：一者意不转，二者信，三者念，四者有谛，五者有黠，是为神足药也。"①此得神足，即得神足通。得神足通并非都能断生死，如佛陀十大弟子之一目犍连，号称神通第一，却因宿世业报死于外道。断生死，久在世间，欲飞便飞，与神仙何异？不死有药，与方术全同！如此传译，既便时人理解又能契合受众祈求长生的心理。"因此，说禅法传来之初，也曾被当作神仙术看待，是完全有根据的。"②

但《安般守意经》究竟不同《四十二章经》的佛教入门性质，不仅详述六事（数息、相随、止、观、还、净）加四谛之十黠，而且将之与三十七道品（四念处、四正勤、四神足、五根、五力、七觉支、八正道）、十二因缘（老死、生、有、取、爱、受、触、六入、名色、识、行、无明）等小乘佛教的基本教义相关联，将数息坐禅的最终目标引向泥洹（涅槃）、无为。可以说，佛教基本禅法亦蕴含其中。愤悱而发自可举一反三。《安般守意经》所述禅法操作性强又富异域神秘色彩，较好地满足了修习者的需求。安世高所传译以《安般守意经》为代表的禅数学，是佛学最初的硕果，使得"佛学在我国独立而为道法之一大宗"③。其成功的关键是将佛教坐禅

①《安般守意经》卷下，《大正新修大藏经》卷一五，第168页下、第172页上。
②任继愈主编：《中国佛教史（第一卷）》，第312页。
③汤用彤：《汉魏两晋南北朝佛教史》，第45页。

中国化——与道家无为养生甚至神仙方术相沟通。安世高长于译经并依事数随文讲说，弟子严浮调因其未详《十慧》而作《沙弥十慧章句》。严浮调，临淮（今江苏睢宁县西北古邳镇）人，是汉人第一个出家者，《沙弥十慧章句》是第一部汉僧佛教著作，于后世佛经注疏影响甚巨。

梁启超称誉安世高与支谶"实译业开山之祖"。相较安世高译经，"谶似纯粹直译，高则已略带意译色彩"。①

（二）康僧会译《六度集经》：以儒释佛，纾缓与主流意识形态的矛盾

僧会，先祖康居人，世居天竺，父因商贾移交阯②。僧会十余岁，双亲并亡，以至性奉孝，服毕出家。"笃志好学，明练三藏，博览六典"，曾云"虽儒典之格言，即佛教之明训也"，见其所治亦非纯粹佛学，且其辩才亦非同寻常。"皓悟，遣张昱诣寺诘会。昱雅有才辩，难问纵横，会应机骋辞，文理锋出。自旦至夕，昱不能屈。"③所著《安般守意经序》《法镜经序》出入内外典籍；所译《六度集经》以儒释佛，将大乘佛教慈悲救度与儒家仁孝，特别是孟子仁政思想相结合，把佛陀塑造为具有强烈儒家色彩的仁君形象。

《六度集经》现存八卷九十一篇，见《大正新修大藏经》第三

① 梁启超：《翻译文学与佛典》，氏著《佛学研究十八篇》，北京：中华书局，1989年，第155、166页。

② 公元前111年，汉武帝灭南越国，在今越南北部设交阯、九真、日南三郡。交阯（或作交趾）郡治交阯县位于今越南河内。《汉书》卷二八下《地理志下·交趾郡》云："武帝元鼎六年开，属交州。"（第1629页）卷九五《西南夷两粤朝鲜传》云："遂以其（南粤）地为儋耳、珠崖、南海、苍梧、郁林、合浦、交阯、九真、日南九郡。"（第3859页）

③ 〔南朝梁〕释僧祐：《出三藏记集》卷一三《康僧会传》，第512、514、513页。

卷。该经文辞典雅汉化，以布施、持戒、忍辱、精进、一心、智慧六度为纲收录九十一则佛传故事和佛本生故事，展现佛陀前身之仁、信、孝。为行文方便，此下所引是经均径于正文标注页码。

1. 佛陀前身之信

《布施度无极章第一》云萨波达大国王所以割肉贸鸽，一则因为"布施众生恣其所索，愍济厄难常有悲怆"（第1页中）之仁，一则因为自己已接受鸽子以命相归即须"吾言守信，终始无违"（第1页中）、"信重天地，何心违之乎"（第1页下）。太子须大挐，慈孝圣仁，事亲同天，誓愿普施，无求不与。因将御敌国宝白象施给仇国而为父王屏逐，须大挐出宫前求施私财济乏七日，出宫后复施马、施车、施衣，入山修行又施子、施妻。由此一系列布施及经中所谓"吐言必信"（第8页上）、"惟当建志于彼山泽，成道弘誓矣"（第8页下）、"当卒弘誓，慎无惓矣"（第8页下）、"欲成其弘誓之重任"（第10页上）、"终不恐惧而违弘誓矣"（第11页上），可见须大挐所以布施亦在于仁、信。《戒度无极章第二》普明王云"不惧丧身，恨毁吾信耳"（第22页下），《精进度无极章第六》九色鹿王云"凶讹保国，不若守信之丧矣"（第33页中）。凡此种种，均可见出佛陀前身之信。

然而，在《六度集经》中，康僧会着力凸显的是佛陀前身之仁。

2. 佛陀前身之仁

割肉贸鸽的宗教热情，若施于人，则与儒家舍身成仁相通；若施于政，则与儒家仁政理想相通。《布施度无极章第一》复云贫窭尤困的菩萨，捐身投海以饱大鱼、活小鱼，死后魂灵化作身长数里的鳣鱼之王。海边有国枯旱，为救因饥馑更相吞啖的黎庶，鳣王自荡其身达至国渚，使举国之人啖己存命。莘肉数月，鳣王犹生。所以忍苦如此，惟恐自己命绝神逝身体腐烂后，民众复因饥馑而相啖。大乘菩萨行舍身布施的悲情着实令人震颤！鱼首为人斫取，死后魂灵复感为王太子。"生有上圣之明，四恩弘慈，润齐二仪，愍民困穷，言之哽咽。"因国尚旱，靖心斋肃，退食绝献，顿首悔过曰："民之不善，咎在我身，愿丧吾命，惠民雨泽。"（第2页上）日日哀恸，犹至孝子遭圣父丧。太子此举隐然有商汤祈雨之迹："今天大旱，即当朕身履，未知得罪于上下。有善不敢蔽，有罪不敢赦，简在帝心。万方有罪，即当朕身，朕身有罪，无及万方。"[1]太子弘慈，愍民困穷，愿舍命惠民雨泽。康僧会巧妙地将儒家仁义糅入大乘慈悲，在佛本生故事中寄寓自己仁君、仁道的政治理想，着力彰显佛陀前身儒释兼备的伟大品格。菩萨为大国王，每睹贫民辄自咎责："君贫德，民穷矣；君富德，民家足。今民贫，则吾贫矣。"（第2页下）国王和墨，"王行仁平，爱民若子，正法治国，民无怨心"。国中有一穷人，因贫困难以自活，失算行盗。失主抓住他后报官。王闻听，长叹云："民之饥者即吾饿之，民之寒者即吾裸之。"重曰："吾势能令国无贫者，民之苦乐在我而已。"（第11页中）《忍辱度无极章第三》亦云菩萨为大国王，悔过曰"吾为人君，民饥者吾自饥，寒者即衣单"（第30页中）。民饥犹吾自饥，民寒犹吾衣单，此即孟子所谓人人皆有的"恻隐之心"；民饥即吾饿之，民寒即吾裸之，吾势能令国无贫者，此即孟子所谓"先王有不忍人之心，斯有不忍人之政矣"[2]。康僧会因此将孟子仁政融入佛家慈悲济世，并在经中三致志焉。

《布施度无极章第一》云大国王长寿，性仁恻，"刀杖不行，臣

---

[1]〔清〕孙诒让撰，孙启治点校：《墨子间诂》，北京：中华书局，2001年，第122—123页。

[2]《孟子·公孙丑章句上》，〔宋〕朱熹：《四书章句集注》，北京：中华书局，1983年，第238、237页。

民无怨"。面对邻国贪王来犯，长寿曰"若与之战，必伤民命。利己残民，贪而不仁，吾不为也"；群臣固请，复曰"彼兵、吾民，皆天生育，重身惜命，谁不然哉？全己害民，贤者不为也"。群臣出曰"斯天仁之君，不可失也"。为绝群臣拒敌之念，长寿谓太子长生曰："彼贪吾国，怀毒而来。群臣以吾一人之身，欲残民命。今吾委国，庶全天民。其义可乎？"父子二人遂弃国全民以求义（第5页上至中）。此中又有古公亶父之影："薰育戎狄攻之，欲得财物，予之。已复攻，欲得地与民。民皆怒，欲战。古公曰：'有民立君，将以利之。今戎狄所为攻战，以吾地与民。民之在我，与其在彼，何异。民欲以我故战，杀人父子而君之，予不忍为。'"[1]与长寿国王相类，波罗棕国王波耶，"治国以仁，干戈废，杖楚灭，囹圄毁，路无呼嗟，群生得所，国丰民炽，诸天叹仁"。面对邻国来犯，波耶惨然曰"吾宁去一世之命，不去大志。恕己安群生，盖天之仁也"，终乘夜逾城入山（第6页上至中）。二王舍国全民，天仁之誉，当之无愧！

若心怀仁慈，虫兽之长亦可舍身济众；若心性凶虐，人君直可为豺狼之行。为君之道，首在于仁。《布施度无极章第一》鹿王本生故事云："岂有畜兽怀天地之仁，杀身济众，履古人弘慈之行哉！吾为人君，日杀众生之命，肥泽己体。吾好凶虐，尚豺狼之行乎？兽为斯仁，有奉天之德矣。"（第12页下）《精进度无极章第四》猕猴王本生故事云："虫兽之长，杀身济众，有古贤之弘仁。吾为人君，岂能如乎？"（第32页下）此下鹿王本生故事表述更为明确："尔为畜生，含乾坤之弘仁，毁命以济众；吾为人君，苟贪好杀，残天所生。"王睹群鹿舐鹿王疮采药咀傅，重为挝泪曰："君以子爱育其众，众以亲恩慕其君，为君之道可不仁乎？"（第32页

---

[1]《史记》卷四《周本纪》，第113—114页。

下至第33页上)《明度无极章第六》即借遮罗国太子之口明谓"为天牧民，当以仁道"(第47页上)。儒释因仁道而贯通。《戒度无极章第二》云"杀彼全己，非佛仁道"，"诸佛以仁为三界上宝，吾宁殒躯命，不去仁道也"(第18页中、下)。

仁道之内涵则如《精进度无极章第四》所云："吾之本土，三尊化行，人怀十善，君仁臣忠，父义子孝，夫信妇贞，比门有贤，吾等将复谁化乎？"(第37页上)佛教三尊、十善与儒家仁义忠孝贞信融而为一，成为佛化亦即仁道的理想境地。行仁道之途径则如《明度无极章第六》所云："人无尊卑，令奉六斋，玩读八戒，戴之着身，日三讽诵；孝顺父母，敬奉耆年；尊戴息心，令诣受经；鳏寡幼弱乞儿给救，疾病医药衣食相济，苦乏无者令诣宫门求所不足；有不顺化者重徭役之，以其一家处于贤者五家之间，令五化一家，先顺者赏；辅臣以贤不以贵族。"(第49页上)

仁道之目标即臣民无怨。前已云长寿治国臣民无怨，波耶治国以仁、路无呼嗟，和墨正法治国、民无怨心。经中又有叶波国王湿随"治国以正，黎庶无怨"(第7页下)，须念国王处国临民二十五年"路无怨嗟声"(第20页下)，圣王摩调"典四天下，心正行平，民无窃怨，慈悲喜护，意如帝释"(第48页下)。心正即正心。"'正心'，是康僧会全部佛教思想的基石，也是他沟通孟子思想的中介。"[1]正心，修身，齐家，治国，平天下，康僧会所译正心治国当即循此而来。《礼记·大学》云："物格而后知至，知至而后意诚，意诚而后心正，心正而后身修，身修而后家齐，家齐而后

---

[1] 杜继文：《略论康僧会佛教思想的特色》，《世界宗教研究》，1981年第2集，第38页。

国治，国治而后天下平。"①无怨亦是儒家治国的理想境界。《孝经·开宗明义章第一》云："先王有至德要道，以顺天下，民用和睦，上下无怨。"②

《六度集经》追求仁道强烈而执着。《戒度无极章第二》云"吾宁守道贫贱而死，不为无道富贵而生也"（第19页上），又云"宁为天仁贱，不为犲狼贵也"，"宁为有道之畜，不为无道民矣"（第26页下）。更甚者，则舍身求仁道。《精进度无极章第四》云菩萨伯叔二人舍身杀龙济一国之民，叔曰："佛戒以杀为凶虐之大，活生仁道之首也。将如彼何？"龙吞黎庶，杀之有违佛戒，活生又为仁道之首，如何解决佛戒与仁道的抵牾？伯曰："夫残一人者，其罪百劫；龙吞一国，吾惧恒沙劫毕，厥殃未除矣。苟贪鲜味斯须之利，不睹太山烧煮之咎，吾心愍然。人道难获，佛法难闻。除龙济国，导以三尊六度高行，祸若丝发，福喻二仪。"（第37页上至中）龙贪小利，不计死后太山地狱烧煮恶报，已属可怜；杀龙违戒祸若丝发，济国导以佛法福如天地。如此这般，矛盾遂得化解。

于不仁之君，《六度集经》则谓之犲狼，认为应逐之。《戒度无极章第二》云宰人奉王命暗中杀人以人肉满足国王口腹之欲，后为有司所获，供曰王命如此。群臣谏之不听，佥曰："犲狼不可育，无道不可君。"臣民齐心同声将王驱逐出境（第22页中至下）。此王径食人肉，直是一犲狼，远甚于孟子所谓"残贼之人"③，被逐实是罪有应得。

仁之外，《六度集经》还将孝糅合其中，将奉佛与孝行关联。

---

① 〔宋〕朱熹：《四书章句集注》，第4页。
② 胡平生译注：《孝经译注》，第1页。
③《孟子·梁惠王章句下》，〔宋〕朱熹：《四书章句集注》，第221页。

　　前揭《布施度无极章第一》长寿王本生云贪王下令于四衢烧杀长寿，长生佯作卖樵者站立父前。长寿仰天相嘱："违父遗诲，含凶怀毒，蕴于重怨，连祸万载，非孝子矣。诸佛四等，弘慈之润，德韬天地。吾寻斯道，杀身济众，犹惧不获孝道微行，而况为虐报仇者乎？不替吾言，可谓孝矣。"（第5页下）长寿舍国、舍身以求仁，长生终能遵父遗诲而成孝行，可谓父仁子孝矣！

　　异于长生之孝，法施太子则陷父于不义。《戒度无极章第二》云父王幸妾内怀邪淫引诱太子法施不得，遂以谗言惑王。王为免骨肉相残，令太子远镇边境。怀怨之妾与相国为奸，谋除太子，伺王卧睡，以蜡为印诈作书，令太子疾脱眼珠，交付使者带回国。太子群臣已觉其中之诈，然太子云"爱身违亲，谓之大逆"，遂脱眼珠交付使者还国。经中虽谓法施"至孝之君子"（第18页上至中），然《孝经·谏诤章第十五》孔子答曾子"敢问子从父之令，可谓孝乎"云："是何言与，是何言与！……父有争子，则身不陷于不义。故当不义，则子不可以不争于父；臣不可以不争于君；故当不义则争之。从父之令，又焉得为孝乎？"[1]以是，法施非争子，亦非至孝。

　　奉佛至孝可死而复生。《忍辱度无极章第三》睒子本生故事云睒子在山泽中奉养年迈而双目失明的父母，至孝德行感动上天。迦夷国王入山田猎，误中为二亲汲水的睒子。迦夷国王目睹睒子复活，曰："奉佛、至孝之德，乃至于斯。"遂命群臣："自今之后，率土人民，皆奉佛十德之善，修睒至孝之行。"然后国丰民康，遂致太平（第24页中至第25页上）。不孝则有恶报。《布施度无极经》云："夫逆之大，其有三矣：不远群邪，招二世咎，斯一也；生不识亲，而逆孝行，斯二也；恃势杀亲，毒向三尊，斯三也。怀斯三

---

[1] 胡平生译注：《孝经译注》，第32页。

逆,其恶无盖。"(第14页下)三逆中生不识亲、恃势杀亲皆是大不孝,恶报无尽。《戒度无极章第二》云智者弥兰入铁城见俱引鬼,"铁轮焗然,走其头上。守罪人鬼,取彼头轮,着弥兰头上,脑流身燋"。火轮处弥兰头上六亿岁,乃免之矣。佛告诸沙门,弥兰出后绝意、语、身三业,"孝顺父母,亲奉三尊……以戒德成,自致为佛。凡人之行,不孝于亲,不尊奉师。吾睹其后,自招重罪。弥兰其类乎!"(第21页中至下)不孝恶报,即如弥兰在铁城,铁轮焗然着头,脑浆迸流,身体焦烂;孝顺父母,则有成佛之报。

当然,康僧会以儒释佛意图仍在弘佛。此意由《布施度无极章第一》陷害大理家仙叹的商人金曰"仙叹不奉佛者,岂有斯仁乎"(第4页上)可见一斑。以儒释佛乃康僧会之权变,其主旨终归于弘佛。《布施度无极经》言之更明:"维蓝前施及饭诸贤圣,不如孝事其亲。孝者,尽其心无外私。百世孝亲,不如饭一辟支佛。辟支佛百,不如饭一佛。佛百,不如立一刹,守三自归——归佛、归法、归比丘僧。"(第12页中)

另外,在家庭伦理上,《六度集经》亦有明显的儒化倾向。《明度无极章第六》云:"昔者,遮罗国王嫡后无嗣,王甚悼焉,命曰:'尔归女宗,以求有嗣之术,还,吾不尤也。'后泣辞退,誓命自捐。"(第46页中)因无子而被迫离宫回娘家,显然属于"妇有七去"之"无子去"①。后生一男,貌甚丑陋,然智策无俦,娶邻国女月光为妻。月光知太子貌后,惧而奔。太子寻至其国。父王责月光云:"尔为人妃,若婿明愚吉凶好丑,厥由宿命,孰能禳之? 而不贞一,尽孝奉尊……"(第46页中至第47页上)此与班固《白虎

---

① 方向东:《大戴礼记汇校集解》卷一三《本命第八十》,北京:中华书局,2008年,第1305页。

通》卷一〇《嫁娶·妻不得去夫》所谓"夫有恶行,妻不得去者,
地无去天之义也"①相通,亦即俗语嫁鸡随鸡、嫁狗随狗。《忍辱
度无极章第三》所谓"妇离所天,只行一宿,众有疑望,岂况旬朔
乎? 还于尔宗,事合古仪"(第27页中),亦即《女诫·专心第五》
"天固不可逃,夫固不可离也"②之意。

康僧会不仅以老庄释佛,而且以儒释佛,这于佛教传播无疑
具有非常重要的意义。自汉武帝独尊儒术以来,神学化的儒家思
想就成为古代中国社会的主流意识形态。康僧会译经较好地处理
了佛教出世精神与儒家入世态度的矛盾冲突,有力地推动了佛教
中国化的进程。

三、支谶与支谦之译经

安世高及其再传弟子康僧会译经将坐禅与其时流行的道家
无为养生、神仙方术相通,与道教相近;支谶及再传弟子支谦译
经将般若与道家本无、自然相合,与玄学同流,下启晋世般若学。

(一)支谶译《道行般若经》:与玄学同流,下启晋世般若学

支谶,即支娄迦谶,月支人,灵帝光和、中平间(178—188)
译出《般若道行经》《首楞严经》等③。《出三藏记集·支谶传》
云:"操行淳深,性度开敏,禀持法戒,以精勤著称。讽诵群经,

----

① 〔清〕陈立撰,吴则虞点校:《白虎通疏证》,北京:中华书局,1994年,第
467页。
② 《后汉书》卷八四《列女·曹世叔妻传》,第2790页。
③ 汪维辉《从语言角度论一卷本〈般舟三昧经〉非支谶所译》云:"综合上
文的比较和分析可以看出,一卷本不大可能是支谶所译,本文的考察为此
提供了一些新证据,国内现行的种种误说到了应该纠正的时候了。"(氏
著《著名中年语言学家自选集　汪维辉卷》,上海:上海教育出版社,2011
年,第199页)

志存宣法,汉桓帝末,游于洛阳。……凡此诸经,皆审得本旨,了不加饰,可谓善宣法要,弘道之士也。"支敏度《合首楞严经记》云:"其(谶)博学渊妙,才思测微,凡所出经,类多深玄,贵尚实中,不存文饰。"①

支谶译经几乎全属大乘,影响最著者为《道行般若经》(亦名《般若道行经》)。自汉末至南北朝,般若理论与魏晋玄学相互生发,风靡一时。一如安世高,支谶在此经传译中亦借用了道家的话语体系——"如在支谶的译文里译'波罗密多'为'道行',译'如性'为'本无'等,都是借用道家思想来传播般若的"②。

《道行般若经》卷五《摩诃般若波罗蜜照明品第十》云:

> 怛萨阿竭知色之本无,如知色本无,痛痒、思想、生死、识亦尔。何谓知识? 知识之本无。何所是本无? 是欲有所得者,是亦本无,怛萨阿竭亦本无,因慧如住。何谓所本无? 世间亦是本无。何所是本无者? 一切诸法亦本无。如诸法本无,须陀洹道亦本无,斯陀含道亦本无,阿那含道亦本无,阿罗汉道、辟支佛道亦本无,怛萨阿竭亦复本无,一本无无有异,无所不入,悉知一切。是者,须菩提! 般若波罗蜜即是本无。③

怛萨阿竭后译作多陀阿伽陀,意为如来。色、痛痒、思想、生死、识等五阴本无,如来亦本无,世间亦本无,一切诸法本无,须陀洹、斯陀含、阿那含、阿罗汉等声闻四果亦本无,辟支佛亦本

---

①〔南朝梁〕释僧祐:《出三藏记集》,卷一三第511页、卷七第270页。
②吕澄:《中国佛学源流略讲》,北京:中华书局,1979年,第290页。
③《大正新修大藏经》卷八,第449页下至第450页上。

无，如来亦本无，般若波罗蜜即是本无。如菩萨常念本无，即得佛位。佛言："如须菩提所说，皆持佛威神，使若说是耳。菩萨闻本无，等无异，心不懈怠，会当得佛。"①阿耨多罗三藐三菩提亦是本无。须菩提白佛言："何等为阿耨多罗三耶三菩？"佛言："本无是也。是本无不增不减，常随是念不远离，是即为近阿耨多罗三耶三菩坐、不可逮法、不可逮慧。若般若波罗蜜皆不增不减，菩萨念是不远离，为近阿耨多罗三耶三菩。"②阿耨多罗三耶三菩即阿耨多罗三藐三菩提，意为无上正等正觉。支谶借助道家"本无"一词，在经中深入细致地宣讲了大乘一切皆空的义理，动摇了原始佛说的权威。支谦改译《大明度经》仍沿袭"本无"，至东晋则形成了般若学"六家七宗"中的本无宗；与支谦同时的玄学家何晏、王弼，亦主张天地万物皆以无为本，形成贵无一派。

　　卷三《摩诃般若波罗蜜沤惒拘舍罗劝助品第四》又多处以"自然"一词指代真如、真性及般若智慧。"何等心当作阿耨多罗三耶三菩者？当以何心作之？心无两对，心之自然乃能所作。"惟有自然之心乃能作无上正等正觉。《摩诃般若波罗蜜道行经泥犁品第五》云："般若波罗蜜，于一切法悉皆自然。"一切法悉皆自然，般若波罗蜜亦是自然。"般若波罗蜜无所有，若人于中有所求，谓有所有，是即为大非。何以故？人无所生，般若波罗蜜与人俱皆自然。"③般若波罗蜜无所有，人不可于中有所求，因为人与般若波罗蜜都是自然。人若能如同般若波罗蜜一样自然，便得成无上正

---

①〔东汉〕支谶译：《道行般若经》卷五《摩诃般若波罗蜜道行经本无品第十四》，《大正新修大藏经》卷八，第454页中。

②〔东汉〕支谶译：《道行般若经》卷六《摩诃般若波罗蜜道行经怛竭优婆夷品第十六》，《大正新修大藏经》卷八，第457页上。

③《大正新修大藏经》卷八，第438页中、第440页中、第441页上。

等正觉。《老子》第二十五章云："人法地，地法天，天法道，道法自然。"①简言之，亦即人法自然。"《道行经》用'自然'来说明'本无'、'性空'，这个概念无疑也是来自《老子》……可见这个概念之出现于汉译佛经，也说明当时的佛教思想已不可避免地打上了中国的传统思想和当时的思潮的烙印。"②

（二）支谦译经："盖已为佛教玄学化之开端也"

僧会服膺世高之学，支谦传授支谶之学。二人并生汉土，译经风格亦相类。

支谦，一名越，字恭明，月支人。《出三藏记集·支谦传》云："祖父法度，以汉灵帝世，率国人数百归化……（越）十岁学书，同时学者皆伏其聪敏。十三学胡书，备通六国语。……后吴主孙权闻其博学有才慧，即召见之，因问经中深隐之义。越应机释难，无疑不析。"支谦曾受业于支谶弟子支亮，通达大乘佛学，兼善华戎之语、内外典籍。支敏度《合首楞严经记》云："越才学深彻，内外备通，以季世尚文，时好简略，故其出经，颇从文丽。然其属辞析理，文而不越，约而义显，真可谓深入者也。"支谦内外兼通，因应尚文、尚简的"时好"，译经颇具文丽之风。支谦曾删述修订支谶所出《首楞严经》。"恐是越嫌谶所译者辞质多胡音，所异者，删而定之；其所同者，述而不改。"③

支谦译《佛说太子瑞应本起经》④是早期佛传翻译中质量较

---

① 朱谦之：《老子校释》，第103页。
② 任继愈主编：《中国佛教史（第一卷）》，第356页。
③ 〔南朝梁〕释僧祐：《出三藏记集》，卷一三第516—517页、卷七第270页。
④ 见《大正新修大藏经》卷三，第472页下至第483页上。此下引是经随注页码。

高的一部，也是最为流行的一部。相对于此经异译本东汉竺大力共康孟详译《修行本起经》①，支谦改译本文学色彩浓郁，非常适合中土人阅读心理。

支译本首先删去《修行本起经》"闻如是"开经语、太子灯光成佛度化、何为七宝等游离于佛陀本生主题之外的冗长内容；复次改入城遇女买花一段偈颂为长行，且明谓此女乃瞿夷。支谦此处改译更具情趣。儒童始以百银钱向瞿夷买花，继增至二百三百，终以五百成交，较之《修行本起经》径以五百银钱买花曲折许多。后瞿夷又以悔交逼儒童道出买花上佛求愿之目的，并以身相许且须令佛遂此愿。"愿我后生，常为君妻，好丑不相离"（第473页上），见出瞿夷追求爱情大胆、执着。相较《修行本起经》简单问求何等愿、答愿得成佛，如此处理便有趣、生动得多。同时，支谦改译删去《修行本起经》儒童所问"佛从何来……内外相见"一段及所云"女人多情态，坏人正道意，败乱所求愿，断人布施心""即时思宿命，观视其本行，以更五百世，曾为菩萨妻"；复删去儒童欲至佛前不得、佛遂化地作泥人众两披、儒童始得近前，并将布发掩泥移至受记后（第462页中）。如此，儒童形象更加完美，少了些说教气，多了些人情味。在接下来的经文中，佛陀更是被塑造成了一个中国化的神人形象。

能儒菩萨承事定光，至于涅槃，上作天帝，下为圣主，各三十六反。在人间或为圣帝，或作儒林之宗、国师、道士。"溯汉时佛教初入中国，本附庸于道术。双方牵合之理论，则为老子化胡之说。支谦《本起经》中文，实本于此说，而且有增益。边韶铭

---

① 见《大正新修大藏经》卷三，第461页上全第472页中。此下引是经随注页码。

云：老子代为圣者作师。支谦谓佛前生常为国师道士。二人言虽相反，然汉之道术、释教，魏晋之玄学、佛学，其中声气相通，首在由老子人格与佛身观两相比拟，而有神与道合之说也。"①

菩萨于九十一劫，修道德，学佛意，期运之至，当下作佛，托生天竺迦罗卫国。父王白净聪睿仁贤，母妙夫人节义温良，全然合乎儒家德行标准。菩萨化乘白象，因母昼寝示梦后从其右胁入胎。四月八日夜明星出时，化从右胁生。生时天降三十二瑞应，身具三十二相，既有浓郁而神奇的外来佛教色彩，又有中土文化的气息，充分满足了受众的好奇心。太子从四门出游见老病死苦，遂决意出家。"吾见死者，形坏体化，而神不灭，随行善恶，祸福自追，富贵无常，身为危城。是故圣人，常以身为患；而愚者保之，至死无厌。"（第475页上）支谦改译以"形坏体化"四字取代《修行本起经》"身体挺直，无所复知。旬日之间，肉坏血流，膹胀烂臭，无一可取。身中有虫，虫还食之。筋脉烂尽，骨节解散，髑髅异处。脊胁肩臂，脾（髀）胫足指，各自异处。飞鸟走兽，竞来食之"（第467页上）的自然主义描写，增之以善恶相报、富贵无常及老子以身为患等感慨。这样不仅更符合中土审美习惯，也与此后"沙门之为道也，舍家妻子，捐弃爱欲，断绝六情，守戒无为，其道清净，得一心者，则万邪灭矣"（第475页上）相呼应。

年十九时四月八日夜，太子在天神帮助下逾城出家。贝多树下，太子端坐六年，日食一麻一米，内思安般，游志三四②，出十二门，弃欲恶不善法，思想无为，意以清净，成一禅行；却情欲意，

---

① 汤用彤：《汉魏两晋南北朝佛教史》，第95页。

② 三四即四禅（初禅、二禅、三禅、四禅）、四无量（慈、悲、喜、舍）、四空定（空无边处、识无边处、无所有处、非想非非想处），亦即十二门。

无恶可改，念思已灭，恬淡守一，欣然不移，成二禅行；弃喜意，外不得入，内亦不起，心正身安，成三禅行；弃苦乐，无忧喜，不依善，不附恶，喘息自灭，寂然无变，成四禅行。此与老子的无为守静、庄子的心斋坐忘亦实有相通处。天上魔王恐菩萨道成胜己，遂召三玉女、诸鬼神坏其道意，甚至自己上前相难诘。菩萨至儒大慈，道定自然，忍力降魔，得变化法："所欲如意，不复用思，身能飞行，能分一身，作百作千，至亿万无数，复合为一；能彻入地，石壁皆过，从一方现，俯没仰出，譬如水波；能身中出水火，履水行虚，身不陷坠；坐卧空中，如鸟飞翔；立能及天，手扪日月；欲身平立，至梵自在；眼能彻视，耳能洞听，意悉预知，诸天、人、龙、鬼神、蚑行蠕动之类，身行口言心所欲念，悉见闻知。"（第478页上）

　　此种形象除神通更为夸张外，与中土文化的神仙实无二致，自然极便民众接受。明星出时，菩萨廓然大悟，得无上正真之道，为最正觉，得佛十八法，有十神力、四无所畏，知见一切。"自念宿命，诸所施为，慈孝仁义，礼敬诚信，中正守善，虚心学圣，柔弱净意，行六度无极——布施、持戒、忍辱、精进、一心、智慧，习四等心——慈、悲、喜、护，养育众生如视赤子，承事诸佛积德无量，累劫勤苦不望其功，今悉自得。"（第478页下）如此，佛陀实又与儒家圣人相仿。《修行本起经》食麋一段在菩萨修成三禅行后，支谦改译本将之缩写并移至修成四禅行后以呼应菩萨端坐前之誓，删去吉祥及吉祥草一段，改菩萨主动降魔为被动降魔，花费大量篇幅详尽叙述佛陀度化迦叶兄弟特别是度化迦叶的曲折过程，其意或在寄托弘法维艰的慨叹。

　　支谦又改译支谶译本《道行般若经》等，其或加注以畅达经意；创合译之体，集引众经，比较以明义；依《无量寿经》《中本起经》创作《赞菩萨连句梵呗》三契。简言之,支谦治佛学已全然中国化,"其译经尚文丽,盖已为佛教玄学化之开端也"[①]。或许,支谦已意识到了玄学兴起为佛教传播所提供的绝好历史机遇。

"仅就支谦译《般若波罗密经》为《大明度无极经》,改用这一名称,也可以看出佛教是迎合了当时以老庄思想为核心的玄学思潮。"[②]叶梦得谓支遁从支谦学。《石林诗话》卷下云:"始晋初为佛学者,皆从其师姓,如支遁本姓关,从支谦学,故为支。道安以佛学皆本释迦为师,请以释命氏,遂为定制。"[③]支遁虽无缘亲炙支谦门下,然以为其私淑弟子则未尝不可。

---

① 汤用彤:《汉魏两晋南北朝佛教史》,第95页。
② 汤一介:《魏晋玄学与魏晋时期的佛教》,氏著《佛教与中国文化》,北京:宗教文化出版社,1999年,第14页。
③〔清〕何文焕辑:《历代诗话》,北京:中华书局,2004年,第431页。叶梦得《避暑录话》卷三亦有类似记载(《宋元笔记小说大观》,上海:上海古籍出版社,2001年,第2651页)。

第二章 支遁与佛教中国化之重要进展

两晋时，佛经译场较为完备，译经数量与质量均超汉魏，而且还涌现出一批汉人高僧。这些人积极主动地以般若学因应玄学思潮，形成了具有中国特色的般若学流派。"如果我们试图把早期中国佛教的形成作为中国中古社会和文化史的一个层面来加以描述，我们就只能得出结论：大约公元300年是个特别的转折点。"①此时，佛教中国化有了新突破，得以全面深入地展开。

玄学已成魏晋社会思潮的主流。"人们对于魏晋玄学也觉得不易了解，不知道它说的是什么，这是因为习惯于具体思维的缘故，在中国哲学史中，魏晋玄学是中华民族抽象思维的空前的发展。"②玄学家以老庄之学阐释儒家经典，探讨有无、本末等哲学本体论问题，努力摆脱两汉经学、神学的思维惯性，用纯粹思辨的方法阐述经验以外的各种问题，从形而下的具象思维转向形而上的哲学玄思，展开对宇宙人生的本体论探索，追求超越的精神境界。这是中国传统思想合乎逻辑的发展。作为本土理论，玄学依然是天人合一的思辨模式，以天道论人事，以名教与自然的

---

① 〔荷兰〕许理和：《佛教征服中国：佛教在中国中古早期的传播与适应》，第86页。
② 冯友兰：《中国哲学史新编》中册，北京：人民出版社，1998年，第416—417页。

关系作为哲学归宿。自正始年间（240—249）何晏、王弼"以无为本"揭开大幕，至永嘉（307—313）时郭象标举"独化"，经过大约七十年的发展，魏晋玄学趋于成熟。"就玄学本身的理论逻辑而言，永嘉年间出现的郭象的独化论意味着玄学的终结。"[①]然时人对玄学的兴趣却丝毫未减，玄谈之风甚或愈演愈烈，尽管内容鲜有超出王、何、向、郭者。玄学哲学本体论的建立实现了中土士人思维方式的转化，使其哲学思辨接近于般若思想。同时，经过八王之乱与晋室南渡，清谈名士于玄远精神境界的追求愈加迫切。这一切均为佛教进入士人阶层提供了契机。重要的是，佛教般若经典的传译至此也为中印文化的直接交流与会通做好了必要准备。佛学名僧极力以格义法围绕本体论沟通佛玄，运用般若学理探讨玄学主题，寻求有无、本末、色空等范畴的对应关系，主动回应玄学名士的重大现实关切。

"安世高、康僧会之学，虽亦探及人生原始，但重守意养气，思得神通，其性质仍上承汉代之道术。及至大乘般若之学兴，始于支谶，逮至支谦而颇盛。其说乃颇附合于五千言之玄理。"[②]伴随着玄学的第一次高潮，《般若经》《维摩诘经》传译转盛。西晋佛学家继支谦后，持续致力于此。直至元康（291—299）、永嘉，般若空观与不二入法门等佛学义理已基本介绍到了中土。玄学随之迎来第二次高潮。"向秀、郭象继承王、何之旨，发明外王内圣之论。内圣亦外王，而名教乃合于自然。外王必内圣，而老、庄乃为本，儒家为末矣。故依向、郭之义，圣人之名（如尧、舜等）虽仍

① 余敦康：《魏晋玄学史》，北京：北京大学出版社，2016年，第449页。
② 汤用彤：《汉魏两晋南北朝佛教史》，第104—105页。

承炎汉之旧评,圣人之实则已纯依魏晋之新学也。"[1]魏晋玄学家固然要维护论证名教纲常的神圣性、合理性,但逍遥适性的个体精神自由才是其人生的终极关怀。"所以玄学发展到了永嘉年间,必然要复归于自己的主题,像阮籍、嵇康那样排斥名教去谈自然,或者像裴頠那样排斥自然去谈名教,都不是出路,只有着眼于二者的辩证的结合,找到一种合乎自然的名教或者合乎名教的自然,才能解决问题。"两晋之际,大批般若学者也乘势而发,积极参与这一时代课题的解决,使般若学蔚为风尚,使维摩诘居士形象为众多名士所知悉,从而实现了佛教传播的重大突破。佛教中国化也因此达到了新的高度。"严格说来,中国佛学走上独立的道路是以这股般若学思潮的兴起为标志的。"[2]颇具名士风范的高僧支遁活跃于东晋清谈场上,可谓此时佛教中国化的形象代言人。"又自晋以后,佛学大兴,然实与清谈互相发明,皆欲了解人生。佛徒每假借清谈,以与士流周旋,其教始盛。"[3]

第一节 《般若经》传译与般若学"六家七宗"

西晋佛经传译以《般若经》为多,其因在于"夫《般若》理趣,同符《老》《庄》"[4]。《般若经》属于印度早期大乘佛经,有大品、小品之分,核心思想为大乘空观,宣扬诸法性空,认为只有通过般若智慧获得诸法实相、真如法性,才能达到觉悟和解脱。

① 汤用彤:《向郭义之庄周与孔子》,《汤用彤学术论文集》,北京:中华书局,2016年,第284页。
② 余敦康:《魏晋玄学史》,第372、447页。
③ 邓之诚:《中华二千年史》卷一,北京:中华书局,1983年,第263页。
④ 汤用彤:《汉魏两晋南北朝佛教史》,第108页。

一、《般若经》传译

《般若经》始译于东汉末，支谶译《道行般若经》十卷即为小品。支谦重译此经名曰《大明度无极经》已有迎合玄风之意，曹魏颍川（今河南禹州市）人朱士行亦致力于传译《道行般若经》。

（一）朱士行西行求大品《般若经》

《出三藏记集·朱士行传》云：

> 朱士行，颍川人也。志业清粹，气韵明烈，坚正方直，劝沮不能移焉。少怀远悟，脱落尘俗，出家以后，便以大法为己任。常谓入道资慧，故专务经典。初天竺朔佛，以汉灵帝时出《道行经》，译人口传，或不领，辄抄撮而过，故意义首尾颇有格碍。士行尝于洛阳讲《小品》，往往不通。每叹此经大乘之要，而译理不尽，誓志捐身，远求《大品》。遂以魏甘露五年，发迹雍州，西渡流沙。既至于阗，果写得正品梵书，胡本九十章，六十万余言。①

在中国佛教史上，朱士行具有重要的地位。

首先，朱士行是第一个西行求法的人。费长房《历代三宝记》卷三《年表》废帝高贵乡公髦甘露五年（260）条下注云：“颍川朱士行，最先出家，即汉地沙门之始也。”②此当据《出三藏记集》卷七未详作者《放光经记》：

> 惟昔大魏颍川朱士行，以甘露五年出家学道为沙门，出

---

① 〔南朝梁〕释僧祐：《出三藏记集》卷一三，第515页。
② 《大正新修大藏经》卷四九，第37页上。

塞西至于阗国，写得正品梵书胡本九十章，六十万余言。以太康三年遣弟子弗如檀，晋字法饶，送经胡本至洛阳。住三年，复至许昌。二年后至陈留界仓垣水南寺，以元康元年五月十五日，众贤者共集议，晋书正写。时执胡本者，于阗沙门无罗叉，优婆塞竺叔兰口传，祝太玄、周玄明共笔受。正书九十章，凡二十万七千六百二十一言。时仓垣诸贤者等，大小皆劝助供养，至其年十二月二十四日写都讫。经义深奥，又前后写者参校不能善悉。至太安二年十一月十五日，沙门竺法寂来至仓垣水北寺求经本。写时捡取现品五部并胡本，与竺叔兰更共考校书写，永安元年四月二日讫，于前后所写校最为差定，其前所写可更取校。①

　　然《放光经记》甘露五年云云所言实出家学道为沙门与出塞西行二事，而僧祐《朱士行传》明谓甘露五年朱士行从雍州出发，故《放光经记》甘露五年乃谓出塞西行时间而非谓出家时间甚明。朱士行出家当在西行前，惜难明具体时间。前已言及严浮调乃汉人第一个出家者，费长房所谓朱士行最先出家亦欠妥。

　　其次，朱士行出家后以弘法为己任，专务经典。朱士行奉佛不止斋戒祠祀，旨趣重在义学，于《般若经》尤为用力。洛阳乃其时玄风中心所在，以是，朱士行在此弘法。当初，竺朔佛口传、支谶翻译《道行般若经》②，于难以领会处一带而过，致使经义首尾

---

① 〔南朝梁〕释僧祐：《出三藏记集》卷七，第264—265页。
② 汤用彤《汉魏两晋南北朝佛教史》云："按译人口传抄撮云云，谓支谶译朔佛口传之时，于不了解处辄加省略也。《祐录》此段甚明白。但《僧传·士行传》云：'竺朔佛译出《道行经》，文句简略。'后人据此以为朔亦译有此经，与支谶本不同，是慧皎行文简略致误也。"（第106页）

扞格。朱士行遂誓言舍身西行。由此可见,佛教传播一改往日依附黄老道术转而攀援玄学。"朱士行西行求法,可作为划分这两个阶段的标志。"①两晋般若学兴盛指日可待。

晋武帝太康三年(282),朱士行派弟子弗如檀等十人将所求胡本大品《般若经》送回洛阳。元康元年(291)五月十五日,众人商议翻译此经。于阗沙门无叉罗(或作无罗叉)执胡本,竺叔兰口传,祝太玄、周玄明二人笔受,至同年十二月二十四日写讫,译成《放光般若经》二十卷。由笔受二人名字中浓浓的玄意,似可见出《放光般若经》的翻译乃是佛玄结合的产物。

(二)竺法护译《光赞般若经》

其实,胡本《放光般若经》被送到洛阳的四年后,即太康七年(286),于阗沙门祇多罗也带来一梵本大品《般若经》。竺法护于同年十一月二十五日译出,名曰《光赞般若经》(十卷)。道安《合放光光赞略解序》云:

> 《放光》、《光赞》,同本异译耳。其本俱出于阗国持来,其年相去无几。《光赞》,于阗沙门祇多罗以泰康七年赍来,护公以其年十一月二十五日出之。《放光分》,如檀以泰康三年于阗为师送至洛阳,到元康元年五月乃得出耳。先《光赞》来四年,后《光赞》出九年也②。……恨其寝逸凉土九十一年,几至泯灭,乃达此邦也。斯经既残不具,并《放光》寻出,大行华京,息心居士翕然传焉。中山支和上遣人于仓垣断绢写之,

---

① 方广锠:《佛教志》,上海:上海人民出版社,1998年,第13页。
② 竺法护于太康七年(286)十一月译出《光赞般若经》,竺叔兰于元康元年(291)十二月译出《放光般若经》,二者相距仅五年,故《放光》"后《光赞》出九年"之"九"当作"五",或形近而误。

持还中山。中山王及众僧城南四十里幢幡迎经。其行世如是，是故《光赞》人无知者。①

《光赞般若经》早出，然译地在长安，又遭晋世之乱，故"寝逸凉土"，"几至泯灭"；《放光般若经》晚出，然未译前即在玄风盛行的洛阳停留三年，而且译地陈留距离洛阳也不远，故能"大行华京"。

（三）竺叔兰、支孝龙传译《放光般若经》

竺叔兰，居士，本天竺人。其父因避国乱与两位出家为僧的妻兄等一同奔晋，居洛阳，生叔兰。据前揭《放光经记》，在《放光般若经》译出后的十二年，即太安二年（303）十一月十五日，竺法寂与叔兰捡取现品五部译经及胡本原经，再次考校书写。支孝龙或与此五部译经有关。《高僧传·义解一·晋洛阳朱士行附竺叔兰》云："至太安二年，支孝龙就叔兰一时写五部，校为定本。时未有品目，旧本十四匹缣，今写为二十卷。"②

血统属于印度人，生长于政治文化中心洛阳，家中又有二位沙门舅舅，因此，竺叔兰得以闻悟佛法，长于梵汉两种语言，兼悉中国文史，并具其时名士风度：

> 叔兰幼而聪辩，从二舅咨受经法，一闻而悟，善胡汉语及书，亦兼诸文史。……尝大醉卧于路傍，仍入河南郡门唤呼，吏录送河南狱。时河南尹乐广，与宾客共酤，已醉，谓兰曰：

---

① 〔南朝梁〕释僧祐：《出三藏记集》卷七，第265—266页。
② 〔南朝梁〕释慧皎撰，汤用彤校注，汤一玄整理：《高僧传》卷四，北京：中华书局，1992年，第146页。

"君侨客，何以学人饮酒？"叔兰曰："杜康酿酒，天下共饮，何问侨旧？"广又曰："饮酒可尔，何以狂乱乎！"答曰："民虽狂而不乱，犹府君虽醉而不狂。"广大笑。时坐客曰："外国人那得面白？"叔兰曰："河南人面黑尚不疑，仆面白复何怪耶！"于是宾主叹其机辩，遂释之。①

竺叔兰于大醉中应答仍如此敏捷，无怪乐广宾主叹服。较之竺叔兰，支孝龙的名士风度有过之而无不及：

> 支孝龙，淮阳人。少以风姿见重，加复神彩卓荦，高论适时。常披味《小品》，以为心要。陈留阮瞻、颍川庾凯，并结知音之交，世人呼为八达。时或嘲之曰："大晋龙兴，天下为家，沙门何不全发肤，去袈裟，释胡服，被绫罗？"龙曰："抱一以逍遥，唯寂以致诚。剪发毁容，改服变形，彼谓我辱，我弃彼荣。故无心于贵而愈贵，无心于足而愈足矣。"其机辩适时，皆此类也。②

淮阳即今河南周口市淮阳区。竺叔兰初译《放光经》后，支孝龙即就其抄写五部，校为定本，披阅十余日便开讲。相较竺叔兰，支孝龙更具名士风范："少以风姿见重""神彩卓荦""高论适时"。《老子》第二十二章云："少则得，多则或。是以圣人抱一为天下式。"③《庄子》首篇即是《逍遥游》。"抱一以逍遥"可谓玄

---

① 〔南朝梁〕释僧祐：《出三藏记集》卷一三《竺叔兰传》，第520页。
② 〔南朝梁〕释慧皎：《高僧传》，第149页。校注云："《洪音》、《金藏》、《音义》'凯'作'皑'。"（第150页）
③ 朱谦之：《老子校释》，第92页。

味十足，"唯寂以致诚"则佛味浓郁。"故'唯寂以致诚'有禅定以得'一'之义。……故支孝龙之论实有印度佛教的意味。"[1]"抱一以逍遥，唯寂以致诚"实是佛玄相融的妙语。不过，此时相融主要是般若学主动迎合玄学。"彼谓我辱"云云又显属机辩之辞。慧皎于传中两次强调孝龙之论"适时"，无疑是在凸显其论极富玄趣与辩才。以率皆此类的"机辩适时"，支孝龙与阮瞻等结为知音，预"八达"之列。

竺叔兰和支孝龙的机辩，特别是后者所表现出来的玄学素养，使其得以交往名士。"而兰与乐令酬对，龙共庾、阮交游。清谈佛子渐相接近，是不待至东晋而始然也。"[2]这种交往开启了佛教义理在上层士人间传播的模式，成为中古佛教传播的重心所在。

此外，传译《般若经》者又有司州汲郡（今河南卫辉市）人居士卫士度，曾删略十卷《道行般若经》为二卷《摩诃般若波罗蜜道行经》；河内人（今河南沁阳市）法祚，俗姓万，年二十五出家，曾注《放光般若经》；竺僧敷，家世不详，学通众经，尤善《放光般若经》及《道行般若经》，西晋末移居江左，住建康瓦官寺，曾开席讲法[3]。

二、格义讲经

"随着佛教的进一步普及，已在汉民族信徒中逐渐形成一

① 石峻：《支孝龙之论》，《石峻文集》，武汉：武汉大学出版社，2013年，第74页。
② 汤用彤：《汉魏两晋南北朝佛教史》，第120页。
③ 参〔南朝梁〕释慧皎：《高僧传》卷一《译经上·晋长安帛远附卫士度》《译经上·晋长安帛远附帛法祚》及卷五《义解二·晋京师瓦官寺竺僧敷》，第28、27、196—197页。

批译经和传教的骨干，而这些骨干不免带有中国传统文化以及当时魏晋玄学的影响的烙印。这是促成佛教中国化的一个重要条件。"①这些"骨干"以格义法讲注《般若经》，不仅促成般若学的兴盛，也为玄学新变奠定了基础。

佛经初期传译过程中，即以中国固有术语拟配佛经词汇。前已言及安世高、支谶译经颇多老庄词汇，竺大力共康孟详译《修行本起经》以"能仁"对译"释迦文"，支谦译《太子瑞应本起经》又改"能仁"为"能儒"，注云："天竺语释迦为能，文为儒，义名能儒。"②已可见出格义端倪。三国两晋时，僧侣讲解、注疏《般若经》光大此风，以玄释佛："汉末魏初，广陵彭城二相出家，并能任持大照，寻味之贤，始有讲次。而恢之以格义，迂之以配说。下至法祖、孟详、法行、康会之徒，撰集诸经，宣畅幽旨，粗得充允，视听暨今。"③格义、配说在汉末魏初实为讲次佛经之法。"大凡世界各民族之思想，各自辟途径。名辞多独有含义，往往为他族人民所不易了解。而此族文化输入彼邦，最初均牴（抵）牾不相入。及交通稍久，了解渐深，于是恍然于二族思想固有相同处，因乃以本国之义理，拟配外来思想。此晋初所以有格义方法之兴起也。"④格义的基础在于人类所面临的根本问题相同或相似，其思考、探索的结果自有相通处。"严格地说，从佛教进入中国的第一天起，就已经开始了它的格义之路。广义的格义概念，指以中国固有儒、道等文化思想和名词概念去理解、阐述佛教相关

---

① 任继愈主编：《中国佛教史（第二卷）》，北京：中国社会科学出版社，1985年，第47页。
② 《大正新修大藏经》卷三，第473页上。
③ 〔南朝梁〕释僧祐：《出三藏记集》卷五《喻疑》，第234页。
④ 汤用彤：《汉魏两晋南北朝佛教史》，第167—168页。

名词概念，展开佛教中国化的道路。"①然格义明确为一种自觉的佛教讲经方法，内涵渐趋清晰，则在西晋初。这标志着佛教中国化已达到方法论的新高度。"它不拘泥于片言支语的训释，也不追求忠实于外来的般若学的本义，而只着重于从义理的方面去融会中外两种不同的思想，只要在它们中间找到了某种同一性，便可以自由发挥，创立新解。"②其时讲经主要用安世高先出事数再分条释义法，竺法雅、康法朗等又创立以经中事数拟配外书的格义讲经法：

> 法雅，河间人，凝正有器度，少善外学，长通佛义，衣冠士子，咸附咨禀。时依门徒，并世典有功，未善佛理。雅乃与康法朗等，以经中事数，拟配外书，为生解之例，谓之格义。及毗浮、相昙等，亦辩格义，以训门徒。雅风采洒落，善于枢机。外典佛经，递互讲说。与道安、法汰每披释凑疑，共尽经要。③

西晋有河间国，治所在乐城县（今河北献县东南）。竺法雅与道安同师佛图澄，内外兼擅。"而所谓'生解'者，六朝经典注疏中有'子注'之名，疑与之有关。盖'生'与'子'，'解'与'注'，皆互训字也。"④据此，生解之例即中土正文大字夹注小字的注

---

① 潘桂明：《中国佛教思想史稿》第一卷，南京：江苏人民出版社，2009年，第82页。
② 仟继愈主编：《中国佛教史（第二卷）》，第216页。
③〔南朝梁〕释慧皎：《高僧传》卷四《义解一·晋高邑竺法雅》，第152—153页。
④ 陈寅恪：《支愍度学说考》，《金明馆丛稿初编》，北京：生活·读书·新知三联书店，2015年，第169页。

疏体例。谛审文义，当为于经中事数处以外书拟配夹注之，如子注例。此即格义，为讲经前的准备。所以如此，一则缘于玄学家通过注《老子》《论语》《庄子》等阐述思想的体例，二则缘于"事数"难解。《世说新语·文学第四》第五十九条云："殷中军被废，徙东阳，大读佛经，皆精解。唯至'事数'处不解。遇见一道人，问所签，便释然。"刘孝标注云："事数：谓若五阴、十二入、四谛、十二因缘、五根、五九、七觉之声。"①事数即法数，亦谓名数，指带有数字的佛教名词。佛经多结合数目阐释名相，故名。殷中军即殷浩。"浩识度清远，弱冠有美名，尤善玄言，与叔父融俱好《老》《易》。融与浩口谈则辞屈，著篇则融胜，浩由是为风流谈论者所宗。"②殷浩于事数尚不得解，何况寻常人！

"以经中事数，拟配外书"的格义实为法雅等讲经特色与重点所在，但并非格义的全部内涵，因为其"外典佛经，递互讲说"，不止局限于"以经中事数，拟配外书"。

其实，东汉时已依事数讲经。"安公谓世高似撰《四谛》、《十四意》、《九十八结》诸经，已见其对汉人说经即依法数。……是则安侯讲经，以数为纲，但《十慧》则未详释也。"③竺法雅等讲经前，则将事数拟配门徒熟悉的中国典籍，并仿照子注以小字夹注于佛经正文，以方便理解；讲经时又以中国典籍比拟、阐释佛经。然而，格义如拘泥于事数拟配，甚至琐碎、机械地进行附会，成为"一种很琐碎的处理，用不同地区的每一个观

---

① 余嘉锡笺疏：《世说新语笺疏》卷上之下，第264—265页。校云："'九'，景宋本作'力'。'声'，景宋本及沈本作'属'。"（第265页）
② 〔唐〕房玄龄等撰：《晋书》卷七七《殷浩传》，北京：中华书局，1974年，第2043页。
③ 汤用彤：《汉魏两晋南北朝佛教史》，第45页。

念或名词作分别的对比或等同"①，则极易流于牵强迂拙。《高僧传·义解二·晋飞龙山释僧先》云："安曰：'先旧格义，于理多违。'先曰：'且当分折《逍遥》，何容是非先达。'安曰：'弘赞理教，宜令允惬，法鼓竞鸣，何先何后。'"②道安意即在反对此种牵强附会。相较而言，"僧光意谓且务证解《逍遥游》之真谛，不必非难昔日所受于先辈之《逍遥游》格义旧说也"③，态度则多宽容。僧睿《毗摩罗诘提经义疏序》云："自慧风东扇，法言流咏已来，虽曰讲肆，格义迂而乖本，六家偏而不即。"④批评更为激烈。此类认识标志着中国佛教理论上的觉醒，预示着中国佛教新时期即将来临。"但自道安以后，佛道渐明，世人渐了然释教有特异处。且因势力既张，当有出主入奴之见，因更不愿以佛理附和外书。及至罗什时代，经义大明，尤不须藉俗理相比拟。故僧睿于什公来后，乃申言格义迂而乖本也。"随着佛学深入发展，格义机械、琐碎、牵强、迂拙之弊备受批评，诚在情理中，然格义作为方法论，是两晋之交般若学者习用的方法，在后世则影响至深至远。"但格义用意，固在融会中国思想于外来思想之中，此则道安诸贤者，不但不非议，且常躬自蹈之。故竺法雅之格义，虽为道安所反对。然安公之学，固亦融合《老》《庄》之说也。不惟安公如

---

① 汤用彤：《论"格义"——最早一种融合印度佛教和中国思想的方法》，氏著《理学·佛学·玄学》，北京：北京大学出版社，1991年，第284页。
② 〔南朝梁〕释慧皎：《高僧传》卷五，第195页。校云："〔一〕三本、金陵本及《名僧传》目录作'僧光'，而在《道安传》中，各本均作'僧先'。〔二〕金陵本'折'作'析'。"（第195页）按：书名号为引者所加。
③ 陈寅恪：《逍遥游向郭义及支遁义探源》，《金明馆丛稿二编》，第96页。按：书名号为引者所加。
④ 〔南朝梁〕释僧祐：《出三藏记集》卷八，第311页。

是，即当时名流，何人不常以释教、《老》《庄》并谈耶！"①格义之用本不在求真，而在于寻觅异质文化间的契合点消除其隔阂与抵牾以便接受。"从名士与名僧的交流中，我们清楚地看到，格义的本质体现于中国文化对印度佛教的接受方式中，存在于早期佛教中国化的基本原则中，同时也凸显在名士的特殊作用中。东晋名士与名僧的交往，正是格义佛教的重要组成部分。"②后世用格义者在在皆是。"故一则成为傅会中西之学说，如心无义即其一例，后世所有融通儒释之理论，皆其支流演变之余也。"③格义在东晋最为直接的影响，即是包括心无义在内"六家七宗"般若学的兴起。"道安是由格义转到'六家'的复杂人物。当时道安和支遁（支道林）等著名僧人都崇尚清通简要，融贯大义，不执著文句，自由发挥思想，由此而形成了六家或六家七宗的般若学流派。"④此可谓格义方法论的首批硕果，也标志着佛教中国化取得了重要进展。

三、般若学"六家七宗"

　　直至西晋末，般若思想仍流布于少数佛教徒，在中国社会影响并不大。"玄理既盛于正始之后，《般若》乃附之以光大。"⑤两晋之交，玄风益盛，般若学遂蔚为风尚。其时般若学者运用格义法从义理方面围绕本体论的哲学问题沟通般若与玄学，以

---

① 汤用彤：《汉魏两晋南北朝佛教史》，第169页。
② 潘桂明：《中国佛教思想史稿》第一卷，第101页。
③ 陈寅恪：《支愍度学说考》，《金明馆丛稿初编》，第185页。
④ 方立天：《中国佛教与传统文化》，上海：上海人民出版社，1988年，第289页。
⑤ 汤用彤：《汉魏两晋南北朝佛教史》，第164页。

般若学二谛比附玄学有无、本末，形成"六家七宗"的繁盛局面。僧肇《肇论》评论此期般若学思潮惟论本无宗、心无宗、即色宗，见出其影响之巨。三家大体上与魏晋玄学的贵无、崇有、独化相对应。

本无宗，又分本无宗和本无异宗二家，虽对本无理解不同，但均以本无为般若学的本体，是玄学贵无派的余响。"般若学的兴起在郭象之后，以道安为代表的本无宗和以竺法深为代表的本无异宗虽然都是力图比附贵无派的思路，但是一个吸收了郭象的自然的观点而着重发挥'以无为本'的本体论，一个却抓住过时的宇宙生成论，根据'有生于无'来论证般若学的第一义谛。"①本无异宗不合般若空宗主旨，后继无人；本无宗则以其契合般若性空，于"六家七宗"中影响最著。"因此而六朝之初，佛教性空本无之说，凭藉《老》《庄》清谈，吸引一代之文人名士。于是天下学术之大柄，盖渐为释子所篡夺也。"②

心无宗，是支愍度因应江东玄风而创的新义。在北方士族南渡的同时，沙门也纷纷过江。《世说新语·假谲第二十七》第十一条云："愍度道人始欲过江，与一伧道人为侣。谋曰：'用旧义在江东，恐不办得食。'便共立'心无义'。既而此道人不成渡，愍度果讲义积年。后有伧人来，先道人寄语云：'为我致意愍度，无义那可立？治此计，权救饥尔，无为遂负如来也。'"刘孝标注云："旧义者曰：'种智有是，而能圆照。然则万累斯尽，谓之空无，常住不变，谓之妙有。'而无义者曰：'种智之体，豁如太虚，虚而能

---

① 任继愈主编：《中国佛教史（第二卷）》，第225页。
② 汤用彤：《汉魏两晋南北朝佛教史》，第172页。

知，无而能应。居宗至极，其唯无乎？'"①种智即一切种智，亦即般若，旧义所谓妙有亦是有，或以之与玄学贵无龃龉不合，难以在玄风煽炽的江东"办食"——弘扬佛法，故支愍度为迎合名士兴趣仓促变旧义而立心无新义。《老子》第五章云："天地之间，其犹橐籥乎？虚而不屈，动而愈出。"王弼注："橐籥之中空洞，无情无为，故虚而不得穷屈，动而不可竭尽也。"②《周易·系辞上》云："《易》无思也，无为也，寂然不动，感而遂通天下之故。"韩康伯注："夫非忘象者，则无以制象；非遗数者，无以极数。至精者，无筹策而不可乱；至变者，体一而无不周；至神者，寂然而无不应。"③支愍度运用格义法，以此比附般若学说，倡言心无义。陈寅恪《支愍度学说考》云："此（刘注）正与上引《老子》及《易·系辞》之旨相符合，而非般若空宗之义也。"④心无宗屏弃旧义，以为种智之体非妙有，而是无，豁如太虚与《老子》所云其犹橐籥相通，虚而能知、无而能应与《周易》所云相通。心无重在强调神静，于万物不起执心。僧肇《不真空论》云："心无者，无心于万物，万物未尝无。此得在于神静，失在于物虚。"⑤心无宗以心无迎合江东名士弘佛——"权救饥"尚可，如滑向色有以万物未尝无则违背般若原义——"遂负如来"矣。与心无宗相较，道安等人的本无与格义关系更为显豁。

---

① 余嘉锡笺疏：《世说新语笺疏》卷下之下，第949页。
② 〔三国魏〕王弼注，楼宇烈校释：《老子道德经注校释》，北京：中华书局，2008年，第14页。
③ 〔三国魏〕王弼撰，楼宇烈校释：《周易注》附《系辞上》，北京：中华书局，2011年，第354、355页。
④ 陈寅恪：《金明馆丛稿初编》，第172页。按：书名号和间隔号为引者所加。
⑤ 〔东晋〕僧肇著，张春波校释：《肇论校释》，北京：中华书局，2010年，第39页。

识含、幻化、缘会、即色均由心无宗心无色有引发出来,其中以支遁的即色宗最具代表性。

在佛教向上层士人传播的过程中,出现了以支遁为代表的越来越多兼长佛玄的"适时"僧侣,也出现了越来越多颇具佛学修养的士人。"对于有文化的阶层来说,大乘佛教,主要是般若义,很可能正是由于这种似曾相识而对他们产生了吸引力:因为大乘佛教所处理的差不多是同样的一些基本概念,然而它却能把这些概念置于一个全新的角度,赋予它们另一种更深的涵义,罩上一种超世俗的光环。""一旦僧人和士大夫开始接触,佛教在许多领域便明显地表现出突如其来的影响。"[1]经过名僧、名士共同努力,玄佛最终合流,佛教中国化实现了新的突破,中国传统思想文化也因佛教影响而发生了许多变化。藉由"六家七宗"的激烈论争,汉地僧侣佛学研究能力迅速提高。稍后,罗什门下僧睿、僧肇、道生、道融等四圣并时而出,中国佛教思想史的新局面因此开创。僧睿,魏郡长乐(在今河南安阳市东)人,十八岁时剃发,依僧贤为师,听僧朗法师讲《放光般若经》,屡有讥难,曾师事道安,后在罗什译场任笔受。什门四圣中,僧睿最具怀疑和批判意识。"以僧睿的佛教思想自觉为契机,汉地高僧开始转入锲而不舍、孜孜不倦的独立佛学研究,试图摆脱以天竺或西域高僧为师的佛学传承。通过译经和义解,他们看到民族文化的差异,从知识阶层的民族感情出发,决意确立本民族的佛教思想体系,用以取代与民族文化有别的印度文化影响。"[2]

---

[1]〔荷兰〕许理和:《佛教征服中国:佛教在中国中古早期的传播与适应》,第86—87、88页。
[2]潘桂明:《中国佛教思想史稿》第一卷,第283页。

第二节　支遁士大夫佛教体系之建构

支遁被称为"最著名的、最具代表性的""新型的'士大夫僧人'"①。道安着力于在下层民众中传教、发展徒众及传译佛经、编纂经录、轨范教团，支遁则主要致力于士大夫阶层的弘法，致力于建构中国特色的士大夫佛教体系。

一、义理：合内圣外王之即色游玄

支遁在东晋僧侣中名士风度最重，实乃其时格义佛学的代表。"释书初只有《四十二章经》，其说甚平，止说修行。到东晋便有谈议，如远法师、支道林，皆义学。此是斋戒之学一变，遂说道理。"②支遁的思想学说大致可分为佛学和玄学两方面。前者使其有高僧之誉，后者使其"几执名士界之牛耳"③。

（一）即色游玄

支谶译出《道行般若经》后，佛教般若学渐盛。向秀注《庄子》而玄风大畅，郭象注《庄子》则将玄学推向巅峰。"知力人人之所同有，宇宙人生之问题，人人之所不得解也。其有能解释此问题之一部分者，无论其出于本国或出于外国，其偿我知识上之要求，而慰我怀疑之苦痛者则一也。"④般若学与玄学均有能解

---

① 〔荷兰〕许理和：《佛教征服中国：佛教在中国中古早期的传播与适应》，第159页。
② 〔宋〕黄震：《黄氏日抄》卷三八《读本朝诸儒理学书·释氏》，《景印文渊阁四库全书》第708册，台北：台湾商务印书馆，第121页上。
③ 汤用彤：《汉魏两晋南北朝佛教史》，第135页。
④ 王国维：《论近年之学术界》，方麟选编：《王国维文存》，南京：江苏人民出版社，2014年，第681页。

释宇宙人生问题之一部分者，沟通二者使般若义理为中土士大夫允纳，改变佛教传播以方术吸引民众的方式，便成为汉人义学僧必须担当的历史使命。"支谶、支谦之学说主神与道合……而后者与玄学同流，两晋以还所流行之佛学，则上接二支。明乎此，则佛教在中国之玄学化始于此时，实无疑也。"[1]玄佛互解不仅使得玄学于向、郭高峰后再标新理，亦使佛教获得了"亲近国王，及持仗者"[2]的名片。佛教弘法因此具备了新突破的可能。

支遁《大小品对比要钞序》云："夫般若波罗密者，众妙之渊府，群智之玄宗，神王之所由，如来之照功。其为经也，至无空豁，廓然无物者也。"此亦道安本无之义。"若存无以求寂，希智以志心。智不足以尽无，寂不足以冥神。"[3]以无为本，稍过即会存无，存无则不足以尽无冥神，惟忘无始可尽无，始可无心。支遁既不满本无、识含、幻化、缘会四宗的心有色而色本无，又不满心无宗的心无色而色本有，试图无寄二迹，冥尽无有。"闲首齐吾我，造理因两虚。两虚似得妙，同象反入粗"（《闲首菩萨赞》），"粗二标起分，妙一寄无生"（《法作菩萨不二入菩萨赞》），粗二即有无分离，妙一即有无相合。支遁认为应该通过现象认识本体，做到"空有交映迹"（《善思菩萨赞》）、"有无无所骋"（《不眴菩萨赞》）[4]。

① 汤用彤：《汉魏两晋南北朝佛教史》，第98页。

② 〔南朝梁〕释慧皎：《高僧传》卷八《义解五》"论曰"，第343页。

③ 〔东晋〕支遁道，张富春校注：《支遁集校注》，第491、504页。校云："志：《释文纪》及《中华大藏经》本、《大正新修大藏经》本《出三藏记集》作'忘'。"（第505页）

④ 〔东晋〕支遁著，张富春校注：《支遁集校注》，第457、452、445、460页。

　　然而，或为迎合玄学思潮，在即色游玄论的阐释中，支遁并没有无双遣。即色游玄意为就现象认识本体，与道安"据真如，游法性"①直接就本体认识本体不同。支遁《妙观章》云："夫色之性也，不自有色。色不自有，虽色而空。故曰：'色即为空，色复异空。'"②慧达《肇论疏》云："支道林法师《即色论》云，吾以为即色是空，非色灭空。"汤用彤先生谓"此引《维摩经》"③。支遁所见当为支谦译《佛说维摩诘经》。是经卷下《不二入品第九》爱观菩萨曰："世间空耳，作之为二。色空，不色败空，色之性空。"鸠摩罗什译爱观菩萨为喜见菩萨，曰："色、色空为二，色即是空，非色灭空，色性自空。"④色依因缘聚散而生而灭，以是色不自有，以是虽色而空，以是色就是空又异于空。支遁"色即为空"源自支谦译本"色之性空"，罗什译本"色即是空"或借自支遁。"此林法师但知言色非自色，因缘而成，而不知色本是空，犹存假有也。"⑤"色复异空"意在突出色的假有，却造成色、空分离的假相。支遁即色论虽存假有，异于般若性空"色即是空，空即是色"的本义，却"是印度佛教与整个魏晋玄学相结合的产物，也是支遁勇于吸收玄学精神，对印度佛教积极改造的结果"⑥，因而更能因应玄学名士。所以如此，原因在于："离开器用、名教的纯形上学之本体论，既非中国哲学之所关注；同样亦非魏晋玄学思想家之

---

① 〔南朝梁〕释僧祐：《出三藏记集》卷七释道安《道行经序》，第263页。
② 〔东晋〕支遁著，张富春校注：《支遁集校注》，第596页。
③ 汤用彤：《汉魏两晋南北朝佛教史》，第183页。
④ 《大正新修大藏经》卷一四，第531页中、第551页上。
⑤ 〔唐〕元康：《肇论疏》，《大正新修大藏经》卷四五，第171页下。
⑥ 韩国良：《道体·心体·审美——魏晋玄佛及其对魏晋审美风尚的影响》，北京：中华书局，2009年，第132页。

目标。"①

（二）内圣外王

支遁即色宗所存假有，为调和出世与入世、沙门与王化的矛盾奠定了学理基础。其《释迦文佛像赞》云："夫立人之道，曰仁与义，然则仁义有本，道德之谓也。"此亦玄学所谓自然为名教之本义。《上皇帝书》亦云："盖沙门之义法，出佛之圣，雕淳反朴，绝欲归宗。游虚玄之肆，守内圣之则。佩五戒之贞，毗外王之化。"②"虚玄""内圣""五戒""外王"，佛、道、儒、玄因此融而为一。内圣外王是古代中国伦理政治理想的完美表述。"就本质而言，玄学是一种阐发内圣外王之道的政治哲学，它力求与世界协调一致，为当时的不合理的政治局面找到一种合理的调整方案。"③"内圣外王之义，乃向、郭解《庄》之整个看法，至为重要。"④其中，最为典型、最具代表性的即郭象注《逍遥游》所云："夫神人即今所谓圣人也。夫圣人虽在庙堂之上，然其心无异于山林之中，世岂识之哉！徒见其戴黄屋，佩玉玺，便谓足以缨绂其心矣；见其历山川，同民事，便谓足以憔悴其神矣；岂知至至者之不亏哉！"⑤圣人身居庙堂，头戴黄屋，腰佩玉玺，历涉山川，同与民事，终日挥形而神气无变，心神旺足如优游山林，旷然无累，淡然自若，无拘无束，逍遥自得。就迹而言，圣人之身居庙堂与处山林相异；就所以迹而言，因其心能玄同内外冥然自合，圣人之身居庙堂与处山林实无异。郭注云《庄子》之神人即今所谓圣人，支

---

① 高华平：《魏晋玄学人格美研究》，成都：巴蜀书社，2000年，第239页。

② 〔东晋〕支遁著，张富春校注：《支遁集校注》，第315、259页。

③ 余敦康：《魏晋玄学史》，第317页。

④ 汤用彤：《向郭义之庄周与孔子》，《汤用彤学术论文集》，第282页。

⑤ 〔清〕郭庆藩撰：《庄子集释》卷一上，第32页。

遁云沙门义法出佛之圣，可谓异曲同工。郭象将玄学化的孔子许为游外冥内的典范，支遁则径将沙门游虚玄、持五戒等同内圣外王。

"内圣外王"一词首见于《庄子》杂篇《天下》，云："是故内圣外王之道，暗而不明，郁而不发，天下之人各为其所欲焉以自为方。"①因该词惟见于此且语焉不详，以致后人歧义纷纭。今人或云："……内圣外王之道这个词是用来概括从古之道术到儒墨道法各家思想的总体特征的，至于庄子本人的思想既然与各家一样由古之道术发展而来，当然不会例外，也是在讲内圣外王之道，不能脱离这个总体特征。"②或云："庄子的内圣外王之道，是庄子有关道术之全体大用思想的完整体现，而且这一思想的形成有着清晰的逻辑发展过程，因而可以看做是他晚年的思想定论。"③或云："'内圣外王'是庄子后学黄老派提出的思想观念、政治主张，同时也可以作为学术评价的标准和原则，《天下》篇评价百家之学，即以此为标准。"④

时至魏晋，玄学兴起，《庄子》厕身"三玄"而风行于世，内圣外王亦得称扬。今传《庄子》三十三篇卷首有题名"河南郭象子玄撰"《庄子序》，云："通天地之统，序万物之性，达死生之变，而

---

① 〔清〕郭庆藩撰：《庄子集释》卷一〇下，第1064页。
② 余敦康：《魏晋玄学史》，第413页。于此，石永之《内圣外王新诠》言之稍详："这是说，当时的天下学术，诸子百家都有自己的内圣外王之道，老子抱朴守真而小国寡民，庄子齐物逍遥以应帝王，墨子天志兼爱而尚同非攻，韩非子则试图武力一统天下。"（《周易研究》，2015年第5期，第88页）
③ 萧汉明：《论庄子的内圣外王之道》，《武汉大学学报（人文科学版）》，2003年第1期，第30页。
④ 梁涛：《〈庄子·天下篇〉"内圣外王"本意发微》，《哲学研究》，2013年第12期，第39页。

明内圣外王之道，上知造物无物，下知有物之自造也。"①庄子之学，其要有四，一曰通天地之统，即造物无物；二曰序万物之性，即顺自然；三曰达死生之变，即齐生死；四曰明内圣外王之道，即前三者之总归。"内圣外王之义，郭注论之详矣。"②郭象于此多有表述，如注内篇《大宗师》云："夫与内冥者，游于外也。独能游外以冥内，任万物之自然，使天性各足而帝王道成，斯乃畸于人而侔于天也。"游外冥内实即内圣外王之道，践行此道者乃玄学化的孔子。"是故庄子将明流统之所宗以释天下之可悟，若直就称仲尼之如此，或者将据所见以排之，故超圣人之内迹，而寄方外于数子。宜忘其所寄以寻述作之大意，则夫游外冥内之道坦然自明，而《庄子》之书，故是涉俗盖世之谈矣。"③郭象通过极富创新的注释，将《庄子》高蹈世表惟神人、至人、圣人等可逍遥于无何有之乡的出世哲学一变而为游外冥内人人皆可独化于玄冥之境的人生哲学，复以寄言出意之法，阐释若任自然足天性内外相冥则帝王之道成，谓孔子即是此等圣人。庄周所以不径言而寄托孔子为游方之内者、子桑户数子为游方之外者，在于如此可避免为人们据其所见而排斥，读者自应忘其所寄以寻其游外冥内的大意。因此，《庄子》成了出世而入世的百家之冠，孔子成了内圣而外王的儒道圣人。

"郭象《庄子序》明确地说他注《庄子》的目的，是要'明内圣外王之道'。郭象《庄子注》七篇，如果说前三篇的重点在说明'上知造物者无物，下知有物之自造'，那么后四篇的主旨则是围绕着'内圣

---

①〔清〕郭庆藩撰：《庄子集释》卷首，第3页。
②汤用彤：《向郭义之庄周与孔子》，《汤用彤学术论文集》，第281页。
③〔清〕郭庆藩撰：《庄子集释》卷三上，第278、273页。

外王之道'展开。"①然郭注竟未见"内圣外王""内圣""外王"等词,于《天下》篇"内圣外王之道"亦未置一语,着实令人疑惑。

相较郭象《庄子序》的诸般争议,支遁《上皇帝书》则无可置疑。其中明确将沙门游虚玄持五戒等同内圣外王,这在佛教发展史上、在中国传统内圣外王思想发展演变中都具有重要的意义。因为,支遁在郭象后立足佛儒道,玄佛互释,其即色游玄论对内圣外王有着更为丰富而深刻的阐述。"六家七宗"惟即色宗更近于僧肇所谓不真空。"支道林的即色义超过了其他各家而接近于僧肇,应该列为六家七宗的最后一个环节。"②即色游玄为即色宗之要义。支遁以玄学即体即用解般若性空,使其由抽象形上学与现实社会功用相结合,转向能否成佛成圣以及如何成佛成圣的探究。以般若学说积极应合玄学的同时,支遁所谓沙门义法还以大乘菩萨行积极向内圣外王之道靠拢,将佛教自觉觉人提升到中土内圣外王的高度,认为沙门游心虚玄自觉成佛又以菩萨行觉人,圣人身居庙堂行外王之化而心如处山林清虚无为,二者实同出一辙。这也是其时众多僧侣的人生追求。单道开所谓"我矜一切苦,出家为利世",于法开所谓"自利利人,不亦可乎",竺僧度所谓"夫事君以治一国,未若弘道以济万邦;安亲以成一家,未若宏道以济三界",释僧弼所谓"且当随缘致益,何得独善一寺"③,凡种种此夫子自道实即汉人僧侣内心深处内圣外王的表白。明季高

---

① 汤一介:《对中国哲学的哲学思考》,《当代学者自选文库:汤一介卷》,合肥:安徽教育出版社,1998年,第821页。

② 任继愈主编:《中国佛教史(第二卷)》,第241页。

③〔南朝梁〕释慧皎:《高僧传》卷九《神异上·晋罗浮山单道开》、卷四《义解一·晋剡白山于法开》、卷四《义解一·晋东莞竺僧度》、卷七《义解四·宋京师彭城寺释僧弼》,第361、168、174、270页。

僧智旭所云"以真释心行，作真儒事业"①可谓一语中的。由此可见，东晋时以支遁为代表的汉人僧侣已从"饶益众生"的宗教话语回归到传统的内圣外王，是菩萨行与传统信念的完美结合。

　　就哲学思想发展史而言，支遁对中国传统哲学和印度佛教哲学进行了扬弃式的吸收改造：汲取印度佛教的色空心有，以体用不二改造其形上学本体论；汲取中国传统的内圣外王，以七住顿悟改造圣凡无别、学不入圣。"他以玄学化的'无'（空）为最高哲学本体，以'神'（具体为神明、神智、神俊等）为个体人格生命的本体，以'圣人'化、'神仙'化、'至人'化的'佛'、'菩萨'为最高人格美的标本，建立起他的玄学化佛教哲学（或者说佛学化的玄学）的人格美本体论系统，并在其人格美学思想实践论上，特重悟本归宗、重神轻形、独标神俊。"如此，"不仅把玄学哲学上本体论的探讨与实践论的阐发结合起来了，开启了后来中国哲学'工夫所至即是本体'的思路（黄宗羲语）；同时也将佛教哲学的宗教修炼方法，提升到了人格美实践论的高度，为佛教的'中国化'、中印文化的会通进一步奠定了基础"②。支遁复革新传统诗文创作，塑造了一批富于时代特色的中国式的佛菩萨形象，如诸菩萨赞有九首取材于支谦译《佛说维摩诘经》，将维摩诘塑造为内圣外王的形象代言人。儒家入世兼济而致心神劳瘁，道家出世逍遥而致心神无寄。维摩诘出世而处世，形上与形下优游容与，心安理

---

① 〔明〕蕅益大师著，于德隆、徐尚定点校：《蕅益大师文集·灵峰宗论》卷六《序·广孝序》，北京：九州出版社，2013年，第525页。

② 高华平：《即色游玄的一代名僧——支遁》，氏著《凡俗与神圣——佛道文化视野下的汉唐之间的文学》，长沙：岳麓书社，2008年，第90、101页。黄宗羲《明儒学案》初序云："心无本体，工夫所至，即其本体。"（〔明〕黄宗羲著，吴光主编：《黄宗羲全集》第13册《明儒学案一·自序》，杭州：浙江古籍出版社，2012年）

得，为士大夫提供了一种内圣外王的人生范式。"名士参玄有着实际的现实企向，而不只是学理的探求。在有、无之辨中还要找到人生解脱的出路。所以支遁更赞扬维摩诘的人格，在他的身上看到了以玄理指引人生的楷模。"①

二、实践：七住顿悟不废渐修之玄学禅

禅是佛教的重要组成部分。小乘禅传译中土始自安世高，大乘禅传译中土始自支娄迦谶。安世高传译《安般守意经》所宣安般禅，又名数息观，因与中土吐纳术相近而盛行于世。安世高禅法的特点之一是"止观双俱行"②。"止"相当于定，即经由坐禅数息等摄心定意；"观"相当于慧，即于止中悟四谛、五蕴、十二因缘以趋于无为获得解脱。康僧会《安般守意经序》强调明心，称扬心明而得之神通：

> 得安般行者，厥心即明，举眼所观，无幽不睹。往无数劫，方来之事，人物所更，现在诸刹。其中所有世尊法化，弟子诵习，无遏不见，无声不闻。恍惚仿佛，存亡自由，大弥八极，细贯毛氂，制天地，住寿命，猛神德，坏天兵，动三千，移诸刹，入不思议，非梵所测，神德无限，六行之由也。③

此种神通与中土神仙方术并无二致，直至道安《安般注序》

① 孙昌武：《中国文学中的维摩与观音》，北京：高等教育出版社，1996年，第102页。
② 〔东汉〕安世高译：《阴持入经》卷下，《大正新修大藏经》卷一五，第179页中。
③ 〔南朝梁〕释僧祐：《出三藏记集》卷六，第243—244页。

仍宣扬有加："得斯寂者,举足而大千震,挥手而日月扪,疾吹而铁围飞,微嘘而须弥舞。"①西晋竺法护重译《修行地道经》亦属小乘禅经,彼时在河西一带流行较广,直接影响了道安、支遁等人的禅学思想。支谶在传译《道行般若经》的同时,也翻译了《首楞严经》等大乘禅经。这些禅经藉其再传弟子支谦改译而流行后世。尽管大乘禅法的盛行要到罗什以后,但从初传中土开始大小乘禅就存在着交渗的倾向。时至东晋,多元深度融合是佛学的基本走向和趋势,禅智双运成为时代要求。就禅而言,一是大小乘禅法的融合,二是禅与大乘般若学的融合,三是禅与中国传统思想文化的融合。

　　支遁发明小乘禅的数息观为佛陀解脱得道的途径,并以玄释禅,沟通禅、玄二境,将禅定境界引向般若学的绝念忘虑,将禅法作为玄学无心逍遥的手段,淘洗了此前禅定的神异色彩,提升了禅境的思想高度,形成所谓玄学禅②。"显然,'游心禅苑'的支道林,他的禅法已趋于不拘形式而注重神悟理入的自心解脱,从他这种玄学化的佛教思想中,我们可以窥见到后世禅宗思想的先兆。"③在出家以前,支遁曾隐居余杭山研习《道行般若经》《慧印三昧经》。慧印,亦名智印。印有决定不变之义。如来智慧契合诸法实相,而决定不变,故名慧印。慧印三昧,即发生慧印之禅定。《慧印三昧经》为如来入智印三昧所说经。晚年在石城山栖光寺,支遁又注《安般守意经》《本起四禅经》。在诗文

---

① 〔南朝梁〕释僧祐:《出三藏记集》卷六,第245页。
② 参见方立天:《中国佛教哲学要义》,北京:中国人民大学出版社,2012年,第729页。
③ 洪修平:《禅宗思想的形成与发展》,南京:江苏人民出版社,2011年,第28页。

中,支遁也屡屡述及数息、重玄等禅法,意在将玄学清谈延展为禅修实践。

(一)数息

支遁《释迦文佛像赞序》云:

> 釐安般之气绪,运十算以质心。并四筹之八记,从二随而简延。绝送迎之两际,缘妙一于鼻端。发三止之曒秀,洞四观而合泯。五阴迁于还府,六情虚于静林。凉五内之欲火,廓太素之浩心。濯般若以进德,潜七住而抳玄。搜冥鱼于六绝,齿既立而废筌。豁万劫之积习,同生知于当年。掩五浊以擅擢,嗣六佛而征传。①

释迦文佛前世为天竺释王白净的太子,不乐天下,后出游四城门,三鉴病老死苦,一睹沙门为道之乐,遂入山修道。太子铺草端坐,首先一心誓言:抗志守道心如匪石,安仁弘法意似高山;继而以安般调节呼吸,经由一数、二随、三止、四观、五还、六净,五内欲火已凉,太素浩心廓清。《佛说大安般守意经》卷上云:"数息断外,相随断内,止为止罪,行观却意,不受世间为还,念断为净也。"②如此停心息欲进入禅定状态,观照般若真知,用般若智慧濯除情虑增进道德,潜心七住地抳玄珠、搜冥鱼,而不再执于数息。萧齐刘虬作《无量义经序》云:"支公之论无生,以七住为道慧

---

① 〔东晋〕支遁著,张富春校注:《支遁集校注》,第329—330页。校云:"擢:宛委别藏本、《古今禅藻集》、《释文纪》及《中华大藏经》本、《大正新修大藏经》本《广弘明集》作'曜',吴家骝本作'曜'。按:'擢'字误,当作'曜'。"(第331页)

② 《大正新修大藏经》卷一五,第164页中。

阴足，十住则群方与能。"①支遁论无生认为七住已具一切种智，十住则成就法身感通无方。"因此作为支遁关于大乘菩萨道修行的核心观念的七住，应当是指七住地。"②像赞序谓释迦修道至七住地，万劫积习豁除，同于当年生而所知，五浊掩蔽明耀无比，承嗣六佛征传大法。西晋月支三藏竺法护译《渐备一切智德经》卷四《玄妙住品第七》云：

> 如是佛子，菩萨立行，逮第七住，乘度无极道法之船，游行本际，而不取证。以逮如是圣慧势力，承三昧力，成就诸行，解觉道意。以大善权智慧之力，现生死门，游轼灭度，心性自然。已现其身，与眷属俱，往来围绕，在愦闹中，而常专精，逮致寂定。本愿之故，生在三界，不为世俗之所污染。出入进退，寂寞惔怕，善权光明，靡所不耀，无所燋然。③

在七住玄妙地，菩萨能证寂灭而不证寂灭，随机度化众生。以大善权智慧力，菩萨身处愦闹而常专精，生在三界而不为世俗污染，出入进退，淡泊自然。

支遁《咏禅思道人》起首摹写孙绰所作道士坐禅像画面，全无印度僧侣苦修的悲情，而代以中土士人岩居的优雅：回墅兰泉、秀岭嘉树中，坐禅高僧以山林为道场，端坐禅修。接着，描述禅思

---

① 转引自汤用彤：《汉魏两晋南北朝佛教史》，第467页。《出三藏记集》卷九此作："支公之论无生，以七住为道慧，阴足十住，则群方与能。"（第354页）兹从汤氏。下同。

② 宣方：《支遁：禅学史肖像的重塑》，方立天、学愚主编：《佛教与当代文化》，北京：中华书局，2006年，第255页。

③《大正新修大藏经》卷一〇，第480页中至下。

道人数息禅定：

> 会衷两息间，绵绵进禅务。投一灭官知，摄二由神遇。承蜩累危九，累十亦凝注。悬想元气地，研几革粗虑。冥怀夷震惊，泊然肆幽度。曾筌攀六净，空洞浪七住。逝虚乘有来，永为有待驭。①

"会衷"二句写禅思道人将意识集中于出气、呼气两息间，以数息法（安般守意法）进入禅定。康僧会《大安般守意经序》云："是以行寂，系意著息，数一至十，十数不误，意定在之。"②此为安般六事之"一数"。《佛说太子瑞应本起经》卷上云："玄清靖漠，寂默一心，内思安般：一数，二随，三止，四观，五还，六净。"③出息与入息间心神会聚，气息微长不绝，然后经过二随、三止、四观、五还而至"投一灭官知，摄二由神遇"的状态。"投一"，意同《庄子》杂篇《徐无鬼》所云"亡其一"，成玄英疏云："一，身也。神气定审，若丧其身，上品之狗也。""官知""神遇"，语出内篇《养生主》"方今之时，臣以神遇而不以目视，官知止而神欲行"④。"灭官知"即官知止。"投一灭官知"，谓眼耳等司察之官悉皆停废，如无其身。"摄二由神遇"，即以心神照会摄取阴阳天地。《老子》第四十二章云："道生一，一生二，二生三，三生万物。"大田晴轩曰："此（《淮南·天文训》）以一为一气，二为阴

---

① 〔东晋〕支遁著，张富春校注：《支遁集校注》，第172页。校按云："'九'误，当作'丸'。""'洞'字误，当作'同'。"（第176、177页）

② 〔南朝梁〕释僧祐：《出三藏记集》卷六，第243页。

③ 《大正新修大藏经》卷三，第476页下。

④ 〔清〕郭庆藩撰：《庄子集释》，卷八中第813、814页，卷二上第125页。

阳，三为阴阳交通之和也，此说极妥贴。"①"承蜩""累丸"，语本外篇《达生》承蜩痀偻者所云"五六月累丸二而不坠，则失者锱铢；累三而不坠，则失者十一；累五而不坠，犹掇之也"②。诗人夸饰道人坐禅专注如至"累十"之境，远愈痀偻者学承蜩累五丸于竿头一无坠落的状态。在此状态中，道人远念元气始起天地人未分时的混沌，穷究精微幽深之理，革除诸种情虑，玄冥心怀波澜不惊，最终"攀六净"，在空同之境浪心七住。

以数息为筌蹄，即可了断诸念，达至空同。焦竑《庄子翼》卷三《在宥》引吕吉甫云："空同之上，无物而大通之处。"③支遁精研十地，认为以小乘安般守意法能达到大乘菩萨十地之远行地即七住而顿悟。道人禅定后诸念断绝，游心七住，无物大通，逝虚乘有，永作有待之游。"道安与慧远首倡以大乘般若学去贯通禅学，但道安的'宅心本无'仍有'心'可宅，有'无'为本，慧远的'反本求宗'、'冥神绝境'更强调法性实有，心神不灭，到了支道林的'即色游玄论'，才进一步把禅法引向般若学的绝念忘虑、无心逍遥。"④颇具神秘色彩的安般守意，经过支遁的生花妙笔，藉玄学事典得到生动呈现。此种禅修，全无禅法初传汉地时的神异和苦修，极能应合东晋名士的生活风尚。"比较郭象与支遁的注文，可以看出主要的差别在于：郭象仍拘守于庄子的'无待于物'，而支遁则认为圣人'物物而不物于物'。因为实际上，完全无待于物是连圣人也做不到的，更何况凭借特权、不能舍弃一切物质享受的士大夫们？所以支遁将无待和有待等同起来，首先

---

① 朱谦之：《老子校释》，第174页。
② 〔清〕郭庆藩撰：《庄子集释》卷七上，第638页。
③ 《景印文渊阁四库全书》第1058册，第96页上。
④ 洪修平：《禅宗思想的形成与发展》，第27页。

强调要'物物',即凭借于物,有待于物;其次是在心理上不以物为物,把'物物'和'不物于物'等同起来。"①支遁扬弃了此前禅学的神异,着力凸显大乘般若智慧的理趣,将佛禅由方术和神异上升为"定学",成为禅学转变的重要一环,而且改变了印度和中国早期禅观离世苦修的特征,将玄学的逍遥无为融入禅修,以山林为禅修空间,使之成为既享世间荣乐又无世俗烦恼的高雅贵族生活的一种文化点缀,启动了佛禅融入中土士大夫精神生活的闸门。

支遁与道安均以般若学贯通禅学,然囿于佛经翻译,他们不可能熟练运用中观学非有非无、不落二边的思辨方法,难免有所执。直至鸠摩罗什译出大乘中观学派著作,禅与般若学的结合才得以进入一个新阶段,支遁与道安的"执"才得以根本改变。罗什将性空假有、非有非无融贯于大小乘禅法,倡言以般若智慧观照诸法实相即实相禅,然偏重智慧轻忽禅修。随着《涅槃经》的传译,罗什弟子复将禅法与涅槃妙有融合。僧肇承袭支遁玄学化的表述传统,较为完整、准确地阐释了非有非无、不落二边的般若空义,解决了玄学家关于有无、动静等命题的争执,止观并重,认为"定慧互有其用","系心于缘谓之止,分别深达谓之观。止观,助涅槃之要法"②,主张通过渐修证悟涅槃,有七住悟理之说;僧睿云"禅法者,向道之初门,泥洹之津径也",既以般若空观与佛教唯心论相结合,强调禅慧并重,以禅盾心,认为"禅非智

---

① 葛晓音:《东晋玄学自然观向山水审美观的转化——兼探支遁注〈逍遥游〉新义》,《中国社会科学》,1992年第1期,第155页。
② 〔后秦〕僧肇:《注维摩诘经》卷九、卷五,《大正新修大藏经》卷三八,第408页上至中、第381页上。

不照,照非禅不成",主张双修"禅智之业"①,又以般若空观与
涅槃佛性论相结合,认为罗什若闻"佛有真我,一切众生,皆有佛
性,便当应如白日朗其胸襟,甘露润其四体,无所疑也"②;竺道
生继僧肇、僧睿之后,以般若性空融通涅槃妙有,寻觅佛教中道思
维、涅槃佛性与中国传统人文关怀的契合点,将佛性与人性紧密
关联,扬弃般若性空的遮诠表述,以表诠方式大倡涅槃佛性说,
在大本《涅槃经》传入建康前即孤明先发,认为阐提皆得成佛,
主张顿悟成佛,中国佛学因此由般若学转向涅槃学,禅宗乃至整
个中国佛学的人文基础也因此而奠定。禅法先后与玄学、般若空
观、涅槃妙有融通,加之佛陀跋陀罗受慧远之邀译出《达摩多罗
禅经》,禅宗创立已具水到渠成之势。

(二)重玄

《大小品对比要钞序》以般若至无阐释有、无与有待、无
待,形成了支遁的重玄思想。"重玄"一词源自《老子》第一章所云
"玄之又玄,众妙之门"③;首见于陆机《汉高祖功臣颂》,云"重
玄匪奥,九地匪沉",李善注:"重玄,天也。"④敦煌太守阴澹

---

① 〔后秦〕僧睿:《关中出禅经序》,〔南朝梁〕释僧祐:《出三藏记集》卷九,
　　第342、343、343页。
② 〔后秦〕僧睿:《喻疑》,〔南朝梁〕释僧祐:《出三藏记集》卷五,第236页。
③ 朱谦之:《老子校释》,第7页。按:曹峰《"玄之又玄之"和"损之又损
　　之"——北大汉简〈老子〉研究的一个问题》云:"从中可以看出,北大简
　　《老子》和马王堆帛书《老子》最为接近,但也有一个很大的区别,那就是
　　包括马王堆帛书《老子》在内,几乎所有文本作'玄之又玄'的地方,北大简
　　《老子》作'玄之又玄之'。即使这一章内容已经亡佚的严遵本,相应部分
　　很可能也是'玄之又玄'。"(《中国哲学史》,2013年第3期,第13—14页)
④ 〔西晋〕陆机著,刘运好校注:《陆士衡文集校注》,南京:凤凰出版社,
　　2007年,第826、827页。

称许索袭曰:"而先生弃众人之所收,收众人之所弃,味无味于慌惚之际,兼重玄于众妙之内。"①阴澹用典本于《老子》,以重玄谓玄之又玄。支遁诗文则数见之,其义有二:一曰玄之又玄之境(理);一曰玄之又玄之法。《咏怀诗》云"中路高韵溢,窈窕钦重玄。重玄在何许?采真游理间",《弥勒赞》云"恬智冥徼妙,缥眇咏重玄"②,此二重玄义与阴澹所用相同,谓玄之又玄之境(理)。李轨注《法言》"鸿飞冥冥,弋人何慕焉"云:"君子潜神重玄之域,世网不能制御之。"③《大小品对比要钞序》赋予重玄实践论的哲学新义——玄之又玄之法,使之成为即色游玄乃至内圣外王的途径。

支遁以般若空观回应玄学有、无之辩,使佛学般若空观与庄子无待逍遥相互印证,禅法数息观与老庄重玄相互补充,于佛学为"六家七宗"之一,于玄学则有"支理"之誉。《大小品对比要钞序》云:

> 夫般若波罗密者,众妙之渊府,群智之玄宗,神王之所由,如来之照功。其为经也,至无空豁,廓然无物者也。无物于物,故能齐于物;无智于智,故能运于智。是故夷三脱于重玄,齐万物于空同,明诸佛之始有,尽群灵之本无,登十住之妙阶,趣无生之径路。何者耶?赖其智无,故能为用。

支遁扬弃贵无、崇有二论,主张"夷三脱于重玄,齐万物于空

---

① 《晋书》卷九四《隐逸·索袭传》,第2449页。
② 〔东晋〕支遁著,张富春校注:《支遁集校注》,第51、430—431页。
③ 〔汉〕扬雄撰,汪荣宝注疏,陈仲夫点校:《法言义疏》九《问明卷第六》,北京:中华书局,1987年,第194页。

同"，不可"存无以求寂"、希智以忘心。"夷三脱于重玄"即是因般若圣智鉴照空、无相、无作而至无分别的解脱境界，亦即重玄境界。既以重玄谓微缈难识的涅槃，又以"渐积损"为达此境的途径：

> 莫若无其所以无，忘其所以存。忘其所以存，则无存于所存；遗其所以无，则忘无于所无。忘无故妙存，妙存故尽无。尽无则忘玄，忘玄故无心。然后二迹无寄，无有冥尽。……悟群俗以妙道，渐积损至无。[①]

"忘无故妙存，妙存故尽无"为遣无，为玄，否定对无的执滞；"尽无则忘玄，忘玄故无心"为遣除对玄、对心的执滞，即又玄。如此玄之又玄而"二迹无寄，无有冥尽"，达至重玄之境。支遁会通般若空观无执无住和庄子兼忘无待，以否定性的损之又损为达此境之法，从而赋予重玄双遣否定的语义。同时，如即色论犹存假有，此重玄之道"着重强调的是在'负'的、否定的认识论与方法论下的'肯定'，绝不是对于道体的解构"[②]。依随后而起的中观学，此所存留重玄之境亦须遣除。

　　大约与支遁同时而稍后的孙登以重玄为宗疏解《老子》，即是获益于支遁藉重玄比附般若空观三解脱而形成的重玄思想。孙登，字仲山，太原中都（今山西太原市西南）人，生平附见《晋

---

① 〔东晋〕支遁著，张富春校注：《支遁集校注》，第491、504页。支遁《咏怀诗五首》其四复云"损无归昔神"（第85页），《述怀诗二首》其二云"妙损阶玄老"（第116页）。
② 黄昆威：《敦煌本〈太玄真一本际经〉思想研究》，成都：巴蜀书社，2011年，第306页。

书·孙统传》，极简略，惟二十字，云："腾弟登，少善名理，注《老子》，行于世，仕至尚书郎，早终。"孙登曾祖楚，祖纂，父统，兄腾。"楚才藻卓绝，爽迈不群，多所陵傲，缺乡曲之誉。""统字承公。幼与绰及从弟盛过江。诞任不羁，而善属文，时人以为有楚风。""绰字兴公。博学善属文，少与高阳许询俱有高尚之志。"《孙盛传》云："及长，博学，善言名理。于时殷浩擅名一时，与抗论者，惟盛而已。"①孙绰乃一时名流，与支遁过从甚密，自称弟子。孙绰作道士坐禅像及像赞，支遁精其像、美其赞，于像赞左著诗一首。《世说新语·文学第四》第二十五条云："褚季野语孙安国云：'北人学问，渊综广博。'孙答曰：'南人学问，清通简要。'支道林闻之曰：'圣贤固所忘言。自中人以还，北人看书，如显处视月；南人学问，如牖中窥日。'"②据此，孙盛与支遁亦相知。"从一些史料看，孙氏兄弟与支道林等是同一个学问圈子里的人物，或者说属于同一个名士集团，他们为孙登以重玄解注《老子》，提供了具体的知识环境，其中孙盛和支道林更从理论上诱发了孙登的重玄学说。"③诸家注《老》宗致各异，孙登解注以重玄为宗而得为其正。法国国家图书馆藏敦煌遗书伯2353《道德经开题序诀义疏》云：

> 第三，宗体者。夫释义解经，宜识其宗致，然古今注疏，玄情各别，而严君平《旨归》，以玄虚为宗；顾征君《堂诰》，以无为为宗；孟智周、臧玄静，以道德为宗；梁武帝，以非有

① 分别见《晋书》卷五六第1544、1539、1543、1544页；卷八二第2147页。
② 余嘉锡笺疏：《世说新语笺疏》卷上之下，第237页。
③ 卢国龙：《中国重玄学》，北京：人民中国出版社，1993年，第4页。

非无为宗；晋世孙登，云托重玄以寄宗。虽复众家不同，今以孙氏为正，宜以重玄为宗，无为为体。①

蒙文通《道书辑校十种》收录此写本，题名成玄英《老子道德经义疏开题》②。支遁及孙绰、孙盛诸人交游、清谈、著述等，为孙登以重玄为宗解注《老子》提供了知识思想背景。蒙氏《校理老子成玄英疏叙录》云："重玄之说，倡于孙登，《经典释文序录》：'孙登《集注》二卷，字仲山，太原中都人，东晋尚书郎。'杜以孙登为隐士，字公和，魏文、明二帝时人，此涉与稽、阮同时前一孙登而致误者也。"杜即杜光庭，误以晋世孙登为曹魏时孙登。重玄之妙使孙登言《老》"别开一面"。孙登重玄思想由其从叔孙盛牖启。"孙盛为孙统之从弟，而登则统之子也，是知重玄之说，实由'有欲俱出妙门，同谓之玄'之难诘而启之也。"③"具体而言，孙盛就玄学理论提出了问题，支道林试图从玄佛结合的角度做出解释，并谈到重玄理趣，孙登正是在这个基础上'托重玄以寄宗'，解注《老子》而自成一家。"④

---

① 《法国国家图书馆藏敦煌西域文献》第12册，上海：上海古籍出版社，2000年，第333页上。

② 蒙文通辑校：《道书辑校十种》，成都：巴蜀书社，2001年，第544—552页。严灵峰《辑成玄英〈道德经开题序诀义疏〉序》云："《序诀》为葛玄所撰，有敦煌写本及刊本多种；成玄英之《开题》亦另有残卷，现存巴黎国立图书馆；台湾大学《敦煌留真新编》已加影印。"（大陆杂志社编：《大陆杂志语文丛书》第二辑第五册《序跋文法丛考传记》，台北：大陆杂志社，1975年，第11页）以"《序诀》为葛玄所撰"，故蒙氏题名略去"序诀"二字。

③ 蒙文通：《古学甄微》，成都：巴蜀书社，1987年，第351、348、350页。按："稽"字当作"嵇"。

④ 卢国龙：《中国重玄学》，第4页。

在中国哲学史上，庄子是第一个不偏执一方的哲学家。《庄子》内篇《齐物论》云："有有也者，有无也者，有未始有无也者，有未始有夫未始有无也者也。"郭象注已有双遣义法："然则将大不类，莫若无心，既遣是非，又遣其遣。遣之又遣之以至于无遣，然后无遣无不遣而是非自去矣。"此虽无双遣之名，然双遣义法实言之已尽，当为佛教中观传译遣有遣无（空）表述之源。成玄英疏云："是故复言相与为类，此则遣于无是无非也。既而遣之又遣，方至重玄也。"①遣是非，再遣其遣，遣之又遣，方至重玄。"在这里，注、疏的关联是何等密切！由这关联可看出成玄英的'重玄'思想竟是直接地由郭注引申而出！"②而成玄英所以能集重玄学之大成，"也正因为有了较高思辨水平的佛学思想方法的引入，才使得他的重玄学理论达到了比郭象、孙登等人高得多的水平"③。其中佛学思想的引入是关键。

后秦弘始三年（401），鸠摩罗什至长安主持译经。弘扬龙树、提婆中观学派的《中论》《百论》《十二门论》《大智度论》等，由其首次译出。此前，"六家七宗"诸说多偏而不即，或偏空，或偏有。"因而，鸠摩罗什对《中论》等一批中观派要典的翻译，对于般若思想在中国的发展来说，具有划时代的历史意义。"④重玄思想亦因此有了深入的可能。译经外，罗什复以般若中观的中道不二、毕竟空阐释《老子》，其注第四十八章"为学日益，为道日

---

① 〔清〕郭庆藩撰：《庄子集释》卷一下，第85页。

② 王葆玹：《老庄学新探》，上海：上海文化出版社，2002年，第414页。

③ 何建明：《道家思想的历史转折》，武汉：华中师范大学出版社，1997年，第32—33页。

④ 姚卫群：《佛教般若思想发展源流》，北京：北京大学出版社，1996年，第298页。

损，损之又损之以至于无为，无为而无不为"云："损之者，无粗而不遣，遣之至乎忘恶；然后无细而不去，去之至乎忘善。恶者非也，善者是也。既损其非，又损其是，故曰损之又损。是非俱忘，情欲既断，德与道合，至于无为。己虽无为，任万物之自为，故无不为也。"①罗什以遣是遣非等同损之又损，僧肇《鸠摩罗什法师诔》谓其得尽重玄之妙："融冶常道，尽重玄之妙；闲邪悟俗，穷名教之美。"②《涅槃无名论·明渐第十三》复云："况乎虚无之数，重玄之域，其道无涯，欲之顿尽耶？书不云乎，为学者日益，为道者日损。为道者，为于无为者也。为于无为，而日日损，此岂顿得之谓？要损之又损之，以至于无损耳。"③僧肇以损之又损为达重玄之域的门径。僧睿《十二门序》云："事尽于有无，则忘功于造化；理极于虚位，则丧我于二际。然则丧我在乎落筌，筌忘存乎遗寄，筌我兼忘，始可以几乎实矣。几乎实矣，则虚实两冥，得失无际。冥而无际，则能忘造次于两玄，泯颠沛于一致，整归驾于道场，毕趣心于佛地。"④除丧我之筌而丧我，遗筌之所寄而忘丧我之筌，丧我之筌与我兼忘而近诸法实相。所破、能破之虚已除，复冥非能破、非所破之实，则虚实两冥。惑者谓能破、所破为虚，缘观俱寂为实，则存虚存实为失，忘虚忘实为得。虚实之病除舍，得失之念遂生，故复泯得失于无际。"造次""颠沛"，语本《论语·里仁第四》："君子无终食之间违仁，造次必于是，颠沛必于

---

① 〔宋〕李霖：《道德真经取善集》卷八，《道藏》第13册，北京：文物出版社，上海：上海书店，天津：天津古籍出版社，1988年，第902页中至下。
② 〔唐〕道宣：《广弘明集》卷二三《僧行篇第五》，《大正新修大藏经》卷五二，第264页下。
③ 〔东晋〕僧肇著，张春波校释：《肇论校释》，第219页。
④ 〔南朝梁〕释僧祐：《出三藏记集》卷一一，第404页。

是。"①"两玄""一致",语本《老子》。"两玄者,即《老子》云玄之又玄众妙之门","一致者,《老子》有得一之言"②。得失冥而无际,则造次、非造次时均臻于两玄,颠沛、非颠沛时均可得一。丧,忘,兼忘,两冥,冥,无疑即遣之又遣意。"在僧睿序以庄子解中观学说的过程中,后来所见的重玄兼忘之说已呼之欲出了。"③

　　支遁以佛玄互释,于向郭之表标新理,于众贤之外立异义。重玄思想即是其新理、异义之一,亦是孙登以重玄寄宗宗源之一。"这种'重玄'理趣,很可以说是对他的即色理论和逍遥境界的一种概括。孙登的重玄理论,正是将这种概括运用到对《老子》全面系统的解释中。"④《老子》首章孙登解注今已不存,但其后重玄学家对此章解释基本思路与支遁相同,即先双遣有无以不执有、不执无,再遣此不执以玄通无碍,如此使重玄学发展成一种更为圆通的哲学理论。在孙登重玄说产生的思想背景中,孙绰影响亦不容忽视,其《游天台山赋》云:"悟遣有之不尽,觉涉无之有间;泯色空以合迹,忽即有而得玄。释二名之同出,消一无于三幡。"李善注:"言道释二典,皆以无为宗。今悟有为非而遣之,遣之而不尽,觉无为是而涉之,涉之而有间,言皆滞于有也。""言有既滞有,故释典泯色空以合其迹。道教忽于有而得于玄。""言二名虽异,释之令同出于道也。""三幡,色一也。色空二也,观三

<hr>

① 〔宋〕朱熹:《四书章句集注》,第70页。
② 〔唐〕释吉藏:《十二门论序疏》,《大正新修大藏经》卷四二,第173页中。
③ 姜伯勤:《论敦煌本〈本际经〉的道性论》,陈鼓应主编:《道家文化研究》第七辑,上海:上海古籍出版社,1995年,第242页。
④ 卢国龙:《中国重玄学》,第15页。

也。言三幡虽殊，消令为一，同归于无也。"[1]遣有不尽，入无有隙，皆以无为有而滞之。佛言泯色空遣此滞以合迹，道谓即此有遣此滞而得玄。合迹，得玄，一也。释有无二名令同出于道，消色、空、观三幡使归于一无。个中已含双遣有无、并泯色空之意。据《游天台山赋》李善注，支遁亦作《天台山铭》，则孙绰此意或与之不无关系。

孙登以重玄为宗解注《老子》，使老子学在更高的理论层次上得以复苏，开启道教义理建设先河。南北朝是重玄学形成、发展期。刘宋末，顾欢撰《夷夏论》引发佛道论争，释子非难老子贵无而滞于无，复在有无相生中轮回起灭，未尽妙趣。顾欢又以重玄思想作《堂诰》四卷（一名《老子义疏》），申言《老子》本义在于不滞有无，使重玄接轨道教，开创道教义理建设新局面。继顾欢后，孟智周、臧玄静等一批义学道士不仅以重玄理论疏解《老子》，而且以之为指导思想建立起较完善的经教体系。杜光庭《道德真经广圣义》卷五《释疏题明道德义》云："梁朝道士孟智周、臧玄静，陈朝道士诸糅，隋朝道士刘进喜，唐朝道士成玄英、蔡子晃、黄玄赜、李荣、车玄弼、张惠超、黎元兴，皆明重玄之道。"[2]梁陈间的《太上洞玄灵宝升玄内教经》已是以重玄双遣为宗的道经，不复依注疏《老子》言重玄双遣，见出道教由以方术炼养形体求长生向以智慧升玄求精神解脱的转变。隋及初唐，以成玄英为代表的重玄学家将重玄理论思辨推向高峰，形成道教重玄学派。"成公之《疏》，不舍仙家之术，而参释氏之文，上承臧、孟，近

---

① 〔南朝梁〕萧统编，〔唐〕李善注，李培南等标点整理：《文选》卷一一《赋己·游览》，上海：上海古籍出版社，1986年，第500页。

② 《道藏》第14册，第340页下。

接车、蔡，重玄一宗，于是极盛，萃六代之英菁，而垂三唐之楷则者也。"①王弼以无释道，郭象以有释物，成玄英以理释道。敦煌写本《太玄真一本际经》云"将示重玄义，开发众妙门"，"开秘密藏重玄义门"，"为说重玄兼忘平等正法"。所谓重玄义、重玄兼忘平等正法即是经卷八云：

> 前空诸有，于有无著。次遣于空，空心亦净，乃曰兼忘。而有既遣，遣空有故，心未纯净，有对治故。所言玄者，四方无著，乃尽玄义。如是行者，于空于有，无所滞著，名之为玄。又遣此玄，都无所得，故名重玄，众妙之门。②

首遣有不著有，次遣空不著空。有虽既遣，然有对治遣空遣有故，心未能纯净。遣空之心亦净乃是兼忘。如此遣之又遣，不著四方，乃名之为玄。复遣此玄，都无所著，故名重玄，名众妙之门。该经以此法阐释道体、道性和修道等问题，揭开重玄学在唐代隆兴的序幕。"正始已还，玄风盛于江左，梁、陈以降，清谈渐息，究不可振者，正以重玄一倡，卑视魏、晋，河公、辅嗣并遭讥弹，孟、臧之宗既张，遂夺何、王之席驾而上之也。"③

佛教重玄之双遣双非，在中观语境中成为道教义理学建构的起点和重要理论来源，终成道教重玄学派，而重玄之道的出现也成为道教成熟的标志。重玄学是道家思想继魏晋玄学后又一重要发展。佛教学者以玄佛合流建构了具有中国特色的佛教义理体

---

① 蒙文通：《古学甄微》，第346页。
② 胡道静、陈耀庭等主编：《藏外道书》第21册，成都：巴蜀书社，1994年，第178页下、第179页上、第190页上、第227页下。
③ 蒙文通：《古学甄微》，第354页。

系，道教学者亦立足民族固有思想、汲取佛学养分以重玄之道建构了中国本土的道教义理体系。"唐朝官方之兼行三教，并不是用道教的仙学来充当核心思想，而是用玄学或重玄学的哲理及政治理论来充当灵魂。三教合一的文化层次是在表面的，更深层次的文化融合乃是玄学或重玄学的儒道合一。"①玄佛合流、重玄之道乃是东晋南北朝直至隋唐两大思想脉络，"遂形成上承魏晋玄风，下启宋儒性理之学的敦实的历史桥梁"②。其源头自然应寻及支遁以佛玄互释而得之内圣外王及重玄思想。未详作者《首楞严三昧经注序》云：

> 首楞严者，冲风冠乎知丧，洪绪在于忘言，微旨尽于七住，外迹显乎三权。洞重玄之极奥，耀八特之化筌。插高木之玄标，建十准以伺能，玩妙旨以调习，既习释而知玄。遗慈故慈洽，弃照而照弘也。故有陶化育物，绍以经纶，自非领略玄宗，深达奇趣，岂云究之哉！沙门支道林者，道心冥乎上世，神悟发于天然。俊朗明彻，玄映色空，启于往数，位叙三乘。余时复畴咨，豫闻其一，敢以不敏，系于句末。③

魏晋玄学家调和儒道，郭象注《庄子》沟通内圣外王之道即其硕果；复调和老庄，以庄子玄通无碍破解老子之执无，重玄之道即其"以庄为老"④的结果。孙盛以此批判贵无、崇有二论偏

---

① 王葆玹：《老庄学新探》，第421页。
② 马西沙：《中国重玄学序》，卢国龙：《中国重玄学》卷首，第3页。
③〔南朝梁〕释僧祐：《出三藏记集》卷七，第269页。
④〔清〕魏源：《老子本义·论老子》："则晋人以庄为老，而汉人以老为老也，岂独庄然！"（《魏源全集》第12册，长沙：岳麓书社，2011年，第7页）

失，追求圆化之道，效慕庄子。盛次子放，字齐庄，年八岁，太尉庾
亮问之曰："为欲慕庄周邪？"放书答曰："意欲慕之。"亮曰："何
故不慕仲尼而慕庄周？"放曰："仲尼生而知之，非希企所及；至
于庄周，是其次者，故慕耳。"①仲尼神圣高远，不容置疑亦难仿
效；庄周洞达放逸，可亲可慕亦可师法。孙绰融佛玄儒于一体，
作《道贤论》以七僧拟竹林七贤，其中以支遁拟向秀；又作《喻道
论》，倡言周孔即佛，谓支遁"识清体顺，而不对于物。玄道冲济，
与神情同任。此远流之所以归宗，悠悠者所以未悟也"②。宋释
灵操《释氏蒙求》云："凡此七贤匹于七僧，皆察其气概，较道量
德，著其论文，盛传于世。"③乘儒、玄、佛交融互渗思潮，中国佛
教与道教着力构建各自的义理体系。"我们可以说，印度的佛学思
想同中国的道家思想接触了之后，立刻产生交互作用，就是拿道
家哲学的思想精神，提升佛学的智慧；再拿佛学的智慧增进道家
的精神。"④

　　支遁心冥上世，悟发天然，玄佛互释，引时代潮流，倡七住顿
悟，以沙门游虚玄、持五戒等同内圣外王；复以般若性空阐释玄学
命题，给困于有、无之辨的名士新的启迪，提升玄学的精神境界，
赋予重玄哲学新义。如此，不惟绍明大法有功于佛学，领握玄标
有益于玄学，且浸溉孙登孕育重玄学。"盖玄学始于人与人之清

①《世说新语·言语第二》"孙齐由、齐庄"条刘孝标注引《孙放别传》，余
　嘉锡笺疏：《世说新语笺疏》卷上之上，第120页。
②〔南朝梁〕释慧皎：《高僧传》卷四《义解一·晋剡沃洲山支遁》，第
　163页。
③转引自陈士强：《佛典精解》，上海：上海古籍出版社，1992年，第
　963页。
④方东美：《中国大乘佛学》，台北：黎明文化事业股份有限公司，1984年，
　第32—33页。

谈,而佛学始于个人之发心求觉悟。玄学可为谈玄而谈玄,故不必有一套修养之工夫;佛家为行证而求信解,即必有一套修养之工夫。"因此,清谈极易流于空谈,玄学理论及由此理论所达之虚旷心境,只是随其意而起。"此所起之意与意所及之理,皆提起则有,放下则无。此乃由玄学家无佛学家之一段去除其意中种种执着习气之工夫,故一不提起,则可还同于常人;而当其提起时与佛家证空之境,便只少分相应。"①佛学的进入,便有可能克服玄学清谈不足,使之发展成陶铸性情的学问,一变清谈而为经验和修养的工夫。"佛学、道教重玄学是两个根旨不同的、独立的宗教哲学体系;支遁、僧肇的佛学思想融摄道家重玄思想于前,道教重玄学者融摄支遁、僧肇佛学思想于后,两者之间是相互融摄、相得而益彰的关系。"②支遁以其佛玄兼修赋予重玄哲学新义,以郭象遣之又遣与《老子》损之又损、玄之又玄相关联,鸠摩罗什又融以中观学说而得尽重玄之妙,复经僧肇、僧睿等发展,重玄兼忘遂呼之欲出。中国式的心性修养工夫因此在玄佛交融中孕育、发轫。"而道家思想之发展,必至道教之有实际上之双修性命之工夫,乃可与佛教相抗,亦正以是故也。"③

(三)七住顿悟

支遁禅学思想为当时士大夫所激赏,还缘自其"潜七住而挹玄""空洞浪七住"等对经由数息观而达至七住的反复阐释与渲染。七住地,有无双遣与在有舍空、在空舍有的前六住地不同,

①唐君毅:《中国哲学原论·导论篇》,台北:台湾学生书局,1986年,第63、64—65页。

②李养正:《试论支遁、僧肇与道家(道教)重玄思想的关系》,《宗教学研究》,1997年第2期,第73页。

③唐君毅:《中国哲学原论·导论篇》,第68页。

悟理圆满与成就法身的十住地无异。此种境界心智寂灭,已无尘世烦恼。因此,七住地就佛教徒而言,虽不免沉空之难——上不求菩提,下不度众生,沉于一切空寂之理,然于两晋名士而言,却最能激起共鸣。惟有从此角度来理解《世说新语·文学第四》第三十六条刘孝标注引《支法师传》所云"法师研十地,则知顿悟于七住;寻庄周,则辩圣人之逍遥。当时名胜,咸味其音旨"①,才能充分明晓支遁用顿悟七住沟通佛玄以弘法的良苦用心,而"当时名胜,咸味其音旨"则见出支说颇能契合名士心理。

不过,支遁并没有执着于七住地,而是自觉地担当起弘法大任。"菩萨有大神力,住十住地,具足佛法,而住世间,广度众生故,不取涅槃。"②广度众生的慈悲精神是大乘菩萨道区别于玄学的根本所在,也是支遁区别于其时清谈名士的根本所在,以玄释禅目的在于藉禅导引世人证悟般若性空。以是,支遁还致力于《般若经》的研究、宣讲,由今存《大小品对比要钞序》等作品,可窥其般若思想的大概。

于《般若经》大小品之分,或以为小品是从大品抄撮而成,或以为大品是由小品增广而成。无论大小品均出自本品,多达六十万言的本品未至晋土。通过比较研究,支遁认为:"然斯二经,虽同出于本品,而时往有不同者。或小品之所具,大品所不载;大品之所备,小品之所阙。所以然者,或以二者之事同,互相以为赖,明其本一,故不并矣。而小品至略玄总,事要举宗;大品虽辞致婉巧,而不丧本归。"本品难见,大小品多不同,各有优劣。

① 余嘉锡笺疏:《世说新语笺疏》卷上之下,第246页。
② 〔后秦〕鸠摩罗什译:《大智度论》卷二九《初品中回向释论第四十五》,《大正新修大藏经》卷二五,第273页中。

"而小品引宗,时有诸异。或辞倒事同,而不乖旨归;或取其初要,废其后致;或筌次事宗,倒其首尾;或散在群品,略撮玄要。时有此事,乖互不同。又大品事数甚众,而辞旷浩衍。本欲推求本宗,明验事旨,而用思甚多劳,审功又寡,且稽验废事,不覆速急。"[1]支遁兼重大小品,所论大小品优劣及其与本品关系基本符合史实,复以般若、至无相比附,沟通佛玄,如前揭此序谓般若波罗蜜乃众妙群智之根本,心神长王之所由,如来照功之所在。般若波罗蜜是度脱生死此岸到达涅槃彼岸的终极智慧,"众妙"出自《老子》,"神王"出自《庄子》。般若为经其旨即在于至无。至无无物,至无无智。因般若无物故能齐物,因般若无智故能运智。仰赖般若至无,可夷三脱、齐万物达到重玄、空同之境,可明了诸佛之如何有,可尽晓群灵之本来无,可登陟十住妙阶,可趣临无生径路。复以般若至无解决有、无对立:

> 夫无也者,岂能无哉? 无不能自无,理亦不能为理。理不能为理,则理非理矣;无不能自无,则无非无矣。是故,妙阶则非阶,无生则非生;妙由乎不妙,无生由乎生。是以十住之称,兴乎未足定号;般若之智,生乎教迹之名。[2]

无不能离有,须假有而无;理不能离事,须依事而存。既然无非无、理非理,则十住妙阶亦非阶,妙缘自不妙;涅槃无生亦非生,无生缘自生。七住、十住皆是名相,以般若智观之,均应超越,不应有执。

---

① 〔东晋〕支遁著,张富春校注:《支遁集校注》,第554、562页。
② 〔东晋〕支遁著,张富春校注:《支遁集校注》,第499页。

　　"而东晋之世,乃因十住三乘说之研求,而有顿悟之说……支道林研寻十住之文,知七住之重要,因而立顿悟之说。"①前揭《支法师传》云支遁精研十地,知以小乘安般守意法能达到大乘菩萨十地的远行地即七住而顿悟。支遁外,主张小顿悟者又有道安、僧肇、慧远、法瑶、邪通等。七住顿悟说以远行地为修行中的一大飞跃,不仅超越尘世,而且超越声闻、缘觉二乘,已断三界烦恼,初得无生法忍,具足道慧,诸行顿修,寂用双起,有无并观。前揭萧齐刘虬《无量义经序》谓支遁、道安为始得顿悟旨趣之元匠。支遁论无生,认为修行至七住已具备一切种智,已得无生法忍,可圆照一切,顿断诸结;至十住则成就法身,感通无方。七住与八住、九住、十住其迹虽异,其般若之照则无不同。"道慧阴足"即《大小品对比要钞序》所谓"览通群妙",亦即已得无生法忍;"群方与能"即所谓"感通无方"②。刘序复云:"安公之辩异观,三乘者始篲之因称,定慧者终成之实录。此谓始求可随根而三,入解则其慧不二。"③辩异观意谓涉求之始因众生根器可有三乘,既豁然顿悟其慧则不容有二。二氏均主张至七住已具足道慧,虽功德未满,但般若智慧已与十住无异,可顿悟而得无生法忍。《大小品对比要钞序》云:"不同之功,由之万品,神悟迟速,莫不缘分。分暗则功重,言积而后悟。"④众生天分万殊,修功因

---

① 汤用彤:《汉魏两晋南北朝佛教史》,第466—467页。其《竺道生与涅槃学》亦云:"盖支公细读《璎珞本业》之文,既见其有顿觉之言。又佛经中谓七住始得无生忍。因持顿悟在于七住。"(氏著《儒学·佛学·玄学》,南京:江苏文艺出版社,2009年,第113页)

② 参汤用彤:《汉魏两晋南北朝佛教史》,第467页。

③〔南朝梁〕释僧祐:《出三藏记集》卷九,第354页。

④〔东晋〕支遁著,张富春校注:《支遁集校注》,第514页。

之各异。根器大者悟则神速，根器小者悟则迟缓，皆缘其天分。分暗之人用功须重，积功累德，损之又损。因功重故须渐，言积后而神悟。道安《十法句义经序》亦云："人亦有言曰：'圣人也者，人情之积也。'圣由积靡，炉锤之间，恶可已乎！经之大例，皆异说同行。异说者，明夫一行之归致；同行者，其要不可相无，则行必俱行。全其归致，则同处而不新；不新故顿至而不惑，俱行故丛萃而不迷也。"①或谓圣人乃由人情所渐积而致。积靡成圣，如炉锤炼金，其间决不可止。全其归致云云"似谓致归致之全，妙道之极，须顿至而不惑"②。菩萨修行，由初欢喜地至六现前地，新行次第而起；由七远行地至十法云地，再无新行。因至七住不新而全其归，故谓七住顿悟而不惑。"故支、安二公均主顿悟，而不废渐修也。"③

七住顿悟实为其时通行之说。慧达《肇论疏》卷上《涅槃无名论义记上·折诘渐第六》云：

> 第二小顿悟者，支道琳师云：七地始见无生。弥天释道安师云：大乘初无漏惠，称摩诃波若即是七地。远师云：二乘未得无有，始于七地方能得也。瑶法师云：三界诸结，七地初得无生，一时顿断，为菩萨见谛也。肇法师亦同小顿悟义。

《折幾动第七》云：

①〔南朝梁〕释僧祐：《出三藏记集》卷一〇，第370页。
②汤用彤：《竺道生与涅槃学》，氏著《儒学·佛学·玄学》，第112页。
③参汤用彤：《汉魏两晋南北朝佛教史》，第469页。

什师、肇师等并云：七地入法身位，心智寂灭。……法身
以上入无为境者，六住已下，以未全一，在有即舍空，在空即
舍有，未能以平等真心有无双涉。七地以上，二行俱寂，心不
可以像得，故心智寂灭也。①

隋硕法师《三论游意义》谓小顿悟师有六家："一肇师，二支道林
师，三真安埵师，四邪通师，五理山远师，六道安师也。此师等云，
七地以上悟无生忍也。"②"此中理山远师即庐山慧远。邪通师
不详。'埵师'与《达疏》之'埵法师'均瑶师之讹，而真安亦新安
之误也。"③如同支遁、道安，慧远亦云至七地方能得无生；法瑶
云七地初得无生，顿断三界诸结，为菩萨见地。僧肇云七地入法身
位，七地以上有无双涉，始名理悟，又云："七住得无生忍已后，所
行万行，皆无相无缘，与无生同体。无生同体，无分别也。"④自
初地至六地，以有无不并，以心未全悟无二之理为一，于有、无交
相否定，故未悟理。至七地以上，则能有无双涉，得悟全理，并泯
有无等差别，心智寂灭，始可名理悟。受其时佛经翻译影响，诸氏
小顿悟说认为七住得无生法忍而顿悟。所谓无生即无虚妄之生，
认为世间一切皆生灭虚妄之相，既无有生，云何有灭？不生不灭，
乃究竟实相也。忍意为认可、通达、不退。无生法忍即对本来无生
之理的认可。

---

① 《大藏新纂卍续藏经》卷五四，石家庄：河北佛教协会影印，2006年，第
　 55页中、第56页上。按："支道琳"即支道林，"无有"当为无生。
② 《大正新修大藏经》卷四五，第121页下。
③ 汤用彤：《汉魏两晋南北朝佛教史》，第495页。
④ 〔后秦〕释僧肇：《注维摩诘经》卷六《不思议品第六》，《大正新修大藏
　 经》卷三八，第384页中。

七住顿悟所据是佛教修行的十地进阶理论。十地有声闻、缘觉、菩萨三乘共十地和大乘菩萨十地二说。鸠摩罗什译《佛说仁王般若波罗蜜经》卷上《菩萨教化品第三》云："入理般若名为住,住生德行名为地。"[①]十住之谓着眼于入理般若,出自华严典籍。华严学说是继早期般若学后出现的大乘佛教思潮。从东汉末到东晋,众多华严类单行经传入中土,主要由大月氏人或其后裔传译。元康七年(297),竺法护在长安译出《渐备一切智德经》。是经相当于六十华严之《十地品》,主要叙述菩萨修行十地的过程。竺法护译华严类典籍又有《菩萨十住经》《如来兴显经》《等目菩萨所问三昧经》等。

《渐备一切智德经》继承《兜沙经》等传统亦以十数组织经文,将般若经典六度扩展为施度、戒度、忍度、进度、禅度、智度、权方便度、誓愿度、势力度、慧度十度。十住从修习实践角度发挥十度思想。"是十住者,令诸菩萨现在亲近清净道、无为诸法门,名显远照于十方无数佛土,三界众生,咸蒙得济。"[②]法护在《本业经》基础上更为详尽地叙述菩萨修行阶位十住的内容。佛教修行的最终目标是成佛。从七住起,寄菩萨法劝立一切诸佛法,证法无差别真如。六住以执生灭相二愚而障七住玄妙无相道,入七住便能永断此障。此住初得无生法忍,是菩萨行中具有突变性质的阶段,主要表现在菩萨可凭借神通自由往来瑕疵世界和清净世界,实现从法身到色身、从色身到法身的转变,是沟通世间与出世间的桥梁。"又约寄位,初之三地寄同世间,次有四地寄三乘法,

---

①《大正新修大藏经》卷八,第827页中。
②〔西晋〕月支三藏竺法护译:《渐备一切智德经》卷一《初发意悦豫住品第一》,《大正新修大藏经》卷一〇,第458页下。

第八已去寄显一乘。"①七住菩萨近一乘，虽于无相作意得无间断、无欠缺，然沉溺修习未能舍离功用获得相自在。八住已入一乘，于无相住中舍离功用，得相自在。十住中第七玄妙住修十种方便慧，起殊胜道，尤为关键。所以如此，在于七住菩萨：

第一，以慈悲心处众生中。菩萨住于此地，善修空、无相、无愿三脱门，解三界虚妄，心生远离，身在三界并庄严三界，己心已除一切烦恼焰，却为众生生起息灭贪淫、嗔恚、愚痴的烦恼焰。七住菩萨修习大方便慧，行住坐卧皆悉能起度众生法，"劝化无数众生之类，以用诸佛无限之法"，念念中具足十度无极，念念中大悲为首，修习佛法。"以是德本，施于众生。"菩萨处人世，知一切众生所行，绝不为尘秽所污染，虽眷属围绕而心常远离，虽现身一切世间而心常在出世间法。如同转轮圣王乘大宝象游四天下，虽与诸众生贫穷苦恼杂居而不为烦恼垢所污，虽不苦而未尝离人。"是故佛子！菩萨若逮此第七住，若在淫种，越一切欲，住在彼欲，行清净法。"②七住菩萨住人世而无人世诸烦恼，所有不善业完全舍离，所有善业勤加修习，除如来及八住以上菩萨无有能比。菩萨所有一切度世之法，所做庄严之事，胜过一切天、龙、鬼神、乾闼婆、阿修罗、迦楼罗、紧那罗、摩睺罗伽、人、非人、释梵四天王，然其心不曾舍离法乐之娱。

第二，初得无生法忍。六住菩萨观一切法性能忍，心已成就柔顺法忍，然尚未逮近无所从生法忍。在第七住，"（菩萨）以住此定，持顺无量身行之业，进诵瑞应，口言心念，亦不可限，见谛

①〔唐〕清凉山大华严寺沙门澄观：《大方广佛华严经疏》卷四一，《大正新修大藏经》卷三五，第818页下。
②〔西晋〕竺法护译：《渐备一切智德经》卷四《玄妙住品第七》，《大正新修大藏经》卷一〇，第479页上、第479页中、第480页上。

清净,光明巍巍,无所从生法忍。"①七住菩萨以清净无量的身、口、意业具足无相行,而得无生法忍。鸠摩罗什译《摩诃般若波罗蜜经》卷二三《三次品第七十五》云:"云何名无生法忍? 知诸法相常不生,诸烦恼从本以来亦常不生。"②诸法相、诸烦恼皆常不生,以其不生故亦无灭,此即无生法忍。其译《大智度论》卷二七《释初品·大慈大悲义第四十二》又云:

> 菩萨位者,无生法忍是。得此法忍,观一切世间空,心无所著,住诸法实相中,不复染世间。……复次,入菩萨法位力故,得名阿鞞跋致菩萨。复次,菩萨摩诃萨,入是法位中,不复堕凡夫数,名为得道人:一切世间事欲坏其心,不能令动;闭三恶趣门,堕诸菩萨数中,初生菩萨家,智慧清净成熟。复次,住顶不堕,是名菩萨法位。③

菩萨得无生法忍,心不著世间亦不染世间,一切世间事不能坏其心,远离三恶趣门,进入菩萨果位。卷五○《释发趣品第二十之余》云:"无生法忍者,于无生灭诸法实相中,信受通达无碍不退,是名无生忍。"④在无生亦无灭的诸法实相中,菩萨能通达无碍永不退转。

　　第三,一切具足可随心进入八住。菩萨虽具足十住方能解脱成佛,然从初发意至第七住,其身、口、意功用业行均已圆满,

---

① 〔西晋〕竺法护译:《渐备一切智德经》卷四《玄妙住品第七》,《大正新修大藏经》卷一○,第480页中。
② 《大正新修大藏经》卷八,第388页上。
③ 《大正新修大藏经》卷二五,第262页上至中。
④ 《大正新修大藏经》卷二五,第417页下。

已进入智慧圆满的业行。"具足十住,勉力解脱,从一发意,备斯七住。所以者何?是为佛子菩萨道住,具足诸行,备慧神通。"[1]前七住皆是染、净相杂,八住及以上乃是纯净。若成就七住,入神通慧,八住自然得成。同时,从第一住至第七住,菩萨惟成就部分智能功用业行,名有功用;以此力从第八住至第十住即能成就任运自然的无功用业行,名无功用。譬如瑕疵、清净二世界,菩萨以大神通、至力、愿力,乃可随心从瑕疵世界穿越而至清净世界。

　　第四,虽深爱涅槃而现身生死海。菩萨逮第七住,"乘度无极道法之船,游行本际,而不取证,以逮如是圣慧势力,承三昧力,成就诸行,解觉道意,以大善权智慧之力,现生死门,游轮灭度,心性自然"[2]。七住菩萨远离无行逮得道业,念念中轮致寂灭,又能念念中从寂灭中起,行于实际而不安住实际。菩萨于此虽获得诸佛境界的宝藏却住持诸魔境界,虽远愈一切魔道却示现魔行,虽行为同于外道却不违佛道,虽示现随顺一切世间却常行一切出世间法。"《维摩经》广论的即世间为出世间,寓出世间于世

---

[1]〔西晋〕竺法护译:《渐备一切智德经》卷四《玄妙住品第七》,《大正新修大藏经》卷一〇,第479页下。天竺三藏佛驮跋陀罗译《大方广佛华严经》卷二五《十地品第二十二之三·第七地》此作:"菩萨摩诃萨,于诸地中,皆悉具足,助菩提法,远行胜故,于此地说,何以故?诸菩萨摩诃萨,于七地中,功行具足,入智慧神通道故。"(《大正新修大藏经》卷九,第561页下)于阗国三藏实叉难陀奉制译《大方广佛华严经》卷三七《十地品第二十六之四·第七地》此作:"菩萨于十地中,皆能满足菩提分法,然第七地,最为殊胜,何以故?此第七地,功用行满,得入智慧,自在行故。"(《大正新修大藏经》卷一〇,第196页下)

[2]〔西晋〕竺法护译:《渐备一切智德经》卷四《玄妙住品第七》,《大正新修大藏经》卷一〇,第480页中。

间的观念，就相当于这里讲的七地菩萨的境界。"[①]七住菩萨空中有方便慧，即有修空而不住空；有中具殊胜行，即空涉有而不住有。"《瑜伽论》中说：'佛功德，七地皆得，八地成就，九地具足，十地圆满。'……净由此到，染由此过，故此一地，最为胜要。"[②]七住已得佛一切功德，翻染令净之功最为显著，后三住清净赖之以成。

　　十住中七住最为胜要。"此地功用，过前六地，胜后三地"[③]，"欲悉能备，成菩萨道，必当学进，至十住乎？"[④]的确，菩萨修行皆应具足十住道地方能解脱成佛，然七住不住空有、即空即有，不仅有益于玄学有、无之辩，而且也符合"应物而无累于物"[⑤]的东晋士大夫朝隐的口味——入世而心乐出世，出世而不离人世。支遁时代的佛学主题是因应玄学而兴的般若学，惟求悟理而已，七住为信佛士大夫提供了一个极为理想的精神栖息地。或以此故，支遁等人依般若学立义，倡言七住顿悟说，以印度佛学中国化推动士大夫佛教的发展。

　　先秦儒道两家均认为凡人有超凡入圣的可能。两汉经学为论证专制君主的神圣性，将天、圣人转化为帝王、君主，断绝了超凡入圣的可能。王充虽以气一元论摧毁了圣人的神圣性，但也解

---

① 杜继文：《汉译佛教经典哲学》下卷，南京：江苏人民出版社，2008年，第242页。

② 〔唐〕清凉山大华严寺沙门澄观撰：《大方广佛华严经疏》卷四一，《大正新修大藏经》卷三五，第816页下。

③ 〔唐〕魏国西寺沙门法藏述：《华严经探玄记》卷一三，《大正新修大藏经》卷三五，第354页下。

④ 〔西晋〕竺法护译：《渐备一切智德经》卷四《玄妙住品第七》，《大正新修大藏经》卷一〇，第479页下。

⑤ 《三国志》卷二八《魏书·钟会传》裴松之注引何劭《王弼传》，第795页。

构了人性,使超凡入圣变得同样不可能。魏晋玄学继承自先秦儒道两家追求内在超越的传统,对于凡人是否具有圣性、能否超凡入圣等问题,最终给予了完全肯定的回答。自先秦以来逐渐形成的内圣外王的传统,在此期也由玄学家和佛学家进行了较为鲜明的表述。更重要的是,东晋玄佛合流还促使人们对成就理想圣人人格的具体过程进行系统深入的理论探讨。支遁融会本土传统文化和印度佛学思想,以色空格义本无,将佛、菩萨等同于圣人、至人,将佛教理想人格境界与玄学审美人格境界合而为一,将成佛与内圣外王相互贯通,认为欲达至理想人格境界,欲成圣、成佛,须渐修,亦须顿悟。七住之前,应渐修,即德业量的积累;进至七住,则要顿悟,即人格质的飞跃。"如果说先秦儒家采取的是一种积极肯定人生、提高道德学养的方法来实现其超越,那么先秦道家则是以消极否定人生、减损人为的一切的方法来实现其超越。先秦儒家和道家的两种'超越',虽不相同,但他们的哲学都是以'内在超越'为特征,同样表现了与西方哲学的不同。"①先秦儒道二家已以其"内在超越"呈现出鲜明的民族特色,魏晋佛学家光扬此传统,开建中国佛教。具体阐释成就理想圣人人格的过程、途径与方法,是支遁等佛学家的功业所在。佛教中国化进程因此得到有力推动,儒道二家的审美人格实践论因此系统化、理论化,中国佛学的主题也因此而转变。后支遁的晋宋之际,鸠摩罗什倡扬《般若》,僧伽提婆弘阐《毗昙》,昙无谶翻译《大般涅槃经》,涅槃佛性的阐述渐成佛学的主题,般若学遂转向涅槃学。罗什弟子僧睿、僧肇等已现此迹象,竺道生的涅槃佛性论则

---

① 汤一介:《儒道释与内在超越问题》,南昌:江西人民出版社,1991年,第13页。

标志着中国佛学从般若学到涅槃学的转变。"道生的优势，就在于他佛学的多方面成就，故而不以小顿悟为满足，却又援用小顿悟的思想方法，借助逻辑推论而提倡大顿悟。"①

道生等同涅槃与理，认为佛即是理，理即是佛。其《妙法莲华经疏》卷上《序品第一》云："十者数之满极，表如来理圆无缺，道无不在，故寄十也。"《方便品第二》云："既云三乘是方便，今明是一也。佛为一极，表一而为出也。理苟有三，圣亦可为三而出。但理中无三，唯妙一而已。"②成佛即是悟理，悟理即是证悟涅槃佛性。"当理者是佛，乖则凡夫。""若涅槃解脱及断者，乖理成缚，得理则涅槃解脱及断也。"③佛与凡夫，涅槃与烦恼，其别惟在当理、得理与否。道生认为顿悟成佛不容阶级，悟不自生必藉信渐。《妙法莲华经疏》卷下《见宝塔品第十一》云："欲表理不可顿阶，必要研粗以至精，损之又损之，以至于无损矣。"④欲明理不可越级，必须循序渐进，由粗至精，损减妄见、情欲，"损之又损之，以至于无为"⑤。"这一'损之又损'、由粗至精的过程，显然是对'理'的渐悟的过程，待至'无损'之时，方是'万滞同尽'的顿悟之域。这再次表明，他的'大顿悟'是对支道林、僧肇等人'小顿悟'的批判继承。"⑥支遁《大小品对比要钞

---

① 潘桂明：《中国佛教思想史稿》第一卷，第384页。

② 《大藏新纂卍续藏经》卷二七，第3页中、第4页下至第5页上。

③ 《大般涅槃经集解》卷二一《文字品第十三》、卷五一《德王品第七》引"道生曰"，《大正新修大藏经》卷三七，第464页上、第533页上。

④ 《大藏新纂卍续藏经》卷二七，第13页中。

⑤ 《老子》第四十八章，朱谦之：《老子校释》，第192页。

⑥ 潘桂明：《中国佛教思想史稿》第一卷，第389页。

序》云："悟群俗以妙道，渐积损至无。"①道安《安般注序》云："寄息故有六阶之差，寓骸故有四级之别。阶差者，损之又损之，以至于无为；级别者，忘之又忘之，以至于无欲也。"②道生涅槃佛性论重在成佛，以证理把握涅槃境界，故扬弃支遁、道安等人七住顿悟悟理，倡言大顿悟，认为顿悟乃极照诸法实相之理，理归一极本不可分，悟理应一时顿了，豁然贯通，不容阶级：

> 譬喻亦云："大难既夷，乃无有三；险路既息，其化即亡。"此则名一为三，非有三悟明矣。生公云："道品可以泥洹，非罗汉之名。六度可以至佛，非树王之谓。"斩木之喻，木存故尺寸可渐；无生之证，生尽故其照必顿。案三乘名教，皆以生尽照息，去有入空。以此为道，不得取象于形器也。③

乘可有三，二乘、三乘俱是权教；理中无三，维有妙一，悟理亦须一悟而非三悟。三十七道品、六度，皆修行方便，未至极果。无生未尝离于生，其实相不可分。证无生须顿悟，生全尽则无生顿显。无论顿悟，抑或顿显，均是舍筏登岸式的跳跃或飞跃。同时，道生又将顿悟位置从支遁、道安等人所谓七住后移至十地，而力倡十地顿悟成佛。究其实，大小顿悟本质无异，所异惟在七住抑或十地

---

① 〔东晋〕支遁著，张富春校注：《支遁集校注》，第504页。校云："《全晋文》'至'上有'目'字。"（第505页）类似表述亦见支遁诗。《咏怀诗》五首其四云："崇虚习本照，损无归昔神。"《述怀诗》二首其二云："妙损阶玄老，忘怀浪濠川。"（第85、116页）

② 〔南朝梁〕释僧祐：《出三藏记集》卷六，第245页。

③ 〔南朝齐〕刘虬：《无量义经序》，〔南朝梁〕释僧祐：《出三藏记集》卷九，第354页。

顿悟。"从此'顿悟'与'成佛'不再分为两截，得摩诃般若、超生死、获解脱，同为一事，而魏晋玄学人格美实践论在成就理想的人格的方式与途径上，最终得以实现'顿'、'渐'的统一。"①

竺道生以得意忘象的玄学思维方法，上承诸法实相的般若性空说，通过对佛教独创性的理解，敏锐地发现了大乘《涅槃经》与中国传统人性论沟通的渠道，积极探寻玄学衰微后中土人士更广泛接受佛教的新路径，开启涅槃佛性妙有之学，成为六朝佛学由般若学向涅槃学过渡的关键人物。"在经历了般若学的遮诠式思维后，又重新回到了熟悉的肯定性思维，佛教思想的'中国化'正是以如此方式逐步实现的。"涅槃佛性说基于般若学的哲学思辨，结合中国传统文化的人文特质，具有鲜明的中国特色。"道生的思想方法和佛学命题，不仅具有强烈的个性特征，而且体现了民族的文化特点，他以独特的义学形式表达了民族的自信，这种民族自信使中国佛教展现为浓厚的重智轻悲色彩。"②竺道生肇启此后儒释道三家探讨心性问题的漫长历程，对中国学术思想发展态势影响深远，"更为中华学术开数百年之风气也"③。

就佛学而言，道生的阐提成佛、顿悟成佛，强调成佛的主体是人，强调直觉的精神体悟，由般若学的哲学思辨渐向现实人生、道德实践转变，把完善道德视同证悟佛性。从此，心性实践成为中国佛学的全部内容。同时，佛学的这种直觉思维促使佛教向平民化俗信方向发展，最终导致不立文字、明心见性的禅宗产生。"在由道生'顿悟'学说向惠能'顿悟'思想转化的过程中，士族

---

①高华平：《魏晋玄学人格美研究》，第204页。
②潘桂明：《中国佛教思想史稿》第一卷，第394、382页。
③汤用彤：《汉魏两晋南北朝佛教史》，第475页。

贵族的知识分子佛学为平民阶层的大众化佛教思想所取代，将隋唐时期建立的学术性佛教宗派排除殆尽。"①顿悟说扬弃了印度佛教的修行方法，使之简明易行，更契合中国人的心理。谢灵运《辨宗论》云："华人易于见理，难于受教，故闭其累学而开其一极；夷人易于受教，难于见理，故闭其顿了而开其渐悟。"②

　　竺道生倡言顿悟成佛，顿、渐之争遂成为晋宋之交以迄萧齐重要的佛学话题。僧肇《涅槃无名论》③即是较早持守渐悟以驳斥顿悟者。"《无名论》十演中反驳之顿悟显为生公说。而九折中所斥之渐说，则为支公七住顿悟说。是作者宗旨赞成七住说，而呵弹大顿悟。"④《涅槃无名论·难差第八》为九折之四，"有名"质疑涅槃既然心境平等不二，缘何还有三乘修证结果与修证进位之异？涅槃玄道，妙一无差，圆满究竟，缘何三乘因修证涅槃无为而有别？"儒童菩萨时于七住，初获无生忍，进修三位。"⑤七住初获无生法忍，缘何还要进修三位？主张顿悟的有名所斥即七住顿悟说，作者因此难作《辨差第九》，援引《法华经》会三归一说应答。所乘虽有羊车、鹿车、牛车之异，然均能逃出火宅。三乘俱出生死苦海，同证涅槃无为，以所乘异故有三名，就其所归则一。

---

① 潘桂明：《中国佛教思想史稿》第一卷，第401页。
② 〔唐〕释道宣：《广弘明集》卷一八《法义篇第四之初》，《大正新修大藏经》卷五二，第225页上。
③ 关于《涅槃无名论》作者问题的争论，张春波《肇论校释·绪论》云："但在目前真假难辨的情况下，我们觉得暂且以真作对待为宜，因为《十演》毕竟符合僧肇一贯的观点。"（第6页）亦可参考程章灿《〈头陀寺碑文〉所用佛典与〈涅盘无名论〉之真伪》（载氏著《古刻新诠》，北京：中华书局，2009年，第70—81页）一文。
④ 汤用彤：《汉魏两晋南北朝佛教史》，第480页。
⑤ 〔东晋〕僧肇著，张春波校释：《肇论校释》，第212页。

《明渐第十三》为十演之第七，驳有名《诘渐》于渐修之责难，阐释证得涅槃必有渐修工夫。涅槃无为固然没有差别，但人烦恼结缚太深难以顿尽，需渐修始达涅槃彼岸。理本无差，差则在人。欲证涅槃无为，须经损之又损的渐修：损之无粗不遣，遣之至忘恶，然后无细不去，去之至忘善。损之又损之，善恶是非俱忘。情欲既断，德与道合，至于无为而无损。

萧齐时犹有顿、渐之争，荆州隐士刘虬述顿悟成佛义，当世无能屈之者。僧祐《出三藏记集》卷九收其《无量义经序》。序谓支遁乃"得旨之匠"，其评定顿、渐实具调和之意。

三、代言：即色游玄之维摩诘菩萨

即色游玄谓逍遥适意于色空、有无之间，不离色亦不离空，不滞色亦不滞空。支遁以维摩诘为能达此境的"至人"而予以宣扬。《世说新语·文学第四》第四十条云支遁、许询诸人同在会稽王司马昱斋室，"支为法师，许为都讲"。刘孝标注引《高逸沙门传》曰："道林时讲《维摩诘经》。"[1]同时，"《维摩经》为大乘佛典中的一部最有文学趣味的小说"[2]。因此，宣讲外，支遁还运其不世之才，革新传统赞体，取材于《维摩诘经》创作十首五言诗赞，以文学创作向名士宣示《维摩诘经》及维摩诘菩萨的魅力。维摩诘信仰是支遁建构中国化士大夫佛教体系的重要组成部分，维摩诘菩萨即是其即色游玄的形象代言人。

（一）《维摩诘经》及其在两晋的流布

大约公元前1世纪左右出现的《般若经》，是大乘佛教形成

---

[1] 余嘉锡笺疏：《世说新语笺疏》卷上之下，第250页。
[2] 胡适：《海外读书杂记》，沈卫威编选：《胡适论读书》，合肥：安徽教育出版社，2013年，第140页。

的标志。其后，遂有《宝积经》《维摩诘经》《法华经》《华严经》等一批大乘经典。"《维摩诘经》是大乘或中观派的更老练幽默的通俗化作品。它的思想内容可能来源于般若经中的须菩提与佛陀，须菩提与舍利弗和他人之间的对话。"①《维摩诘经》与《般若经》关联密切，二者从宗教实践与般若理论两方面将佛教从出世转为入世。维摩诘的出现标志着大乘佛教的世俗化达到了高潮。"如果说般若经类反映的是应该如何从出世间回到人世间，因而创造了昙无竭式的出家菩萨，那么，《维摩诘经》就是反映佛徒应该如何把处世间当作出世间，因而创造了维摩诘式的在家菩萨。"②大乘以成佛为最终目标，誓言决不中道涅槃，力主深入世间普度众生，倡导积极的宗教献身精神。竺法护译《佛说须真天子经》卷三《无畏品第五》云："菩萨亦不住于无为地，亦不住于有为地，是故名曰世之最厚。""菩萨畏惧从两因缘致，亦从有为，亦从无为。所以者何？从有为中畏于爱欲，在无为中畏于无欲。"《住道品第六》云："行于世间，不为俗法之所沾污也。"③菩萨在世间心畏爱欲，唯恐堕落；在出世间心畏无欲，唯恐无所作为。因此，菩萨既不住于无为地也不住于有为地，而是以智巧、方便深入世间应机度脱众生，寓无为于有为，在有为中养护一切。诸如此类丰富而深刻的救济观念，因应了中土人士急切寻求救济的思潮。"在这种情势下，大乘菩萨的代表人物观世音和维摩诘适逢其时地传入中国。他们作为新的救济思潮的代表，被广泛地

---

① 〔英〕渥德尔著，王世安译：《印度佛教史》，北京：商务印书馆，1987年，第366页。

② 任继愈主编：《中国佛教史（第一卷）》，第397页。

③《大正新修大藏经》卷一五，第105页中、105页下、106页下。

弘扬，受到热烈地推崇。"①《维摩诘经》通过塑造维摩诘这一在家菩萨的形象，倡言世间即是佛国净土，在家即是出家，将入世发展为处世，从而推动了佛教的世俗化。

　　东汉末，《维摩诘经》始传中土。灵帝中平五年（188），严浮调首译此经，世称《古维摩诘经》（二卷），后佚。孙吴黄武年间（222—229），支谦译出《佛说维摩诘经》（二卷）。起初，《维摩诘经》流传不广。支敏度《合维摩诘经序》云："可谓唱高和寡，故举世罕览。然斯经梵本，出自维耶离。在昔汉兴，始流兹土，于时有优婆塞支恭明。逮及于晋，有法护、叔兰。此三贤者，并博综稽古，研机极玄，殊方异音，兼通开解。先后译传，别为三经，同本、人殊、出异。"联系前揭《般若经》的传译，可以发现，二经初传中土时间相近，又均再经支谦、竺叔兰、竺法护传译，似非偶然之举。《维摩诘经》初传不甚流行的原因如僧睿《毗摩罗诘提经义疏序》所云："性空之宗，以今验之，最得其实。然炉冶之功，微恨不尽，当是无法可寻，非寻之不得也。何以知之？此土先出诸经，于识神性空，明言处少，存神之文，其处甚多。"②汉代佛教依附道术，故先出诸佛经，甚多小乘禅数"存神之文"，甚少言大乘般若性空假有者。《维摩诘经》"唱高和寡""举世罕览"，亦是缘于此。同样，魏晋时《维摩诘经》的流行，亦与般若学的兴盛原因相同——佛教转依玄学。在般若学藉玄谈而趋盛的文化氛围中，《维摩诘经》及维摩诘无碍辩才的居士形象、自由洒脱游戏人间的生活方式，基于般若空观的不二入法门与不思议的解脱法门，为两晋僧侣所弘传，为两晋士人所接受。"这样，在名士们的理解

---

① 孙昌武：《中国文学中的维摩与观音》，第34页。
② 〔南朝梁〕释僧祐：《出三藏记集》卷八，第310、311—312页。

中，维摩诘居士仿佛是一个深通玄理的风流名士。他们赞赏《维摩诘经》的教义，更欣赏维摩居士的倾慕玄远的人格和雄辩滔滔的丰采。"①

《维摩诘经》汲取了《般若经》的基本思想，又有重大发展，在般若学中具有重要地位，是少数能够真正融入中国文化的一部佛典。"《维摩经》把大般若经说中若干与古代道家精神相若之处，以完全适合中国人趣味的姿态再现，它比之任何数以万计的般若偈颂，甚至比其他《般若经》的缩本，如常为人持诵的《金刚经》、《心经》等，都更容易接受。"②相对《般若经》，《维摩诘经》讲空更强调人心，菩萨"以意净故，得佛国净"，"若人意清净者，便自见诸佛佛国清净"③，"当观清净发菩萨意已，应行者可得去家坚固之志"④；讲中道更为明确、彻底，将之贯穿于对菩萨行、佛道等许多问题的论述中，强调对生死与泥洹、漏与不漏、善与不善、我与非我等一系列概念均不可偏执或排斥其一。如云："其乐泥洹，不乐生死为二，如不乐泥洹，不恶生死，乃无有二。何则？在生死缚，彼乃求解，若都无缚，其谁求解？如无缚、

---

① 孙昌武：《中国文学中的维摩与观音》，第15页。
② 〔法〕保罗·戴密微著，刘楚华译：《维摩诘在中国》，《世界佛学名著译丛》第47册《中国佛教史论集》，台北：华宇出版社，1987年，第241—242页。按：书名号为引者所加。
③ 〔三国〕支谦译：《佛说维摩诘经》卷上《佛国品第一》，《大正新修大藏经》卷一四，第520页中、下。鸠摩罗什分别译作："若菩萨欲得净土，当净其心；随其心净，则佛土净。""若人心净，便见此土功德庄严。"（《大正新修大藏经》卷一四，第538页下）
④ 〔三国〕支谦译：《佛说维摩诘经》卷上《弟子品第三》，《大正新修大藏经》卷一四，第523页中。鸠摩罗什译此作："汝等便发阿耨多罗三藐三菩提心，是即出家，是即具足。"（《大正新修大藏经》卷一四，第541页下）

无解、无乐、无不乐者，是不二入。"①《维摩诘经》非常重视无
分别，通过"不二入法门"的论述否定执着于概念的分别，"从不
住本，立一切法"②，不仅有效地缓和了佛教与世俗观念的对立，
而且为贯通世间与出世间提供了理论支撑，为在世间行出世法提
供了行动指南。"但要前尘灭，无妨外相同。虽过酒肆上，不离道
场中。弦管声非实，花钿色是空。何人知此义，唯有净名翁。"③
当然，除了如同《般若经》偏于否定事物的实在性外，该经还强调
"无分别"也要贯彻中道的原则，承认假名的存在。"鸠摩罗什的
译本中，维摩诘的'默然'被认为是很高的思想境界，支谦的译本
没有翻译这一句。舍利弗也搞了一次'默然'，以为'真解者无所
言取'，自鸣得意，支谦的译本却没有删除，因为这个论点当即被
'天'所反驳：'无以文字法明解脱也'，意思是说，你坚执把'离
文字'当成'真解脱'，也是一种执着，为求得真解脱，不执着在文
字上，有无文字都能解脱。"④在认识方法上，该经空有双遣、有
无迭用的不二法门对解决玄学有无之辨，对解决"六家七宗"本
无、色有之争的困境，也具有重要的启示意义。"正是《维摩经》，
在教理上使得佛教义学与东晋'玄学化'的'格义佛教'接轨，实

---

① 〔三国〕支谦译：《佛说维摩诘经》卷下《不二入品第九》，《大正新修大
　藏经》卷一四，第531页下。鸠摩罗什译此作："世间、出世间为二。世间性
　空，即是出世间。""生死、涅槃为二。若见生死性，则无生死，无缚无解，
　不生不灭。如是解者，是为入不二法门。"（《大正新修大藏经》卷一四，第
　551页上）
② 〔三国〕支谦译：《佛说维摩诘经》卷下《观人物品七九》，《大正新修大
　藏经》卷一四，第528页中。
③ 〔唐〕白居易：《酒筵上答张居士》，谢思炜校注：《白居易诗集校注》卷
　二四《律诗》，北京：中华书局，2006年，第1942页。
④ 任继愈主编：《中国佛教史（第一卷）》，第416页。

际是促进了佛教与中国传统学术的交流；在行法上，则统一了佛教的解脱之道与现实统治秩序和传统伦理的矛盾，推动了居士这一人生形态的发展。"①维摩诘为度人而以善权方便居毗耶离城，融出世与入世双重乐趣于一身。经中维摩诘的形象、人格均是其善权方便的艺术再现。

　　《维摩诘经》所弘宣的佛学义理，迎合甚或补充了魏晋玄学。"魏晋玄学从王、何'贵无'的重'自然'，经向秀的任'自然之理'与'节之以礼'的调和儒道二家过渡性理论，发展到郭象的'庙堂'即'山林'、'名教'即'自然'的合一论，这可以说是魏晋玄学发展的必然趋势，也就是说郭象哲学是魏晋玄学发展的高峰。"②魏晋名士既宅心玄远，风流放达，又多周旋于名利场，不废名教。郭象通过注《庄子》将名教与自然合而为一，将庄子超现实的玄冥之境人间化，较好地回应了其时门阀世族自然名教并行不废的心理关切。与此同时，竺法护、竺叔兰等亦通过传译《维摩诘经》积极主动地回应门阀世族的这种关切。二者不仅异曲同工，义旨亦颇多相通处。"（维摩诘）这样一个人物能够深深打动这个时期一直在动的生活和静的退隐之间受折磨着的中国文人的心；他们认为在这篇著作中找到了解决他们的动与静这个永远的两难题目的办法。支遁就是依据这篇经里的一段话来确认了色和空的。"③

　　（二）亦玄亦佛、辩才无碍之风神

　　"在中国首先大力宣扬《维摩经》并造成巨大影响的是身

---

① 孙昌武：《中国文学中的维摩与观音》，第127页。

② 汤一介：《郭象与魏晋玄学（增订本）》，北京：中国人民大学出版社，2016年，第238页。

③ 〔英〕崔瑞德、〔英〕鲁惟一编，杨品泉等译：《剑桥中国秦汉史》，北京：中国社会科学出版社，1992年，第907页。

兼名僧与名士、精通佛理而又善于玄谈的支遁。"①支遁宣讲《维摩诘经》，论著援引《维摩诘经》②，并以五言诗体赞维摩诘菩萨。

1.《维摩诘赞》等之正面摹写

维摩诘菩萨是维耶离大城一长者，虽为居士，却智度无极，辩才无碍，神通广大，远愈其他大乘菩萨，几与佛不相上下。《维摩诘赞》云：

> 维摩体神性，陵化昭机庭。无可无不可，流浪入形名。民动则我疾，人恬我气平。恬动岂形影？形影应机情。玄韵乘十哲，颉颃傲四英。忘期遇濡首，叠叠赞死生。③

首句"体神性"三字将维摩诘与凡俗人等焉然截开，激起读者兴趣的同时，又为次句"陵化昭机庭"奠定基础。《庄子》内篇《齐物论》"方生方死，方死方生；方可方不可，方不可方可；因是因非，因非因是"郭象注云"无生无死，无可无不可"④。维摩诘以此"无可无不可"的善权方便漂泊于形名，"在酒不饮，在色不淫"⑤，意在弘宣佛法，意在度化众生。明知诸长者子不得出家，维摩诘却故意以佛兴难值劝其出家，宣扬真出家不在形迹

---

① 孙昌武：《中国文学中的维摩与观音》，第99页。
② 见前揭南朝陈慧达《肇论疏》卷上《不真空论》引支道琳法师《即色论》云云。
③〔东晋〕支遁著，张富春校注：《支遁集校注》，第439—440页。
④〔清〕郭庆藩撰：《庄子集释》卷一下，第71、72页。
⑤〔唐〕孟郊：《赞维摩诘》，郝世峰笺注：《孟郊诗集笺注》，石家庄：河北教育出版社，2002年，第529页。

而在发心。如此，遂为中土士人解决在家、出家的矛盾提供了经典依据。《维摩诘经》还借文殊师利之口进一步强调成就如来的种子惟存于尘世一切尘劳中，"依如是要，可知一切尘劳之畴，为如来种"①。因此，菩萨不尽有为，不住无为，以烦恼为菩提，以淫、怒、痴为解脱，"不舍道法而现凡夫事……不断烦恼而入涅槃"②，又将世间与出世间打通，使出世间的佛法回归到世间。维摩诘流浪于形名，"其以权道，现身有疾。以其疾故，国王、大臣、长者、居士、群臣、太子，并余众辈，从而问疾者无数千人。其往者，维摩诘辄为说，是四大身为死亡法"③。人心因躁动而失性，维摩诘遂以权道现身有疾，引众人前来问疾而为其说法。众人闻法而心归恬淡，维摩诘因此而气平。《庄子》外篇《在宥》云"昔尧之治天下也，使天下欣欣焉人乐其性，是不恬也"，郭象注《缮性》"古之治道者，以恬养知"云"恬静而后知不荡，知不荡而性不失也"④。动即不恬，亦即智荡、失性；恬即静，亦即智不荡、适性。维摩诘心之恬动非因其形影肉身，有疾乃是其"应机情"所现，是其以善权方便度化众生。

"菩萨行善权方便故，于佛国得道，一切行权，摄人为善，

---

① 〔三国〕支谦译：《佛说维摩诘经》卷下《如来种品第八》，《大正新修大藏经》卷一四，第529页下。鸠摩罗什译本此作："是故当知，一切烦恼为如来种。"（《大正新修大藏经》卷一四，第549页中）

② 〔后秦〕鸠摩罗什译：《维摩诘所说经》卷上《弟子品第三》，《大正新修大藏经》卷一四，第539页下。支谦译本此处译作"于生死劳垢而不造，在禅行如泥洹"（《大正新修大藏经》卷一四，第521页下）。

③ 〔三国〕支谦译：《佛说维摩诘经》卷上《善权品第二》，《大正新修大藏经》卷一四，第521页上。

④ 〔清〕郭庆藩撰：《庄子集释》，卷四下第374页、卷六上第549页。

生于佛土。"①世间是菩萨之佛国。"跂行喘息人物之土,则是菩萨佛国。所以者何? 菩萨欲教化众生,是故摄取佛国……欲导利一切人民,令生佛国。譬如有人,欲度空中,造立宫室,终不能成。如是,童子! 菩萨欲度人民,故愿取佛国;愿取佛国者,非于空也。"②菩萨惟有随众生所应而取佛土,脱离众生就如同于虚空中造宫室终难有成。"高原陆土,不生青莲、芙蓉、蘅华;卑湿污田,乃生此华。"维摩诘在人世间所行一切均是"应机情",均有示轨仪之义。"邪行为顺现,随欲牵致来。方便度无极,一切示轨仪。"③世间淫女诸邪行,维摩诘作之为顺现,目的在于随众生所欲而牵致其入佛土。"火中生莲华,是可谓希有。在欲而行禅,希有亦如是。或现作淫女,引诸好色者。先以欲钩牵,后令入佛道。"④在欲行禅如火中生莲华,虽稀而有。"这是两种完全不同的人格:一个高尚神圣的不得了,一个粗俗卑鄙到了顶点,然而在

---

① 〔三国〕支谦译:《佛说维摩诘经》卷上《佛国品第一》,《大正新修大藏经》卷一四,第520页中。鸠摩罗什译本此作"方便是菩萨净土,菩萨成佛时,于一切法方便无碍,众生来生其国"(《大正新修大藏经》卷一四,第538页中)。

② 〔三国〕支谦译:《佛说维摩诘经》卷上《佛国品第一》,《大正新修大藏经》卷一四,第520页上。校云"度=处元明"(第520页下)。

③ 〔三国〕支谦译:《佛说维摩诘经》卷下《如来种品第八》,《大正新修大藏经》卷一四,第529页下、第530页中。

④ 〔后秦〕鸠摩罗什译:《维摩诘所说经》卷下《佛道品第八》,《大正新修大藏经》卷一四,第550页中。支谦译《佛说维摩诘经》卷下《如来种品第八》云:"在欲示饶有,现舍而行禅。能禁制魔首,莫知孰执焉。火中生莲荷,是可谓希有。无比为大炬,其在欲能尔。"(《大正新修大藏经》卷一四,第530页下)无"或现作淫女"云云。

维摩诘身上却得到了和谐的统一。"①"民动则我疾,人恬我气平",这一具有悲愍众生慈仁精神的形象所表现出的强烈的肯定现实和人生的意义,不仅冲淡了佛教固有的悲观、厌世色彩,有效缓解了出世与入世的矛盾,而且契合了儒家积极入世的人生观。这也就是黑格尔所说的"在现在的十字架中去认识作为蔷薇的理性,并对现在感到乐观"②。从小乘修习八正道,到大乘修习六波罗蜜,已在突出个人主观修养的作用,而《维摩诘经》丕扬"发心",更将修习最大程度地简化,并与儒家重视心性的传统相吻合,极便于中土士大夫与民众对佛教的接受。

　　入于形名的维摩诘,有妻子眷属,有无量资财,服宝饰,食世膳,受学异道法,喜世间一切治生谐偶,甚或博弈戏乐,入诸酒肆、淫舍,但又奉持沙门,远离欲界、色界、无色界之染,位尊教化,所为诸邪行均是以无量方便度人。这是一种截然不同于苦修僧侣的自由开放的魅力人生,对追求身名俱泰的两晋名士无疑具有极大吸引力。张彦远《历代名画记》卷二《论画体工用拓写》云:"顾生首创《维摩诘像》,有清羸示病之容,隐几忘言之状,陆与张皆效之,终不及矣。"③顾生即顾恺之,字长康,小字虎头,在瓦官寺首创维摩诘像。清瘦羸弱之病容,凭几坐忘之神态,全然一清谈名士风神。甘肃炳灵寺"第11龛下方所绘的维摩诘半卧于床榻上,显出一幅羸弱的病容,正与画史记载东晋顾恺之画维

---

① 吴焯:《佛教东传与中国佛教艺术》,杭州:浙江人民出版社,1991年,第208页。

② 〔德〕黑格尔著,范扬、张企泰译:《法哲学原理·序言》,北京:商务印书馆,1961年,第13页。

③ 〔唐〕张彦远,俞剑华注释:《历代名画记》,上海:上海人民美术出版社,1964年,第41页。

摩诘像有'清羸示病之容，隐机忘言之状'相印证，是我国石窟中现存最早的维摩像"[1]。杜甫曾对维摩诘像念念不忘："看画曾饥渴，追踪恨森茫。虎头金粟影，神妙独难忘。"诗人期冀借维摩诘十喻安顿困苦飘荡的心神："是身如浮云，安可限南北。"[2]身如浮云，如泡如电，不限南北，亦不限朝野。更为重要者，维摩诘已得辩才，游戏神通。王安石《读维摩诘经有感》云："身如泡沫亦如风，刀割香涂共一空。宴坐世间观此理，维摩虽病有神通。"[3]维摩寝疾，佛遣弟子问疾。在一次次不堪问疾的托辞中，声闻众与菩萨众各称所闻，从不同侧面反复渲染维摩诘"玄韵乘十哲，颉颃傲四英"。

　　十哲谓佛陀十大声闻弟子，四英谓弥勒、光净、持人、善见四菩萨。舍利弗智慧第一，往昔宴坐林中树下，维摩诘来谓言宴坐应不于内意有所住亦不于外作二观云云，以其辩慧生发宴坐义，以致舍利弗"闻是法默而止，不能加报"[4]。罗什云："舍利弗于弟子中智慧第一，故先命之。知其不堪而命之者，欲令其显维摩诘辩才殊胜，发起众会也。复命余人者，欲令各称其美明，兼应辩慧

① 甘肃炳灵寺文物保护研究所编：《中国石窟艺术　炳灵寺》，南京：江苏凤凰美术出版社，2015年，第31页。

② 〔唐〕杜甫：《送许八拾遗归江宁觐省甫昔时尝客游此县于许生处乞瓦棺寺维摩图样志诸篇末》《别赞上人》，〔清〕仇兆鳌注：《杜诗详注》，北京：中华书局，1979年，第457、667页。鸠摩罗什译《维摩诘所说经》卷上《方便品第三》云："是身如浮云，须臾变灭。"（《大正新修大藏经》卷一四，第539页中）

③ 〔宋〕王安石著，〔宋〕李壁笺注，高克勤点校：《王荆文公诗笺注》，上海：上海古籍出版社，2010年，第1328页。

④ 〔三国〕支谦译：《佛说维摩诘经》卷上《弟子品第三》，《大正新修大藏经》卷一四，第521页下。

无方也。"①此下十弟子中其他弟子及菩萨众四菩萨，在闻听维摩诘主动"来谓言"的说法后，亦多有此类托辞或反应。这些声闻弟子自述听维摩诘"来谓言"的说法及其反应，直可视作维摩诘的单口相声，虽然须菩提、优婆离有"不也"几可忽略的答语。不过，在阿难的托辞中，其答语稍多，成为维摩诘说法不可或缺的一个情节，已有"对口"的味道。阿难多闻第一，时至大姓梵志门下住，维摩诘来谓言何为晨朝持钵住此，阿难答言佛身小中风当用牛湩故到此，已有"捧哏"之意。维摩诘言：

> 止！止！唯。阿难，莫作是语。如来身者，金刚之数，众恶已断，诸善普会，当有何病？默往。阿难，勿谤如来，慎莫复语。无使大尊神妙之天得闻此也，他方佛国诸会菩萨且得闻焉。且夫，阿难！转轮圣王，用本德故，尚得自在，岂况一切施德于人，而为如来、至真、等正觉无量福会普胜者哉！行矣，阿难！勿为羞耻。莫使外道异学闻此粗言："何闻我师自疾不能救，安能救诸疾人所欲？"疾行，莫复宣言。当知，阿难！如来法身非思欲身。佛为世尊，过诸世间；佛身无漏，诸漏已尽；佛身无数，众行已除。其病有以？

此段话极具表演性。"止！止""莫作是语""勿谤如来""慎莫复语""行矣，阿难！勿为羞耻""粗言""疾行，莫复宣言"，声吻逼肖，栩栩如生，见出其言谈幽默，风趣有加。无怪阿难生出

---

① 〔后秦〕释僧肇：《注维摩诘经》卷二《弟子品第三》，《大正新修大藏经》卷三八，第344页上。

"得无近佛而过听"的惭惧[1]。鸠摩罗什译本此下又有"维摩诘智慧辩才为若此也"的慨叹[2]。遗憾的是，支遁于此竟无丝毫兴趣，仅以"玄韵乘十哲"带过，见出玄言诗惟"重玄"的特色。

　　最终，文殊师利尽管亦知"彼维摩诘虽优婆塞，入深法要，其德至淳，以辩才立，智不可称"，还是知其不可为而为之，承佛旨意诣彼问疾。经过如此不厌其烦地渲染、铺垫，维摩诘的风神不仅得到初步、侧面的展现，而且艺术效果尽显："今得文殊师利与维摩诘二人共谈，不亦具足大道说哉！"[3]于是，文殊师利与诸菩萨、大弟子及诸天人、眷属俱入维耶离大城，"忘期遇濡首"（文殊师利汉言濡首）。《佛说维摩诘经》从第五品至第十品，正面展现维摩诘说法机锋玄理俱存的辩才与不思议的方便神通。《文殊师利赞》云：

> 童贞领玄致，灵化实悠长。昔为龙种觉，今则梦游方。惚恍乘神浪，高步维卫乡。擢此希夷质，映彼虚闲堂。触类兴清遘，目击洞兼忘。梵释钦嘉会，闲邪纳流芳。[4]

童贞即童真，为濡首童真之略，即文殊师利。维摩诘心念文殊师利与大众俱来，"陵化昭机庭"，以神通力空室去侍，惟留一床以

---

① 〔三国〕支谦译：《佛说维摩诘经》卷上《弟子品第三》，《大正新修大藏经》卷一四，第523页中至下。按："过听"，罗什、玄奘译作"谬听"（《大正新修大藏经》卷一四，第542页上、564页中）。

② 《大正新修大藏经》卷一四，第542页上。

③ 〔三国〕支谦译：《佛说维摩诘经》卷上《诸法言品第五》，《大正新修大藏经》卷一四，第525页中。

④ 〔东晋〕支遁著，张富春校注：《支遁集校注》，第424页。

疾独卧，诸多言端因此而生。支谦译本维摩诘所言仅是简单的问候语，文殊师利亦无专对此问候的答语。罗什和玄奘译本维摩诘所言则有玄意，文殊师利答以来去之辩，"勾勒出文殊在思想、境界上与维摩诘相应相称的形象"[1]。二菩萨接下来的问辩自然更加让人期待。文殊智慧不思议，维摩诘辩才不思议，主宾相遇，妙才玄机，清兴雅致，触类而长，如此嘉会，梵释钦仰，防邪存诚，容纳流芳。《文殊师利赞》至此戛然而止，读者阅读《维摩诘经》的欲望因而被激起。

　　后世佛门中人常说生死事大无常迅速。联系《维摩诘赞》，可知支遁所重二菩萨嘉会内容乃"亹亹赞死生"。问疾初始，文殊师利问维摩诘答，颇合慰喻常情，维摩诘辩慧之功亦得彰显。文殊师利问疾何因生、何时灭。维摩诘答云："用一切人病，是故我病。若一切人得不病者，则我病灭。"[2]菩萨之疾根在大悲。此即支遁所谓"民动则我疾，人恬我气平"，菩萨行的情怀立现。文殊师利复问何以空无侍者，维摩诘答辩以毕竟空义，一切众魔及诸外道皆己侍者；复问所疾为何相，答云众生病从四大起，以众生有病是故我病。文殊师利问菩萨应如何慰喻有疾菩萨，维摩诘答曰应以大乘无证之道慰喻[3]。文殊师利问有疾菩萨如何调伏其心，维摩诘从调凡夫心、声闻心、菩萨心三方面说法，阐释何为菩萨行，谓以灭我想、灭法想调伏我心，进而以无内见、外见之无所

---

[1] 杨祖荣：《〈维摩诘经〉中文殊的来去之辩》，《五台山研究》，2016年第4期，第25页。

[2]〔三国〕支谦译：《佛说维摩诘经》卷上《诸法言品第五》，《大正新修大藏经》卷一四，第525页下。

[3] 罗什译本作文殊师利问维摩诘答，支谦译本、玄奘译本为维摩诘问文殊师利答。此问前后皆文殊师利问维摩诘答，故从罗什译本。

得调伏众生心，复以离爱见悲、慧方便解调伏声闻心，以二俱不住调伏菩萨心。问疾后，文殊师利又问："生死为畏，菩萨何以御之？"[1]僧肇曰："生死为畏，畏莫之大。悲疾大士，何所依恃，而能永处生死，不以为畏乎？"[2]一番问答后，维摩诘云菩萨应从不住本立一切法。不住即无其本，无其本自然亦无所住，从无住根本立一切法。僧肇曰："无住故想倒，想倒故分别，分别故贪欲，贪欲故有身。既有身也，则善恶并陈；善恶既陈，则万法斯起。自兹以往，言数不能尽也。若善得其本，则众末可除矣。"[3]

　　生死之畏，东晋名士体味甚深。《世说新语·言语第二》第六十二条谢安谓王羲之曰："中年伤于哀乐，与亲友别，辄作数日恶。"王答曰："年在桑榆，自然至此，正赖丝竹陶写。恒恐儿辈觉，损欣乐之趣。"[4]谢安复望与支遁晤言以消此畏，其《与支遁书》云："人生如寄耳，顷风流得意之事，殆为都尽。终日戚戚，触事惆怅，唯迟君来，以晤言消之，一日当千载耳。"[5]郗超则明以

---

① 〔三国〕支谦译：《佛说维摩诘经》卷上《观人物品第六》，《大正新修大藏经》卷一四，第528页中。

② 〔后秦〕释僧肇：《注维摩诘经》卷六《不思议品第六》，《大正新修大藏经》卷三八，第385页下。

③ 〔后秦〕释僧肇：《注维摩诘经》卷六《观众生品第七》，《大正新修大藏经》卷三八，第386页下。

④ 余嘉锡笺疏：《世说新语笺疏》卷上之上，第133页。

⑤ 〔南朝梁〕释慧皎：《高僧传》卷四《义解一·晋剡沃洲山支遁》，第160页。周必大《二老堂诗话·辨人生如寄出处》云："此句本起魏文帝乐府。厥后《高僧传》王羲之《与支道林书》祖其语尔。"（〔清〕何文焕辑：《历代诗话》，第661页）此"王羲之"当为谢安。《文忠集》卷五五《斋说·萧人杰如寄斋说》云："此理本出庄周记孔颜之问答，以为世人直为物逆旅耳。解之者曰：不能坐忘自得而为哀乐所寄也。魏文帝、晋谢安辈始形于书、咏于乐府。"（《景印文渊阁四库全书》第1147册，第585页下）

佛教因缘聚散说消此畏，其《奉法要》云："又苟未入道，则休戚迭用，聚散去来，贤愚同致。是以经云'安则有危，得则有丧；合会有离，生则有死'，盖自然之常势，必至之定期，推而安之，则无往不夷。"[①]入佛道则明了生死乃自然常势，惟有破除贪生畏死之心，泰然随顺，不住生死，超脱生死入于不生不死之境，始可无往不夷。既然生死事大，"了生死"遂成为禅宗的主要目标。在维摩诘、文殊师利二菩萨说法中，支遁点醒其"亹亹赞死生"之意或即在此。

值得注意的是，自文殊师利问"何谓为悲"[②]始，一变此前问为辅、答为主的说法模式而为问答并重的论辩模式，问疾遂成二菩萨间的唇枪舌剑。文殊师利步步紧逼，维摩诘处之若素。二菩萨问答迅捷，来往反复，针锋相对，旗鼓相当，论辩意味陡浓，如同对口相声中的子母哏。当然，由于先前多次铺垫，此种变化亦显得自然。模式的转变更加全面地展现了维摩诘的辩才。

2.《弥勒菩萨赞》等之侧面渲染

声闻弟子不堪问疾，佛陀复遣菩萨众弟子。弥勒已绍佛陀尊位，又有未来必将作佛的授记，故先命之。诸不堪问疾佛弟子中，支遁惟赞弥勒，云：

> 大人轨玄度，弱丧升虚迁。师通资自废，释迦登幽闲。弥勒承神第，圣录载灵篇。乘乾因九五，龙飞兜率天。法鼓震玄宫，逸响亮三千。晃晃凝素姿，结加曜芳莲。寥朗高怀兴，八

---

① 〔南朝梁〕释僧祐撰，李小荣校笺：《弘明集校笺》，第724页。
② 〔三国〕支谦译：《佛说维摩诘经》卷上《菩萨品第四》，《大正新修大藏经》卷一四，第528页中。

音畅自然。恬智冥微妙，缥眇咏重玄。盘纡七七纪，应运莅中幡。挺此四八姿，映蔚华林园。亹亹玄轮奏，三摅在昔缘。①

赞从弥勒上生兜率天写到下生华林园说法。首八句写弥勒仰规佛法，随释迦出家为佛弟子，师通得道后，释迦涅槃，弥勒绍继佛位，佛陀有关授记屡载于佛典。弥勒由兜率天下生人间，出家学道，于华林园龙华树下得道成佛。"忆念我昔，于兜术天上为诸天人讲法语，说菩萨大人不退转地之行。时，维摩诘来谓我言……"②赞则全不为此经文所囿，直将龙华三会想象成谈玄盛宴，无丝毫不堪问疾的局促。末四句写弥勒挺此四八三十二相，辉映华林园，勤转法轮，勉力不倦，"三摅在昔缘"点出赞与《维摩诘经》的关系。弥勒一人说法已如此神妙，维摩诘与文殊二人共说法自然更让人期待。

　　有意思的是，支遁复为维摩诘之子善思作赞，见出其钟情于维摩诘：

　　　　玄和吐清气，挺兹命世童。登台发春咏，高兴希遐踪。乘
　　虚感灵觉，震网发童蒙。外见凭寥廓，有无自冥同。忘高故不下，
　　萧条数仞中。因华请无著，陵虚散芙蓉。能仁畅玄句，即色自
　　然空。空有交映迹，冥知无照功。神期发筌悟，豁尔自灵通。③

竺法护译《佛说大方等顶王经》云："尔时世尊，明旦着衣持钵，

①〔东晋〕支遁著，张富春校注：《支遁集校注》，第430—431页。
②〔三国〕支谦译：《佛说维摩诘经》卷上《菩萨品第四》，《大正新修大藏经》卷一四，第523页卜。
③〔东晋〕支遁著，张富春校注：《支遁集校注》，第444—445页。

入维耶离城分卫，至维摩诘舍。时维摩诘有子名曰善思，明旦沐浴以香涂身，体着新衣，手执莲华，与妻室俱上楼阁，观作妓相娱。宿命德本之所感应，遥见佛来，与圣众俱入城分卫，现大瑞变以偈语妻。所说雅颂，歌佛功德。"①赞首四句即橐括此内容，写佛陀进入维耶离城分卫化度善思童子。善思兴致高雅，登台作偈歌佛功德，希冀踪影远离尘世。次四句写佛陀以虚空感悟善思真如灵觉之性。"忘高故不下，萧条数仞中"即经中"善思童子见佛世尊，即欲下楼阁往自奉迎，心中喜悦不能自胜，已投楼下承佛圣旨，住于虚空以偈叹佛"②云云。"萧条数仞"语本《庄子》内篇《逍遥游》所云"我腾跃而上，不过数仞而下，翱翔蓬蒿之间"③。萧条，此犹逍遥。"因华请无著，陵虚散芙蓉。"无著即如来，谓善思童子乘虚散莲花供佛，佛陀为其畅言玄句，阐明"即色自然空"。赞末写自己心神期于得鱼忘筌之悟，惟望豁然觉醒人神相通。"童蒙""寥廓""有无""萧条数仞""筌悟"等玄学典故，使佛化善思显得玄味十足。

　　经由支遁妙笔，佛典一变而为赞，其最著区别即是此玄味。玄学典故的运用，使得诸菩萨玄学化，具有了其时名士的人格魅力。这些亲切可感、栩栩生动的玄学化菩萨形象，是诸名士认识并了解佛教的绝好窗口，更是支遁自我形象的文学展现。

　　（三）玄佛交融、不二入之理趣

　　《不二入品第九》继续《如来种品》的说法方式。维摩诘以主人身份请问疾诸菩萨各谈何谓不二入法门。鸠摩罗什云："复

①《大正新修大藏经》卷一四，第588页下。
②《大正新修大藏经》卷一四，第589页上。
③〔清〕郭庆藩撰：《庄子集释》卷一上，第17页。

次，从始会以来，唯二人相对，余皆默然。今欲各显其德，故问令尽说。"①因《如来种品》文殊师利已说法，故此维摩诘先问随行问疾众菩萨，并为文殊师利说不二入法门作铺垫。诸菩萨各就其所解，基于般若性空，以分别执为二，以无分别理为不二，从"一就妄情所取法中相对分二，翻除彼二名为不二""二情实相对以别其二，翻对此二名为不二""三唯就实，离相平等名为不二"等不同角度"以言遣相"②说不二入，阐释何为二、如何不二。支谦译本《维摩诘经》文殊师利前共有二十九位菩萨说不二入法，支遁为其中六位菩萨作赞。

　　　　乃昔有嘉会，兹日多神灵。维摩发渊响，请定不二名。玄音将进和？法作率所情。亹亹玄心运，寥寥音气清。粗二标起分，妙一寄无生。（《法作菩萨不二入菩萨赞》）③

《佛说维摩诘经》卷下《不二入品第九》云："于是，维摩诘问众菩萨曰：'诸正士所乐菩萨不二入法门者，为何谓也？'座中有名法作菩萨，答曰：'族姓子，起分为二，不起不生则无有二。得不起法忍者，是不二入。'"④赞即是檃括此经文。首句谓《佛国品第一》所云佛在维耶离奈氏树园与众弟子说法，次句即《诸

---

①〔后秦〕释僧肇：《注维摩诘经》卷八《入不二法门品第九》，《大正新修大藏经》卷三八，第396页中。

②〔隋〕慧远：《维摩义记》卷三，《大正新修大藏经》卷三八，第492页上、下。

③〔东晋〕支遁著，张富春校注：《支遁集校注》，第452页。

④〔三国〕支谦译：《佛说维摩诘经》卷下《不二入品第九》，《大正新修大藏经》卷一四，第530页下。

法言品第五》所云文殊师利及同行问疾之众甚多,三、四句云维摩诘发问何谓不二。这四句可谓不二入六菩萨赞的总起。此下专赞法作菩萨。"粗二标起分"即起分为二,"妙一寄无生"即不起不生无有二,亦即不二入。"起""分",罗什与玄奘译均作"生""灭"。"无生"即罗什、玄奘所谓"无生法忍"。诗中"粗二"对"妙一","标"对"寄","起分"对"无生",对仗尚属工稳,在十一首赞中较为罕见。

　　　　闲首齐吾我,造理因两虚。两虚似得妙,同象反入粗。何以绝尘迹? 忘一归本无。空同何所贵? 所贵在恬愉。(《闲首菩萨赞》)①

　　《广弘明集》卷一五《佛德篇第三之初》录此诗作"闲首"或"首闲",支谦译本《佛说维摩诘经》作"首闭",鸠摩罗什《维摩诘所说经》译作"德守",玄奘《说无垢称经》译作"胜密"。《不二入品第九》首闭菩萨曰:"吾我为二,如不有二,不同像,则无吾我。以无吾我,无所同像者,是不二入。"②"吾""我"之译源自《庄子》内篇《齐物论》子綦所谓"今者吾丧我"③。闲首菩萨等齐吾我,因吾我两虚而造理。支遁进而强调此妙一之理

---

① 〔东晋〕支遁著,张富春校注:《支遁集校注》,第457页。
② 〔三国〕支谦译:《佛说维摩诘经》卷下《不二入品第九》,《大正新修大藏经》卷一四,第530页下。
③ 〔清〕郭庆藩撰:《庄子集释》卷一下,第50页。罗安宪《庄子"吾丧我"之义解》云:"'吾丧我'的状态不是我的不存在,而是俗我的抛却、丢弃。只有抛却俗我,才可以达到与物一体、与物合一的全然'物化'的状态。"(《哲学研究》,2013年第6期,第61页)

也应忘却而返归于本无，才能断绝尘世俗迹；惟有无贵于空同之境，始可恬愉适性。"空同""恬愉"等源自《庄子》的典故使此赞玄味十足。

　　　　有爱生四渊，渊况世路永。未若观无得，德物物自静。何以虚静闲，恬智翳神颖。绝迹迁灵梯，有无无所骋。不眴冥玄和，栖神不二境。（《不眴菩萨赞》）①

　　"爱"字误，当作"受"。《不二入品第九》不眴菩萨云："有受为二。如不受则无得，无得者不作渊。以无作无驰骋者，是不二入。"②有受而生生老病死四渊，四渊凄寒且解脱无期。物得一以生，生时即生，顺其自然，不喜不忧，守此静笃。何以守之？恬其心智，翳其神颖，绝其所迹以寻其所以迹，迁转灵梯，非有非无，驰骋于玄妙之境。支遁灭四渊之法取径《老》《庄》，异于佛经"求无上道"。末二句赞不眴菩萨能够冥于玄和，超越有无，栖神于不二入之境。

　　　　体神在忘觉，有虑非理尽。色来投虚空，响朗生应轸。托阴游重冥，冥亡影迹陨。三界皆勤求，善宿独玄泯。（《善宿菩萨赞》）③

　　"体神""忘觉"均为玄学词汇。郭象注《庄子》内篇《逍遥

①〔东晋〕支遁著，张富春校注：《支遁集校注》，第460页。
②〔三国〕支谦译：《佛说维摩诘经》卷下《不二入品第九》，《大正新修大藏经》卷一四，第531页上。
③〔东晋〕支遁著，张富春校注：《支遁集校注》，第464页。

游》云："夫体神居灵而穷理极妙者，虽静默闲堂之里，而玄同四海之表，故乘两仪而御六气，同人群而驱万物。"①至觉而忘觉，忘觉而体神，体神而穷理。《不二入品第九》善宿菩萨云："虑知为二。当以不虑不知，于诸法念作而行不念作者，是不二入。"②有虑有知不为穷理，不虑不知方是不二入。色即是空非色灭空，故支遁即色畅玄，就现象认识本体。三界皆勤求不已，惟独善宿能冥寂玄照，因色悟空。

> 自大以跨小，小者亦骇大。所谓大道者，遗心形名外。都忘绝鄙当，冥默自玄会。善多体冲姿，豁豁高怀泰。（《善多菩萨赞》）③

"善多"，罗什译作"妙臂"。《不二入品第九》善多菩萨云："菩萨意弟子意为二。如我以等意于所更乐，无菩萨意，无弟子意，与无意同相者，是不二入。"④是赞所谓大、小即大乘菩萨乘与小乘声闻（弟子）乘。自大乘以跨越小乘，则小乘亦会惊骇于大乘。所谓大道应该无心形名，忘绝是非，既无菩萨意，亦无弟子意，冥默玄会。

> 为劳由无劳，应感无所思。悠然不知乐，物通非我持。浑

---

①〔清〕郭庆藩撰：《庄子集释》卷一上，第34页。

②〔三国〕支谦译：《佛说维摩诘经》卷下《不二入品第九》，《大正新修大藏经》卷一四，第531页上。

③〔东晋〕支遁著，张富春校注：《支遁集校注》，第468页。

④〔三国〕支谦译：《佛说维摩诘经》卷下《不二入品第九》，《大正新修大藏经》卷一四，第531页上。

> 形同色欲，思也谁及之。嘉会言玄志，首立必体兹。（《首立
> 菩萨赞》）①

    "首立"，罗什译作"德顶"。《不二入品第九》首立菩萨云：
"劳生为二。为劳乘者其于生也，弗知弗乐，以过众知而受色欲
者，是不二入。"②罗什译此作："垢净为二，见垢实性，则无净
相，顺于灭相，是为入不二法门。"③悠悠然不知不乐，天地交而
万物通，以超愈众知之知使形体浑同色欲而至不二入。嘉会时众
菩萨各言玄志，首立必能体悟于此。

    支遁所赞六位不二入菩萨，其所述不二入法门基本上均与抵
御生死畏有关，故此六赞的主旨亦是承"罿罿赞死生"而来。法
作菩萨所谓"妙一寄无生"即维摩诘所云"不起不灭是应自然"，
不起不灭即不生不灭，不生不灭即无生；闲首菩萨"齐吾我"即维
摩诘所云"不住之本，无所为本"④。僧肇曰："心犹水也，静则
有照，动则无鉴。痴爱所浊，邪风所扇，涌溢波荡，未始暂住。以
此观法，何往不倒？"⑤僧肇以无住为心动，心动为世间一切的根
本。因心动而有身，闲首则以"齐吾我"解构此身，不晌以"观无
得"而不住身，善宿以"色来投虚空"而不住身，善多"遗心形名

---

① 〔东晋〕支遁著，张富春校注：《支遁集校注》，第471页。
② 〔三国〕支谦译：《佛说维摩诘经》卷下《不二入品第九》，《大正新修大
   藏经》卷一四，第531页上。
③ 〔后秦〕鸠摩罗什译：《维摩诘所说经》卷中《入不二法门品第九》，《大
   正新修大藏经》卷一四，第550页下。
④ 〔三国〕支谦译：《佛说维摩诘经》卷下《不二入品第九》，《大正新修大
   藏经》卷一四，第528页中。
⑤ 〔后秦〕释僧肇：《注维摩诘经》卷六《观众生品第七》，《大正新修大藏
   经》卷三八，第386页下。

外"而不住身,首立"浑形同色欲"而不住身。身不住则无善、不善,则无诸烦恼。无诸烦恼,则得解脱,则无生死畏。六菩萨御生死之畏,法作妙一寄于无生,闲首无贵恬愉,不昫冥于玄和,善宿冥寂玄照,善多冥默玄会,首立悠然物通,皆是佛玄交融。

随行众菩萨各各说已,维摩诘又问文殊师利。文殊师利说已,复问维摩诘。僧肇云:"上诸人所明虽同,而所因各异,且直辩法相,不明无言。今文殊总众家之说,以开不二之门,直言法相不可言,不措言于法相。斯之为言,言之至也。而方于静默,犹亦后焉。"①随行众菩萨直辩法相,明二法,陈不二,虽其迹有精粗深浅之别,然其会所以迹则同,惟其措言于法相,不明于一切法当无所取、无言无说之理;文殊师利虽明此理,然于维摩诘问仍有言于此理,以不言之言遣言;维摩诘于文殊师利问则默然无语,以智冥真,然此默然如无文殊师利叹言点醒,亦难见维摩诘会于妙理。维摩诘之默,文殊师利之叹,彼此映衬,相得益彰。至此,维摩诘辩才展现无遗。

综言之,支遁基于其浓郁的维摩诘情怀,活跃于东晋清谈场上弘宣《维摩诘经》,汲取经中义理构建即色宗之体系,取材经中人、事、理创作九首诸菩萨赞以再现维摩诘形象。《维摩诘经》在中土得以弘传,维摩诘得以深植中国文化,支遁与有力焉。"佛教在唐代正在完成它的中国化进程,文人们也在将佛学理念转化为日常实践,在这样一个背景下,圆满地完成且实现了不离世间而获解脱的典型人物有直接的启示意义。"②

---

① 〔后秦〕释僧肇:《注维摩诘经》卷八《入不二法门品第九》,《大正新修大藏经》卷三八,第399页上。

② 张海沙:《唐代文人与〈维摩诘经〉》,《文学评论》,2011年第1期,第44页。

四、关怀：弥陀经弥陀像之讽诵观瞻

终极关怀源于人生命有限而又企盼无限的超越性本质。支遁用弥陀净土信仰为士大夫提供了终极关怀，以满足其超越有限、追求无限的精神渴求。在《阿弥陀佛像赞并序》中，支遁热情礼赞以阿弥陀佛为中心的西方极乐世界殊胜净土庄严，表达自己往生弥陀净土之愿；在《阙公则赞》中，支遁抒写对往生弥陀净土的阙公则的钦羡之情。两晋信仰弥陀净土者为数不多，有关弥陀净土信仰的文献传世者更少。因此，支遁这篇像赞益显珍贵。

大约公元1世纪以后，印度逐渐兴起阿弥陀佛信仰。大乘佛教宣称十方世界有恒河沙无量诸佛，各安住其净土（或曰佛国、佛刹）教化众生。诸佛中阿弥陀佛、阿閦佛、弥勒佛、药师佛最为常见。净土是佛教的彼岸世界，具有永超三界和充满享乐的特点。弥陀经典弘宣净土信仰，一是着力铺陈夸饰西方极乐世界的尽善尽美，二是着力强调突显现实生活的烦恼痛苦，三是着力宣扬修行方法的简单方便。后世弥陀净土信仰的修行方法大体有观念念佛（亦称观相念佛，即定中念佛）与口称念佛（即口称阿弥陀佛的名号或诵念南无阿弥陀佛）。净土观着相执有，空观法我两空，二者貌似抵触，然就其作为大乘佛教的一部分而言，实则殊途同归。"因此，净土观念作为'假有'，它仍然在空宗的二谛中道说中有其'合法性'，其产生并不与大乘空宗的兴盛相排斥，甚至还是互相济用的。"[1]

东汉末年，宣扬弥陀信仰的佛经开始传入中国内地。三国西

---

[1] 刘长东：《晋唐弥陀信仰研究·前言》，成都：巴蜀书社，2000年，第2—3页。

晋时,有《佛说阿弥陀三耶三佛萨楼佛檀过度人道经》[①]《佛说无量清净平等觉经》等弥陀经典传译。最迟晋时已出现了弥陀净土信仰者。《法苑珠林》卷四二《受请篇第三十九·感应缘·晋阙公则》引王琰《冥祥记》云:

> 晋阙公则,赵人也。恬放萧然,唯勤法事。晋武之世,死于洛阳。道俗同志,为设会于白马寺中,其夕转经,宵分闻空中有唱赞声。仰见一人,形器壮伟,仪服整丽,乃言曰:我是阙公则,今生西方安乐世界,与诸菩萨共来听经。合堂惊跃,皆得睹见。[②]

王琰,生于刘宋,卒年不详。《冥祥记》是一部专门宣扬佛教灵验的志怪小说。"更值得注意的是,此书虽记诞妄迷信之事,但涉及一些历史人物和事件时,对故事发生的时间、地点往往比较准确,不像其他志怪小说那样任意编造。"[③]据王氏所云,阙公则为西晋赵地人,武帝时卒于洛阳。僧俗二众"同志"在白马寺为其设法会,则其时已有为亡者举办转经超度的佛事活动。夜半时分,阙公则显现空中,报言众人自己已往生西方安乐世界,今与诸菩萨共来听经。藉"实录"灵异故事宣扬信仰灵验是宗教的重要传播方式,弥陀信仰亦不外乎此——阙公则所以能往生西方安乐

---

① 阿弥陀三耶三佛萨楼佛檀为如来尊号,过度意为济度。佛教经录简称是经曰《阿弥陀经》,为与鸠摩罗什译《阿弥陀经》区别,亦称《大阿弥陀经》。

② 〔唐〕释道世著,周叔迦、苏晋仁校注:《法苑珠林校注》,北京:中华书局,2003年,第1326页。

③ 曹道衡:《论王琰和他的〈冥祥记〉》,《文学遗产》,1992年第1期,第26页。

世界，在于其"唯勤法事"。《弘明集》卷二载宗炳《明佛论》云：
"近孙绰所颂耆域、健陀勒等八贤，支道林像而赞者，竺法护、于
法兰、道邃、阙公则，皆神映中华……郭文举廓然邃允，而所奉唯
佛。"①据此，支遁曾"像而赞"阙公则。唐释飞锡《念佛三昧宝
王论》卷中《高声念佛面向西方门第十一》载有支遁此赞：

> 子问"未见往生相报"者，有晋朝阙公则，愿生而来报。
> 后同誓友人，在东京白马寺，其夜为公则追忌转经。于时，林
> 殿皆作金色，空中有声曰："我是阙公则也！所祈往生极乐宝
> 国，今已果矣，故来相报。"言讫不现，支道林赞曰：
> 　　大哉阙公，歆虚纳灵。神化西域，迹验东京。徘徊霄虚，
> 流响耀形。岂钦一赞，示以匪冥。②

飞锡所载阙公则语与王琰所载稍异。两相比较，飞锡传教目的更为
明确，所以明言现身，是来报自己已如生前所祈往生极乐宝国。至
于如何祈愿往生极乐宝国，则未言及。支遁盛赞阙公则殁后纳灵，
往生后还来相报。神化西域即往生西方安乐世界，迹验东京即现
身洛阳白马寺上空。"徘徊霄虚，流响耀形"具体摹写阙公则现身
详状，生动而唯美。"岂钦一赞，示以匪冥"见出作者钦羡阙公则往
生、渴盼示以往生法门之情。支遁《阿弥陀佛像赞并序》云：

> 别有经记，以录其懿。云此晋邦，五末之世，有奉佛正戒，
> 讽诵阿弥陀经，誓生彼国，不替诚心者，命终灵逝，化往之彼，

---

① 〔南朝梁〕释僧祐撰，李小荣校笺：《弘明集校笺》，第130页。
② 《大正新修大藏经》卷四七，第140页中至下。

见佛神悟，即得道矣。①

五末之世，即五浊恶世。五浊谓劫浊、见浊、烦恼浊、众生浊、命浊。竺法护译《正法华经》卷九《药王菩萨品第二十一》云："若有女人，于五浊世最后末俗，闻是经法能奉行者，于是寿终生安养国，见无量寿佛，与诸菩萨眷属围绕，生宝莲华坐师子座，无淫怒痴除去众结，亦无贪嫉未曾怀恨。"②五末之世，意即此经所谓五浊世最后末俗。支遁曾作《竺法护像赞》，故序所谓别有经记或即竺法护译相关佛经。支遁云在五末世，欲往生弥陀净土，须奉佛正戒，须讽诵《阿弥陀经》，须誓生弥陀净土，须不替诚心。如是，命终即可往生弥陀净土见阿弥陀佛，神悟得道③。据此，再结合其他文献，可窥其时弥陀净土信仰的具体形态。

（一）奉八斋戒

竺法护译《正法华经》卷五《授阿难罗云决品第九》佛颂曰："又此罗云，所行温雅，兴立殊愿，奉吾正戒。"此"奉吾正戒"即奉佛正戒。氏译《佛说如幻三昧经》卷下云："何谓正戒？假使修正，不想，平等，是谓正戒；一切诸法解之如空，无想，无愿，是谓正戒；于三脱门而不造证，奉行审谛，无想不想，无应不应，是谓正戒。……设使处淫、怒、痴、无明、恩爱，堕于贪身六十二见，或四颠倒、三品恶行、八邪九恼、九神止处、十不善业，虽在其中而

---

① 〔东晋〕支遁著，张富春校注：《支遁集校注》，第400页。
② 《大正新修大藏经》卷九，第126页下。
③ 清人吴仰贤《小匏庵诗存》卷六有《嘉善大胜寺塔重修落成寺僧征同里诸君书佛乘中语函置塔顶余亦书支道林阿弥陀佛像赞付之》诗（《清代诗文集汇编》第683册，上海：上海古籍出版社，2010年，第709页下）。由此可窥支遁《阿弥陀佛像赞》在后世之影响。

无所著，是谓正戒。"①然奉佛正戒实为对出家人的要求。《佛说阿弥陀三耶三佛萨楼佛檀过度人道经》卷下云，世俗男女居家修善向佛，心慕阿弥陀佛及净土，又与妻子共居难断恩爱，且家事繁多，无暇营大斋，即如空闲时专精行道十日十夜亦不能，可于一日一夜，"下当绝念去忧，勿念家事，莫与妇人同床，自端正身心，断于爱欲，一心斋戒清净，至意念生阿弥陀佛国，一日一夜不断绝者，寿终皆往生其国，在七宝浴池华莲中化生，可得智慧勇猛，所居七宝舍宅，自在意所欲作为"②。此所谓斋戒清净实即修习八关斋戒。八关斋戒是佛正戒的方便戒法，为在家弟子而定，又曰一日戒，要求持斋僧俗在此时间内遵守八戒：一不杀生，二不偷盗，三不邪淫，四不妄语，五不饮酒，六不涂饰香及歌舞观听，七不眠坐高广华丽床座，八不食非时食。其中前七为戒，后一为斋，合称八戒斋或八斋戒、八关斋戒。修持八关斋戒可得功德之一即是寿终往生阿弥陀佛国。前揭王琰《冥祥记》又云：

> 时复有汲郡卫士度，亦苦行居士也，师于公则，其母又甚信向，诵经长斋。……度善有文辞，作《八关忏文》，晋末斋者尚用之。晋永昌中死，亦见灵异。有浩像者作《圣贤传》，具载其事，云度亦生西方。吴兴王该《日烛》曰：阙叟登宵，卫度继轨。咸恬泊于无生，俱蜕骸以不死者也。③

浩像《圣贤传》、王该《日烛》均谓卫士度继阙公则后往生西方。

---

①《大正新修大藏经》卷九，第98页下；卷一二，第146页下。
②《大正新修大藏经》卷一二，第311页中。
③〔唐〕释道世著，周叔迦、苏晋仁校注：《法苑珠林校注》，第1326页。

《八关忏文》为八关斋戒时忏悔身、口、意三业所用。所以有卫士度继阙公则后往生西方的说法，或与其作此文有关。修持八关斋戒有一定程序。支谦译《撰集百缘经》卷六《诸天来下供养品第六·（五九）二梵志共受斋缘》云："龙王得（《八关斋文》）已，甚用欢喜，赍持珍宝，赠遗与王，各还所止。共五百龙子，勤加奉修，八关斋法。其后命终，生忉利天，来供养我。"①《八关斋文》乃叙述八关斋戒程序的文本，龙王得后与五百龙子据之奉修八关斋戒，命终而生忉利天。支谦译《佛说斋经》云每月六斋之日，奉持八戒，习五思念，为佛法斋（即八关斋戒），"当命尽时，其人精神，皆生此六天上，安隐快乐"②。五思念即念佛、念法、念众、念戒、念天，念天即念四天王、忉利天、盐天、兜术天、不恬乐天、化应声天等六天。持八关斋戒可入于三昧，于三昧中可思念六天，如此，命尽时精神可生此六天。《八关忏文》是八关斋戒时忏悔身、口、意三业所用成文，其作者往生西方也就在情理之中了。支遁曾作《土山会集诗三首并序》（或名《八关斋诗三首并序》）写其与何充等僧俗二十四人持八关斋戒。序谓间与何充相期为合八关斋戒，十月二十二日在吴县（治今江苏苏州市姑苏区）土山墓聚集，二十三日清晨斋始，二十四日清晨众人各去。此当为支遁倡导士大夫佛教的一次宗教实践，期愿往生弥陀净土或为"合八关斋"的动因及目的之一。据前揭《佛说阿弥陀三耶三佛萨楼佛檀过度人道经》，诸在家修善向佛男女欲寿终往生弥陀净土，持八关斋戒时还需"至意念生阿弥陀佛国"。《佛说般舟三昧经·行品第二》述此念法稍详：

---

① 《大正新修大藏经》卷四，第233页下。
② 《大正新修大藏经》卷一，第912页上。

持是行法，便得三昧，现在诸佛，悉在前立。其有比丘、比丘尼、优婆塞、优婆夷，如法行，持戒完具，独一处止，念西方阿弥陀佛。今现在随所闻当念，去此千亿万佛刹，其国名须摩提。一心念之，一日一夜，若七日七夜，过七日已后见之。……菩萨于此间国土，念阿弥陀佛，专念故得见之。即问："持何法，得生此国？"阿弥陀佛报言："欲来生者，当念我名，莫有休息，则得来生。"①

般舟三昧又名十方现在佛悉在前立三昧，须摩提即阿弥陀佛所在西方极乐世界。四众持戒完具后，独处一方，随己所闻忆念西方阿弥陀佛，即观想念佛。经过一日一夜乃至七日七夜一心专念，七日后得见阿弥陀佛。如欲往生其国，则要不间断地称念阿弥陀佛名号，即称名念佛。在家弟子持戒之法，是经《四辈品》亦云：

居士欲学是三昧者，当持五戒令坚：不得饮酒，亦不得饮他人；不得与女亲熟，不得教他人；不得有恩爱于妻子男女，不得贪财产，常念欲弃家作沙门，常持八关斋，当于佛寺中；常当念布施，布施已，不念我自当得其福，用为一切施；常当大慈敬于善师，见持戒比丘，不得轻易说其恶。作是行已，当学守是三昧。②

诸经皆谓得见阿弥陀佛、往生弥陀净土的首要条件即为奉戒持斋，八关斋戒乃为在家弟子所设方便持戒法。所以强调在佛寺中

①《大正新修大藏经》卷一三，第899页上全中。
②《大正新修大藏经》卷一三，第901页上至中。

持八关斋戒,原因在于如此可将世俗生活与佛教奉戒持斋截然分离。支遁为何充等"同意者"合八关斋戒即是如此。晋安帝元兴元年(402)七月二十八日,慧远于庐山东林寺和刘遗民等僧俗百二十三人立誓期愿往生西方净土,亦是如此。慧皎《高僧传·义解三·晋庐山释慧远》载刘遗民奉慧远命所撰誓文,云:

> 惟岁在摄提格,七月戊辰朔,二十八日乙未。法师释慧远,贞感幽奥,宿怀特发。乃延命同志息心贞信之士,百有二十三人,集于庐山之阴,般若台精舍阿弥陀像前,率以香华敬廌而誓焉。……盖神者可以感涉,而不可以迹求。必感之有物,则幽路咫尺;苟求之无主,则眇茫河津。今幸以不谋而佥心西境,叩篇开信,亮情天发,乃机象通于寝梦,欣欢百于子来。于是云图表晖,影侔神造,功由理谐,事非人运。兹实天启其诚,冥运来萃者矣,可不剋心重精叠思以凝其虑哉。①

刘文所谓"同志"即前揭支遁诗序之"同意者"。所以在阿弥陀像前建斋献花,誓愿往生,其因在于神可以感而及之,感如有物则幽路如咫尺。感念弥陀之物即《阿弥陀经》及因经而生之阿弥陀像与经变画,此为前揭念法的前提。

(二)讽诵《阿弥陀经》

支遁时代汉译弥陀经典不止一部。就信仰言,讽诵何部经典应由信仰者方便择定,序惟言《阿弥陀经》,亦其时信仰形态的真实反映。见于文献记载,卫士度后弥陀净土信仰者又有竺僧显。《高僧传·习禅·晋江左竺僧显》云:

---

① 〔南朝梁〕释慧皎:《高僧传》卷六,第214—215页。

后遇疾绵笃，乃属想西方，心甚苦至。见无量寿佛，降以真容，光照其身，所苦都愈。是夕便起澡浴，为同住及侍疾者说己所见，并陈诚因果，辞甚精析。至明清晨，平坐而化。室内有殊香，旬余乃歇。①

僧显活动于两晋之交，善戒节，蔬食，诵经，业禅，苦修。元帝大兴（318—321）末南渡江左，病笃属想西方，得见无量寿佛。慧皎亦未言僧显如何属想。时至北宋，戒珠《净土往生传》卷上《西晋江东释僧显传》则云：

晚于所造之境，得梵僧传译新经。经之文备以净土三事因愿，洎九品往生次第。遂大喜，曰："吾以身混五浊，众苦婴缚，遽而得此。若其飞出涂炭，翔翼大虚，吾今而后念有归矣。"于是驰诚西想，俛偁而不懈者九月。一夕寝疾，且见无量寿佛乘空来降。②

戒珠意图显然是在强调僧显往生弥陀净土，缘自其得梵僧传译新经而"念有归"。如此，经过长达九月俛偁不懈的驰诚西想、禅定念佛，终见无量寿佛来降。"三事因愿""九品往生次第"，当是经之内容。据此，所谓新经即《观无量寿佛经》。简言之，僧显是由诵新经而禅定而念佛来"属想西方"的。然《观经》汉译仅有刘宋畺良耶舍译本传世。萧梁时慧皎未言者赵宋时戒珠却言之凿凿，僧显时代又无《观经》传译，诸多疑窦令戒珠此段记述扑朔迷离。

---

① 〔南朝梁〕释慧皎：《高僧传》卷一一，第401页。
② 《大正新修大藏经》卷五一，第109页中。

稍后于僧显的竺法旷即时常讲诵《无量寿经》。《高僧传·义解二·晋於潜青山竺法旷》云：

> 每以《法华》为会三之旨，《无量寿》为净土之因，常吟咏二部，有众则讲，独处则诵。……晋兴宁中，东游禹穴，观瞩山水。始投若耶之孤潭，欲依岩傍岭，栖闲养志，郗超、谢庆绪并结居尘外。时东土多遇疫疾，旷既少习慈悲，兼善神咒。遂游行村里，拯救危急，乃出邑止昌原寺，百姓疾者，多祈之致效。……时沙门竺道邻，造无量寿像，旷乃率其有缘，起立大殿。①

法旷卒于晋安帝元兴元年（402），终年七十六岁，则其生年为晋成帝咸和二年（327）。法旷受具足戒，常讲诵《法华》《无量寿》二部经，复率人为竺道邻所造无量寿像起立大殿。此"有缘"当谓信奉弥陀净土者。《义解三·晋庐山释僧济》云：

> （僧济）后停山少时，忽感笃疾，于是要诚西国，想像弥陀，远遗济一烛曰："汝可以建心安养，竟诸漏刻。"济执烛凭机，停想无乱，又请众僧夜集，为转《无量寿经》。至五更中，济以烛授同学，令于僧中行之，于是暂卧，因梦见自秉一烛，乘虚而行，睹无量寿佛，接置于掌，遍至十方，不觉欻然而觉，具为侍疾者说之，且悲且慰，自省四大了无疾苦。至于明夕，忽索履起立，目逆虚空，如有所见。须臾还卧，颜色更

---

① 〔南朝梁〕释慧皎：《高僧传》卷五，第205—206页。按："村里"原作"村裡"，误，《中华大藏经》本《高僧传》即作"村里"（第61册，第311页下）。

悦，因谓傍人云："吾其去矣。"于是转身右胁，言气俱尽，春秋四十有五矣。①

僧济笃疾之时，慧远让其执烛凭机建心安养国、想像弥陀佛，又请众僧为其转《无量寿经》。时至五更，僧济将烛授予同学，令其持烛行于僧中，自己暂卧，因梦见睹无量寿佛。前揭王琰等记阙公则事未言转何经，慧皎记僧显惟言属想西方而不及转经，此明谓为转《无量寿经》，则为转《无量寿经》亦是临终得见无量寿佛的重要条件，由此反观戒珠所记当亦非尽为虚谈。

（三）"图立神表，仰瞻高仪"

经非人人可得，更非人人能方便讽诵忆念。《阿弥陀佛像赞序》云自己生于末踪，忝厕残迹，不敢奢望驰心弥陀净土，于是请匠人图立神表。据支遁序赞，此神表"实际上是一幅在当时比较完整的无量寿经变画"②，并非阿弥陀佛单尊像。"成熟期的经变画基本都有主尊、观世音和大势至、诸声闻和菩萨等圣众，宝地、宝树（包括供养之具及华盖）、宝楼、华座、七宝池、八功德水、莲花化生、祥禽等等的描绘，且画面结构也大致相似。"③这些内容在《阿弥陀佛像赞并序》中，均有栩栩如生的描绘。惟支遁请匠人所图立神表为经变，才比讽诵忆念更形象、更方便"驰心神国"，即前揭刘遗民文所谓"神者可以感涉，而不可以迹求。必感之有物，则幽路咫尺；苟求之无主，则眇茫河津"，而支序"图

---

① 〔南朝梁〕释慧皎：《高僧传》卷六，第234—235页。

② 陈明、施萍婷：《中国最早的无量寿经变——读支道林〈阿弥陀佛像赞并序〉有感》，《敦煌研究》，2010年第1期，第27页。

③ 王治：《西方净土变题材的分判》，故宫博物院编：《故宫学刊》第十二辑，北京：故宫出版社，2014年，第36页。

立神表, 仰瞻高仪"①亦可与前揭刘遗民文"云图表晖, 影倅神造"相生发。《阿弥陀佛像赞并序》实即支遁"驰心神国"的文学书写, 亦是其所图立神表的文学再现。

如同其他作品佛玄交织, 支遁此序亦以《庄子》四典入笔, 写自己游心佛玄, 倦于其无垠, "因以静暇"而序赞阿弥陀佛国之"奇丽"②。序云佛经记西方有安养国, 非无待者不能游其疆, 非不疾者不能致其速。无待者, 即前揭郭象所谓"与物冥而循大变者"; 不疾者, 即无思无为寂然不动感而遂通者, 原本《周易·系辞上》所云"唯神也, 故不疾而速, 不行而至"③。"所以, 虽然支道林的逍遥论充满了浓厚的玄学佛理的思辩意味, 但是, 其逍遥论一具体落实到终极归宿上, 则表现为简单的信仰性色彩甚浓的弥陀净土信仰, 尽管支道林在其弥陀净土信仰中杂糅点缀了'五度凭虚以入无, 般若迁知而出玄'等看似玄虚的成份。"④安养国中有佛号阿弥陀, 晋言无量寿。支遁描写弥陀净土, 谓其异于俗世, 无王制、班爵, 以佛为君, 以三乘为教, "男女各化育于莲华之中, 无有胎孕之秽也"⑤。净土馆宇宫殿, 七宝自然悬挂。苑囿池沼, 奇花异卉盛开繁茂, 鸟兽虫鱼适性率真。琼林中无阗阓风, 惟自然德风轻拂宝树, 所发音声谐于箫管。漫天妙花阖境普降, 神风拂故而纳新。此为弥陀净土之殊胜。弥陀说法, 如甘露天降,

① 〔东晋〕支遁著, 张富春校注:《支遁集校注》, 第400页。
② 〔东晋〕支遁著, 张富春校注:《支遁集校注》, 第384页。
③ 〔魏〕王弼撰, 楼宇烈校释:《周易注》附《系辞上》, 第355页。
④ 刘长东:《晋唐弥陀信仰研究》, 第15页。
⑤ 〔东晋〕支遁著, 张富春校注:《支遁集校注》, 第389页。宣方《支遁: 禅学史肖像的重塑》云:"因此支遁说阿弥陀净土中有妇女, 乃是一种异乎寻常的思想。"(方立天、学愚主编:《佛教与当代文化》, 第258页)

如惠风轻拂。其教化如饮人以遍地醴泉，其导德如嗅人以四溢流芳，其应感如闻雷响，其化人如大云降雨，慧泽以时，润彻心田。修习五度须凭虚以入无，藉由般若可迁智而出玄。此为弥陀说法图。序又云另有佛经记录阿弥陀佛的佳德懿行，说此晋邦乃五浊末世，有奉佛正戒、讽诵《阿弥陀经》、发誓往生阿弥陀佛国、不改诚心者，命终魂灵飞逝，化生至弥陀净土，见阿弥陀佛而神悟得道。此为莲花化生。

《阿弥陀佛像赞》四言赞词首赞弥陀佛神姿及神通。弥陀德宇，安泰静定，天光自发，黄中通理，秀姿天成。恬和、心智交相泯灭，通达宿命、天眼、漏尽三明，与道玄同而无形。弥陀说法启境西方，在彼处神而化之，应机感悟，以五度砥砺节操，用六慧穷究精微，冥同空有，终致玄门洞开。观音、大势至二菩萨侍立两侧，众菩萨前来听法，吟诵歌唱，庄严肃穆。佛法精深微妙，随顺听法人心神。盛大道场中，三乘听法众繁多。这两部分与序中所描写内容相互补充，构成一幅完整的阿弥陀佛说法图。

接下来，支遁以赋法铺饰序未言之弥陀净土宫殿楼观及功德池水[1]。赞云弥陀净土宫殿高耸云霄，如星辰峙立，如天星罗列，影可倾朝日，艳蔚于晨霞；神堤回环交错，八功德水源头多而高深，水里无捕鱼之筌，鱼也不会贪吃饵食。川泽不用司虞，惊鸟怀恋山林。《诗经·周颂·有客》述客之美德，表主人殷殷留客之意，祝降客更大之福。听法众如"有客"一般，受弥陀佛挽留驱散随

---

[1] 东汉支谶译《佛说无量清净平等觉经》卷一、三国曹魏天竺三藏康僧铠译《佛说无量寿经》卷上、三国孙吴支谦译《佛说阿弥陀三耶三佛萨楼佛檀过度人道经》卷上均有关于弥陀净土讲堂精舍宫殿楼观、浴池的描写，内容略似，分别见《大正新修大藏经》卷一二，第283页中至第284页上、第271页上至中、第305页上至下。

行徒众而不复返。佛法已如甘露雨埋却"有客"机心，故其神定道载，得留弥陀净土。"机心"出自《庄子》外篇《天地》，云："吾闻之吾师，有机械者必有机事，有机事者必有机心。机心存于胸中，则纯白不备；纯白不备，则神生不定；神生不定者，道之所不载也。"甘露敦洽云云复述序中内容再赞安养国，但其下珉瑶沉粲四句则为序所略，意谓安养国功德池以宝石砌成，池内八功德水澄净清洁，池岸、水上诸种花树散发着花蕊的芳香。最后，赞化生弥陀。弥陀净土如此美好，吸引潜伏魂魄暗中萃集，众多贤哲纷纷翔止。住此净土，一切众生皆莲花化生，住不退转。《庄子》外篇《天运》云："夫白鹢之相视，眸子不运而风化；虫，雄鸣于上风，雌应于下风而风化；类自为雌雄，故风化。"①赞末云类诸风化四句再次将佛玄相融。

金维诺《西方净土变的形成与发展》云："在麦积山第127窟的西壁遗存有西魏初年（约公元539年左右）的一铺西方净土变，中央殿内无量寿佛结跏趺坐于莲座，两侧观音、大势至侍立于莲台……从这铺画可以看到南朝西方净土变的早期发展面貌。支道林主持图画的无量寿佛像已不传，但他所撰写《阿弥陀佛像赞》和序言中对于佛国的描述……却从麦积山第127窟的西方净土变上得到呈现。"②因无法确定《广弘明集》所载《阿弥陀佛像赞并序》题目为支遁序赞所本有，故诚难确定支遁所图立神表为阿弥陀佛单尊像。据序赞内容，似可推知此神表当为西方净土经变。若然，东晋已有描绘西方净土变的经变画图表，西魏初年则在石

---

① 〔清〕郭庆藩撰：《庄子集释》，卷五上第439页、卷五下第533页。
② 金维诺：《中国美术史论集》中卷，哈尔滨：黑龙江美术出版社，2004年，第188页。

窟壁上开凿出西方净土变的经变画，如此或更合逻辑。同时，因刘遗民文中"云图表晖"云云，慧远等人建斋立誓于其前的无量寿像或亦难笃定为无量寿佛的单尊像而非净土经变画。

当然，西方净土经变画外，东晋时亦确有弥陀佛单尊塑像，如前揭慧皎《竺法旷传》云沙门竺道邻所造无量寿像，以文中明谓法旷率其有缘为起立大殿，似当为无量寿单尊佛像。支遁卒后，见其墓而感叹的戴逵[1]亦曾造无量寿木像。《法苑珠林》卷一三《敬佛篇第六·观佛部第三·感应缘·东晋会稽木像香瑞缘》云：

> 东晋会稽山阴灵宝寺木像者，征士谯国戴逵所制。……致使道俗瞻仰，忽若亲遇。高平郗嘉宾撮香咒曰：若使有常，将复睹圣颜；如其无常，愿会弥勒之前。所捨之香，于手自然，芳烟直上，极目云际，余芬徘徊，馨盈一寺。于时道俗莫不感厉。像今在越州嘉祥寺。

卷一六《敬佛篇第六·弥勒部第五·感应缘·晋谯国戴逵》谓山阴灵宝寺戴逵所制木像为无量寿挟侍菩萨，云：

> 晋世有谯国戴逵……乃作无量寿挟侍菩萨，研思致妙，精锐定制，潜于帷中密听众论。所闻褒贬，辄加详改。核准度于毫芒，审光色于浓淡。其和墨点采，刻形镂法，虽周人尽策之微，宋客象楮之妙，不能逾也。委心积虑，三年方成。振代迄今，所未曾有。凡在瞻仰，有若至真。俄而迎像入山阴之灵宝

---

[1]《世说新语·伤逝第十七》云："戴公见林法师墓，曰：'德音未远，而拱木已积。冀神理绵绵，不与气运俱尽耳！'"（余嘉锡笺疏：《世说新语笺疏》卷下之上，第710页）

寺。……高平郗超闻而礼觐，遂撮香而誓……既而手中之香，
勃焉自然。①

　　如同支遁既信仰弥陀净土又作诗赞弥勒，其信徒郗超礼觐无
量寿像撮香而誓亦是若使有常将复睹无量寿圣颜、若其无常愿
会弥勒之前，均见出信仰的交融性，并无弥勒、弥陀门户之分。道
安信仰弥勒净土，或谓其铸无量寿佛像。《高僧传·义解二·晋长
安五级寺释道安传》云：

　　　　安以白马寺狭，乃更立寺，名曰檀溪，即清河张殷宅也。
　　大富长者，并加赞助，建塔五层，起房四百。凉州刺史杨弘忠
　　送铜万斤，拟为承露盘，安曰："露盘已讫汰公营造，欲回此
　　铜铸像，事可然乎。"忠欣而敬诺。于是众共抽舍，助成佛像，
　　光相丈六，神好明著，每夕放光，彻照堂殿。像后又自行至万
　　山，举邑皆往瞻礼，迁以还寺。……安每与弟子法遇等，于弥
　　勒前立誓，愿生兜率。②

　　一生大愿以此而成，道安命弟子慧远为金像作赞。《广弘明集》卷
一五《佛德篇第三之初》收慧远《晋襄阳丈六金像赞序》，谓"因
释和上立丈六像作"。赞序述铸像缘起，虽为师代言，然体贴入

① 〔唐〕释道世著，周叔迦、苏晋仁校注：《法苑珠林校注》，第463、543
　　页。《历代名画记》卷五晋戴逵条亦有类似记载（第123页）。按：《中华
　　大藏经》本《法苑珠林》"捨"作"拈"，校记："三九八页下五行第七字
　　'拈'，碛、晋、南、径、清作'捨'。"（《中华大藏经》第71册，第398
　　页下、第403页中）依文义，似当作"拈"。
② 〔南朝梁〕释慧皎：《高僧传》卷五，第179—183页。

微："拟足逸步，玄迹已邈。每希想光晷，仿佛容仪，寤寐兴怀，若形心目。冥应有期，幽情莫发，慨焉自悼，悲愤靡寄。乃远契百念，慎敬慕之思，追述八王同志之感，魂交寝梦而情悟于中，遂命门人铸而像焉。"①可谓情真意切。惜慧远未明言乃师所铸何像，以是给后人遐想的空间。皎传惟云佛像，与慧皎同时的刘孝仪却谓襄阳金像为无量寿佛像。《艺文类聚·内典上·内典·碑》收刘孝仪《雍州金像寺无量寿佛像碑》，云：

> 至有九辈性生，一身补处，尘洗玉池，神闻金叶。树声繁会，赵简于是未闻；地宝焜煌，周穆之所不见。……彼弥陀感化殊摄，日轮照曜，月面从容，毫散珠辉，唇开果色。似含微笑，俱注目于瞻仰；如出软言，咸倾耳于谛听。像复以其夕，出住寺门。②

孝仪名潜，以字行，彭城（今江苏徐州市）人，孝绰三弟。东晋孝武帝时在襄阳侨置雍州，雍州金像寺即襄阳檀溪寺。《梁书·刘潜传》云："敕令制《雍州平等寺金像碑》，文甚宏丽。"③严可均云《雍州平等寺金像碑》即《雍州金像寺无量寿佛像碑》④。在孝仪碑文中，九辈往生、弥陀感化、叶产梵童、花开释子等等，使原本身份隐晦的襄阳金像一变而为无量寿佛。《法苑珠林》卷一三

---

① 《大正新修大藏经》卷五二，第198页中。汤用彤《汉魏两晋南北朝佛教史》谓"疑代安公作"（第156页）。
② 〔唐〕欧阳询撰，汪绍楹校：《艺文类聚》卷七六，上海：上海古籍出版社，1982年，第1302页。按："九辈性生"疑误，当作"九辈往生"。
③ 〔唐〕姚思廉撰：《梁书》卷四一，北京：中华书局，1973年，第594页。
④ 参〔清〕严可均辑：《全上古三代秦汉三国六朝文·全梁文》卷六一，北京：中华书局，1958年，第3318页上。

《敬佛篇第六·观佛部第三·感应缘·东晋襄阳金像游山缘》则径云道安在襄阳造无量寿像：

> 东晋孝武宁康三年（375）四月八日，襄阳檀溪寺沙门释道安，盛德昭彰，擅声宇内，于郭西精舍铸造丈八金铜无量寿佛。明年季冬，严饰成就。……立碑颂德，刘孝仪文，萧子云书，天下称最。碑现在建兴。……（长孙）哲当毁像时，于腋下倒垂衣内铭云：晋太元十九年岁次甲午月朔日次，比丘道安于襄阳西都郭造丈八金像一躯。此像更三周甲午，百八十年当灭。后计年月兴废，悉符合焉。①

《法苑珠林》之外，《续高僧传·兴福篇第九·周鄜州大像寺释僧明传》亦云："梁襄阳金像寺丈六无量寿瑞像者，东晋孝武宁康三年二月八日沙门释道安之所造也。"②道安卒于太元十年（385），十九年云云的铭文或非谓此像造于此时，而是谓其由此时再经三周甲午百八十年后当灭。据前揭慧远、慧皎及此道宣所云，道世所谓"丈八"亦当是"丈六"之误。

支遁因匠人图立弥陀神表，复作诗赞弥勒，其信仰交融性影响东晋南北朝可谓远而深。此种影响，由道安兼信弥陀、慧远兼信弥勒的诸种传说可见一斑。

（四）"誓生彼国，不替诚心"

所谓誓生彼国，即立誓愿生阿弥陀净土，亦即前揭皎传谓慧

---

① 〔唐〕释道世著，周叔迦、苏晋仁校注：《法苑珠林校注》，第457—458页。

② 〔唐〕道宣著，郭绍林点校：《续高僧传》卷三○，北京：中华书局，2014年，第1203页。

远率百二十三人于精舍无量寿像前云云。

　弥陀净土信仰三辈往生中，又有边地往生，或曰疑城往生，或曰胎生。此类净业行人以疑惑心修诸功德，虽亦往生弥陀佛国，却惟至界边七宝城，于其中五百岁不见佛，不闻经法，亦复不见菩萨声闻众。以其在佛国界边，故曰边地。以此边地七宝城乃疑人所居，故曰疑城。以此净业行人心生疑惑，处莲胎中未能见佛闻法，如胎生人，故曰胎生。支遁所以强调不替诚心或即力求避免因心生疑惑而致往生边地，住疑城，处莲胎。

　《佛说无量寿经》卷下云，佛告阿难："诸有众生，闻其名号，信心欢喜，乃至一念，至心回向，愿生彼国，即得往生，住不退转。唯除五逆，诽谤正法。"[1]无量寿佛威神功德不可思议，无量寿佛国诸种庄严无限胜好。流浪生死的众生，除五逆诽谤正法者外，如闻无量寿佛名号能生信愿心、欢喜心，甚或惟称念佛号，以至诚心回己功德普施众生愿共生佛国，即可得往生净土，住于不退转地。十方世界诸天诸人，有至诚心发愿往生无量寿佛国者，可得上、中、下三辈往生。上辈往生者即沙门，发菩提心，一向专念无量寿佛，修诸大功德愿生彼国，临终时无量寿佛与诸大众现前即随之往生彼国。中辈往生者，谓有至诚心愿生无量寿佛国，当发无上菩提心，一向专念无量寿佛，多多修善、奉持斋戒、起立塔像、饭食沙门、悬缯燃灯、散华烧香，以此功德回向愿生彼国。其人临终，无量寿佛化身与诸大众现前，即随化佛往生彼国。下辈往生者，"其有至心欲生彼国，假使不能作诸功德，当发无上菩提之心，一向专意乃至十念念无量寿佛，愿生其国。若闻深法，欢喜信乐，不生疑惑，乃至一念念于彼佛，以至诚心愿生其国。此人

---

[1]《大正新修大藏经》卷一二，第272页中。

临终梦见彼佛，亦得往生，功德智慧，次如中辈者也"①。芸芸众生于生死海中忙碌奔命，或心有余力不足，或力有余心不足，多难作诸功德。其有至心欲往生无量寿佛国，当发无上菩提心，专心称念无量寿佛，无论一念乃至十念，念念愿生无量寿佛国。然凡夫境细心粗，识扬神飞，难免乱其诚心，生出狐疑，故是经尤为强调闻法须喜乐信受，不生疑惑。如此即使能一念念无量寿佛，以至诚心发愿往生彼国，则其临终亦可梦见无量寿佛，亦能往生彼国。"若有众生，以疑惑心修诸功德，愿生彼国，不了佛智：不思议智、不可称智、大乘广智、无等无伦最上胜智，于此诸智疑惑不信；然犹信罪福，修习善本，愿生其国。此诸众生，生彼宫殿，寿五百岁，常不见佛，不闻经法，不见菩萨声闻圣众，是故于彼国土谓之胎生。"②诸众生不能敬信佛智，尚信罪福因果，常修念佛诸善之本，愿生无量寿佛国，虽亦能如愿往生却是胎生，虽处一百由旬或五百由旬宫殿受诸快乐却最长达五百岁不见三宝。"若此众生，识其本罪，深自悔责，求离彼处，即得如意，往诣无量寿佛所，恭敬供养，亦得遍至无量无数诸如来所修诸功德。弥勒当知，其有菩萨生疑惑者，为失大利。是故应当明信诸佛无上智慧。"③此所谓本罪即是疑惑不信佛智，如能醒悟悔责转而深信佛智，即可得见无量寿佛修诸功德。疑信一念间，致果如天壤。因心生疑惑致失大利，故誓生彼国须不替诚心。

《佛说无量清净平等觉经》卷三与《佛说阿弥陀三耶三佛萨楼佛檀过度人道经》卷下中辈、下辈往生文中又有边地疑城往生

---

①《大正新修大藏经》卷一二，第272页下。
②《大正新修大藏经》卷一二，第278页上。
③《大正新修大藏经》卷一二，第278页中。

说。略云中、下两辈往生中其人若于后来心生狐疑而中途追悔，虽作诸善行然不信后世可得其福，不信有无量清净（阿弥陀）佛国，不信往生其国中；虽继续称念不绝，然暂信暂不信，意志犹豫，无所专据。因本愿力故其人仍可往生，临终时，无量寿（阿弥陀）佛化作己像使中辈往生心生疑惑者亲眼目睹，使下辈往生心生疑惑者睡梦中见佛国土，皆口不能复言便心中欢喜踊跃，悔过自己先前不信益斋作善当生无量清净（阿弥陀）佛国。其人寿命终尽往生佛国，道见界边七宝城，心大欢喜，止此城中，于七宝水池莲华中化生，受身自然长大，在城中五百岁。城长宽各二千里，城中亦有如同无量清净（阿弥陀）佛及诸菩萨、阿罗汉所居七宝舍宅，舍宅中内外亦有七宝浴池，浴池中亦有自然华香环绕，浴池上亦有七宝树重行，皆作五音声。心欲饮食面前亦有百味自然食，可随意而得。然其人在城中不得出，复不能见佛法僧三宝，所居舍宅在地，不能令之随意高大、在虚空中。原因在于，"其人本宿命求道时，心口各异，言念无诚，狐疑佛经，复不信向之，当自然入恶道中。无量清净佛哀愍，威神引之去耳"[1]。这些人自己缺乏智慧，又疑惑佛的不思议智、不可称智、大乘广智、无等无伦最上智，对佛说净土法门将信将疑，怀疑少时称念佛号即可往生净土之便易，怀疑一切称念佛号众生皆得往生净土之愿力，怀疑自性善根致使意志犹豫无所专据，寿终本应堕恶道，因无量清净（阿弥陀）佛哀怜悲悯，虽以佛威神力引之而得往生净土，然以己身疑悔业力牵引而滞居边地疑城，待其以佛光消障开慧力开解智慧忏悔断疑时，即可如不狐疑者明健勇猛，得出疑城往至无量清净

---

① 《佛说无量清净平等觉经》卷三，《大正新修大藏经》卷一二，第292页中。《佛说阿弥陀三耶三佛萨楼佛檀过度人道经》卷下"无量清净佛"作"阿弥陀佛"，余略同（《大正新修大藏经》卷一二，第310页中）。

（阿弥陀）佛所。

净土乃一切世间难信之法，于此能信即是无相智慧。合观上述三无量寿经所论，中辈与下辈往生诸众生以修善念佛、发愿求生之因，感得生于彼国——七宝宫殿，宝池莲华，乐如忉利天及永不退堕之果；复因疑惑之过，感得生于彼国边地疑城不能得出，于五百岁不能见闻三宝之果；若疑惑过失忏除净尽即可得离疑城，至佛所见佛闻法。其中皆是强调所以感得胎生、滞居边城，根本原因在于疑惑，在于暂信暂不信。疑为罪本，信是道源功德母。"夫诚心内感，则至觉如在；形力外单，则法身咫尺。"[1]信、愿实为往生净土佛所之根本。具信往生之人，既信佛智，亦信己善根，作诸功德，至心回向，皆于佛前莲花化生。带惑往生之人，或不信佛智，或不信己善根，虽得往生善果然终不纯净。是以，断疑生信，既誓生彼国，又不替诚心，在净业修行中至为切要。

支遁构建的佛教体系，遵循了中国传统秩序，具有鲜明的中国特色，既能满足士大夫对义理与信仰的需求，又为其塑造了可供效仿的维摩诘居士形象，谓之中国佛教似不为过。

第三节　支遁诗文创作及中国文学之新变

以文学形式在中土弘宣佛法，是两晋新兴的佛教传播方式，中国佛教文学由此肇兴。支遁是中国第一位有作品集传世的僧人。《晋书·王羲之传》云："孙绰、李充、许询、支遁等皆以文义冠世，并筑室东土，与羲之同好。"[2]基于信仰激情，支遁运其不

---

[1] 〔唐〕释道世著，周叔迦、苏晋仁校注：《法苑珠林校注》，第290页。
[2] 《晋书》卷八〇，第2099页。

世才学,以诗文赞佛咏怀。"在文学创作领域真正达到了佛学'中国化'新的历史高度的,是当时中国佛教僧侣运用佛教的思维方法、术语、典故等进行汉语诗文创作。如支遁创作的《咏禅思道人》等诗篇即是如此。"①的确,支遁在诸多方面开诗文创作风气之先,东晋文学面貌因之而变。

一、赞佛咏怀:开中国文学之新题材

在中国文学史上,支遁首次以诗文赞佛、菩萨及其时名僧。"检寻《广弘明集》,支遁始有赞佛咏怀诸诗,慧远遂撰《念佛三昧》之集。"②支遁作品中的佛教词语、佛教意境均前所未有,其赞佛咏怀诗,开创了中国诗歌的新境界。

(一)咏怀:塑造自我形象

异于胡僧,支遁既熟谙内典,又儒玄并综,能诗擅文。"这是很重要的一件事实,我们应该大书特书的记载着的。……他的《咏怀诗》在阮籍《咏怀》、太冲《咏史》、郭璞《游仙》之外,别具一种风趣。"③这种"风趣"即是充溢其中的浓郁的佛教气息与韵味。大约与支遁同时的康僧渊云:"夫诗者,志之所之,意迹之所寄也。忘妙玄解,神无不畅。夫未能冥达玄通者,恶得不有仰钻之咏哉……亦各言其志也。"④慧远亦云:"若染翰缀文,可托

---

① 高华平:《论两晋佛教僧侣的文学创作》,氏著《凡俗与神圣——佛道文化视野下的汉唐之间的文学》,第62页。

② 余嘉锡笺疏:《世说新语笺疏》卷上之下《文学第四》第八十四条余嘉锡案,第291页。

③ 郑振铎:《插图本中国文学史》,北京:人民文学出版社,1957年,第178页。

④ 逯钦立辑校:《先秦汉魏晋南北朝诗·晋诗》卷二〇《释氏》康僧渊《代答张君祖》,北京:中华书局,1983年,第1075页。

兴于此。虽言生于不足，然非言无以畅一诣之感。"①仰之弥高，钻之弥坚，中土能文佛徒遂以诗言志，畅其"一诣之感"。

　　四月八日为佛诞日，支遁作《四月八日赞佛诗》与《咏八日诗三首》颂佛。后者其二"龙潜兜术邑，漂景阎浮滨""玄祇献万舞，般遮奏伶伦""投步三才泰，扬声五道泯"等诗句②，佛教词汇与中土典故融合无间。"龙潜"语出《周易·乾卦·初九》"潜龙，勿用"③，"兜术"即兜率。"龙潜兜术邑"谓释迦牟尼为菩萨时住兜率内院。"景"，即景云，亦即庆云。"阎浮"，即阎浮提。"漂景阎浮滨"谓佛诞犹龙举，祥云漂浮。"般遮"即般遮于旬，为佛教乐神名。"伶伦"，相传为黄帝时乐官，此代指音乐。"三才"谓天、地、人，"五道"谓天、人、畜生、饿鬼、地狱五处轮回之所。《佛说太子瑞应本起经》卷上云："到四月八日夜明星出时，化从右胁生堕地。……当此日夜，天降瑞应，有三十二种：……二十七天乐皆下，同时俱作。二十八地狱皆休，毒痛不行。二十九毒虫隐伏，吉鸟翔鸣。三十渔猎怨恶，一时慈心。三十一境内孕妇，产者悉男，聋盲瘖痖，癃残百疾，皆悉除愈。"④诗人用五言诗形式橐括佛诞时的诸种瑞应，妥帖自然，对仗工稳，无牵强之感，显示出较高的艺术造诣。

　　在支遁现存诗作中，名曰"咏怀"或"述怀"的诗有七首。这些诗篇直接《咏怀》八十二首，但一反阮籍重在抒发"忧生之嗟"，改写求佛向玄的澹泊情怀。《咏怀诗》五首其一《傲兀乘尸素》，首叙自己生性傲岸，不事营营。早年困于风波，流浪逐

①《大正新修大藏经》卷五二，第304页中。
②〔东晋〕支遁著，张富春校注：《支遁集校注》，第215页。
③〔魏〕王弼撰，楼宇烈校释：《周易注》，第1页。
④《大正新修大藏经》卷三，第473页下至第474页上。

物而迁。中路出家，钦仰重玄。接着，具述探求玄真的体悟。"采真""苟简""逍遥""象物""牛全""忘筌"均出《庄子》。诗人写自己食于苟简之田，游于逍遥之虚，骋心佛玄，探求内真。心朗神莹，含虚斋心，映照自然。矗矗沈情，飘然而去；淡泊心怀，彩彩而鲜。纵观人生世相，恰如庖丁解牛，遗形而存真；又如得鱼忘筌，弃迹而达道。此诗旨在吟咏静照忘求、心神澄澈的体玄心境，迥异于阮籍孤独、焦虑、苦闷、忧伤，丰富了咏怀诗的内容。《述怀诗二首》其一则自喻鸾鸟以抒怀。全诗依《庄子》外篇《秋水》"夫鹓鶵，发于南海而飞于北海，非梧桐不止，非练实不食，非醴泉不饮"[1]立意，写鸾鸟飞鸣于昆仑山崖，逸志腾跃于空寂玄境。恍惚之中，依稀可见其扇动羽翼，飞向昆仑南隅栖息。鸾鸟濯足流澜，采摘练实，衔食神蔬，吟鸣高妙，饮漱芳醴，上下飞舞，止于神梧。诗人虽心系玄运、灵符，笃信河清可期，然"育清躯""令人劬"亦见出悟道劬劳，可谓情真意切。

"自佛教入中国后，由汉至前魏，名士罕有推重佛教者。尊敬僧人，更未之闻。西晋阮庾与孝龙为友，而东晋名士崇奉林公，可谓空前。"[2]支遁以其佛玄兼修与名士交游，深受崇奉。《晋书·郗超传》云："又沙门支遁以清谈著名于时，风流胜贵，莫不崇敬，以为造微之功，足参诸正始。"[3]佛法因此为名士所知。支遁还与之举行佛事活动，《八关斋诗三首》（或名《土山会集诗三首》）云："建意营法斋，里仁契朋俦……窈窕八关客，无棁自绸缪。"[4]"法斋"即八关斋，持此斋者即八关客。诗人以"里

---

① 〔清〕郭庆藩撰：《庄子集释》卷六下，第604页。
② 汤用彤：《汉魏两晋南北朝佛教史》，第128页。
③ 《晋书》卷六七，第1805页。
④ 〔东晋〕支遁著，张富春校注：《支遁集校注》，第137页。

仁""朋俦"称许共营八关斋会者心意契合佛法。《通雅》卷七《释诂·窈宛》引杨慎云:"《方言》:美心为窈,美容为宛。不宜专主女子。"①"楗"即犍,此谓犍槌,或作犍稚。《释氏要览》卷下《杂记·犍稚》云:"犍,巨寒切;稚,地音。《出要律仪》云:此译为钟磬。《五分律》云:随有瓦木铜铁,鸣者皆名犍稚。……《增一经》云:阿难升讲堂,击犍稚者,此名如来信鼓也。"②此谓八关客心美容美,不用敲击犍槌即能专意佛法一心斋戒。"三悔启前朝,双忏暨中夕","三悔"即忏悔、劝请、回向三悔法,"双忏"即事忏、理忏。在此仪式中,名士于佛法的理解和感受自然更加深切。诗人写自己八关斋后的感受:"寥寥神气畅,钦若盘春数。达度冥三才,恍惚丧神偶。游观同隐丘,愧无连化肘。"③"连",或为"速"字之误。斋后寥然空虚,神清气畅,内心钦敬,如乐春花。胸怀豁达,冥合三才;恍惚妙悟,丧其神偶。游观如同知登隐弅之丘,三问道而不得答;惭愧无如滑介叔之观化,柳生左肘而不恶。"丧神偶""同隐丘"及"速化肘",皆用《庄子》之典,诗人藉此抒发心系佛玄的情怀。

(二)赞佛:塑造玄学化佛菩萨僧侣形象

支遁在其诗文中,还塑造了一批玄学化的佛菩萨及高僧形象,贯通佛教与老庄的人生理想。

1.佛陀形象玄学化

《释迦文佛像赞并序》旨在赞佛,但其中佛陀形象却明显玄

---

① 《景印文渊阁四库全书》第857册,第196页上。
② 〔宋〕释道诚撰,富世平校注:《释氏要览校注》,北京:中华书局,2014年,第528页。富氏按云:"'犍稚',诸经论或作'犍稚'、'捷稚'、'犍槌'、'捷搥'等。"(第528页)
③ 〔东晋〕支遁著,张富春校注:《支遁集校注》,第146、154页。

学化。

　　像赞序由释迦文汉译能仁入手，以《周易·说卦》所谓"立人之道曰仁与义"①开篇，旋即一转："然则仁义有本，道德之谓也。"以《周易》《老子》肇启赞佛，玄味顿出。释迦文佛前世为天竺释王白净的太子，不乐天下，"故常夕惕上位，逆旅紫庭"②。"夕惕""上位"出《周易·乾卦·九三》，云："君子终日乾乾，夕惕若厉，无咎。"《文言》复云："是故居上位而不骄，在下位而不忧。"③太子出游四城门后，遂"脱皇储之重任，希无待以轻举"④，入山修道。"无待"与有待相对。《庄子》内篇《逍遥游》云："此虽免乎行，犹有所待者也。若夫乘天地之正，而御六气之辩，以游无穷者，彼且恶乎待哉！"郭象注："故乘天地之正者，即是顺万物之性也；御六气之辩者，即是游变化之涂也；如斯以往，则何往而有穷哉！所遇斯乘，又将恶乎待哉！……夫唯与物冥而循大变者，为能无待而常通，岂独自通而已哉！"⑤经由一数、二随、三止、四观、五还、六净，"濯般若以进德，潜七住而挹玄。搜冥鱼于六绝，齿既立而废筌"⑥。"进德"即《周易·乾卦·文言》"忠信，所以进德也"⑦之意。太子以般若智濯除情虑增进道德，潜心七住之地挹取玄理。"挹玄"与"搜冥鱼"意同。"冥鱼"语出《庄子》内篇《逍遥游》"北冥有鱼，其名为鲲"，"废筌"语本杂

①〔魏〕王弼撰，楼宇烈校释：《周易注》，第381页。
②〔东晋〕支遁著，张富春校注：《支遁集校注》，第315、316页。
③〔魏〕王弼撰，楼宇烈校释：《周易注》，第1、4页。
④〔东晋〕支遁著，张富春校注：《支遁集校注》，第316页。
⑤〔清〕郭庆藩撰：《庄子集释》卷一上，第19—20、23页。
⑥〔东晋〕支遁著，张富春校注：《支遁集校注》，第330页。
⑦〔魏〕王弼撰，楼宇烈校释：《周易注》，第4页。

篇《外物》"荃者所以在鱼，得鱼而忘荃"①。释迦觉悟在支遁笔下竟成"挹玄""搜冥鱼"。

　　成佛后，释迦"启度黄中，色艳紫金"，其教化"曲成已著，则化隆三五"②。《周易·坤卦·文言》云："君子黄中通理，正位居体；美在其中，而畅于四支，发于事业，美之至也。"《系辞上》云："曲成万物而不遗，通乎昼夜之道而知。"韩康伯注："曲成者，乘变以应物，不系一方者也，则物宜得矣。"③佛陀如同中土圣人，教化乘变应物，成就万物，隆于三皇五帝。"冲量弘乎太虚，神盖宏于两仪。易简待以成体，太和拟而称邵。图著者象其神寂，方卦者法其智周。"④《庄子》外篇《知北游》云"是以不过乎昆仑，不游乎太虚"⑤。《周易·系辞上》云"易简而天下之理得矣"，"是故，蓍之德，圆而神；卦之德，方以知"，"是故，易有太极，是生两仪"；《乾卦·象辞》云"保合大和，乃利贞"⑥。玄学语词的反复皴染，使得释迦文佛像玄韵四溢。不过，支遁终究心仪佛陀，谓其"拔尧孔之外楗""络聃周以曾玄"⑦。《庄子》杂篇《庚桑楚》云："夫外韄者不可繁而捉，将内揵；内韄者不可缪而捉，将外揵。"郭象注："揵，关揵也。……若乃声色韄于外，则心术塞于内；欲恶韄于内，则耳目丧于外；固必无得无失而后为通也。"⑧

---

① 〔清〕郭庆藩撰：《庄子集释》，卷一上第2页、卷九上第936页。
② 〔东晋〕支遁著，张富春校注：《支遁集校注》，第341页。
③ 〔魏〕王弼撰，楼宇烈校释：《周易注》，第20、345页。
④ 〔东晋〕支遁著，张富春校注：《支遁集校注》，第341页。校按云："'图'字误，当作'圆'。"（第343页）
⑤ 〔清〕郭庆藩撰：《庄子集释》卷七下，第754页。
⑥ 〔魏〕王弼撰，楼宇烈校释：《周易注》，第340、355、357、3页。
⑦ 〔东晋〕支遁著，张富春校注：《支遁集校注》，第341、342页。
⑧ 〔清〕郭庆藩撰：《庄子集释》卷八上，第779页。

支遁意谓帝尧与孔子内心束于欲恶，耳目闭于外，佛陀则拔其外楗；复谓佛陀以老聃、庄周为曾孙、玄孙。以是，支遁玄化佛陀的目的非以玄代佛，而是意在明示佛高于玄。汉魏时出现的"化胡说"至此遭遇强烈反击。南北朝时佛道之争中，这种做法被直接继承和运用。

接着，支遁热情礼赞佛陀："神化著于西域，若朝晖升于旸谷。民望景而兴行，犹曲调谐于宫商。当是时也，希夷绵邈于羲风，神奇卓绝于皇轩，蔚彩冲漠于周唐，颂咏有余于邹鲁。""希夷"语出《老子》，见下文。伏羲风姓，故曰"羲风"。黄帝轩辕氏，三皇之一，故曰"皇轩"。周，武王灭商所建；唐，传说中帝尧所建。邹，孟子故乡；鲁，孔子故乡。此谓佛陀之希夷神奇远愈伏羲、黄帝，佛国之蔚彩颂咏益胜周、唐、邹、鲁，更可见出支遁信仰的虔诚。佛陀七十九岁而涅槃，"夫至人时行而时止，或隐此而显彼"[1]。《庄子》外篇《天道》云："静而圣，动而王，无为也而尊，朴素而天下莫能与之争美。"郭象注："时行则行，时止则止。"[2]佛陀如至人，时行时止；门徒则循常，泣血心丧。佛陀道高，门徒应卑，"故不祈哭而哭。岂非兼忘天下易，使天下兼忘难"[3]。此亦本《庄子》，内篇《养生主》云："向吾入而吊焉，有老者哭之，如哭其子；少者哭之，如哭其母。彼其所以会之，必有不蕲言而言，不蕲哭而哭者。"外篇《天运》云："以敬孝易，以爱孝难；以爱孝易，以忘亲难；忘亲

---

[1]〔东晋〕支遁著，张富春校注：《支遁集校注》，第342、356页。高华平《论两晋佛教僧侣的文学创作》云："二人（支遁与道安）所说虽重在破除人的执著之心，但已涉及'言意'之间的辩证关系。"（氏著《凡俗与神圣——佛道文化视野下的汉唐之间的文学》，第52页）

[2]〔清〕郭庆藩撰：《庄子集释》卷五中，第463、466页。

[3]〔东晋〕支遁著，张富春校注：《支遁集校注》，第356页。

易，使亲忘我难；使亲忘我易，兼忘天下难；兼忘天下易，使天下兼忘我难。"①蕲通祈。《说文解字注》第一篇下《艸部·蕲》云："古钟鼎款识多借为祈字。"②佛陀本不祈哭而门徒泣血，足见使天下兼忘难。诗人无尽悲悼之情充溢其中，而"道丧人亡"之叹，更可见其出生不值佛的惆怅。外篇《缮性》云："由是观之，世丧道矣，道丧世矣。世与道交相丧也，道之人何由兴乎世，世亦何由兴乎道哉！"文末四言赞词中，"蓬庐"出自《天运》，云："仁义，先王之蓬庐也，止可以一宿而不可久处，觏而多责。""舟壑"出自内篇《大宗师》，云："夫藏舟于壑，藏山于泽，谓之固矣。然而夜半有力者负之而走，昧者不知也。"③其他"交养恬和""至人""象罔"等亦出《庄子》。详见下文。"太像罕窥"④之"太像"即大象。《老子》第三十五章云："执大象，天下往。"⑤

　　支遁随手拈用如此多的玄典赞释迦文佛，使之玄学化，但稍读赞文，即不难明其赞佛之意。玄化佛乃情势所致，根本目的在于弘佛，甚或以佛代玄。释迦玄学化惟是支遁权宜之计，意在方便玄学名士理解、接受。想来当时名士读此像赞，必口齿清爽，亲切异常。

2.菩萨形象之玄学化

　　前揭《文殊师利赞》中间四句"惚恍乘神浪，高步维卫乡。

①〔清〕郭庆藩撰：《庄子集释》，卷二上第133页、卷五下第501页。
②〔清〕段玉裁：《说文解字注》，上海：上海古籍出版社，1981年，第27页下。
③〔清〕郭庆藩撰：《庄子集释》，卷六上第554页、卷五下第519页、卷三上第248页。
④〔东晋〕支遁著，张富春校注：《支遁集校注》，第370页。
⑤朱谦之：《老子校释》，第140页。

攫此希夷质，映彼虚闲堂"，写文殊师利前往维耶乡问疾维摩诘。

"惚恍"，或作"忽恍"，与"希夷"同出自《老子》第十四章，云："视之不见，名曰夷；听之不闻，名曰希；搏之不得，名曰微。此三者不可致诘，故混而为一。其上不皦，在下不昧。绳绳不可名，复归于无物。是谓无状之状，无物之象，是谓忽恍。"[①]"惚恍"见出文殊乘浪而行无状无物的神姿，"希夷"见出文殊视之不见听之不闻的神质。后四句"触类兴清遄，目击洞兼忘。梵释钦嘉会，闲邪纳流芳"连用玄学五典。《周易·系辞上》云："八卦而小成，引而伸之，触类而长之，天下之能事毕矣。"《乾卦·文言》云："元者，善之长也；亨者，嘉之会也；利者，义之和也；贞者，事之干也。君子，体仁足以长人，嘉会足以合礼，利物足以和义，贞固足以干事。……庸言之信，庸行之谨，闲邪存其诚，善世而不伐，德博而化。"[②]《庄子》外篇《田子方》云："若夫人者，目击而道存矣，亦不可以容声矣。"[③]"兼忘"出自《天运》，见上文。文殊、维摩，兴致清雅，相遇维耶乡，智慧辩才，触类而长，双目始动，已悉兼忘意。如此嘉会，梵释钦仰，防邪存诚，容纳流芳。二菩萨俨然二名士，问疾宛如清谈。

前揭《弥勒赞》赞弥勒"乘乾因九五，龙飞兜率天"，以"乘乾""九五""龙飞"玄学三典谓弥勒由兜率天下生人间，绍继佛位。《左传·昭公三十二年》云："在《易》卦，雷乘《乾》曰《大壮》☳，天之道也。"杜预注："《震》在《乾》上，故曰'雷乘《乾》'。《乾》为天子，《震》为诸侯，而在《乾》上。君臣易位，

---

① 朱谦之：《老子校释》，第52—54页。
② 〔魏〕王弼撰，楼宇烈校释：《周易注》，第353—354、4页。
③ 〔清〕郭庆藩撰：《庄子集释》卷七下，第703页。

犹大臣强壮，若天上有雷。"①《周易·乾卦·九五》云："飞龙在天，利见大人。"②弥勒由菩萨易位做佛，如雷乘《乾》由臣子龙飞九五而为君。"恬智冥微妙，缥眇咏重玄。""恬智"，或作恬知，源自《庄子》外篇《缮性》，云："古之治道者，以恬养知；知生而无以知为也，谓之以知养恬。知与恬交相养，而和理出其性。"③《老子》第一章云："常无，欲观其妙；常有，欲观其徼。"④清凉山大华严寺沙门澄观述《大方广佛华严经随疏演义序》云："言重玄者，亦即空空，语借《老子》。"⑤弥勒恬智交养，常有观其妙，常无观其徼，咏诵重玄之声，清越悠扬。如此风神，全然不觉其为佛教菩萨！

相较弥勒的名士气，前揭《维摩诘赞》之维摩诘有过之而无不及："无可无不可，流浪入形名。民动则我疾，人恬我气平。恬动岂形影，形影应机情。""无可无不可"语本《庄子》内篇《齐物论》，详见前文。生、死，可、不可，是、非，时时搅动人心。维摩诘虽以无可无不可化解入此形名流浪之苦，却因人心躁动而生疾。如若人心恬淡，此疾则自然消解。恬静乃人性之根，万物之本，天下之正，道德之至。《老子》第十六章云："夫物云云，各归其根。归根曰静，静曰复命，复命曰常，知常曰明。"第四十五章亦云："清静以为天下正。"⑥恬静则万物不足以铙心。《庄子》外篇《天道》亦云："圣人之静也，非曰静也善，故静也；万物无足以

---

① 杨伯峻编著：《春秋左传注》，北京：中华书局，2009年，第1520页。
② 〔魏〕王弼撰，楼宇烈校释：《周易注》，第2页。
③ 〔清〕郭庆藩撰：《庄子集释》卷六上，第548页。
④ 朱谦之：《老子校释》，第6页。
⑤ 《大正新修大藏经》卷三六，第8页上。
⑥ 朱谦之：《老子校释》，第65—66、184页。

挠心者，故静也。……夫虚静恬淡寂漠无为者，天地之平而道德之至，故帝王圣人休焉。……夫虚静恬淡寂漠无为者，万物之本也。"人心撄挠实大乱之源。《在宥》云："天下脊脊大乱，罪在撄人心。"①维摩恬静之神性与示疾之躁动，诚如形之于影，乃因应机情化人而生。

前揭《善思菩萨赞》赞善思菩萨冥同有无，聆听能仁如来畅言玄句，感悟即色自然空。"发童蒙""凭寥廓""萧条数仞中""神期发筌悟"亦使善思菩萨名士气十足。《周易·蒙卦》云"匪我求童蒙，童蒙求我"②，《文选》司马长卿《上林赋》张揖注"乘虚无"引郭璞《老子经注》云"虚无寥廓，与元通灵"③。"萧条数仞""筌悟"语本《庄子》，见前文。

在此等诗赞中，诸菩萨尽管名士化，但前揭弥勒"亹亹玄轮奏"，维摩与文殊"亹亹赞死生"，法作菩萨"亹亹玄心运"，却显示出支遁迥异于玄学名士的大乘佛教利他度人的慈悲情怀。

3. 僧侣形象玄学化

僧侣因与名士的玄谈交往而名士化。"实则当代名僧，既理趣符《老》《庄》，风神类谈客。"④《咏禅思道人并序》及《咏大德诗》中的道人、大德形象，即具有浓郁的玄学化特征。

禅思道人即坐禅高僧。回壑兰泉，秀岭嘉树，"中有冲希子，端坐摹太素。自强敏天行，弱志愒无欲"⑤。"冲希"，即虚寂恬静。《老子》第四章云："道冲，而用之久不盈。"朱谦之按：

①〔清〕郭庆藩撰：《庄子集释》，卷五中第462页、卷四下第383页。
②〔魏〕王弼撰，楼宇烈校释：《周易注》，第30页。
③〔南朝梁〕萧统编，〔唐〕李善注：《文选》卷八，第373页。
④汤用彤：《汉魏两晋南北朝佛教史》，第128页。
⑤〔东晋〕支遁著，张富春校注：《支遁集校注》，第172页。

"'冲',傅奕本作'盅','盅'即'冲'之古文。"俞樾曰:"'道盅而用之','盅'训虚,与'盈'正相对,作'冲'者,假字也。"① 希,寂静无声。《老子道德经》卷上《赞玄第十四》"听之不闻名曰希"河上公注:"无声曰希。"② 禅思道人而曰冲希子,使得玄意立见。"摹太素"即法自然。《六臣注文选》卷二九嵇叔夜《杂诗》"流咏太素"张铣注:"太素、玄虚,皆自然也。"李善注:"《列子》曰:太初,形之始;太素,质之始。"③ "自强""天行"语出《周易·乾卦·象辞》:"天行健,君子以自强不息。"④《庄子》外篇《刻意》亦云"圣人之生也天行,其死也物化",郭象注:"任自然而运动。"⑤ 冲希子坐禅竟是"摹太素",其自强不息勤勉则如天之运行。"若乃弱志虚心,旷神远致,徙倚乎不拔之根,浮游乎无垠之外,不自贵于物而物宗焉,不自重于人而人敬焉。"⑥ 此下投一灭官知云云即详写禅思道人弱志虚心的禅定之境。

《咏大德诗》云:

> 遐想存玄哉,冲风一何敞。品物缉荣熙,生涂连惚恍。既丧大澄真,物诱则智荡。昔闻庖丁子,挥戈在神往。苟能嗣冲音,摄生犹指掌。乘彼来物闲,投此默照朗。迈度推卷舒,忘怀附罔象。交乐盈胸襟,神会流俯仰。大同罗万殊,蔚若充甸

---

① 朱谦之:《老子校释》,第18页。
②《景印文渊阁四库全书》,第1055册,第54页下。
③〔南朝梁〕萧统选编,〔唐〕吕延济、刘良、张铣、吕向、李周翰、李善注:《日本足利学校藏宋刊明州本六臣注文选》,北京:人民文学出版社,2008年,第453页上。
④〔魏〕王弼撰,楼宇烈校释:《周易注》,第3页。
⑤〔清〕郭庆藩撰:《庄子集释》卷六上,第540、541页。
⑥《晋书》卷五五《潘尼传》,第1509页。

网。寄旅海驱乡，委化同天壤。①

　　此大德玄化更甚，俨然一玄学名士。若非诗题和诗末寄旅海沤乡提醒，恐很难让人意识到诗人所咏乃一佛教大德。首句径谓大德遐想存玄，次句写其心神如同冲风荡胸，清敞无比。"品物"一词出自《周易·乾卦·彖辞》"云行雨施，品物流形"②。"生涂"一词语本《老子》第五十章："出生入死。生之徒十有三，死之徒十有三，人之生，动之死地，十有三。"马叙伦曰："《说文》无'涂''途'二字，盖'徒'即'涂''途'本字也。"③看万物繁盛前景光明，觉人生之途惚恍难识。《庄子》外篇《秋水》云："谨守而勿失，是谓反其真。"现实却澄真既丧，因物诱而智荡。内篇《养生主》云："庖丁为文惠君解牛，手之所触，肩之所倚，足之所履，膝之所踦，砉然向然，奏刀騞然，莫不中音。合于桑林之舞，乃中经首之会。"庖丁挥戈，游刃有余，任由神往，却能依乎天理，因其固然。若能追嗣其冲音，则养生易如指掌。"罔象"，亦作"象罔"。外篇《天地》云："黄帝游乎赤水之北，登乎昆仑之丘而南望，还归，遗其玄珠。使知索之而不得，使离朱索之而不得，使吃诟索之而不得也。乃使象罔，象罔得之。"杂篇《庚桑楚》云："夫至人者，相与交食乎地而交乐乎天，不以人物利害相撄，不相与为怪，不相与为谋，不相与为事，翛然而往，侗然而来。"迈度卷舒如罔象而无心，交乐乎天流俯仰而神会，遂生"大同罗万殊""委

①〔东晋〕支遁著，张富春校注：《支遁集校注》，第247页。校按云："'间'字误，当作'闻'。""'在'字误，当作'任'。""'驱'、'躯'误，当作'沤'。"（第248—250页）
②〔魏〕王弼撰，楼宇烈校释：《周易注》，第3页。
③朱谦之：《老子校释》，第198页。

化同天壤"之感。外篇《在宥》云："颂论形躯，合乎大同，大同而无己。"内篇《应帝王》云："乡吾示之以天壤，名实不入，而机发于踵。"①等齐物我，以大同网罗万殊；委运任化，如天地而长久。诗名咏大德，实乃咏大德之玄思。睹万物缉荣熙，觉生途之惚恍，感澄真之既丧，闻庖丁挥戈之任神运，冀能嗣其冲音而摄生。摄生之途径，附罔象而忘怀，交乐盈于胸襟，以大同罗万殊，随天地而委化。此大德实为一至人矣。由此《老》《庄》之义疏，透过"遐想存玄哉""冲风一何敞"等，依稀仍可见出诗人于大德之情怀。

支遁诗文中这些玄学化的、具有名士风神的佛菩萨及僧侣形象，即是彼时佛教中国化在文学上的反映，是中印两种不同文化交流碰撞在中国文学中结出的首批硕果。其源或可溯至玄学家玄学化儒家圣人。在《论语释疑》中，王弼即根据本与末的关系将儒家圣人孔子易作自然无为的道家真人。其注《阳货》"佛肸召，子欲往"云："圣人通远虑微，应变神化，浊乱不能污其洁，凶恶不能害其性，所以避难不藏身，绝物不以形也。"②

二、援佛入玄：促玄言诗之繁盛

支遁精研老庄，长于清谈，将老庄的虚玄境界融入般若空观，开启玄释交流之风。支诗玄释交融，在魏晋诗坛别具风趣，于玄言诗之发生、发展，其功甚著。

（一）支理与玄言诗

永嘉之乱，衣冠南渡，玄风亦因之。东晋中叶，名僧名士，

----

① 〔清〕郭庆藩撰：《庄子集释》，卷六下第589页、卷二上第123—124页、卷五上第419页、卷八上第784页、卷四下第403页、卷三下第307页。
② 楼宇烈：《王弼集校释》，第632页。

往来益密。"而名僧风格，酷肖清流，宜佛教玄风，大振于华夏也。"①魏晋玄学从王弼到郭象，已至巅峰。支遁以玄解佛，以佛补玄，运用般若空观阐释玄学命题，发展了郭象玄学，"卓然标新理于（向、郭）二家之表，立异义于众贤之外，皆是诸名贤寻味之所不得"。支遁解《逍遥》，令殊自轻之的王羲之"披襟解带，流连不能已"②。其《逍遥论》所标新理强调以适为得，"是由道家之言转向佛理的关键"③。

郭象注《庄子·逍遥游》云："夫小大虽殊，而放于自得之场，则物任其性，事称其能，各当其分，逍遥一也，岂容胜负于其间哉！"又云："苟足于其性，则虽大鹏无以自贵于小鸟，小鸟无羡于天池，而荣愿有余矣。故小大虽殊，逍遥一也。"④以是，强调人须安于贫富贵贱之分，富贵不自贵于贫贱，贫贱亦无羡于富贵，如此任性称能，方可逍遥自得。此实乃典型的世俗哲学。支遁则强调"物物而不物于物，则遥然不我得。玄感不为，不疾而速，则逍然靡不适"⑤，是对王弼"抱朴无为，不以物累其真，不以欲害其神，则物自宾而道自得也"⑥的继承与发展，是一种摆脱了一切执着的境界，是前揭《维摩诘经》所云从不住本立一切法。"这样，支遁是用般若空观进一步解决了玄学命题，给困于有、无之争的名士们指出了另外的出路，即用佛教的空观提高了玄学的精神境

---

① 汤用彤：《汉魏两晋南北朝佛教史》，第108页。

② 《世说新语·文学第四》，余嘉锡笺疏：《世说新语笺疏》卷上之下，第242、246页。

③ 葛晓音：《东晋玄学自然观向山水审美观的转化——兼探支遁注〈逍遥游〉新义》，《中国社会科学》，1992年第1期，第151页。

④ 〔清〕郭庆藩撰：《庄子集释》卷一上，第1、10页。

⑤ 〔东晋〕支遁著，张富春校注：《支遁集校注》，第589页。

⑥ 〔三国魏〕王弼注，楼宇烈校释：《老子道德经注校释》，第81页。

界。"①同时，支遁还以其佛玄交融的诗歌创作促进了玄言诗的繁盛。

　　玄言诗的发展脉络，可由《世说新语·文学第四》"简文称许掾"条刘孝标注引檀道鸾《续晋阳秋》窥知一二。檀氏云："故郭璞五言始会合道家之言而韵之。询及太原孙绰转相祖尚，又加以三世之辞，而《诗》、《骚》之体尽矣。询、绰并为一时文宗，自此作者悉体之。"据此，许询、孙绰祖尚郭璞，又加之以"三世之辞"（即佛理），为东晋玄言诗大盛的关键。孙绰、许询于支遁，均自称弟子。《文学第四》"许掾年少时"条云许询少时人以比王修。许大不平，与王修在会稽西寺论理，共决优劣。"许谓支法师曰：'弟子向语何似？'"《品藻第九》"支道林问孙兴公"条云支遁曾问孙绰："君何如许掾？"绰答曰："高情远致，弟子蚤已服膺；一咏一吟，许将北面。"②陈允吉《东晋玄言诗与佛偈》云："而名僧支遁尤开东晋时代风气之先，洵为当时援佛入玄的带头人物，又是许、孙等人精神上的导师。"③孙、许诗中的"三世之辞"实受支遁影响，且支遁诗已佛玄兼具，颇多"三世之辞"。遗憾的是，檀道鸾竟无一字言及支遁。个中原因在于支遁多被视作佛学名僧，而非玄学名士；支遁诗多被视为佛理诗，而非玄言诗。支遁于玄言诗的贡献因此被湮没。

　　风靡东晋的玄言诗，今存世者极少，孙绰今存六首；许询更甚，仅存残诗三首。支遁诗藉佛典得以存世十八首，其中多为典

---

① 孙昌武：《中国文学中的维摩与观音》，第105页。

② 余嘉锡笺疏：《世说新语笺疏》，卷上之下第288、248页，卷中之下第586页。

③ 陈允吉：《古典文学佛教溯缘十论》，上海：复旦大学出版社，2002年，第9页。

型的东晋玄言诗。谈玄言诗，特别是东晋玄言诗，若舍支遁及此十八首诗，洵难见其大端。由前揭《咏怀诗五首》其一《傲兀乘尸素》即可窥东晋玄言诗之一斑。其二《端坐邻孤影》亦如是。诗人端坐，孤影为邻，玄思眇惘，勤劬悟道。偃蹇滞涩时，收拢神思之辔，转而研读经典。涉《老》悦其玄之又玄众妙之门，披《庄》玩其"外不观乎宇宙，内不知乎大初"，啸咏穆如清风徐集，触思皆生恬愉之感。诗人俯欣《老》《庄》质文炳蔚，仰悲老、庄二匠并逝。藏室柱下，宋国蒙邑，虚寂遥远，徒存遗文，千载世事，消融归无。伤感实是不足，万殊同归一途。神与道会，贵在冥想，期如罔象（即象罔），掇拾玄珠。观浊水惆怅不乐，几忘映照清澈之渠，犹如"守形而忘身，观于浊水而迷于清渊"。反照自身，惟有归于无为，优游从容，合乎大道。如此方能心与理密，形与物疏，捐弃人事，"澹然独与神明居"[1]。整首诗以具象表抽象，生动地展示出诗人向道的心路，最后旨归于玄。诗人以独特的理感即色游玄，从另一种角度领略社会和人生，在意境之外创造出诗歌的理境。支遁诗因此呈现出别样的理趣之美。"应该说，这类作品与先前提到的嵇康、阮籍等人的玄理诗十分接近，诗中的玄理正是诗人的人生感受。"[2]现存孙绰、许询玄言诗中不见檀道鸾所谓"三世之辞"。以此反观檀氏论述，更可见出支遁于东晋玄言诗的贡献。

（二）以禅入诗，为画题诗，称诗为首

作为一代名僧，支遁诗自然不乏禅意。其《咏禅思道人》诗序云：

---

① 〔清〕郭庆藩撰：《庄子集释》，卷七下《知北游》第753—754页、卷七上《山木》第696页、卷十下《天下》第1087页。

② 张海明：《论玄理诗》，梁潮主编：《东方丛刊》1996年第3辑，桂林：广西师范大学出版社，1996年，第176页。

　　　　孙长乐作道士坐禅之像，并而赞之，可谓因俯对以寄诚心，
　　求参焉于衡扼，图岩林之绝势，想伊人之在兹。余精其制作，
　　美其嘉文，不能嘿已。聊著诗一首，以继于左。①

　　孙长乐即孙绰，道士此谓禅思道人。序谓孙绰作禅思道人岩林坐
禅像及像赞，诗人以为藉"岩林绝势"图可入实际岩林间，驰神运
思可想伊人在兹，遂心动于孙氏画精赞嘉，情不能已而于画幅赞左
著五言诗一首。为画题诗，称诗为首，以禅入诗，在中国诗史与文
化史上均具原创意义。
　　支遁《咏禅思道人》实为现存最早的题画诗。所谓题画诗
应具备四个基本要素："（一）在诗题或序言中说明是题画之作；
（二）咏唱对象必须是画，或兼及画师；（三）摹写画面内容，或
兼表现画师的身世才艺；（四）揭示画的思想艺术境界。""可以
肯定地说，即使王（虒之）诗不佚，支遁这首诗也是我国现存最
早的一首题画诗。"②而且，支遁诗为五言，与此前四言画像赞截
然有异。沈德潜《说诗晬语》卷下云："唐以前未见题画诗，开此
体者，老杜也。"③此说可商榷。支遁实开题画诗之先，光大此体
者为则老杜。同时，称诗为首也始自此期。"诗歌称'首'，据现在
初步考查，大抵始于东晋初年。与王羲之同时的孙绰，在其《表哀
诗序》中有云'不胜哀号，作诗一首'（《艺文类聚》卷二十引）。
稍后的支遁，是死于晋废帝太和初年（三六六年）的人，在他的

---

①〔东晋〕支遁著，张富春校注：《支遁集校注》，第172页。
②高文、齐文榜：《现存最早的一首题画诗》，《文学遗产》，1992年第2期，
　　第93、94页。
③〔清〕沈德潜著，霍松林校注：《说诗晬语》，北京：人民文学出版社，
　　1979年，第245页。

《咏禅思道人诗序》中有云'聊著诗一首'(《广弘明集》卷三十上)。"①然而,似难确定支遁《咏禅思道人》必在孙绰《表哀诗》后。稍后,王彪之作二疏画诗,惜惟存诗序,云:"余自求致仕,诏累不听,因扇上有二疏画,作诗一首,以述其美。"②

此诗以玄理阐释诗人融合大小乘的禅法,前已言及,兹不赘。

三、即色游玄:导山水诗之先路

支遁诗不惟促东晋玄言诗繁盛,复开谢灵运山水诗先河。沈曾植《王壬秋选八代诗选跋》云:"支公模山范水,固已华妙绝伦;谢公卒章,多托玄思,风流祖述,正自一家。"③其《与金潜庐太守论诗书》又云:"山水即是色,庄老即是意。……康乐总山水庄老之大成,开其先支道林。"④

(一)即色游玄与山水诗

古人悟道或从理性入手,或从感性入手。因前者而生的诗易流于枯燥说理,因后者而生的诗则或具审美特质。支遁立足丰富的现实世界来体悟佛理,著《即色游玄论》,倡导即色游玄以悟道。"这种'即色游玄'式的思维方法,具有鲜明的中国传统文化所孕育的中国传统艺术审美思维的特征,也是庄子美学'游'的审美思维方式的进一步发展。"⑤支遁力阐"即色悟空",主张

①郭沫若:《为"拍"字进一解》,《文学评论》,1960年第1期,第41页。
②〔宋〕李昉等撰:《太平御览》卷七五〇《工艺部七·画上》,北京:中华书局,1960年,第3331页下。
③沈曾植:《海日楼群书题跋》卷四《集部·总集类》,许全胜、柳岳梅整理:《海日楼书目题跋五种》,北京:中华书局,2017年,第261—262页。
④郭绍虞主编:《中国历代文论选》第4册,上海:上海古籍出版社,2001年,第291页。
⑤刘方:《中国美学的历史演进及其现代转型》,第214页。

"逝虚乘有来,永为有待驭"。基于此,其《逍遥论》又提出:"若夫有欲,当其所足,足于所足,快然有似天真,犹饥者一饱,渴者一盈,岂忘烝尝于糗粮,绝觞爵于醪醴哉?苟非至足,岂所以逍遥乎?"①简言之,以充裕之物作基础又不为物所缚,足于所有,即色悟空,如此方能逍遥。

　　"正因为'物物'和'足于所足'的新理可以启发人们从闲游山水中进一步体会庄子的至境,而不只是'逃人患避争斗而已',所以士大夫们很快就为支遁所折服,并由他的新注得到启发,发现了山水的理趣。"②在即色游玄及逍遥新义推动下,逸情山水谈玄论道蔚为风尚。戴逵《闲游赞》云:"况物莫不以适为得,以足为至。彼闲游者,奚往而不适?奚待而不足?故荫映岩流之际,偃息琴书之侧,寄心松竹,取乐鱼鸟,则澹泊之愿于是毕矣。"③物物以适为得、以足为至,如此方可不物于物,方可"闲游"。支遁与诸名士"出则渔弋山水,入则谈说属文"④,山水如同佛玄而成为其诗文的主要内容。"到了支遁新理启发下的玄言诗,则以山水体道为主题,着重表现诗人们在彻悟了自然之道以后所重新发现的山水美。……此后,戴逵、慧远等继续用佛理发挥支遁的新理,遂使东晋玄言诗进入了第三个发展阶段。"⑤释慧远《庐

---

① 〔东晋〕支遁著,张富春校注:《支遁集校注》,第172、589—590页。
② 葛晓音:《东晋玄学自然观向山水审美观的转化——兼探支遁注〈逍遥游〉新义》,《中国社会科学》,1992年第1期,第156页。
③ 〔清〕严可均辑:《全上古三代秦汉三国六朝文·全晋文》卷一三七,第2250页下。
④ 《世说新语·雅量第六》"谢太傅盘桓东山"条刘注引《中兴书》,见余嘉锡笺疏:《世说新语笺疏》卷中之上,第406页。
⑤ 葛晓音:《东晋玄学自然观向山水审美观的转化——兼探支遁注〈逍遥游〉新义》,《中国社会科学》,1992年第1期,第157页。

山诸道人游石门诗序》云："释法师以隆安四年仲春之月，因咏山水，遂杖锡而游。于时交徒同趣三十余人，咸拂衣晨征，怅然增兴。"①庐山东林寺南十余里天池山与铁船峰之间有山谷，名石门山，又名障山。"庐山之北有石门水，水出岭端，有双石高竦，其状若门，因有石门之目焉。"②山有大涧，即石门涧。此序明示诸道人因为咏山水而杖锡游石门，意义非凡，见出山水诗脱胎而出实已水到渠成。

（二）支遁之山水诗创作

> 晞阳熙春圃，悠缅叹时往。感物思所托，萧条逸韵上。尚想天台峻，仿佛岩阶仰。冷风洒兰林，管濑奏清响。霄崖育灵蔼，神疏含润长。丹沙映翠濑，芳芝曜五爽。苔苔重岫深，寥寥石室朗。中有寻化士，外身解世网。抱朴镇有心，挥玄拂无想。魂魂形崖颓，罔罔神宇敞。宛转元造化，缥瞥邻人象。愿投若人踪，高步振策杖。（《咏怀诗》五首其三）③

此诗即以模山范水为主。诗人用清丽之辞描摹天台山。岩阶、冷风、兰林、管濑、清响、霄崖、灵蔼、神疏、丹沙、芳芝，有声有色，有动有静。山水草木，生机勃勃。因是"尚想"，仙气故浓，境界亦实亦虚，亦幻亦真。然后淡出苔苔重岫，寥寥石室，"寻化士"遂呼之而出。支遁诗善于表现这种幽微之境，诗的生动性和形象性

---

①逯钦立辑校：《先秦汉魏晋南北朝诗·晋诗》卷二〇《释氏·庐山诸道人·游石门诗》，第1086页。
②〔北魏〕郦道元著，陈桥驿校证：《水经注校证》卷三九《庐江水》，北京：中华书局，2007年，第924页。
③〔东晋〕支遁著，张富春校注：《支遁集校注》，第74页。

因此增强，在一定程度上弥补了玄言诗说理过多带来的枯燥感。与此相类，其四亦是"逸想流岩阿，朦胧望幽人"①。诗人身处静室，闲邪存诚，寂兮寥兮，亦虚亦真，超世逸想，流于岩阿，恍恍惚惚，望见幽人。幽人所处，灵溪无浪，四岳无尘。诗人神游其峋，停车辍轮，以芳泉作甘醴，以山果充时珍，畅游修林，神居石宇，崇虚照本，损至无为，往昔为世俗所染之神识复归本真，暖暖烦情代之以零零冲气。然近则超凡，远未脱俗。《老子》第三十八章云："上德不德，是以有德。下德不失德，是以无德。"②自己虽心性淡泊，却惟能做到无德，孤寂之中，得与幽人为邻。李白写《梦游天姥吟留别》《蜀道难》亦赖玄想，或受支遁诗启发。

　　《咏禅思道人》写禅思道人所居环境亦是不可多得的模山范水的佳句："云岑竦太荒，落落英岊布。回壑仵兰泉，秀岭攒嘉树。蔚荟微游禽，峥嵘绝蹊路。"③山峰入云，直指苍穹，峻峭高耸，蹊路断绝。云雾弥漫，鲜见飞禽。谷壑曲折，兰泉充溢。山岭茂美，嘉树攒立。寥寥数笔即写尽山峰险峻与山林茂美、山泉甘甜。其中"回壑仵兰泉，秀岭攒嘉树"对仗工整，即使置于后世山水诗中亦不觉其逊色。宗炳《画山水序》云："山水以形媚道，而仁者乐……又神本亡端，栖形感类，理入影迹，诚能妙写，亦诚尽矣。"④仁者乐山水以其能体道，支遁模山范水意在"镇有心""拂无想"。诗中山水描写已达三分之一，谓之"才藻新奇，花

①〔东晋〕支遁著，张富春校注：《支遁集校注》，第85页。
②朱谦之：《老子校释》，第150页。
③〔东晋〕支遁著，张富春校注：《支遁集校注》，第172页。
④〔清〕严可均辑：《全上古三代秦汉三国六朝文·全宋文》卷二〇，第2545页下至第2546页上。

烂映发"①，洵不为过。

此类山水描写在支遁诗中还有不少。前揭《八关斋诗》其三写斋戒后，诗人挥手送别"同意者"，静拱虚房，寻娱岩水。所见广漠林筱，所闻流飙洒牖。或从容遐想，或登山采药。崇阜千寻，萧条万亩，望山乐松，瞻泽哀柳。解带长陵，婆娑清川。冷风释烦，温泉濯手。摹山写水，融情于景，辞藻华美，对仗工稳。

《马一浮诗话》云："自来义味玄言，无不寄之山水。如逸少、林公、渊明、康乐，故当把手共行。"又云："林公诗为玄言之宗。义从玄出而诗兼玄义，遂为理境极致。林公造语近朴而恬澹冲夷，非深于道者不能至，虽陶、谢何以过此。"②此论可谓支公知己。在支遁诗中，自然的山水成为审美、体道的山水，先前为情志而写的山水在此成为映照自然之道、蕴含生机与灵性的天地之籁。在诗人"静照"下，"大同罗万殊"，山水不再是因人而异的意象，而是"媚道"的山水。清朗澄澈、明净空灵成为时人山水审美的一种境界、一种理想，山水因之呈现出前无古人的特质。中国山水诗的神韵因此而培植。

兰亭集会，谢安、谢万均留有写山水的诗篇。谢万的一首四言诗通篇写景，王夫之誉为"兰亭之首唱"③。"支遁与谢安、谢万、

---

① 《世说新语·文学第四》"王逸少作会稽"条，见余嘉锡笺疏：《世说新语笺疏》卷上之下，第246页。

② 丁敬涵编注：《马一浮诗话》，上海：学林出版社，1999年，第20、31—32页。

③ 〔明〕王夫之：《古诗评选》，上海：上海古籍出版社，2011年，第100页。按：或谓支遁亦与兰亭雅集。《太平御览》卷一九四《居处部二二·亭》引王隐《晋书》云："王羲之初渡江，会稽有佳山水，名士多居之，与孙绰、许询、谢尚、支遁等，宴集于山阴之兰亭。"（第938页上）王氏所谓宴集于山阴兰亭似泛指，并未特指永和九年暮春三月三日之兰亭雅集。（转下页）

谢朗等人的交往,在谢氏家族爱好和描写山水的传统中占有重要的地位,以至于我们今天提到谢氏家族对山水文学的贡献时,不能不提到支遁与谢家的交往。"①由此角度或许可以更深刻地理解沈曾植"康乐总山水老庄之大成,开其先支道林"的论断,也可以更深刻地理解支遁在山水诗发展史上的地位。

支遁援佛入玄及其诗歌创作在中国诗歌史上具有非常重要的意义,其影响绝非局限于佛教文学。惟有撩开名僧面纱,还原支遁于中国诗歌的贡献,方能深入理解东晋玄言诗繁盛与刘宋山水诗兴起以及盛唐山水诗特别是王维诗明净空灵神韵的来龙去脉。

四、赞体新变:佛教题材及五言诗赞之开拓

在支遁现存作品中,赞体诗文占较大比例。这些作品开启了赞体文学的新局面。中国赞体文学始自图赞或像赞。东晋以前,其所赞对象或为古先贤,或为动植物,内容兼美恶、含褒贬;形式或韵或散,韵文以四言为主。支遁不仅在题材上促进了赞体文学新变,在体裁上也进行了大胆创新。"而梁江淹底《王太子赞》、《阴

(接上页)唐人何延之《兰亭记》则明确将支遁列入其中,云:"《兰亭》者,晋右将军会稽内史琅琊王羲之字逸少所书之诗序也。右军蝉联美胄,萧散名贤,雅好山水,尤善草隶。以晋穆帝永和九年暮春三月三日宦游山阴,与太原孙统承公、孙绰兴公、广汉王彬之道生、陈郡谢安安石、高平郗昙重熙、太原王蕴叔仁、释支遁道林并逸少子凝、徽、操之等四十有一人,修祓禊之礼,挥毫制序,兴乐而书,用蚕茧纸、鼠须笔,遒媚劲健,绝代更无。"(〔唐〕张彦远辑,洪丕谟点校:《法书要录》卷三,上海:上海书画出版社,1986年,第99页)

① 蒋述卓:《支遁与山水文学的兴起》,《学术月刊》1988年第6期,第53页。

长生赞》,并用五言。赞用五言是江淹为嚆矢。"①此言不确。赞用五言,始自支遁诸菩萨赞十一首。

(一)内容新变:佛菩萨名僧厕身赞之行列

像赞原为赞古圣贤而作。桓范《世要论·赞象》云:"夫赞象之所作,所以昭述勋德,思咏政惠,此盖《诗》颂之末流矣。"②作为僧人的支遁,发挥赞体优长,在中国文学史上,首次以之赞佛、菩萨及其时名僧。《释迦文佛像赞》《阿弥陀佛像赞》是其颇具代表性的两篇赞。二赞均有长序,或骈或散,随心所欲,文采灿然,尤见才学。兹以《释迦文佛像赞》为例论述如下。

《修行本起经》卷上《现变品第一》云:"佛告童子,汝却后百劫,当得作佛,名释迦文汉言能仁如来无所著至真等正觉……父名白净,母名摩耶,妻名裘夷,子名罗云……"《菩萨降身品第二》云:"十月已满,太子身成。到四月七日,夫人出游。过流民树下,众花开化。明星出时,夫人攀树枝,便从右胁生堕地。行七步,举手而言:'天上天下,唯我为尊。三界皆苦,吾当安之。'"③《释迦文佛像赞·序》由释迦文汉译能仁入手,以《周易·说卦》开篇,接着以"昔姬周之末,有大圣号佛"巧妙过渡,述释迦文佛前世。"仰灵胄以丕承,藉俊哲之遗芳。吸中和之诞化,禀白净之颢然。生自右胁,弱而能言。谅天爵以不加为贵,诚逸禄以靡须为足。"④赞语之中,洋溢着虔诚而强烈的宗教热情。句式或四言,

---

① 〔日〕儿岛献吉郎著,孙俍工译:《中国文学通论》,台北:台湾商务印书馆,1972年,第343页。
② 〔清〕严可均辑:《全上古三代秦汉三国六朝文·全三国文》卷三七,第1263页上。
③ 《大正新修大藏经》卷三,第462页中、第463页下。
④ 〔东晋〕支遁著,张富春校注:《支遁集校注》,第315、315—316页。

或六言，或八言，对仗工稳，驱遣自如，特别是"生自右胁，弱而能言"，虽用佛典，却与上下文浑然一体，令人不觉。此下赞释迦文佛修道成佛。

《佛说太子瑞应本起经》卷上云："菩萨即拾槁草，以用布地，正基坐。叉手闭目，一心誓言：'使吾于此肌骨枯腐，不得佛终不起。'"①序中"班卉匡居，摧心立盟"②即是檃括此段文字。《左传·襄公二十六年》云："伍举奔郑，将遂奔晋。声子将如晋，遇之于郑郊，班荆相与食，而言复故。"注云："班，布也。布今俗作佈，即今铺字。"③卉即草，"班卉"意即拾槁草布地。"匡居"即端居，亦即正基而坐。"摧心立盟"即一心誓言云云。赞中"伟唯丈六""体佩圆光""色艳紫金""八音流芳"等出自佛典，"黄中""曲成""两仪""易简""太和""圆著""方卦""日新"等出自《周易》，"太虚""外楗"等出自《庄子》，"希夷"等出自《老子》④。此段以骈偶行文，佛玄典故交织密集，但因句式错落，虚词提掇，读来音情顿挫，毫无板滞之弊。作者才情由此可窥一斑。

自"年逾纵心，泯迹泥洹"以下，悼佛陀涅槃。徐师曾云赞体有三："二曰哀赞，哀人之没而述德以赞之者是也。"⑤以是，此赞应属哀赞体。"豁若川倾，颓如乾坠。黔首与永夜同幽，冥流与涧津并匮。六度与崩岑俱褫，三乘与绝轴解辔。门徒泣血而

①《大正新修大藏经》卷三，第476页下。

②〔东晋〕支遁著，张富春校注：《支遁集校注》，第329页。

③杨伯峻编著：《春秋左传注》，第1119页。

④参见〔东晋〕支遁著，张富春校注：《支遁集校注》，第341—342页。

⑤〔明〕徐师曾著，罗根泽校点：《文体明辨序说》，北京：人民文学出版社，1962年，第143页。

心丧,百灵衔哀而情悸。"千般赞叹至此一变而为椎心泣血的悲恸,愈加撼人心扉。"不祈哭而哭。岂非兼忘天下易,使天下兼忘难"[①],将此悲情轻轻宕开。文末用三百字的篇幅以四言体重抒奉佛诚意,洋洋洒洒,益见才情。

《释迦文佛像赞》可谓名实相副的像赞,意在赞释迦文佛功德庄严,抒发敬佛礼佛之情;《阿弥陀佛像赞》则实为图赞,意在抒发往生弥陀净土之愿。赞佛外,支遁现存赞体作品还有诸菩萨赞十一首以及《竺法护像赞》《于法兰像赞》《于道邃像赞》。《竺法护像赞》等为配其时名僧的画像而作,赞名僧之人格魅力及佛学造诣。《高僧传·义解一·晋燉煌于道邃》云:"郗超图写其形,支遁著铭赞曰:'英英上人,识通理清。朗质玉莹,德音兰馨。'"[②]这些作品肇启赞体新题材,与支遁其他体裁的文学创作一道,以其佛玄并综引领时代风尚,丰富并推动了东晋文学的发展。

(二)形式新变:五言诗体之运用

支遁不仅在题材上促进了赞体文学新变,在体裁上也进行了大胆创新。《月光童子赞》与文殊问疾无关。就此而言,它虽厕列诸菩萨赞,却实属另类。此赞主要写月光童子安于神理,恬和自得,英姿挺特,秀出天竺,名扬赤县。其教化神异,能够毁却尘世罗网;法网玄妙,可广罗所游之方。童子愿汲引一切有待之人,冥归于诸菩萨大定的无尽场。末二句"戢翼栖高嵋,凌风振奇芳"[③]写月光童子敛翅止飞,栖息高嵋,乘风散发出奇异的芳香。

①〔东晋〕支遁著,张富春校注:《支遁集校注》,第356页。
②〔南朝梁〕释慧皎:《高僧传》卷四,第170页。
③〔东晋〕支遁著,张富春校注:《支遁集校注》,第473页。

"戢翼"对"凌风","栖"对"振","高崝"对"奇芳",对仗亦
工稳。

　　通观支遁诸菩萨赞,佛境、玄境融而为一,恬淡、冲虚是其主
要旨趣。十一首赞,句式均为五言,隔句押韵,一韵到底。可以说其
思想主旨及艺术风格、样式与当时五言玄言诗毫无二致。因此,
我们将之称为五言诗赞。毋庸讳言,诸菩萨赞中对仗的句子极少。
魏晋时,五言诗中对仗的应用已经十分纯熟。尤其是两晋诗人创
作五言诗,多力求每首都有联句对仗,甚或以联句对仗愈多愈妙。
以支遁五言诗为例,我们也可以看到,对仗工稳的诗句在在皆
是。如前揭《四月八日赞佛诗》"玄祇献万舞,般遮奏伶伦""投
步三才泰,扬声五道泯",佛教词汇与中土典故融合无间,对仗工
稳,妥帖自然。前云杜甫于支遁有"才不世"之誉,诸菩萨赞少有
对仗的原因当在于,支遁以五言写赞在当时洵为开风气之先的创
举,技巧还不够熟练。

第三章　支遁形象之接受

支遁以名僧兼名士闻达于世。前揭《首楞严三昧经注序》谓其神悟发于天然，俊朗明澈，玄映色空。《弘明集》卷一三王该《日烛》亦云："今则支子特秀，领握玄标，大业冲粹，神风清肃；一言发则蕴滞披，三幡著则重冥照。见之足以洗鄙吝，闻之可以落矜骄；孙濯流以逸契，咏遂初于东皋。"[1]俊朗明澈、"神风清肃"谓支遁神清，玄映色空、"三幡著则重冥照"见出支理高妙，"一言发则蕴滞披"见出支遁讲谈功力。以是，前揭《晋书·郗超传》云支遁以清谈著名于当时，风流胜贵莫不崇敬，以为其造微之功足参诸正始。以是，在晋宋人笔下，尤其是在《世说新语》中，支遁被塑造成了清谈名士；在诸佛典中，支遁则被塑造成了弘法名僧。

第一节　《世说新语》：身披袈裟之名士

即使不计刘孝标注，《世说新语》涉及支遁者亦达四十九条

---

[1]〔南朝梁〕释僧祐撰，李小荣校笺.《弘明集校笺》，第742—743页。按：《晋书》卷八六《张轨传附子寔传》云："遣督护王该送诸郡贡计，献名马方珍、经史图籍于京师。会刘曜逼长安，寔遣将军王该率众以援京城。"（第2227页）前揭王琰《冥祥记》明谓吴兴王该《日烛》，似与此王该非一人。

之多。藉此，可窥支遁在其时士人心目中的形象。

一、清谈名士

支遁尽管出家为僧，却名士风范十足。如同彼时众多名士，支遁亦有自己标志性的雅好——养马好鹤。《言语第二》第六十三条云其常养数匹马，"或言'道人畜马不韵'。支曰：'贫道重其神骏。'"第七十六条云其好鹤，有人赠以双鹤，少时鹤翅长成欲飞，遂剪断鹤翮。"鹤轩翥不复能飞，乃反顾翅，垂头。视之，如有懊丧意。林曰：'既有凌霄之姿，何肯为人作耳目近玩？'养令翮成，置使飞去。"①此"不韵"与陶渊明"少无适俗韵"②相近。当然，支遁更具有当时名士必备的"基本素养"。

（一）无形心成

《庄子》内篇《德充符》云："常季问于仲尼曰：'王骀，兀者也，从之游者与夫子中分鲁。立不教，坐不议，虚而往，实而归。固有不言之教，无形而心成者邪？是何人也？'"③支遁亦如王骀，外形残兀而内心充足。

1. 唇不掩齿，双眸黯黑

《容止十四》第三十一条云："王长史尝病，亲疏不通。林公来，守门人遽启之曰：'一异人在门，不敢不启。'王笑曰：'此必林公。'"刘孝标注引《语林》曰："诸人尝要阮光禄共诣林公。阮曰：'欲闻其言，恶见其面。'"刘氏云："此则林公之形，信当

---

① 余嘉锡笺疏：《世说新语笺疏》卷上之上，第134、149页。
② 〔晋〕陶渊明著，逯钦立校注：《陶渊明集》卷二《诗·归园田居五首》，北京：中华书局，1979年，第40页。
③ 〔清〕郭庆藩撰：《庄子集释》卷二下，第193页。

丑异。"①王长史，即王濛，字仲祖，曾任司徒长史。阮光禄，即阮裕，曾被征金紫光禄大夫，不就。王濛守门人见支遁诧谓"异人"，阮裕"恶闻其面"，刘孝标据此断言"信当丑异"。《排调第二十五》第四十三条云："王子猷诣谢万，林公先在坐，瞻瞩甚高。王曰：'若林公须发并全，神情当复胜此不？'谢曰：'唇齿相须，不可以偏亡。须发何关于神明？'林公意甚恶。曰：'七尺之躯，今日委君二贤。'"余嘉锡案云："疑道林有觖唇历齿之病。谢万恶其神情高傲，故言正复有发无关神明；但唇亡齿寒，为不可缺耳。其言谑而近虐，宜林之怫然不悦也。"②

虽因唇不掩齿而遭王徽之、谢万戏侮，然由阮裕"欲闻其言"又可见出支遁具有别样的魅力。《容止第十四》第三十七条谢公云："见林公双眼黯黯明黑。"③谢安谓支遁双眸可明暗黑。《孟子·离娄章句上》孟子曰："存乎人者，莫良于眸子。眸子不能掩其恶。胸中正，则眸子瞭焉；胸中不正，则眸子眊焉。"赵岐注云："瞭，明也。眊者，蒙蒙，目不明之貌。"④心正，则眼睛明亮。支遁双眼明亮如此，足见其心神非同寻常。

人物品评固重形美，但更重神美，乃至略形取神。《巧艺第二十一》第十三条顾恺之甚或云："四体妍蚩，本无关于妙处；传神写照，正在阿堵中。"⑤魏晋时赏誉人物，不再如汉时清议以德行、学识为主，而是重其意态风神、气质禀性，欣赏其精神风度。《品藻第九》第四十二条云刘惔、王濛集于瓦官寺，桓伊也在座，

---

① 余嘉锡笺疏：《世说新语笺疏》卷下之上，第688页。
② 余嘉锡笺疏：《世说新语笺疏》卷下之下，第893—894页。
③ 余嘉锡笺疏：《世说新语笺疏》卷下之上，第691页。
④〔宋〕朱熹：《四书章句集注》，第283页。
⑤ 余嘉锡笺疏：《世说新语笺疏》卷下之上，第796页。

一起评论西晋及江东人物。"或问:'杜弘治何如卫虎?'桓答曰:'弘治肤清,卫虎奕奕神令。'王、刘善其言。"刘孝标注引《玠别传》曰:"永和中,刘真长、谢仁祖共商略中朝人。或问:'杜弘治可方卫洗马不?'谢曰:'安得比! 其间可容数人。'"复引《江左名士传》曰:"刘真长曰:'吾请评之,弘治肤清,叔宝神清。'论者谓为知言。"[1]卫玠,字叔宝,小字虎。杜乂,字弘治。杜乂与卫玠相比,桓伊认为杜肤清,卫则神令奕奕;谢尚以为杜不能与卫比,其间相差数人;刘惔亦认为杜肤清,卫神清。可见形神于名士而言,神更重要。

《高僧传·义解一·晋剡沃洲山支遁》云:"陈郡殷融尝与卫玠交,谓其神情俊彻,后进莫有继之者。及见遁,叹息以为重见若人。"[2]由殷融"以为重见若人"之叹,可窥支遁"神清"一斑。《赏誉第八》第八十八条云王羲之亦叹支遁"器朗神俊"[3]。"信当丑异"的支遁因此具备了作为名士的条件。"可以说正是支氏的飘逸于形貌之外的独特的精神韵度,使人忘记其形体的丑陋,沉浸于其人格的美中,得到了审美的享受。"[4]

2. 出入佛玄,以玄解佛

支遁学擅《老》《庄》。《赏誉第八》第九十八条云:"王长史叹林公:'寻微之功,不减辅嗣。'"第一百一十条复云王濛、刘惔听支遁讲,王语刘曰:"向高坐者,故是凶物。"复东听,王又曰:

---

① 余嘉锡笺疏:《世说新语笺疏》卷中之下,第580页。
② 〔南朝梁〕释慧皎:《高僧传》卷四,第159页。
③ 余嘉锡笺疏:《世说新语笺疏》卷中之下,第520页。
④ 高华平:《即色游玄的一代名僧——支遁》,氏著《凡俗与神圣——佛道文化视野下的汉唐之间的文学》,第91页。

"自是钵釪后王、何人也。"①王濛所谓"凶物"如同前揭其门人所言"异人"，均谓支遁容貌丑异，然沙门中王弼、何晏之喻，则见出其玄学造诣高深。正始玄学，属老学系，以何晏、王弼为代表，开创魏晋玄风，强调以无为本，主张名教出于自然；竹林玄学，属庄学系，以嵇康、阮籍、向秀为代表，其中嵇、阮强调自然与名教形式的对立，主张越名教任自然，向秀强调万物自生，主张自然与名教本质的统一；元康玄学，亦属庄学系，以郭象为代表，强调独化于玄冥，既崇有又贵无，主张名教即自然。向秀注《庄子》大畅玄风，郭象注《庄子》将魏晋玄学推向高峰，支遁注《庄子·逍遥游》则于向、郭外卓然标立支理，为群儒旧学叹服。《文学第四》第三十二条谓支遁在白马寺与冯怀共语而及《逍遥》，云："《庄子·逍遥篇》，旧是难处，诸名贤所可钻味，而不能拔理于郭、向之外。支道林在白马寺中，将冯太常共语，因及《逍遥》。支卓然标新理于二家之表，立异义于众贤之外，皆是诸名贤寻味之所不得。后遂用支理。"②此白马寺建造于晋元帝大兴二年（319）。《法苑珠林》卷三九《伽蓝篇第三十六·感应缘》云："晋白马寺在建康中黄里，太兴二年晋中宗元皇帝起造。"③支遁佛玄兼修，以般若性空阐释玄学命题，故能超越向、郭二家，给困于有、无之辨的名士们以启迪。"支公提出无欲至足一语。一时名贤，禁不住不低头。"④"支遁的'逍遥义'之所以'拔理于向、郭之外'，是因为他抛弃了传统的玄学思维，并将相关的有无之辨置

---

① 余嘉锡笺疏：《世说新语笺疏》卷中之下，第525、529页。
② 余嘉锡笺疏：《世说新语笺疏》卷上之下，第242页。
③〔唐〕释道世著，周叔迦、苏晋仁校注：《法苑珠林校注》，第1245页。按："太兴"当为"大兴"。
④ 钱穆：《中国思想史》，台北：台湾学生书局，1988年，第147页。

于般若学的角度考察。"①向秀隐解《庄子》，发明奇趣；支遁即色游玄，标新立异。因此，孙绰《道贤论》以支遁比向秀，云："支遁、向秀雅尚《庄》《老》。二子异时，风好玄同矣。"②

支遁出入佛玄，以玄解佛，即色论成为"六家七宗"之翘楚；复以佛解玄，支理标新立异，得人未得。前揭《文学第四》第三十六条刘孝标注引《支法师传》评其佛玄成就云研十地则知顿悟于七住，寻庄周则辩圣人之逍遥。支遁"把古代伟大的道家传统的线索重新连结起来。释、道两家彼此渗透：佛教因道家而变得清楚了，但是道家也借助于佛教而变得显豁了"③。

3. 品评才情，言词佳妙

《赏誉第八》第一百一十九条云孙绰、许询同在山阴白楼亭，商讨先前名达。支遁并未与其中，听讫云："二贤故自有才情。"不同于以往政治性的人物品藻，支遁所谓才情主要着眼于个性、才能、气度的审美评价。第一百二十三条支遁云："王敬仁是超悟人。"王敬仁即王修之，超悟即超脱颖悟。第一百三十六条支遁云："见司州警悟交至，使人不得住，亦终日忘疲。"司州即王胡之，曾任司州刺史，故称。见之欲罢不能已妙，终日忘疲更甚，王胡之才器警悟可以想见。《品藻第九》第六十条云有人问支遁："司州何如二谢？"支遁曰："故当攀安提万。"谓王胡之不及谢安但高过谢万，"攀""提"二字简洁形象，富于动感。诸如此类，均属审美评价，而且言辞佳妙。类似品评，书中甚夥。《言语第二》第四十五条云："佛图澄与诸石游，林公曰：'澄以石虎为海鸥鸟。'"刘孝标注引

---

① 潘桂明：《中国佛教思想史稿》第一卷，第158页。
② 〔南朝梁〕释慧皎：《高僧传》卷四，第163页。
③ 〔英〕崔瑞德、〔英〕鲁惟一编：《剑桥中国秦汉史》，第906页。

《庄子》曰："海上之人好鸥者，每旦之海上，从鸥游，鸥之至者数百而不止。其父曰：'吾闻鸥鸟从汝游，取来玩之。'明日之海上，鸥舞而不下。"[①]今传郭象注本《庄子》不见此文。谢灵运《山居赋》自注亦有类似语："庄周云，海人有机心，鸥鸟舞而不下。"[②]佛图澄意在以佛法化诸石，弘佛乃其机心所在；诸石亲近佛教，意在为入主中原寻觅宗教支持，但如海鸥鸟，恐佛图澄于己不利则是其机心所在。支遁云佛图澄以石虎为海鸥鸟，实谓二人各有机心，感慨佛图澄——当然也感慨自己——弘法艰难。第八十七条云："林公见东阳长山曰：'何其坦迤！'"南宋刘辰翁评云："如此四字，极似无谓，亦有可思。"[③]东阳长山即浙江金华山，绵延三百余里。支遁目击心遇，斐然成此四字，禅意十足。

前揭《文学第四》第二十五条刘孝标注云："支所言，但譬成孙、褚之理也。"孙盛、褚裒言，理语也；支遁言，诗语也，形象而生动。《容止第十四》第二十九条支遁评王濛云："敛衿作一来，何其轩轩韶举！"[④]由"敛衿作一来"这一细小无意的动作赞王濛仪态优美气宇轩昂，可谓栩栩如生，"何其"二字更见出支遁感受之强烈。

（二）谈艺高超

前揭阮裕"欲闻其言"已可窥支遁言谈魅力一斑。《高僧

---

① 余嘉锡笺疏：《世说新语笺疏》，卷中之下第534、535、540、589页，卷上之上第116页。按：西晋时，司州治洛阳县（今河南洛阳市白马寺东）。"晋江左以来，沦没戎寇，虽永和、太元王化暂及，太和、隆安还复湮陷。牧司之任，示举大纲而已。"（〔南朝梁〕沈约撰：《宋书》卷三六《州郡志二·司州》，北京：中华书局，1974年，第1103页）

②《宋书》卷六七《谢灵运传》，第1764页。

③〔南朝宋〕刘义庆撰，〔南朝梁〕刘孝标注，朱铸禹汇校集注：《世说新语汇校集注》，上海：上海古籍出版社，2002年，第131—132页。

④ 余嘉锡笺疏：《世说新语笺疏》，卷上之上第237页、卷下之上第688页。

传·义解一·晋剡白山于法开》引东山谚云："深量,开思,林谈,识记。"①意谓竺法深以量见称,于法开以思见称,支遁以谈见称,康法识以记见称。《释氏要览》卷中《志学》于支遁又有"谈谐上首"②之誉。

《文学第四》第三十六条云王羲之作会稽内史,初至,支遁亦在会稽。孙绰谓王羲之:"支道林拔新领异,胸怀所及乃自佳,卿欲见不?"王本自有俊迈之气,殊自轻道林。后孙与支共载到王处,王故作矜持,不与支交谈。须臾支退。后正值王外出,车已在门。支语王曰:"君未可去,贫道与君小语。"因论《庄子·逍遥游》。"支作数千言,才藻新奇,花烂映发。王遂披襟解带,留连不能已。"③"仍请住灵嘉寺,意存相近。"④灵嘉寺,为何充舍宅而建,宋真宗大中祥符六年(1013)改为福庆寺。

第五十五条云支遁、许询、谢安等名士,共聚王濛家。"谢顾谓诸人:'今日可谓彦会,时既不可留,此集固亦难常。当共言咏,以写其怀。'许便问主人有《庄子》不?正得《渔父》一篇。谢看题,便各使四坐通。支道林先通,作七百许语,叙致精丽,才藻奇拔,众咸称善。于是四坐各言怀毕。谢问曰:'卿等尽不?'皆曰:'今日之言,少不自竭。'谢后粗难,因自叙其意,作万余语,才峰秀逸。既自难干,加意气拟托,萧然自得,四坐莫不厌心。支谓谢曰:'君一往奔诣,故复自佳耳。'"这无疑也是一种艺术创作,实与诗文无二致。在此创作中,诸名士析理的兴趣与思辨的精神,言谈的风神与丰蔚

①〔南朝梁〕释慧皎:《高僧传》卷四,第168页。
②〔宋〕释道诚著,富世平校注:《释氏要览校注》,第417—418页。
③余嘉锡笺疏:《世说新语笺疏》卷上之下,第245—246页。
④〔南朝梁〕释慧皎:《高僧传》卷四《义解一·晋剡沃洲山支遁》,第160页。

的辞条，毕见其中，千百年来，仍然"甚足以动心骇听"①。作为名士领袖，作为谈主，谢安临时拈题，使在座者皆通。此类清谈，人人均可通，气氛自然活跃。支遁一时谈宗，故先通并稍加详叙，亦惟称许其言辞音声美妙；众人愈略叙，更为谢安烘托。谢安粗略驳难后，因自叙己意，洋洋洒洒万余言，才华秀逸，既自难驳，又拟托萧然。末以支评作结，点醒谢通妙处在于一往奔诣直指主题。谢安谈得好！支遁谈得好，评得亦好！陆龟蒙《麈尾赋》赞云：

> 谢文靖（安）、桓宣武（温）、王东亭（珣）、郄北府（鉴）相与叩《易》论玄，驱今驾古。散入神明之赜，中稽道德之祖。理窟未穷，词源渐吐。支上人者，浮图其形。左拥竹杖，右提山铭。于焉就坐，引若潜听。俄而啮缺风行，《逍遥》义立。不足称异，才能企及。公等尽瞩当仁，咸云俯拾；道林乃摄艾纳而精爽，捉犀柄以挥挥。天机发而万目张，大壑流而百川入。嗟乎！世路崎衰，藏讹掩瑕。阳矜庄而静嘿，暗奔竞而喧哗。贞襟柴棘，奥旨泥沙。虽然绝代清谈客，置此聊同王谢家。②

支遁双眸黯黑有神，器宇开朗，风神秀出，出入佛玄，比肩王弼、何晏，追蹑马鸣、龙树，虽无形而心成，遂藉谈而弘佛。"故沙门支遁以具正始遗风，几执名士界之牛耳。"③《北堂书钞·艺文部四·谈讲十三》云："郄超、支遁清谈著名。"注引《晋中兴书·郄超》云："沙门支遁，以清谈著名于时，风流胜贵，皆崇敬之

① 余嘉锡笺疏：《世说新语笺疏》卷上之下，第261—262、239页。
② 〔唐〕陆龟蒙著，何锡光校注：《陆龟蒙全集校注·唐甫里先生文集》卷一五《赋》，南京：凤凰出版社，2015年，第922页。
③ 汤用彤：《汉魏两晋南北朝佛教史》，第135页。

也。"①谢安激赏支遁清谈。《品藻第九》第六十七条云,郗超问谢安:"林公谈何如嵇公?"谢云:"嵇公勤著脚,裁可得去耳。"又问:"殷何如支?"谢曰:"正尔有超拔,支乃过殷。然甔甔论辩,恐□欲制支。"②谢安认为嵇康需努力才能避开支遁词锋而脱身,又认为正因有高超拔俗的风采支遁始胜殷浩,然娓娓论辩的才力殷浩恐胜支遁。

　　风行魏晋的清谈,既具很强的学术性,又有很强的审美、娱乐和观赏性。"清谈一般分宾主两方,谈主首先叙述自己的意见,称之为'通';难者即就其论题加以诘辩,称之为'难'。一个问题,为了深入起见,可以经过'数番'讨论。有时也由谈士本人自为客主,翻覆分析义理。"③其方式有一主一客共相往返、一人

————————

① 〔唐〕虞世南编撰:《北堂书钞》卷九八,北京:中国书店,1989年,第374页上。按:《晋书》卷六七《郗超传》云:"又沙门支遁以清谈著名于时,风流胜贵,莫不崇敬,以为造微之功,足参诸正始。"(第1805页)《宋本册府元龟》卷八二三《总录部七十三·清谈》云:"郗超有重名。时沙门支遁以清谈著名于时,风流胜贵,莫不崇敬,以为造微之功,足参诸正始。而遁常重超,以为一时之隽,甚相知赏。"(〔宋〕王钦若等编,北京:中华书局,1989年,第3053页上)二书惟以支遁清谈著名于时,故此处注作如是标点。

② 余嘉锡笺疏:《世说新语笺疏》卷中之下,第591页。余氏案云:"本篇载安答王子敬语,以为支遁不如庾亮。又答王孝伯,谓支并不如王濛、刘惔。今乃谓中散努力,才得及支;而殷浩却能制支,是中散之不如庾亮辈也。乃在层累之下也。夫庾、殷庸才,王仲祖亦谈客耳,讵足上拟嵇公?刘真长虽有才识,恐亦非嵇之比。支遁缁流,又不足论。安石褒贬,抑何不平?虽所评专指清谈,非论人品,然安石之去中散远矣!何从亲接謦欬,而遽裁量其高下耶?此必流传之误,理不可信。程炎震云:'《高僧传》云:"恐殷制支。"此处□必是殷字,宋初讳殷,后来未及填写耳。'"(第592页)

③ 王仲荦:《魏晋南北朝史》,上海:上海人民出版社,2003年,第694—695页。

自为客主、一人独自树义讲论、一人为主四座皆通等；地点或为私座，或为公座如寺院，或在山水间；影响谈客水平高下的因素有二：一是理论修养，二是表达艺术，其理想境界为辞理并茂。支遁活跃于其时清谈场上。《文学第四》第四十一条云："谢车骑在安西艰中，林道人往就语，将夕乃退。有人道上见者，问云：'公何处来？'答云：'今日与谢孝剧谈一出来。'"[1]谢车骑即谢玄，父谢奕，曾任安西司马。因玄服父丧，故云在安西艰中，并称之谢孝。谢玄居父丧，支遁仍去与之谈，且临近傍晚才结束返回。虽从答语可推知支遁从何处来，然不免答非所问之嫌，活画其仍沉浸在与谢玄畅谈激辩、难以自拔的兴奋神态。

（三）玄佛兼谈

支遁谈玄，标新理，立异义，才思横溢，叙致精当清丽，辞藻新奇挺拔，如繁花灿烂，交相辉映，令众人称善，令王羲之一反先前矜倨而留连难舍。谈玄的同时，支遁亦谈佛。

《文学第四》第三十七条云："三乘佛家滞义，支道林分判，使三乘炳然。诸人在下坐听，皆云可通。支下坐，自共说，正当得两，入三便乱。"滞涩难解的声闻、缘觉、菩萨三乘，经由支遁分判则炳然显豁，在下坐听诸人皆云可通，足见支遁宣讲水平，然让自说则只能说清楚大小两乘。声闻、缘觉俱属小乘，其别难辨，故一入三乘便混乱，亦见佛理深微，一般士人难以具解。清谈重谈艺，内容甚或在其次。第四十条云支遁、许询诸人共在会稽王司马昱斋室，支为法师，许为都讲。"支通一义，四坐莫不厌心。许送一难，众人莫不抃舞。但共嗟咏二家之美，不辩其理之所在。"许掾即司徒掾许询，会稽王即后来的简文帝司马昱。支通一义，许送

---

① 余嘉锡笺疏：《世说新语笺疏》卷上之下，第251页。

一难,你来我往,交锋激烈,然令四坐厌心、众人抃舞者惟在支遁义、许送难艺术之美,至于其理则不辩矣。如此,难免为旨在弘法的佛教中人所不屑。第三十条云北来道人好才理,与支遁在瓦官寺相遇,讲小品《般若经》,竺法深、孙绰都在听。"此道人语,屡设疑难,林公辩答清析,辞气俱爽。此道人每辄摧屈。孙问深公:'上人当是逆风家,向来何以都不言?'深公笑而不答。林公曰:'白旃檀非不馥,焉能逆风?'深公得此义,夷然不屑。"①

　　所谓辞气俱爽亦是着眼于辞藻声韵美的清谈艺术。"'正始之音'的第一阶段,是以'谈中之理'为先,永嘉前后的第二阶段,是以'理中之谈'为先,换言之,前者仅巧累于理,后者则巧伤其理。……然而到了南渡名士的末流第三阶段,理之所在可以不顾,而'谈中之谈'就代表了一切。"②支遁清谈也难免"谈中之谈"之弊。佛教谓香有顺风熏、逆风熏和顺风逆风熏三种。"所谓'逆风家',犹'逆风者',即指佛典中所谓'具有戒香'之'德人',因其'持戒清净香'能逆风熏,故称'逆风家'。"③相较而言,竺法深对孙绰"逆风家"褒中藏激的笑而不答,已颇含深意;对支遁白旃檀不能逆风而香言辞挑衅的夷然不屑,则见出其鄙薄无余。缘由即在于支遁此谈仅是为谈而谈,于理全然不顾,惟自得于"此道人每辄摧屈"的辩难效果。《排调第二十五》第二十八条云:"支道林因人就深公买印山,深公答曰:'未闻巢、由买山而隐。'"刘孝标注引《高逸沙门传》曰:"遁得深公之言,惭恧而已。"余嘉锡

① 余嘉锡笺疏:《世说新语笺疏》卷上之下,第246—247、250、240页。
② 侯外庐等:《中国思想通史》第三卷,北京:人民出版社,1957年,第82—83页。
③ 董志翘:《中古近代汉语探微》,北京:中华书局,2007年,第131页。

案："印山当作岬山。"①竺法深本就不满支遁浸染士林习气，遂借此发之。支遁一买，山林雅隐竟成商贾俗事，然买山因此成典后其涵义却又由俗而雅。后文详论，兹不赘。

在吴县支山寺和会稽灵嘉寺期间，支遁活跃于建康、会稽清谈场上，佛法因此为诸名士所了解甚至接受。《文学第四》第三十五条云支遁撰《即色论》，论成，示王坦之。坦之一言不发。支曰："默而识之乎？"王曰："既无文殊，谁能见赏？"②"默而识之"出自《论语·述而第七》："子曰：'默而识之，学而不厌，诲人不倦，何有于我哉？'"③支遁以孔子"默而识之"之"之"自许，于《即色论》自得之情溢于言表；王坦之则以佛典维摩诘之默相答，谓支遁非文殊难识自己无言。由王坦之机锋妙甚的言辞可见其佛学修养之一斑。第四十三条云："殷中军读《小品》，下二百签，皆是精微，世之幽滞。尝欲与支道林辩之，竟不得。今《小品》犹存。"刘孝标注引《语林》曰："浩于佛经有所不了，故遣人迎林公，林乃虚怀欲往。"④殷浩欲和支遁就自己读小品《般若经》所签精微幽滞处进行辩论，仅此而言，可知清谈已成为其时僧侣弘法的重要手段。名僧与名士越来越频繁、越来越深入的交往，有力地推动了佛教在士人阶层的传播。

二、凡俗情重

《世说新语》所见支遁，为名僧，为名士，然置身清谈，亦时见其凡俗之情。

---

① 余嘉锡笺疏：《世说新语笺疏》卷下之下，第884、885页。
② 余嘉锡笺疏：《世说新语笺疏》卷上之下，第245页。
③〔宋〕朱熹：《四书章句集注》，第93页。
④ 余嘉锡笺疏：《世说新语笺疏》卷上之下，第252页。

（一）为谈而谈，徒增口业

支遁主张清谈应求"理中之谈"，不宜"相苦"。《文学第四》第三十八条支从容曰："君语佳则佳矣，何至相苦邪？岂是求理中之谈哉！"许询为泄愤而与王修论理以决优劣，"苦相折挫"，以求屈人之快，支遁认为纵语佳亦非清谈应有之义，然一旦置身其中自己亦难免此弊。第三十九条云支遁去拜访谢安，谢安的侄子谢朗，"时始总角，新病起，体未堪劳。与林公讲论，遂至相苦。母王夫人在壁后听之，再遣信令还，而太傅留之。王夫人因自出云：'新妇少遭家难，一生所寄，唯在此儿。'因流涕抱儿以归"①。清谈费心、费力，谢朗年少又新病愈体力难支，支遁与其讲论，仍至相苦。不知支遁闻王夫人辞情慷慨之语，见其流涕抱儿以归，做何感想：意得，抑或尴尬？

支遁还以"不苦"为恨。《赏誉第八》第九十二条云："林公谓王右军云：'长史作数百语，无非德音，如恨不苦。'王曰：'长史自不欲苦物。'"支遁认为，音虽德而不苦亦为恨，似以相苦为其清谈主要追求。其实，不惟王羲之欣赏王濛"自不欲苦物"，谢安亦如此。《品藻第九》第七十六条王濛的孙子王恭问谢安："林公何如长史？"谢安曰："长史韶兴。"问："何如刘尹？"谢曰："噫！刘尹秀。"王曰："若如公言，并不如此二人邪？"谢云："身意正尔也。"②谢安认为王濛兴会韶美，刘惔秀逸特出，支遁不如王、刘二人，原因或即在于其"不苦"。

支遁甚或不顾口业凭其利舌诋侮人。《轻诋第二十六》第三十条云："支道林入东，见王子猷兄弟。还，人问：'见诸王何

---

① 余嘉锡笺疏：《世说新语笺疏》卷上之下，第248、249—250页。
② 余嘉锡笺疏：《世说新语笺疏》卷中之下，第521、597页。

如？'答曰：'见一群白颈乌，但闻唤哑哑声。'"①以白颈乌哑哑唤叫谓身着白领乌衣的诸王以吴语言说，虽甚妙然亦甚伤人。第二十一条云北中郎将王坦之与支遁互不相容。"王谓林公诡辩，林公道王云：'着腻颜帢，縕布单衣，挟《左传》，逐郑康成车后，问是何物尘垢囊！'"余嘉锡笺疏引李慈铭云："案《晋书·五行志》：'魏造白帢，横缝其前以别后，名之曰颜帢。至永嘉之间，稍去其缝，名无颜帢。'据此，则江东时以颜帢为旧制，故道林以腻颜帢诮之。"余氏案云："'尘垢囊'即'革囊盛众秽'之意，其鄙坦之至矣。……若支遁者，希闻至道，徒资利口，嗔痴太重，我相未除。曾不得为善知识，恶足称高逸沙门乎？"②太原王氏本尚清谈，坦之曾祖王湛、祖王承、父王述玄学造诣均甚深，坦之本人年轻时亦染玄风，然《晋书·王湛传附王坦之传》云"坦之有风格，尤非时俗放荡，不敦儒教，颇尚刑名学，著《废庄论》"③。或以此故，支遁听王坦之谓其诡辩后，便狃侮其头戴过时油腻的颜帢，身着縕布单衣，衣冠均不合礼，腋下却挟《左传》追随郑玄车后，并质问其革囊里盛的是什么尘垢！虽以寥寥数语便活画出一猥琐俗儒形象，可逞一时之快，却着实不留口德！凌蒙初曰："林公禅不怕口业？"④故《世说》编者均将其置于《轻诋》篇。如此

————————

① 余嘉锡笺疏：《世说新语笺疏》卷下之下，第937页。陆游《老学庵笔记》云："古所谓揖，但举手而已。今所谓喏，乃始于江左诸王。方其时，惟王氏子弟为之。故支道林入东见王子猷兄弟还，人问'诸王何如？'答曰：'见一群白项乌，但闻唤哑哑声。'即今喏也。"（李剑雄、刘德权点校，北京：中华书局，1979年，第108页）余氏案云："道林之言，讥王氏兄弟作吴音耳。哑哑之声与唱喏殊不相似，放翁之说，近于傅会。"（第937页）

② 余嘉锡笺疏：《世说新语笺疏》卷下之下，第929页。

③ 《晋书》卷七五，第1965页。

④ 朱铸禹汇校集注：《世说新语汇校集注》，第697页。

言行极易令己受侮，如前揭《排调第二十五》第四十三条所云。再如《北堂书钞·服饰部四·如意三十二》"如意注林公"引《语林》云："王□为诸人谈，有时或排摈高秃，以如意注林公云：'阿柱，汝忆摇橹时不？'阿柱，乃林公小名。"①余嘉锡云："《书钞》所称王某，盖即王中郎。本篇又言其尝作《沙门不得为高士论》。其轻侮支遁如此，宜遁之报以恶声矣。"②如意有头如手形者，王某以之注支遁头作摇状，直呼其小名且加一"阿"字，问是否记得摇橹时。这般做派，想来即滑稽！可恶！可恨！似此等毒舌，尖酸刻薄，肆意攻击人身，殊难让人称道，徒致辱、增口业耳！

（二）理屈气急，甚或逃避

支遁清谈亦有被屈之时。《排调第二十五》第五十二条云王坦之在扬州随父王述在官，与支遁讲，韩康伯、孙绰诸人都在坐。"林公理每欲小屈，孙兴公曰：'法师今日如着弊絮在荆棘中，触地挂阂。'"③孙绰以着弊絮在荆棘中处处受牵掣喻支遁每欲理屈，狼狈之状甚可想见，形象至极。《文学第四》第五十一条云支遁与殷浩在相王司马昱府。"相王谓二人：'可试一交言。而才性殆是渊源崤、函之固，君其慎焉！'支初作，改辙远之，数四交，不觉入其玄中。相王抚肩笑曰：'此自是其胜场，安可争锋！'"④司马昱长于组织清谈，"可试"见出有意逗二人辩论：谓殷浩言才性如崤函之固，则殷不能败；谓支遁"其慎焉"，则支不能不攻。论

---

① 《北堂书钞》卷一三五，第544页下。
② 余嘉锡笺疏：《世说新语笺疏》卷下之下，第930页。
③ 余嘉锡笺疏：《世说新语笺疏》卷下之下，第899页。《品藻第九》第六十四条云王坦之弟祎之亦轻支遁，王述曰："勿学汝兄，汝兄自不如伊。"（第590页）
④ 余嘉锡笺疏：《世说新语笺疏》卷上之下，第258页。

辩初始，支遁改易常途远离四本，数次交锋后还是不觉陷入殷浩所长，见出前引谢安齎齎论辩恐殷欲制支非虚言。支遁诡辩，殷浩更胜之，清谈在此全然成了唇枪舌剑、争胜斗狠的语言游戏。抚支肩笑曰云云，于司马昱是自得，于支遁则是相苦之屈。"殆是"与"自是"对看，"崤、函之固"与"胜场"对看，"君其慎焉"与"安可争锋"对看，可想见支遁苦状、屈状！第四十五条云于法开起初与支遁争名，败于下风，内心不甘，无奈隐居剡县。于法开派遣弟子到京都，叮嘱他要路过会稽。当时支遁正在此讲《小品》。"开戒弟子：'道林讲，比汝至，当在某品中。'因示语攻难数十番，云：'旧此中不可复通。'弟子如言诣支公。正值讲，因谨述开意。往反多时，林公遂屈。厉声曰：'君何足复受人寄载！'"[1]于法开为复仇，找到《小品》旧义难以复通处，预先自为客主给弟子演示，难解数十番直至不能解。"谨"字已预埋伏笔，"厉声"状支遁气急败坏貌。被屈，还是代人传言！"何足""复"写支遁怨怒窝囊、语无伦次，光景如画。王世懋曰："此亦岂是求理于谈？"[2]然而，所有这一切均是支遁自食其"如恨不苦"的苦果。

　　甚或为了名声，支遁还"有意"回避欲与之辨析读《小品》所遇幽滞难解处的殷浩。前揭《文学第四》第四十三条殷中军读《小品》刘孝标注首引《高逸沙门传》，复引《语林》曰："浩于佛经有所不了，故遣人迎林公，林乃虚怀欲往。王右军驻之曰：'渊源思致渊富，既未易为敌，且己所不解，上人未必能通。纵复服从，亦名不益高。若佻脱不合，便丧十年所保。可不须往！'林公

亦以为然，遂止。"①谛审《世说》所云并无苛责支遁意，其意惟赞殷浩读《小品》能抉发精微，"竟不得"或感叹殷浩所下"皆是精微，世之幽滞"的二百签竟失去辨而得析的机会，故于文末以附注法宕开，云今《小品》犹存，着意强调其难解；《高逸沙门传》将落脚点移作支遁为名识赏重；《语林》云支遁本"虚怀欲往"，后听从王羲之劝而止，恐于殷浩所下签自己亦不解而丧"十年所保"之名。若果如《语林》所云，则支遁凡俗之情甚重。后世评论，多着眼于此。钟惺云："只是爱名，然说得透。"又云："拨动和尚名根。"刘辰翁云："逸少护林公如此，足称沙门，然传之贻笑。"李贽云："耽名废实。"凌蒙初云："惜哉，逸少一阻，遂令妙义永绝。"又云："犹是救饥术工，啖名念重。"②第四十五条余嘉锡案亦云："然则渊源之所不解者，道林亦未必尽解也。右军惧其败名，可谓'爱人以德'，林公遂不复往，亦庶乎知难而退者矣。"③支遁本就有耽于清谈废损弘法之弊，故尔后世注评多藉此笔伐。惟明人邓球稍体贴支遁："窃谓渊源不了心而了经，只是博义云尔。林公十年所保，岂在四寸间相较量者，因右军不往，得之。"④

　　支遁还特重友情。《伤逝第十七》第十一条云支遁在同学法虔去世后，精神颓丧，风神渐失，常谓人曰："昔匠石废斤于郢人，牙生辍弦于钟子，推己外求，良不虚也！冥契既逝，发言莫赏，中

① 余嘉锡笺疏：《世说新语笺疏》卷上之下，第252页。
② 周兴陆辑著：《世说新语汇校汇注汇评》，南京：凤凰出版社，2017年，第397—398页。
③ 余嘉锡笺疏：《世说新语笺疏》卷上之下，第254页。
④〔明〕邓球撰：《闲适剧谈》卷二，《四库全书存目丛书》子部第84册，济南：齐鲁书社，1997年，第501页上。

心蕴结，余其亡矣！"此后一年，支遁遂亡。第四条王戎曰："圣人忘情，最下不及情；情之所钟，正在我辈。"[1]支遁为名僧亦为名士，自是钟情辈。王世懋云："支公乃尔耶？名理何在？"吴勉学云："高僧偏具深情。"[2]支遁可爱处正在此情理俱富。

三、手谈及其他

与清谈相关，又有手谈之说。《巧艺第二十一》第十条云："王中郎以围棋是坐隐，支公以围棋为手谈。"刘孝标注引《博物志》曰："尧作围棋，以教丹朱。"引《语林》曰："王以围棋为手谈，故其在哀制中，祥后客来，方幅会戏。"[3]尧虽不至于作围棋，然此活动先秦已多有，魏晋时获得长足发展。围棋玄妙莫测，颇受名士青睐，成为道之载体与玄之所在，坐隐、手谈因而成典。后世不乏据此将支遁与围棋相关联者，然《世说新语》《语林》以为手谈者实相抵触，故此后亦莫衷一是。

《艺文类聚·巧艺部·围棋》录《语林》[4]与《世说新语》同；南宋叶庭珪撰《海录碎事》卷一四《百工医技部·博奕门·坐隐》亦同，惟增数字，云："王中郎以围棋为坐隐，支公以围棋为手谈，又谓之棋圣。出《语林》。"[5]郦道元《水经注·渠》注引《语林》则作："王中郎以围棋为坐隐，或亦谓之为手谈，又谓之为棋

---

① 余嘉锡笺疏：《世说新语笺疏》卷下之上，第708—709、704页。
② 转引自刘强：《有竹居新评〈世说新语〉》，长沙：岳麓书社，2013年，第301页。
③ 余嘉锡笺疏：《世说新语笺疏》卷下之上，第794页。
④《艺文类聚》卷七四，第1270页。
⑤《景印文渊阁四库全书》第921册，第708页上至下。

圣。"①《太平御览·工艺部十·围棋》录《语林》亦曰:"王中郎以围棋是坐隐,亦以围棋为手谈。"②二书皆未言及支遁。高承《事物纪原》卷九《农业陶渔部四十五·围棋·手谈》云:"今人目围棋为手谈者,语云王中郎以棋为手谈也。《世说》曰王中郎以围棋是坐隐,支公以围棋为手谈。王积新《棋势谱图》曰:'王郎号为坐隐,祖约称为手谈。'由是言之,虽说有小同异,然疑晋以来语也。'"③王积新又以祖约称围棋为手谈,异于《语林》与《世说新语》。

周楞伽辑注《裴启语林》"取《御览》引前半及《世说》注引后半"作:"王中郎以围棋为坐隐,亦以为手谈,故其在哀制中,祥后客来,方幅会戏。"④

《语林》早佚,今人有辑本,其中涉及支遁者计七条。前揭五条中四条均于支遁不利。相较而言,以如意注林公条伤支遁最深,甚是恶俗,为刘孝标所不引;阮裕恶见其面条次之,《容止第十四》第三十一条刘孝标引以注王濛门人所谓"异人";浩于佛经有所不了条又次之,为《文学第四》第四十三条刘孝标注引;着腻颜帢条又次之,为刘孝标注《轻诋第二十六》第二十一条引,意与《世说》略同。显然,《世说》对此四条的处理,更有利于突显支遁清谈名士的形象,而《语林》中支遁的名士形象则较为芜杂。

此外,《太平御览·珍宝部二·珠下》录《语林》亦涉及支遁:"王长史语林道人曰:'真长可谓金石满堂。'林公以语孙兴公。

---

① 〔北魏〕郦道元著,陈桥驿校证:《水经注校证》卷二二,第532页。
② 《太平御览》卷七五三,第3343页上。
③ 《景印文渊阁四库全书》第920册,第252页上。
④ 周楞伽辑注:《裴启语林》,北京:文化艺术出版社,1988年,第101—102页。

兴公曰：'语不得耳，选择正可得少碎珠耳。'"[1]在此，支遁仅是传声耳。《轻诋第二十六》第二十四条裴郎云谢安目支道林拟在下文述及，兹不赘。

第二节　东晋南朝诸僧传：渐成绍明大法之高僧

"两晋南北朝时期之史书以僧人传记最为发达，其名见于慧皎《高僧传》、《隋书·经籍志》及诸目录、类书者极多。"[2]遗憾的是这些传记多散佚，今存僧传主要有释慧皎《高僧传》和宝唱《名僧传》节钞一卷。《名僧传》并序三十一卷，全书今已不存。文历二年（1235），日本僧人宗性从东大寺藏三十卷节钞而成《名僧传钞》一卷，前录原书目录后附说处，收入《大藏新纂卍续藏经》第七十七卷。据宗性节钞本，《名僧传》第八《隐道上·中国法师四》有《晋剡石城山寺支道林五》，说处第八有《支道琳石城山立栖光精舍事》，惜无录文。

一、刘孝标注所引诸僧传之支遁

《世说新语》刘孝标注引《支遁传》《支法师传》《支遁别传》三种专传，与支遁有关的合传有竺法济撰《高逸沙门传》。

（一）支遁三传

《轻诋第二十六》第二十四条庾龢诒谓谢安，裴启曾云："谢安目支道林，如九方皋之相马，略其玄黄，取其俊逸。"谢安云："都无此二语，裴自为此辞耳！"刘孝标注引《支遁传》曰：

---

① 《太平御览》卷八〇三，第3568页下至第3569页上。
② 汤一介：《绪论》，〔南朝梁〕释慧皎：《高僧传》，第1页。

> 遁每标举会宗，而不留心象喻，解释章句，或有所漏，文字之徒，多以为疑。谢安石闻而善之曰："此九方皋之相马也，略其玄黄，而取其俊逸。"①

安石已明云己无此语，实乃裴自为此辞。凌蒙初亦云："按目支一段，弇州采入'赏誉'，此既是裴郎诳托，不足复存。"②然因其可为传主增光，《支遁传》仍依袭改易融入传中。"谢安目支道林"之"目"与《赏誉第八》第七十一条"有人目杜弘治"及刘孝标注引《语林》"有人目杜弘治"③之"目"意同，均是品评意。其意或为品评支遁应略其丑异形貌重其超拔风神，当如九方皋相马略其玄黄取其俊逸，《支遁传》则将之改易为标举大义而不留心象喻解释章句。

刘孝标注《伤逝第十七》第十一条、第十三条分别引《支遁传》云：

> 法虔，道林同学也。俊朗有理义，遁甚重之。
> 遁太和元年终于剡之石城山，因葬焉。④

一明社会关系，一明卒年及卒地，于支遁均是至为重要的信息。《品藻第九》第六十七条引《支遁传》云：

> 遁神悟机发，风期所得，自然超迈也。⑤

---

① 余嘉锡笺疏：《世说新语笺疏》卷下之下，第931页。
② 周兴陆辑著：《世说新语汇校汇注汇评》，第1444页。
③ 余嘉锡笺疏：《世说新语笺疏》卷中之下，第510页。
④ 余嘉锡笺疏：《世说新语笺疏》卷下之上，第708、710页。
⑤ 余嘉锡笺疏：《世说新语笺疏》卷中之下，第591页。

刘孝标注《赏誉第八》第八十八条、第九十八条分别引《支遁别传》云：

> 遁任心独往，风期高亮。
>
> 遁神心警悟，清识玄远，尝至京师，王仲祖称其造微之功，不异王弼。①

刘孝标注《文学第四》第三十六条引《支法师传》云：

> 法师研十地，则知顿悟于七住；寻庄周，则辩圣人之逍遥。当时名胜，咸味其音旨。②

研十地而知顿悟于七住，使后世得以稍窥其时佛学"顿悟"思想，意义极大。

三传乃刘孝标为注《世说新语》相关条目而引。就所引《支遁传》《支遁别传》言，支遁惟一名士耳；就《支法师传》传名言当即典型僧传，然所引旨在注支遁为王羲之论《庄子·逍遥游》，故其中所见支遁亦是佛玄兼修的名僧。

（二）《高逸沙门传》

《高逸沙门传》作者为东晋竺法济。《高僧传·义解一·晋剡东仰山竺法潜附竺法济》云："竺法济幼有才藻，作《高逸沙门传》。凡此诸人，皆潜之神足，孙绰并为之赞，不复具抄。"以是知竺法济为竺法潜高足，孙绰曾为之作赞。《义解二·晋长安五级寺

---

① 余嘉锡笺疏：《世说新语笺疏》卷中之下，第520、525页。
② 余嘉锡笺疏：《世说新语笺疏》卷上之下，第246页。

释道安》云："太阳竺法济、并州支昙讲《阴持入经》，安后从之受业。"①太阳当作大阳，晋属河东郡，今属山西。《晋书·地理志上》云河东郡，秦置，统县九，大阳为其一："吴山在西。周武王封西周太伯后于此。"②《出三藏记集》释道安《阴持入经序》云："会太阳比丘竺法济，并州道人支昙讲，陟岨冒寇，重尔远集。此二学士高朗博通，诲而不倦者也。"③序中并无尊竺法济为师意，加之皎传讹脱，"安公实不能谓为从之受业"④。

《高逸沙门传》早佚。《高僧传·序录》云"沙门法济，偏叙高逸一迹"，此后录王曼颖与慧皎书亦云"法济唯张高逸之例"⑤。高谓高雅脱俗，逸谓俊逸跌宕，高逸即高雅俊逸。《世说新语·政事第三》第十七条刘孝标注引孙统《存诔叙》云"存幼而卓拔，风情高逸"⑥，意谓虞存风采神情卓然超拔于世俗。"逸即是由拔俗而把握到事物的真致。事物的真致是高出于流俗之上，所以是高逸，是清逸。寄情于事物之真致的人，从尘缚中解放了出来；所以他的生活形态也是高逸、清逸。并且从世俗看，也是放逸。"⑦据现存佚文内容，"可以推测《高逸沙门传》应该是以一种客观叙述的方式来展示高僧一生言行，其中包括对传主姓字、俗名、籍贯、

---

① 〔南朝梁〕释慧皎：《高僧传》，第158、178页。

②《晋书》卷一四，第417页。

③ 〔南朝梁〕释僧祐：《出三藏记集》卷六，第249页。

④ 汤用彤：《汉魏两晋南北朝佛教史》，第138页。周叔迦《释迦艺文提要》卷一《二〈阴持入经注〉二卷》引《高僧传》作"支昙讲讲《阴持入经》"，云："今此注义例与安公《人本欲生经注》相同，文中多称师云。疑是安公述支竺之学云尔。"（北京：北京古籍出版社，2004年，第2页）

⑤ 〔南朝梁〕释慧皎：《高僧传》卷一四，第523、552页。

⑥ 余嘉锡笺疏：《世说新语笺疏》卷上之下，第198页。

⑦ 徐复观：《中国艺术精神》，台北：台湾学生书局，1966年，第319页。

生卒等情况的介绍，对传主传法活动及其情境加以描述，结合不同形态的赏评和赞语，内容往往涉及高僧与同时代人物之间的交往，并且通过人物关系来彰显出僧人的高逸情怀"①。《世说新语》刘孝标注引是书十则，其中七则当属支遁传，一则属法开传而略及支遁，一则属竺法潜传而略及支遁，一则属竺法潜传而与支遁无关。

《言语第二》第六十三条刘注引云：

> 支遁字道林，河内林虑人，或曰陈留人，本姓关氏。少而任心独往，风期高亮，家世奉法。尝于余杭山沈思道行，泠然独畅。年二十五始释形入道。年五十三终于洛阳。

余嘉锡笺疏引程炎震云："道林安得终于洛阳！"②此条虽有微瑕，然支遁生地、俗姓、家世、出家时年龄、年寿等基本信息藉此得存，其功亦大焉。林虑即今河南林州市。西汉高祖二年（前205）置县，以西有隆虑山名曰隆虑县，属河内郡。东汉延平元年（106），为避殇帝刘隆讳，隆虑改名林虑，晋属司州汲郡。河内林虑或用汉时旧称。陈留即今河南开封，春秋时属郑国，后为陈所侵，故曰陈留。秦始皇一统中国后，废分封，置郡县，设立陈留县，属三川郡。汉武帝元狩（前122—前117）中分河南郡，置陈留郡。任心独往、风期高亮自然亦属高逸的范畴。支遁俗姓关，支乃出家后改从师姓而来。《高僧传·义解二·晋长安五级寺释道安》云："初魏晋沙门依师为姓，故姓各不同。安以为大师之

---

① 阳清：《竺法济〈高逸沙门传〉索隐》，《文献》，2016年第1期，第165页。
② 余嘉锡笺疏：《世说新语笺疏》卷上之上，第134、135页。

本，莫遵释迦，乃以释命氏。……既悬与经符，遂为永式。"①余杭山，即阳山，位于今江苏苏州市区西北，在虎丘区中部浒墅关镇西南、通安镇南。北宋朱长文《吴郡图经续记》卷中《山》云："阳山在吴县西北三十里，一名秦余杭山，一名四飞山。"②

《文学第四》第四十条、第四十二条刘注引云：

> 道林时讲《维摩诘经》。
>
> 遁居会稽，晋哀帝钦其风味，遣中使至东迎之。遁遂辞丘壑，高步天邑。③

以是知支遁、许询诸人此次在会稽王司马昱处所讲为《维摩诘经》，佛教讲经与清谈结合的形态及支遁以清谈讲经的水平也因而可窥一斑。风味亦是高逸，支遁因此为哀帝司马丕钦赏，因此由会稽至京师。高步见出其意得志满。

《赏誉第八》第一百一十条刘注引云：

> 王濛恒寻遁，遇祇洹寺中讲，正在高坐上，每举麈尾，常领数百言，而情理俱畅。预坐百余人，皆结舌注耳。濛云："听讲众僧，向高坐者，是钵釪后王、何人也。"④

祇洹寺中高座之上，支遁手挥麈尾，融清谈于讲经，一讲即是滔

---

① 〔南朝梁〕释慧皎：《高僧传》卷五，第181页。

② 中华书局编辑部编：《宋元方志丛刊》，北京：中华书局，1990年，第663页上。

③ 余嘉锡笺疏：《世说新语笺疏》卷上之下，第250、251页。

④ 余嘉锡笺疏：《世说新语笺疏》卷中之下，第529页。

滔数百言，而且情理俱畅，沙门之高才逸度尽见，无怪王濛以之比王弼、何晏。"结舌注耳"写座下听众百余人醉心倾听貌，极传神生动，可与前揭"莫不厌心""莫不抃舞"对看。程炎震云："《世说》此文，传写之误耳。"①赵西陆云："按今《世说》正文及注皆舛讹，不可读，宜据正。"②

作为高逸沙门，支遁身游京师心系故山。《雅量第六》第三十一条刘注引云：

> 遁为哀帝所迎，游京邑久，心在故山，乃拂衣王都，还就岩穴。③

羁鸟归旧林，池鱼还故渊，拂衣振去王都俗尘，疾步趋向故山岩穴，果真高逸!《文学第四》第四十三条刘注引云：

> 殷浩能言名理，自以有所不达，欲访之于遁。遂邂逅不遇，深以为恨。其为名识赏重，如此之至焉。④

此注旨在显明支遁为名识赏重——能言名理的殷浩，欲拜访支遁向其求教自以为有所不达之佛理者，始终"邂逅不遇"，因此而"深以为恨"，亦可见出支遁才高。第四十五条刘孝标注引《高逸沙门传》则应属于法开传，云："法开初以义学著名，后与支遁有竞，故遁居剡县，更学医术。"《排调第二十五》第二十八条支道林因就深公买岬山

① 余嘉锡笺疏：《世说新语笺疏》卷中之卜，第530页。
② 周兴陆辑著：《世说新语汇校汇注汇评》，第812页。
③ 余嘉锡笺疏：《世说新语笺疏》卷中之上，第409页。
④ 余嘉锡笺疏：《世说新语笺疏》卷上之下，第252页。

刘孝标注引《高逸沙门传》属竺法深传,云:"遁得深公之言,惭恧而已。"①

《高逸沙门传》是为高逸沙门所立之传,"而《世说》这部书,差不多就可以看做一部名士底教科书"②。故《世说新语》中的支遁就是生动鲜活的身披袈裟的名士;《高逸沙门传》中的支遁就是以清谈弘佛高才逸度的名僧。

二、慧皎《高僧传》之支遁

《高僧传·序录》云:"自前代所撰,多曰名僧。然名者,本实之宾也。若实行潜光,则高而不名;寡德适时,则名而不高。名而不高,本非所纪;高而不名,则备今录。故省名音,代以高字。"③以是,慧皎传僧重在德高。是书卷四《义解一·晋剡沃洲山支遁》所用文献多有与《高逸沙门传》《世说新语》等相重者。于诸文献,慧皎或直接袭用,或稍作改易,或妙语点睛,或回护剪接,再加之增益、创造,支遁遂蝶变为高僧。

(一)博选改写与传主有关的素材

慧皎支遁传所用素材有《世说新语》及刘孝标注所引《高逸沙门传》《支遁别传》,谢安《与支遁书》,支遁《座右铭》《上哀帝书》,郗超《与亲友书》,孙绰《道贤论》《喻道论》,以及难明出处的殷融重见若人之叹、支遁桀跖适残害之性亦逍遥之论、止东安寺讲《道行波若》、遁淹留京师涉将三载、支遁答谢安在昔数来见云云、凡遁所著文翰集有十卷盛行于世,等等。其中谢安

①余嘉锡笺疏:《世说新语笺疏》,卷上之下第253页、卷下之下第885页。
②鲁迅:《中国小说史略》附录《中国小说的历史的变迁》,《鲁迅全集》第九卷,北京:人民文学出版社,2005年,第319页。
③〔南朝梁〕释慧皎:《高僧传》卷一四,第525页。

《与支遁书》及支遁《座右铭》《上哀帝书》全录, 加之他人传记所录支遁《与高丽道人书》《竺法护像赞》《于法兰像赞》《于道邃铭赞》, 诸作得以传世, 慧皎有功焉。

慧皎传支遁, 字道林本姓关氏云云基本袭用前揭《高逸沙门传》, 所异惟在慧皎以陈留人为正说以林虑人为异说, 且以河内为河东。晋时, 河内、河东二郡均隶司州, 林虑则属司州所统汲郡之辖县。慧皎或察河内林虑误, 复受关羽河东解县人影响而改作河东林虑。《法苑珠林》卷七二《四生篇·感应缘·晋沙门支道林》引萧齐王琰《冥祥记》即云:"晋沙门支遁, 字道林, 陈留人也。神宇俊发, 为老释风流之宗……"①

造微之功不减辅嗣云云乃糅合前揭《支遁别传》而成, 复改其"尝至"为"初至", 以见王濛叹语在支遁年轻未出家时。殷融以为重见若人(卫玠)之叹未见于《世说新语》及刘孝标注。联系前揭桓伊评卫玠奕奕神令, 刘惔评卫玠神清, 王羲之评支遁器朗神俊, 谢安评支遁应略其玄黄取其俊逸, 竺法济谓支遁风期高亮,《首楞严三昧经注序》谓支遁俊朗明澈, 王该谓支遁神风清肃, 王琰谓支遁神宇俊发, 慧皎此语或当别有所据。王濛重其理, 殷融赏其神, 有力佐证皎传所谓支遁幼有神理聪明秀彻, 亦即《高逸沙门传》所谓少而任心独往风期高亮。家世事佛、隐居余杭山深思《道行》、年二十五出家等亦是因袭竺法济, 委曲《慧印》之经则为慧皎所增。支遁既有宿慧兼具神理, 精研《道行般若经》《慧印三昧经》等又卓焉独拔, 故出家后每至讲肆能善标宗会。尽管《世说》明谓谢安否认曾评论支遁如九方皋相马, 但前揭《支遁传》已是宁可信其有, 慧皎亦因仍并增益"每至讲肆"四字, 更进一步将略其玄黄取其骏逸易作支遁

① 周叔迦等:《法苑珠林校注》, 第2139页。

讲佛经的特色, 谢安所闻而善之者亦成为对此种讲经方式的荣褒。

慧皎复以《高逸沙门传》和《文学第四》第四十二条为基础叙晋哀帝司马丕遣使征请支遁入京、止于建康东安寺讲《道行般若经》。为突显其受重于哀帝, 改《高逸沙门传》所云"遣中使"作"频遣两使"; 为佐证其讲经僧俗钦崇朝野悦服, 改第四十二条"自谓是名理奇藻"为"自谓遁莫能抗", 改《高逸沙门传》和《赏誉第八》第一百一十条王濛叹曰"是钵釪后王、何人也"为"实缁钵之王、何也"并移于此后以突显支遁讲经水平; 为便于理解和传文整体风格一致, 改《品藻第九》第六十七条口语化的"勤著脚"为书面的"努力", 移"謇謇论辩, 恐殷制支"于"超拔直上"前①, 其意便成为支遁清谈胜嵇康, 殷浩虽謇謇论辩制支但支风采超拔直上又胜殷。一经慧皎手, 诸素材叙事重点全然移作表彰支遁, 紧随其后再引郗超与亲友书谓支遁数百年来绍明大法令真理不绝一人而已予以点醒, 支遁的高僧形象遂呼之欲出。

淹留京师几近三年, 支遁遂上书告辞。在全录其《上哀帝书》后, 复采《雅量第六》第三十一条入传, 云支遁离京还东, 一时名流饯送于征虏亭, 蔡系先至近遁而坐, 谢安石乘蔡暂起移坐其处, 蔡还合褥举谢掷地, 慧皎略去谢徐起振衣就席神意甚平及谢、蔡对话, 改"其后, 二人俱不介意"为"谢不以介意"紧接之, 复益以"其为时贤所慕如此"②之叹。于是, 原本重在叙述蔡、谢

①释慧皎《高僧传》云"超拔直上渊源, 浩实有惭德"(第161页), 误。殷浩字渊源, "渊源""浩"当删其一。

②〔南朝梁〕释慧皎:《高僧传》卷四, 第163页。校云:"原本'安'作'万', 据(宋元明)三本、金陵(刻经处)本改。"(第165页)《世说新语·简傲第二十四》第十二条余嘉锡案云:"江左王、谢齐名, 实在安立功名以后。此时谢氏兄弟甫有盛名, 而其先非世族, 故阮裕讥为新兴门户。王恬贵游子弟, 宜其不礼谢万也。"(余嘉锡笺疏:《世说新语笺疏》卷下之上, 第854页)

二人雅量的故事，一变而为重在表现支遁为时贤所慕的素材。

（二）史学叙事与文学叙事相结合

史学叙事严谨慎重。如谓支遁以晋太和元年（366）闰四月四日终于所住具体至月日，以此再据春秋五十有三便可推出支遁生年；如"窆于坞中"云"厥冢存焉"以为据，后附异说"或云终剡"标明"未详"以为慎重。

文学叙事通过增删、改移、互见、细节描写等多种手法全面表现传主的高僧形象，难免时有不合学理处，不可全以史学方法考究。

增者如"年二十五出家"后增益"每至讲肆"四字，便实现与前揭刘孝标注引《支遁传》无缝衔接；"流连不能已"后增"仍请住灵嘉寺意存相近"十字，将支遁住灵嘉寺与王羲之流连不能已相关联；"亦谓遁不复能通"后增"如此至竟两家不竭"八字，"咸谓审得遁旨"后增"回令自说得两三反便乱"十字，"谢不以介意"后增"其为时贤所慕如此"八字，"遁乃感悟"后增"由是蔬食终生"。

删者如《文学第四》第三十六条孙绰问王羲之、王"殊自轻之""王都领域，不与交言。须臾支退，后正值王当行，车已在门"，如《赏誉第八》第一百一十条"向高座者，故是凶物"，如《言语第二》第七十六条铩鹤翮、"视之，如有懊丧意"等，均以其不利于支遁而删去，而《雅量第六》第三十一条谢徐起振衣就席云云、《伤逝第十七》第十一条"却后一年，支遂殒"等则以其与表现支遁高僧形象关系不大而删去。

改者如《赏誉第八》第九十八条及刘孝标注引《支遁别传》"尝至京师"改作"初至京师"，如改《文学第四》第四十条"四座莫不厌心""众人莫不抃舞"分别为"众人咸谓询无以厝难""亦谓遁不复能通"及改"但共嗟咏二家之美，不辩其理之所在"为"凡在听者，咸谓审得遁旨"，如改《言语第二》第六十三条"常养数匹马"为"人尝有遗遁马者，遁爱而养之"。

移者如《文学第四》第三十二条"标新理"移于"遁乃作数千言"与"才藻惊绝"间，《高逸沙门传》和《赏誉第八》第一百一十条王濛曰云云增"乃叹"二字移于"惭而退焉"后，《品藻第九》第六十七条"亹亹论辩，恐殷制支"移于"超拔直上"前。

互见者如与于法开争名事放在卷四《义解一·晋剡白山于法开》中，就竺法潜买山事、《与高丽道人书》放在卷四《义解一·晋剡东仰山竺法潜》中，所作《竺法护像赞》《于法兰像赞》《于道邃铭赞》分别放在卷一《译经上·晋长安竺昙摩罗刹（竺法护）》、卷四《义解一·晋剡山于法兰》和《义解一·晋敦煌于道邃》中[①]。

细节描写如临亡成《切悟章》落笔而卒，支遁一生勤勉由此可窥，所著文翰集有十卷遂亦在情理中。

经过慧皎史学、文学诸种叙事手法的综合运用，众多素材便成为表现支遁高僧形象的有机组成部分。

关于支遁白马寺谈《逍遥篇》，《高僧传》与《世说新语》叙述差异较大。文献阙如，不明二书所云支遁白马寺谈《逍遥篇》是否为一，但《世说新语》意在强调支遁标新立异，故先叙诸名贤钻味《逍遥篇》而不能拔理于郭、向之外，次叙支遁新理、异义皆是诸名贤寻味之所不得，末叙后遂用支理，以此突显支遁于玄学的贡献；《高僧传》惟述支遁在白马寺反驳刘系之等适性逍遥

---

① 《竺法护像赞》"护公澄寂，道德渊美，微吟穷谷，枯泉漱水"四句、《于法兰像赞》"于氏超世，综体玄指，嘉遁山泽，驯洽虎兕"四句亦见僧祐《弘明集》卷一三所录王该《日烛》，惟"穷"作"穹"，"驯洽"作"仁感"（〔南朝梁〕释僧祐，李小荣校笺：《弘明集校笺》，第742页）。

说，以此为注《逍遥篇》的动因。夫桀跖以残害为性云云虽不明慧皎引自何处，然亦当为支理之一部分。陈寅恪《逍遥游向郭义及支遁义探源》云："据上引诸条，知林公于《道行》一经实为颛门之业。其借取此经旨意以释《庄子》，乃理所当然。……则借用《道行般若》之意旨，以解释《庄子》之《逍遥游》，实是当日河外先旧之格义。但在江东，则为新理耳。支遁本陈留或林虑人，复家世事佛，疑其于此种格义，本已有所熏习。"①据之来理解慧皎所云群儒旧学莫不叹服支注《逍遥篇》，即可见出其叙事意图乃在突显支遁的佛学造诣及其以《道行般若》解《逍遥篇》的妙处，谢安、王羲之因此而信重支遁。故随即叙云"后还吴，立支山寺，晚欲入剡"，自然引出谢安《与支遁书》、王羲之故诣遁。谢书"思君日积，计辰倾迟"写思念心切，"唯迟君来，以晤言消""终日戚戚，触事惆怅"写期待殷切，"一日当千载耳"则悬想晤言愉快之状，见出谢安于支遁情之深、寄之厚。王羲之故诣遁观其风力云云由《文学第四》第三十六条云王羲之作会稽内史改写而成。《世说》着意突出王羲之由"殊自轻之"到"留连不能已"的变化，故详写孙绰与支遁共往王处而王不与遁言，"后正值王当行，车已在门"时支始得语王；《高僧传》则讳言此，以王"素闻遁名，未之信""一往之气，何足言"一笔带过，改孙、支共载到王羲之处为王"故诣遁，观其风力"，改支搭讪语王曰"贫道与君小语""因论《庄子·逍遥游》"为王羲之主动求闻《逍遥篇》，复移第三十二条"标新理"于此，以突出支言非惟才藻新奇且能标揭新理，并于最后增益王羲之"仍请住灵嘉寺，意存相近"。一经慧皎改写，王羲之由《世说》中的主角变作地道的配角，在其映衬下支遁形象

①陈寅恪：《金明馆丛稿二编》，第95—97页。按：书名号为引者所加。

遂熠熠生辉。

(三)遵循史传叙事通例精心结撰

慧皎传支遁首叙传主名、字及何地人,次叙出家年龄,次叙立寺行道、讲经撰述等事功,末叙离世时日、享年等,合乎史传通例;又缜密结撰,将所见各种相关素材融于此框架用文学手法重新叙写,以表现支遁高僧形象为叙事目标,使之成为一篇有机统一的传记文学作品。

慧皎支遁传结构严谨,如"幼有神理"下叙王濛重其理、殷融重其神以为证;如总言支遁与诸名流著尘外之狎后接叙其注《逍遥篇》令群儒旧学叹服以为交游基础,复叙前未言及的谢安、王羲之与支遁交游,以见谢、王尚且如此优崇何况其他名士之意,传末又以支遁答人问何以还坞中呼应谢安与支遁书;如白黑钦崇朝野悦服后叙王濛诣遁惭而退焉叹曰云云、叙郗超问谢安林公何如嵇康何如殷浩、引郗超《与亲友书》、引支遁《上哀帝书》、叙一时名流征虏亭为支遁饯离蔡谢二人争近遁坐、叙郗超为之序传袁宏为之铭赞周昙宝为之作诔、引孙绰《道贤论》《喻道论》及《伤逝第十七》第十三条戴逵见林法师墓以为佐证。

佛教事功是慧皎传支遁的重点。所谓与王洽等一代名流皆著尘外之狎,乃慧皎总言支遁之"名",叙其注《逍遥篇》为见支遁玄学造诣深至,叙其为王羲之所叹重为证所言不虚。接此叙其佛教事功便顺理成章:

首先,在沃洲小岭立寺行道,著《座右铭》以勖僧众之堕者,为时论非其有违兼济之道而作《释蒙论》。穆帝永和(345—356)后期,支遁南下剡县(今浙江嵊州市)。慧皎以俄又投迹剡山顺接仍请住灵嘉寺意存相近,并为晚欲入剡伏笔。或云支遁所立寺在东岇山。《嘉泰会稽志》卷八《寺院·新昌县》云:"大明寺,在县东北二十五里，昔沙门法乾、支道林、白道猷下筑东岇山，晋隆和元年（362）赐号东岇寺。会昌毁废，后唐同光元年（923）重建后徙高碑，大中祥符元年（1008）改赐今额。"卷九《山·新昌县》云："东岇山，在县东四十里，晋僧法深、支遁皆隐居此。……沃州山，在县东三十二里，晋白道猷、法深、支遁皆居之。"①支遁此铭因皎传录文而传世，成为继崔瑗后又一《座右铭》名篇。

其次，晚移石城山立栖光寺，注《安般》《四禅》诸经，作《即色游玄论》《圣不辩知论》《道行旨归》《学道诫》等，许之以追踪马鸣、蹑影龙树。石城山，在今浙江新昌县城南。马鸣（Aśvaghoṣa），佛教诗人和哲学家，生于中天竺一个婆罗门家庭，原为婆罗门教信徒，后随胁尊者出家，在东天竺、北天竺宣传佛法，现存主要作品是叙事诗《佛所行赞》《美难陀传》（《庄严难陀》）和三部梵语戏剧残卷。龙树（Nāgārjuna），又译龙猛、龙胜，以龙成道，故字曰龙，佛灭后七百年出世于南天竺，马鸣弟子迦毗摩罗尊者之弟子，提婆菩萨之师。在印度佛教史上，龙树有"第二代释迦"的美誉，首创中观学说，肇启大乘佛教思想先河。慧皎谓支遁可追踪马鸣、蹑影龙树，于其佛学造诣评价可谓高矣。

此下转叙支遁讲经，先糅合《高逸沙门传》与《文学第四》第四十条，云：

> 晚出山阴，讲《维摩经》，遁为法师，许询为都讲，遁通一义，众人咸谓询无以厝难，询设一难，亦谓遁不复能通，如此至竟两家不竭。凡在听者，咸谓审得遁旨，回令自说，得两三反便乱。②

---

①《宋元方志丛刊》，第6853页上、第6877页下。
②〔南朝梁〕释慧皎：《高僧传》卷四，第161页。

《世说新语》意在赞支、许谈技皆美，支通一义四坐莫不厌心、许送一难众人莫不抃舞实为互文，但众人所共嗟咏者仅是二家通义、送难艺术，而不辩其理之所在。《高僧传》将此条置于晚出山阴讲《维摩经》后稍加改益，其意则为支遁通一义，众人咸谓许询无以就此厝难，盖此义因遁通而无所难也；询复就他义设难，众人谓遁不复能通，而遁竟通之。"凡在听者，咸谓审得遁旨"见出支遁讲经的效果，与《世说新语》共嗟咏二家之美不辩其理之所在迥异；"回令自说，得两三反便乱"，进一步反衬支、许两家至竟不竭的高妙，可见《高僧传》将重点转为赞支遁讲《维摩经》技艺高妙效果非凡。

　　慧皎将有损高僧形象的养马放鹤等素材，改删后在"收迹剡山，毕命林泽"下叙述以回护传主。如此删节虽使支遁形象更加完美，但"饲鹤""遁谓鹤曰""遂放之"间的衔接却显突兀。幼时与师共论物类云云亦见王琰《冥祥记》[1]，虽可见支遁辩才，然师不能屈寻亡终究不好，慧皎于"遁乃感悟"后增益"由是蔬食终生"六字，遂将此不利影响降至最低。

　　关于支遁病逝，慧皎先叙其欲还余姚坞中的原因——谢安往昔数来此相见——以与前录谢安与支遁书相呼应；次叙病其移还坞中以及示寂时间、享寿、葬地[2]；复叙郗超为之序传、袁宏为之铭赞、周昙宝为之作诔，引孙绰《道贤论》《喻道论》，引《伤逝第

---

[1]〔唐〕释道世著，周叔迦、苏晋仁校注：《法苑珠林校注》卷七二《四生篇第八十二·五生部第五·感应缘》，第2139—2140页。

[2] 汤氏校注云："三本、金陵本'详'下有'遁善草隶'。"（〔南朝梁〕释慧皎：《高僧传》卷四《义解一·晋剡沃洲山支遁》，第165页）

十七》第十三条戴逵见林法师墓[1]，再次集中表现支遁为诸名士所重；最后将《伤逝第十七》第十一条支道林丧法虔之后稍加改写，略去却后一年支遁遂亡，云遁有同学法虔先遁亡遁叹曰，以引起临亡成《切悟章》及所著文翰集有十卷盛行于世。

　　支遁终其一生，竭尽才智，以清谈、讲经、著述立说、诗文创作等多种方式致力于在士族阶层弘法，开创了东晋佛教传播的新局面。支遁诸弟子中传世者有支法详。慧达《夹科肇论序》云："自古自今，著文著笔，详汰名贤，所作诸论，或'六家七宗'，爰延十二，并判其臧否，辩其差当。"泐潭禅师晓月注云："此明诸家造论得失也。详者，支法详，支遁弟子，从师姓氏。汰者，竺法汰，竺道猷弟子。支法详造《实相论》，竺法汰造《本无论》，俱有得失。《高僧传》中，此二人相继为名贤。"[2]

　　简言之，《高僧传》塑造人物形象的艺术手法和特点为：传主的生平、事功等以史学叙事为主，严谨慎重，可信度高；有关传主各种素材的处理则以文学叙事为主，通过增删、移改、互见等手法重新叙写以表现传主的高僧形象，可读性强。

第三节　唐代诗文：渐次符号化为美称僧侣之典

　　《南史·刘虬传附子之遴传》云："先是，平昌伏挺出家，之遴

---

[1]《建康实录》卷八晋穆帝永和三年十二月"既而，移皋屯之岩……呼为许玄度岩也"案引《许玄度集》亦云："（支遁）卒后，戴安道尝经其墓，叹曰：'德音未远，而拱不已积，冀神理绵绵，不与气运俱尽尔。'"（〔唐〕许嵩撰，张忱石点校，北京：中华书局，1986年，第217页）按："拱不"误，当作"拱木"。

[2]《大藏新纂卍续藏经》卷五四，第137页上至中。

为诗嘲之曰：'《传》闻伏不斗，化为支道林。'及之遴遇乱，遂披染服，时人笑之。"①伏挺，字士标，平昌安丘（今山东安丘市）人，为五言诗，善效谢康乐体。"挺后遂出仕，寻除南台治书，因事纳贿，当被推劾，挺惧罪，遂变服为道人，久之藏匿，后遇赦，乃出天心寺。"②伏氏有"伏不斗"之誉。"初，自伏生已后，世传经学，清静无竞，故东州号为'伏不斗'云。"③刘之遴为诗嘲笑伏挺先祖以《传》闻，又有"不斗"美号，自己却变服为僧人。刘诗之"支道林"显为僧侣代称。清人舒铁云《和尚太守谣》云："无端忽慕竺法深，有时化为支道林。"④时至李唐，支遁高僧形象得以强化的同时，其名讳在诗文中逐渐符号化为高僧的美称。

　　道宣论曰："安和上凿荒涂以开辙，标玄旨于性空，削格义于既往，启神理于来世。至如道生孤拔，擅奇思于当年；道林远识，标新理而改旦。自斯厥后，祖习余风，虽云较异，盖可知矣。"⑤此论推崇道安，揭示其在中国佛教义理史上开拓者的地位；将支遁与道生并举，强调其以新理开创中国佛教传播的新局面。

　　东晋以降，支遁佛玄学说逐渐湮没于佛学史的长河，"但他所开创的僧、俗交流，以佛禅入诗文的传统却被后人发扬光大了"⑥。支遁于后世的影响，主要体现在思想文化方面，而不仅仅局限于佛教。"伴随佛教影响的扩大，怎样将其思想文化组装

①〔唐〕李延寿撰：《南史》卷五〇，北京：中华书局，1975年，第1252页。
②《梁书》卷五〇《文学下·伏挺传》，第722页。
③《后汉书》卷二六《伏湛传》，第898页。
④〔清〕陈其元撰，杨璐点校：《庸闲斋笔记》卷一二，北京：中华书局，1989年，第290页。
⑤〔唐〕释道宣：《续高僧传》卷一五《义解篇十一》，第547页。
⑥孙昌武：《支遁——袈裟下的文人》，《中国文化》第十二期（1995年秋季号），第116页。

进中国传统思想文化之中，是唐代高僧大德的时代责任之一。"神清即是此高僧大德的代表。在其《北山录》中，支遁的意义得以凝聚、突显，成为"佛教思想文化与中国传统思想文化的汇融与重组"[①]的文化符号。《北山录》卷三《合霸王第五》明帝主相承、西域汉地沙门遭遇时君兴废等事，云：

> 穆帝世支道林，缁林之奇茂者也。素风泠然，清波繁华。筑室林野，隐居求志。道德文章，为世所仰。天子、三事、庶尹、贤士大夫、岩薮知名，无不高其英迈，钦承道论。谢安、王濛、刘惔、殷浩、孙绰、桓彦表、王文度，若斯之徒，国华物纪，咸以八关斋法，山行泽宿，假日盘集，涤濯冠带，供荐香花，邕邕穆穆，周旋顾慕，契赏清奇，为一世之盛矣。

卷四《宗师议第七》议经、律、论、禅各有师承宗祖之道，云："夫澄至安，安至远，远至昙顺，顺至僧慧，凡五世，价重帝王，风动四方，事标史册，其或立德也、立功也、立言也，为天下之人也。僧会、支遁为天下之人，而一会一遁，其后篓闻也。""支遁才章茂逸，得僧会之风。僧肇笔削奇迈，又得支林之风。安、远、生、睿之徒，各擅其美。自后缁列，寡有绍其音徽者。"[②]

神清，字灵庾，俗姓章，绵州昌明（今四川江油市）人。"清平昔好为著述，喜作编联，盖巨富其才，亦凿深于学。三教俱晓，该玄鉴

①段玉明：《梵华重组：神清〈北山录〉研究》，《宗教学研究》，2018年第4期，第103页。

②〔唐〕神清撰，〔宋〕慧宝注，〔宋〕德珪注解，富世平校注：《北山录校注》，北京：中华书局，2014年，第180—181、308、321页。按："贤士大夫、岩薮知名"标点有改动。

极，彝伦咸叙，万人之敌也。"撰有《法华玄笺》十卷、《释氏年志》三十卷、《新律疏要诀》十卷（又名《清钞》）、《北山参玄语录》十卷等九部百余卷。"就中《语录》博该三教，最为南北鸿儒名僧高士之所披玩焉。寺居郪城之北，长平山阴，故云北山，统三教玄旨，实而为录，故云'参玄'也。"①受业弟子千余人，时称北山俱舍宗。

"也许是三教相争的事实已经昭示，以佛教思想文化统摄中国传统思想文化绝不可能，神清没有道世那种强烈的佛教本位立场，而是更为务实地对佛教与中国传统思想文化进行了重组。在此重组之中，佛教思想文化以相同、相融、相补三种谦虚的姿态，赢得了中国传统思想文化护卫者的理解与接受，是以《北山录》在佛徒以外的人士中反而更受欢迎。"②就前揭《北山录》而言，神清一是表彰支遁以其泠然素风、道德文章致力于在士大夫中传扬佛教；一是称许康僧会、支遁亦是为天下之人③，如同佛图澄至道安、道安至

① 〔宋〕赞宁撰，范祥雍点校：《宋高僧传》卷六《义解篇第二之三·唐梓州慧义寺神清传》，北京：中华书局，1987年，第121、122页。
② 段玉明：《梵华重组：神清〈北山录〉研究》，《宗教学研究》，2018年第4期，第103页。
③ 《北山录》卷三《合霸王第五》云"会才辩奇拔"，"而会酬抗尽典谟之体，推引叶忠良之议。皓然知其不可屈，乃革容而敬焉"（富世平校注：《北山录校注》，第170页）。"在佛教发展史上，康僧会译《六度集经》首次大量使用儒家话语，将仁、孝、信等品格融入佛本生故事，着力塑造佛陀的仁君形象，有效地纾缓了佛教与儒家思想的对立，实现了佛教中国化的新突破。"（张富春：《佛教史视阈下康僧会译经之儒学化及其意义》，《中州学刊》，2016年第5期，第116页）颜元《习斋记余》卷六《人论》云："有为一人之人，有为十人之人，有为百人之人，有为千人之人，有为万人之人；有为一室之人，有为一家之人，有为一乡之人，有为一国之人，有为天下之人；有为一时之人，有为百年之人，有为千年之人，有为万年之人，有为同天地不朽之人。然则为之者愿为何许人也哉！"（〔清〕颜元著，王星贤、张芥尘、郭征点校：《颜元集》，北京：中华书局，1987年，第513—514页）

慧远、慧远至昙顺、昙顺至僧慧五世之立德、立功、立言；一是赞誉支遁才章丰茂超逸，有康僧会遗风，而僧肇笔削奇迈又得支遁之风。经由诸高僧努力，晋宋之际佛学兴盛则是事实。《宗师议》中与支遁相关的文字所占比重尤大，评价亦尤高。神清以支林谓支遁在此前后均罕见，在"支林之风"前有"昔支林、慧远致誉望者多婴此难，而振去若轻埃，挥绝若腐繯，不足难也"语，在《外信第十六》亦有"支林、道安，能博识强学"①之称，这在支遁接受史上亦较独特。

大致与神清同时的唐释皎然、灵一，则为诗以赞支遁，加之此前此后有关事典在诗文中的运用，支遁率性高逸、诗禅纵横的高僧名士形象遂深入人心，广泛流布。

清昼，省称昼，字皎然②，以字行，俗姓谢，为谢灵运十世孙，湖州长城（今浙江长兴县）人，祖籍陈郡阳夏（今河南太康县），大约生于开元八年（720），卒于贞元九至十四年（793—798）间③，有《杼山集》十卷，生平详见赞宁《宋高僧传·杂科声德篇第十之一·唐湖州杼山皎然传》。传云：

> 凡所游历，京师则公相敦重，诸郡则邦伯所钦，莫非始以诗句牵劝，令入佛智，行化之意，本在乎兹。……观其文也，亹亹而不厌，合律乎清壮，亦一代伟才焉。昼生常与韦应物、卢幼平、吴季德、李萼、皇甫曾、梁肃、崔子向、薛逢、吕渭、

① 富世平校注：《北山录校注》，第317、777页。
② 参见周裕锴：《略谈唐宋僧人的法名与表字》，氏著《宋僧惠洪行履著述编年总案》附录六，北京：高等教育出版社，2010年，第441—445页。
③ 参见贾晋华：《皎然年谱》，厦门：厦门大学出版社，1992年。

杨遁，或簪组，或布衣，与之交结，必高吟乐道。①

如同支遁，皎然亦是内外兼修，诗文皆善，活跃于大历江南诗坛，与诸士大夫交游，意在牵劝其入佛智。其《七言支公诗》云：

> 支公养马复养鹤，率性无机多脱略。天生支公与凡异，凡情不到支公地。得道由来天上仙，为僧却下人间寺。道家诸子论自然，此公惟许《逍遥篇》。山阴诗友喧四座，佳句纵横不废禅。②

率性无机，天生异凡，推许《逍遥》，诗禅纵横，得道如同天上仙，为僧人世度凡俗，语语是支公，语语是自己。

灵一，姓吴氏，广陵（今江苏扬州市）人。独孤及《唐故扬州庆云寺律师一公塔铭》云：

> 宝应元年（762）冬十月十六日，终于杭州龙兴寺，春秋三十有六。……每禅诵之隙，辄赋诗歌事，思入无间，兴含飞动，潘阮之遗韵，江谢之阙文，公能缀之。盖将胒合词林，与儒墨同其波流，然后循循善诱，指以学路。由是与天台道士潘清，广陵曹评，赵郡李华，颍川韩极，中山刘颖，襄阳朱放，赵郡李纾，顿邱李汤，南阳张继，安定皇甫冉，范阳张南史，清河房从心，相与为尘外之友，讲德味道，朗咏终日。其终篇

① 〔宋〕赞宁：《宋高僧传》卷二九，第728—729页。
② 〔唐〕释皎然撰：《吴兴昼上人集》卷六第十一页，张元济主编：《四部丛刊初编》，上海：商务印书馆，1919年。

必博之以闻，约之以修，量其根之上下而投之以法味，欲使俱入不二法流。①

灵一为诗思入无间，兴含飞动，能缀潘阮遗韵、江谢阙文，与朱放、张继、皇甫冉等迭相唱和。高仲武编《中兴间气集》卷之下选其诗四首，评云："自齐梁以来，道人工文多矣，罕有入其流者。一公乃能刻意精妙，与士大夫更唱迭和，不其伟欤？如'泉涌阶前地，云生户外峰'，则道猷、宝月，曾何及此。"②支遁入流，灵一亦入流，故其《林公》诗云：

> 支公信高逸，久向山林住。时将孙许游，岂以形骸遇。幸辞天子诏，复览名臣疏。西晋尚虚无，南朝久沦误。因谈《老》《庄》意，乃尽《逍遥》趣。谁为竹林贤，风流相比附。③

信高逸总起支遁。时将孙许游，幸辞天子诏，谈《老》《庄》之意，尽《逍遥》之趣，点明其高逸所在。末尾以风流比附竹林贤收束全诗，感佩之情全出。

支遁、皎然、灵一，才情相似，志趣相近，生发共鸣亦极自然之事。藉皎然与灵一诗，支遁高僧，特别是能文高僧的形象得以生动再现。与二诗僧相异，众多文士则在诗文中以支遁名讳称美

① 〔唐〕独孤及：《毗陵集》卷九《碑铭五首》第一至三页，《四部丛刊初编》本。
② 〔唐〕元结、殷璠等选：《唐人选唐诗》（十种），上海：上海古籍出版社，1978年，第295页。
③ 〔宋〕李龏编：《唐僧弘秀集》卷二，《景印文渊阁四库全书》第1356册，第874页上。

僧侣，广泛运用其事典、传说，此能文高僧的形象因而广泛流布，支遁也因而成为内涵丰富的文化符号。《唐才子传》卷三《道人灵一》后论曰："自齐梁以来，方外工文者，如支遁、道遒、惠休、宝月之俦，驰骤文苑，沈淫藻思，奇章伟什，绮错星陈，不为寡矣。"①辛氏亦以支遁等为方外工文代表。

一、高僧之典

"语居士以谢公为首，称高僧以支公为先。"②在唐代文人笔下，支遁名僧兼名士形象得到进一步强化，逐渐凝聚为一种文化符号，并衍变为称美僧侣之典。

王勃《四分律宗记序》云："有西京太原寺索律师，俗姓范氏，其先南阳人也。……自价隆康会，誉重摩腾，竺法猷之苦节，支道林之远致，将何以发明禅宇，光应纶言。……故以该象牙之扇，穷贝叶之图。钻研刊削，五载而就，名曰《开四分律宗记》，凡十卷三十七万六百三十言。"注云："'自'下疑脱'非'字。"《初春于权大宅宴序》云："大开琴酒之筵，远命珪璋之客。则有僧中龙象，支道林之聪明；物外英奇，刘真长之体道。"③

西太原寺后名魏国西寺，大周建立又改称大周西寺，最后定

<hr>

① 〔元〕辛文房著，傅璇琮主编：《唐才子传校笺》卷三"论曰"，北京：中华书局，1995年，第1册，第533页。

② 〔日〕遍照金刚撰，卢盛江校考：《文镜秘府论汇校汇考·文镜秘府论南·论文意》，北京：中华书局，2006年，第1420页。

③ 〔唐〕王勃著，〔清〕蒋清翊注：《王子安集注》卷九《序》、附录一《王子安集佚文》，上海：上海古籍出版社，1995年，第283—287、642页。按："索"字为"怀"之误。"释怀素，姓范氏，其先南阳人也。……咸亨元年，发起勇心别述《开四分律记》。"（〔宋〕赞宁：《宋高僧传》卷一四《明律篇第四之一·唐京师恒济寺怀素传》，第334页）

名西崇福寺。怀素生于隋大业十年（614），咸亨元年（670）任西太原寺大德，住东塔院，垂拱三年（687）终此①。自咸亨元年至五年，怀素历五载而著《开四分律宗记》十卷。王勃在序中自称弟子，盛赞怀素价隆康僧会、誉重摄摩腾，有竺法猷之苦节、支道林之远致。远致，即高远的情致。"道、佛者，方外之教，圣人之远致也。"②明时，唐宋旧本王勃集均亡佚。《初春于权大宅宴序》不见于今传明清辑本王勃集，日本奈良东大寺正仓院中仓藏钞本《王勃诗序》有之。此钞本"卷子本，为纸本凡三十枚。其中表纸一枚，系白麻纸，外题'诗序一卷'。全卷卷末余白处墨书'庆云四年（707）七月廿六日　用纸贰拾玖张'"③。《诗序》首篇《于越州永兴县李明府送萧三还齐州序》之"于"上有"王勃"二字④。王琦注李白《赠宣州灵源寺仲浚公》诗之"此中积龙象"云："释子中能负荷大法者，谓之龙象。《翻译名义·大论》云：那伽或名龙，或名象，是五千阿罗汉诸罗汉中最大力，以是故言如龙如象，水行中龙力最大，陆行中象力最大。"⑤为僧所以高，在于其有支道林之聪明。王勃《益州绵竹县武都山净惠寺碑》又谓支道林之好事云云，见下文，兹不赘。

---

① 参见徐文明：《怀素生卒年考》，觉醒主编：《觉群佛学》，北京：宗教文化出版社，2006年。
② 〔唐〕魏徵、〔唐〕令狐德棻撰：《隋书》卷三五《经籍志四》，北京：中华书局，1973年，第1099页。
③ 严绍璗：《日本藏汉籍珍本追踪纪实——严绍璗海外访书志》，上海：上海古籍出版社，2005年，第81页。
④ 参见〔日〕道坂昭广：《正仓院藏〈王勃诗序〉校勘》附录《日本正仓院藏〈王勃诗序〉图片》，香港：香港大学饶宗颐学术馆，2011年，第122页。
⑤ 〔唐〕李白著，〔清〕王琦注：《李太白全集》卷一二《古近体诗·赠》，北京：中华书局，1977年，第631页。

崔颢《舟行入剡》云："谢客文逾盛，林公未可忘。"①颢，汴州（今河南开封市）人，郡望博陵（今属河北定州市），兄贲。太子司议郎徐浩撰并书《唐故豫章郡兵曹参军崔公墓志铭并序》云："公讳贲，字光楚，博陵人也。其先盖太岳之胤，今为大族。大父素，皇朝沧□清池县尉。考融，越州郧县丞。……公之季弟太子司议郎、摄监察御史颢追远哀丧，庀徒戒事，刻篆遗美，征词同僚。"②崔颢开元十一年（723）进士及第，二十一年至二十四年间，在杜希望代州都督府任职③。颢之游江南当在其任职代州都督府前。诗人乘舟游览剡溪，感慨谢灵运诗文因剡溪秀美风景而愈佳，支遁在此的遗留亦让人历历在目。

李白《江夏送倩公归汉东序》云："谢安四十，卧白云于东山；桓公累征，为苍生而一起。常与支公游赏，贵而不移。大人君子，神冥契合，正可乃尔。仆与倩公一面，不忝古人。""乾元二年作。"《将游衡岳过汉阳双松亭留别族弟浮屠谈皓》云："卓绝道门秀，谈玄乃支公。""本年秋离江夏将游衡岳时作。"④乾元元年（758），李白以永王李璘事长流夜郎。二年三月，行至夔州白帝

---

① 〔唐〕崔颢著，万竞君注：《崔颢诗注》，上海：上海古籍出版社，1982年，第37页。

② 毛阳光、余扶危主编：《洛阳流散唐代墓志汇编》，北京：国家图书馆出版社，2013年，第357页。按：所缺字为"州"字。"天宝元年，改为景城郡。乾元元年，复为沧州。……清池　汉浮阳县，渤海郡所治。隋改为清池县，治郭下。武德四年，属景州。五年，改属东盐州。贞观元年，改属沧州。"（〔后晋〕刘昫等撰：《旧唐书》卷三九《地理志二·河北道·沧州》，北京：中华书局，1975年，第1507页）

③ 傅璇琮主编：《唐才子传校笺》卷一《崔颢》，第1册，第202页。

④ 〔唐〕李白撰，安旗等笺注：《李白全集编年笺注》卷一八《编年文下》、卷一四《编年诗第十四·乾元二年（七五九年）》，北京：中华书局，2015年，第1909、1416页。

城遇赦得释立返江陵，初夏还至江夏，秋应裴侍御招往游洞庭。
汉东即今湖北随州市，倩公即贞倩。李白《汉东紫阳先生碑铭》
有乡僧贞倩雅仗才气请予为铭云云。诗人以为其与倩公一面而不
辱谢安与支遁之游，遂将其生平述作尽付与之。谈皓，俗姓李，
与李白同族。双松亭在秋兴亭东。秋兴亭，"在（汉阳）军治后山
巅"[1]。诗谓谈皓品性卓绝为佛门之秀，谈玄宛如支遁。

　　许浑《送郑寂上人南游》云："儒家有释子，年小学支公。"[2]
浑，行七，丹阳（今江苏丹阳市）人[3]。宋人胡宗愈《唐许用晦先
生传》云："公讳浑，字用晦，谯国公绍五世孙也。祖讳自明，由
平舆适云阳邑西北陵，因仁其里而卜筑焉。父忱，有隐德。公幼颖
悟，善诗词，顷刻千言，出人意表。"[4]许浑登大和六年（832）
进士第，开成间始为当涂尉，五年（840）左右为当涂令，后移
摄太平令[5]。诗谓郑寂上人身世儒家，却少学支遁为释子。

　　以上诗文显然以支遁为高僧，特别是与文士交游、能诗擅文

---

①〔宋〕王象之撰：《舆地纪胜》卷七九《荆湖北路·汉阳军·景物下》，北
　京：中华书局，1992年，第2585页。

②〔唐〕许浑撰，罗时进笺证：《丁卯集笺证》卷四，北京：中华书局，2012
　年，第234页。

③何锡光《许浑籍里小考》云："因此，称许浑为'润州丹阳人'的说法是错
　的，可能是直接沿袭辛文房的误说，应当根据许浑自己的说法，认定许浑
　是唐润州丹徒人，或者从习惯上说是'丹阳人'。"（《重庆三峡学院学报》
　2014年第5期，第75页）董乃斌《唐诗人许浑生平考索》云："若然，则圉
　师之后当有一枝留居洛阳，遂为洛阳人，而浑即应属该枝后裔。故浑郡望
　为湖北安陆，而籍贯实为洛阳。"（《文史》第二十六辑，北京：中华书局，
　1986年，第266页）

④〔唐〕许浑撰，罗时进笺证：《丁卯集笺证》附录，第802页。

⑤参傅璇琮主编：《唐才子传校笺·补正》卷七《许浑》，第5册，第334—
　335页。

高僧的典型。唐代多数诗文所用支遁、支道林、道林、支公、林公等则为称美僧侣的典故。

（一）支（林）公

（1）孟浩然《还山贻湛法师》云：“晚途归旧壑，偶与支公邻。”①

湛法师即孟浩然《寻香山湛上人》之湛上人，亦即湛然。此香山地处襄阳东南。康熙《京山县志》卷一《舆地志·山·香山》云：“县北八十里，高望数百里外，西下为白竹畈，有尚氏先茔。”②今湖北京山市坪坝镇有香山村。“孟浩然久居襄阳鹿门山，至此访友在情理中。”③湛法师墨妙古绝，词华惊世。“以此知湛然为汉阳僧，善书，开元中至襄阳，又至洛阳，天宝中居洛阳大福先寺。”④开元十九年（731），“春夏在襄阳，与僧湛然周旋，作《还山贻湛法师》”⑤。诗人晚途回归旧日隐处，偶然因缘得与湛然法师为邻。“偶”字已有喜出望外意，以支公代指湛法师更在颂美之余道出欣喜因由。

（2）崔国辅《宿法华寺》云：“此心竟谁证，回憩支公床。”⑥

国辅，吴郡人，郡望清河，属清河青州（今山东青州市）房。李轸《泗州刺史李君（孟犨）神道碑》云：“今夫人清河人也，父

①〔唐〕孟浩然撰，李景白校注：《孟浩然诗集校注》卷一《五言古诗》，北京：中华书局，2018年，第40页。

②〔清〕吴游龙修，〔清〕王演等纂：《京山县志》，《中国地方志集成·湖北府县志辑》第43册，南京：江苏古籍出版社，2001年，第23页上。

③〔唐〕孟浩然著，佟培基笺注：《孟浩然诗集笺注》，上海：上海古籍出版社，2000年，第4页。

④陶敏：《全唐诗人名汇考·孟浩然》，沈阳：辽海出版社，2006年，第252页。

⑤王辉斌：《孟浩然新论》，武汉：武汉大学出版社，2017年，第39页。

⑥〔唐〕崔国辅著，万竞君注：《崔国辅诗注》，上海：上海古籍出版社，1982年，第3页。

讳惟明,累迁海、沂等州司马;兄镜邈,隐居太行,累辟不起;
弟国辅,秀才擢第,制举登科,历补阙、起居、礼部员外郎。"①
开元十四年(726),国辅登进士第,后任山阴(县治在今浙江
绍兴市)尉,二十三年(735)应牧宰举授许昌令②。天宝十一载
(752),坐王銶近亲贬竟陵司马。同治《新淦县志》卷二《建置
志·寺观》云:"法华寺,俗名沙螺寺,在治西三里湖田,唐崔国
辅、国朝段持平、陈希献、段官有诗。"③今江西新干县界埠镇
有湖田村。诗人归南昌途中,宿法华寺。此诗以支公床美称所宿
寺僧之床,为其独特处。

(3)岑参《秋夜宿仙游寺南凉堂呈谦道人》云:"日西到
山寺,林下逢支公。"笺注云:"李华已有《仙游寺》诗,岑参此
诗亦不晚于广德年间也。其后白居易尚有《禁中寓直梦游仙游
寺》、《仙游寺独宿》、《寄题仙游寺》等诗,均早于咸通年间颇
久。……寄弟侄诗有'爱此田中趣,始悟世上劳',此诗有'愿谢区
中缘,永依金人宫',情趣相同。故疑两诗均为广德二年岑参为虞
部郎中后游太白之作。"④

天宝三载(744),岑参进士高第,授右内率府兵曹参军;宝应
元年(762)初,迁太子中允兼殿中侍御史,充关西节度判官,驻潼
关;广德元年(763),春日入为祠部员外郎,秋改考功员外郎;二

---

① 〔宋〕李昉等编:《文苑英华》卷九二三《职官三十一·刺史五》,北京:中
华书局,1966年,第4859页下。
② 参〔清〕徐松撰,赵守俨点校:《登科记考》卷八《唐玄宗至道大圣大明孝
皇帝·二十三年》,北京:中华书局,1984年,第278页。
③ 〔清〕王肇赐等修,〔清〕陈锡麟等纂:《新淦县志》,《中国方志丛书·华中
地方》第八八八号,台北:成文出版社有限公司,1989年,第808页。
④ 〔唐〕岑参撰,廖立笺注:《岑嘉州诗笺注》卷一《五言古诗》,北京:中
华书局,2004年,第145、146页。

年，迁虞部郎中，赴太白山巡察①。仙游寺在今陕西周至县。《长安志·县八·盩至》云："仙游宫，在县南三十五里，旧图经曰隋文皇帝避暑处。""仙游寺，在县东三十五里，唐咸通七年置。"②诗人所宿仙游寺显然不应为咸通七年（866）所置仙游寺。"仙游宫遗址在今盩厔县马召乡金盆村南。……另在地宫中发现有碑。碑阳刻《舍利塔下铭》。其发愿文为：'维大隋仁寿元年（601）岁次辛酉十月辛亥朔十五日乙丑，皇帝普为一切法界幽显生灵，谨于雍州盩厔县仙游寺奉安舍利，敬造灵塔……'碑阴刻《仙游寺舍利塔铭》，其发愿文为……"③据仙游宫地宫所出碑碑阳发愿文及碑阴《仙游寺舍利塔铭》，知其时仙游宫已名仙游寺，则岑参所宿及李华诗、白居易诗之仙游寺当为《长安志》所谓仙游宫。夕阳西下，诗人到达仙游寺，在林下遇见支公——谦道人，颂美、欣喜兼有。

（4）崔署《宿大通和尚塔敬赠如阇梨广心长孙锜二山人》云："支公已寂灭，塔影山上古。"④

署，早年居宋州（今河南商丘市），少孤贫，苦读书，高栖少室山中，开元二十六年（738）进士及第。大通和尚即北宗禅创始人神秀，俗姓李，汴州尉氏（今河南尉氏县）人。张说《唐玉泉寺大

---

① 参〔唐〕岑参撰，廖立笺注：《岑嘉州诗笺注》附录四《岑参年谱》。
② 〔宋〕宋敏求撰：《长安志》卷一八，《景印文渊阁四库全书》第587册，第220页上、下。
③ 〔汉〕王褒等撰，陈晓捷辑注：《关中佚志辑注·〔京兆〕旧图经》按语，西安：三秦出版社，2006年，第128页。
④ 〔唐〕殷璠编，傅璇琮、陈尚君、徐俊编：《唐人选唐诗新编·河岳英灵集》卷下《崔署》，北京：中华书局，2014，第255页。此诗《文苑英华》卷二三五《诗八十五·寺院三·崔曙》题作"宿大和尚塔赠如上人兼呈常孙二山人"（第1183页下）。

通禅师碑铭并序》云："圣敬日崇，朝恩代积，当阳初会之所，置寺曰度门；尉氏先人之宅，置寺曰报恩。……神龙二年（706）二月二十八日夜中，顾命趺坐，泊如化灭。禅师武德八年（625）乙酉，受具于天宫，至是年丙午，复终于此寺，盖僧腊八十矣。……维十月哉生魄，即旧居后冈，安神启塔，国钱严饰，赐逾百万。"①所谓旧居即度门寺，在今湖北当阳市王店镇楞伽峰玉泉寺东三公里。此已寂灭之支公即谓大通和尚。

（5）张谓《哭护国上人》云："支公何处在，神理竟茫茫。"②

谓字正言，河内（今河南沁阳市）人，登天宝二年（743）进士第，累官礼部侍郎，工诗，格度严密，语致精深，有集传世。护国上人工词翰，诗名闻于世，约卒于大历间。刘禹锡《澈上人文集纪》云："世之言诗僧多出江左。灵一导其源，护国袭之。"③诗人以支公美称护国上人，以何处在抒写悲痛之情。

（6）吉驹骁《题云居上寺》云："且归山下寺，更欲问支公。""吉驹骁，建中贞元间人，为范阳县丞吉逾侄。"王益《题云居上寺》云："〔支〕公禅诵处，绝顶共登攀。""王益，建中贞元间人，为王潜子。"二诗前有吉逾《题云居上寺并序》，云："辛酉岁秋八月，仆与节度都巡使王潜、〔墨客〕轩辕伟、〔仆〕犹子驹骁、〔播〕、潜息益同跻攀于此，勒四韵于后。"④

---

① 〔唐〕张说著，熊飞校注：《张说集校注》卷一九《碑铭》，北京：中华书局，2013年，第960—961页。

② 〔唐〕张谓著，陈文华注：《张谓诗注》，上海：上海古籍出版社，1997年，第47页。

③ 〔唐〕刘禹锡著，瞿蜕园笺证：《刘禹锡集笺证》，上海：上海古籍出版社，1989年，第520页。

④ 陈尚君辑校：《全唐诗补编》外编第二编《全唐诗补逸》卷七，北京：中华书局，1992年，第161、162、160页。

　　建中二年辛酉（781）八月，范阳县丞吉逾、节度都巡使王潜等攀登至云居上寺，题诗勒石。此二支公均谓云居上寺寺僧。

　　（7）钱起《宿云门》云：“支公方晤语，孤月复清晖。”①其芭蕉诗云：“由来何所喻，持以问支公。”②

　　起，字仲文，浙江吴兴人，天宝九载（750）登进士第，释褐校书郎。云门寺位于绍兴若耶溪畔云门山，“在会稽南三十一里。今名雍熙，为州之伟观。昔王子敬居此，有五色祥云，诏建寺，号云门”③。相传支遁曾在云门山讲经。元人虞集《云门寺记》云：“高僧帛道猷始居之，前有法旷之幽栖，中有竺道一从猷之招而至，后支遁道林讲经于兹山焉。”④佛经常以芭蕉喻空无，有行如芭蕉树、观察世妄想如幻梦芭蕉、世间无常如水月芭蕉、菩萨观诸有情如观芭蕉心、一切法皆如芭蕉中无坚实等譬喻。《佛说维摩诘经·善权品第二》所谓“十譬喻”之四即“是身如芭蕉，中无有坚”⑤。陈寅恪《禅宗六祖传法偈之分析》云：“考印度禅学，其观身之法，往往比人身于芭蕉等易于解剥之植物，以说明阴蕴俱空，肉体可厌之意。”⑥无论是方晤语之支公，抑或持以问之支公，均为诗人美称其所交游的僧侣。

　　（8）皇甫冉《赠普门上人》云：“支公身欲老，长在沃洲多。”

---

① 〔明〕张元忭撰：《云门志略》卷三《唐诗》，《四库全书存目丛书》史部第230册，第656页下。

② 〔宋〕陈景沂撰：《全芳备祖集》后集卷一三《草部·芭蕉·五言八句》，《景印文渊阁四库全书》第935册，第380页下。

③ 〔宋〕祝穆撰，〔宋〕祝洙增订，施和金点校：《方舆胜览》卷六《浙东路·绍兴府·佛寺》，北京：中华书局，2003年，第112页。

④ 李修生主编：《全元文》卷八五八《虞集四五》，南京：凤凰出版社，1998年，第35页。

⑤ 《大正新修大藏经》卷一四，第521页中。

⑥ 陈寅恪：《金明馆丛稿二编》，第188页。

皇甫曾《赠霈禅师》亦云："身归沃洲老，名与支公接。"①

冉，字茂政，郡望安定，天宝十五载（756）登进士第。其弟曾，字孝常，天宝十二载（753）登进士第。皇甫冉卒后，皇甫曾将其兄诗文编次成集，请独孤及为序。独孤及《唐故左补阙安定皇甫公集序》云："沈、宋既殁，而崔司勋颢、王右丞维复崛起于开元、天宝之间。得其门而入者，当代不过数人，补阙其人也。……君母弟殿中侍御史《英华》无五字曾，字孝常，与君同禀学诗之训，君有诲诱之助焉。既而丽藻竞爽，盛名相亚，同乎声者方之景阳、孟阳。"②普门上人，即普门禅师。"普门师，姓何氏，灊人。侍父玠尉宜兴，寻卒，师泣血，终慕元宗。诏遗逸，郡以师应，不起。天宝中，受度于南岳寺。博闻强记，萧公定辈皆与游。正（贞）元间归寂，建塔西涧，许孟容为记，石刻今存。"③霈禅师，越州宝林寺僧。《宋高僧传·义解篇第二之二·唐代州五台山清凉寺澄观传》云："释澄观，姓夏侯氏，越州山阴人也。年甫十一，依宝林寺今应天山。

①〔唐〕皇甫冉、皇甫曾撰：《二皇甫集》卷三《五言律诗》、卷八《五言古诗》，《景印文渊阁四库全书》第1332册第291页上、第314页上。"普门为南岳寺僧，据皇甫曾诗，则知其曾住阳羡山寺中，或即南岳讲寺。皇甫冉在阳羡山中营有别墅，见上考，则此重出赠普门诗极可能为冉作，《唐诗品汇》拾遗六作冉诗。"（佟培基：《刘长卿诗重出甄辨》，《文学遗产》，1993年第2期，第43页）

②〔唐〕独孤及：《毗陵集》卷一三《集序三首》第六至七页，《四部丛刊初编》本。

③《重修毗陵志》卷二五《仙释·宜兴·唐》，《宋元方志丛刊》，第3178页上。灊，今安徽霍山县。李贤云："灊，今寿州霍山县也。灊音潜。"（《后汉书》卷七五《袁术传》注，第2443页）《佛祖统纪》卷一〇《荆溪旁出世家》云："禅师普门，岳阳何氏。父玠，为常州仪兴尉，因家焉。师幼勤学问，登进士第，入仕于朝。……贞元八年（792）季冬六日，示寂于君山之偏室，春秋八十四。"（《大正新修大藏经》卷四九，第203页中）君山，又名洞庭山、湘山，在湖南岳阳市西南十五公里的洞庭湖中。

需禅师出家,诵《法华经》。"《义解篇第二之四·唐越州应天山寺希圆传》云:"其估客偕越人也,笃重于圆,召居会稽宝林山寺。"①据此,宝林寺或名宝林山寺,后易名应天山寺。二皇甫以支公及其所居沃洲与诗中人物进行双重关联,不惟以支公拟普门上人、需禅师,且以其所处拟沃洲。

（9）朱湾《题段上人院壁画古松》云:"孤标可玩不可取,能使支公道场古。""从事率履正素,放情江湖,郡国交辟,潜跃不起,有唐高人也。"②

湾,自号沧洲子,大历末永平军节度使李勉辟为从事。诗以支公尊美段上人,谓可玩但不可取的古松使其道场古朴厚重。

（10）耿湋《诣顺公问道》云:"此身知是妄,远远诣支公。"③

湋,河东人,宝应二年（763）进士及第。前国子监主簿侯钊撰《唐故京兆府功曹参军耿君墓志铭并序》云:"君讳湋,字公利。进士擢第,奏左卫率府仓曹。改酅屋尉,则相国第五公钦百行而荐之;迁左拾遗,则相国王公喜五言而达之。……以贞元三年〔十〕一月廿六日,暴殁于常乐里私第,享年五十有二。"④耿诗以支公美称顺公,谓已知此身是妄,要远诣顺公问询何法能逃离生死苦海。

（11）严维《僧房避暑》云:"支公好闲寂,庭宇爱林篁。"⑤

①〔宋〕赞宁:《宋高僧传》,卷五第105页、卷七第141页。

②〔唐〕高仲武撰:《中兴间气集》卷上第十四、十五页,《四部丛刊初编》本。

③〔明〕高棅编纂,汪宗尼校订,葛景春、胡永杰点校:《唐诗拾遗》卷六《五言律诗（中）·中唐·耿湋》,北京:中华书局,2015年,第3269页。

④胡可先:《新出土"大历十才子"耿湋墓志及其学术价值》,《文学遗产》,2018年第6期,第60页。

⑤〔清〕彭定求等编:《全唐诗》卷二六三,北京:中华书局,1960年,第2922页。

维,字正文,越州人,至德二载(757)进士及第,复中词藻宏丽科,授诸暨尉,官至秘书省校书郎,《全唐诗》存其诗一卷。严诗以支公美称避暑僧房之主人,"庭宇爱林篁"句出奇。

(12)李端《宿深上人院听远泉》云:"泉声宜远听,入夜对支公。"①

端,字正己,父震。光禄寺丞刘沛撰《唐故朝议郎、行大理寺丞李公墓志铭并序》云:"公讳震,赵郡人也。曾祖思谅,皇仓部郎中;祖敬忠,许王府参军;父㬇,同州司马、都水使者。"②端生于开元二十三年(735)左右,大历五年(770)进士及第,初官弋阳县属官,终至杭州司兵参军③。其《书志赠畅当序》云:"余少尚神仙,且未能去,友人畅当以禅门见导。余心知必是,未得其门,因寄诗以咨焉。"④在畅当引导下,佛教在其思想中渐趋上风,赠僧、宿寺因此成为其诗歌的重要主题。宿深上人院,诗人入夜所对支公无疑即是深上人。

(13)司空曙《寄准上人》云:"偶与支公论,人间自共传。"⑤

曙,字文明(一作文初),排行十四,广平(今河北邯郸市永年区)人,卢纶表兄,曾举进士,官终虞部郎中。"多结契双林,暗伤流景。"⑥准上人即浙江海盐县通玄寺(后改名法喜寺)高僧良准。"准高僧塔,在县西南三十五里法喜禅寺,飞鸟不栖,时有舍

---

①《全唐诗》卷二八五,第3249页。

②谭淑琴主编:《琬琰流芳——河南博物院藏碑志集粹》,郑州:中州古籍出版社,2015年,第164页。

③参史广超:《中唐诗人李端事迹新辨》,《郑州航空管理学院学报》(社会科学版),2018年第5期。

④《全唐诗》卷二八五,第3255页。

⑤《全唐诗》卷二九三,第3338页。

⑥傅璇琮主编:《唐才子传校笺》卷四《司空曙》,第2册,第55页。

利放光。高僧名良准，唐司空曙有诗寄之。"①诗人以支公称美准上人，谓偶与之一论，便可流传人间。

（14）鲍溶《赠真公影堂》云："旧房西壁画支公，昨暮今晨色不同。"②

溶字德源，元和四年（809）第进士，与李益为尔汝交，张为《诗人主客图》尊之为"博解宏拔主"③，有集五卷，今传。《郡斋读书志》卷一八《别集类中·鲍溶集五卷》云："张为谓溶诗气力宏赡，博识清度，雅正高古，众才无不备具。曾子固亦爱其诗清约谨严而违理者少。"④影堂为供奉真公影之所。真公，或为玉泉真公。柳宗元《南岳弥陀和尚碑》云："至荆州，进学玉泉真公，真公授公以衡山，俾为教魁，人从而化者以万计。"校注云："真公……亦即柳宗元《衡山中院大律师塔铭》之兰若真公，亦即《文苑英华》卷八六〇李华《荆州南泉大云寺故兰若和尚碑》之惠真。"⑤李华碑云："昔智者大师受法于衡岳祖师，至和尚六叶，福种一作钟荆土，龙象相承，步至南泉，历诠幽胜，因起兰若居焉。……天宝十年二月既望，北首右胁卧，入禅定，中夜而灭，享龄七十九，经夏六十。"⑥既是真公影堂，旧房西壁所画支公自然是真公。诗人乃以

---

① 〔元〕徐硕纂：《至元嘉禾志》卷一四《仙梵·海盐县》，《宋元方志丛刊》，第4516页上。

② 〔唐〕鲍溶撰：《鲍溶诗集》卷六，《景印文渊阁四库全书》第1081册，第555页下。

③ 丁福保辑：《历代诗话续编》，北京：中华书局，2006年，第97页。

④ 〔宋〕晁公武撰，孙猛校证：《郡斋读书志校证》，上海古籍出版社，1990年，第899—900页。

⑤ 〔唐〕柳宗元撰，尹占华、韩文奇校注：《柳宗元集校注》卷六《碑》，北京：中华书局，2013年，第455、459页。

⑥ 《文苑英华》卷八六〇《碑十七·释十一》，第4542页上至下。

支公称美真公。

（15）温庭筠《盘石寺留别成公》云："槲叶萧萧带苇风，寺前归客别支公。"校注云："此诗系离盘石寺时留别寺僧成公之作。疑会昌元年秋东归吴中旧乡途中作。"[1]

因未能参加开成五年（840）春礼部进士试，温庭筠于会昌元年（841）仲春自长安启程赴吴中，秋季离别盘石寺东归旧乡作是诗。别支公即是别寺僧成公。

（16）许浑《思归》云："树暗支公院，山寒谢守窗。"[2]

此诗作于诗人为宣州当涂令时，思归处即其故乡润州。谢守即太守谢朓。谢守窗道出诗人身居宣州。支公院意谓宣州某寺院，以谢守窗与之相对，可谓工巧。

（17）皮日休《开元寺客省早景即事》云："鹤静时来珠像侧，鸽驯多在宝幡中。如何尘外虚为契，不得支公此会同。"《夏景无事，因怀章、来二上人》其二云："从今有计消闲日，更为支公置一床。"《访寂上人不遇》云："须将二百签回去，待得支公恐隔年。"[3]

咸通九年（868），皮日休由长安东下江淮。其《松陵集序》云："十年，大司谏清河公出牧于吴，日休为部从事。居一月，有进士陆龟蒙字鲁望者，以其业见造，凡数编。……余遂以词诱之，果复之不移刻。由是风雨晦冥，蓬蒿翳荟，未尝不以其应而为事。苟

---

① 〔唐〕温庭筠撰，刘学锴校注：《温庭筠全集校注》卷九《诗》，北京：中华书局，2007年，第772页。

② 〔唐〕许浑撰，罗时进笺证：《丁卯集笺证》卷一，第57页。

③ 〔唐〕皮日休、〔唐〕陆龟蒙等撰，王锡九校注：《松陵集校注》卷六《今体七言诗九十二首》、卷七《今体七言诗九十首》、卷八《今体七言诗八十四首》，北京：中华书局，2018年，第1182、1510、1753页。

其词之来,食则辍之而自饫,寝则闻之而必惊。"①大司谏清河公即谏议大夫清河崔璞,皮日休入其苏州刺史幕为军事院判官。月余,陆龟蒙以所业数编拜访皮日休。"皮、陆以萍合唱和吴中,因而齐称。是时皮已登第,陆尚困举场。"②虽萍水相逢,然皮以词诱之,陆不移刻而应答,皮陆唱和因之而起。自此直至咸通十二年(871)《松陵集》编定,二人往来反复,酬答唱和。

　　开元寺即苏州报恩寺。皮日休《开元寺佛钵诗序》云:"晋建兴二年,二圣像浮海而至沪渎,僧尼辈取之以归,今存于开元寺。"③建兴二年即公元314年。《吴郡图经续记》卷中《寺院》云:"报恩寺在长洲县西北一里半,在古为通玄寺,吴赤乌中先主母吴夫人舍宅以建。……开元中,诏天下置开元寺,遂改名开元。"④深秋季节,柿叶红时,楼台如画,霜空天静,皮氏居开元寺客省,见桂上雨数滴铜池,闻松杪风送来金铎声,因生感慨。清人赵臣瑗《山满楼笺注唐诗七言律》云:"五之'鹤',妙在一'静'字;六之'鸽',妙在一'驯'字。彼一鸟耳,惟其静也驯也,故得常居尘外,常伴支公;我犹然人也,既不能静,又不能驯,则示'虚为契'而已矣,曾鹤与鸽之不如!'如何'一喝,真令人毛骨悚然。"⑤既用支遁好鹤典,又以支公美称开元寺僧,谓鹤静竟能时来陪伴支公,己虚为契却不得此会同。陆龟蒙《奉和次韵》,

---

① 王锡九校注:《松陵集校注·松陵集序》,第3页。

② 〔明〕胡震亨:《唐音癸签》卷二五《谈丛一》,上海:上海古籍出版社,1981年,第272页。

③ 王锡九校注:《松陵集校注》卷七《今体七言诗九十首》,第1397页。

④《宋元方志丛刊》,第655页下至第656页上。

⑤ 陈伯海主编:《唐诗汇评(增订本)》,上海:上海古籍出版社,2015年,第6册第4116页。

云："灵香散尽禅家接,谁共殷源小品同。"①《世说新语·文学第四》第四十三条谓殷浩读《小品》于其精微、幽滞处下二百签。陆氏以殷浩谓皮氏,以支公谓开元寺僧,以谁可共同探讨所下《小品》二百签疑义处应皮诗不得支公此会同,细加玩味,即可见其着实巧妙。

章、来二上人,不详。佳树盘珊即是夏景,枕卧草堂即是无事,寻琴谱著药方为消闲日计,幽鸟好语白莲清香伴卧,因此而生更为支公置床意,点醒怀二上人诗旨。陆龟蒙《和夏景无事因怀章来二上人韵二首》其二云："何时更问《逍遥》义（原注：道林有《逍遥游》别义。）,五粒松阴半石床。"②《逍遥》义即《文学第四》第三十二条谓支遁于《逍遥游》卓然标新理、立异义,何时更问见出怀二上人诗旨。陆氏二和诗末均暗用支遁典,并以注点明,得意情态略见。《松陵集》卷六有陆龟蒙《寒夜同袭美访北禅院寂上人》,则寂上人所居为北禅院。诗人谓自己访寂上人不遇,如同殷浩欲与支遁辩而不得,如今也惟有携二百签悻悻而回,慨叹再见寂上人恐怕要待隔年了。

（18）杜荀鹤《中山临上人院观牡丹寄诸从事》云："一境别无唯此有,忍教醒坐对支公。"③

荀鹤,字彦之,自称九华山叟、九华山人,池州石埭（今安徽

---

① 王锡九校注：《松陵集校注》卷六《今体七言诗九十二首》,第1187页。校记云："弘治本、汲古阁本、诗瘦阁本、四库本、陆诗甲本、陆诗丙本、统签本、类苑本、季写本、全唐诗本此句下有小注：'《辨正论》亦有九流,一曰禅家者流。殷浩读《小品经》,下二百签,疑义以问支道林。'"（第1188页）

② 王锡九校注：《松陵集校注》卷七七《今体七言诗九十首》,第1517页。

③ 胡嗣坤、罗琴：《杜荀鹤及其〈唐风集〉研究》,成都：巴蜀书社,2005年,157页。

石台县）人，生于会昌六年（846）正月十日。《南部新书·辛》云：
"杜荀鹤第十五，字彦之，池州人。大顺二年（891）正月十日，裴
贽下第八人。其年放榜日，即荀鹤生日，故王希羽赠诗云：'金榜
晓悬生世日，玉书潜纪上升时。九华山色高千尺，未必高于第八
枝。'"①唐宣州溧水县（今属江苏南京市溧水区）有中山。"中
山，在县东南一十五里。出兔毫，为笔精妙。"②此诗当作于诗人
在宣州时。"既擢第，复还旧山。时田颙在宣州，甚重之。"③即
使醒坐所对如支公亦非己所愿，"忍教"二字见出诗人渴求诸从
事援引的急切之情。诗中支公泛称寺院僧人。

（19）唐彦谦《西明寺威公盆池新稻》云："支公尚有三吴
思，更使幽人忆钓矶。"④

彦谦，字茂业，号鹿门先生，并州（今山西太原市）人，咸通
（860—874）时举进士，十余年不第，晚从王重荣辟，"彦谦于王
重荣幕所任盖先为幕中从事，后表为河中副使，改晋州刺史，旋移
绛州刺史耳"⑤。郑贻《鹿门诗集叙》云："君卒，稿多散落。予为
辑缀，仅二百余篇。黄钟玉磬，咸其章章者，因题曰《鹿门集》，析
为三卷。"⑥西明寺在长安朱雀门街西第三街延康坊西南隅。"大

① 〔宋〕钱易撰，黄寿成点校：《南部新书》，北京：中华书局，2002年，第130页。
② 〔唐〕李吉甫撰，贺次君点校：《元和郡县图志》卷二八《江南道四·宣州·溧水》，北京：中华书局，1983年，第685页。
③ 〔宋〕薛居正等撰，《旧五代史》卷二四《梁书·杜荀鹤传》，北京：中华书局，1976年，第325—326页。
④ 《文苑英华》卷三二七《诗一百七十七·花木七》，第1700页下。
⑤ 傅璇琮主编：《唐才子传校笺》卷九《唐彦谦》，第4册，第46页。
⑥ 〔清〕董诰等编：《全唐文·唐文拾遗》卷三三《郑贻》，北京：中华书局，1983年，第10749页下。

概威公和尚是江南人或曾久居江南,他要学习东晋名僧支道林,
寄托其三吴之思,而科学的方法使他种稻成功,满足了眷恋和忆
念江南的感情需要。"①实际上,诗人还是以支公称美威公,以
幽人自谓,云如同支公的威公尚有三吴思需要寄托,凡俗如己的
幽人就更加忆念垂钓之矶了。

　　(20)和凝《醴泉院》诗云:"珍重支公每相勉,我于儒行也
修行。"②

　　凝,字成绩,郓州须昌(今山东东平县)人,举进士。后唐天
成(926—930)历翰林学士,知贡举,时议以为得人。后晋天福
五年(940),拜中书侍郎、同平章事。入后汉,拜太子太傅,封鲁
国公,终于周。"(显德二年秋七月)戊辰,太子太傅、鲁国公和凝
卒。""显德二年秋,以背疽卒于其第,年五十八。"③《全唐诗》存
其诗一卷。醴泉院,在洋州兴道(今陕西洋县)。"在兴道。院又名
开化院。"④和氏以支公称美醴泉院僧,表达离别珍重、谢其相勉
之意。

　　(21)李中《送刘恭游庐山兼寄令上人》云:"松桂烟霞蔽梵
宫,诗流闲去访支公。"⑤

　　中,字有中,九江人,郡望陇西,仕南唐为上蔡令、吉水尉、淦
阳令。开宝六年(973)自编诗三百首为《碧云集》三卷,孟宾于为

---

① 谢重光:《谈谈晋——唐寺院园圃种植业的成就和贡献》,载《文史知
　　识》编辑室编:《佛教与中国文化》,北京:中华书局,1988年,第412页。
②《全唐诗》卷七三五,第8400页。
③《旧五代史》卷一一五《周书·世宗纪》、卷一二七《周书·和凝传》,第
　　1531、1673页。
④〔宋〕祝穆撰,〔宋〕祝洙增订,施和金点校:《方舆胜览》卷六八《利州
　　东路·洋州·寺院》,第1196页。
⑤〔五代〕李中撰:《碧云集》卷上第二页,《四部丛刊初编》本。

之序，今存。令上人即庐山东林寺令图①，李中有《宿山店书怀寄东林令图上人》诗。刘恭游庐山，诗人作诗相送并寄令上人。诗谓刘氏诗流，谓令图支公，皆有称美意。

（22）刘乙《题建造寺》云："我来一听支公论，自是吾身幻得吾。"②

乙，字子真，泉州人，五代时仕闽为中书舍人，后归隐安溪（今福建安溪县）凤髻山。建造寺，位于今福建南安市丰州镇。《乾隆泉州府志》卷一六《寺庙坛观·南安县》云："延福寺，在县西九日山下。《名胜志》：晋太康间建，去山二里许。唐大历三年《闽书抄》作咸通中移建今所。寺额欧阳詹所书，进士傅笋读书其中。大中五年（851）赐名建造寺。"③诗人来建造寺听支公亦即寺僧高论，而悟吾身是幻。

（23）钱师悦《题清乐亭》云："因共支公话空理，人中清乐更无如。"题下注云"少卿钱师悦五代时人"。"证圣院，在县北三十里钱林村。考证：吴越钱王镠微时有旧馆于此，后贵，改为祖祠。已而，道宏师结庵于祠侧。王闻其道行孤高，乾宁二年（895）建寺居之，曰宝林方丈。后园亭扁清乐。"④

---

① 参陶敏：《全唐诗人名汇考·李中》，第1269页。

② 《全唐诗》卷七六三，第8664页。

③ 〔清〕怀荫布修，〔清〕黄任、〔清〕郭赓武纂：《乾隆泉州府志》，《中国地方志集成·福建府县志辑》第22册，上海：上海书店，2000年，第398页上。

④ 〔元〕单庆修，〔元〕徐硕纂：《至元嘉禾志》卷三二《题咏·崇德县》、卷一一《寺院·崇德县》，《宋元方志丛刊》，第4654页上、第4488页下。后晋天福三年（938），吴越国析杭州嘉兴县西南的崇德、南津、语儿、千乘、积善、石门、募化七乡，置崇德县，县治在今浙江桐乡市崇福镇，属杭州。康熙元年（1662），因崇德与皇太极年号同，改称石门县。1912年复称崇德，1958年并入桐乡县。

师悦，五代时人，官少卿。清乐亭在今浙江桐乡市梧桐街道钱林村。诗人以支公称美清乐亭所在寺院僧人，谓因与之话空理而觉人间清乐无如清乐亭者。

支遁亦称林公，唐诗中偶有以之美称僧人者。

（24）耿湋《题藏公院》云："古院林公住，疏篁近井桃。"[1]

藏公院或即奘公院。卢纶有《秋夜同畅当宿藏公院》诗，注云："藏公似指藏用。"[2]纶又有《奘公院闻琴》诗，奘公是"对玄奘的尊称"[3]。此诗以林公美称藏公。

（25）武元衡《夏与熊王二秀才同宿僧院》云："一听林公法，灵嘉愿寄身。"[4]

元衡，字伯苍，河南缑氏（今河南偃师市缑氏镇）人，父就，祖平一，曾祖载德，则天族弟。权德舆《故中散大夫殿中侍御史润州司马赠吏部尚书沛国武公神道碑铭并序》云："公讳就，字广成，沛国人。……颍川生考功员外郎、修文殿学士讳甄，字平一，以字行于时。……公即考功府君第三子也。"[5]建中四年（783），武元衡登进士第，官至门下侍郎、同中书门下平章事，

---

①《全唐诗》卷二六八，第2984页。

②〔唐〕卢纶著，刘初棠校注：《卢纶诗集校注》，上海：上海古籍出版社，1989年，第374页。《宋高僧传》卷一五《明律篇第四之二·唐京师安国寺藏用传》云："当建中中，已全三十许腊。寻应诏充临坛首席，相继度弟子越多。及居东城化塔，乃代宗之邸第也，推用主其纲任。……用公长于律学，急护任持，为上都之表则也。"（第372页）是传称藏用为"用""用公"，而不称藏公，或纶诗藏公院非藏用院。

③霍松林主编：《万首唐人绝句校注集评》（中），太原：山西人民出版社，1991年，第304页。

④《全唐诗》卷三一六，第3555页。

⑤〔唐〕权德舆撰，蒋寅等笺注：《权德舆诗文集编年校注·晚期作品系年·元和五年庚寅（810）》，沈阳：辽海出版社，2013年，第620—621页。

元和十年（815）六月被平卢节度使李师道所遣刺客刺死。"元衡工五言诗，好事者传之，往往被于管弦。"①张为《诗人主客图》列武元衡为瑰奇美丽主。李调元《叙》曰："所谓主者，白居易、孟云卿、李益、鲍溶、孟郊、武元衡，皆有标目。余有升堂、入室、及门之殊，皆所谓客也。"②刘禹锡为其上入室，赵嘏为其入室，许浑为其升堂。《郡斋读书志》卷一七《别集类上·武元衡临淮集二卷》云："旧有《临淮集》七卷，此其二也。议者谓唐世工诗宦达者惟高适，达宦诗工者惟元衡。"③此诗以林公美称所宿僧院僧人，同时又用慧皎《高僧传》支遁传所云王遂披襟解带留连不能已仍请住灵嘉寺之意，突显其说法高妙。

（26）皮日休《初冬偶作寄南阳润卿》云："唯待支硎最寒夜，共君披氅访林公。"④

张贲，字润卿，南阳人，登大中进士第，后为广文馆博士，尝隐居茅山学道，世称华阳山人、华阳道士，曾至苏州与皮、陆唱和。《松陵集》存其诗十六首。此诗言清冬无事专候润卿，若来即在支硎最寒夜与君共访林公——亦是高僧之谓也。

尽管唐诗"支公"一词多为借指，然因某种主观因素，后世却无意或有意地误读其中本来寻常的"支公"。皮日休《茶中杂咏·茶瓯》云："松下时一看，支公亦如此。"⑤裴拾遗《文学泉》云："竟陵西塔寺，踪迹尚空虚。不独支公住，曾经陆羽居。草堂

---

① 《旧唐书》卷一五八《武元衡传》，第4161页。
② 丁福保辑：《历代诗话续编·诗人主客图》，第70页。
③ 〔宋〕晁公武撰，孙猛校证：《郡斋读书志校证》，第871页。
④ 王锡九校注：《松陵集校注》卷八《今体七言诗八十四首》，第1787页。
⑤ 王锡九校注：《松陵集校注》卷四《往体诗一百十二首》，第894页。

荒散鸽，茶井冷生鱼。"①在此二诗中，支公均当为高僧泛称，后世却不乏将《文学泉》《茶瓯》之"支公"坐实为支遁本人，或谓支遁曾住竟陵西塔寺②，或谓支遁乃佛茶之祖。

①〔宋〕王象之撰：《舆地纪胜》卷七六《荆湖北路·复州·诗》，第2521页。《方舆胜览》卷三一《湖北路·复州·寺观·西塔院》引此诗"西塔寺"作"文学泉"，"鸽"作"蛤"（第564页）。《明一统志》卷六〇《承天府·山川》"潮水泉"后有"陆子泉"，引作"唐裴迪诗"，云："竟陵西塔寺，踪迹尚空虚。不独支公在，曾经陆羽居。草堂荒产蛤，茶井冷生鱼。一汲清泠饮，高风味有余。"（《景印文渊阁四库全书》第473册，第229页下）嘉靖十年（1531），升安陆州置承天府，属湖广布政司。天顺五年（1461）司礼监刻本《大明一统志》卷六六《安陆州·山川》"潮水泉"后即"龟鹤池"，并无"陆子泉"。是书卷首黄永年《前言》云："可证《四库》所据本是万历时所刻，足见天顺原刻本之难得。"（〔明〕李贤等撰，西安：三秦出版社，1990年影印本，第1018页上、前言第3页）《升庵诗话新笺证》卷六《裴迪诗》云："湖广景陵县西塔寺，有陆羽茶泉。裴迪有诗云：'景陵西塔寺，踪迹尚空虚。不独支公住，曾经陆羽居。草堂荒产蛤，茶井冷生鱼。一汲清泠水，高风味有余。'迪与王维同时，其诗自辋川倡和外无传。此诗，予见之石刻云。"笺证按云："此诗升庵当录自天顺时李贤等奉敕撰修之《明一统志》卷六十。"（〔明〕杨慎撰，王大厚笺证，北京：中华书局，2008年，第329、330页）王氏笺证所云依据当为四库本《明一统志》。杨慎卒于嘉靖三十八年（1559），所谓裴迪诗当录自其所见石刻，而非录自"天顺时李贤等奉敕撰修之《明一统志》卷六十"。胡震亨《唐音统签》卷八二七《己签》二之二裴迪《西塔寺陆羽茶》题下注云："此诗杨升庵以为见之石刻，然羽自在大历后，则非迪诗明矣。"（《续修四库全书》第1619册，第194页上）《全唐诗》据此录入卷一二九《裴迪》（第1315页）。陈尚君辑校《全唐诗补编》外编第三编《全唐诗续补遗》卷六《裴夷直·文学泉》云："裴夷直长庆、大和间在世，与诗意正合。《统签》疑伪是，当从《舆地纪胜》归夷直。"（第409页）

②《古今图书集成》卷一一四二《方舆汇编职方典·安陆府部汇考八·安陆府祠庙考·寺观》云："龙盖寺，在西湖中洲，明成化丙申县令张继宗重建，中有陆羽茶井，古记即志所云覆釜洲也。唐以前久为禅院，相传晋支公住其中，即唐裴迪诗不独支公住是也。天宝间，大师积公住寺中，获婴儿于洲上，育之，即陆羽也。积公化后，图形其中，因名西塔寺。后改为广教院，又以寺西有龙盖山，因名龙盖寺。"（〔清〕蒋廷锡等辑，上海：中华书局，1934年，第150册之四十三页）

（二）（支）道林、支遁

萧绎《内典碑铭集林序》云："亦有息心应供，是日桑门。或谓智囊，或称印手，高座擅名，预伊师之席，道林见重，陪飞龙之座。"注云："《文殊师利根本大教王经·金翅鸟王品》曰：'作龙座而坐。'案：屈膝而坐也。"①此"智囊""印手""高座""道林"均是借特指代泛指，以见称美之意。唐诗文多循此以（支）道林、支遁泛指称美僧人。

1.（支）道林

（1）陈子昂《秋日遇荆州府崔兵曹使宴序》云："支道林之雅论，妙理沈微；崔子玉之雄才，斯文未丧。"《夏日晖上人房别李参军崇嗣序》云："思道林而不见，怅若有亡；诣祇树而从游，众然旧款。"②

前序作于永淳二年（683）深秋。"《序》曰'白桂'、'兔罝'，诗曰'林薮'、'鹖冠'，知为出仕前之作，时在本年深秋。"③因前一年应试不第，子昂是年经长安归里隐居，求仙学道。《新唐书·陆馀庆传》云："雅善赵贞固、卢藏用、陈子昂、杜审言、宋

---

① 高步瀛选注，孙通海点校：《南北朝文举要·梁文·梁元帝三首》，北京：中华书局，1998年，第324、325页。按："是日"误，当作"是曰"。

② 〔唐〕陈子昂撰，彭庆生校注：《陈子昂集校注》卷二《杂诗》，合肥：黄山书社，2015年，第438、426页。

③ 彭庆生著，韩经太、陈亮编选：《彭庆生文集·唐高宗朝诗歌系年考》（上元二年至弘道元年），北京：新华出版社，2018年，第173页。彭氏又谓此诗"当作于圣历元年（六九八）秋末"（《陈子昂集校注》，第440页）按：圣历元年，子昂以父老辞官归侍，于射洪西山构茅宇数十间，种树采药以为养。据《秋日遇荆州府崔兵曹使宴序》爱命小人率记当时之事云云，似不应作于圣历元年。

之问、毕构、郭袭微、司马承祯、释怀一，时号'方外十友'。"①
石雁惊秋，芸黄木落，陈子昂遇崔兵曹，"崔兵曹，疑是崔璩"②。
《旧唐书·崔玄暐传》云："子璩，颇以文学知名，官历中书舍人、
礼部侍郎。"③崔碣撰并书《（卢端公逢时妻李氏）墓铭并序》
云："夫人外六代祖尊讳玄暐……外五代祖尊讳璩，礼部侍郎博
陵郡公。与道士司马公子微、赵公贞固、卢公藏用为莫逆之交，
才识文学，俱推第一，语在陈公子昂集序。"④二人虽生平未识
却一见遂存交道，此日披怀而坐合千载风期。序及诗以支遁、道
安拟预筵僧人，以崔瑗、崔骃拟崔兵曹，称美之意顿见。长寿元年
（692），子昂以母丧去官，"居蜀守制。养疴南园，时时从晖上人
游"⑤。晖上人为射洪县武东山下真谛寺僧。光绪《射洪县志》卷
三《舆地·寺观》云："真谛寺，县东七里武东山下，陈子昂故宅在
其左。有晖上人者，子昂时与之往还。"⑥李崇嗣，行三，武后时

---

①〔宋〕欧阳修、〔宋〕宋祁撰：《新唐书》卷一一六，北京：中华书局，1975
　年，第4239页。

②陶敏：《全唐诗人名汇考·陈子昂》，第104页。

③《旧唐书》卷九一，第2935页。

④周绍良主编，赵超副主编：《唐代墓志汇编》咸通○二九，上海：上海古籍
　出版社，1992年，第2400页。

⑤罗庸：《陈子昂年谱》，徐鹏校点：《陈子昂集》附，上海：上海古籍出版
　社，2013年，第335页。

⑥〔清〕黄允钦修，〔清〕罗锦城纂：《射洪县志》，《中国地方志集成·四川
　府县志辑》第20册，成都：巴蜀书社，1992年，第528页上。"子昂集中与晖
　上人过从唱和之作，计有诗六首、序二篇，皆作于子昂释褐之前或以继母
　忧守制之时，其地皆在子昂故里，则晖上人为射洪武东山下真谛寺之僧，
　当可信。"（彭庆生校注：《陈子昂集校注》卷二《杂诗·酬晖上人秋夜山
　亭有赠》，第305页）

任奉宸府主簿。"盖崇嗣时自许州使蜀。"①陈、李相遇野亭,承欢逆旅,从游祇树,为诗赠酬。欢娱恍晚,离别行催,子昂作诗并序赠别,以道林谓晖上人,以祇树谓晖上人房,以支遁与诸名士交游谓自己及李崇嗣等从游晖上人。于晖上人尊美之意,于李参军离别之情,尽在其中。

（2）宋之问《见南山夕阳召鉴师不至》云:"徒郁仲举思,讵回道林辙。"《湖中别鉴上人》云:"愿与道林近,在意逍遥篇。自有灵佳寺,何用沃洲禅。"②

景龙二年（708）,之问充修文馆直学士,后迁考功员外郎,知景龙三年贡举。因诣事太平公主见用,及安乐公主权盛复往谐结,为太平所疾,发其知贡举时赃事,贬越州长史。"之问自考功员外郎贬越州长史乃在景龙三年秋。韦述有《广陵送别宋员外佐越郑舍人还京》……故知其佐越在景龙三年秋日。"③景云元年（710）六月睿宗立,之问流放钦州。此二诗作于贬越州时。仲举,东汉陈蕃字。仲举思谓盛情款留嘉宾思,此意追述自己徒然郁结恭候鉴师光临之思,岂料难回道林——鉴师之辙。后诗仍用道林拟鉴上人,而以王羲之自比,抒写渴望亲近之意,然此情惟在《逍遥》而非佛禅。

（3）李白《陪族叔当涂宰游化城寺升公清风亭》云:"虽游道林室,亦举陶潜杯。"王琦注云:"《太平府志》:古化城寺,在府城内向化桥西礼贤坊,吴大帝时建,基址最广。宋孝武南巡,驻跸

①陶敏:《全唐诗作者小传补正》卷一〇〇《李崇嗣》,沈阳:辽海出版社,2010年,第193页。

②〔唐〕宋之问撰,陶敏、易淑琼校注:《宋之问集校注》卷三《诗（景龙三年秋—先天元年）》,北京:中华书局,2001年,第524、525页。

③傅璇琮主编:《唐才子传校笺·补正》卷一《宋之问》,第5册,第11页。

于此，增置二十八院。唐天宝间，寺僧清升能诗文，造舍利塔、大戒坛，建清风亭于寺旁西湖上，铸铜钟一，李白铭之，今尽废。"[①]

天宝十四载（755）暮春，李白道出泾县往宣城，仲夏在当涂。诗即作于此时。"此当涂宰即卷二十七《夏日陪司马武公与群贤宴姑熟亭序》中之'今宰陇西李公明化'，亦即卷二十九《化城寺大钟铭》中之'李有则'。《化城寺大钟铭》既有'天宝之初，鸣琴此邦'之语，则可知此文必不作于天宝二年，疑与此诗俱作于天宝十四载前后。"[②]道林室即化城寺僧升公居室。升公粲然有辩才，与支遁相似，然诗人以陶潜自比，"亦举"亦有之问诗"何用"意。

（4）白居易《广宣上人以应制诗见示因以赠之诏许上人居安国寺红楼院以诗供奉》云："道林谈论惠休诗，一到人天便作师。"注云："朱《笺》：作于元和十年（八一五），长安。"《对小潭寄远上人》云："是义谁能答，明朝问道林。"注云："朱《笺》：作于大和四年（八三〇），洛阳。"[③]

元和十年，诗人居长安昭国里，时为太子左赞善大夫。广宣上人诗名当时。"广宣，姓廖氏，蜀中人，与刘禹锡最善，元和、长

---

① 〔清〕王琦注：《李太白全集》卷二〇《古近体诗·游宴》，第965、964页。
② 〔唐〕李白著，瞿蜕园、朱金城校注：《李白集校注》卷二〇《古近体诗·陪族叔当涂宰游化城寺升公清风亭》，上海：上海古籍出版社，1980年，第1210页。"此《铭》以系于天宝七载较妥，而李有则之宰当涂，或在天宝三、四载，亦可称天宝之初。《夏日陪司马武公与群贤宴姑熟亭序》之'李公明化'，当系另一人。"（安旗等笺注：《李白全集编年笺注》卷一八《编年文下·化成寺大钟铭》按，第1830页）
③ 谢思炜校注：《白居易诗集校注》卷一五《律诗》、卷二八《律诗》，第1174、2195页。

庆两朝并为内供奉,赐居安国寺红楼院。"①安国寺,"睿宗在藩旧宅,景云元年立为寺,以本封安国为名。……寺有红楼,睿宗在藩时舞榭。元和中,广宣上人住此院,有诗名,时号为'红楼集'"②。诗人称誉广宣上人兼有道林之谈与惠休之诗双重才能,可为人天师。大和四年,诗人居洛阳履道里,时以太子宾客分司东都。远上人为庐山东林寺僧,问道林即是问远上人。

（5）柳宗元《韩漳州书报徹上人亡因寄二绝》其一云:"他时若写兰亭会,莫画高僧支道林。"元和十一年(816),徹上人卒于宣州开元寺。"诗当是年秋作也。"③

韩漳州即韩泰,"八司马"之一。徹上人(一作澈上人)即灵澈,字源澄,俗姓汤,会稽人,"禀气贞良,执操无革,而吟咏情性,尤见所长。居越溪云门寺,成立之岁,为文之誉袭远……此僧诸作皆妙,独此一篇,使老僧见,欲弃笔砚"④。元和十一年,诗人在柳州刺史任。诗谓徹上人胜于支遁,若重写兰亭会图可取而代之。

（6）戎昱《衡阳春日游僧院》云:"曾共刘咨议,同时事道林。"⑤
昱,约生于天宝初年,长安人⑥,"大历年间历佐江陵、湖南、

---

①《全唐诗》卷八二二《广宣》,第9269页。

②〔清〕徐松撰,〔清〕张穆校补,方严点校:《唐两京城坊考》卷三《西京》,北京:中华书局,1985年,第70页。

③〔唐〕柳宗元著,王国安笺释:《柳宗元诗笺释》,上海:上海古籍出版社,1993年,第347、348页。

④〔宋〕赞宁:《宋高僧传》卷一五《明律篇第四之二·唐会稽云门寺灵澈传》,第369页。

⑤〔唐〕戎昱著,臧维熙注:《戎昱诗注》,上海:上海古籍出版社,1982年,第12页。"曾共刘咨议,同时事道林"亦见《全唐诗》卷三三三《杨巨源·春日与刘评事过故证—作澄上人院》(第3720页)。

⑥参傅璇琮主编:《唐才子传校笺·补正》卷三《戎昱》,第5册,第145页。

桂林幕"①。大历六年（771），戎昱"到衡阳，有《衡阳春日游僧院》诗"②。所谓事道林，即事所游僧院某僧人。

（7）张祜《赠贞固上人》云："南国披僧籍，高标一道林。"《题灵彻上人旧房》云："寂寞空门支道林，满堂诗版旧知音。"③

唐有两张祜，一为盛唐人，一为中晚唐人。"苾刍贞固律师者，梵名娑罗笈多，译为贞固。即郑地荥川人也。俗姓孟，粤以驱乌之岁，早蕴慈门，总角之秋，栖心慧苑。""以垂拱之岁，移锡桂林，适化游方，渐之清远峡谷。同缘赴感，后届番禺，广府法徒请开律典。""即以其年十一月一日附商舶，去番禺。望占波而陵帆，指佛逝以长驱。……固师年四十矣。"④其年十一月一日即载初元年正月一日（689年12月18日）⑤。"当时，贞固正好四十岁，由此前推，贞固的生年是公元649—650年……因此，此张祜不可能写诗赠贞固上人。"⑥"贞固属佛教戒律一派，张祜《赠贞固上人》云'律仪精叠布，真行止吞针'，与诸佛籍中的贞固是相合的，可信此诗也是盛唐张祜作。"⑦《赠贞固上人》径谓贞固上人高自

① 傅璇琮主编：《唐才子传校笺》卷三《戎昱》，第1册，第661页。
② 王达津：《卢纶、戎昱生平系诗》，《南开学报（哲学社会科学版）》，1979年第4期，第80页。
③ 尹占华校注：《张祜诗集校注》，成都：巴蜀书社，2007年，第26、182页。
④〔唐〕义净著，王邦维校注：《大唐西域求法高僧传校注》，北京：中华书局，1988年，第211、213、215页。
⑤ "始用周正，改永昌元年十一月为载初元年正月，以十二月为腊月，夏正月为一月。"（《资治通鉴》卷二〇四《唐纪二十》则天顺圣皇后天授元年，第6577页）
⑥ 张福清.《关于张祜诗歌注释、辨伪、辑佚的几个问题》，《江南大学学报（人文社会科学版）》，2006年第4期，第76页。
⑦ 尹占华：《唐宋文学与文献丛稿》，天津：天津古籍出版社，2014年，第456页。

标持，乃一道林再世。中晚唐之张祜，字承吉，郡望清河或南阳，寓居苏州，生于贞元八年（792）①。宋人葛立方《韵语阳秋》卷四云："张祜喜游山而多苦吟，凡历僧寺，往往题咏。"②《题灵徹上人旧房》亦径谓灵徹上人乃寂寞空门支道林，而用以传示世人的满堂诗版则是其旧时知音。

　　（8）陆龟蒙《寒夜同袭美访北禅院寂上人》云："月楼风殿静沉沉，披拂霜华访道林。"《北禅院避暑》题下注云："院昔为戴颙宅，后司勋陆郎中居之。"③

　　正德《姑苏志·寺观上》云："北禅讲寺在齐门内，晋戴颙宅也。唐司勋陆郎中居此，后以为寺，号北禅院。"④齐门位于苏州城北，因门朝向当时的齐国，故名。陆郎中即陆涛，杜牧有《送陆涛郎中弃官归》诗。所谓访道林即是访北禅院寂上人。《大沩山古密印寺志·艺文·诗·赠酬》收录此诗，题作"同皮袭美访寂上人"，下注"仰山（讳）〔慧〕寂"⑤。慧寂与其师沩山灵祐共创禅门五家最早之沩仰宗。陆希声《仰山通智大师塔铭》云："仰山，韶州人，俗姓叶氏，仰承六祖，是为七叶。……大师法名慧寂，居仰山曰，法道大行，故今多以仰山为号，享年七十七，僧

---

① 参吴在庆：《张祜生年辨证》，《厦门大学学报（哲学社会科学版）》，1986年第1期。

②〔清〕何文焕辑：《历代诗话》，第516页。

③ 王锡九校注：《松陵集校注》卷六《今体七言诗九十二首》、卷一〇《杂体诗八十六首》，第1107、2348页。

④〔明〕林世远、〔明〕王鏊等纂修：《姑苏志》卷二九，北京图书馆古籍出版编辑组编：《北京图书馆古籍珍本丛刊》第26册，北京：书目文献出版社，1998年，第420页下。

⑤〔清〕陶汝鼐、〔清〕陶之典编纂，梁颂成点校：《大沩山古密印寺志》卷七，长沙：岳麓书社，2008年，第321页。

腊五十四。……大师元和二年（807）六月二十一日生，中和三年
（883）二月十三日入灭，大顺二年（891）三月十日敕号通智大师
妙光之塔云尔。"①然慧寂主要活动于广东、江西，似不曾住苏州
北禅院。

2. 支遁

（1）李白《赠宣州灵源寺仲濬公》云："今日逢支遁，高谈出
有无。"②

天宝十二载（753），李白游宣州，诗即作于此时。仲濬为四川
峨眉山僧，驻锡灵源寺。"卷二十四有《听蜀僧濬弹琴》诗，当与仲
濬为一人，其人为蜀人，不妨驻锡于宣州也。"③灵源寺，在宣州
敬亭山，灵源即双溪之源。"双溪在宣州，灵源寺之所由名也，近
敬亭山。……言灵源者，双溪之右刹也。……濬公禅悟能至于此，
其支遁之复生乎？吾乃今日再逢支遁，得闻有无之高论，发挥色
空之妙指，使吾脱然有悟，若入巨海而获无价之智宝也。"④灵源
寺龙象积聚，个中尤以濬公为特出。其风韵超迈江左，文章惊动
四海，佛心玄妙莫测，解悟菩提大道。经由此等渲染、铺垫，再以
"今日逢支遁"总括，点醒诗歌"赠"意。

（2）李嘉祐《送王正字山寺读书》云："欲究先儒教，还过支
遁居。"⑤

嘉祐，字从一，赵州（治所在今河北赵县）人，天宝七载（748）

---

① 《全唐文》卷八一三《陆希声》，第8554页下。
② 〔清〕王琦注：《李太白全集》卷一二《古近体诗·赠》，第631页。
③ 瞿蜕园、朱金城校注：《李白集校注》卷一二《古近体诗》，第805页。
④ 〔唐〕李白撰，〔明〕朱谏选注：《李诗选注》卷八，《续修四库全书》第
   1306册，第40页上至下。
⑤ 《全唐诗》卷二〇六，第2149页。

进士及第，授秘书省正字。《送王正字山寺读书》一诗"作于京师，
作年不详"①。王正字，其人不详。闻一多《岑嘉州交游事辑》云：
"李嘉祐有送王正字山寺读书诗。（案此未审即伯伦否。）"②《千
唐志斋藏志·唐故邺郡司仓参军张公（贞睿）墓志铭并序》，题下
署"秘书省正字王伯伦撰"，序云"以其（天宝九）载（750）十一月
十七日卜兆于首阳山之南原"③。嘉祐、伯伦或同时为秘书省正字，
故作诗以送。王氏已为正字又去山寺读书，亦属奇事。山寺幽静，有
书阁，有山厨，有石泉，白天竹径独看书，晚上龛壁有灯烟，夏天荷
花新卷，迎秋柳叶半疏。"支遁居"即山寺僧居，"还过"见出山寺
实是穷究先儒教的绝妙去处。

（3）司空曙《过卢秦卿旧居》云："韩康助采君臣药，支遁同
看内外篇。"④

卢秦卿为秘书少监虚舟从侄孙，曾任秦州刺史⑤。韩康，字伯
休，京兆霸陵人，屡征不仕。"家世著姓。常采药名山，卖于长安
市，口不二价，三十余年。"⑥韩康，采药、卖药之隐士；支遁，亦
佛亦玄之高僧。助采、同看，见出卢秦卿交游；观友知人，卢秦卿
为人因此而见。

（4）姚合《寄嵩岳程光范》云："只应访支遁，时得话诗

① 储仲君：《李嘉祐诗疑年》，中国唐代文学学会等主编：《唐代文学研究》，
　　桂林：广西师范大学出版社，1990年，第170页。
② 闻一多著，孙敦恒编：《闻一多集外集·古典新义》，北京：教育科学出版
　　社，1989年，第174页。
③ 河南省文物研究所、河南省洛阳地区文管处编：《千唐志斋藏志》
　　八五七，北京：文物出版社，1984年，第857页。
④《全唐诗》卷二九三，第3325页。
⑤ 参《新唐书》卷七三上《宰相世系表三上》，第2924页。
⑥《后汉书》卷八三《逸民列传》，第2770—2771页。

篇。"①

合,字大凝,元和十一年(816)进士及第。其族子姚勖撰《唐
故朝请大夫守秘书监赠礼部尚书吴兴姚府君墓铭并序》云:

> 会昌二年壬戌夏五月,辞以目视不明,归摄私第。冬十二
> 月,寝疾旬余,是月廿有五日乙酉,启手足于靖恭里第,享年
> 六十有六。……以会昌三年(843)正月廿三日,护辒舆归东周,
> 以其年八月二十有八日甲申,窆于河南府河南县伊汭乡万安山
> 南原,祔皇祖茔,礼也。"②

姚合曾王父元景为崇母弟。今河南省伊川县彭婆乡许营村北有姚
崇墓园。嵩岳即嵩山,跨今新密、登封、巩义、偃师、伊川等市县,
距姚氏祖茔不远。合在嵩阳亦有旧业,其《客游旅怀》诗云:"旧业
嵩阳下,三年未得还。"③思念之情,诚挚感人!《寄嵩岳程光范》
以支遁代指嵩岳高僧,谓程光范居嵩岳,客来嫌路远,只应就近访
高僧,时时得以话诗篇。

(5)皮日休《临顿(原注:里名。)为吴中偏胜之地,陆鲁望居
之,不出郛郭,旷如郊墅。余每相访,款然惜去,因成五言十首,
奉题屋壁》其二云:"支遁今无骨,谁为世外交。"④

---

① 〔唐〕姚合著,吴河清校注:《姚合诗集校注》,上海:上海古籍出版社,
　 2012年,第158页。
② 胡可先:《出土文献与唐代诗学研究》,北京:中华书局,2012年,第381
　 页。按:会昌二年十二月廿五日为甲申,廿六日为乙酉。按:墓志拓片图版载
　 《书法丛刊》2009年第1期,第34—35页。
③ 〔唐〕姚合著,吴河清校注:《姚合诗集校注》,第297页。
④ 王锡九校注:《松陵集校注》卷五《今体五言诗六十八首》,校记引皮诗本
　 批校:"'骨'字误。"(第1078页)

　　临顿里为陆龟蒙在苏州城内家居之处。其《幽居赋序》云：
"陆子居全吴东，距长洲故苑一里。""地接虎丘，门临鹤市。"①
陆宅在临顿桥旁。《吴郡志·桥梁·乐桥之东北》云："临顿桥，在长
洲县北。临顿，吴时馆名。取之临顿宅者，是也。……唐陆鲁望常居
其旁。"②世外交即世外之交。皮日休《江南道中怀茅山广文南阳
博士三首》其二云："如何世外无交者，一卧金坛只有君。"自注云：
"许迈与王羲之父子为世外之交。"③"乃改名玄，字远游。……羲
之造之，未尝不弥日忘归，相与为世外之交。"④诗人以王羲之与
许玄比拟陆龟蒙与支遁，感叹世无支遁，谁人可为方外之交！

　　（6）李咸用《同玄昶上人观山榴》云："病随支遁偶行行，正
见榴花独满庭。"⑤

　　咸用，郡望陇西，袁州人，曾被辟为推官，唐末避居庐山等
地，工诗，尝与修睦上人、来鹏等唱和，有《披沙集》六卷，宋人杨
万里为之序。诗人以支遁美称玄昶上人，谓自己因病随其偶然走
走，正见山榴花独自满庭开放，巧妙而又自然地切合诗题。

　　（7）昙域《怀齐己》云："犹喜深交有支遁，时时音信到松房。"⑥

　　昙域，五代前蜀诗僧，扬州人，师从贯休，能诗善篆，入蜀赐
号惠光大师，有《龙华集》十卷。诗人与齐己相知，《全唐诗》收

---

① 何锡光校注：《陆龟蒙全集校注·唐甫里先生文集》卷一五《赋》，第
　　843、845页。
② 〔宋〕范成大撰，陆振岳校点：《吴郡志》卷一七，南京：江苏古籍出版
　　社，1986年，第234页。
③ 王锡九校注：《松陵集校注》卷六《今体七言诗九十二首》，第1121页。
④ 《晋书》卷八〇《王羲之传附许迈传》，第2107页。
⑤ 〔唐〕李咸用撰：《唐李推官披沙集》卷六第十页，《四部丛刊初编》本。
⑥ 〔宋〕李龏编：《唐僧弘秀集》卷九，《景印文渊阁四库全书》第1356册，
　　第914页上。

有齐己《和昙域上人寄赠之什》（卷八四一）、《寄西川惠光大师昙域》（卷八四三）、《谢西川昙域大师玉箸篆书》（卷八四六）等诗。此诗以齐己拟支遁，已届晚景、朋友半凋伤的诗人能时时收到深交音信，无怪其"犹喜"！

（8）齐己《爱吟》云："皎然未必迷前习，支遁宁非悟后生。"[①]

齐己，俗姓胡，名得生，潭州长沙人，"幼而捐俗于大沩山寺，聪敏逸伦，纳圆品法，习学律仪。而性耽吟咏，气调清淡"[②]。齐己一生爱诗成癖，与贯休、皎然齐名，而其传世诗歌数量居首，有《白莲集》十卷，另有诗论《风骚旨格》一卷（亦名《诗格》，附《白莲集》后）。诗谓皎然写诗不迷信前习，支遁诗歌亦可启悟后生。诗人主张诗歌创作不为前习所迷，同时又能广泛汲取前贤创作经验。

（9）省澄《示执坐禅者颂》云："散诞肯齐支遁侣，逍遥曷与慧休邻。"[③]

省澄，俗姓阮，泉州仙游（今福建仙游县）人，嗣保福，世称福先招庆和尚。闽王钦重，赐号净修禅师。《五灯会元》卷八作"省僜"[④]。"散诞""逍遥"意同，谓坐禅不可执，应散诞逍遥，齐侣支遁，为邻慧休。

（三）支安、林远

支遁、道安、慧远皆东晋高僧，后世常以支安、林远代指高僧。

---

① 〔唐〕齐己撰：《白莲集》卷七第十一页，《四部丛刊初编》本。
② 〔宋〕赞宁：《宋高僧传》卷三〇《杂科声德篇第十之二·梁江陵府龙兴寺齐已传》，第751页。
③ 陈尚君辑校：《全唐诗补编·全唐诗续拾》卷四七，第1462—1463页。
④ 〔宋〕普济著，苏渊雷点校：《五灯会元》卷八《保福展禅师法嗣·招庆省僜禅师》，北京：中华书局，1984年，第474页。

1. 支安

支遁、道安年相近，前者主要在南方上层贵族中弘佛，后者主要在北方下层民众中弘佛。《世说新语·雅量第六》第三十二条刘孝标注引《安和上传》云："以佛法东流，经籍错谬，更为条章，标序篇目，为之注解。自支道林等皆宗其理。"[①]二人并称省作"支安"，始见于前揭萧齐刘虬《无量义经序》所谓寻得旨之匠起自支安。刘虬，字灵预，南阳涅阳（今河南邓州市东北）人，寓居江陵，宋泰始（465—471）中仕至晋平王骠骑记室，当阳令。"虬精信释氏，衣粗布衣，礼佛长斋。注《法华经》，自讲佛义。以江陵西沙洲去人远，乃徙居之。建武二年，诏征国子博士，不就。其冬虬病，正昼有白云徘徊檐户之内，又有香气及磬声，其日卒。年五十八。"[②]序云支遁、道安为始得顿渐之辨大旨的巨匠。

唐德宗贞元初阙名《杨公重修寺院碑》云："或方道安，或谕支遁。"此碑1984年4月发现于吐鲁番柏孜柯里克千佛洞80号窟西面的废墟中。"碑文中的'节度使御史大夫'杨公应该就是伊西庭节度使、御史大夫杨袭古。……杨袭古是北庭都护府的最高军政长官，为柏孜柯里克千佛洞重修寺院。寺内僧人为其树碑立传，既是对杨袭古的一种报答，又使本寺的这一荣耀流传后世。"[③]碑文称誉寺僧可方道安、逾支遁。

2. 林远

林远，即支道林与慧远（一作惠远）。慧远为道安弟子，与支

---

① 余嘉锡笺疏：《世说新语笺疏》卷中之上，第410页。

② 〔南朝梁〕萧子显撰：《南齐书》卷五四《高逸·刘虬》，北京：中华书局，2017年，第1035—1036页。

③ 柳洪亮：《柏孜柯里克新发现的〈杨公重修寺院碑〉》，《敦煌研究》，1987年第1期，第62—63页。

遁相似，亦以与文士交游弘法而闻名。

　　（1）王简栖《头陀寺碑文》云："然后遗文间出，列刹相望，澄什结辙于山西，林远肩随乎江左矣。"李善注云："《高僧传》曰：支遁，字道林，本姓关，陈留人。初至京师，王濛甚重之。年二十五出家，师释道安、符丕。后还吴，入剡，王羲之遂与披襟解带，留连不能已。又曰：释惠远，本姓贾氏，雁门人。游许、洛，出家，师释道安、符丕。后还吴，入襄阳，南达荆州，欲往罗浮。届寻阳，见庐峰，遂居焉。三十余年，影不出山，迹不入俗。晋义熙十二年终。"胡克家《文选考异》案云："此有误。刘孝标《世说新语》'言语'注引《高逸沙门传》云'年二十五始释形入道'，恐此本与彼大意相同，并不云'出家师释道安符丕'云云，今误涉下《惠远传》文而如此也。何、陈校皆云'符丕'下有脱，未是。"①

　　胡氏所云有未确处。李善注引《高僧传》谓支遁"师释道安符丕"六字诚"误涉下《惠远传》文而如此"，而谓惠远"后还吴"三字则是误涉上《支遁传》而如此。谓惠远师释道安是，然不可谓师符丕。"符丕"下诚未有脱文，当与"入襄阳"三字成句。

　　符丕即苻丕。"苻丕字永叔，坚之长庶子也。少而聪慧好学，博综经史。"②"（太元四年）二月，襄阳督护李伯护密遣其子送款于秦，请为内应；长乐公丕命诸军进攻之。戊午，克襄阳，执朱序，送长安……"③以是，胡氏谓何焯、陈景云"皆云'符丕'下有脱，未是"良有以也。"后还吴"三字乃涉上《支遁传》文而衍，

---

① 〔南朝梁〕萧统编，〔唐〕李善注：《文选》卷五九《碑文下》，第2534、2543页。
② 《晋书》卷一一五《苻丕载记》，第2941页。
③ 《资治通鉴》卷一〇四《晋纪二十六》烈宗孝武皇帝太元四年，第3339页。

应删去。此处应作"符丕入襄阳"。慧皎《高僧传·义解三·晋庐山释慧远》云:"伪秦建元九年(公元三七三年),秦将苻丕冠斥襄阳,道安为朱序所拘,不能得去,乃分张徒众,各随所之……远于是与弟子数十人,南适荆州,住上明寺。后欲往罗浮山,及届浔阳,见庐峰清静,足以息心,始住龙泉精舍。"[1] 在苻丕克襄阳前,道安已为朱序所拘,惟分散徒众各自逃离,其本人并未"南适荆州"[2]。前揭李善注中"南达荆州"者当为"惠远","符丕入襄阳"乃其"南达荆州"的时间状语。简言之,此处李善注应为:

> 《高僧传》曰:支遁,字道林,本姓关,陈留人。初至京师,王濛甚重之。年二十五出家。后还吴,入剡,王羲之遂与披襟解带,留连不能已。又曰:释惠远,本姓贾氏,雁门人。游许、洛,出家,师释道安。符丕入襄阳,南达荆州,欲往罗浮。届浔阳,见庐峰,遂居焉。三十余年,影不出山,迹不入

[1] 〔南朝梁〕释慧皎:《高僧传》卷六,第181、212页。校注云:"苻丕寇襄阳,应在晋太元四年(公元三七九年)。"(第223页)按:"冠斥"应为"寇斥"。是书卷九《神异上·晋邺中竺佛图澄》云:"欲于洛阳立寺,值刘曜寇斥洛台,帝京扰乱,澄立寺之志遂不果。"(第345页)《太平广记》卷八八《异僧二·佛图澄》同(〔宋〕李昉等编,北京:中华书局,1961年,第573页)。《续高僧传》卷七《义解篇三·陈扬都宣武寺释洪偃传一》云:"又寇斥山侣,遂越岭逃难,落泊驰滞,曾无安堵。"校勘记云:"寇:原作'冠',据《高丽藏》校改。"(第222、224页)

[2] 俞绍初等点校:《新校订六家注文选》卷五九《王巾(简栖)头陀寺碑文》善曰:"苻丕寇斥襄阳,道安南适荆州,欲往罗浮。"校勘记云:"原'寇斥'二字作'后还吴入'四字。按,当涉上《支道林传》误入。又'道安南适',原无'道安'二字,'适'作'达'。明州本、赣州本及尤本善注同。今据《高僧传》卷六《义解三·释慧远一》改。"(郑州:郑州大学出版社,2015年,第3840、3855页)

俗。晋义熙十二年终。

五臣之张铣注"林、远肩随乎江左"云："道林、惠远，二僧名，并有高道，皆游于吴。"《新校订六家注文选》校勘记按云："据《高僧传》，支道林有游吴事，释慧远则无之。此盖五臣因袭用善注误本而为注耳。"[1]

以支遁、慧远乃二名僧并有高道，故常联称之。林远亦因此成典，多以之称颂僧侣。

（2）南朝陈从事何处士《敬酬解法师所赠》云："道林俗之表，慧远庐之阿。买山節高世，乘杯且度河。"[2]

何处士，仕陈为从事。诗起首即比解法师为支遁、慧远，谓支遁处尘俗之外，慧远居庐山之阿；继用支遁买山而隐、杯度乘杯度河二典表现解法师的高世与神异。刘宋时僧人杯度曾乘杯度河。《高僧传·神异下·宋京师杯度》云："尝于北方寄宿一家，家有一金像，度窃而将去，家主觉而追之，见度徐行，走马逐而不及。至孟津河浮木杯于水，凭之度河，无假风棹，轻疾如飞。俄而度岸，达于京师。"[3]

（3）隋杨暕《临淮海下教延沙门智聚》云："故以德冠林远，道超生什，炳斯慧炬，以悟群迷，独步江东，何甚之美！"[4]

----

[1] 俞绍初等点校：《新校订六家注文选》，第3840、3854页。是书此"按"上校勘记谓"'皆游于吴'正德本及明州本、赣州本向注同"，误张铣注为吕向注。

[2]〔唐〕释道宣撰：《广弘明集》卷二〇《统归篇第十》，《大正新修大藏经》卷五二，第358页上。校云"節"元本、明本、宫本作"即"。

[3]〔南朝梁〕释慧皎：《高僧传》卷一〇，第379页。

[4]〔清〕严可均辑：《全上古三代秦汉三国六朝文·全隋文》卷八，第4060页下。

　　暕，字世朏，小字阿孩，炀帝第二子，母萧杏子。"美容仪，疏眉目，少为高祖所爱。开皇中，立为豫章王，邑千户。及长，颇涉经史，尤工骑射。初为内史令。仁寿中，拜扬州总管沿淮以南诸军事。炀帝即位，进封齐王，增邑四千户。"①智聚，俗姓朱，住苏州虎丘东山寺。"开皇十一年，爰降敕书，殷勤劳问……尚书令楚公素、左仆射邳国公苏威，并躬到道场，接足顶礼，咸舍净财，资庄形命。……齐王暕以帝子之贵作牧淮海，乃降教书至山延曰……"②开皇十一年即公元591年，杨暕降教书称誉智聚德冠支遁、慧远，道超道生、罗什。

　　（4）明则《隋故柏尖山寺昙询禅师碑》云："矫然高蹈，支遁愧于逢迎；寂尔冲虚，贾远同其寥廓。"③

　　明则，附见《续高僧传·义解篇六·隋西京大禅定道场释靖玄传》："则本冀人，通玄儒，有才慧，讷言敏行，尤所承统。文藻虽驰，时未之赏，乃制《觉观寺碑》，物亦不悟。仆射杨素见而奇之，由斯一顾，方高声问，奏住仁寿宫三善寺。东都译经，又召入馆，专知缀缉。隋末卒于所住，有集行世。"④

　　此碑录文见于《八琼室金石补正续编》卷一五《唐一》，按云："右《柏尖寺昙询禅师碑》墨本，得自贩夫，不能举石之所在，欧、赵以来皆未著录。文典丽，隶法峻整，阙泐七字而已，惜不著

---

① 《隋书》卷五九《齐王暕传》，第1442页。

② 〔唐〕释道宣：《续高僧传》卷一〇《义解篇六·隋吴郡虎丘山释智聚传》，第344页。

③ 陈尚君辑校：《全唐文补编·全唐文又再补》卷一，第2219页上。陈氏按云："原碑不署作者，今据《续高僧传》卷一六知为明则撰。"（第2220页上）

④ 〔唐〕释道宣：《续高僧传》卷一〇，第341页。

撰书人姓氏。"①今河南辉县市常村乡柏尖寺村有柏尖寺，此碑仍存寺内。道光《辉县志》卷一四《碑碣志·唐·隋故柏尖山寺昙询禅师碑》云："八分书，在县东北十五里柏尖寺，武德五年岁次壬午（622）十二月立，完好无缺，文用四六，辞颇典丽，撰者、书者姓名俱不载，字法清劲，在梁升卿《御史台精舍碑》之上。"②

禅师昙询，俗姓杨，弘农华阴人，后迁于河东。"弱年乐道，久滞樊笼，年二十二方舍俗事，远访岩隐，游至白鹿山北霖落泉寺，逢昙准禅师而蒙剃发。又经一载，进受具戒，谨摄自修，宗禀心学。""后以武德五年十二月，弟子静休、道愿、慧方等，乃阇毗余质，建塔立碑；沙门明则为文，见于别集。"③霖落泉寺坐落于今河南卫辉市太公泉镇霖落山，因离香泉近，又名香泉寺。

综言之，《隋故柏尖山寺昙询禅师碑》撰书人为明则，今柏尖寺内存此碑。碑文谓昙询矫然高蹈逾支遁，寂然冲虚同慧远。慧远俗姓贾，明则为与支遁对而用贾远。

（5）玄奘《请入少林寺翻译表》云："傥蒙矜许，则庐山慧远雅操庶追，剡岫道林清徽望续。"高宗览表不许，次日自报书曰："省表知欲晦迹岩泉，追林、远而驾往，托虑禅寂，轨澄、什以标今，仰挹风徽，实所钦尚。"④

显庆二年（657）二月，高宗驾幸洛阳宫，五十六岁的玄奘陪

①《续修四库全书》第899册，第480页下。
②〔清〕周际华纂修：《辉县志》，《中国地方志集成·河南府县志辑》第17册，上海：上海书店，2013年，第670页下。
③〔唐〕释道宣：《续高僧传》卷一六《习禅初·隋怀州柏尖山寺释昙询传》，第597、599页。
④〔唐〕慧立、〔唐〕彦悰著，孙毓堂、谢方点校：《大慈恩寺三藏法师传》卷九，北京：中华书局，2000年，第208、209页。

从,安置积翠宫;四月,高宗避暑明德宫,玄奘亦陪从,安置显仁宫;五月,敕玄奘还积翠宫翻译。因此扈从,玄奘暂得还乡,欲具棺椁改葬父母。高宗允其所请,营葬所需并公家资给。九月二十日,玄奘上表请入少林寺翻译,谓如蒙准允,则庶可追踪庐山东林慧远的高雅情操,有望续延剡溪林泽支遁的清雅美名。玄奘请表以支遁、慧远典结,高宗报书以林远典始,赞许玄奘欲追踪支遁、慧远驾往岩泉而晦迹,欲并轨佛图澄、鸠摩罗什托虑禅寂以标冠当今,随即以浅识薄闻亦未见其可急转,断然拒绝。

　　(6)李俨《大唐故翻经大德益州多宝寺道因法师碑文并序》云:"气序虽迁,音尘方煽,亦犹道林英范,托绣础以长存;慧远徽猷,寄雕碑而不朽。"①

　　李俨,或作李怀俨②,字仲思,陇西人,龙朔中官中台司藩大夫,以文才著名,长于碑文。是碑立于龙朔三年(663)十月辛巳朔十日庚寅,欧阳询之子欧阳通书丹,常长寿、范素镌刻,现存西安碑林博物馆第二室。多宝寺遗址位于今成都市成华区双庆路与沙河交汇处,初为宝掌禅师道场,显庆间重修。道因,俗姓侯,濮阳(今河南濮阳县)人。中原荡覆,法师避地三蜀,居成都多宝寺,常讲《维摩》《摄论》,听者千人,复于彭门山寺习道安居,后止长

---

① 〔清〕王昶编:《金石萃编》卷五四《唐十四》,《续修四库全书》第888
　 册,第62页上。

② "隋、唐间人,往往取其名之一字以行……今俨与怀俨,同是位兰台侍
　 郎,又同以文笔者,俨即怀俨,断无疑矣。"(岑仲勉:《贞石证史·李俨即
　 李怀俨》,向群、万毅编:《岑仲勉文集》,广州:中山大学出版社,2004
　 年,第112页)《旧唐书》卷五九《李袭誉传》云:"兄子怀俨,颇以文才著
　 名。历兰台侍郎,受制检校写四部书进内,以书有污,左授郢州刺史。后卒
　 于礼部侍郎。"(第2332页)卷一九○上《文苑上·崔行功传》云:"当时朝
　 廷大手笔,多是行功及兰台侍郎李怀俨之词。"(第4996页)

安大慈恩寺协助玄奘翻经，又在慧日寺讲经，以显庆三年（658）三月十一日终于慧日寺，享年七十二，以四年二月八日窆于彭门光化寺石经之侧。龙朔三年十月弟子玄凝等在慧日寺为之立碑。碑文称叹气序虽然迁移，法师音信将借此碑日炽，如同支遁英范托绣础而长存，慧远美道寄雕碑而不朽。此"绣础""雕碑"或本《高僧传》。是书《义解一·晋剡沃洲山支遁》云"袁宏为之铭赞"，《义解三·晋庐山释慧远》云"谢灵运为造碑文，铭其遗德，南阳宗炳又立碑寺门"①。

（7）王勃《益州绵竹县武都山净惠寺碑》云："支道林之好事，语默方融；释惠远之高居，风埃遂隔。"《梓州玄武县福会寺碑》云："以为德因时建，澄什继踵于西都；道冀人弘，林远随肩于南国。"《入蜀纪行诗序》云："总章二年（669）五月癸卯，余自常安观景物于蜀……迨弥月而臻焉。"②

二碑文作于王勃入蜀时期。新莽改长安为常安。王勃入蜀首先到梓州玄武县，咸亨元年（670）九月至成都。玄武县即今四川中江县，绵竹县即今四川绵竹市。

武都山在绵竹北，净惠寺建于南朝梁太清中（547—549）。碑文叙写净惠寺地理形胜、创建时间及其隋末遭毁、修葺过程与规模，颂扬寺僧宽法师、绵竹县令刘照之功德。宽法师，俗姓杨，其先华阴（今陕西华阴市）人，因官徙地，家于绵竹。法师凤机少晤，应变多奇。王勃先以《世说新语·文学第四》第三十五条支遁撰《即色论》成以示王坦之事颂美法师无论语默均能得二人之妙，

---

① 〔南朝梁〕释慧皎：《高僧传》，卷四第163页、卷六第222页。
② 〔唐〕王勃著，〔清〕蒋清翊注：《王子安集注》卷一六《碑》、卷一九《碑》、卷七《序》，第470、558—559、226—227页。

又以慧远高居庐山颂美法师憩影武都山亦能终身不过虎溪远隔风埃。孙光祀《重修平阴县福胜寺碑记》亦云："此非支道林之好事，固宜释惠远之攸芋矣。"①"攸芋"出自《诗经·小雅·斯干》。

福会寺建于隋开皇中，总章二年弘演上人憩于此。弘演宿持真谛，幼挺殊姿，能于长驱中拔烟、云、尘、雾、阿修罗之手等障日月光之五翳，于环顾间登四禅定具足不苦不乐、舍、念清净、一心等四支功德。以为德因时而建，佛图澄、鸠摩罗什接踵而至西都；道冀人而宏，支遁、慧远并肩相随于南国。澄什、林远云云本于王简栖《头陀寺碑文》，王勃以之称颂弘演遍游净境、历骋遐方而至福会寺，在巴南蜀右弘法化缘并修葺寺院。

（8）阙名《大唐相州安阳县大云寺故大德灵慧法师影塔之铭并序》云："至景云年中，属国家大弘佛事，广□僧方。以圣善初成，□□硕德，以法师道齐林远，叶绍□安，遂蒙征召赴都。"②

安阳县今属河南。法师，名嘉运，字灵慧，俗姓刘，彭城人，远祖因宦遂为魏郡人。睿宗景云年中（710—711），灵慧以道齐支遁、慧远，叶绍□安，遂蒙征召赴都，充其大德，后奏请归乡住大云寺，开元四年（716）六月廿六日，在汾州平遥县福聚寺奄然迁逝，春秋四十九，夏腊二十七。其侄慈润寺僧玄晞遂涉山途，取骨归乡，与门徒及同寺僧圆满等在州西南五十里灵泉寺西南悬壁山南面之阳起塔。灵泉寺在今安阳县水冶镇西南的宝山东南麓。

（9）裴漼《皇唐嵩岳少林寺□》云："景龙中，敕中岳少林寺

---

① 〔清〕孙光祀著，魏伯河点校：《孙光祀集》上编《文集·碑记》，济南：齐鲁书社，2014年，第128页。

② 陈尚君辑校：《全唐文补编》又再补卷一〇《阙名》，第2413页下。

置大德十人，数内有阙，寺中抽补，人不外假，座无虚授，澄什联华，林远接武。"①

潍，绛州闻喜（今山西闻喜县）人，父琰之，历任仓部郎中，以老疾废于家。父卒后，潍始擢明经，拜陈留主簿，累迁监察御史，三迁中书舍人，寻转兵部侍郎，开元五年（717）迁吏部侍郎，再转黄门侍郎，代韦抗为御史大夫，宰相张说数荐，擢拜吏部尚书，寻转太子宾客。二十四年卒，年七十余，赠礼部尚书，谥曰懿。《旧唐书》卷一百、《新唐书》卷一三〇有传。此碑建于开元十六年七月十五日，现在河南登封少林寺大雄宝殿左侧，碑阳上截为《秦王告少林寺主教》，下截为《皇唐嵩岳少林寺□》。"从开元十一年十一月至十二月，一行在宫中伺候，竭尽全力，获赐太宗的教书和玄宗御书碑额各一件，并从中书令张说担任长官的丽正殿修书使处得到正式的牒文，少林寺主慧觉等通观全局，斟酌选定张说的密友加心腹的吏部尚书裴潍为碑文的撰书人。"②而且，裴潍从祖弟宽曾为河南丞，又崇信释典。"挺之与裴宽皆奉佛。……宽为河南尹，僧普寂卒，宽与妻子皆服缞绖，设次哭临，妻子送丧至嵩山。"③裴碑首叙少林寺之方位、创建、发展；次叙太宗、高宗、则天大圣皇后、"皇上"等尊崇本寺；次叙众高僧；碑末称颂十大德相并如佛图澄、鸠摩罗什炳烁联华，相承如支道林、慧远先后接武，以见少林寺高僧辈出。

（10）智昇《开元释教录》卷九《总括群经录上之九·大唐慈

恩寺三藏法师传十卷》云："立识敏才俊，神清道远，习林远之高风，有肇融之识量。"①

　　智昇，京兆西崇福寺沙门。"释智昇，未详何许人也。义理悬通，二乘俱学，然于毗尼，尤善其宗。此外文性愈高，博达今古……乃于开元十八年岁次庚午，撰《开元释教录》二十卷，最为精要。"②《开元释教录》总录以时代先后为序，记东汉至唐开元年间所有翻译著述目录及译著者传记。其谓慧立学识博敏，才气俊拔，心神清澄，道行远迈，习尚支遁、慧远之高雅风操，具备僧肇、道融之识见度量，声誉闻彻，敕召充大慈恩寺翻经大德。

　　（11）李白《别山僧》云："何处名僧到水西，乘舟（一作'杯'）弄月宿泾溪。……谑浪肯居支遁下，风流还与远公齐。"王琦注云："《法苑珠林》：沙门支遁，字道林，陈留人也。神宇隽发，为老、释风流之宗。"③

　　或注云："支遁，晋名僧，常隐剡中，不游人事。好养鹰马，而不乘放，人或讥之，遁曰：'贫道爱其神骏。'见《世说·言语》

---

① 《大正新修大藏经》卷五五，第564页下。校云：宋、元、明三本"林"作"琳"。
② 〔宋〕赞宁：《宋高僧传》卷五《义解篇第二之二·唐京兆西崇福寺智昇传》，第95页。
③ 〔清〕王琦注：《李太白全集》卷一五《古近体诗·留别》，第745页。詹锳主编《李白全集校注汇释集评》在《法苑珠林》云云后又注："支遁与谢安、王羲之等交游，以好谈玄理闻名当世。见《高僧传》卷一。"（天津：百花文艺出版社，1996年，第2246页）郁贤皓《李太白全集校注》惟在"等"字后加"名士"二字（南京：凤凰出版社，2015年，第1895页）。按：支遁与谢安云云见《高僧传》卷四《义解一》。

注。"①天宝十四载（755），李白数游安徽泾县，此诗即作于是年。起首何处名僧点出山僧飘忽不定，乘舟弄月见出山僧高雅脱俗；诗末用典，谓山僧戏谑笑敖不及支遁，风流潇洒等齐慧远。"肯居""还与"与"支遁""远公"见出诗人之褒贬，知谑浪为贬词，当本《诗经·邶风·终风》"谑浪笑敖，中心是悼"。王先谦《诗三家义集疏》云："盖谑非不可，谑而浪则狂；笑非不可，笑而敖则纵，分析言之，故与上'笑'不复。"②支遁偶或逞口舌之利诋侮人，如前揭《世说新语·轻诋第二十六》第二十一"王中朗与林公绝不相得"条、第三十"支道林入东"条，即是"谑浪"。诸家注多风流之宗、好养鹰马、与王谢交游等一般性介绍，均与谑浪无关。如能引此二条入注，似更为妥帖。

（12）公乘亿《魏州故禅大德奖公塔碑》云："越绝支道，匡庐远公，高情远致，迹异心同。"③

亿，字寿仙（或作寿山），魏州（今河北大名县）人，咸通十二年（871）进士，僖宗时任万年县尉、京兆府试官，为魏博节度使（治魏州）乐彦祯从事，以词赋著名。奖公即兴化存奖，俗姓孔，字存奖，祖籍山东邹鲁，因祖、父官隶蓟门，遂为魏州人。存奖未逾七岁即悟三乘，于三河县盘山甘泉院依止禅大德晓方，大中五年（851）受具足戒，礼谒临济义玄得奉指归，旋游历诸方追穷圣迹探讨朝宗，过钟陵遇仰山大师，后随义玄止于观音寺（即兴化寺，

----

① 安旗等笺注：《李白全集编年笺注》卷一二《编年诗第十二·天宝十四载（七五五年）》，第1156页。

② 〔清〕王先谦撰，吴格点校：《诗三家义集疏》卷三上，北京：中华书局，1987年，第148页。

③ 《文苑英华》卷八六八《碑十八·释十二》，第4583页上。按："支道"疑误，当作"支遁"。

在今河北大名县）江西禅院。义玄圆寂后，魏博节度使韩简之叔赞中及诸檀信为建精舍，存奖于此演无量法，大振临济宗风，文德元年（888）七月十二日迁化，享龄五十九，僧腊四十一。公乘亿应其弟子藏晖请为撰碑铭，称扬存奖高情远致与越绝之支遁、匡庐之慧远迹异心同。

二、僧俗交游之典

柳宗元《送文畅上人登五台遂游河朔序》云："昔之桑门上首，好与贤士大夫游，晋宋以来，有道林、道安、远法师、休上人，其所与游，则谢安石、王逸少、习凿齿、谢灵运、鲍照之徒，皆时之选。"①支遁与王羲之、谢安、许询等名士交游时见于唐代诗文，且常作为事典被引用，其中尤以支许为夥。

（一）支遁与王羲之、谢安交游

（1）许景先《征君宅今祇洹寺是》云："内史既解绶，支公亦相亲。"②

景先，名杲，以字行。韩休《大唐故吏部侍郎高阳许公墓志铭并序》云："君讳杲，字景先，高阳人也。……曾祖绪，散骑常侍。祖行师，潞州别驾。父义均，秋浦令、赠左司郎中。""以开元十八年（730）八月九日，遘疾终于京兆宣阳私第，春秋五十有四。"③高阳即今河北高阳县，为许姓郡望之一。景先弱冠应贤良方正举擢第，授陕州夏阳尉，终官工部侍郎兼知制诰、吏部侍郎。"中书令张说尝称曰：'许舍人之文，虽无峻峰激流崭绝之势，然属词丰

① 尹占华、韩文奇校注：《柳宗元集校注》卷二五《序》，第1667页。

②《全唐诗》卷一一一，第1134页。

③ 高慎涛：《洛阳出土唐代文人许景先墓志考疏》，《中国韵文学刊》，2104年第2期，第98、99页。

美，得中和之气，亦一时之秀也。'"①

征君即许询，曾舍其山阴旧宅为祇洹寺。"（许询）遂舍永兴、山阴二宅为寺，家财珍异，悉皆是给。既成，启奏孝宗，诏曰：'山阴旧宅为祇洹寺，永兴新居为崇化寺。'……既而，移皋屯之岩，常与沙门支遁及谢安石、王羲之等同游往来，至今皋屯呼为许玄度岩也。"②王内史即王羲之。"羲之既拜护军，又苦求宣城郡，不许，乃以为右军将军、会稽内史。"③内史解绶、支公相亲即谓许询在皋屯岩与支遁、谢安、王羲之等同游往来。

（2）李华《润州天乡寺故大德云禅师碑》云："东南苾刍之上首，曰长老云公，报年若干，永泰二年（766）某月日涅槃于润州丹徒天乡寺。……御史中丞韦公元辅史作甫顷临润州，尝申跪礼。无何，韦公兼观察领浙西，按部至京江，来修谒问。……韦公致别之明日，长老绳床跏趺，无病而灭。呜呼！至矣哉！昔支遁与谢公为山水下疑衍之游，竺法师与王度为生死之约，古今同道，如见其人。……由是江景疑禅教，有大照之宗焉。"④

华，字遐叔，赞皇（今河北赞皇县）人，开元二十三年（735）进士及第，擢宏辞科，累官监察御史、右补阙。云禅师，法号法云，俗姓申，望出魏郡，曾祖宁，祖靖，父俭。法云景龙间受具于润州龙兴寺玄昶律师，后与鹤林绚律师同往嵩颍求法于七祖大照和尚。大

①《旧唐书》卷一九〇中《文苑中·许景先传》，第5033页。
②〔唐〕许嵩撰，张忱石点校：《建康实录》卷八《孝宗穆皇帝》，第216—217页。
③《晋书》卷八〇《王羲之传》，第2094页。
④《文苑英华》卷八六一《碑十八·释十二》，第4546页下至第4547页上。按：《全唐文》卷三二〇《李华七》"报年若干"后有"僧夏若干"四字，"江景"作"江表"（第3242页下、第3243页上）。

照之宗在江表得以传扬，法云有功焉。韦元甫，京兆万年人。元载《大唐故金紫光禄大夫扬州大都督府长史兼御史大夫淮南节度观察处置使彭城郡开国公赠户部尚书韦公墓志铭并序》云："维唐大历六年（771）七月乙酉，淮南节度观察处置使、扬州长史、御史大夫韦公享年六十有二，薨于位。……公讳元甫，字宣宪，京兆杜陵人也。"①永泰元年（765），韦元甫已为浙西观察使②。在此前后，韦氏两谒法云，一申跪礼，一受檀像。碑文由此感叹二人情非寻常，以为云禅师、韦元甫之交与支遁、谢安山水之游及竺法师、王文度为生死之约③古今同道。

（3）李逊《游妙喜寺记》云："越州好山水……故谢安与许询、支道林、王羲之，常为越中山水游侣。以安之清机，询、道林之高逸，羲之之知止，虽生知者思过已半，乌知其又不因外奖积成精洁邪？妙喜寺去郭二十里而近，通舟而到，积水四满，楼台在

---

① 金鑫：《新见唐史惟则书〈韦元甫墓志〉〈辛旻墓志〉考释》，《中国书法》，2017年第12期，第86页。《旧唐书》卷一一《代宗本纪》云："八月乙卯，淮南节度使韦元甫卒。"（第298页）卷一一五《韦元甫传》亦云："大历六年八月，以疾卒于位。"（第3376页）韦氏卒时当以墓志为准。

② "永泰元年，浙西廉使韦元甫表请光为六郡别敕道场持念之首。"（〔宋〕赞宁：《宋高僧传》卷二四《读诵篇第八之一·唐湖州法华寺大光传》，第623—624页）

③ "沙门竺法度者，会稽人。先与北中郎将王坦之友善，每共论死生罪福报应之事，茫昧难明，未审有无。因便共为要，若先无常，其神有知，及罪福决定者，当相报语。既别后，王坦后在都，于庙中忽见师来，王便惊云：'上人何处来？'答曰：'贫道以某月日命过，罪福皆不虚，事若影响。檀越但当勤修道德，以升济神明耳。先与君要，先死者相报，故来相语。'言讫，而不见耳。"注"沙门竺法度者"云："《珠林》、《广记》、《晋书》、《建康实录》'度'作'师'，旧本同。"（〔南朝宋〕陶潜撰，李剑国辑校：《新辑搜神后记》卷九《竺法度》，北京：中华书局，2007年，第580—581页）坦之字文度，李华碑文"王度"即为"王文度"。

中。……非敢追踪羊公，亦复长揖王谢矣。"①

　　逊，字友道，赵郡（治所在今河北赵县）人，登第进士，官至刑部尚书，长庆三年（823）正月卒，年六十三，赠右仆射。"元和初，出为衢州刺史。以政绩殊尤，迁越州刺史、兼御史大夫、浙东都团练观察使。"②此记首叙谢安与支遁等为越中山水游侣，仅为记末言志作铺垫耳。妙喜寺在吴兴杼山，皎然曾居此。

　　（4）孟浩然《同王九题就师山房》云："晚憩支公室，故人逢右军。"③

　　王迥，行九，号白云先生，隐居鹿门山，浩然有多首与其相关之诗。"这是一首和诗。王九（即王迥，行九，孟的朋友）的原诗题目当是《题就师山房》。这诗似写于开元十三年以前。"④此诗以支遁尊称就师，以王羲之尊称王九，谓其交游相类。"故人"二字前置，又于称美二人外见出与王九相遇之喜。

　　（5）李白《江夏送倩公归汉东序》云："谢安四十，卧白云于东山；桓公累征，为苍生而一起。常与支公游赏，贵而不移。大人君子，神冥契合，正可乃尔。仆与倩公一面，不忝古人。"⑤

　　江夏即今湖北武汉武昌区。汉东即今湖北随州市，天宝元年（742）改为汉东郡，乾元元年（758）复改为随州。"《汉东紫阳先生碑铭》：'有乡僧贞倩，雅仗才气，请予为铭。'盖即其人。王谱系

①《全唐文》卷五四六《李逊》，第5537页上至下。
②《旧唐书》卷一五五《李逊传》，第4123页。
③李景白校注：《孟浩然诗集校注》卷二《五言排律》，第197页。
④李华选注：《孟浩然诗百首》，郑州：中州古籍出版社，1990年，第36页。
⑤〔清〕王琦注：《李太白全集》卷二七《序》，第1281页。

乾元二年下……王谱所言是也。"① 倩公即随州乡僧贞倩，雅仗才气。李白以惟有贞倩能继紫阳先生之迹而起，大器老成可期，又能重然诺，好贤工文，故谓自己与倩公一面而无愧谢安与支遁游赏，倩公与自己交往亦如惠休与江淹、鲍照交往可各尽一时风流。

（6）皎然《五言答裴济从事》云："迟迟云鹤意，奋翅知有期。三秉纲纪局，累登清白资。……何异王内史，来招道林师。"《赠李舍人使君书》云："昔谢太傅每赏支公喜标宗要，若九方堙之相马，略其玄黄，而取骏逸。昼今日于公，即道琳逢太傅之秋也。"②

裴济，字方舟。"大历中，三为州录事参军，与皎然等唱和。"③"此诗作于裴济离湖州后，诗中历数其后来的历官，'三秉纲纪局，兼登清白资'与《裴济铭》之'三御史、二尚书郎'合，当为一人。"④《裴济铭》即穆员《河南少尹裴公墓志铭》。诗起首迟迟云鹤奋翅有期用支遁放鹤典，诗末自谓支遁，以裴济拟王羲之，云其以诗招己无异王羲之仍请支遁住灵嘉寺。

皎然有《七言和李舍人使君纾题云明府道室》诗。"上自考其诗，以太真及李纾等四人为上等……""李纾字仲舒，礼部侍郎希言之子。少有文学。天宝末，拜秘书省校书郎。大历初，吏部侍郎李季卿荐为左补阙，累迁司封员外郎、知制诰，改中书舍

① 吕华明等：《李太白年谱补正·乾元二年，己亥（公元759年）》，北京：中华书局，2012年，第479—480页。

②〔唐〕释皎然撰：《吴兴昼上人集》卷二第一页、卷九第九页，《四部丛刊初编》本。

③ 陶敏：《全唐诗作者小传补正》卷七九四《裴济》，第1448页。

④ 贾晋华：《皎然年谱·宝应二年、唐代宗广德元年癸卯（763）四十四岁》，第36页。按："纪纲"当为"纲纪"。

人。寻自虢州刺史征拜礼部侍郎。……卒于官，年六十二。贞元八年，赠礼部尚书。"①李纾有诗名，与包佶并称包李，《全唐诗》存其诗十三首。德宗建中元年（780），"李纾是秋当以出任外官之便，请告往扬州觐省，因游吴中，与皎然重聚。《赠李舍人使君书》云：'自湖上一辞，十有余载。'自广德至是年，正为十数载"②。赠书中皎然自称支遁，以谢安誉李纾，期望己作能得其赏鉴。

（7）贯休《蜀王登福感寺塔三首》其二云："林僧岁月知何幸，还似支公见谢公。"③

贯休，字德隐，俗姓姜氏，婺州兰溪登高里（今浙江兰溪市游埠镇）人，七岁投本县和安寺圆贞长老为童侍，二十岁受具足戒，昭宗天复三年（903）已抵蜀。"高祖礼待，膝之前席，过秦主待道安之礼，逾赵王迎图澄之仪。特修禅宇，恳请住持，寻赐师号曰'禅月大师'，曲加存恤，优异殊常。十年已来，迥承天眷。无何，壬申岁十二月，召门人谓曰……言讫，奄然而绝息。"④贯休内外兼修，诗书画皆擅。其诗格高旨远，骨气混成。"所长者歌吟，讽刺微隐，存于教化。体调不下二李、白、贺也。"⑤入蜀后，贯休颇受王建尊崇，写了多首颂扬王建的诗歌，《蜀王登福感寺塔三首》即

---

① 《旧唐书》卷一三七《刘太真传》《李纾传》，第3763、3764页。同书卷一三《德宗本纪下》云："（贞元八年二月）己酉，吏部尚书李纾卒。"（第373页）

② 贾晋华：《皎然年谱·唐德宗建中元年庚申（780）六十一岁》，第102页。

③ 〔唐〕贯休著，胡大浚笺注：《贯休歌诗系年笺注》卷一九，北京：中华书局，2011年，第848页。

④ 胡大浚笺注：《贯休歌诗系年笺注·附录·诸本题跋》，第1295页。

⑤ 〔宋〕赞宁：《宋高僧传》卷三〇《杂科声德篇第十之二·梁成都府东禅院贯休传》，第750页。按："白贺也"当为注文误入正文。

是其代表。"（天复三年八月）庚辰，加西川节度使西平王王建守司徒，进爵蜀王。"①此三首诗当作于天复四年（904）年初。"隋益州郭下福感寺塔者，在州郭下城西。本名大石。相传云是鬼神奉育王教，西山取大石为塔基，舍利在其中，故名大石也。"②其一谓蜀王此世喜登金骨塔、前生应是育王身，谓蜀地岁暮处处笙歌、襦裤颂声四起、岁首锦绣一新，谓自己沾恩无以为报、只擎章句贡送平津（此泛指丞相等高官）；其二开篇称颂蜀王似圣人大悲增上，不欲疾进菩提之果，忧国忧民契合尧聪，两髩有雪万里无尘，末以支遁自喻，以谢安颂王建，以支公见谢公应贡平津意。

（二）支遁与许询交游

或以贵如王谢者鲜见，诗文多用支遁与许询称美僧人与文士交游。《高僧传·义解四·宋京师东安寺释慧严》云："时颜延之著《离识观》及《论检》，帝命严辩其同异，往复终日，帝笑曰：'公等今日，无愧支许。'"③《白氏六帖事类集》卷二六《僧第六十》亦收此典。

（1）卢象《寄云门亮师》云："玄度常称支道林，南山隐处白

---

① 《资治通鉴》卷二六四《唐纪八十·昭宗圣穆景文孝皇帝下之上·天复三年》，第8733页。

② 〔唐〕释道世著，周叔迦、苏晋仁校注：《法苑珠林校注》卷三八《敬塔篇第三十五·故塔部第六·感应缘》，第1215—1216页。林向《隋唐益州福感寺塔遗址考》云："1980年6月，成都市文管处在成都市西城长顺中街82号基建工地，清理了一座地下石室……这处隋唐塔基遗址当为隋唐益州福感寺塔基遗址。"（林向：《清江深居集——近三十年来考古文物的研究与札记》，成都：巴蜀书社，2010年，第189—191页）

③ 〔南朝梁〕释慧皎：《高僧传》卷七，第262页。

云深。"①

象，字纬卿，行八，祖籍范阳，家居汶水。刘禹锡《唐故尚书主客员外郎卢公集纪》云其"始以章句振起于开元中，与王维、崔颢比肩骧首，鼓行于时。妍词一发，乐府传贵"。《董氏武陵集纪》云董氏"尝所与游者皆青云之士。闻名如卢、杜卢员外象，杜员外甫，高韵如包、李包祭酒佶，李侍郎纾。迭以章句扬于当时"②。卢象与盛唐诸大家如王维、李颀、李白、贺知章等交游。殷璠《河岳英灵集》卷下评云："象雅而平，素有大体，得国士之风。曩在校书，名充秘阁，其'灵越山最秀，新安江甚清'，尽东南之数郡。"③云门即绍兴云门山之云门寺。卢象有《紫阳真人歌并序》，"当作于大历十四年（779）。……说明卢象此年在越中"④。云门亮师或为云门寺道亮。《宋高僧传·习禅篇第三之一·唐越州云门寺道亮传》云："释道亮，姓朱氏，越州人也。厥考前刺会稽郡。亮年八岁出家，极通经业。……神龙元年（705），孝和皇帝诏亮与法席宗师十人，入长乐大内坐夏安居。时帝命受菩萨戒。"《明律篇第四之一·唐会稽开元寺昙一传》云："十六，听云门寺茂亮法师经论，一闻悬解。法师异之，谓其母孟氏曰：'此佛子也，可令削发，当与授记。'亮即孝和皇帝菩萨戒师也。……时丞相燕国公张说、广平宋璟、尚书苏瓌、兖国陆象先、秘书监贺知章、宣州泾县令万齐融，皆以同声并为师友，虽支许之会虚嘉，宗雷之集庐岳，未云多

① 〔明〕张元忭撰：《云门志略》卷三《唐诗》，《四库全书存目丛书》史部第230册，第655页上。

② 瞿蜕园笺证：《刘禹锡集笺证》卷一九《集纪》，第505、517页。

③ 王克让：《河岳英灵集注》，成都：巴蜀书社，2006年，第369页。

④ 竺岳兵：《唐诗之路唐代诗人行迹考》，北京：中国文史出版社，2004年，第169页。

也。"①道亮、茂亮均为中宗李显菩萨戒师，又均为云门寺僧，当即一人。亮或作谅。梁肃《越州开元寺律和尚塔碑铭》云："至云门寺，遂依沙门谅公出家。"②

《寄云门亮师》，卢象以许询自比，以支遁称亮法师；《昙一传》，则以为昙一与张说、宋璟等并为师友不比支遁与许询及慧远与宗炳、雷次宗交游逊色。

（2）杜甫《巳上人茅斋》云："空忝许询辈，难酬支遁词。"仇兆鳌注云："鹤注：梁氏编在天宝十二载游山东时作，然旧次与洛尧所作诗先后，当是开元二十九年间。""末以许询自比，以支遁比巳公，盖赋诗而作谦词也。"《西枝村寻置草堂地夜宿赞公土室二首》其二云："从来支许游，兴趣江湖迥。"仇兆鳌注云："鹤注：公乾元二年七月自华至秦，意欲居此，故寻置草堂地。西枝村，在秦近郭，有岩窦之胜，杉漆之利，赞公尝称之。公以关辅饥，弃之同谷，当是其年秋晚冬初作，故诗有天寒日短之句。"③

巳上人何人，茅斋何处，难以确考。首联对句"可以赋新诗"并提诗人与巳公，语浅意深，见出巳上人非俗僧，尾联以此呼应并作谦词。"先生于巳公，谦不敢以都讲自居，故云然也。"④

----

① 〔宋〕赞宁：《宋高僧传》，卷八第183页、卷一四第352—353页。"按王羲之请支遁住会稽灵嘉寺，用意相近，见《高僧传》卷四《支遁传》。许谓许询与遁谈玄著名。此'虚嘉'疑当作'灵嘉'。"（第357—358页）

② 《全唐文》卷五二〇《梁肃》，第5288页上。

③ 〔清〕仇兆鳌注：《杜诗详注》，第16、596、594页。

④ 〔清〕金圣叹著，陆林辑校整理：《唱经堂杜诗解》卷一《巳上人茅斋》，南京：凤凰出版社，2016年，第627页。金圣叹《访周粟仲不遇》之二云："支公说与许都讲，昨夜世尊入灭那。"（〔清〕金圣叹著，陆林辑校整理：《沉吟楼诗选》卷四《七言绝》，南京：凤凰出版社，2016年，第1191页）《邵僧弥山水长卷跋》云："余与先生，生既同里，年又不甚（转下页）

西枝村在今甘肃天水市麦积区甘泉镇元店村，处永川河谷，西北是甘泉镇的太平寺泉眼。杜甫《宿赞公房》原注云："赞，京师大云寺主，谪此安置。"仇兆鳌注："赵汸曰：杜公与房琯为布衣交。及房琯罢相，公上疏争之，亦几获罪，由此龃龉流落。赞亦房相之客，时被谪秦州，公故与之款曲如此。"大云寺即大云经寺。《大云寺赞公房四首》仇兆鳌注："《长安志》：大云经寺，在京城朱雀街南，怀远坊之东南隅，本名光明寺。武后初幸此寺，沙门宣政进大云经，经中有女主之符，因改名焉。令天下诸州置大云经寺。"[①]赵汸谓赞公被贬因其为房琯之客。杨伦笺注《西枝村寻置草堂地夜宿赞公土室二首》其二"数奇适关塞"云："师氏注：赞公与房琯游从，琯既得罪，赞亦被谪。此语未详所本，姑存其说。"[②]赞公京师大德，方外之人，杜甫谓其因数奇而谪关塞，实亦寓自慨之意。由京师而关塞，为在西枝村寻置草堂地，故人赞公与自己怡然携手，恣意远步，扪萝陟巘，求阳涉阴。夜宿赞公土室，二人复燃薪代烛，汲井烹茶，永夜晤语。故而诗人自比许询，比赞公为支遁，以见交好有素，并志赞公高风。此前，《大云寺赞公房四首》其二亦云："道林才不世，惠远德过人。"仇兆鳌注："道林、惠远，借比赞公。"[③]

（3）阙名《安国寺僧残碑》云："和尚启第一石弟六行说三

（接上页）相去，使先生稍得至今日犹未死，余与先生试作支许，竟日相对，实未知鹿死谁手。"（〔清〕金圣叹著，陆林辑校整理：《金圣叹文辑佚》，南京：凤凰出版社，2016年，第965页）

①〔清〕仇兆鳌注：《杜诗详注》卷七第592、593页，卷四第333页。
②〔唐〕杜甫著，〔清〕杨伦笺注：《杜诗镜诠》卷六，上海：上海古籍出版社，1980年，第250页。
③〔清〕仇兆鳌注：《杜诗详注》卷四，第334、335页。

之奥旨,会不二之妙门□经下闕弟二石弟六行因留内道场安置……
清河房公琯、博陵崔公涣、太原弟三石弟五行王公缙、宏农杨公
绾为支许……""右碑在会善寺,仅存下截十六行,复裂为三,
且多残损。以文义缀属之,可读者如此:和尚居安国寺,卒于
大历十三年,权厝于山北寺,至建中□似是元字年迁窆,乃立是
碑也。"①

会善寺,在登封,前已言及。

房琯,字次律,先后相玄宗、肃宗。"宝应二年,召拜刑部尚
书,道病卒,赠太尉。琯有远器,好谈老子、浮屠法,喜宾客,高谈
有余,而不切事。"②

崔涣,博陵安平人。穆员《相国崔公墓志铭》云:"佐玄宗扶
正厄运,保维宸极;戴肃宗绍复大业,底绥生人;事代宗朝,羽仪
百辟。历官二十三,享年六十二,以大历三年(768)冬十有二月二
日薨于道州刺史之寝。"③涣曾于法钦执弟子礼。《宋高僧传·习
禅篇第三之二·唐杭州径山法钦传》云:"钦之在京及回浙,令仆
公王节制州邑名贤执弟子礼者,相国崔涣、裴晋公度、第五琦、陈
少游等。"④

王缙,字夏卿,太原祁人。"缙素奉佛,不茹荤食肉,晚节尤
谨。妻死,以道政里第为佛祠,诸道节度、观察使来朝,必邀至其
所,讽令出财佐营作。初,代宗喜祠祀,而未重浮屠法,每从容问

---

① 〔清〕陆增祥撰:《八琼室金石补正》卷六五《唐三十七》,《续修四库全
　　书》第897册,第377页上、下。
② 《新唐书》卷一三九《房琯传》,第4628页。
③ 《文苑英华》卷九三六《志二·宰相一》,第4924页下。
④ 〔宋〕赞宁:《宋高僧传》卷九,第211页。

所以然,缙与元载盛陈福业报应,帝意向之。"①建中二年(781)十二月,"丙申,太子宾客王缙卒"②。

杨绾,华州华阴人,韦肇《大唐故中书侍郎同平章事赠司徒杨府君墓志》云:"伊大历十有二年(777)七月己巳,相国杨公寝疾薨于位。……公讳绾,字公权,户部侍郎、国子祭酒温玉之孙,侍御史、赠礼部侍郎侃之子。"③"雅尚玄言,宗释道二教……以清德坐镇雅俗,时比之杨震、邴吉、山涛、谢安之俦也。"④

据此残碑存留碑文,知安国寺僧某曾留内道场安置,与房琯、崔涣、杨绾、王缙等有支许之交。

(4)刘长卿《秋夜有怀高三十五适兼呈空上人》云:"不见支公与玄度,相思拥膝坐长吟。"⑤

此二句三见于《全唐诗》,署名刘长卿、皇甫冉者诗题及内容几全同,所谓支公与玄度均为高适与空上人(和尚);署名张南史者诗题、内容均与前二首差异虽稍大,然仍是一诗,所谓支公与玄度则为南十五与空和尚。周勋初《〈秋夜有怀高三十五适兼呈空上人〉诗发微》云:"按诗的第七句曰'不见支公与玄度',支公为东晋时的支道林,这里借指空和尚。刘长卿辈用前代的高僧推崇对方,用典可谓帖切。""空和尚即不空,不空曾为高适摩顶,这不

---

① 《新唐书》卷一四五《王缙传》,第4716页。

② 《旧唐书》卷一二《德宗本纪上》,第331页。

③ 赵振华:《唐代宰相〈杨绾墓志〉跋》,杜文玉主编:《唐史论丛》第21辑,西安:三秦出版社,2015年,第215页。

④ 《旧唐书》卷 九《杨绾传》,第3437页。

⑤ 〔唐〕刘长卿著,储仲君笺注:《刘长卿诗编年笺注·未编年诗》,北京:中华书局,1996年,第552页。储氏题解六:"按此诗当为张南史作。南史题作《秋夜闻雁寄南十五兼呈空和尚》(《全唐诗》卷二九〇)。一作皇甫冉诗,题作《秋夜有怀高三十五适兼呈空和尚》(二四九),亦误。"(第551页)

但有赵迁的《不空行状》可以作证，而且有关不空的其他一些材料也可证明。"①

　　若以此诗为张南史所作，则"南史诗兼呈之空上人，当为扬州僧，而南十五则与之居处相近，否则无从兼呈也。又按张南史宝应至大历中寓居扬州扬子，诗当作于此期间"②。南史，字季直，幽州人，少工弈棋，后苦节学文，数年间稍入诗境，曾任仓曹参军，安史乱中避乱婺州，与灵一交游，后移居扬州、宣城，乱平经李纾荐引朝廷再召，因病未赴，卒年无考。前揭独孤及《唐故扬州庆云寺律师一公塔铭并序》云灵一与张继、皇甫冉、张南史、房从心等相与为尘外之友，则张南史《秋夜闻雁寄南十五兼呈空和尚》亦可成说。无论如何，此诗以空和尚比支遁，以高三十五（南十五）比许询，以不见其拥膝长吟寄怀，可谓善于用事矣。

　　（5）梁肃《送灵沼上人游寿阳序》云："予至东越，亦访支许故事，归而于虎丘之精庐，先出后期，以志少别云尔。"③

　　肃，字敬之，一字宽中，世居陆浑，开元中（713—741）徙于函谷关④。崔元翰《右补阙翰林学士梁君墓志》云："（贞元）九年（793）冬十有一月旬有六日，寝疾于万年之永乐里，享年四十有一。……年十八，赵郡李遐叔、河南独孤至之始见其文，称其美。由是大名彰于海内。"⑤梁肃师事独孤及，为文崇尚古朴，精于叙

────────────

①周勋初：《文史探微》，上海：上海古籍出版社，1987年，第157—158、159页。

②储仲君笺注：《刘长卿诗编年笺注·未编年诗》，第552页。

③《文苑英华》卷七二六《序二十八·饯送九》，第3766页上。

④参见〔唐〕梁肃：《过旧园赋》，《文苑英华》卷一三〇《赋一百三十·哀伤二》，第597页上至第598页上。

⑤《文苑英华》卷九四四《志十·职官六》，第4967页上至下。

释氏。崔恭《唐右补阙梁肃文集序》云："而公早从释氏，义理生知，结意为文，志在于此。言谈语笑，常所切劚，心在一乘。故叙释氏最为精博。……故公之文章，粹美深远，无人能到。"①贞元四年（788），梁肃在淮南幕。"春赴吴、越，作《送灵沼上人游寿阳序》《送皇甫尊师归吴兴卞山序》；旋返扬州，作《送张三十昆季西上序》《通爱敬陂水门记》。"②寿阳即今安徽寿县。梁肃与灵沼上人交游近三十年，初以文合，晚以道交。是年春，因疾赴东南问医，灵沼将游寿阳，作此序以送之。许孟容、郑通诚与上人有忘言之契，作者祝上人与其道旧余暇必荷锡而游，问淮南小山丛桂何在，问庄子濠上儵鱼乐否；谓自己到东越亦将访支遁、许询故事问道高僧。序末先出后期，相约将于归途至苏州虎丘寺谒见上人。

（6）刘禹锡《澈上人文集序》云："后相遇于京、洛，与支、许之契焉。"③

灵澈虽受经论却一心好文章，先从严维学诗，后与皎然游。皎然荐之包佶、李纾，其名因二人而扬。皎然《赠包中丞书》云："有会稽沙门灵澈，年三十有六，知其有文十余年，而未识之。此则闻于故秘书郎严维、随州刘使君长卿、前殿中皇甫侍御曾，常所称耳。及上人自浙右来湖上，见存并示制作。观其风裁，味其情致，不下古手，不傍古人，则向之严、刘、皇甫所许，畴今所觌，三君之言犹未尽上人之美矣。"《答权从事德舆书》又云："灵澈上

---

①《全唐文》卷四八〇《崔恭》，第4903页下至第4904页上。

②胡大浚、张春雯：《梁肃年谱稿（下）》，《甘肃社会科学》，1997年第1期，第47页。

③瞿蜕园笺证：《刘禹锡集笺证》，第520页。

人，足下素识，具文章，挺瑰奇，自齐梁已来，诗僧未见其偶。"①
《雪浪斋日记》谓"灵徹诗，僧中第一"②。元和十一年（816），
灵徹终于宣州开元寺，年七十一。殁后十七年，门人秀峰捧其文乞
刘禹锡为序。

　　序谓灵澈在吴兴居何山，皎然居杼山，作者幼年曾陪其吟咏，
受二人赞许。"刘禹锡贞元九年（七九三）举进士，十一年授太子
校书郎，后丁父忧，居洛阳，其与灵徹重遇，当在此一期间。"③
在京洛，初入仕途的刘禹锡，复得参与灵澈和诸文士的支许之契。
"灵澈与王叔文集团的刘禹锡、柳宗元、吕温、韩泰都有交往，说
他政治上同情永贞革新，恐怕是不过分的。"④或以此故，灵澈被
徙福建汀州。支许之契因此又成一典。"能文章，尤喜为诗，秦少
游与之（参寥子）有支许之契。"⑤"康熙癸丑（1673）庐居，始与
师有支许之契。"⑥"弟与大师结支许之契将十五年，咫尺盘山，
未能遂青鞋布袜之愿。"⑦

---

①〔唐〕释皎然撰：《吴兴昼上人集》卷九第十页、第十一页，《四部丛刊初
　　编》本。按：《景印文渊阁四库全书》本《杼山集》"挺"后有"拔"字（第
　　1071册第861页上）。
②〔宋〕胡仔纂集，廖德明校点：《苕溪渔隐丛话》前集卷五六引，北京：人
　　民文学出版社，1962年，第382页。
③傅璇琮主编：《唐才子传校笺》卷三《灵徹上人》笺证，第1册，第615页。
④卞孝萱：《刘禹锡丛考》，氏著《卞孝萱文集》卷二，南京：凤凰出版社，
　　2010年，第291页。
⑤〔宋〕朱弁撰，孔凡礼点校：《曲洧旧闻》附录一《续骫骳说·参寥子》，北
　　京：中华书局，2002年，第236页。
⑥〔清〕王士禛撰，武润婷等校点：《蚕尾文集》卷六《塔铭·法庆灵峚禅师
　　塔铭》，济南：齐鲁书社，2007年，第1899页。
⑦〔清〕王士禛撰，袁世硕、王小舒整理：《集外文辑遗》卷二《书札·与释智
　　朴·一》，济南：齐鲁书社，2007年，第2386页。

（7）白居易《宿香山寺酬广陵牛相公见寄》云："支许徒思游白月，夔龙未放下青天。"题下注："来诗云：'唯羡东都白居士，月明香积问禅师。'时牛相三表乞退，有诏不许。""朱《笺》：作于大和九年（八三五），洛阳。"①

香山寺位于洛阳城南十三公里香山西坳，与龙门石窟隔河相望，创建于北魏熙平元年（516），武则天应梁王武三思奏请敕名香山寺。法藏《华严经传记》卷一《传译第三》云："中天竺国三藏法师地婆诃罗，唐言日照……瘗于龙门山阳，伊水之左。门人修理灵龛，加饰重阁，因起精庐其侧，扫洒供养焉。后因梁王所奏请，置伽蓝，敕内注名为香山寺。"②

大和三年（829）春，白居易以太子宾客分司东都。"（四年十二月）戊辰，以太子宾客分司白居易为河南尹，以代韦弘景；以弘景守刑部尚书、东都留守。""（六年）十二月己未朔。乙丑，以中书侍郎、同平章事牛僧孺检校右仆射、同平章事、扬州大都督府长史，充淮南节度使。""（七年四月）壬子，以河南尹白居易为太子宾客，分司东都。"③六年八月一日，河南尹白居易用为元稹撰墓志所得价当六七十万的谢文之贽修缮香山寺，所为《修香山寺记》云："洛都四郊，山水之胜，龙门首焉。龙门十寺，观游之胜，香山首焉。……于是龛像无燥湿庣泐之危，寺僧有经行宴坐之

---

① 谢思炜校注：《白居易诗集校注》卷三三《律诗》，第2514页。
② 《大正新修大藏经》卷五一，第154页下至第155页上。
③ 《旧唐书》卷一七下《文宗本纪下》，第540、547、549页。按：七年（833）四月壬子误，当为壬午。此前云："庚辰，以工部侍郎李固言为右丞，中书舍人杨汝士为工部侍郎。"此后云："甲申，以江西观察使裴谊为歙池观察使，代沈传师；以传师为吏部侍郎。"（第549页）庚辰、甲申之间惟有壬午而无壬子。

安。"①年末，白居易作《洛下送牛相公出镇淮南》，云："坐移丞相阁，春入广陵城。"②广陵牛相公即牛僧孺。扬州大都督府治所在广陵，故称广陵牛相公。大和九年，六十四岁的白居易夜宿经由自己修缮的香山寺，酬答五十七岁、三表乞退有诏不许的牛僧孺来诗。牛氏唯羡东都白居士月明香积问禅师，白氏答我事空王正坐禅，故作支、作许徒思游白月；君匡圣主方行道，故为夔、为龙未放下青天。支许名僧名士，以喻自己；夔龙辅弼良臣，以比僧孺。对照二人当时情事，用典可谓妥帖。

（8）武元衡《慈恩寺起上人院》诗云："禅堂支许同，清论道源穷。"③

慈恩寺，在今陕西西安市和平门外。《唐会要·寺·慈恩寺》云："晋昌坊，隋无漏废寺。贞观二十二年（648）十二月二十四日，高宗在春宫为文德皇后立为寺，故以慈恩为名。"④起上人，生平不详。诗人秋入慈恩寺起上人院，在禅堂如同支遁、许询一般与起上人清论以穷道源。用支许典开篇，点明人事，并寓称美意，为他日还来铺垫。寺院秋景寂静清丽，秋云起灭而尽，夕霭虚无而空，池澄见山倒影，林动闻叶翻风，佛禅味十足。道源即在此，支许比不虚！

（9）段成式《中禅师影堂联句》云："当时乏支许，何人契深致。"⑤

---

① 〔唐〕白居易撰，谢思炜校注：《白居易文集校注》卷三一《碑志序记表赞论衡书》，北京：中华书局，2011年，第1869—1870页。
② 谢思炜校注：《白居易诗集校注》卷三一《律诗》，第2355页。
③ 《全唐诗》卷三一六，第3554页。
④ 〔宋〕王溥撰：《唐会要》卷四八，北京：中华书局，1955年，第845页。
⑤ 《全唐诗》卷七九二，第8923页。

《酉阳杂俎》续集卷五《寺塔记上》云：

> 武宗癸亥三年夏，予与张君希复善继同官秘丘，郑君符梦复连职仙署。会暇日，游大兴善寺，因问《两京新记》及《游目记》，多所遗略。乃约一旬寻两街寺，以街东兴善为首，二《记》所不具，则别录之。游及慈恩，初知官将并寺，僧众草草，乃泛问一二上人及记塔下画迹，游于此遂绝。……次成两卷，传诸释子。

会昌三年（843）夏，段成式与张希复、郑符暇日同游大兴善寺，有感于《两京新记》《游目记》多所遗漏，便相约用十天寻访长安两街诸寺，以补二书之阙。所谓次成两卷即此《寺塔记》上、下。卷六《寺塔记下·光宅坊光宅寺》云："本官蒲萄园。中禅师影堂，师号惠中，肃宗上元二年，征至京师，初居此寺。征诏云：'杖锡而来，京师非远。斋心已久，副朕虚怀。'"[1]《唐会要·寺·光宅寺》云："光宅坊。仪凤二年（677），望气者言此坊有异气，敕令掘，得石盌，得舍利万粒，遂于此地立为寺。"[2]惠中，或作慧忠，俗姓冉，越州诸暨人。《宋高僧传·习禅篇第三之二·唐均州武当山慧忠传》云："又敕内侍袁守宏迎近阙下光宅寺安置，香饭云来，紫衣

---

[1]〔唐〕段成式撰，许逸民校笺：《酉阳杂俎校笺》，北京：中华书局，2015年，第1743、1869—1870页。按：张希复，曾祖为鷟，祖不矜，父荐，子读。其家世见徐彦若《唐故通议大夫尚书左丞上柱国赐紫金鱼袋赠兵部尚书常山张公墓志铭并序》，陈尚君《〈宣室志〉作者张读墓志考释》（蔡宗齐主编：《岭南学报》复刊第七辑，上海：上海古籍出版社，2017年）录有此志志文并附拓片。

[2]〔宋〕王溥撰：《唐会要》卷四八，第846页。

天降。……粤十年（775）十二月九日子时右胁累足，泊然长往。”①
中禅师影堂乃供奉慧忠法身影象之所，联句由此而成。

　　张希复先咏，谓中禅师名下无虚；郑符次之，谓中禅师一言
而当要害；段成式又次之，谓中禅师坦率面对万乘之君；升上人
又次之，谓中禅师惟以理为量不执一宗，不语怪力乱神；段成式以
《高僧传》支遁晚出山阴讲《维摩经》事总之，以升上人为支遁，以
张希复、郑符与自己为许询，谓其如在现场，便可契合讲经深致，不
惟随宜说三，更可直下开当时在听者之不二。

　　（10）许浑《宣城开元寺赠元孚上人二十韵》云：“诗继休
遗韵，书传永逸踪。艺多人誉洽，机绝道情浓。汲涧瓶沉藻，眠
阶锡挂松。云鸣新放鹤，池卧旧降龙。……西方如有社，支许合
相从。”②

　　此诗作于诗人宦游宣州时。杜牧《题宣州开元寺》诗题下冯
集梧注引《名胜志》云：“宣城县城中景德寺，晋名永安，唐名开
元，兰若中之最胜者。”诗云：“楼飞九十尺，廊环四百柱。高高下
下中，风绕松桂树。青苔照朱阁，白鸟两相语。”③元孚早年曾游
天台山、五岳，大中年间（847—860）入住长安左街保（或作宝）
寿寺，以文章应制为内供奉，赐紫衣。知不足斋丛书本陶宗仪《古
刻丛钞·诗刻》录《元孚五十年前游天台宿建公院登华顶攀琪树
观石桥之险绝缅怀昔游因为绝句寄知建长老兼呈台州王司马》

---

① 〔宋〕赞宁：《宋高僧传》卷九，第205—206页。
② 〔唐〕许浑撰，罗时进笺证：《丁卯集笺证》卷一○，第658页。
③ 〔唐〕杜牧撰，吴在庆校注：《杜牧集系年校注·樊川文集》卷一，北京：
　　中华书局，2008年，第147、146页。

诗,题下署"上都左街保寿寺文章应制内供奉大德元孚"①。日僧成寻《参天台五台山记》卷一录元孚《天台山石桥铭并序》,题下署"唐上都左街宝寿寺文章应制内供奉大德赐紫沙门元孚述　仙都僧利见书"②。元孚擅诗书,《宝刻丛编》卷一五录其所书《唐福田寺经藏院记》,云:"唐崔从龟撰,僧元孚书,会昌二年(842)立。"③许浑谓元孚诗继惠休遗韵,书传智永逸踪,所处开元寺云端有支遁新放之鹤鸣叫,池中有涉公旧降之龙盘卧,感叹西方果有慧远、刘遗民等之莲社,自己与元孚会如支遁与许询一般相从而至。

(11)陆龟蒙《奉和次韵袭美〈所居首夏水木尤清适然有作〉》云:"更爱夜来风月好,转思玄度对支公。"④

皮日休作《所居首夏水木尤清适然有作》,云初夏时节居处水木尤为清新,病来无事,草堂空空,桂松静闲,尽日枕书,末句谓虽已足闲适慵懒而犹恐因从公被君嘲笑,见出"以词诱之"意。陆龟蒙遂作诗以和,末云夜来风月尤为人爱,亦有以转思玄度对支公相邀共赏意。此支许异于他处,惟言相契而不分僧俗。陆龟蒙《幽居赋》又云:"清言不屈,孙刘讵减于中军? 善讲无穷,支许

---

① 平津馆丛书本与此同,见《丛书集成新编》第51册,台北:新文丰出版股份有限公司,1985年,第118页中、第131页下。《景印文渊阁四库全书》本"元孚"作"元自","应制"下无"内供奉大德元孚"七字(第683册,第22页下)。

② 〔日〕成寻著,王丽萍校点:《新校参天台五台山记》,上海:上海古籍出版社,2009年,第63页。

③《景印文渊阁四库全书》第682册,第452页下。按:"崔从龟"或即"崔龟从"。《旧唐书》卷一六七、《新唐书》卷一六〇有《崔龟从传》。

④ 王锡九校注:《松陵集校注》卷七《今体七言诗九十首》,第1453页。

那轻于小令？"①陆宅在临顿里，即今苏州拙政园一带②。陆氏既有幽忧疾，又居低下处，乃作此赋以抒避隐情。《世说新语·文学第四》第三十一条云："孙安国往殷中军许共论，往反精苦，客主无间。左右进食，冷而复暖者数四。彼我奋掷麈尾，悉脱落，满餐饭中。宾主遂至莫忘食。殷乃语孙曰：'卿莫作强口马，我当穿卿鼻。'孙曰：'卿不见决鼻牛，人当穿卿颊。'"第三十三条云："殷中军尝至刘尹所清言。良久，殷理小屈，游辞不已，刘亦不复答。殷去后，乃云：'田舍儿，强学人作尔馨语。'"③此即清言不屈孙、刘那减中军。小令谓王珉。"后历著作、散骑郎、国子博士、黄门侍郎、侍中，代王献之为长兼中书令。二人素齐名，世谓献之为'大令'，珉为'小令'。"④"陆龟蒙盖误将王修之事系于王珉。"⑤前揭《文学第四》第三十八条云许询与王修在会稽西寺论理，许苦相折挫，王遂大屈；许复执王理，王执许理，更相覆疏，王复屈。此即善讲无穷，然不轻于小令者惟支而已。

（12）贯休《蜀王入大慈寺听讲》云："只缘支遁谈经妙，所以许询都讲来。"笺注云："诗题原注：'天复三年作。'案天复三年（九〇三）夏，诗人自荆州西行入蜀，初冬抵成都；本篇盖作于初抵蜀时。是年八月庚辰王建进爵蜀王。"⑥

------

① 何锡光校注：《陆龟蒙全集校注·唐甫里先生文集》卷一五《赋》，第847页。
② 参魏嘉赞：《苏州古典园林史》，上海：上海三联书店，2005年，第101页。
③ 余嘉锡笺疏：《世说新语笺疏》卷上之下，第241、243—244页。
④《晋书》卷六五《王导传附王珉传》，第1758页。
⑤ 何锡光校注：《陆龟蒙全集校注·唐甫里先生文集》卷一五《赋》，第887页。
⑥ 胡大浚笺注：《贯休歌诗系年笺注》卷一九，第843、844页。

大慈寺位于今四川成都市东风路一段，紧邻春熙路。《佛祖统纪》卷四一《法运通塞志第十七之七·肃宗·至德二载》云："上皇驻跸成都，内侍高力士奏：城南市有僧英干于广衢施粥以救贫馁，愿国运再清，克复疆土，欲于府东立寺，为国崇福。上皇说，御书'大圣慈寺'额，赐田一千亩；敕新罗全禅师为立规制，凡九十六院，八千五百区。"①《大明一统志·四川布政司·成都府·寺观·大慈寺》亦云："在府治东，唐至德间建，玄宗书'大圣慈寺'四字尚存。"②或谓四字为肃宗书。《蜀中广记》卷二《名胜记第二·川西道·成都府二》云："《通志》云：大慈寺，唐至德年建，旧有肃宗书'大圣慈寺'四字。盖敕赐也，故会昌不在除毁之例。"③既以至德间建，当以驻跸成都的上皇书为是。

此诗赞王建入大慈寺听讲经，谓讲经僧如支遁谈经高妙，所以许询来为之都讲，意即都讲僧亦如许询。《世说新语·文学第四》第四十条，云支遁、许询诸人共在会稽王司马昱斋室，支为法师，许为都讲，支通《维摩诘经》一义，四坐莫不厌心，许送其一难，众人莫不抃舞。讲经、都讲如此高妙，蜀王来听亦见其非凡。

（13）吕从庆《赠野僧》诗云："有客逃禅住北冈，昔年支许意相当。"④

从庆，字世赓，一字彦馀，唐末大梁（今河南开封市）人，祖伸，

---

① 〔宋〕志磐撰，释道法校注：《佛祖统纪校注》，上海：上海古籍出版社，2012年，第955页。
② 〔明〕李贤等撰：《大明一统志》卷六七，第1042页下。
③ 〔明〕曹学佺撰：《蜀中广记》，《景印文渊阁四库全书》第591册，第23页上。
④ 陈尚君辑校：《全唐诗补编》外编第二编孙望《全唐诗补逸》卷一五《吕从庆》，第262页。

弟从善。任启运雍正十二年甲寅（1734）《唐隐士吕从庆传》云：

> 吕从庆，唐之大梁人。其祖伸宦金陵，庆侍。黄巾贼起，阻乱不得归。广明元年（880），黄巢渡江，攻金陵，伸已卒，庆偕弟从善走歙之竭田。……筑别业于纠峰岭。时穿小径，往来枫山中，或携酒以行，醉则卧山石间。山下溪水漆洄，溪上石矶方可四三尺，庆坐以钓，自称丰溪渔叟。……卒年九十有七。将卒，自题其墓曰："丰溪渔叟之墓。"①

诗人心仪陶渊明，在丰溪往来枫山，醉眠山石，闲钓明月，赋诗自娱。忆往昔，野僧逃禅住北冈，与自己持锡杖倚云看远岫，拿铜瓶汲月煮新汤，相知相识如同支遁与许询；现如今，石畔双扉紧紧掩蔽，惟有一人静阅琅函。今昔对比中，见出于野僧之深情。

　　经过唐人的使用，后世文人常以支遁与王羲之、谢安、许询交游为典称许文人与僧侣交游。契嵩《山游唱和诗叙》云："晋之时，王、谢、许子以乐山水友支道林。唐之时，白公隐庐阜，亦引四释子为方外之交。其意岂不然哉？"《山游唱和诗后叙》云："然潜子虽固，平生长欲晞于高简雅素如支道林、庐山远者为方外人，患

---

① 〔清〕任启运撰：《清芬楼遗稿》卷四，《续修四库全书》第1424册，第217页上。此传亦见陶湘编《托跋塵丛刻》1928年校刊《丰溪存稿》卷首（北京：中国书店，2011年，第140页上），二本文字略异。启运，字翼圣，江苏宜兴人，世居荆溪，近古钓台，世称钓台先生，生平详参任兆麟《有竹居集》卷一一《钓台公家传》（《清代诗文集汇编》第484册，第457页下至第460页上）及《清史稿》卷四八一《儒林列传二》（〔清〕赵尔巽等撰，北京：中华书局，1977年）。

力不足及之。"①王羲之、谢安、许询因乐山水而友支遁，白居易隐庐山而引东林寺、西林寺长老为方外之交，成为僧俗交游的典范；支遁、慧远亦成为高僧的代名词。

此外，唐诗又有以支遁与戴颙相并称美高僧、名士者。戴颙为戴逵子，生平见《宋书·隐逸列传》，云："戴颙字仲若，谯郡铚人也。父逵，兄勃，并隐遁有高名。……山北有竹林精舍，林涧甚美，颙憩于此涧，义季亟从之游，颙服其野服，不改常度。"②

李端《送暕上人游春》云："独将支遁去，欲往戴颙家。"暕上人游春，李端以诗相送，美称其为支遁，所欲往者为戴颙之家。司空曙《过坚上人故院与李端同赋》则云："旧依支遁宿，曾与戴颙来。"③以戴颙称李端，以支遁称坚上人，谓其二人曾依坚上人宿。

温庭筠《重游圭峰宗密禅师精庐》云："戴颙今日称居士，支遁他年识领军。"《宿秦生山斋》云："岁晚得支遁，夜寒逢戴颙。"校注："生，顾嗣立曰：疑作'僧'。《全诗》校：一作'僧'。"④圭峰位于今陕西西安市鄠邑区东南。宗密，果州西充（今四川西充县）人，俗姓何，因常住圭峰草堂寺，故称圭峰大师、草堂和尚，被尊为华严五祖。裴休《唐故圭峰定慧禅师传法碑

---

① 〔宋〕释契嵩著，林仲湘、邱小毛校注：《镡津文集校注》卷一二《叙》，成都：巴蜀书社，2014年，第251、252页。白居易《草堂记》云："四月九日，与河南元集虚、范阳张允中、南阳张深之、东西二林长老凑、朗、满、晦、坚等，凡二十有二人，具斋施茶果以落之，因为《草堂记》。"（谢思炜校注：《白居易文集校注》卷六《记序》，第255—256页）

② 《宋书》卷九三，第2276—2277页。

③ 《全唐诗》卷二八六、卷二九二，第3278、3324页。

④ 刘学锴校注：《温庭筠全集校注》卷四《诗》、卷九《诗》，第292、766页。

并序》云:"会昌元年(841)正月六日,坐灭于兴福塔院,俨然如生,容貌益悦。七日而后迁于函,而自证之力可知矣。其月二十二日,道俗等奉全身于圭峰。"①诗人以支遁称美宗密,以他年所识之领军王洽谓自己。"洽字敬和,导诸子中最知名,与荀羡俱有美称。弱冠,历散骑、中书郎、中军长史、司徒左长史、建武将军、吴郡内史。征拜领军,寻加中书令,固让,表疏十上。"②王洽曾作书请教支遁即色义③,并与支遁"著尘外之狎"④。陈尚君《温庭筠早年事迹考辨》云:"《重游圭峰(一作东峰)宗密禅师精庐》……作于宗密卒后重游旧地时。……庭筠自称'故山弟子''东峰弟子',是曾从宗密问学。另《东峰歌》(卷二)、《宿秦生山斋》(卷九,有'结室在东峰'语),当作于受学时。宗密卒于会昌元年(841)正月,庭筠此年春东归。东峰受学当在大和、开成之间。"⑤宗密卒后,温庭筠重游圭峰宗密精庐有感而作是诗,自比戴颙点今日笃信佛法,复自比王洽以支遁他年相识明其因,首联悲慨之情至此显豁。东峰受学,宿于山斋:若为秦生山斋,则所得支遁当为宗密,所逢戴颙当为秦生;若为秦僧山斋,则诗人所得支遁当为秦僧,秦僧所逢戴颙当为诗人。

---

① 〔清〕王昶撰:《金石萃编》卷一一四《唐七十四》,《续修四库全书》第889册,第577页上。
② 《晋书》卷六五《王导传附王洽传》,第1755页。校勘记云:"《世说·赏誉》注引《中兴书》作'中领军'。洽以吴郡太守转,资浅,似有'中'字是。"(第1761页)
③ 见《广弘明集》卷二八《启福篇第八》,详后。
④ 〔南朝梁〕释慧皎:《高僧传》卷四《义解一·晋剡沃洲山支遁》,第160页。
⑤ 陈尚君:《唐诗求是》,上海:上海古籍出版社,2018年,第589页。

第四节　支郎所指之演变

释道诚《释氏要览》卷上《称谓·支郎》云:"古今儒雅,多呼僧为支郎者,《高僧传》云:魏有三高僧:曰支谦、支谶、支亮。于中谦者,为人细长黑瘦,眼多白而睛黄,复多智,时贤谚曰:支郎眼中黄,形躯虽小是智囊。"①然诗文中"支郎"一典所指则不囿于此,亦常谓支遁。

道诚所谓《高僧传》云云见慧皎《高僧传》卷一《魏吴建业建初寺康僧会》附支谦传。皎传所载本自《出三藏记集·支谦传》,云:"博览经籍,莫不究练,世间艺术,多所综习。其为人细长黑瘦,眼多白而睛黄,时人为之语曰:'支郎眼中黄,形体虽细是智囊。'"②此为支郎一典渊源,其义或谓眼黄,或谓智囊。徐陵《东阳双林寺傅大士碑》即用支郎黄睛为典,云:"支郎之彦,既耻黄睛;瞿昙之师,有惭青目。"③支郎之时彦,已耻于黄睛支谦;佛陀之律师,又愧于青眼卑摩罗叉。此支郎仅是特指。《高僧传·译经中·晋寿春石磵寺卑摩罗叉》云:"又为人眼青,时人亦号为青眼律师。"④前揭萧绎《内典碑铭集林序》所云或谓智囊亦用支谦典。

一、唐五代诗文之支郎

董诰等编《全唐文》及陈尚君辑校《全唐文补编》仅后者有

---

① 〔宋〕释道诚撰,富世平校注:《释氏要览校注》,第46页。
② 〔南朝梁〕释僧祐:《出三藏记集》卷一三《支谦传》,第516—517页。
③ 〔南朝陈〕徐陵撰,许逸民校笺:《徐陵集校笺》卷一〇《碑》,北京:中华书局,2008年,第1227页。
④ 〔南朝梁〕释慧皎:《高僧传》卷二,第64页。

一篇文用支郎典,彭定求等编《全唐诗》及陈尚君辑校《全唐诗补编》有十二首诗用支郎典。

（1）李乂《大唐大慈恩寺法师基公碑》云:"又别奉明制,操笔赋词,岂支郎之在俗,信安隻之得圣,真乘因以化城,妙简增其润色。"①

一如徐陵《东阳双林寺傅大士碑》,此碑文所用支郎典亦谓支谦。

乂,字尚真,赵州房子（今河北临城县）人,第进士,官至刑部尚书。苏颋《唐紫微侍郎赠黄门监李乂神道碑》云:"享年六十,开元丙辰岁（716）仲春癸酉,薨于京师宣阳里第。"②乂与苏颋对掌纶诰,玄宗比之苏味道与李峤,并称"苏李",与兄尚一、尚贞俱以文章见称,有《李氏花萼集》二十卷。

宋王厚之《复斋碑录》曾著录此碑,云:"唐李羲撰,沙门正演正书,永淳元年（682）十二月四日立。"③"羲"字误,当为"乂"。

基公即窥基,俗姓尉迟,字洪道,京兆长安人,唐右金吾将军尉迟敬宗之子,开国将军鄂国公尉迟敬德之侄,年十七出家,奉敕为玄奘弟子。窥基始住广福寺,后移住大慈恩寺,躬事奘师,学习古印度语。碑文"别奉明制,操笔赋词"与《宋高僧传·义解篇第二之一·唐京兆大慈恩寺窥基传》所云"年二十五,应诏译经"④意同。《出三藏记集》卷八支愍度《合维摩经序》云:"在昔汉兴,

<hr>

① 陈尚君辑校:《全唐文补编》卷二八,第339页。
②《文苑英华》卷八九三《碑五十·神道十一》,第4701页上。
③〔宋〕陈思撰:《宝刻丛编》卷八《陕西永兴军路二·京兆府中·万年县》,《景印文渊阁四库全书》第682册,第325页上。
④〔宋〕赞宁:《宋高僧传》卷四,第64页。

始流兹土，于时有优婆塞支恭明。"①优婆塞即在家居士，此则"支郎之在俗"。是书《道安法师传》云："初，安闻罗什在西域，思共讲析微言，安劝坚取之。什亦远闻其风，谓是东方圣人，恒遥而礼之。"②此则"信安隻之得圣"。窥基著作等身，人称百部疏主，为唯识法相宗创始人之一，"以永淳元年壬午示疾，至十一月十三日长往于慈恩寺翻经院，春秋五十一，法腊无闻③。

（2）严维《赠送崔子向》云："新诗踪谢守，内学似支郎。"④

安史乱起，神邕在故乡会稽与皇甫曾、张河、严维等诗文往复，以继支、许之游。《宋高僧传·唐越州焦山大历寺神邕传》云："（邕）旋居故乡法华寺，殿中侍御史皇甫曾、大理评事张河、金吾卫长史严维、兵曹吕渭、诸暨长丘丹、校书陈允初赋诗往复，卢士式为之序，引以继支、许之游，为邑中故事。"⑤

崔子向，名中，以字行，号中园生，金陵人，贞元间为检校监察御史。《太平广记·神仙》引裴铏《传奇》云："贞元中，有崔炜者，故监察向之子也。向有诗名于人间，终于南海从事。"⑥《全唐诗》卷三一四收其诗三首，卷七八九《联句·皇甫曾》收其联

---

① 〔南朝梁〕释僧祐：《出三藏记集》，第310页。
② 〔南朝梁〕释僧祐：《出三藏记集》卷一五《道安法师传》，第565页。
③ 〔宋〕赞宁：《宋高僧传》卷四，第65页。李乂《大唐大慈恩寺法师基公碑》云："以永淳二年岁次壬午十一月庚寅朔十三日壬寅，终于京兆大慈恩寺翻经院之小房。"（陈尚君辑校：《全唐文补编》，第339页）永淳元年壬午，十一月庚寅朔，十三日壬寅；永淳二年癸未，十一月甲申朔，十三日丙申。故当以《宋高僧传》为是。
④ 《全唐诗》卷二六三，第2923页。
⑤ 〔宋〕赞宁：《宋高僧传》卷一七，第422页。按："卢士式为之序，引以继支、许之游"标点疑当为"卢士式为之序引，以继支、许之游"。
⑥ 《太平广记》卷三四，第216页。

句诗二首,卷七九四《联句·清昼》收其联句诗七首。宋人葛立方《韵语阳秋》卷一四引陆羽《襄阳孟公马上吟诗图序》云:"金陵崔中字子向,家有古今图画一百余轴,其石上蕃僧、岩中二隐、西方无量寿佛,天下第一。"[1]

崔子向有诗名,与皎然等诗僧交游、联句,家藏西方无量寿佛图画,可说是亦诗亦佛。以是严维谓崔子向新诗追踪谢朓,佛学如同支郎。

(3)李端《寄畅当》云:"颜子方敦行,支郎久住禅。"[2]

畅当,河东(今山西永济市)人,大历七年(772)进士及第。"贞元初,为太常博士,仕终果州刺史。与李司马、司空郎中有胶漆之契。多往来嵩、华间,结念方外,颇参禅道,故多松桂之兴,深存不死之志。词名藉甚,表表凌云。有诗二卷,传于世。"[3]当性尚简淡,与佛、道中人均有来往,既参禅寂,又学长生。卢纶《同畅当咏蒲团》云:"唯当学禅寂,终老与之俱。"[4]前揭《书志赠畅当序》谓畅当曾以禅门导李端,故李端在诗中以支郎称美畅当,期之以长住禅。

(4)权德舆《月夜过灵徹上人房因赠》云:"今夜幸逢清净境,满庭秋月对支郎。"《卧病喜惠上人李炼师茅处士见访因以赠》云:"支郎有佳文,新句凌碧云。"[5]

德舆,字载之,天水略阳(今甘肃秦安县东北)人,其父皋徙润州丹徒(今江苏镇江市丹徒区)。权皋卒于大历二年(767)四

①〔清〕何文焕辑:《历代诗话》,第594页。
②《全唐诗》卷二八五,第3255页。
③傅璇琮主编:《唐才子传校笺》卷四《畅当》,第2册,第119—124页。
④〔唐〕卢纶著,刘初棠校注:《卢纶诗集校注》,第462页。
⑤蒋寅等笺注:《权德舆诗文集编年校注·前期作品系年》,第24、73页。

月十四日①，其时德舆九岁。稍后，德舆移居丹阳。韩愈《唐故相权公墓碑》云："公生三岁知变四声，四岁能为诗，九岁而贞孝公卒。"②梁肃《著作郎赠秘书少监权公夫人李氏墓志铭》云："故德舆也，十五文章知名，二十典秘书，贞元二年（786）以廷尉评摄监察御史，为江西从事。"③建中元年（780）三月，江淮水陆转运使杜佑以右金吾卫兵曹参军辟德舆为从事，不久即奉命出使，次年使洪州途中作《月夜过灵徹上人房因赠》。前已言及，灵徹上人乃一诗僧，故此诗以支郎称之。兴元元年（784）三月，广州刺史、岭南节度使杜佑辟德舆为从事，以疾辞。《卧病喜惠上人李炼师茅处士见访因以赠》即作于此时。惠上人，事迹不详，在诗中德舆美之以支郎。"碧云"语本江淹《拟休上人怨别》。《野客丛书·江淹拟古》云："《遁斋闲览》云：《文选》有江淹《儗汤惠休诗》，曰：'日暮碧云合，佳人殊未来。'今人遂用为休上人诗故事。仆谓此误自唐已然，不但今也。"④王氏所举即有此诗。唐人以为休上人故事虽不确，然此支郎佳文新句"凌碧云"，其诗才亦是了得。有注者即将此二支郎释为支遁⑤。

---

① 权德舆《先公先太君灵表》云："先公以大历二年岁在丁未，夏四月十四日弃代于润州，先友赵郡李公遐叔已为之墓表。……先公以永贞元年再追命为工部尚书，元和二年三追命为太子少傅，七年四追命为太子太保。太常考行，易名曰贞孝公。"（蒋寅等笺注：《权德舆诗文集编年校注》，第703页）

② 〔唐〕韩愈著，刘真伦、岳珍校注：《韩愈文集汇校笺注》卷二〇，北京：中华书局，2010年，第2168页。汇校云："'七'、'九'形近，李华、梁肃及诸本所记，当为形讹。今据樊注校改。"（第2172页）

③ 《全唐文》卷五二一《梁肃》，第5298页上。

④ 〔宋〕王楙撰，郑明、王义耀校点：《野客丛书》卷一二，上海：上海古籍出版社，1991年，第173页。

⑤ 参蒋寅等笺注：《权德舆诗文集编年校注》，第24、74页。

（5）刘禹锡《宣上人远寄贺礼部王侍郎发榜后诗因而继和》云："借问至公谁印可，支郎天眼定中观。"①

宣上人即广宣，与禹锡最善。礼部王侍郎即王起，字举之，贞元十四年（798）擢进士第。《旧唐书·王起传》云："长庆元年（821），迁礼部侍郎。其年，钱徽掌贡士，为朝臣请托，人以为滥。诏起与同职白居易覆试，覆落者多。徽贬官，起遂代徽为礼部侍郎，掌贡二年，得士尤精。"②广宣于王起掌贡举贡院第二次发榜后作《贺王侍郎典贡发榜》（一名《贺王起》）寄贺，刘禹锡作此诗继和，王起作《广宣上人以诗贺发榜和谢》③答广宣，元稹作《和王侍郎酬广宣上人观发榜后相贺》和王起。刘诗借支郎拟广宣，称扬其定中以天眼观得并印可王侍郎至公。

苏轼《次韵参寥师寄秦太虚三绝句，时秦君举进士不得》其一云："底事秋来不得解？定中试与问诸天。""王注尧卿"曰："先生此诗和参寥师，故用宣上人及支郎故事。支郎，乃汉支谦黄眼上人也。"④黄彻《䂬溪诗话》卷八云："不惟兼具儒释，又政属科场事，其不泛如此。"⑤可见苏诗用典之妙。广宣熟稔中唐诗坛流行的各种诗歌样式，常与韩愈、白居易、刘禹锡、张籍、杨巨源、令狐楚、李益等或酬答，或唱和，或联句，不一而足。《新唐书·艺文志四·总集类》载有"僧《广宣与令狐楚唱和》一卷"⑥。

①瞿蜕园笺证：《刘禹锡集笺证》卷二四《七言五十六首》，第724页。
②《旧唐书》卷一六四，第4278页。
③诗见《全唐诗》卷三四六，然误作王涯诗（第3873页），参傅璇琮主编：《唐才子传校笺》卷三《道人灵一·广宣》（第1册，第543页）。
④〔宋〕苏轼撰，〔清〕王文诰辑注，孔凡礼点校：《苏轼诗集》卷一七《古今体诗五十三首》，北京：中华书局，1982年，第904页。
⑤丁福保辑：《历代诗话续编》，第387页。
⑥《新唐书》卷六〇，第1624页。

明人胡震亨谓"广宣应制诸篇,气色高华,允哉紫衣名衲","故红楼应制之诗,以支遁、昙摩为比"①。总之,"广宣是一个借着以诗为中心的文学来扩大交际范围的社交家……也是一个能与当时诗人堂堂为伍,从事文学活动的诗僧"②。李益《赠宣大师》云:"一国沙弥独解诗,人人道胜惠林师。"郑绲《奉酬宣上人九月十五日东亭望月见赠因怀紫阁旧游》云:"一览彩笺佳句满,何人更咏惠休文。"广宣诗才由此可窥。李益又有《与宣供奉携罃尊归杏溪园联句》,云:"唯有沃洲僧,时过杏溪叟。"③杏溪园,在长安兰陵坊,为李益居处。诗人以沃洲僧即支遁指广宣,以杏溪叟自谓,亦是精当,故疑"惠林师"或为惠休、道林之合称。

（6）段成式、张希复、郑符《老松青桐联二十字绝句》,郑符云:"一雨微尘尽,支郎许数过。"郑符下注云:"字梦复,官校书郎。"④

《御选历代诗余》谓郑符"荥阳人,官秘书监"⑤。《酉阳杂俎》续集卷四《贬误》云:"集贤校理郑符云:'柳中庸善《易》,尝诣普寂公。"卷五《寺塔记上》云:"武宗癸亥三年夏,予与张君希复善继同官秘丘,郑君符梦复连职仙署。"笺云:"然则'秘丘'即'秘书'也。"⑥连职,即一起供职,亦即同官。唐代秘书

①〔明〕胡震亨:《唐音癸签》卷八《评汇四》、卷三二《集录三》,第82、339页。

②〔日〕平野显照著,张桐生译:《唐代文学与佛教》,台北:华宇出版社,1986年,第148页。

③《全唐诗》卷二八二第3230页、卷三一八第3582页、卷七八九第8890页。

④《全唐诗》卷七九二,第8918、8917页。

⑤〔清〕沈辰垣、王奕清等编纂:《御选历代诗余》卷一〇一《词人姓氏》,《景印文渊阁四库全书》第1493册,第218页下。

⑥许逸民校笺:《酉阳杂俎校笺》,第1681、1743、1744页。

省建置基本一仍隋旧，设监一员，从三品，领著作、太史二局；设校书郎，正九品上。著作局掌修撰碑志、祝文、祭文等，置著作郎二人，从五品上。秘书省之外，唐代又设集贤殿。韩愈《送郑涵校理序并诗》云："秘书，御府也。天子犹以为外且远，不得朝夕视，始更聚书集贤殿，别置校雠官曰学士，曰校理。"①集贤殿原名集仙殿，故亦称仙署。"（开元）十二年（724），驾在东都，十三年与学士张说等宴于集仙殿，因改名集贤，改修书使为集贤书院学士。"②集贤殿书院设修撰官、校理官以官人兼之，同直学士，无常员。贞元八年（792），"罢校理，置校书四人、正字二人。元和二年（807），复置集贤校理，罢校书、正字"③。清王昶《金石萃编》卷一〇八录《大唐安国寺故内外临坛大德寂照和上碑铭并序》，题曰"宣德郎守秘书省著作郎充集贤殿修撰上柱国段成式纂"④。清毕沅《关中金石记》卷四《安国寺寂照和上碑》云："开成五年（840）正月立，段成式撰文，僧无可正书，顾元篆额，在咸阳。"⑤段成式以荫入官，为秘书省校书郎，开成初任职集贤殿书院，五年已守秘书省著作郎充集贤殿修撰，故谓与张希复同官秘书省，与郑符连职集贤殿书院。

　　前云会昌三年（843）夏，段成式与张希复、郑符三人从靖善坊大兴善寺开始游寻，在此看见不空三藏塔前有多棵老松，素和尚院有其手植四株青桐，遂作此《老松青桐联二十字绝句》。张诗用慧远东林寺、庄子汉阴丈人忘机典，段诗用提婆遇钵投针、汤

---

① 刘真伦、岳珍校注：《韩愈文集汇校笺注》卷一一，第1227页。
② 《旧唐书》卷四三《职官志二·中书省》，第1851页。
③ 《新唐书》卷四七《百官志二·中书省》，第1213页。
④ 《续修四库全书》第889册，第349页上。
⑤ 《续修四库全书》第908册，第228页下。

惠休"日暮碧云合"典，郑诗用支郎典及佛经语词薝卜花、多罗树。

"支郎：三国有高僧支谦（恭明），晋有高僧支遁（道林），时人皆呼为支郎，后遂以'支郎'泛称僧人。"[1]郑诗云雨过天晴，微尘净尽，寺院高僧或许已数次经过，众人正可同嗅薝卜花香，不必算那多罗树。

（7）薛能《雨霁北归留题三学山》云："灌口阙寻惭远客，峨嵋乖约负支郎。"[2]

能，字太拙，汾州人（今山西汾阳市），会昌六年（846）进士登第，官至工部尚书，《全唐诗》编其诗为四卷。"唐薛尚书能，以文章自负，累出戎镇，常郁郁叹息。"[3]咸通间，薛能随李福入蜀，摄嘉州刺史，期间所作《自广汉游三学山》云"残阳终日望栖贤，归路携家得访禅……猿鸟可知僧可会，此心常似有香烟"，《三学山开照寺》亦云"圣迹留岩险，灵灯出混茫。何因将慧剑，割爱事空王"[4]。可见薛能此时已开始访禅，意欲事空王，其晚节则"尚浮屠，奉法惟谨"[5]。

三学山在今四川省金堂县栖贤乡，山上有三寺，总称三学寺。"唐蜀川简州三学山寺，至隋开皇十二年，寺东壁有佛迹现，长尺八寸，阔七寸。兼有神灯自空而现，每夕常尔，斋日则多。有州宰意欲寻之，乘马来寺。十里已外，空灯列见，渐近渐昧，遂并失之。返

① 许逸民校笺：《酉阳杂俎校笺》，第1767页。
② 《全唐诗》卷五六〇，第6498页。
③ 〔五代〕孙光宪撰，贾二强校点：《北梦琐言》卷四《薛氏子具军仪》，北京：中华书局，2002年，第67页。
④ 《全唐诗》卷五六〇，第6498页。
⑤ 傅璇琮主编：《唐才子传校笺》卷七《薛能》，第3册，第317页。

还十里，如前还现，至今不绝。"①三学寺前有古开照寺，俗名前庵。薛能自广汉游三学山，携家访禅，闻传山寺岩险留有佛迹，灵灯曾现于天空。夕阳西下，诗人于三学山眺望远树平川，遥辨锦城立危墙，感慨胜事，心生遗恨。三学山之外，灌口、峨嵋诸胜事亦常令无数远客惭，亦常负无数高僧。"阙寻"与"乖约"意略同。敦煌本《朋友书仪》斯5660V云"马融之语阙寻"②，约隋唐间托名龙树菩萨撰《龙树菩萨眼论·谬误失理第二》云"常见愚医，阙寻经论，唯据古方，冷热虚实不明，虽准一方，何能疗于众疾"③。

（8）郑谷《重访黄神谷策禅者》云："初尘芸阁辞禅阁，却访支郎是老郎。"④

郑谷与薛能、许棠、张乔等有"咸通十哲"之称。宋人祖无择至和元年（1054）撰都官郑谷墓记云："公名谷，字守愚，袁州宜春人，光启三年（887）进士及第，始为京兆府鄠县尉，终以都官郎中，老于乡。尝作拾遗、补阙，当时正人多称其善。尤工五七言诗，为薛能、李频所知，有《云台篇》与《外集》凡四百

---

① 〔唐〕释道世：《法苑珠林》卷三五《燃灯篇第三十一·感应缘·隋沙门释法纯》，见周叔迦、苏晋仁校注：《法苑珠林校注》，第1134—1135页。按：道宣《律相感通传》亦有类似记载，道世所云即本此。

② 中国社会科学院历史研究所等编：《英藏敦煌文献（汉文佛经以外部分）》卷九，成都：四川人民出版社，1994年，第50页。

③ 浙江省中医研究所、湖州中医院校：《医方类聚》校点本（第四分册），北京：人民卫生出版社，1981年，第1页。

④ 〔唐〕郑谷著，严寿澄、黄明、赵昌平笺注：《郑谷诗集笺注》，上海：上海古籍出版社，1991年，第229页。校云："'策'，《戊签》作'柬'，稿本、《豫章》、《万首》、《诗录》作'东'，'东'当为'柬'之误。"笺注云："此诗所述与谷之仕历不合，疑非谷作，今权存，参《传笺》。"（第229页）

篇行焉。"①郑谷喜结交僧人,《云台篇》颇多此类诗作。黄神谷为华山十七名谷之一,相传真人黄卢子隐居谷中。"初尘芸阁"或即其《结绶鄠郊縻摄府署偶有自咏》所云"释褐来年暂种芸"②意。诗人谓其初入仕前后即来禅阁,如今重访支郎——黄神谷策禅者,自己已是老郎。老郎即颜驷。《订讹类编·人讹·白首为郎三叶不遇是颜驷》云"然人往往误以此事为冯唐用"③。诗人以老郎自比滞沉郎署的颜驷,寄寓无限慨叹。"郑谷又出身孤寒,因此'游于举场一十六年',方博一第;入第七年,才授一尉。以后虽三转而至于郎曹,但最后仍只是'冷曹孤宦甘寥落,多谢携筇数访寻'(《寄题诗僧秀公》)。"④由此理解却访支郎是老郎,当更得诗人之心:支郎是称扬策禅者,老郎是自我感慨。

（9）吴融《和僧咏牡丹》云:"都是支郎足情调,坠香残蕊亦成吟。"⑤

---

① 〔清〕江为龙等纂修:《宜春县志》卷一二《邱墓考附墓志铭》,《中国方志丛书·华中地方》第七八九号,台北:成文出版社有限公司,第1104—1105页。祖无择《龙学文集》卷九《书并神道碑铭墓表》有《郑都官墓表》(《景印文渊阁四库全书》第1098册,第832页上至第833页下),然此文讹误甚夥,其最显著者即是在"始为"与"京兆府"间窜入"宣德节度判官……龙泉里从吉卜"八百余字。据刁忠民《祖无择〈龙学文集〉考证》(四川联合大学古籍整理研究所、四川联合大学宋代文化研究资料中心编:《宋代文化研究》第六辑,成都:四川大学出版社,1996年),此内容实为颍川陈式神道碑铭序文之大半,而陈式碑铭文则在此前《宋故赠尚书工部侍郎清河张君神道碑铭》序后,即"东京陈氏,著于颍川……石有时泐,斯文不坠"(《景印文渊阁四库全书》第1098册,第831页下)。
② 严寿澂等笺注:《郑谷诗集笺注》,第350页。
③ 〔清〕杭世骏撰,陈抗点校:《订讹类编》卷四,北京:中华书局,2006年,第169页。
④ 严寿澂等笺注:《郑谷诗集笺注·前言》,第4页。
⑤ 《全唐诗》卷六八五,第7875页。

　　融，字子华，越州山阴（县治在今浙江绍兴市）人，早年隐茅山，又徙居长洲，龙纪元年（889）及进士第，历任侍御史、左补阙，以礼部郎中为翰林学士，拜中书舍人，进户部侍郎。天复元年（901），朱全忠犯阙，昭宗奔凤翔，融扈从不及，客寓阌乡（今属河南灵宝市）。后复召还翰林，迁承旨学士，卒于官，有集四卷及制诰一卷。其《禅月集序》云："（贯休）止于荆门龙兴寺。余谪官南行，因造其室，每谈论，未尝不了于理性。自是而往，日入忘归，邈然浩然，使我不知放逐之感。此外商搉二雅，酬唱循还，越三日不相往来，恨疏矣。如此者凡期有半。"①

　　吴融流寓荆南时，与贯休论学酬唱达一年半之久。《和僧咏牡丹》以僧开篇，句句写僧。首句写为僧本应无心，万缘销尽；次句一转，反问僧缘何事看花而生此深恨，见出其咏牡丹诗用情深切，并顺此逼出三、四句，都是因为支郎——情调既足才学又高，即使面对坠香残蕊亦能吟而成章。在此，支郎一典可谓点睛之笔，含蕴丰富。

　　（10）韦庄《下第题青龙寺僧房》云："酒薄恨浓消不得，却将惆怅问支郎。"②

　　庄，字端己，京兆杜陵人，主要生活在宣、懿、僖、昭及五代初。生逢乱世，韦庄经历了十数年屡次落第的磨难，《下第题青龙寺僧房》即是抒写诗人应试下第的悲苦心态。青龙寺在长安城东南新昌坊，近延兴门。《唐两京城坊考·西京》"南门之东，青龙寺"云："本隋灵感寺，开皇二年立。文帝移都，徙掘城中陵

---

① 《文苑英华》卷七一四《序十六·诗集三》，第3688页下至第3689页上。
② 〔五代〕韦庄著，聂安福笺注：《韦庄集笺注》卷一《今体诗凡四十八首》，上海：上海古籍出版社，2002年，第7页。

墓，葬之郊野，因置此寺，故以灵感为名。……景云二年改为青龙寺。"①要路无媒，题柱未期，酒薄恨浓，惟有将此惆怅问支郎点迷津。此支郎是对青龙寺僧的尊称。所幸诗人终得如愿，于乾宁元年（894）及第，并官至王建大蜀政权门下侍郎同平章事，武成三年（910）卒于成都花林坊，葬于白沙之阳（今四川都江堰市境），谥曰文靖。

（11）蒋吉《题商山修路僧院》云："支郎既解除艰险，试看人心平得无。"②

吉，事迹无考。《直斋书录解题·诗集类上》云："《蒋吉集》一卷……皆未详何人。"③清李调元谓其岭南人④，然未明所据。岑仲勉《读全唐诗札记》云其或为蒋佶："……考宰相蒋伸弟有蒋佶，《旧书》一四九云，官至刺史，《姓纂》云，官国子祭酒，岂脱去亻旁而为吉欤，惜今存诗十五首，未足觇其人之出处也。"⑤商山，在今陕西商县东南，为终南山支脉，有七盘十二峰，形势幽胜。《读史方舆纪要·陕西三·商州·商洛山》云：

> 州东南九十里。皇甫谧云："南山曰商山，又名地肺山，亦称楚山，盖即终南之支阜矣。"《六典》："山南道名山曰商山。"汉初四皓隐于此。亦谓之商阪。苏秦曰："韩西有宜

---

① 〔清〕徐松撰，〔清〕张穆校补，方严点校：《唐两京城坊考》卷三，第87页。
② 《全唐诗》卷七七一，第8754页。
③ 〔宋〕陈振孙撰，徐小蛮、顾美华点校：《直斋书录解题》卷一九，上海：上海古籍出版社，2015年，第583页。
④ 参〔清〕李调元编，何光清点校：《全五代诗》，成都：巴蜀书社，1992年，第1230页。
⑤ 岑仲勉：《唐人行第录》（外三种），上海：上海古籍出版社，1978年，第271页。

阳、商阪之塞。”司马贞曰：“商阪在商、洛间，适秦、楚之险塞也。”①

商山地处交通要道，故有僧侣在此修行弘法。诗人以支郎称美商山修路僧，叹服其能解除枯山艰险修路建寺院，渴盼其亦能平服人心。

（12）释栖蟾《再宿京口禅院》云：“多病支郎念行止，晚年生计转如蓬。”②

栖蟾，俗姓胡，居屏风岩，与僧虚中、齐己等为诗友③。七年间，诗人两宿京口禅院，滩声岸影，楚树秋风，蟾蜍竹老，菡萏池干，所有这一切似均未改变；变化的惟有自己——支郎多病，又届晚年，行止生计，类如转蓬。在不变与变中寄寓诗人物是人非的无限感慨。

综观上述唐五代诗文，由李乂至栖蟾，支郎一典内涵明显有所变化。

李乂《大唐大慈恩寺法师基公碑》承袭徐陵碑文，借在俗支谦以称美窥基，此用法后世稀见。龙膺《赠天竺比丘梵名娑羯延主北禅古刹十六韵》云：“娑婆同印度，膻浊混氐羌。二伴来殊域，三生话旧邦。黧皮俱瘦肋，绀目并凹眶。……北禅金布地，

---

①〔清〕顾祖禹撰，贺次君、施和金点校：《读史方舆纪要》卷五四，北京：中华书局，2005年，第2594页。

②《全唐诗》卷八四八，第9610页。

③参见傅璇琮主编：《唐才子传校笺》卷三《栖蟾》及《补正》卷八《虚中》，第1册第558—559页、第4册第439页。

卓锡待支郎。"①诗人写异域僧侣，容貌异于中土，以支谦拟指，自是妥帖。清人谢章铤《赌棋山庄词话》卷一二《姜开元词》云："竹垞以醉太平书其后云：'支郎眼黄，何郎粉香。尊前一曲断肠，爱秦楼月凉。公羊穀梁，鄱阳括苍。词人试数诸姜，算尧章擅场。'"②支谦异域人，眼多白而睛黄；何晏美恣仪，疑傅粉而试汤饼；公羊穀梁，并出姜姓，且四字反切皆姜字；姜夔字尧章鄱阳人，姜特立括苍人，二人亦为姜姓。无怪时人服其典切！

　　严维、李端、郑谷、薛能、韦庄、蒋吉、栖蟾诸诗所用较宽泛，惟以支郎作僧侣美称，无论"内学似支郎""支郎久住禅"，抑或"峨嵋乖约负支郎""却将惆怅问支郎""支郎既解除艰险""支郎许数过""多病支郎念行止"，此用法后世常见；权德舆、吴融、刘禹锡诸诗则不惟以支郎作为诗中僧侣美称，还着眼其文才，特别是广宣、灵澈实为诗僧，致使支郎与支公、林公、道林等同意，或以是故，后世多用支郎与支遁事相合。

二、宋金及其以后诗文之支郎

　　清人吴衡照《莲子居词话》卷一《翁元龙词称陶郎》云："有以子卿为苏郎、道林为支郎者，今不记其处。"③其实，宋金及其以后诗文除以支郎泛称僧侣外，其所指亦常与支遁相关联。试胪举如下：

　　（1）司马光《和端式十题·垂崖鞭》云："支郎虽畜马，不忍

①〔明〕龙膺著，梁颂成、刘梦初校点：《龙膺集·纶隐诗集》卷一五《湟中诗》，长沙：岳麓书社，2011年，第678页。
②唐圭璋编：《词话丛编》，北京：中华书局，2005年，第3471页。
③唐圭璋编：《词话丛编》，第2410页。

裁为箠。"编年云:"皇祐中试馆阁校勘、同知太常礼院时作。"①

　　《司马光年谱》卷一"皇祐元年己丑(一〇四九)"云:"庞颖公籍为枢密使,召试馆阁校勘,同知太常理院。""皇祐四年壬辰(一〇五二)"云:"迁殿中丞,除史馆检讨,修日历,改集贤校书。"②梅尧臣亦有《和端式上人十咏》,所咏多同,又有《送端式归漳州》诗,朱东润《梅尧臣集编年校注》将之分别归为皇祐二年庚寅(1050)、皇祐五年癸巳(1053)③。《闽书》卷一三七《方外志·漳州府·宋》云:"端式,仁宗朝召至京师,与梅圣俞唱和,有《十咏诗》曰……其归也,圣俞赠之诗……"④皇祐五年,端式归漳州,仁宗赐《回山歌》《称颂》十章。《漳州府志》卷之四〇《古迹·古物·诸院御书》谓淳祐志载:"仁宗皇帝赐妙空长老'佛天'、'龙神'字二轴,梵书;赐僧端式《回山歌》、《称颂》前后共十章,俱飞帛书。"⑤诗谓支郎虽好畜马,亦不忍裁之为马鞭。此支郎无疑即支遁。

　　(2)秦观《与倪老伯辉九曲池有怀元龙参寥》云:"可怜一段风流事,特欠支郎与子猷。"笺注云:"本篇元丰七年甲子(一〇八四)作于扬州。"《芝室记》云:"倪老名康伯,以召试中

①〔宋〕司马光著,李之亮笺注:《司马温公集编年笺注》,成都:巴蜀书社,2009年,第117、115页。

②〔明〕马峦、〔清〕顾栋高撰,冯惠民点校:《司马光年谱》,北京:中华书局,1990年,第37、43页。

③参〔宋〕梅尧臣著,朱东润编年校注:《梅尧臣集编年校注》,上海:上海古籍出版社,1980年,第541、529、669、651页。

④《四库全书存目丛书》,史部第207册,第480页下至第481页上。

⑤〔清〕沈定均修,〔清〕吴联熏增纂,陈正统整理:《漳州府志》,北京:中华书局,2011年,第1828页。

选,今为南都教授。"①

元丰七年,秦观与倪老、伯辉游九曲池,作此诗怀元龙、参寥。

康伯,姓张,字倪老,扬州(今属江苏)人,熙宁(1068—1077)中登进士第,崇宁三年(1104)拜翰林学士,官终吏部尚书。苏颂《彭城县君钱氏墓志铭》云:"元丰七年二月,扬州天长县主簿、充南京国子监教授张康伯昆弟,既终其母彭城县君钱氏之丧,以尊公前利州转运判官通直君之命,举葬于江都县东兴乡冯家原先茔之右域。"②

伯辉,姓姜,官朝奉郎。郭祥正有《和姜伯辉见赠醉吟画诗》③。

元龙,王祃字,父安国,伯父安石、叔父安礼。元丰七年秋,王元龙赴泗州粮料院,秦观作诗相送④。

释道潜,本名昙潜,字参寥,赐号妙总大师,杭州於潜(今浙江杭州市临安区於潜镇)人,生于庆历三年(1043)。元丰七年(1084)五月十九日,苏轼《跋太虚辩才庐山题名》云:"太虚今年

---

① 〔宋〕秦观撰,徐培均笺注:《淮海集笺注》卷十《绝句》、卷三八《记》,上海:上海古籍出版社,1994年,第430、1233页。

② 〔宋〕苏颂著,王同策等点校:《苏魏公文集》卷六二《墓志》,北京:中华书局,1988年,第952页。

③ 郭祥正,字功父,又作公甫,号谢公山人、醉吟先生、漳南浪士、净空居士,太平州当涂(今安徽当涂县)人,家世见王安石《尚书度支员外郎郭公墓志铭》(〔宋〕王安石著,秦克、巩军标点:《王安石全集》卷九三《墓志》,上海:上海古籍出版社,1999年,第698—699页)。《宋史》卷四四四有传。

④ 参〔宋〕秦观撰,徐培均笺注:《淮海集笺注》卷八《七言律诗》,第327页。

三十六，参寥四十二，某四十九，辩才七十四，禅师七十六矣。"①
道潜能诗善文，与苏轼兄弟、曾巩兄弟、秦观、陈师道等交游，有
《参寥子诗集》十二卷。陈师道《送参寥序》云："妙总师参寥，大
觉老之嗣，眉山公之客，而少游氏之友也。释门之表，士林之秀，
而诗苑之英也。"②参寥有《次韵姜伯辉朝奉宿九曲池》诗。九
曲池，故址在今扬州市西北。雍正《扬州府志》卷八《河渠·甘泉
县·九曲池》云："在府城北七里蜀冈麓。隋炀帝尝建木兰亭于池
上，作《水调》九曲，每游幸时按之，故名。"③

　　诗人以支郎谓参寥，以子猷谓王徽。支郎与子猷对举，无疑亦
为支遁。"惟欠"二字见出其遗憾之情。

　　（3）叶梦得《游南峰寺》云："支郎放鹤地，妙解无余谈。"④
其《山阴图赞·支遁赞》亦云："是身何依？独委支郎。"⑤

　　梦得，字少蕴，苏州长洲人，自号石林居士，绍圣四年（1097）
登进士第，官至户部尚书、尚书左丞。大观三年（1109）五月十四
日，"诏叶梦得罢翰林学士，为龙图阁直学士知汝州，以言者论其
内行不修故也"⑥。旋即落职奉祠闲居，并未赴汝州任。其《程致
道集序》云："余自翰苑罢领宫祠，居吴下，致道亦以上书论政事

---

① 〔明〕茅维编，孔凡礼点校：《苏轼文集》卷七一《游行题跋》，北京：中华
　　书局，1982年，第2261页。
② 曾枣庄主编：《宋代序跋全编》卷七一《赠序六》，济南：齐鲁书社，2015
　　年，第1942页。
③ 〔清〕尹会、程梦星等纂修：《扬州府志》，《中国方志丛书·华中地方》第
　　一四六号，台北：成文出版社有限公司，1975年，第72页上。
④ 〔宋〕范成大撰，陆振岳校点：《吴郡志》卷三二《郭外寺》，第487页。
⑤ 〔宋〕周辉撰，刘永翔校注：《清波杂志校注》卷一二《山阴图》，北京：中
　　华书局，1994年，第529页。
⑥ 〔清〕徐松辑：《宋会要辑稿·职官六八之一八》，北京：中华书局，1957
　　年，第3917页上。

与时异，籍不得调，寓家于吴。始相遇，则其学问、风节卓然有不独见于其文者。"[①]程俱，字致道，衢州开化（今浙江开化县）人，官至中书舍人兼侍讲，著有《北山集》四十卷。徽宗政和间居吴时，梦得与程俱游支硎山南峰寺，诗谓在支郎放鹤地与南峰寺长老才上人妙谈。

《山阴图赞》或名《东山图赞》。《建康集》卷二《赞》亦载此赞及序[②]，然文字略异。其显著者《清波杂志》"山阴图""碧林道人梵隆"，《建康集》分别作"东山图""无住道人"。梵隆，字茂宗，号无住，吴兴（今浙江湖州市吴兴区）人，曾为梦得门僧。陆游《湖州常照院记》云："镇江府延庆寺僧梵隆，以异材赡学，高操绝艺，自结上知，不由先容，得对内殿。先是，隆师固已结庐于湖州菁山，号无住精舍，一时名士如叶左丞梦得、葛待制胜仲、汪内翰藻、陈参政与义，皆为赋诗勒铭，传于天下矣。"[③]袁桷《隆茂宗罗汉》亦云："隆无住，叶石林门僧，久居弁山，故其作画极多。德寿宫评画，以隆为龙眠嫡嗣，今观此卷，信然。"[④]德寿宫即高宗赵构，其以梵隆为李伯时嫡嗣。无住道人与道人梵隆实为一人。叶氏又有《菩萨蛮·己未五月十七日赠无住道人》[⑤]。"此《东山图赞》当与

---

① 〔宋〕叶梦得撰：《建康集》卷三《序》，王德毅主编：《丛书集成续编》第126册，台北：新文丰出版股份有限公司，1989年，第590页上。《丛书集成续编》另有上海书店出版社1994年版。本书引用多用台北新文丰版，特殊情况另注版本。

②《丛书集成续编》第126册，第581页下至第582页上。

③〔宋〕陆游：《渭南文集》卷二一《记》，钱仲联、马亚中主编：《陆游全集校注·渭南文集校注二》，杭州：浙江教育出版社，2011年，第3页。

④〔元〕袁桷著，杨亮校注：《袁桷集校注》卷四五《题跋》，中华书局，2012年，第1969页。

⑤〔宋〕曾慥：《乐府雅词》卷中，第五十一页，《四部丛刊初编》本。

《菩萨蛮》同时作。"①己未即绍兴九年。梦得赞支遁一世为弘法所驱而颠倒衣裳，期望己身独委支郎而得以解脱。

（4）石田法熏禅师赞四祖道信大医禅师云："谁缚无人缚，何更求解脱。未必右军鹅，便是支郎鹤。"释大观《石田法熏禅师行状》云："师名法熏，号石田，眉山彭氏。前灵隐瞎堂远公当淳熙间诏问佛法，奏对称旨，赐号佛海禅师，其族祖也。……明年孟春十一日，索浴净发易衣，趺坐而终。……寿七十五，腊五十三，嗣法三十余人，度弟子二百五十三人。有《五会录》二卷，五堂程沧洲为序，已锓梓行。"②

瞎堂远公即瞎堂慧远。"慧远，号瞎堂，眉山金流镇彭氏子。"③眉山金流镇即今四川乐山市夹江县三洞镇。道信是楞伽师承时期的关键人物，可谓中国禅宗的实际创始人。"释道信，姓司马，未详何人。……又经十年，蕲州道俗请度江北，黄梅县众造寺，依然山行，遂见双峰有好泉石，即住终志。……此语才了，奄尔便绝。……即永徽二年（651）闰九月四日也，春秋七十有二。"④《祖堂集·道信和尚》谓其本居河内，后迁蕲州广济。"第三十一祖道信和尚者，即唐土四祖，姓司马氏。本居河内，迈止蕲州，广济之所育也。"⑤道信禅学融合楞伽思想与般若学说，将佛语心

---

① 王兆鹏：《两宋词人年谱》，北京：文津出版社，1994年，第249页。
② 曾枣庄、刘琳主编：《全宋文》，上海：上海辞书出版社，合肥：安徽教育出版社，2006年，第305册第410页、第343册第382—383页。
③〔明〕吴郡华山寺沙门明河撰：《补续高僧传》卷一〇《习禅篇·宋瞎堂远禅师传》，《续修四库全书》第1283册，第141页上。
④〔唐〕释道宣：《续高僧传》卷二一《习禅六·唐蕲州双峰山释道信传》，第807—808页。
⑤〔南唐〕释静、释筠编撰，孙昌武等点校：《祖堂集》卷二，北京：中华书局，2007年，第114页。

第一与一行三昧相结合。唐释净觉《楞伽师资记》云道信："为有缘根熟者，说我此法，要依《楞伽经》，诸佛心第一。又依《文殊说般若经》，一行三昧，即念佛心是佛，妄念是凡夫。"①法熏赞谁缚云云，源自道信与三祖僧璨的对话。《景德传灯录》卷三《第三十祖僧璨大师》云："至隋开皇十二年壬子岁，有沙弥道信，年始十四，来礼师，曰：'愿和尚慈悲，乞与解脱法门。'师曰：'谁缚汝？'曰：'无人缚。'师曰：'何更求解脱乎？'信于言下大悟，服劳九载。"②王羲之喜鹅，支道林爱鹤，皆为心所缚。众生长夜为心所缚，何以解脱？念佛心是佛，妄念是凡夫！

（5）赵秉文《支遁相马图》云："支郎天机深，世故一马中。向来蔬笋气，寓物一洗空。眼前无骐骥，远目送归鸿。僧中有良乐，万里籋云风。"③

秉文，字周臣，号闲闲老人，磁州滏阳（今河北磁县）人，登大定二十五年（1185）进士第，仕五朝，官六卿，金宣宗时官至礼部尚书，著有《闲闲老人滏水文集》等。元好问《闲闲公墓铭》云：

> 竟用是得疾，以夏五月十有二日（1232 年 6 月 2 日），春秋七十有四，终于私第之正寝。……七言长诗，笔势纵放，不拘一律；律诗壮丽，小诗精绝，多以近体为之；至五言，则沉郁顿挫似阮嗣宗，真淳古淡似陶渊明，以它文较之，或不近也。字画则有魏晋以来风调，而草书尤惊绝，殆天机所到，

---

① 《大正新修大藏经》卷八五，第1286页下。
② 〔宋〕释道原：《景德传灯录》卷三，第十三页，《四部丛刊三编》本。
③ 〔金〕赵秉文著，马振君整理：《赵秉文集》，哈尔滨：黑龙江大学出版社，2014年，第53—54页。

非学能至。①

秉文学有渊源，以字画名天下，诗稍次之，贞祐南渡后主盟文坛四十年。刘祁《归潜志》云："及晚年，书大进。诗专法唐人，魁然一时文士领袖，寿考康宁爵位，士大夫罕及焉。""赵闲闲平日字画工夫最深，诗其次，又其次散文也。"②以是，秉文题画诗甚夥。此诗重在写支遁相马时神情超越凡俗。支郎天机深邃，世故之马一寓其目即洗尽蔬笋气，相马遂如同嵇康目送归鸿一般。

　　（6）柯九思《送泽天泉上人》云："齐己名无敌，支郎说有宗。"瞿荣智《寄庄蒙泉》云："支郎绝爱山中景，吟得篇诗与世传。"郯韶《惠山次韵柳道传待制留题二首》其一云："无因十日云房住，为借支郎一鹤回。"袁华《次瀚天镜韵奉怀句曲外史云扉讲师》云："海上留衣有韩子，僧中爱马独支郎。"③释若允和顾瑛《草堂即事》四首其一云："林大时来许询辈，道怀深辱受支郎。"④

　　《玉山名胜集》《玉山名胜外集》《玉山倡和》《草堂雅集》均由顾瑛辑刊。前三者以玉山雅集为主题，后者是其友朋作品。

　　柯九思，字敬仲，自号丹丘生，又号五云阁吏，台州仙居（今浙江仙居县）人。居吴中时，柯九思时往来玉峰、吴阊，与玉山诸君

①〔金〕元好问著，狄宝心校注：《元好问文编年校注》卷三，北京：中华书局，2012年，第267—272页。
②〔金〕刘祁撰，崔文印点校：《归潜志》，北京：中华书局，1983年，卷一第5页、卷八第87页。
③〔元〕顾瑛辑，杨镰、祁学明、张颐青整理：《草堂雅集》卷一第43页、卷八第701页、卷一二第936页、卷一五第1112页，北京：中华书局，2008年。
④〔元〕顾瑛辑，杨镰、叶爱欣编校：《玉山名胜集·玉山倡和》卷上，北京：中华书局，2008年，第582页。

谦游。《草堂雅集》收其诗近二百首，并置于卷首。"玉山主人爱其诗，类编《草堂雅集》以敬仲压卷。称其宫词尤为得体，议者以为不在王建下。"①在《送泽天泉上人》中，诗人以齐己、支郎称誉泽天泉，此支郎亦承唐诗所用，难以确谓支谦或支遁。释大䜣有《泽天泉住昌国普慈诸山疏》②，与柯氏所送或即一人。

瞿荣智，或名瞿智，字睿夫，一字惠夫，其先嘉定州（今上海市嘉定区）人。庄蒙泉即释德庄。至正四年（1344）十二月十七日，释德庄与李孝光、瞿荣智等会于卢昭玄真馆，分韵赋诗，得"欲"字。李孝光《玄真馆小集序》云："至正四年十二月十七日，予从客过如林，还谒玄真馆。卢伯融为酒食，来饷会六七人，醉而以'山意冲寒欲放梅'分韵，予得'冲'字。七人者，李孝光季和、释德庄蒙泉、郭翼义仲、瞿智惠夫、陆仁良贵、吕诚敬夫也。"注云："释德庄，号蒙泉，又称庄蒙泉，温州平阳人，居昆山。"③瞿氏以支郎称许德庄，谓其绝爱山中景，诗篇可传世。陈高《怀昆山诸乡友六首·庄蒙泉上人》则径云"支郎诗法妙"④。

郯韶，字九成，号云台散史、苕溪渔者，吴兴人。《草堂雅

① 〔清〕顾嗣立编：《元诗选三集·柯博士九思》，北京：中华书局，1987年，第183页。

② 李修生主编：《全元文》卷一一三五《释大䜣一〇》，第564页。

③ 〔元〕李孝光撰，陈增杰校注：《李孝光集校注（增订本）》卷一二《五言排律》，杭州：浙江古籍出版社，2016年，第669、670页。

④ 〔元〕陈高著，郑立于点校：《陈高集》卷五《五言律诗》，杭州：浙江古籍出版社，2014年，第85页。陈高，温州平阳（今浙江平阳县）人，生平见揭汯《陈子上先生墓志铭》，云："数月而疾，以（至正二十七年，1367）八月十八日卒于邸。……先生生于乙卯（1315）十一月某日，享年五十有三。先生为文，上本迁、固，下猎诸子；先生为诗，上溯汉魏，而齐梁以下勿论也。"（《陈高集》附录，第239页）

集·郯韶》云:"其作诗作赋不习近世,必欲追踪唐人之盛。杨铁崖先生以为与北州李才相上下。骏马新凿蹄,骎骎未可知也。"①郯韶于惠山次韵柳贯留题诗所谓借其一鹤之支郎当谓支遁。柳贯,字道传,号乌蜀山人,又号静俭翁、蜀山居士、乌蜀山耕樵人,门人私谥文肃,婺州浦江(今浙江浦江县)人,官至翰林待制兼国史院编修,今存《柳待制文集》二十卷。

袁华,字子英,昆山人,杨维桢弟子,洪武初为苏州府学训导,其子获罪,坐累系狱,卒于京师,有《耕学斋诗集》十二卷。《草堂雅集·袁华》云:"幼有隽才,尤善作诗,铁崖先生爱其俊敏,常与过余草堂,辄有吟咏。德性纯雅,尤可称焉。"②瀞天镜即杭州灵隐寺住持元瀞,句曲外史即张雨,云扉讲师即释云扉。元瀞,字天镜、天觉,号朴隐,自称会稽山樵,著有《朴园集》。张雨,字伯雨,别号贞居,茅山宗道士,杭州钱塘(县治在今浙江杭州市)人,精于诗,能文、善书、工画,著有《句曲外史集》。茅山亦称句曲山,在江苏句容东南。《草堂雅集》张雨《赠郑明德》后顾瑛跋云:"伯雨至正十年秋殁于钱塘开元宫,葬南山灵石坞。予偕杨廉夫、袁子英祭墓下,复得其诗,用刊于左。"③至正十年庚寅,即1350年。刘基《句曲外史张伯雨墓志铭》云:

> 雨独与翰林学士吴兴赵文敏公善。赵每以陶弘景方雨,谓雨曰:"昔陶弘景得道华阳,是为华阳外史。今子得道于句曲,其必继陶后。"乃号雨句曲外史。雨遂自居曰句曲外史。四方

---

① 〔元〕顾瑛辑:《草堂雅集》卷一二,第909页。
② 〔元〕顾瑛辑:《草堂雅集》卷一五,第1091页。
③ 〔元〕顾瑛辑:《草堂雅集》卷七,第614页。

人称之曰句曲外史。……至正乙丑，基以提举儒学，备员江浙，始获识外史，一见即如平生欢。明年七月而外史卒。[①]

袁华又有《游南山诸寺次云扉讲师韵有怀张外史》，此南山"即张雨葬所"[②]。以是，云扉讲师亦是一能诗之僧，与袁、张均有交游、唱和。袁诗僧中爱马独支郎与郯韶诗一样，皆为支遁无疑。

《玉山倡和》由顾瑛辑其与时人唱和之作而成。释若允，"字执中，前东塔住山僧。至正中，预昆山顾瑛玉山草堂会集。生平见清钱熙彦《元诗选补遗》"[③]。《元诗选癸集补遗·若允》云："若允字执中，□□人，前东塔住山。"[④]顾嗣立编《元诗选》以十集分编，自甲至壬皆广收元人专集，共成三集。据顾氏《元诗选三集序》

① 〔明〕朱存理编：《珊瑚木难》卷五，《景印文渊阁四库全书》第815册，第143页下至144页下。按："至正乙丑"，《句曲外史集》附录刘基此铭作"至正乙酉"（《景印文渊阁四库全书》第1216册，第389页下）。至正元年辛巳（1341），二十八年戊申（1368），中间无乙丑年，虽五年（1345）为乙酉，然张雨至正九年十月望在黄公望传世画作《沙碛图》上题诗（见《宋元明清名画大观》，扬州：广陵书社，2005年，第62页），顾瑛复谓其至正十年秋殁，则"明年七月而外史卒"绝非至正六年七月。刘基《刘显仁墓志铭》云："至正八年，予初寓临安，交友未尽识也。"（〔明〕刘基：《诚意伯文集》卷八《墓志铭》，《景印文渊阁四库全书》第1225册，第241页上）至正八年戊子（1348），刘基初至临安，次年己丑获识张雨，"明年七月而外史卒"当为己丑之明年，即至正十年，概"己""乙"形近致误，而至正又无乙丑年，故《文渊阁四库全书》本《句曲外史集》附录刘基铭遂臆改作"乙酉"。
② 谷春侠：《袁华与元明之际名士交游考》，《厦门教育学院学报》，2010年第4期，第10页。此诗见顾瑛辑《草堂雅集》第1096页。
③ 杨镰主编：《全元诗·释若允》，北京：中华书局，2013年，第46册，第213页。
④ 〔清〕钱熙彦编次：《元诗选补遗》附录，北京：中华书局，2002年，第1037页。

所云"其诸家选本及山经、地志、野史、稗官、书画卷轴所传诗未满数首者，编入癸集"①。是集壬之上所收为羽士、释子，其中无释若允；补遗收录若允《题燕文贵秋山萧寺图》诗一首，小传惟此数字，其据则为若允题诗诗末之识及印章②。至正中云云当为《全元诗》编者据若允和顾瑛《草堂即事》四首所补，然其生平见云云则不知何据。前揭若允和诗其一同用许询、支郎典，则此支郎亦当为支遁。

　　"考宴集唱和之盛，始于金谷、兰亭。园林题咏之多，肇于辋川、云溪。其宾客之佳、文词之富，则未有过于是集者。虽遭逢衰世，有托而逃，而文采风流，照映一世，数百年后，犹想见之。"③玉山雅集诸诗颇多支遁故实，因此在支遁接受史上有一席之地。作为雅集的主人，顾瑛与有功焉。详见后文，兹不赘。

　　（7）王穉登《寒山寺旭公造藏经阁疏》云："老僧正旭，法号晓山，花下开笼，曾放支郎之鹤；林中结社，常栽惠远之莲。……偈曰：寒山寺里老支郎，起阁藏经募十方。待得阁成僧展诵，乌啼月落一天霜。"④

————————

① 〔清〕顾嗣立编：《元诗选三集·序》，第1页。

② 参见上海书店出版社编：《历代名画大观 题跋书法》，上海：上海书店出版社，1997年，第27页；〔清〕高士奇撰，邵彦校点：《江村消夏录》卷三，沈阳：辽宁教育出版社，2000年，第139页。画中若允题诗前有樗庵屠文题诗云："为爱前朝寺，披图忆旧游。醉骑支遁马，闲觅海翁鸥。落涧松林月，悬崖瀑布秋。愧无栖隐地，吟咏到沧洲。"（分别见《历代名画大观 题跋书法》第21页、《江村消夏录》第138页）支遁马、海翁鸥详下。

③ 《四库全书总目》卷一八八《集部四十一·总集类三·玉山名胜集八卷外集一卷》，第1710页下。

④ 〔明〕王穉登撰：《王百榖集十九种·法因集》，《四库禁毁书丛刊》集部第175册，北京：北京出版社，第326页上。

　　稺登，字百穀，号玉遮山人、吴中情奴、广长庵主等，工诗文，《明史》卷二八八有传。其父守愚，王世贞《明处士王守愚暨配蒯孺人合葬志铭》云："吾郡盖有晋陵王稺登云，而当嘉隆间，稺登以文章名，出世贞上。"①稺登自谓四岁能属对，五岁诵诗，六七岁为擘窠书，九岁能赋诗。"吴中自文徵明后，风雅无定属。稺登尝及徵明门，遥接其风，主词翰之席者三十余年。嘉、隆、万历间，布衣、山人以诗名者十数，俞允文、王叔承、沈明臣辈尤为世所称，然声华烜赫，稺登为最。"②申时行以元老里居，特相推重，为撰《王征君百穀先生墓表》，云：

　　　　郡中称祝祖饯铭志碑版之词蕲为光宠者，必之君；邦君大夫四方冠盖之使从吴门乞言者，必之君；骚人墨士有所论著欲题署行远者，必之君；缁黄者流修创殿宇乞疏引丐募者，必之君。而君怡然应之，无倦容，亦无沮色。③

《寒山寺旭公造藏经阁疏》，即稺登为寒山寺僧正旭募建藏经阁而撰。苏州寒山寺始创于南朝梁天监间，旧名妙利普明塔院，相传寒山、拾得尝止此。永乐十一年（1413）十月姚广孝《苏州府枫桥寒山寺重兴记》云："希迁禅师于此创建伽蓝，遂额曰寒

① 〔明〕王世贞撰：《弇州四部稿》卷九二《文部·墓志铭八首》，《景印文渊阁四库全书》第1280册，第489页上。
② 〔清〕张廷玉等撰：《明史》卷二八八《文苑四·王稺登传》，北京：中华书局，1974年，第7389页。
③ 〔明〕申时行撰：《赐闲堂集》卷二二《墓表》，《四库全书存目丛书》集部第134册，第466页上至下。

山寺。"①晓山正旭既捐资刻大乘经，又募建藏经阁，穉登为撰此疏以助其募资。疏文以支郎鹤、惠远莲二典美饰旭公高雅，末尾径谓其寒山寺里老支郎，称美之意溢于言表。文震孟崇祯庚午（1630）《寒山寺重建大雄殿记》云："后有晓山旭公，能以雅事作佛事，修竹名花，图书香茗，媚秀静好，使人徘徊不能去。其嗣松陵鉴公、西流吾公等，乃益精进勤修焚行者，可必其宗风之不替矣。万历壬子，建杰阁以奉大藏。"②万历壬子（1612），藏经楼藏工。是年，穉登卒。李维桢为撰《征君王百穀先生墓志铭》，云：

> 年逾五十，买地支郎涧葬妇……先生卒万历壬子十有二月十有六日，生嘉靖乙未（1535）七月二十有二日，年七十有八。……余故采汉晋以前韵语而续之为铭，明先生直当于古人中求耳。其辞曰：……古支郎，眼中黄，形躯虽细是知囊……③

①〔明〕姚广孝著，栾贵明编：《姚广孝集》卷二四《逃虚子文集新辑》，北京：商务印书馆，2016年，第295页。或疑寒山寺以支硎之寒山得名，实误。寒山寺得名在先，支硎寒山得名在后。赵宧光《寒山志》云："山本无名，《郡志》'涅槃岭在其左'，又见寒山诗有'时陟涅槃山'句，而'寒泉'则支朗品题，名亦清远，因命之曰'寒山'焉。……其山去江枫十里，而近在支硎西，华麓东，高景南，天平北。"（《丛书集成续编》，上海：上海书店出版社，1994年，史部第39册，第301页上至下）"支朗"当即支郎。

②〔清〕顾沅辑：《吴郡文编》卷九八《僧寺五》，上海：上海古籍出版社，2011年，第3册，第432页上。按："焚"字误，当作"梵"。

③〔明〕李维桢撰：《大泌山房集》卷八八《墓志铭》，《四库全书存目丛书》集部第152册，第545页上至第546页上。按：是书据北京师范大学图书馆藏明万历三十九年刻本影印，卷八八原缺第一叶，文中所引铭居卷首，以是题目阙如，然书首《大泌山房集目录》卷下题作"征君王百穀先生墓志铭"（《四库全书存目丛书》集部第150册，第307页上）。（转下页）

支郎涧即长洲西支硎山支遁饮马之涧，稺登在此为生圹，并撰《广长庵主生圹志》，云：

> 余生五十七载，去日苦多，又抱霜露之疾，恐犬马之齿不长，先治冢于长洲邑之西鄙白马涧上，号白马阡，为生圹。……于是自撰《生圹志》，曰：白马涧者，晋支郎饮马涧也。……乃先葬陆令人，而虚其左为生圹。圹之外为丙舍数十楹，建庵曰广长，于是号广长庵主也。[①]

稺登本为亡妻求葬地于白马涧，经顾郁州、吴履仁指点遂于陆氏葬地左方为生圹，复于圹外营广长庵居之。王稺登广长庵、赵宧光寒山别业与支硎相得益彰，支遁接受的文化内涵因而愈加丰富。

（8）陈所闻小令《南中吕驻马听·宿栖霞寺翠微庵迟维岳上人不至》云："徙倚轩窗，满谷西风栗叶黄。山岚滴翠，松壑流声，石鼎飘香。无缘捉麈对支郎，空劳载酒来元亮。露湿衣裳，把闲云野鹤遥瞻望。"[②]

所闻，字荩卿，号萝月道人，"上元诸生，豪迈不羁，工诗识

（接上页）维桢，《明史》卷二八八有传，钱谦益为撰《南京礼部尚书赠太子少保李公墓志铭》（〔清〕钱谦益著，〔清〕钱曾笺注，钱仲联标校：《钱牧斋全集》第2册《牧斋初学集中》卷五一《墓志铭二》，上海：上海古籍出版社，2003年，第1297—1299页）。

① 〔明〕王稺登撰：《王百穀集十九种》，《四库禁毁书丛刊》集部第175册，第267页上至下。

② 谢伯阳编纂：《全明散曲》，济南：齐鲁书社，2016年，第3878—3879页。

曲,以抑郁终,著有《萝月轩集》"①。"苨卿此年(万历二十年)四十,则当生于嘉靖三十二年(1553)。"②因功名不得志,陈氏遂放浪于山水诗酒,先卜居莫愁湖,后移家桃叶渡。"陈茂才文藻菁葱,词源觱沸。桃叶渡头之渔父,孙楚楼上之酒人。卜居寄迹于凤凰,玩世联交于萝月。"③所闻工乐府,将雄心、才情寄寓其中,并选编散曲集《北宫词纪》六卷、《南宫词纪》六卷,于元明散曲之保存厥功甚伟。

"满谷西风栗叶黄"出自金人王庭筠《游黄华》。刘祁《游林虑西山记》云:"竹中堂殿茅亭数处,乃黄华古禅刹也,今为老氏居。……因忆王翰林子端《游黄华诗》,盖此寺废已久,王诗云:'王母祠东古佛堂,人传栋宇自隋唐。年深寺废无人往,满谷西风栗叶黄。'"④与黄华古禅刹相似,南京摄山栖霞寺翠微庵,"在大佛龛左,岩石环瞰,最据幽胜"⑤。或以此故,陈氏虽拈王诗成句入其小令,却让人浑然不觉。接着又用捉麈对支郎、载酒来元亮二典,以支郎称美维岳,以元亮自许,无缘、空劳写尽失望之情。

(9)龙膺《桃柳航记》云:"接琴高之鲤,狎海翁之鸥,观

①〔清〕陈作霖撰:《金陵通传》卷一八《殷吴二李向王传》,《中国方志丛书·华中地方》第三八号,台北:成文出版社有限公司,1970年,第525页。

②侯荣川:《明曲家陈所闻生平考补》,《文艺评论》,2012年第6期,第104页。"……其生年亦较玉山知县仁和陈所闻略迟,姓名虽同,非一人也。"(徐朔方:《晚明曲家年谱》第三卷《赣皖卷·汪廷讷行实系年附陈所闻事实》,第511页)

③〔明〕吕天成撰,吴书荫校注:《曲品校注》卷上,北京:中华书局,2006年,第79页。

④〔金〕刘祁撰,崔文印点校:《归潜志》卷一三《续录》,第163页。

⑤〔明〕葛寅亮撰:《金陵梵刹志》卷四《摄山栖霞寺·古迹》,《续修四库全书》第718册,第526页下。

庄叟之鱼，放支郎之鹤。"《庵松漫吟证怀古德八绝句》其一云：
"闻说支郎神骏癖，也堪金勒系长柯。"①

在徽州推官任上，龙膺与家居的汪道昆等交游密切。其《汪
伯玉先生传》云：

> 予小子释褐徽理，为万历庚辰，下车首式先生之庐，先生
> 年五十六矣。……居久之，屠纬真仪部、李本宁太史、吕玉绳
> 司法、沈嘉则、郭次甫、俞羡长诸名流先后至，乃结白榆社于
> 斗城。集辄命白堕为政，扬扢今古，辨析禅玄，卫玠神清，支
> 郎理胜。彼既亹亹，次亦泠泠，递献异闻，杂呈雅谑。先生饮
> 一石始沾醉，以达曙为恒，时而阑及生平，犹记崖略。②

下车伊始，龙膺即拜谒汪道昆。道昆，字伯玉，号南溟、太函，歙
县（今属安徽）人，嘉靖二十六年（1547）进士及第，官至兵部左
侍郎，《明史》卷二八七有传，俞均为撰《明通议大夫兵部左侍郎
汪南明先生墓志铭》③。龙膺、汪道昆等结白榆社。汪氏《送龙相
君考绩序》亦云："乃构白榆社，据北斗城，入社七人，谬长不佞，
君御为宰，丁元甫奉楚前茅，郭次甫隐焦山，岁一至，居守则吾家
二仲泪潘景升。诸宾客自四方来，择可者延之入。君御身下不佞，

---

① 梁颂成、刘梦初校点：《龙膺集·纶瀚文集》卷七《记》，第198页；《龙膺
集·纶瀚诗集》卷八《七绝》，第611页。
② 梁颂成、刘梦初校点：《龙膺集·纶瀚文集》卷八《传》，第202页。
③ 《明通议大夫兵部左侍郎汪南明先生墓志铭》录文参张剑《略谈〈汪道昆
墓志铭〉的价值》，《河南教育学院学报（哲学社会科学版）》，2008年第1
期，第65—66页。

左二甫，右二生，旬月有程，岁时有会。"①社聚之时，诸人以酒为政，评论古今，辨析禅玄，卫玠为之神清，支遁因理而胜。

龙膺在家乡治胜果园、潊园、纶屿三园，其《〈溪园六记〉自序》云："吾园在武陵者二，在花溪者一，故曰溪园，而实岩泉具备，不独以溪胜也。园记有五，然往来上下实赖吾航，故以记附而六焉。"前揭《桃柳航记》即是"六记"之一，桃柳航即龙氏之航。"是航也，以夏秋则柳湖，以冬春则桃洞，可止则止，可行则行，与时推移，随吾上下。不鹢于宋，不凫于隋。不橪棺而庐，不轮毂而驾，不藏于壑，不胶于坳，命之曰'桃柳航'，合地与时，志之云尔。"②潊园在柳叶湖涯，纶屿在桃花源西渔仙洞，治一航可杭之。时值桃花水涨，柳浪拍天，系航长松，读书少倦，翻贝余闲，与解人野衲说法谈诗。远接琴高所乘之鲤，近狎海翁从游之鸥，眼观庄周知乐之鱼，手放支遁所爱之鹤。此情此景，如登道岸，筏应舍，宅亦不可恋。其中"狎海翁之鸥"化用前揭《世说新语·言语第二》第四十五条支遁所谓佛图澄以石虎为海鸥鸟及刘孝标注引《庄子》海上之人好鸥者云云。

龙膺以儒立身，又出道入佛，函三为一。《庵松漫吟证怀古德八绝句》即是其为释守素、释子邻、不空、支遁、俨师、孤峰、慧远、东坡等古德所作，个中有本《酉阳杂俎》续集卷五《寺塔记上》者：如"岂是素公庭院里？青桐暑汗宛人衣"本"东廊之南素和尚院庭，有青桐四株，素之手植。元和中，卿相多游此院。桐至夏有汗，污人衣如轫脂，不可浣"；"偃覆足容千客座，漫将穗柏说璘公"本"上座

────────────────

① 〔明〕汪道昆《太函集》卷七《序九首》，《续修四库全书》第1346册，第591页下。

② 梁颂成、刘梦初校点：《龙膺集·纶潊文集》卷二《序》，第60页；卷七《记》，第199页。

璘公院有穗柏一株，衢柯偃覆，下坐十余人"；"莫为役龙三藏误，虬枝作骨雨师降"本"不空三藏塔前，多老松。岁旱，则官伐其枝，为龙骨，以祈雨。盖三藏役龙，意其树必有灵也"。以是，"闻说支郎神骏癖，也堪金勒系长柯"或即段成式联句"有松堪系马"意[1]。

（10）沈德符《万历野获编·禅林诸名宿》云："其时雪浪洪恩，本讲经法司，而风流文藻，辨博自喜，有支郎畜马剪鹤之风。"[2]

释洪恩，字三怀，南直隶上元（县治在今江苏南京市秦淮区）人，俗姓黄，十二岁从南京大报恩寺无极法师出家，年十八即分座副讲，闻者悚悟。释德清《雪浪法师恩公中兴法道传》云：

> 公年二十一，佛法淹贯。自是励志，始习世间经书，子史百氏及古辞赋诗歌，靡不搜索。游戏染翰，意在笔先，三吴名士，切磨殆遍，所出声诗，无不脍炙人口，尺牍只字，得为珍秘……公生于嘉靖乙巳（1545）九月九日，入灭于万历丁未（1607）某月某日，世寿六十三岁，法腊四十五夏。[3]

---

① 许逸民校笺：《酉阳杂俎校笺》续集卷五《寺塔记上》，第1756、1781、1750—1751、1764页。

② 〔明〕沈德符撰：《万历野获编》卷二七，北京：中华书局，1959年，第693页。

③ 〔明〕释德清撰：《憨山老人梦游集》卷一六《传》，《续修四库全书》第1377册，第633页下至第636页上。钱谦益《华山雪浪大师塔铭》云："沐浴更衣，端坐而逝，万历戊申十一月十五日也。俗寿六十四，法腊五十一。弟子奉全身还葬于雪浪山。"（〔清〕钱曾笺注：《钱牧斋全集》第3册《牧斋初学集下》卷六九《塔铭二》，第1573页）邹迪光《华山雪浪大师塔铭》亦云："徒孙修因以予与师有支许之契，具状请铭。师生于嘉靖乙巳九月九日，圆寂于万历戊申十一月十五日，报龄六十有四，僧腊五十有一。"（《宝华山志》卷七《塔铭》，《中国佛寺史志汇刊》，第一辑第41册，台北：明文书局，1980年，第261—262页）陈垣《释氏疑年录》卷一一从钱、邹二氏塔铭（蓝吉富主编：《现代佛学大系3》，台北：弥勒出版社，1982年，第376页）。

《梦游诗集自序》又云：

> 僧之为诗者,始于晋之支、远,至唐则有释子三十余人。……
> 嘉隆之际, 予为童子时, 知有钱塘玉芝一人, 而诗无传。江南
> 则予与雪浪创起。雪浪刻意酷嗜, 遍历三吴诸名家, 切磋讨论
> 无停晷, 故声动一时。①

德清以支遁、慧远为僧侣作诗之始, 又以自己和洪恩开晚明江南
僧诗创作之风。《列朝诗集小传》亦云："万历中, 江南开士多博
通诗翰者, 亦公与憨大师为导师也。"②洪恩淹通佛法, 讲经单提
本文, 尽扫训诂, 称性而谈, 标指言外, "说法三十年, 黑白众日以
万计。闲游杖锡, 四众围绕, 遍山水为妙声, 化树林为宝网。东南
法席, 未有盛于此者也"③；复博综外典, 旁及唐诗晋字, 其诗今
存《雪浪集》二卷, 刘觐《雪浪集叙》云"读之洒然, 若遇于大江
之上, 而白云烟水亦不得结为色相, 有诗之道也"④, 四库馆臣谓
"未离世法之僧, 不能语带烟霞也"⑤。洪恩说法、为诗均有支
遁遗风, 无怪沈德符谓其有畜马剪鹤之风。

---

① 〔明〕释德清撰：《憨山老人梦游集》卷三五,《续修四库全书》第1378
　　册, 第236页下。
② 〔清〕钱谦益撰集, 许逸民、林淑敏点校：《列朝诗集·列朝诗集闰集第
　　三·雪浪法师恩公》, 北京：中华书局, 2007年, 第6367页。
③ 〔清〕钱曾笺注：《钱牧斋全集》第3册《牧斋初学集下》卷六九《塔铭
　　二·华山雪浪大师塔铭》, 第1572—1573页。
④ 〔明〕释洪恩撰：《雪浪集》卷首,《四库全书存目丛书》集部第190册, 第
　　674页上。
⑤ 《四库全书总目》卷一八〇《集部三十三·别集类存目七·雪浪集二卷》,
　　第1626页。

　　（11）袁中道《李坪遇郝生》云：“诗思浑李洞，禅语效支郎。”
《宝林寺岁暮四首》其三云：“雨雨风风催岁暮，愁来独自伴支
郎。”《送僧北去寻师》云：“支郎已解藏身法，知在深山第几层。”
《除夕伤亡仲兄，示度门》其一云：“梦中也不料兄亡，温语慈颜竟
渺茫。骨肉可怜零落甚，独来山里伴支郎。”《正月四日紫盖道中怀
度门》云：“断鸿零落甚，仗有道林兄。”《度门得响水潭，将结庵
作邻，志喜六首》其二云：“买山隐不妨，胜境借支郎。”《赠李次飞
次飞少为开士》云：“游遍东南胜，堆蓝共隐藏。铅华情渐尽，烟水兴
偏长。声爱渔阿梵，书传狸骨方。再寻调马路，难辨旧支郎。”《竹
鹤诗》云：“眷此凌霄姿，终为耳目玩。鹤膝既可代，何难长羽翰。
王郎格外人，庭轩忍相绊。何不效支郎，纵之入云汉。”①

　　中道，字小修，别字冲修，号柴紫居士，晚年曾号凫隐居士。
“万历三十一年始举于乡。又十四年乃成进士。由徽州教授，历国
子博士、南京礼部主事。天启四年进南京吏部郎中，卒于官。”②

　　万历二十一年（1593）秋，“中道与丘长孺、僧无念等从武昌
出发，顺长江东游金陵、苏州、虎丘、钱塘、嘉兴等，岁暮返回武
昌”③。《李坪遇郝生》即作于此时，谓郝生诗思浑同李洞，禅语
效法支郎，以此称赞其善诗通禅。“进士李洞慕贾岛，欲铸而顶
戴，尝念‘贾岛佛’，而其诗体又僻于贾。”④二十五年秋，中道

---

① 〔明〕袁中道著，钱伯城点校：《珂雪斋集》，上海：上海古籍出版社，
　　1989年，第25、84、137、262、263、263、275、304页。
② 《明史》卷二八八《文苑·袁宏道传附袁中道传》，第7398页。
③ 戴红贤：《袁中道早期诗集〈南游稿〉〈小修诗〉考论》，《武汉大学学报
　　（人文科学版）》，2010年第5期，第582页。
④ 〔五代〕孙光宪撰，贾二强校点：《北梦琐言》卷七《洞庭湖诗》，第
　　164页。

二十八岁,赴省应乡试不第,由武昌至真州往依宏道①。岁暮时节,中道寓居苏州,作《宝林寺岁暮四首》。情景相契,无怪其愁来独自伴支郎,更令人酸楚无比。三十二年甲辰春,中道在京应会试不第,返公安。其《荷叶山房销夏记》云:"予久不上丘墓,甲辰五月从三穴挂帆,抵柞林,息于杜园竹中。……未几,中郎携衲子寒灰、雪照、冷云至,皆东南名僧,偶集于香光社者。中郎同诸衲聚于荷叶山房,予宿于乔木堂。早起,共聚山房前大槐树下。……至夜分,薄有寒意,乃入。三月内,率以为常。……八月,中郎偕诸衲走德山,而予携一酒人走黄山,始别去。"②《送僧北去寻师》即作于此时。德山在今湖南常德市武陵区东南,即善德山,"府东南十五里。本名德山,道书以为第五十三福地。杜水出焉,亦曰枉山。隋刺史樊子盖以善卷隐此,改曰善德山"③。黄山,"在公安县东南七十里,山上土石皆黄,一名谢山,又名金华山,又名金峰山"④。僧北去寻师,诗人送别,以支郎称美,谓其已解藏身之法,知道在深山第几层。

　　宏道卒于三十八年(1610)九月初六日。是年,"除夕,度门来玉泉同守岁,携所作《青溪诗》五首来。夜间予得二绝,伤逝者之捐弃,肠痛不可喻"。"万历辛亥(1611),正月初一日壬寅,住玉泉讲经台。晨起,同度门上殿礼佛……别度门,同宝方往紫

①沈维藩:《袁宏道年谱》,《中国文学研究》第一辑,1999年,第244页。
②〔明〕袁中道著,钱伯城点校:《珂雪斋集》卷一二,第547页。相似内容亦可参是书卷二一《书雪照册》《书雪照存中郎花源诗草册后》(第880、883页)。
③〔清〕顾祖禹撰,贺次君、施和金点校:《读史方舆纪要》卷八〇《湖广六·常德府·武陵县》,第3772页。
④〔清〕和珅等撰:《大清一统志》卷二六八《荆州府·山川》,《景印文渊阁四库全书》第480册,第217页上。

盖……"“度门来视堆蓝亭基，并成响水潭庵基。……度门曰：'吾老爱听泉声，且与居士堆蓝社相近，共作念佛因缘，以毕余生足矣。'……是日，予作诗四首志喜。"①度门，即僧无迹，当阳（今湖北当阳市）度门寺住持，宝方为其弟子。诗中以支郎称度门，感叹其除夕夜独来山里相伴。正月初四，同宝方往紫盖山紫盖寺，途中作诗以怀度门，以道林兄相谓，再抒谢忱。度门得响水潭，将结庵为邻。中道作诗志喜，连用支遁二典，谓其买山而不妨隐，借支郎而此境更胜。

四十年夏，中道在玉泉。《赠李次飞》之前《五月十三日玉泉道中，此日为关公诞日》等诗皆作于去玉泉道中或玉泉，之后《王给谏将有卜居东南之志，予秋来亦有游兴，会间共有山行之约，有述》，所谓共隐藏之堆蓝即玉泉山，则此诗亦当作于玉泉。雷思霈有《偶题赠当阳次飞》，云：“李子云：泉如玉……"②知李次飞为当阳人。次飞少为开士，与中道共隐堆蓝。《方舆胜览·浙东路·绍兴府·山川·东山》录王蛭《游东山记》云：“绝顶有谢公调马路。"③诗人以支郎称誉李次飞，谓其与旧时支郎无别。

四十二年，“二十日清明，火病举发，兀坐家园。江陵王维南太学家有一鹤，一夜偶折去一足，已不活；乃截竹为筒代之，遂能起舞，无恙至今。乞予作《竹足鹤诗》。予尝闻鹤命在膝，今殊不

---

① 〔明〕袁中道著，钱伯城点校：《珂雪斋集·游居柿录》卷六，第1222、1223、1224页。按：袁宏道卒时参是书卷五（第1210页）。又：《珂雪斋集》卷六题作《度门得响水潭将结庵作邻志喜六首》，诗亦为六首。此“四首”误。

② 〔清〕丁宿：《湖北诗征略》卷三八《东湖》，《续修四库全书》第1707册，第742页上。雷思霈，字何思，夷陵州（今湖北宜昌市）人，万历二十九年（1601）进士。《珂雪斋集》卷二四有《与雷何思》（第1011页）。

③ 〔宋〕祝穆撰，〔宋〕祝洙增订，施和金点校：《方舆胜览》卷六，第107页。

然，可异也，为草一诗付之"①。《竹鹤诗》末简括支遁放鹤典，叹惜竹鹤亦有灵霄姿，却终为耳目玩，由此生出鹤膝既然可代长出羽翰又有何难之想，进而想王维南亦是格外之人，决不忍竹鹤相绊于庭轩。如此，何不效仿支遁，纵放竹鹤使入云汉？

（12）沈曾植《梅道人墨竹》诗云："付与支郎赏神骏，骊黄牝牡坐忘时。"②

曾植，字子培，号乙庵，晚号寐叟，别署东轩、逊斋、谷隐居士等，浙江嘉兴人，光绪六年（1880）进士，历官刑部郎中、江西按察使及安徽提学使、署布政使、护理巡抚。宣统二年（1910），移病归里。1917年，张勋复辟，授学部尚书。其门人谢凤孙《学部尚书沈公墓志铭》云："先生卒于宣统壬戌（1922）十月初三日，享年七十有三。"③

曾植学问深湛，眼界宽广，成就斐然，复善诗。陈三立《海日楼诗集跋》云"则谓寐叟诗为一家之《离骚》可也，为一世之《离骚》可也"；陈衍《沈乙庵诗序》谓其"闻可庄（王仁堪）、苏勘（郑孝胥）诵君（沈曾植）诗，相与叹赏，以为同光体之魁杰也"④。《梅道人墨竹》诗作于光绪二十五年（1899）⑤，其时曾植应张之洞聘主讲武昌两湖书院史席。

梅道人即元末嘉兴人吴镇，与黄公望、倪瓒、王蒙并称画苑

四大家。"吴镇,字仲珪,性高介,善画山水竹石,题诗其上,时号为'三绝'。富室求之多不得,惟赠贫士,使取直焉。自号梅花道人。"①其墨竹师法文同、苏轼、李衎,更师法野竹,以墨竹寄寓情志。《梅沙弥竹谱卷》吴镇至正十年(1350)春三月题云:"梅道人为可行作竹谱,时暮春三月,憩于醉李春波之客舍,因抽架头之纸,随笔为此数竿,虽出一时兴绪,亦自有天趣。"②惠鉴跋故人吴镇为松岩禅师所作竹卷云:"吴仲圭墨竹初学文湖州,运笔虽熟而野气终不化。"③徐渭《书梅花道人墨竹谱》云:"余观梅花道人画竹,如群凤为鹘所掠,翎羽腾闪,捎掠变灭之诡,虽凤亦不得而知,而评者或谓其赝,岂理也哉?"④所谓天趣、野气,即群凤为鹘所掠之翎羽腾闪捎掠变灭,亦即支郎所赏之神骏。于梅道人墨竹,坐忘时所得神骏应在于其天趣,在于其野气,而非骊黄牝牡。

(13)释敬安《过汤泉少保第奉题十八韵,并赠其公子铁史秀才》云:"登龙奇令子,爱马惜支郎。"《谨次黄鞠友司马甬江留别原韵四首,即送其行》云:"千里神交知不隔,诗成应许寄支郎。"《〈诗集〉自述》云:"余俗姓黄氏,名读山。出家后本师赐名曰敬安,字寄禅。近乃自号八指头陀。先世为山谷老人裔孙,宋时由江西迁茶陵,

---

① 〔明〕刘应钶修,〔明〕沈尧中等纂:《嘉兴府志》卷二二《隐逸·元》,《中国方志丛书·华中地方》第五〇五号,台北:成文出版社有限公司,1983年,第1347页。

② 〔明〕汪砢玉撰:《珊瑚网》卷三三《名画题跋九》,《景印文渊阁四库全书》第818册,第623页上。

③ 〔明〕郁逢庆编:《书画题跋记》卷一《梅道人竹卷》,《景印文渊阁四库全书》第816册,第601页上。

④ 〔明〕徐渭撰:《徐渭集》卷二〇《跋》,北京:中华书局,1983年,第570—571页。

明末由茶陵迁湘潭之石潭。世业农。父讳宣杏，母胡氏。尝祷白衣大士，梦兰而生余，时咸丰辛亥（1851）十二月初三日也。"①

冯毓孳《中华佛教总会会长天童寺方丈寄禅和尚行述》云：

> 明日昧爽往视，已作吉祥卧示寂，实旧历玄默困敦之岁（1912）十月二日。师寿六十有二，僧腊四十有五。……师诗逼近初唐，壬秋尝嘲师能为岛寒，不能为郊瘦，故近今所作，多效东体云。②

敬安以其诗歌夙根、后天勤学深入世俗，与诸多文苑名流、政界显宦唱和。梁启超《吟冰室诗话》云："寄禅者，当世第一流诗僧，而笠云之徒也。"③杨树达《省志初稿艺文志·八指头陀文集一卷》言之更详，云："敬安以诗名一世……大抵宗法六朝，词旨清逸。……敬安虽身在佛门，而心萦家国……缘其情感真挚，宜其文章雄于一世矣。夫贯休禅月，齐己白莲，但具诗篇，不传文笔，惟皎然杼山一集附载杂文数篇，义属附庸，不与诗歌相称。敬安则善吟之暇，复长笔札，盖不惟梵界之奇人，亦文坛之杰士矣。"④敬安内外兼修诗文皆长，身处佛教近代化浪潮，致力于护教卫道振兴佛门，颇有支遁遗风。

光绪二十三年（1897），敬安时为湖南宁乡沩山密印寺住持，

---

① 〔清〕释敬安撰，梅季点校：《八指头陀诗文集》，长沙：岳麓书社，2007年，第168、241、370页。

② 武昌佛学院编辑：《海潮音》，第十三卷第十二号，上海：上海佛学书局，1932年12月，第11—12页。按："东体"间或脱"野"字。

③ 梁启超：《饮冰室诗话》，北京：人民文学出版社，1959年，第118页。

④ 湖南省文献委员会编：《湖南文献汇编》第二辑，《民国丛书》第一编89《综合类》，上海：上海书店出版社，1996年，第168—169页。

初夏游灰汤温泉，过石谷潭黄少春府第。少春，字苟崖，同治三年
（1864）十二月署福建陆路提督，仅三十岁，六十岁时复任此职，
"（光绪）二十年（1894）正月，以慈禧太后万寿，赏加太子少保衔，
命兼水师提督驻厦门马江，未几，调补长江提督。……壬子（1912）
正月卒，年八十，子九。……应逵，附生，入赀捐法部主事"①。明清
时府州县学在廪膳生、增广生额外增取的学生，因附于诸生末，故
名附学生，简称附生。铁史秀才即黄应逵。应逵，字渐之，号铁史，
有《铁史诗存》四卷，湖南图书馆存是书1926年长沙刻本。灰汤境
内有东鹫山，即诗所谓鹫岭，山多寺庙，向有四十八庵之说。山麓有
山泉，名龙眼井，敬安又有《寻汤泉经冷水井感赋》诗。

　　光绪二十八年（1902）春，敬安辞长沙上林寺法席赴宁波住持
天童寺②。天童寺位于今鄞州区东吴镇天童村，号称东南佛国。
黄大华，字鞠友，武昌人，"光绪己丑（1889）进士，分浙，初任西
安县，先代后署，喜与士子谈文，月课卷，常亲自批改之，若师生
然"③。西安县即衢县，范围即今衢州市柯城区和衢江区。二十八
年，大华调任鄞县④。二十九年，敬安有《黄鞠友司马二月十七日
偕友人入山，盘桓两日，酬唱甚欢。因赋五言十六韵以志胜游，即

①　周震鳞修，刘宗向纂：《宁乡县志·故事编第十先民传·黄少春及部将六
　　人传》，《中国地方志集成·湖南府县志辑》第85册，南京：江苏古籍出版
　　社，2002年，第144页上至下。
②　敬安光绪二十三年、二十八年活动参见梅季点辑《八指头陀诗文集》（长
　　沙：岳麓书社，1984年）附录三《八指头陀年表》。按，该书2007年版附录
　　未收《八指头陀年表》。
③　郑永禧纂：《衢县志》卷二〇《名宦志·清》，《中国地方志集成·浙江府县
　　志辑》第56册，上海：上海书店，1993年，第227页下。
④　参《申报》1902年3月9日《整饬风化》，宁波市档案馆编：《〈申报〉宁波
　　史料集》（三），宁波：宁波出版社，2013年，第1431页。

用赠别》①，鄞县人陆廷黻有《邑侯黄鞠友明府约游天童不果四
叠留别韵却寄兼示寄师》诗②。是年二月十七日，黄鞠友偕友人游
太白山，有《甬江留别》四首赠敬安，敬安次其韵奉和四首送行。
在前揭两首诗中，敬安禅师均以支郎自许。

　　作为典故的支郎，语源虽为支谦，然诗文用以特指支谦者鲜
见，不少诗文着力淡化其"眼中黄"的内涵以之美称或代称僧侣，
并赋以能诗、好鹤、畜马等意，其所指遂易作中国本土高僧支遁。
由此亦可见出佛教中国化的过程及其必然性。

---

① 〔清〕释敬安撰，梅季点校：《八指头陀诗文集》，长沙：岳麓书社，2007
　　年，第243页。
② 〔清〕陆廷黻撰：《镇亭山房诗集》卷一七，《清代诗文集汇编》第730册，
　　第370页下。

第四章　支遁传说之接受

有关支遁的传说,南朝已有。"遁幼时,尝与师共论物类,谓鸡卵生用,未足为杀,师不能屈。师寻亡,忽见形,投卵于地,㲉破雏行,顷之俱灭,遁乃感悟,由是蔬食终身。"[①]有唐及其以降,其传说或化为诗文事典,或物化为遗迹、绘图,支遁接受因之而丰富、多元。

第一节　传说之为事典

好鹤、养马、养鹰,支遁这些标志性雅好,在唐及其以降诗文中渐成支遁鹤、支公鹤、支遁马、支遁青骊、支公怜神骏、支遁鹰、支遁爱鹰等事典,买岇山甚至衍生出买峰、买山钱、道林钱、支遁隐等事典。

一、好鹤养马之典

《世说新语·言语第二》第六十三条有支遁养马重其神骏之说,第七十六条有支遁好鹤铩其翮、养令翮成置使飞去事,由此

---

① 〔南朝梁〕释慧皎:《高僧传》卷四《义解一·晋剡沃洲山支遁》,第163页。

衍生出诸多事典。

（一）晚唐以前：罕有

晚唐以前，诗文中罕见支遁好鹤养马事典。所见惟有：

（1）大周久视元年（700）岁次庚子十二月乙巳朔廿三日丁卯阙名《王二娘造石浮图像记》云："佛弟子王二娘，亲归蒿里，灵瘗松门……遂乃抽兹□宝，割此净财，等尸毗之饲鹰，类道林之养马，今为亡父母敬造石浮图一所，上有阿弥陀像一铺，今见成就。"①

建造佛像多在其台座、光背或石窟中靠近佛像的石壁上镌刻铭文，以表达造像供养的目的，此即造像记。造像记篇幅长短不一，短者寥寥数语，长者亦不过百余字，或祈祷亡者不经三途八难、值佛闻法、往生西方极乐世界；或祝愿帝祚永隆、生者现世安乐、长寿平安。造像记多出自下层文士之手，虽具民间文学的特征，然又时见文人文学的典雅。王二娘施资财为亡父母造阿弥陀石像一铺，造像记作者将其施财等同尸毗王割肉饲鹰以贸鸽尚可理解，但将其类同支遁养马则较为难解。无论如何，造像记出现此典，足见支遁养马影响广泛。

（2）张九龄《鹰鹘图赞序》云："故君子韪其然，工人图其状，以象武备，以彰才美，虽未极其天姿，有以见其风骨矣。昔支遁道林，尝养名马，自云重其神骏。"注云："本年四月乙巳朔，丁未为三日，九龄本月甲子（十八日）贬荆州。其所序虽为工人所绘

---

①〔清〕陆心源：《唐文拾遗》卷六一《阙名九》，《续修四库全书》第1652册，第69页下。

之图，然图绘于丁未至甲子间是可能的。"①

开元二十四年（736），"十一月壬寅，侍中裴耀卿为尚书左丞相，中书令张九龄为尚书右丞相，并罢知政事"。二十五年夏四月，"甲子，尚书右丞相张九龄以曾荐引子谅，左授荆州长史"②。是年四月丁未，渤海郡王武艺遣使来长安。《册府元龟》卷九七五《外臣部·褒异》云："四月丁未，渤海遣其臣公伯计来献鹰鹘，授将军，放还蕃。"③赞序即为工人所画《鹰鹘图》而作。钱锺书先生信札云："张九龄有《鹰鹘图赞》，序中道及支遁事，题目分明有'鹰'而文只曰'遁常养名马'，颇费解释。"④臆谓此"名马"或当如前揭《建康实录》案引《许玄度集》作"鹰马"，意在譬工人图鹰鹘有以见其风骨如支遁养鹰马重其神骏。

（3）杜甫《韦讽录事宅观曹将军画马图歌》云："可怜九马争神骏，顾视清高气深稳。借问苦心爱者谁，后有韦讽前支遁。"仇注："《杜臆》云：遁读上声，与稳相叶。此叙韦录事，又借支遁作陪。视清高，言昂首；气深稳，言德良。"⑤

广德二年（764）三月，严武重任剑南东西川节度使，杜甫受其邀请携家从阆州返回成都。此时已削职为庶人的曹霸流落至成都，阆州录事参军韦讽亦在自己成都宅中。《韦讽录事宅观曹将军画马图歌》即是为在韦宅观曹霸画马而作。"止一语及韦，入得自然。○

---

①〔唐〕张九龄撰，熊飞校注：《张九龄集校注》，北京：中华书局，2008年，第910、911页。按：开元二十五年夏四月丁未为三日，甲子应为二十日，非十八日。

②《旧唐书》卷八《玄宗本纪上》、卷九《玄宗本纪下》，第203、208页。

③《宋本册府元龟》，第3879页下。

④刘永翔：《蓬山舟影：刘永翔文史杂说》，上海：汉语大词典出版社，2004年，第23—24页。

⑤〔清〕仇兆鳌注：《杜诗详注》卷一三，第1155页。

原注：以主人对支遁，豪气横出。"[1]"支遁倒衬韦讽，与江都引出将军相对。支爱者真马，又与前后相对。"[2]"'清高'，岂复叹马语；'深稳'，一发岂复叹马语？悍笔忽又从天落下一支遁，夫支爱真马，韦爱画马，则岂先生牵引不伦？不知全赖引得支遁，今日始知韦宅九匹，悉是真马；不尔，至今谓是画马而已。○道树云：曹将军外，忽请出一江都王；九马外，忽请出一照夜白、拳毛骢、狮子花，悉是我意已到。至于韦讽外，又请出支遁，真是思入风云，更不得料矣！"[3]"九马争神骏""苦心爱者谁"直是径用《世说新语》所谓贫道重其神骏，支遁已在其中。明明前有支遁后有韦讽，诗人偏言作后有韦讽前支遁，一为叶韵，一为突显韦讽，所谓豪气横出矣！

天宝末年，杜甫曾作《天育骠图歌》，云："遂令大奴字天育，别养骥子怜神骏—作俊。"[4]"怜神骏"用支遁重其神骏典。"独取'别养骥子'，状其'神骏'。觉此马此画，俱横绝千古，而此图来历，更极明悉。"[5]

（二）晚唐五代：渐有

皮陆唱和实为支遁有唐一代文学接受之高峰。二氏不惟在诗文中以支遁美称僧侣，复用支遁好鹤、放鹤典。此后诗文用支遁养马好鹤事典者渐多。

---

① 〔清〕张溍著，聂巧平点校：《读书堂杜工部诗文集注解·诗集批注卷之十一·韦讽录事宅观曹将军画马图引》，济南：齐鲁书社，2014年，第733页。

② 〔清〕何焯著，崔高维点校：《义门读书记》卷五二《杜工部集·古体·韦讽录事宅观曹将军画马图》，北京：中华书局，1987年，第1045页。按：标点为引者所加。

③ 〔清〕金圣叹著，陆林辑校整理：《唱经堂杜诗解》卷三《韦讽录事宅观曹将军画马图引》，第725页。

④ 〔清〕仇兆鳌注：《杜诗详注》卷四，第254页。

⑤ 〔清〕浦起龙撰：《读杜心解》卷二，北京：中华书局，1961年，第241页。

（1）皮日休《公斋四咏·鹤屏》云："未许子晋乘，难教道林放。"李縠《奉和袭美先辈悼鹤二首》云："道林曾放雪翎飞，应悔庭除闭羽衣。"①

公斋即处理公务处。诗人公斋有鹤屏，作诗以咏，并邀陆龟蒙相和。皮诗摹写屏鹤骳耳侧听，赤精旷望，引吭看云，翘足临池，仙禽神态栩栩如生，继以近蓐席、入方丈更是仙气十足。如此，未许王子晋乘、难教支道林放便极自然。龟蒙同韵和诗何繇振玉衣、一举栖瀛阆乘此而写，亦极具情趣。李縠，字德师，咸通（860—874）进士，唐末为浙东观察推官兼殿中侍御史，《松陵集》存其诗四首。此诗以雪翎指代鹤，使放鹤别有一番风味。闭羽衣为鹤死婉辞。日休序云其用五百钱买华亭鹤，殆经岁为饮食所误，经夕而卒。庭除闭羽衣即谓此。以道林放鹤衬子美悼鹤，并以"应悔"二字点醒，和悼鹤意力透纸背。

（2）陆龟蒙《奉和二游诗·任诗》云："秋笼支遁鹤，夜榻戴颙客。"皮日休《二游诗序》云："吴之士有恩王府参军徐修矩者……次有前泾县尉任晦者……大凡游于二君宅，无浃旬之间，因作诗以留赠，目之曰《二游》，兼寄陆鲁望。"②

所谓"二游"即游徐、任二君宅意。此为和皮诗之《任诗》而作。任晦曾任泾县尉，天姿高放，摆落名利，将禄代耕，巾策随身，宅于林泉间，终身远器杂。陆龟蒙以秋笼支遁所好之鹤美任晦高雅，又以其夜晚放榻接待如同戴颙之客美皮日休。

（3）贯休《山居诗》其二十四云："支公放鹤情相似，范泰论

---

① 王锡九校注：《松陵集校注》卷二《往体诗二十八首》，第408页；卷九《今体五七言诗》，第2016页。
② 王锡九校注：《松陵集校注》卷一《往体诗一十二首》，第276、224—225页。

交趣不同。……若问山资言不及,恒河沙劫用无穷。"《桐江闲居作十二首》其三云:"数只呼来鹤,成堆读了经。何妨似支遁,骑马入青冥。"①

咸通四年(863)秋,贯休离庐山入洪州;五年秋离洪州经鄱阳返故里,居兰溪和安禅寺,时出游周边名山寺观;十三至十四年在睦州与太守冯岩共为诗禅之游②。宝应元年(762),为避代宗李豫讳,改洪州辖县豫章为钟陵县,贞元间(785—805)又改为南昌县。《山居诗序》云在钟陵时作《山居诗》二十四章,即是作于咸通四至五年居洪州期间。钟陵山居,明月清风,夕阳秋色,孤坐清吟,修心忘机。诗人自觉情似支公放鹤,趣异范泰论交。范泰,刘宋时人,有《鸾鸟诗》,其序云:"昔钟子破琴于百○按当作伯牙,匠石韬斤于郢人,盖悲妙赏之不存,慨神质于当年耳。"③此即论交。所以如此,在于支遁无机,范泰有念。若支遁言不及山资,能万象俱空,则其用恒河沙劫亦会无穷。

《桐江闲居作十二首》作于咸通十四年秋④。桐江在今浙江桐庐县。"桐江,桐庐北三里,一名桐溪,源出天目山,流入浙江。"⑤此桐江或名桐庐江。"桐庐江,源出杭州於潜县界天目

---

① 胡大浚笺注:《贯休歌诗系年笺注》卷二三《七言律诗》,第999页;卷一○《五言律诗》,第486页。

② 参胡大浚笺注:《贯休歌诗系年笺注·禅月大师贯休年谱稿》,第1141—1143页。

③《艺文类聚》卷九○《鸟部上·鸾·诗》,第1560页。

④ 参胡大浚笺注:《贯休歌诗系年笺注·禅月大师贯休年谱稿》,第1170页。

⑤〔清〕顾祖禹:《舆图要览·浙江第七·浙江舆图》,〔清〕顾祖禹撰,贺次君、施和金点校:《读史方舆纪要》附,第5753页。同书卷八九《浙江一·山川险要》又云:"(浙江)三源同流,东过桐庐县或谓之桐江。"(第4107页)

山，南流至县东一里入浙江。"①桐庐县唐时属睦州。为太守冯岩所留，贯休闲居桐江，焚香静室，或禅，或茶，或诗，又有鹤来，"何妨似"三字遂极自然，骑马入青冥亦因之而出。

（4）齐己《题中上人院》诗云："欠鹤同支遁，多诗似惠休。"《道林寓居》云："即问沃州开士僻，爱禽怜骏意如何？"②

中上人即虚中，有《碧云集》一卷。"虚中，宜春人也。游潇湘山水，与齐己、尚颜、栖蟾为诗友，住湘西粟城寺。"③惠休即汤惠休，南朝宋齐间诗人，字茂远，早年出家为僧，人称惠休上人。宋孝武帝刘骏命其还俗，官至扬州刺史，善属文，辞采绮艳。其诗善作情语，格调委婉妩媚，清丽流畅。钟嵘《诗品》以之为下品，王士禛谓汤惠休"宜在中品"④。"欠鹤"视角独特，与"多诗"相对，谓中上人院缺少鹤如支遁放飞后，而其诗多亦如汤惠休。

道林寺在岳麓山下，齐己曾寓居寺中，留有多首诗作。《道林寓居》所云沃州开士爱禽怜骏即谓支公养马、好鹤之雅。

（5）和凝《大晋故天下兵马都元帅守尚书令吴越国王谥文穆钱公神道碑并序》云："有子十三人……次曰弘信，为国披缅，法号元悟，舍王

① 〔唐〕李吉甫撰，贺次君点校：《元和郡县图志》卷二五《江南道一·睦州·桐庐》，第608页。
② 〔唐〕齐己撰：《白莲集》卷一第八页、卷九第三页，《四部丛刊初编》本。按："如何"，《全唐诗》卷八四六作"何如"（第9570页）。
③ 〔宋〕计有功撰，王仲镛校笺：《唐诗纪事校笺》卷七五《僧虚中》，北京：中华书局，2007年，第2435页。
④ 〔清〕王士禛撰，赵伯陶点校：《古夫于亭杂录》卷五《诗品舛谬》，北京：中华书局，1988年，第102页。

公之娱乐，就法宇之清幽，汤休尚著于文章，支遁犹怜于骏逸。"①

碑题后署"推忠兴运致理功臣银青光禄大夫守尚书右仆射兼中书侍郎同中书门下平章事上柱国汝南县开国子食邑五百户实封一百户臣和凝奉敕撰"，碑铭后题"天福八年（943）岁次癸卯四月戊申朔二十日丁卯建"。阮氏按云："右碑在西湖妙因山钱文穆墓道前，文五十二行，行书，径寸，前题'大晋天下兵马都元帅守尚书令'一行字径三寸。碑文前半已泐，后半虽有可读之处，然阙字甚多，今以《钱氏宗谱》所载全文作小字补书于旁。"②天福七年（942）八月，"甲子，宰臣冯道加守太尉，赵莹加中书令，李崧加左仆射兼门下侍郎，和凝加右仆射"③。元瓘子弘信出家为僧，故碑文以惠休著文章、支遁怜骏逸称美之。

（6）韩偓《永明禅师房》云："支公禅寂处，时有鹤来巢。"校记云："'鹤'，玉山樵人本、统签本、麟后山房刻本均作'鹊'，《全唐诗》、吴校本均校：'一作鹊。'按，作'鹤'是，据《世说新语·言语》：'支公好鹤。'"④

偓，字致尧，小字冬郎，号玉樵山人，京兆万年人，父瞻，字畏之，开成二年（837）进士。韩瞻与李商隐同年，又分别娶王茂元六女、七女。偓雏凤声清，然困顿举场二十四载，终于昭宗龙纪

---

① 〔清〕阮元编，〔清〕阮福补遗：《两浙金石志》卷四《后晋钱文穆王神道碑》，《续修四库全书》第910册，第516页上至下。"弘信"，《平津馆金石萃编》卷一三《后晋》录作"弘儒"（《续修四库全书》第893册，第205页下），《全唐文》作"宏儒"（《全唐文》卷八五九《和凝》，第9008页下）。
② 〔清〕阮元编，〔清〕阮福补遗：《两浙金石志》卷四《后晋钱文穆王神道碑》，《续修四库全书》第910册，第514页上、第518页上。
③ 《旧五代史》卷八一《晋书·少帝纪》，第1070—1071页。
④ 〔唐〕韩偓撰，吴在庆校注：《韩偓集系年校注》卷三，北京：中华书局，2015年，第643页。

元年（889）进士及第。其《荔枝三首》题下注云："丙寅年秋到福州，自此后并福州作。"丙寅乃天祐三年（906）。又有《己巳年正月十二日自沙县抵邵武军将谋抚信之行到才一夕为闽相急脚相召却请赴沙县郊外泊船偶成一篇》诗①。沙县别称沙阳。李纲《读韩偓诗并记有感》云："其后复官，不敢入朝，挈其族依闽中王审知。尝道沙阳，寓居天王院者岁余，与老僧蕴明相善，以诗赠之。"②

《永明禅师房》即作于诗人寓居沙县时。"如此，此诗当作于开平三年（公元九〇九年）春夏间，而非开平二年。"③诗亦以支公美称永明禅师。相传释迦牟尼成佛前苦修六年，有雀巢筑顶、芦茅穿膝的故事。唐时又有鸟窠道林禅师。"杭州鸟窠道林禅师，本郡富阳人也。……后见秦望山有长松，枝叶繁茂，盘屈如盖，遂栖止其上，故时人谓之鸟窠禅师。复有鹊巢于其侧，自然驯狎，人亦目为鹊巢和尚。"④"来巢"或本此。支遁好鹤，鸟窠禅师鹊巢，二人均为"道林"，故有此用，亦有此异文。

（三）宋元明清：常有

（1）王禹偁《赠赞宁大师》云："赴阙尚留支遁马，援毫应待仲尼麟。"《寄赞宁上人时上人进新修高僧传有诏赴阙》云："支公兼有董狐才，史传修成乙夜开。"⑤

禹偁，字元之，济州巨野（今山东巨野县）人。"世为农家，九

---

① 吴在庆校注：《韩偓集系年校注》卷一第182页、卷二第289页。
② 〔宋〕李纲撰：《梁溪集》卷一一《诗七》，《景印文渊阁四库全书》第1125册，第592页下。
③ 吴在庆校注：《韩偓集系年校注》卷三，第645页。
④ 〔宋〕普济著，苏渊雷点校：《五灯会元》卷二《径山国一钦禅师法嗣·鸟窠道林禅师》，第71页。
⑤ 〔宋〕王禹偁撰：《王黄州小畜集》卷七第十一页、第十三页，《四部丛刊初编》本。

岁能文，毕士安见而器之。太平兴国八年（983）擢进士，授成武主簿。"①雍熙元年（984）秋，禹偁以大理评事知长洲县，四年八月奉召赴阙。《右街僧录通惠大师文集序》云："八年，诏修《大宋高僧传》，听归杭州旧寺。成三十卷，进御之日，玺书褒美。"②前诗作于雍熙三年长洲任内。后诗作于端拱元年（988）冬③。修僧传中作《赠赞宁大师》，以支遁马对仲尼麟，将赞宁比拟支遁，将赞宁修《大宋高僧传》比拟孔子撰《春秋》；修僧传后复作《寄赞宁上人》，将赞宁比拟支遁兼董狐，直许《大宋高僧传》将开乙夜。赞宁又有《大宋僧史略》。志磐《佛祖统纪》卷四四《法运通塞志十七之十一·真宗四年五月》述曰："道法师序《僧史略》称：内翰王公舣排释氏过于韩子，而独于宁通慧推服之不暇。盖其学行才识有可取也。今观《小畜集》，其修《僧史》则赠以七言，撰《圣贤录》则贺以五言，归葬钱唐则志其墓，所著内外集则冠以序。"④王氏推服赞宁可由此窥之。

（2）林逋《寄辇下传神法相大师》云："算应支遁马，毛骨苦无肥。"⑤

逋，字君复，钱塘（今浙江杭州市）人。梅尧臣《林和靖先生诗集序》云："君既老，朝廷不欲强起之，而令长吏岁时劳问，及其殁也，谥曰和靖先生。先生少时多病，不娶无子，诸孙大年能

①〔元〕脱脱等撰：《宋史》卷二九三《王禹偁传》，北京：中华书局，1977年，第9793页。

②〔宋〕王禹偁撰：《王黄州小畜集》卷二〇第九页，《四部丛刊初编》本。

③参徐规：《王禹偁事迹著作编年》，北京：商务印书馆，2003年，第65、78页。

④《大正新修大藏经》卷四九，第402页中至下。

⑤〔宋〕林逋著，沈幼征校注：《林和靖集》，杭州：浙江古籍出版社，2016年，第42页。

掇拾所为诗,请予为序。先生讳逋,字君复,年六十一;其诗,时人贵重甚于宝玉,先生未尝自贵也,就辄弃之,故所存百无一二焉。"①林逋赏梅养鹤,有"梅妻鹤子"之称。"性恬淡好古,不趋荣利,家贫衣食不足,宴如也。初泛游江湖间,久之,归杭州,结庐西湖之孤山,二十年足不及城市。"②

法相,真宗(998—1022年在位)时人。诗题即明法相大师绘画重在传神,末二句以支遁马称美其所画不在毛骨肥瘦,虽未直言传神,然由典故本身自可悟出未言之重神骏,以此醒题。

(3)释智圆《湖西杂感诗》序云:"湖西杂感诗者,中庸子居西湖之西,孤山之墟,伤风俗之浮薄而作也。"其二云:"看云静放支公鹤,临水闲观惠子鱼。"其《庭鹤》诗云:"支遁放君真有意,卫公怜汝太无端。"③

智圆,字无外,自号中庸子,又称潜夫,钱塘人,俗姓徐,为天台宗山外派义学名僧。大中祥符(1008—1016)末,卜居西湖孤山玛瑙院,与林逋为邻友,世称孤山法师。其学庞杂,既深通天台义学,又兼治儒学,喜为撰述,尤长于诗,有《闲居编》五十一卷。志磐《佛祖统纪》卷一〇《高论旁出世家》、念常《佛祖历代通载》卷一八有传。诗谓看云有支遁放鹤之高雅,临水有惠子安知鱼乐之问,窗下寂寥有竺乾经卷仲尼之书,儒释道融而为一。支遁如此,智圆亦如此,故其诗有此诸多"支典"。《庭鹤》以"支遁放

①〔宋〕梅尧臣著,朱东润编年校注:《梅尧臣集编年校注》,第1150页。

②〔宋〕李焘撰,上海师范大学古籍整理研究所、华东师范大学古籍整理研究所点校:《续资治通鉴长编》卷七八"真宗大中祥符五年",北京:中华书局,2004年,第1772页。

③北京大学古文献研究所编:《全宋诗》卷一四〇,北京:北京大学出版社,1995年,第1519、1536页。

君"与"卫公怜汝"相对,"真有意"见出支遁超凡脱俗,"太无端"见出卫懿公俗不可耐。

(4)丘处机《放雁》云:"放去欲齐支遁鹤,笼归宁效右军鹅。"①

处机,金皇统八年(1148)正月十九日生于登州栖霞县(今山东栖霞市)滨都里,小名丘哥。大定七年(1167)七月,王嚞至宁海(州治在今山东烟台市牟平区),在马钰家设全真堂,九月丘处机来投师,训名处机,字通密,号长春子。二十六年冬迁陕西终南祖庵,结束十三年的苦修②。

《磻溪集》前有胡光谦大定丙午(1186)五月序,则《放雁》当作于其隐居修道时。诗谓雁被放去欲等齐"支遁鹤",被笼归宁效仿"右军鹅",此举虽符合《庄子》外篇《山木》能鸣得生之义,却难免茅君着于爱魔。《神仙传》卷五有《茅君传》,云:"后二弟年衰,各七八十岁,弃官委家,过江寻兄,君使服四扇散,却老还婴,于山下洞中修练四十余年,亦得成真。……其后每十二月二日、三月十八日,三君各乘一白鹤,集于峰顶也。"③此概谓茅君着于爱魔。

(5)白珽《寄天香庵恬上人》云:"白草秋闲支遁马,黄沙春断子卿鸿。"④

珽,字廷玉,钱塘人,五岁能属词,八岁能赋诗,十三受经太学,有声场屋间。宋濂《元故湛渊先生白公墓铭》云:"所居西湖,

---

① 〔金〕丘处机撰:《栖霞长春子丘神仙磻溪集》卷三《七言绝句》,《续修四库全书》第1322册,第52页下。
② 丘处机生平参唐代剑:《王嚞丘处机评传》,南京:南京大学出版社,2000年。
③ 〔晋〕葛洪撰,胡守为校释:《神仙传校释》,北京:中华书局,2010年,第184页。
④ 〔元〕白珽撰:《湛渊集》,《景印文渊阁四库全书》第1198册,第101页下。

有泉自天竺来，及门而汇，榜之曰湛渊，因以自号。晚归老栖霞，又号栖霞山人。以天历元年（1328）九月十五日卒，年八十一。"①

天香庵在今杭州市西湖西溪竹园邨。吴本泰《西溪梵隐志》卷二《纪刹·天香庵》云："在竹园邨，俗称李家庵，义兴蒋大参题额。约围十亩有奇，修竹古梅，旁临碧涧。"②诗以有神骏之支遁马与能传书之子卿鸿相对，前者喻恬上人高雅，后者寄自己思情，亦富巧思。

（6）汪元亨《〔双调〕折桂令·归隐》云："莺花十二行窝，几度东风，一枕南柯。支遁青骊，李斯黄犬，逸少白鹅。"③

元亨，字协贞，号云林，饶州（今江西上饶市）人，后徙居常熟，顺帝至正前后在世，曾任浙江省掾。《录鬼簿续编》云："至正间，与余交于吴门。有《归田录》一百篇行于世，见重于人。"④吴门即今江苏苏州市。汪氏以支遁青骊、李斯黄犬、王羲之白鹅相对，且分别饰以青、黄、白三色，奇趣顿见！

（7）屠隆《赠唐嗣宗》云："支公亦解怜神骏，叹息孙阳向不逢。"⑤

隆，本名儱，字长卿，别字纬真，号赤水，别署由拳山人、一衲道人等，晚称鸿苞居士，鄞县（今浙江省宁波市鄞州区）人。杨德周《明故文林郎礼部仪制司主事赤水屠公墓志铭》云："昔太白

① 〔明〕宋濂撰：《宋学士文集》卷三五第十六页，《四部丛刊初编》本。
② 白化文、张智主编：《中国佛寺志丛刊》，扬州：广陵书社，2011年，第69册，第61页。
③ 隋树森编：《全元散曲·汪元亨·小令》，北京：中华书局，1964年，第1390页。
④ 〔元〕钟嗣成等著：《录鬼簿》（外四种），上海：上海古籍出版社，1978年，第102页。
⑤ 〔明〕屠隆撰：《白榆集》诗集卷五，《续修四库全书》第1359册，第491页上。

天才英妙，神游八极，当时比之相如，叹为谪仙。千载以来，揽其毫端之彩者，我明得一人焉，曰纬真屠先生。……自总角时，玄言隽语，出口如屑。先生谓是不足展吾才也，湛其精于诗赋古文词。下笔万言，未尝属草。”①万历四年（1576）、五年，屠隆联捷上第，授颍上县令，六年底离颍上赴任青浦县令，十一年八月抵礼部主事任，十二年十一月罢归，十三年十二月应汪道昆、龙膺邀入白榆社②。《白榆集》之名即因此而来。

屠隆与唐嗣宗交晚情深，其《与唐嗣宗》云：“仆屏居以来，世道交丧，文雅雕残，旧游零落……足下年甚少，交最晚，而绸缪婉娈，丰意抟心，津津未已。青山白首，当遂在兹乎？愿足下自爱。足下挺叔宝之姿，挟平原之藻，神澄气朗，大自法器。”③赠诗以伯乐自比，谓支遁尚能怜神骏，叹息自己却不能早逢唐生。

（8）张燮《黄参玄夙窥玄理遍检异书少好游归而贫甚又遭所生服黄明府援置第一不竞试其人孤诣自好向来谒余爰歌以赠》云：“君不见支公鹤，铩翮雅负凌霄姿，耳目近玩那可作。”④

燮，字绍和，号汰沃，自称海滨逸史、石户农，漳州府龙溪县（今福建龙海县）人，父廷榜，字登材，万历二年甲戌进士，家世见《霏云居集》卷三六《先大夫府君行状》。燮生于万历元年十月二十九日，二十二年成举人⑤。张燮室号霏云居，本张衡《思玄

①〔明〕屠隆著，汪超宏主编：《屠隆集》第12册附录《屠隆生平资料选辑》，杭州：浙江古籍出版社，2012年，第309—310页。

②参徐美洁：《屠隆年谱》，上海：上海人民出版社，2015年，第56—206页。

③〔明〕屠隆撰：《栖真馆集》卷一三《书》，《续修四库全书》第1360册，第467页下。

④〔明〕张燮撰，陈正统主编：《张燮集·霏云居集》卷三《七言古诗》，北京：中华书局，2015年，第62页。

⑤参陈庆元：《张燮年表》，《南京师范大学文学院学报》，2013年第1期。

赋》。其《霏云居记上》云：

> 余自甲辰倦归，顿有终焉之志。……买山之后，家如悬
> 磬，不能倅畚揭者二年余。丙午暮春，余欲示世以无复出理，
> 乃趣治工，不暇计其贫俭也。迨乎寒孟，家大夫竟驱之使行，
> 时已就绪，然尚未告竣。丁未返自燕，续营之，而毕功于送秋云，
> 题曰"霏云居"，盖取平子赋中"云霏霏兮绕子轮"也。[1]

万历三十二年甲辰（1604）春夏，张燮落第归家，《霏云居集》所载
诗文始于此年，止于三十九年[2]。黄参玄即黄道周，黄明府即黄应
举。道周，字幼玄、幼平等，号石斋、石道人等，明谥忠烈，清改谥
忠端。万历十三年二月九日，道周生于漳州府漳浦县铜山所深井
村（今属福建东山县铜陵镇）。三十五年夏四月，丁父艰，亲戚乖
离，穷至不能为丧。南海黄应举为漳浦令，初校士，得道周文，置
第一。"趣五掾召子，数日乃至，果白衣冠，挥涕而入，偃蹇不拜，
大声言：'生命数奇，既不能事吾父，又安能事长者？'……子始入
州府，主张绍和家。……常深夜过之，必见其负衣冠，左右图书而
坐；如王胜之乘月过邵尧夫于深山时，盖张燮也。"[3]此即诗题所
云，诗亦当作于是年。张燮檃括《世说新语》支遁放鹤原意以喻黄

---

① 〔明〕张燮撰，陈正统主编：《张燮集·霏云居集》卷二八《记一》，第
543—544页。据《后汉书》卷五九《张衡传》引《思玄赋》，"绕子轮"应作
"绕余轮"（第1937页）。

② 参陈庆元：《张燮年表》，《南京师范大学文学院学报》，2013年第1期，第
183页。

③ 〔明〕洪思等撰，侯真平、娄曾泉校点：《黄道周年谱附传记》，福州：福建
人民出版社，1999年，第5页。

生，妥帖、精当。

（9）陈万言《长夏憩澹止园》云："朝汲葛翁水，夕放支公鹤。"①

万言父继征。"陈继征，字胤远，其先由蜀阆中迁吴江之石兜，久乃入籍秀水。继征，万历甲午（1594）举人，丁未（1607）进士……万言，字居一，少与妻弟包鸿逵同学。鸿逵平居以良有司自命，万言独自负馆阁才。万历癸卯（1603），万言举本省乡试第一……己未（1619）始登进士，选庶吉士，各不辜所愿云。万言在官二年卒，有《钤园集》《谦九堂续集》《文在堂集》行世。"②秀水，今浙江嘉兴市。姚希孟《钤园集序》云："当其弱冠登贤书第一，即以余勇治古文词若诗。诗则骎骎乎高、岑、韦、柳，遇合作处又柴桑、辋川相伯仲也。"③澹止即恬澹止足意。长夏憩息澹止园，自然生出朝汲夕放尘外之想。沈应文万历四十年（1612）《重建葛仙庵碑记》云："葛仙翁，晋句容人也。讳洪，字稚川。抱朴子，其别号也。……喜西湖山水之秀，卜居宝云山初阳台。结草庐，吸日月之精华，收山川之灵气；炼丹药以济疲癃，浚丹井以便民用。井有三十六口，甘露、梅泉，其最冽也。"④葛翁水，支公鹤，一仙一佛，一水一鹤，对仗巧妙。

（10）胡应麟《伯起园池中䴗鹈数十头甚驯扰戏赠二首》其

---

① 〔清〕朱彝尊选编：《明诗综》卷六一，北京：中华书局，2007年，第3085页。

② 〔清〕盛枫辑：《嘉禾征献录》卷二二，《续修四库全书》第544册，第549页下至第550页上。

③ 〔明〕陈万言撰：《钤园集》，美国哈佛大学燕京图书馆编：《美国哈佛大学燕京图书馆藏中文善本汇刊》第35册，北京：商务印书馆，桂林：广西师范大学出版社，2003年，第259页下至第260页上。

④ 朱越利：《道教考信集》，济南：齐鲁书社，2014年，第413页。

二云：“为笑支公鹤，凌云杳莫攀。”①

应麟，字元瑞，更字明瑞，自号少室山人，更号石羊生，金华府兰溪（今浙江兰溪市）人。其《家大人历履迹》云：“家君讳僖，字伯安，一字子祥，厥先安定先生瑗。安定先生仕宋，教授吴，子姓留吴兴，遂世世家其地。胜国兵起，徙兰溪。”胡僖嘉靖三十八年（1559）进士，官至云南按察副使。《石羊生小传》云：“生五岁，宪使公令出侍客，客占对必属。九龄受书里中师，业已厌薄章句。日从宪使公箧中窃取古《周易》、《尚书》、十五国风、《檀弓》、左氏及庄周、屈原、司马迁、相如、曹植、杜甫诸家言恣读之。宪使公奇其意，弗禁也。”②万历十四年（1586）十月会试，应麟下第。“（万历十五年）六月，胡应麟赴太仓拜访王世贞，请其为父亲作传。期间过苏州时，造访张凤翼兄弟。”③凤翼，字伯起，万历四十一年（1613）进士及第。鸂鶒，形大于鸳鸯，多紫色，好并游，俗称紫鸳鸯。诗以支公鹤与伯起园池鸂鶒对比，一笑一羡，见出诗人态度。

（11）高出《瘗二鸟行》云：“生不及支公鹤，又不及右军鹅。”题下序云：“官署畜一鹦鹉，一锦鸡，皆不乐雕笼之养，展转愁病。锦鸡春没，鹦鹉秋亡。命童子瘗之，而作诗悼之。”④

出，字孩之，号无无居士，莱阳（今山东莱阳市）人。“万历戊

---

① 〔明〕胡应麟撰：《少室山房集》卷七二《五言绝句》，《景印文渊阁四库全书》第1290册，第520页上。

② 〔明〕胡应麟撰：《少室山房集》卷八九《传三首》，《景印文渊阁四库全书》第1290册，第650页上、第653页下。

③ 王嘉川：《胡应麟年谱简编》，上海：上海交通大学出版社，2017年，第133页。

④ 〔明〕高出撰：《镜山庵集·卢隐稿》，《四库禁毁书丛刊》集部第31册，第100页下。

戌（1598）进士，知曲周、高阳、卢氏三县……有《卢隐》《郎潜》二集。"①其《卢隐稿序》云："余自丁未首春辞家，谒除补卢氏令，至己酉冬移南户曹闻报解官，不尽岁者十日。凡三年得诗六卷。……仕不可为隐，仕为令尤不可为隐，独作令于卢氏，则真可为仕而隐，隐而仕。"②卢隐，即仕隐于卢氏县。万历三十五年丁未（1607）至三十七年己酉，高氏为令于卢氏县。《卢隐稿》自《正月三日过镜山庵留别》《六日就道北上途中次漫作廿六首》始至《发卢氏留别士民二首》止，按时序编纂。其中卷四有《戊申岁余年三十摘发见一茎白者感赋》诗，知万历三十六年戊申高出已三十岁。卷六全为万历三十七年己酉所作诗，《瘗二鸟行》前有《七夕立秋》诗，后有《秋日》诗，则此诗当作是年立秋稍后。初至卢氏不久，有人贻其二鹦鹉，一病吭，不任饮食，高出作《病鹦鹉行并序》。此时，或许先前存活鹦鹉又亡，加之春天锦鸡已没，诗人遂作诗悼念，谓其生时不及支遁所养鹤能被放飞，又不及王羲之所养鹅能栖托华署。悼惜之情因此二典而毕见。

（12）吴本泰《绿筠轩次坡公原韵》云："玉版禅师莫遭嚼，数竿留伴支公鹤。"③

本泰，字梅里，一字药师，海宁（今浙江海宁市）人，崇祯七年（1634）进士，"时年六十一矣。……超擢吏部郎中，累迁尚宝司

① 〔清〕朱彝尊选编：《明诗综》卷五八《高出》，第2940页。
② 〔明〕高出撰：《镜山庵集·卢隐稿》，《四库禁毁书丛刊》集部第31册，第20页下。
③ 〔明〕吴本泰撰：《吴吏部集·白岳游》，《四库禁毁书丛刊》集部第84册，第396页上。

丞，诗文词赋时人目为渊海”①。有《海粟堂集》《秋舫笺》《北游》《西征》《东瞻》《南还》《岳游》等集。本泰丁丑嘉平月书于雪窦山之《自引》云：“自禹杭取道，历唐昌，抵新安，沿崖亘岭，穷历幽峭，颇极眺览之胜，三也；仲冬旬月，才一雨雪，即见睍晛如春煦，四也。”②据此知，崇祯十年丁丑（1637）十一月，其白岳游自余杭上路，在於潜县绿筠轩次苏轼《於潜僧绿筠轩》原韵作此诗。《咸淳临安志》卷八四《寺观十·寺院·於潜县·寂照寺》云：“在县南二里丰国乡。……寺旧有绿筠轩，后徙县斋。宝庆初，避御名改为此君轩。”③玉版禅师即竹笋。苏轼《器之好谈禅，不喜游山，山中笋出，戏语器之可同参玉版长老，作此诗》云：“丛林真百丈，法嗣有横枝。不怕石头路，来参玉版师。”注云：“〔公自注〕玉版，横枝竹笋也。”“〔李注〕《前燕录》：石季龙使人采药上华山，得玉。先生诗则借以喻笋也。”④绿筠轩在於潜，今杭州市临安区有於潜镇。苏轼原诗末用扬州鹤，本泰诗用支公鹤，迥异苏诗旨趣。

（13）释读彻《戊辰冬中峰楞伽解制》云：“前身我亦支公鹤，今日方开放鹤笼。”⑤

读彻，字见晓，俗姓赵，呈贡县（今云南昆明市呈贡区）人。

---

① 〔清〕郑澐修，〔清〕邵晋涵纂：《杭州府志》卷九三《文苑》，《续修四库全书》第703册，第407页下。

② 〔明〕吴本泰撰：《吴吏部集·白岳游》，《四库禁毁书丛刊》集部第84册，第395页上。

③ 《宋元方志丛刊》，第4135页上。按：“御名”即宋理宗赵昀。

④ 〔清〕王文诰辑注：《苏轼诗集》卷四五《古今体诗四十八首》，第2447、2447、2247—2448页。

⑤ 〔清〕释读彻撰：《苍雪和尚南来堂诗集》卷二，《续修四库全书》第1393册，第526页上。

钱谦益《中峰苍雪法师塔铭》云:"师自号苍雪,又自号南来,非偶然也。师滇省呈贡赵氏子,父碧潭为都讲僧,母杨氏。……示化宝华,实丙申(1656)闰五月廿二日,世寿七十。见律师护龛归葬,塔在中峰寺后二百步。"①戊辰即崇祯元年(1628),中峰即支硎山中峰寺。每年农历十月十五日到次年正月十五日九旬期间,丛林中结制安居,称为结冬。此解制谓一冬九旬安居期满散去。陈乃乾《苍雪大师行年考略·庄烈帝崇祯元年戊辰 四十一岁》云:"冬,讲《楞伽》于中峰,期毕,继汰如主院事。集有《中峰楞伽解制》诗。"又引《贤首宗乘》本传云:"不数日,汰师在中峰,遣僧使赍书请师说法,师应之。期事将终,汰师以院事卸肩为请,师唯唯不决。汰师以常住事密整书契,给以他事别往。师送之回,侍人报云:'汰师去矣。'师叹曰:'这条担子在我肩上耶!'众人欢贺,师独以为忧。"②读彻应汰如请至中峰寺讲《楞伽经》,此诗以前身为支公鹤自许,既有对山中先辈无限景仰,又为下句铺垫。老友期事已终,又逢解制,今日方开放鹤笼见出其无比轻松之态。

(14)屈大均《赠某上人》其二云:"支遁山非买,深公莫笑人。禹阳新有主,帝子久无春。瀑布无余说,明霞亦是尘。何时捐物役,鸾鹤与为邻。^{上人新得峡山飞来寺。}"其三云:"且复怜神骏,何须戏季龙。图澄非正法,支氏亦真宗。麈尾悬河汉,狮声应鼓钟。风流余逸少,相赏更云松。"笺云:"某上人,当指大汕。康熙十七年,大汕主持广州长寿庵,得平南王尚可喜之力,夺飞来寺为下院。后屈氏与汕交恶,故诗题中隐其名耳。"《张二丈为予画支公

① 〔清〕钱曾笺注:《钱牧斋全集》第6册《牧斋有学集下》卷三六《塔铭》,第1264—1265页。
② 周和平主编,北京图书馆编:《北京图书馆藏珍本年谱丛刊》第66册,北京:北京图书馆出版社,1999年,第167—168页。

养马图》云："支遁怜神骏，今朝得紫骝。风沙生素练，剪拂向高秋。牢落千金骨，苍茫万里侯。含毫何惨淡，怜尔在林丘。"笺云："张二丈，指张穆，穆善画马，顺治十四年曾画马送大均出塞，大均有诗以酬之。"①

大均，初名邵龙，号非池，又名绍隆，字骚余，自号泠君、华夫等，番禺（今广东广州市番禺区）人。大均行游南北，交结遗民，从事反清活动。三藩既平，遂隐居著书，有《翁山文外》《翁山诗外》等"屈沱五书"。其诗尤负盛名。康熙三十五年（1696）五月十六日病卒，享年六十七岁②。

释大汕，字石濂，又字石莲，号厂翁、石头翁等，俗姓徐，生于崇祯六年（1633），幼随家人流寓江南，曾以画童身份供奉沈颢门下。康熙三年前后，大汕至广州，自称觉浪衣钵弟子。潘耒《与梁药亭庶常书》云：

> 石濂者，本吾吴人，其所出微，不欲尽言，幼而警敏，善画士女，作诗有佳句，有故出家。……顺治戊子（1648），渠止十六岁，何从有亲觐付嘱之事。初来广州，不过卖画观音，称讲师而已。忽为善知识称觉浪法嗣，则翁山实证成之。……以石濂住长寿。长寿无产业，飞来有租七千余石，乃干诸当事，请以飞来为下院，尽逐实行之徒，而并吞其租，翁山有力焉。……翁山实大有造于石濂。石濂既得志，遂疏翁山。翁山甚不平，业已赞成之，不可复言其伪，唯于诸相知前时一吐露。弟预闻

---

① 〔清〕屈大均著，陈永正校笺：《屈大均诗词编年校笺》卷七《沙亭什》、卷一二《不编年诗二·近体》，上海：上海古籍出版社，2017年，第718、1681页。
② 屈大均生平参邬庆时：《屈大均年谱》，广州：广东人民出版社，2006年。

之，故知其详。①

　　大均以同门身份证成大汕自称，助大汕并吞飞来寺，为大汕作《离六堂诗序》。相交数十年后，二人交恶，书信往复，相互指摘攻讦。《赠某上人》作于康熙十七年大汕新得峡山飞来寺时，寺在今广东省清远市北飞来峡后。其二首二句反用买山典点明大汕得寺，末二句期望大汕不再为物所役，能与鸾鹤为邻，又用好鹤典。其三首句用养马重神骏典，二句用佛图澄与石季龙典，"戏"字见其态度，三四句径明佛图澄非正法、支遁所为才是真宗。毛端士康熙己卯（1699）八月为大汕《海外纪事》作序，云："厂翁和上生而奇者也。童真入道，博览五明诸论及阴阳星算，妙达吉凶，周游天下，声名洋溢，暨于中外。……仿佛宝志、昙超、丰干、图澄之三昧，不知者则以为诞，而拟议者有矣，而不知钵底生龙，口内光放，实有其奇者在。"②

　　张穆，又名穆之，字尔启，号铁桥，东莞茶山（今广东东莞市茶山镇）人，万历三十五年（1607）生于柳州，天启五年（1625）与王崇芳读书罗浮石洞，倜傥任侠，善击剑，与黎遂球、梁朝钟、邝露等游③。顺治十二年（1655），屈大均作《送铁桥道人》，云："十二慕信陵，十三师抱朴。十五精骑射，功名志沙漠。袖中发强矢，纷如飞雨雹。章句耻不为，孙吴时间学。蹉跎遂暮年，丧乱成萧索。洗心向

①〔清〕潘耒：《救狂砭语》，谢国桢：《瓜蒂庵藏明清掌故丛刊》，上海：上海古籍出版社，1983年，第55—57页。
②〔清〕释大汕著，余思黎点校：《海外纪事·序》，北京：中华书局，2000年，第14页。
③参容庚：《张穆传》，《岭南文史》，1985年第2期。

林泉，所望惟鸾鹤。"①张穆工诗，有《铁桥山人稿》，近人容庚辑其诗得三百二十余首，成《铁桥集》刊行于世。"穆之尤善画马，尝畜名马曰铜龙，曰鸡冠赤。与之久习，得其饮食喜怒之精神，与夫筋骨所在，故每下笔如生。"②张穆为大均画《支公养马图》，大均作诗以答。诗首二句以典明题，中间四句写马，末二句感叹张二丈。

　　（15）陆继辂《题吴孝廉_{鸿谟}春堤试马图》云："忽闻方外怜神骏，别向招提访支遁。"③

　　继辂，字祁孙，一字修平，阳湖（今江苏常州市武进区）人，官至贵溪知县。李兆洛《贵溪县知县陆君墓志铭》云："不肯轻涉世事，惟肆力于诗，清温多风如其人也。嘉庆庚申（1800），中江南乡榜，八试礼部仍黜。丁丑（1817）大挑二等，选合肥县学训导。……著《崇百药斋诗文集》并《札记》五十余卷。学者多爱诵。生乾隆三十七年（1776）壬辰十一月二十六日，卒道光十四年（1834）甲午六月二十三日。"④继辂诗清温多风，古文亦阳湖派代表。"常州自张惠言、恽敬以古文名，继辂与董士锡同时并起，世遂推为阳湖派，与桐城相抗。"⑤此诗为吴鸿谟春堤试马图题，作于道光三年癸未，时陆氏任合肥县学训导。首句赞吴生才如渥洼马，次句叹其伏枥十年无人相知，三句承此写其兴来游燕台已伏燕昭王筑黄

---

① 〔清〕屈大均著，陈永正校笺：《屈大均诗词编年校笺》卷一《居粤初什》，第39页。
② 〔清〕屈大均撰：《广东新语》卷一三《艺语·诸家画品》，北京：中华书局，1985年，第366页。
③ 〔清〕陆继辂：《崇百药斋续集》卷二《香迁集癸未》，《续修四库全书》第1497册，第76页上。
④ 〔清〕李兆洛：《养一斋文集》卷一三《墓志铭墓表墓碑》，《续修四库全书》第1495册，第197页下至第198页上。
⑤ 《清史稿》卷四八六《文苑·陆继辂传》，第13410页。

金台,四句点题状其春天白日驱驾龙媒之态,五、六句遂入支遁怜神骏典期望吴生得遇知音,接着四句渲染其相遇、四句感叹自己不遇。

（16）王夫之《九日同熊男公与中涵存孺于礼集二如精舍》其二云:"支公有韵怜神骏,伯业多情老耄期。"①

夫之,字而农,号薑斋,学者称其为船山先生,万历四十七年（1619）九月初一日子时生于衡州府城南回雁峰王衙坪（在今湖南衡阳市雁峰区大码头横街中段）,崇祯十五年（1643）以《春秋》第一中湖广乡试第五名,以乱不得赴会试。明亡,夫之着力从事反清活动,康熙二十二年（1683）癸亥居湘西草堂。"九月初九日,同熊公男公与中涵、存孺、于礼诸先生,集别峰庵二如精舍。公越日归。"②熊男公,即熊畏斋,衡阳人。"《剩稿》诗以大云山为题,畏斋所居,盖在衡阳大云山旁也。考《逸文·武夷先生行状》云:攽女二,长适文学熊荣祀,子时干。以情事推测,男公与荣祀似即一人。""存孺名与爵里无考。……中涵、于礼之姓名无考,似与存孺均在门人之列,而晚岁诗集中称诸子者屡见,惜皆无由得其姓名。""二如,名表,别峰庵主僧。"③

别峰庵在今湖南衡阳县演陂镇石塘村南天峰。王夫之九月九日同熊男公与中涵、存儒、于礼集于释二如精舍,作诗二首;次

---

① 〔清〕王夫之:《王船山诗文集·诗集·分体稿》卷三《七言律》,北京:中华书局,1962年,第346页。
② 参〔清〕王之春撰,王茂和点校:《王夫之年谱》,北京:中华书局,1989年,第103页。
③ 〔清〕罗正钧编纂:《船山师友记》,长沙:岳麓书社,2010年,第108、151、164页。

月（即阳月），为别峰庵题写匾额、楹联①。其《七十自定稿序》云："曹孟德言：'老而好学者，唯孤与袁伯业耳。'"②伯业，名遗，绍从兄。《三国志》裴松之注引《英雄记》曰："绍后用遗为扬州刺史，为袁术所败。太祖称'长大而能勤学者，惟吾与袁伯业耳。'"③此二句以"支公""伯业"相对，谓支遁有韵，养马重神骏；袁遗多情，曹操期以老而好学。

　　（17）李绂《秋日邸怀八首用少陵秋兴韵》其四云："铩翎宛转支公鹤，羽翼天涯有梦思。"④

　　绂，字巨来，号穆堂，临川（今江西抚州市临川区）人，康熙四十七年（1708）戊子科江西乡试第一名，次年联捷进士，选庶吉士，散馆授翰林院编修进士，官至内阁学士，所著有《穆堂类稿》五十卷、《续稿》五十卷、《别稿》五十卷等。全祖望《阁学临川李公神道碑铭》云："乾隆十有五年，阁学临川李公卒于家。""少贫甚，读书五行并下，落笔滚滚数千言，而无以为生……公春秋七十有八，葬于某山之某原。"⑤康熙四十一年，永新知县张士琦聘李绂为秋山书院山长。李绂《游梅田洞记》云："癸未春，余以明府韦斋张公之聘至永新。"次年，士琦落职。李绂亦离开永新，受邀修《庐陵县志》。《秋山草》即李绂在秋山书院时所作。此诗与前揭张燮诗所

①图片参见湖南省博物馆编：《王船山手迹》，长沙：岳麓书社，1982年，第217、218页。王之春《王夫之年谱》无此事，可据此匾额、楹联补。承蒙三峡大学罗凌教授告知王夫之题"别峰庵"时间宜为"癸亥易月"，兹从之。

②〔清〕王夫之：《王船山诗文集·诗集·七十自定稿》，第234页。

③《三国志》卷一《魏书·武帝纪》，第7页。

④〔清〕李绂：《穆堂别稿》卷五《诗四·补编草二·秋山草补编二十九首》，《续修四库全书》第1422册，第219页上。

⑤〔清〕全祖望撰，朱铸禹汇校集注：《全祖望集汇校集注·鲒埼亭集》卷一七，上海：上海古籍出版社，2000年，第314、318页。

用同，亦是直接用《世说新语》支公放鹤本事。铩翎宛转即轩翥不复能飞，羽翼天涯有梦思即反顾垂翅视之如有懊丧意。

（18）金兆燕《竹溪上人以七十自寿诗索和次韵答之四首》其一云："龙渊象马支公鹤，尽结三乘世外缘。"①

兆燕，字钟越，号棕亭，别号芜城外史、兰皋生，全椒（今安徽全椒县）人。兆燕父名榘，与吴敬梓是堂表兄弟、连襟，《儒林外史》中"余大先生的原型即是金榘（字其旋）"②。兆燕七岁失恃，十三四岁时随父读书扬州，乾隆十二年（1747）与岳父同举于乡，然直至三十一年始成进士，两年后任扬州府学教授。"兆燕幼称神童，与张南华詹事齐名，工诗词，尤精元人散曲。"③其《扬州古观音寺同戒录序》云："余于扬城内外招提兰若，无不遍历，但有高行僧，必与作方丈友。"竹溪上人即其一。《金粟庵碑记》云：

　　余与庵主竹溪大和尚，结方外之交者二十年。后竹溪主宝筏寺方丈，余亦自扬州迁国子博士以去。乾隆辛丑（1781）秋，请急南归，复客扬州，则竹溪已罢讲，仍居庵中，习禅养老，泊然无营。……迨老僧相继住持之日，而大檀张居士蔚彤、芳贻暨芳贻之子敬业，相次施金不异须达长者。……竹溪，名祖

① 〔清〕金光燕：《棕亭诗钞》卷一七，《续修四库全书》第1442册，第247页下。

② 何泽翰：《儒林外史人物本事考略》第一编《重要人物考实·余大先生附余二先生》，上海：上海古籍出版社，1985年，第85页。

③ 〔清〕李斗撰，汪北平等点校：《扬州画舫录》卷一〇《虹桥录上》，北京：中华书局，1980年，第234页。

道，姓范氏，文正公之裔也。①

此碑记当是兆燕辞国子博士复客扬州应竹溪上人请为金粟庵葳功作。《竹溪上人以七十自寿诗索和次韵答之四首》其三末二句"平地华严楼阁壮，布金须达有奇缘"注云："庵中正建大楼。"②则诗当作于稍前竹溪上人七十寿时。"号竹溪，长洲范氏子，江都秋雨庵僧，诗清灵婉属，与卢雅雨、杭堇浦游，著《离六堂遗诗》，其孙在堂约王柳村选刻之。"③金粟庵后易名秋雨庵。支公鹤与渊龙、象马相提并论，以之喻竹溪，见出其非凡。周汝登《送竹溪上人语》亦谓其所见檇李竹溪上人足称龙象，云："乃檇李有竹溪上人者……初，余意以为或如皎然、惟俨其人耳。今年冬，偶会于邑闲闲庵。焚香啜茗，默然相视，眉睫动定，已觉非常。叩之于第一义谛，大有证入，足称龙象。"④

二、买山而隐之典

　　唐释广宣《红楼苑应制》诗云："支遁爱山情谩切，昙摩泛海

---

① 〔清〕金兆燕：《棕亭古文钞》，《续修四库全书》第1442册，卷五第324页上、卷九第358页下—第359页上。

② 〔清〕金光燕：《棕亭诗钞》卷一七，《续修四库全书》第1442册，第248页上。

③ 〔清〕王豫、〔清〕阮亨辑：《淮海英灵续集》辛集卷三《祖道》，《续修四库全书》第1682册，第460页下。徐世昌辑《晚晴簃诗汇》卷一九七《释子》云："祖道，号竹溪，如皋人，本姓范，江都秋雨庵僧。"（《续修四库全书》第1633册，第659页上）

④ 〔明〕周汝登著，张梦新、张卫中点校：《周汝登集·周海门先生文录》卷九，杭州：浙江古籍出版社，2015年，第253页。

路空长。"①支遁爱山源自《世说新语·排调第二十五》第二十八条，云支遁因人就竺法深买岇山，深公答曰未闻巢、由买山而隐。因此衍生出买山、买峰、买山钱、道林钱、支遁不惜钱等典故。后世或正用，或化用，不一而足，并由俗而雅，成隐居雅称。

李白《北山独酌寄韦六》云："巢父将许由，未闻买山隐。"②"此诗情景与《安陆白兆山桃花岩寄刘侍御绾》相类。二诗似作于同年，一作于春，一作于秋。"③据此，《北山独酌寄韦六》作于开元二十一年（733）。诗以未闻巢父与许由买山而隐起首，表道存迹自高、心远地自偏之意。

薛涛《酬吴随君》云："支公别墅接花扃，买得前山总未经。入户剡溪云水满，高斋咫尺蹑青冥。"④涛，字洪度，长安人，幼时随父入蜀，后为乐伎，居成都城郊浣花溪，晚年迁居城内碧鸡坊，卒于大和六年（832）。涛能诗善书，韦皋、高崇文、武元衡、李

---

① 〔唐〕沈佺期撰，陶敏、易淑琼校注：《沈佺期集校注·备考诗文》，北京：中华书局，2001年，第333页。胡震亨《唐音癸签》卷三二《集录三》云："唐人诗既多出后人补辑……以故篇什淆错……其显而易见，习误不察者，无如释广宣红楼、道场二律之作沈佺期诗……"注云："广宣，元和、长庆两朝并以诗为内供奉，诏居安国寺红楼，有诗名红楼集，见白乐天诸家诗题可考，故红楼制之诗，以支遁、昙摩为比，云'自怜深院得翱翔'。"（第338、339页）陶、易二氏按云："其说甚辩，当从。"（第334页）蒲松龄《为冰炭和尚募药资引》云："婆子春梦醒，生昙摩泛海之心；丈夫烦恼除，了支遁爱山之愿。"（刘阶平：《聊斋全集选注》下册《聊斋文集选注》卷二《序引》，台北：台湾中华书局，1975年，第86页）按：昙摩新译曰达摩。昙摩泛海路空长，即相传菩提达摩泛海至广州，至金陵谒梁武帝而不契。

② 〔清〕王琦注：《李太白全集》卷一三《古近体诗·寄》，第671页。

③ 安旗主编：《李白全集编年注释》，第246页。

④ 〔唐〕李冶、薛涛、鱼玄机著，陈文华校注：《唐女诗人集三种》，上海：上海古籍出版社，1984年，第50页。

德裕、元稹等相与交游酬唱，有《锦江集》五卷传世。诗谓支公别墅与花屿相接，欲买前山总未成行；吴氏则剡溪入户云水相接，高斋咫尺可接青冥。此"青冥"，或如李白《梦游天姥吟留别》所谓"青冥浩荡不见底，日月照耀金银台"[①]，谓仙境；或如岑参《武威送刘单判官赴安西行营便呈高开府》所谓"望君仰青冥，短翮难可翔"[②]，谓显位。

此二诗显是正用典故。孟浩然《宿立公房》云："支遁初求道，深公笑买山。"《晚春永上人南亭》又云："给园支遁隐，虚寂养身和。"[③]前者似正用实则为反入。"《王孟诗评》：刘云：起处用事得好，固宜不经人道。……《闻鹤轩初盛唐近体读本》：……邹古愚曰：起二用反入，三、四转掉，一往情深，耽入嚼味。"[④]后者则反用为支遁隐，全无讽意，并引出居士竹、右军鹅等典，以见出永上人及其南亭之雅。反向接受，变嘲讽为颂美，以喻贤士归隐或才德高迈，实乃此典特色。

（一）着眼买卖

（1）北周戴逵《贻仙城慧命禅师书》云："支遁《天台》之铭，竺真《罗浮》之记，昙赋七岭，汰咏三河，宝师妙析庄生，璩公著论袁集，若吞云梦，如指诸掌。……故以才堪买山，德迈同辇，崇峰景行，墙仞悬绝。"[⑤]

逵，菩萨戒弟子，学声早被，名高诸国。明人梅鼎祚云："案

---

① 〔清〕王琦注：《李太白全集》卷一五《古近体诗·留别》，第707页。

② 〔唐〕岑参撰，廖立笺注：《岑嘉州诗笺注》卷一《五言古诗》，第24页。

③ 李景白校注：《孟浩然诗集校注》卷三《五言律诗》，第271、283页。

④ 陈伯海主编：《唐诗汇评（增订本）》，第2册，第819页。

⑤ 〔唐〕释道宣：《续高僧传》卷一七《习禅篇之二·周沔阳仙城山善光寺释慧命传》，第613页。

《广宏明集》《续高僧传》，逮有《贻周仙城慧命禅师书》。尝仕梁元帝，入周。今据此，则又入隋，或亦为宫臣也。"①所谓"据此"即《艺文类聚》卷一六《储宫部》录隋戴逯《皇太子箴》。慧命，俗姓郭，梁中大通三年辛亥岁（531）生于湘州长沙郡，八岁能《诗》《书》，十五岁诵《法华经》，往从恩光、先路二大禅师，后游仙城山，住善光寺。"命以周天和三年（568）十一月五日精爽不谬，正坐加趺，面西念佛，咸睹佛来，合掌而卒。"②戴逯贻书称美慧命于支遁《天台山铭》、竺法真《登罗浮山疏》等若吞云梦于胸中，如指诸掌而已乎；赞颂其才犹如堪能买山之支遁，其德远迈同辇苻坚之道安。

（2）戴叔伦《客舍秋怀呈骆正字士则》云："买山犹未得，谏猎又非时。"《题招隐寺》云："宋时有井如今在，却种胡麻不买山。"③

叔伦，一名融，字幼公，号玉屏，润州金坛（今江苏常州市金坛区）人。权德舆《朝散大夫使持节都督容州诸军事守容州刺史兼侍御史充本管经略招讨制置等使谯县开国男赐紫金鱼袋戴公墓志铭（并序）》云："维贞元五年（789）夏四月，容州刺史经略使侍御史谯县男戴公至部之三月，以疾受代，回车瓯骆。六月甲申，次于清远峡而薨，春秋五十八。"④

前诗谓客舍偶坐，严秋木落，买山无力，谏猎非时，进退维

①〔明〕梅鼎祚编：《隋文纪》卷七《戴逯》，《景印文渊阁四库全书》第1400册，第360页下。
②〔唐〕释道宣：《续高僧传》卷一七《习禅篇之二·周沔阳仙城山善光寺释慧命传》，第612页。
③〔唐〕戴叔伦著，戴文进校注：《戴叔伦诗文集笺注》，南京：南京师范大学出版社，2013年，第164、292—293页。
④蒋寅等笺注：《权德舆诗文集编年校注》，第127页。蒋寅《大历诗人研究》谓《权铭》称其兼"侍御史"误，当作"御史中丞"（第466页）。

谷,尴尬落寞。招隐寺在今镇江市南郊。贞元三年,"秋,北还金坛故里"[①]。四年秋七月,"乙丑,以前抚州刺史戴叔伦为容州刺史、兼御史中丞、本管经略使"[②]。后诗当作于诗人在金坛故里时。相传汉时刘晨、阮肇入天台山采药,仙女食以胡麻饭。《抱朴子·内篇》卷一一《仙药》云:"巨胜一名胡麻,饵服之不老,耐风湿,补衰老也。"[③]戴叔伦由临川谢病还乡,一心求田问舍,谓宋时之井如今仍在,只需种胡麻即有"不老"之用,何必买山而隐。

(3)刘商《与于中丞》云:"万顷荒林不敢看,买山容足拟求安。"[④]

商,字子夏,彭城(今江苏徐州市)人,少好学,工文,善画,登大历进士第,官至检校郎中、汴州观察判官,有集十卷。武元衡《刘商郎中集序》云:"晚岁摆落尘滓,割弃亲爱,梦寐灵仙之境,逍遥玄牝之门,又安知不攀附云霓,蜕迹岩壑,超然悬解,与漫汗游乎无间邪?"[⑤]刘商好神仙,"进士擢第,历台省为郎中,性耽道术,逢道士即师资之,炼丹服气,靡不勤切。……莫知所止,盖已为地仙矣"[⑥]。诗谓万顷荒林诚广且大,然买山隐居容足求安而已,余则不敢看矣。

(4)李涉《山居送僧》云:"失意因休便买山,白云深处寄柴

---

① 蒋寅:《大历诗人研究》,第466页。
② 《旧唐书》卷一三《德宗本纪下》,第365页。
③ 〔晋〕葛洪著,王明校释:《抱朴子内篇校释》,北京:中华书局,1985年,第205页。
④ 《全唐诗》卷二〇四,第3463页。
⑤ 《文苑英华》卷七一三《序十五·诗集二》,第3682页下。
⑥ 〔宋〕张君房编,李永晟点校:《云笈七签》卷一一三下《传·刘商》,北京:中华书局,2003年,第2502—2503页。

关。"①

涉，自号清溪子，洛阳人，早年与弟渤同隐庐山，宪宗时为通事舍人。"（元和六年，812）闰十二月戊申，贬试太子通事舍人李涉硖州司仓参军。"②长庆遇赦后入朝为太学博士，复流放康州。宝历元年（825）十月，"甲子，三司鞠武昭狱得实……太学博士李涉流康州，皆坐武昭事也"③。涉有《再谪夷陵题长乐寺》诗，云："当时谪宦向夷陵，愿得身闲便作僧。谁知渐渐因缘重，羞见长燃一盏灯。"④"其再谪夷陵之时间，尚难确考。"⑤致仕后，李涉归洛下，营草堂，隐少室，有诗集一卷传世。《山居送僧》诗谓人生失意便应买山而隐，移家于白云深处。

（5）李端《寄王密卿》云："酒乐今年少，僧期近日频。买山多为竹，卜宅不缘贫。"⑥

王密卿，不详。诗起首谓酒中寻乐今年少、期约僧人近日频，点明诗人趋佛心态，由此自然生出买山归隐之想。与买山多为竹相似，许浑《秋日》诗则云："有计自安业，秋风罢远吟。买山唯种竹，对客更弹琴。"⑦许诗起首谓有计自可安业，秋风罢停远吟，随即点出安业之计在于买山种竹、对客弹琴。此当为陆游《读许

---

①《全唐诗》卷四七七，第5432页。

②《宋本册府元龟》卷一五三《帝王部·明罚》，第288页下。

③《旧唐书》卷一七上《敬宗本纪》，第517页。

④《全唐诗》卷四七七，第5437页。

⑤傅璇琮主编：《唐才子传校笺》卷五《李涉》，第2册，第306页。

⑥《全唐诗》卷二八五，第3263页。

⑦〔唐〕许浑撰，罗时进笺证：《丁卯集笺证》卷五，第254页。罗氏解题云："此诗又见于《全唐诗》卷五二八《杜牧集》中。《乌丝栏诗真迹》录此，蜀刻本亦收之，题作《秋旦》，为许浑所作无疑。"（第254页）

浑诗》所谓"许浑身世落渔樵"①之证。与李端"多为竹"相比，许浑"唯种竹"更甚。如此，"买山"于归隐之外又增益了王子猷何可一日无此君之雅。

（6）刘禹锡《游桃源一百韵》云："买山构精舍，领徒开讲席。"《海阳湖别浩初师并引》云："及言旋，复引与共载于湖上，弈于树石间，以植沃州之因缘，且赋诗，具道其事。……它年买山处，似此得隳官。""诗元和十三四年在连州作。"②

桃源，在今湖南桃源县，诗作于元和中（806—820）诗人贬居朗州时。《游桃源一百韵》起首总写沅江、连山旋入桃源，叙游踪仙味十足，言瞿童飞升如烟，思人世徇物忘真，叹自己遭忌被贬，终抒倘得再同平民，誓将依从羽客，买山归隐，构建精舍，领徒开讲。海阳湖，在连州。浩初，长沙人，龙安海禅师弟子，为诗颇清，弈棋至第三品。刘禹锡与浩初乘舟游湖，弈棋树石间，以培植如支遁与诸名士沃州相游之因缘。诗末谓他年买山处如似此当得弃官归隐。

（7）白居易《端居咏怀》云："从此万缘都摆落，欲携妻子买山居。""朱《笺》：作于元和十一年（八一六），江州。"③

俟罪谪居江州，诗人以贾谊自况，期望摆落谏猎书、匡时策等万缘，携妻子买山而居。"白氏在江州，曾筑草堂，以元和十一年（八一六）开始筹画，到第二年落成。"④

（8）陆畅《送独孤秀才下第归太白山》云："须寻最近碧霄

① 〔宋〕陆游著，钱仲联校注：《剑南诗稿校注》，上海：上海古籍出版社，1985年，第4398页。
② 〔唐〕刘禹锡著，陶敏、陶红雨校注：《刘禹锡全集编年校注》，长沙：岳麓书社，2003年，第172、259页。
③ 谢思炜校注：《白居易诗集校注》卷一六《律诗》，第1290页。
④ 王汝弼选注：《白居易选集》，上海：上海古籍出版社，1980年，第175页。

处,拟倩和云买一峰。"①

畅,字达夫,郡望吴郡,湖州人。贞元(785—805)中客游西蜀,谒西川节度使韦皋,献《蜀道易》诗。元和元年(806)登进士第,官太子率府参军。陆畅诗多为绝句,写景咏物,清新自然,有集一卷。秀才此谓应举士人,太白山即终南山。诗以逸翮成落羽喻独孤秀才下第,云此终为暂时,正可趁机归太白山寻得最接近碧霄处,拟倩连带白云买一山峰来欣赏神仙灵踪。和云买峰,如同买山种竹,内涵愈加丰厚。

(9)齐己《渚宫莫问诗一十五首并序》云:"予以辛巳岁蒙主人命居龙安寺,察其疏鄙,免以趋奉,爰降手翰,曰盖知心不在常礼也。予不觉欣然而作。"其十云:"终当学支遁,买取个青山。"②

辛巳岁即后梁龙德元年(921),赴蜀途中为主人高从海遮留于荆州渚宫,命为僧正。"龙德元年辛巳中礼己于龙兴寺净院安置,给其月俸,命作僧正,非所好也。其如闲辰静夜,多事篇章,乃作《渚宫莫问篇》十五章,以见意,且徇高之命耳。"③以作僧正非其所乐,故诗人表示终究应当学支遁,买取青山而归隐。

(10)罗邺《春夜赤水驿旅怀》云:"却羡去年买山侣,月斜渔艇倚潇湘。""赤水,水名。同名者有数处,本诗为作者由长安东归途中之作,当指陕西渭南县境的赤水。"④

---

①《全唐诗》卷四七八,第5444页。

②〔唐〕齐己撰:《白莲集》卷五第五页、第六页,《四部丛刊初编》本。

③〔宋〕赞宁:《宋高僧传》卷三〇《杂科声德篇第十之二·梁江陵府龙兴寺齐己传》,第751—752页。

④〔唐〕罗邺著,何庆善、杨应芹注:《罗邺诗注》,上海:上海古籍出版社,1990年,第58页。

邺，生卒年不详，与宗人罗隐、罗虬齐名，时称"三罗"。"罗邺，余杭人也，家富于财，父则，为盐铁小吏，有子二人，俱以文学干进，邺尤长七言诗。时宗人隐，亦以律韵著称，然隐才雄而粗疏，邺才清而绵致。"[①]赤水驿在今陕西渭南市华州区赤水镇，是唐代两京间陆路交通的重要驿站。咸通中，罗邺数次下第。此诗或作于其某次下第东归旅途。春夜赤水驿房，残烛如星，游心失计，前途渺茫，寻思无路，九衢春色难以回首，半夜溪声正入梦乡。缘此溪声，诗人忽羡去年买山侣，想如今月光斜照潇湘渔艇，当是惬意无比。

　　（11）皎然《五言奉使君真卿见过郭中寺寺无山水之赏故予述其意以答焉》云："证性轻观水，栖心不买山。"《五言哭觉上人》云："忆君南适越，不作买山期。"《五言送杨校书还济源》云："禅子还无事，辞君买沃洲。"[②]

　　大历九年（774）春三月，"颜真卿率诸文士自杼山返州府，皎然亦移居州府郭中寺，宴游联唱甚盛"[③]。第一首当作于此时。前两首反言，或谓无山水亦可证性，心有所栖便不必买山，或为觉上人南适越时自己未能作买山之期而抱恨；后一首则由买山衍生出买沃洲，自谓禅子，云己已无事，将辞君买沃洲而归隐。刘长卿《送方外上人》亦云："莫买沃洲山，时人已知处。"此诗

---

①〔五代〕王定保撰：《唐摭言》卷一〇，上海：上海古籍出版社，1978年，第118页。《唐才子传》卷八《罗邺》校笺云："故罗邺应系苏州吴县人，今江苏苏州市。"（傅璇琮主编：《唐才子传校笺》，第3册，第474页）

②〔唐〕释皎然撰：《吴兴昼上人集》卷一第八页、卷六第九页、卷五第三页，《四部丛刊初编》本。与"不作买山期"相反，释智圆《闲居示友人》则云："何当学支遁，共约买山期。"（北京大学古文献研究所编：《全宋诗》卷一四二，第1574页）

③贾晋华：《皎然年谱》，第72页。

约略与《送方外上人之常州依萧使君》同时。"萧使君,当为萧复。……是知复为独孤及之后任,大历十二年(七七七)至十四年(七七九)在常州。诗即作于此期间。方外,李白有《登巴陵开元寺西阁赠衡岳僧方外》诗。"①诗人谓方外上人如孤云,如野鹤,断然不会住于世俗人间,即如沃洲山也不会买,因为时人尽知其处。寒山《自在白云闲》亦谓不必买山,云:"自在白云闲,从来非买山。"注云:"寒山诗云'从来非买山',较之支遁,可无惭恧矣。"②身心自在,即觉白云悠闲,从来就不必买山求闲。钱起《奉使采箭簳竹谷中晨兴赴岭》云:"入山非买山,采竹异采蕨。"③钱起奉使入蜀采箭簳竹,"其确切时间不可考,或亦在天宝末"④。采箭簳竹为临时差遣职事,"可能如派往江淮之括图书使,皆由拾遗、补阙诸官中委派,如耿湋、崔峒皆曾以拾遗受委派,故钱起之任采箭簳竹使,应是其任左拾遗时事"⑤,"钱起宝应二年入朝乃以拾遗征,在永泰二年或大历二年秋因故罢官"⑥。奉使入蜀地山中采箭簳竹,自然不是买山归隐,也异于隐居采蕨。

---

① 储仲君笺注:《刘长卿诗编年笺注·编年诗》,第443、442页。

② 〔唐〕寒山著,项楚注:《寒山诗注(附拾得诗注)》,北京:中华书局,2000年,第567页。

③ 〔唐〕钱起著,王定璋校注:《钱起集校注》卷二《五言古诗》,杭州:浙江古籍出版社,2015年,第46页。是书卷一《五言古诗·夕发箭场岩下作》校注云:"……则箭场岩应在蜀中。钱起于广德初始入省为郎(详附录《钱起部分诗作系年考》),故知此诗当作于广德以前宝应年间,钱起沉沦下僚时。"(第9页)

④ 傅璇琮主编:《唐才子传校笺》卷四《钱起》,第2册,第40页。

⑤ 〔元〕辛文房撰,周绍良笺证:《唐才子传笺证》,北京:中华书局,2010年,第666页。

⑥ 蒋寅:《大历诗人研究》,第736页。

（12）王建《幽州送申稷评事归平卢》云："从军任白头，莫卖故山岑。"①

建，祖籍颍川（今河南禹州市），约生于大历元年（766），长于关辅，建中四年（783）前后出关辅往山东求学，初识张籍，贞元十四年（798）经李益荐引从军幽州。"平卢幕吏、带大理评事衔、王建的故人申稷，因公来幽州，幕主刘济令王建接待。当其归，作此诗送行。"②申稷为丹阳申堂构之子，平卢军节度使驻营州，与幽州为毗邻。王建在诗末劝申稷任凭从军至白头，也不要卖掉故山岑，以其可为隐居处之故也。

（13）蔡京《假节邕交道由吴溪》云："借问吴溪人，谁家有山卖。"③

京，郓州（今山东东平县）人，初为僧，令狐楚劝其学，开成元年（836）进士及第，不久又登学究科，授校书，后为畿县尉，官御史，谪澧州司马，稍迁抚州刺史。《云溪友议》卷中《买山谶》云：

> 及假节邕交，道经湘口……行泊《中兴颂》所，地名，在浯溪也。俛勉不前，题篇久之，似有怅怅之意。才到邕南，制御失律，伏法湘川，权厝于此。二子延、近，号诉苍天，未终丧而俱逝。论者以妄责四皓，而欲买山于浯溪之间，不徒言哉！诗曰："停

① 〔唐〕王建撰，尹占华校注：《王建诗集校注》卷四《古风》，成都：巴蜀书社，2006年，第159页。
② 谭优学：《王建行年考》，《西南师范学院学报》，1983年第4期，第48页。
③《全唐诗》卷四七二，第5363页。

榼积水中，举目孤烟外。借问浯溪人，谁家有山卖？”①

蔡京奏请分岭南为两道节度。咸通三年（862），“五月，敕以广州为东道，邕州为西道，又割桂管龚、象二州，容管藤、岩二州隶邕管。寻以岭南节度使韦宙为东道节度使，以蔡京为西道节度使”②。岭南西道节度使例兼邕州刺史。《授蔡京岭南西道节度使制》云：“朝散大夫、权知太仆卿、充荆襄巴南宣慰安抚使、上柱国、赐紫金鱼袋蔡京……可检校左散骑常侍、兼邕州刺史、御史大夫、充岭南西道节度使观察处置等使，散官勋封如故。”③所谓假节邕交即谓其兼邕州刺史。《唐诗纪事·蔡京》云：“及假节邕交，道由浯溪，彷徨赋诗久之。诗曰：停榼积水中，举目孤烟外。借问浯溪人，谁家有山卖。既而殂于邕南，藁殡此地，亦有其兆矣。”④《大唐中兴颂》，元结上元二年（761）八月撰，颜真卿大历六年（771）六月书丹，镌刻于永州祁阳县城南浯溪入湘江口之浯溪东岸、湘江南岸的中峰摩崖上。《全唐诗》所收《假节邕交道

①〔唐〕范摅撰，唐雯校笺：《云溪友议校笺》，北京：中华书局，2017年，第80页。是书卷上《襄阳杰》云：“又有匡庐符载山人，遣三尺童子，赍数幅之书，乞买山钱百万。公遂与之，仍加纸墨衣服等。”此公即于頔。笺注云：“符载，武都人，家于成都，大历至建中末，与杨衡等隐青城山、庐山，号‘山中四友’。……《寄赠于尚书书》未提及告贷之事，约作于贞元六年的《上襄阳樊大夫书》，即向山南东道节度使樊泽告贷，又《谢李巽常侍书》称‘近者江州李使君以俸钱四万，为某买山’，盖符载屡有告贷节帅之事，故有乞买山钱之传闻。”（第17、19页）

②《资治通鉴》卷二五〇《唐纪六十六》懿宗昭圣恭惠孝皇帝三年，第8221页。

③李希泌主编：《唐大诏令集补编》卷八《将帅·节镇》，上海：上海古籍出版社，2003年，第187—188页。

④〔宋〕计有功撰，王仲镛校笺：《唐诗纪事校笺》卷四九，第1658页。

由吴溪》或即据《唐诗纪事》，然诗题与诗中均误"浯溪"为"吴溪"耳。蔡氏行船泊于此处，彷徨赋诗抒欲买山浯溪归隐之情。惟情不由衷，反以贪虐多诈、为政苛惨伏法而权厝于此。蔡京买山成谶，着实令人感慨。

（二）着眼钱

（1）秦系《宿云门上方》云："松间悦许幽人住，不更将钱买沃州一作洲。"《鲍防员外见寻因书情呈赠曾与系同举场》云："览镜已一作自知身渐老，买山将作计偏长。"①

系，字公绪，号东海钓客，行十四，越州会稽（县治在今浙江绍兴市）人，"天宝末至上元中，秦系居于会稽耶溪旧居。上元中至大历五年，在剡山。……则自大历五年至大历后期，秦系仍居于剡山"②。前揭《吴兴昼上人集》卷三有《七言题秦系山人入丽句亭》《七言寄题云门寺梵月无侧房》，《宋高僧传·杂科声德篇第十之一·唐京兆欢喜传无侧》云"有会稽云门寺释无侧者，外国人，未知葱岭南北生也"③，则秦系所宿云门上方即会稽云门寺。诗谓云门山即是沃洲，若许幽人住此山松间，便不必再拿钱买沃洲来隐。秦系是大历、贞元时期东南地区重要诗人，一生交游广泛，与刘长卿、鲍防、戴叔伦、皎然等均有交往。"与刘长卿善，以诗相赠答。权德舆曰：'长卿自以为五言长城，系用偏师攻之，虽老益壮。'其后东度秣陵，年八十余卒。"④"……这就更可证明秦系《鲍防员外见访》诗作于大历五年前后。按秦系生于开元十三年（725）的假定，至大历五年（770）当为四十六岁，正与诗称'览镜

①《全唐诗》卷二六〇，第2901、2898页。
②傅璇琮主编：《唐才子传校笺》卷三《秦系》，第1册，第594—595页。
③〔宋〕赞宁：《宋高僧传》卷二九，第727页。
④《新唐书》卷一九六《隐逸·秦系传》，第5608页。

已知身渐老'相合。"①诗人自谓少小为儒,曾与鲍防一同中举,然以不自强现如今懒得再见侯王,览镜已知身体渐渐老去,将作买山之计以遂顺心性之偏长。

（2）顾况《送李山人还玉溪》云:"好鸟共鸣临水树,幽人独欠买山钱。若为种得千竿竹,引取君家一眼泉。"注云:"疑此诗为贬饶州后作。李山人,不详。玉溪,即信江,源出江西玉山县怀玉山,经上饶、贵溪、余干等县,入鄱阳湖。唐属信州。"②

况,字逋翁,别号华阳山人,苏州人,至德二载（757）进士及第。大历（766—779）中,尝于江南为某盐铁转运支使属吏,后为浙江东西节度使韩滉幕下判官。贞元三年（787）春,韩滉卒后返回故居。不久,由李泌、柳浑推荐入长安先后任校书郎、著作郎。及李泌卒,遭宪劾贬饶州司户参军,贞元九年秋或稍后,离饶州归吴。诗人因送李山人还玉溪而生自己独欠买山钱之慨。由买山而及种竹,谓如能买山,将引取君家一眼泉种植千竿竹,以此点醒送别主题。

（3）刘禹锡《酬乐天闲卧见忆》云:"同年未同隐,缘欠买山钱。"注云:"依刘、白二集编次,诗大和九年冬在同州作。"③

---

① 赵昌平:《秦系考》,朱东润等主编:《中华文史论丛》第四辑,上海:上海古籍出版社,1984年,第149页。

② 〔唐〕顾况著,王启兴、张虹注:《顾况诗注》,上海:上海古籍出版社,1994年,第246页。

③ 陶敏等校注:《刘禹锡全集编年校注》,第627页。叶大庆《考古质疑》云:"大庆丁卯年抵豫章,因见林介翁震、葛司成次仲皆有集句诗,观其所集,机杼真若己出,但其混然天成,初无牵强之态,往往有胜如本诗者,诚足使人击节也。""葛公所集,如《生涯》诗:'归山何不早,缘欠买山钱。'乐天、禹锡。"（〔宋〕叶大庆撰,李伟国点校:《考古质疑·佚文》,北京:中华书局,2007年,第269、271页）

此诗为酬白居易《闲卧寄同州》诗①而作。大和九年（835）十月，"乙未，以新授同州刺史白居易为太子少傅分司，以汝州刺史刘禹锡为同州刺史。"②刘禹锡自汝州赴同州，曾在洛阳少作逗留。刘白相见，白有《喜见刘同州梦得》，刘有《酬喜相遇同州与乐天替代》。白氏以病不赴同州任而仍为太子宾客分司东都，刘氏替代乐天由汝州刺史而任同州刺史。白氏寄诗末云唯欠"闲气味"与君不同，刘氏酬作答以同年而未能同隐只缘欠缺买山钱。同、不同，"缘欠""唯欠"，二诗酬唱之妙见于其中。在同州刺史任不到一年，刘禹锡即因患足疾于开成元年（836）改任太子宾客分司东都。二人遂得"全同"。

　　（4）朱放《送张山人》云："便欲移家逐君去，唯愁未有买山钱。"③

　　《新唐书·艺文志四》"《朱放诗》一卷"注云："字长通，襄州人，隐居剡溪。嗣曹王皋镇江西，辟节度参谋，贞元初召为拾遗，不就。"④襄州即湖北襄阳市。朱放或因避安史乱移居越地。"时江、浙名士如林，风流儒雅，俱从高义。如皇甫兄弟，皎、彻上

---

① 见朱金城笺校：《白居易集笺校》卷三三《律诗》，笺云："作于开成元年（八三六），六十五岁，洛阳，太子少傅分司。城按：《刘集》外四有《酬乐天闲卧见忆》诗云：'同年未同隐，缘欠买山钱。'缘居易谢病，故有禹锡同州之授，禹锡亦自惭不能早退也。"（上海：上海古籍出版社，1988年，第2242页）

② 《旧唐书》卷一七下《文宗本纪下》，第562页。

③ 《全唐诗》卷三一五，第3542页。

④ 《新唐书》卷六〇，第1610页。"则朱放为拾遗在曹王李皋镇江西之前，且其事他无可考，《新志》所记不确，小传列其事在诏征拾遗前更误。"（陶敏：《全唐诗作者小传补正》卷三一五《朱放》，第609页）

人，皆山人良友也。"①诗人以"唯愁未有买山钱"总束对张山人住处的称美和不能移家逐君的遗憾，"送意"因之而十足。

（5）周繇《题金陵栖霞寺赠月公》云："明家不要买山钱，施作清池—作花宫种白莲。"②

繇，字允元，池州至德县（今安徽东至县）人，咸通十三年（872）郑昌图榜进士，释褐福昌尉，后任校书郎，仆射王徽表奏为至德令。周繇俯有思，仰有咏，深造阃域，时号"诗禅"，为咸通十哲之一，《全唐诗》卷六五三存其诗一卷。

明家谓明僧绍。"明僧绍字休烈，平原鬲人，一字承烈。……庆符罢任，僧绍随归住江乘摄山。僧绍闻沙门释僧远凤德，往候定林寺。……既而遁还摄山、建栖霞寺而居之，高帝甚以为恨。"③栖霞寺乃明僧绍舍宅为之。"按《栖霞寺江总碑》云：齐居士平原明僧绍，宋泰始中游此山，乃刊木结茅二十许年。有法度禅师与僧绍甚善，遂舍宅成此寺，盖齐永明七年（489）正月三日也。"④种白莲用谢灵运典。"陈郡谢灵运，负才傲物，少所推重，一见肃然心服，为凿东西二池种白莲，求入净社。师以心杂止之。"⑤诗人以买山钱、种白莲二典谓明僧绍舍宅为寺，含蓄有味。

此诗与僧处默《题栖霞僧房》重出。《唐诗纪事·僧处默·题

---

① 傅璇琮主编：《唐才子传校笺》卷五《朱放》，第2册，第345页
② 《文苑英华》卷二三九《诗八十九·寺院七》，第1204页下。
③ 《南史》卷五○《明僧绍传》，第1241—1242页。
④ 〔宋〕张敦颐撰，张忱石点校：《六朝事迹编类》卷一一《寺院门·栖霞禅寺》，北京：中华书局，2012年，第140页。
⑤ 〔宋〕陈舜俞撰：《庐山记》卷三《十八贤传第五·社主远法师》，《大正新修大藏经》卷五一，第1039页中。

栖霞僧房》云：“名山不取买山钱，任构花宫近碧巅。”①处默，婺州兰溪（今浙江兰溪市）人。“与处默同削染，邻院而居，每隔篱论诗，互吟寻偶对，僧有见之，皆惊异焉。”②此谓摄山虽为名山，却不收取买山钱，可任由在其上构建花宫。

（6）杜荀鹤《乱后山居》云：“从乱移家拟傍山，今来方办买山钱。”③

荀鹤早年隐居九华山，读书匡庐，咸通十一年（870）前后出山求功名，然屡试不第。乾符六年（879）十一月，“由是贼势复振，攻鄂州，陷其外郭，转掠饶、信、池、宣、歙、杭十五州，众至二十万”④。家世寒微，又逢此乱世，杜荀鹤惟移家山中。《乱后山居》即作于此时。落第，乱后，移家傍山，诗人着一“拟”字以见早有此愿，又继之“今来方办”以见终遂心意，然究竟令人困惑。“买山钱”化避乱为归隐，如此不仅释尽疑团，又为其后做了铺垫。

（7）刘长卿《初到碧涧招明契上人》云：“沃洲能共隐，不用道林钱。”题下注云与《碧涧别墅喜皇甫侍御相访》同时。后者题下注云：“长卿削籍东归后，即在常州义兴（今江苏宜兴）营碧涧别墅。……以此知碧涧别墅当在阳羡山中，张公洞侧。皇甫侍御，即皇甫曾。……是知皇甫曾编次乃兄遗文毕，尝于大历十年

---

① 〔宋〕计有功撰，王仲镛校笺：《唐诗纪事校笺》卷七七，第2492页。
② 〔宋〕赞宁：《宋高僧传》卷三〇《杂科声德篇第十之二·梁成都府东禅院贯休传》，第749页。
③ 胡嗣坤、罗琴：《杜荀鹤及其〈唐风集〉研究·〈唐风集〉校注》，127页。
④ 《资治通鉴》卷二五三《唐纪六十九》僖宗惠圣恭定孝皇帝八年，第8340页。

（七七五）至常州求序于及。访刘长卿于义兴，当在同时。"①

长卿，字文房，行八，祖籍宣城，家居洛阳，郡望河间，早年困于场屋。"因此，刘长卿及进士第可以锁定在天宝七载（748）或八载。……天宝十五载七月又改元至德元载，其后不久刘长卿南奔并为长洲尉。"②至德三载（758）正月，长卿摄海盐县令，未几因事下长洲狱，议贬潘州南巴尉。大历八至九年（773—774）间，在任鄂岳转运留后、检校祠部员外郎期间，遭鄂岳观察使吴仲孺诬陷，并因此再贬睦州。刘长卿离开鄂州后，归至常州，在义兴碧涧别墅暂住。两遭迁贬，无怪诗人起首即有渐老身累之叹。诗末以道林称美明契，谓碧涧如沃洲，可共隐，不用您花钱来买。

（8）杨巨源《题清凉寺》云："凭槛霏微松树烟，陶潜曾用道林钱。"③

巨源，字景山，行十二，蒲中（今山西永济市）人，贞元五年（789）进士及第，授校书郎。长庆元年（821）出任凤翔少尹，不

---

① 储仲君笺注：《刘长卿诗编年笺注·编年诗》，第399、397—398页。杨世明《刘长卿集编年校注·编年诗·谪宦睦州时期·初到碧涧招明契上人》注云："大历十年（七七五）秋睦州作。碧涧：文房来睦州后所置别墅处。"（北京：人民文学出版社，1999年，第400页）邹志方《刘长卿"碧涧别墅"发微》据《民国新昌县志》卷一六《古迹》所云"挂榜岩，在学宫前，南明山支陇也。苍翠壁立数十丈，下临碧涧，形如张榜"，谓"原来碧涧在唐剡县石牛镇旁即今新昌县城郊的南明山"（《文学遗产》，1993年第2期，第49页）。田琯纂万历《新昌县志》卷三《山川志》第十六页《岩·挂榜岩》所载与之几全同（《天一阁藏明代方志选刊》，上海：上海古籍书店，1964年），然以此"碧涧"为地名似欠妥。
② 胡可先：《刘长卿事迹新证》，《学术研究》，2008年第6期，第150页。
③ 《全唐诗》卷三三三，第3739页。

久入朝为国子司业，四年授河中少尹，以国子祭酒致仕①。"此公七言平远深细，是中唐第一高手。"②其诗生前已传至海外，"至迟于平安时代初期，就有相异于中土所存的一卷本'杨巨源诗'的杨氏作品传至日本；它们的东渡或与渤海人的中介作用存有关联"③。在诗中，巨源自比陶潜，以支遁称清凉寺僧，以"曾用道林钱"谓自己受其款待，风雅顿见。

（9）元稹《东台去》云："旋抽随日俸，并买近山园。"题下注云："仆每为崔、白二学士话陶先生喜不遇之事，且曰：'仆得分司东台，即足以买山家。"校注云："元和四年作于自长安赴洛阳途中，时为监察御史分司东台。"④

贞元十年（794），元稹明经及第，时十六岁；十九年三月，中平判科第四等，署秘书省校书郎，稍后与韦夏卿女韦丛结婚；元和元年（806）四月，登才识兼茂明于体用科，授左拾遗，九月，出为河南尉。"有唐元和元年九月十六日，故中散大夫、尚书比部郎中、舒王府长史河南元府君讳宽夫人荥阳县太君郑氏，年六十，寝疾殁于万年县靖安里私第。"⑤元稹闻母丧遂西归。三年（808）

---

① 参见傅璇琮主编：《唐才子传校笺》卷五《杨巨源》，第2册，第400—412页。

② 〔明〕王夫之著，陈书良校点：《唐诗评选》卷四《七言律·杨巨源六首·和大夫边春呈长安亲故》，上海：上海古籍出版社，2011年，第215页。

③ 刘洁：《"旧卷常抄外国将"之解——杨巨源中土逸诗补考》，程章灿主编：《古典文献研究》第十九辑下卷，南京：凤凰出版社，2017年，第86页。

④ 〔唐〕元稹著，周相录校注：《元稹集校注》卷一四《律诗》，上海：上海古籍出版社，2011年，第455、456页。

⑤ 谢思炜校注：《白居易文集校注》卷五《墓志铭·唐河南元府君夫人荥阳郑氏墓志铭并序》，第224页。

十二月服母丧毕,次年二月除监察御史,六月分司东台。东台即东都御史台。分司东台,或是元稹受到了排挤。先前每每为崔群、白居易二学士话陶渊明喜不遇之事,现今似是得愿,然终有成谶之憾。好在俸钱足以令自己成为买山家,可不时抽出每日俸钱买近山之园。孰料七月九日,妻子去世。"夫人讳丛,字茂之,姓韦氏。……年二十七,以元和四年七月九日卒。"①又是甫至洛阳,着实令人唏嘘!

(10)朱庆馀《归故园》云:"于焉已是忘机地,何用将金别买山。"②

庆馀,名可久,以字行,越州(今浙江绍兴市)人,宝历二年(826)进士科及第,授秘省校书,有集一卷。《云溪友议》卷下《闺妇歌》云:"朱庆馀校书既遇水部郎中张籍知音,遍索庆馀新旧篇什数通,吟改后只留二十六章,水部置于怀抱而推赞欤。清列以张公重名,无不缮录而讽咏之,遂登科第。……朱公才学,因张公一诗,名流于海内矣。"③桑柘成林,宅院数亩,门前五柳,樽中美酒,竹径风扫,柴门日关,如此便是忘机隐居地,便不必拿钱另外买山。诗人以"何用将金别买山"点出故园足可归,与题目呼应。

(11)温庭筠《春日访李十四处士》云:"谁言有策堪经世,自是无钱可买山。"校注引陶敏《全唐诗人名考证》曰:"李十四,李羽。温诗中屡见'李羽处士',当即其人。"《题李处士幽居》校注云:"温集……与李羽有关之诗共有八首。羽居杜城,与庭筠之'鄠杜郊居'相近,故时有往来造访及酬赠。李羽卒后庭筠屡经其故居，且宿其别墅。二人交往甚密，情谊亦深。"①

温、李住处相近，时有往来。此诗写春日访李，一路花深桥转，水声潺潺，辗转而至，又方闭门。诗人且先看竹，且先望云，以行处好、暂时闲而生慨：处士有策难经世，自己无钱可买山。

（12）齐己《江上望远山寄郑谷郎中》："王维爱甚难抛画，支遁高多不惜钱。"题下注云："公时退居仰山。"②

仰山为沩仰宗之祖慧寂道场。乾宁四年（897），郑谷迁都官郎中，天复二年或三年（902或903）归隐家乡宜春（今江西宜春市）。不久，齐己就前来拜谒。宋人潘若冲《郡阁雅谈》云："僧齐己往袁州谒郑谷。……经数日再谒，称已改得诗，云：'别扫着僧床。'谷嘉赏，结为诗友。"③《五代史补》卷三《晋·僧齐己》云："时郑谷在袁州，齐己因携所撰诗往谒焉。有《早梅》诗曰：'前村深雪里，昨夜数枝开。'谷笑谓曰：'数枝非早，不若一枝则佳。'齐己矍然，不觉兼三衣叩地膜拜。自是士林以谷为齐己一字之师。"④此诗称赏郑谷退居之仰山令王维爱甚难以抛舍而绘画，令支遁高多不惜钱财而购买。

第二节　传说之为遗迹

因支遁及其著述、事典等被广泛接受，渐次产生了支遁庵、

---

① 刘学锴校注：《温庭筠全集校注》卷八《诗》、卷四《诗》，第740、296页。
② 〔唐〕齐己：《白莲集》卷八第三页，《四部丛刊初编》本。
③ 〔宋〕阮阅编，周本淳校点：《诗话总龟》卷一一《苦吟门》，北京：人民文学出版社，1987年，第131页。
④ 〔宋〕陶岳：《五代史补》，《景印文渊阁四库全书》第407册，第665页下至第666页上。

放鹤亭、马迹石等许多遗迹与传说。陆广微《吴地记》云："支硎山，在吴县西十五里，晋支遁字道林尝隐于此山，后得道乘白马升云而去。山中有寺，号曰报恩，梁武帝置。"①此类传说，无疑使得支遁的形象更多了些神异色彩。

　　剡县沃洲山、苏州支硎山是支遁驻锡处，亦是其遗迹、传说最为丰富的地方。陆长源《嵩山会善寺戒坛记》云："于是钟梵相闻，幡盖交荫，岂独炉峰名岳，空记远公之行；沃洲精舍，重述道林之迹。"②沃洲山因支遁遗迹而与庐山并论。咸平六年（1003）六月，钱俨《咸平观音禅院碑铭》则云："天下之名郡言姑苏，古来之名僧言支遁。以名郡之地，有名僧之踪，复表伽蓝，绰为胜概。……苏州观音禅院，即东晋支公道林所建支硎寺也。伊昔二众同居，舍宇尤广。其山有支公马迹及所居石室存焉。唐景龙中，诏更名报恩。……会僧正安公以报恩旧地，辟而住持，是为今观音禅院矣。"③沃洲山、支硎山因支遁而声名益著。

　　当然，他处亦有支遁传说，亦有支遁遗迹，或实或虚，时见于地方文献。徐灵府《天台山记》云："昔王逸少与支道林常登此山，以为胜瞩也。"④天台山因二人时常登临"以为胜瞩"而增色。权德舆《会稽虚上人石帆山灵泉北坞记》云："自东晋而下，谢敷、王子敬、支遁、帛道猷、洪偃，皆有遗迹留于岩中。"⑤石帆山在今绍兴市越城区会稽山风景区。《水经注·浙江水》云：

①〔唐〕陆广微：《吴地记》，《景印文渊阁四库全书》第587册，第60页下至第61页上。

②《全唐文》卷五一〇《陆长源》，第5185页上。

③曾枣庄、刘琳主编：《全宋文》卷六〇，第3册，第423—424页。

④《全唐文·唐文拾遗》卷五〇，第10943页下。

⑤蒋寅等笺注：《权德舆诗文集编年校注》，第104页。

"（射的山）北则石帆山，山东北有孤石，高二十余丈，广八丈，望之如帆，因以为名。"①万历《严州府志》卷六《经略志·寺观·严州府·建德县附·仁王教寺》云："在县翁村，三国吴天玺间支遁禅师开山，宋嘉定间僧诚禅师重建。"②"天玺"当为"天玺（玺）"，孙吴末帝孙皓年号，仅有天玺元年（276）。所谓三国吴天玺间支遁禅师开山颇不经，此时支遁尚未出生，何来此开山？弘治《常熟县志》卷一《县乡都·双凤乡》云："在县治东南，又名凤林。东晋咸和六年（331），天竺沙门支遁之梅李，访瞿俪先生，见东南有五色气，卓锡记之。黎明，令耕者刷之，土皆五色，中有石函二龟化为双凤而去，因以名。"③所谓"天竺沙门支遁"更是荒诞，或受《元和姓纂》卷二《五支·支》所云"晋有高僧支遁，字道林，天竺人"④影响。乾隆《天门县志·地理考·山川》云："走马岭，县北门外有东西二岭，相传晋支道林走马处。""文学泉_{一名}陆子井，县北门外西北隅官池内，口径七尺，深近百尺，中有断碑废柱，字刻'支公'，乃真陆井。陆曾以文学征，故以名。"⑤现存文献似并无支遁到湖北天门的记载，支遁走马处惟能视为传说，刻"支公"二字的残碑亦难确指支遁，尽管此前已有裴拾遗《文学泉》所谓竟陵西塔寺云云。

　　兹以唐宋元有关沃洲山、支硎山诗文为主论述支遁遗迹。

①〔北魏〕郦道元著，陈桥驿校证：《水经注校证》卷四〇，第942页。
②〔明〕杨守仁修，〔明〕徐楚纂：《严州府志》，《日本藏中国罕见方志丛刊》，北京：书目文献出版社，1990年，第130页上。
③〔明〕杨子器、〔明〕桑瑜纂修：《常熟县志》，《四库全书存目丛书》史部第185册，第23页下。
④〔唐〕林宝撰，岑仲勉校记：《元和姓纂》，北京：中华书局，1994年，第79页。
⑤〔清〕胡翼修，〔清〕章镳、〔清〕章学诚纂：《天门县志》卷一，《中国地方志集成·湖北府县志辑》第44册，第372页上、第379页下。

一、沃洲山

《高僧传·义解一·晋剡沃洲山支遁》云："俄又投迹剡山，于沃洲小岭立寺行道，僧众百余，常随禀学。"[1]沃洲小岭因支遁"立寺行道"而时与庐山相提。数百年后，魏徵《宿沃洲山寺》云："崆峒山叟到江东，荷杖来寻支遁踪。马迹几经青草没，仙坛依旧白云封。一声清磬海边月，十里香风涧底松。何代沃洲今夜兴，倚杖来听赤城钟。"[2]马迹、仙坛、清磬、赤城钟，青草、白云、海边月、十里香风、涧底松，人文、自然兼有，沃洲山因而令人神往，无怪崆峒山叟要荷杖江东来此寻觅支遁遗踪。白居易《沃洲山禅院记》述沃洲山最详，亦最著名。

（一）白居易《沃洲山禅院记》

文宗大和四年（830）十二月，"戊辰，以太子宾客分司白居易为河南尹，以代韦弘景"[3]。六年夏，白寂然遣门徒僧常挚自剡县抵达洛阳，持书与图，请白居易为禅院记。白氏记云：

> 沃洲山在剡县南三十里，禅院在沃洲山之阳，天姥岑之阴。南对天台，而华顶、赤城列焉。北对四明，而金庭、石鼓介焉。西北有支遁岭，而养马坡、放鹤峰次焉。……夫有非常之境，然后有非常之人栖焉。晋、宋以来，兹山洞开，厥初有罗汉僧西天竺人白道猷居焉，次有高僧竺法潜、支道林居焉。……大

---

①〔南朝梁〕释慧皎：《高僧传》卷四，第160页。

②陈尚君辑校：《全唐诗补编·续拾》卷一《魏徵·宿沃洲山寺》，陈氏按云："魏徵平生未至越中，友人赵昌平谓此诗格律非唐初所有，因疑非徵作。因出处较早，姑仍录存。"（第640页）

③《旧唐书》卷一七下《文宗本纪下》，第540页。

和二年春，有头陀僧白寂然来游兹山，见道猷、支、竺遗迹，泉石尽在，依依然如归故乡，恋不能去。时浙东廉使元相国闻之，始为卜筑。次廉使陆中丞知之，助其缮完。……嗟乎！支、竺殁而佛声寝，灵山废而法不作。

注云："陈《谱》、朱《笺》：作于大和六年（八三二），洛阳。"①寂然游沃洲山，见晋时高僧遗迹，生如归故乡之感，后因元稹、陆亘之力，三年而成禅院。诗人于诸遗迹惟着力渲染支遁岭、养马坡、放鹤峰，可见支遁遗迹已是其时沃洲山的标志。自齐至唐浸荒的沃洲山因此禅院而嗣兴。尽管未能亲历沃洲，然白居易有书有图可凭，又有其丰富的想象力和创造力，沃洲山的人文内涵遂因此文而极大增加。《嘉泰会稽志》卷八《寺院·新昌县》云："沃洲真觉院，在县东四十里。方新昌未为县时，在剡县南三十里。……白乐天为作记，以为'东南山水，越为首，剡为面，沃洲、天姥为眉目'，其称之如此。旧名真封寺，不知其始。治平三年（1066）赐今额。"②

（二）吴处厚《游沃洲山真封院并序》

北宋时，吴处厚又有《游沃洲山真封院并序》，云：

越山惟沃洲最高，乐天之记详矣。晋人喜旷达而尚清虚，故山水之游，一时特盛。在九江庐阜，则浮屠慧远为之主，而宗雷辈十有八人从之；在剡之沃洲，则浮屠支遁为之主，而王

---

① 谢思炜校注：《白居易文集校注》卷二　《碑志序记表赞论衡书》，第1862—1863、1865页。
② 〔宋〕沈作宾修、〔宋〕施宿等纂：《嘉泰会稽志》，《宋元方志丛刊》，第6854页上。

谢辈亦十有八人从之。要皆遁世避地，相与为方外之适耳。……
念沃洲窟于一隅，无因而至，上下其心者数矣。……平明，过
真封院。先至养马坡，陟鹅鼻峰，入门谒道猷影堂，访支遁庵基，
观锡杖泉，眺放鹤峰，徘徊而还。……因为古格长韵，以纪
之云。

　　幼年曾读乐天碑，及壮亦览高僧传。闻有沃洲风景佳，脚
未能到心空羡。……养马坡前秋草黄，骏骨已埋无复见。放鹤
峰头树影孤，鹤不来归云漫漫。……前有道猷后法潜，锡杖卓
泉坚志愿。晚则道林经构之，左右前后遂完缮。……古今兴废
尽如斯，欲去使人还恋恋。①

处厚，字伯固，邵武（今福建邵武市）人，皇祐五年（1053）中进
士，官至卫州知州，撰有《青箱杂记》十一卷。异于白居易，吴处
厚乃实游沃洲山真封院。九江庐阜有慧远、宗雷辈，剡之沃洲有
支遁、王谢辈，故虽窟于一隅，沃洲仍得与庐山相并，亦成为文
士心仪神往处。放鹤峰、养马坡之外又增益以支遁庵基、乐天
碑刻。

（三）茅坤《沃洲记》

　　明时，茅坤作《沃洲记》，云：

　　　　沃洲侍御吕公之乞疾入越也，为书于予曰："会稽者，
　　天下之佳山水也，昔人称襟海带江，为东南之最。而沃洲，则
　　逶迤蜿蜒，绵邈萦复，跨剡溪，傅太白，插入会稽东南百八十

---

① 邹志方点校：《〈会稽掇英总集〉点校》，北京：人民出版社，2006年，第
　58—60页。校云："最高：《四库全书》作'最著'。"（第60页）

里；而四明枕其北，天台、华顶、赤城经其南。其左右则天姥、石桥、金庭、石鼓、支遁岭诸胜，或虎蹲而拱，或鸟啄而俯，或倏而见，或倏而伏，而葱茏蔽亏，吞吐绰约，若高堂曲池之宴，而显客贵游，绮罗琴瑟、燕歌赵舞，纳于几御者，不可胜数。……于是，沃洲又特称为会稽东南之最。然惟其深，往往达官长者不得而至，必逃名恬寂与夫骚人放客，然后扪僻蹑邃，得栖且游于是焉。……子其许我否乎？且为我记之。"予未及复公，以公疏荐，得推择为仪制郎，又调为司勋。未几，坐他构徙为判洺洲上，乃得归书以问于公曰："沃洲公今何游乎？……借令予早自能审时合势，从公游，则沃洲山川，旦暮烟云花鸟之状，方饱于吾目，其泉声鸟音之异悦于吾耳，而所称逃名恬寂，与夫骚人放客之寄，吾将徜徉恣且于心神胸臆之间。且彼老氏者谓世之是与非不吾闻，而世之所构，亦不得吾纥而媒孽，今又焉得至是乎？嗟咄，吾且去矣！"于是次第其言以复公，且邀公为买田结庐于其远近，亦将以卜邻于是也。[1]

坤，字顺甫，归安（今浙江湖州市）人，嘉靖十七年（1538）进士。朱赓《明河南察按察司副使奉敕备兵大名道鹿门茅公墓志铭》云："嘉靖间，当国运文明之盛，名家辈出。归安茅公，以古文辞主盟海内，世所称'鹿门先生'者也。……万历辛丑（1601），公春秋九十，余驰《鹿门歌》为公寿。公手书相唱和，矫如也。而是年十一月壬戌，公竟长逝矣！……公始生，而李母闻若辟历声者震而

---

① 〔明〕茅坤著，张梦新、张大芝点校：《茅坤集》，杭州：浙江古籍出版社，2012年，第603—604页。

投于床，窃异之。时正德壬申（1512）七月壬辰日。"①《沃洲记》
之主体为吕光洵与茅坤书。

　　光洵，字信卿，号沃洲，新昌（今浙江新昌县）人，嘉靖十年
（1531）中举，次年中进士，仕终南京工部尚书。徐渭《吕尚书行
状》云："其居新昌，则自赵宋大理评事讳亿者自青始。……公生
正德三年（1508）七月七日，万历八年（1580）十一月八日，以疾
终。"②沃洲为吕氏乡梓，茅氏以其疏荐得以擢升，复因未能从其
游而构徙为洺州判而抱憾。以是，吕书写沃洲栩栩如生，谓会稽佳
山水为东南之最，沃洲特称为会稽东南之最；以是，茅记云沃洲山
川"方饱于吾目""悦于吾耳"非虚言，云"吾且去矣""将以卜邻
于是"诚肺腑语。无论书、记，均情真意切！

　　诗文渲染，加之方志荟萃、强化，支遁遗迹与传说日趋丰富，
渐成沃洲山的历史记忆与人文符号。

　　《嘉泰会稽志》卷九《山·新昌县·沃洲山》云："在县东
三十二里，晋白道猷、法深、支遁皆居之，戴、许、王、谢十八人与
之游，号为胜会，亦白莲社之比也。唐白乐天山院记云东南山水
剡为面，沃洲、天姥为眉目。唐韦应物、权德舆送灵澈归沃洲有
诗序传焉，山有灵澈杖锡泉。西南养马坡、放鹤峰皆因支道林得
名。"③除遵循吴处厚说将戴、许、王、谢等十八人与支遁游比作
慧远白莲社外，复着力突显支遁遗迹与传说。

---

① 〔明〕茅坤著，张梦新、张大芝点校：《茅坤集》，第1449—1450页。按：据
　　万历刻本《茅鹿门先生文集》卷三五《墓志铭》，"河南察"衍一"察"字，
　　"嘉靖间"作"嘉隆间"（《续修四库全书》第1345册，第186页下）。
② 〔明〕徐渭撰：《徐渭集》卷二七《行状》，第650—653页。
③ 〔宋〕沈作宾修，〔宋〕施宿等纂：《嘉泰会稽志》，《宋元方志丛刊》，第
　　6877页下。

此后方志关于沃洲山的叙事，多本此而增益相关诗文。万历《新昌县志》卷三《山川志·沃洲山》云："山高五百余丈，围十里，与天姥山对峙，有鹅鼻峰、放鹤峰。世传支遁放鹤于此，故名。"在白居易《沃洲山禅院记》后复录："姚祐诗：我游放鹤峰，试作招鹤篇。……不如放汝归芝田，九皋声音闻青天。明尚书何鉴诗：沃洲山势连天姥，放鹤鹅鼻峰相伍。千崖万壑总烟霞，到今只说支遁坞。昔人隐逸非沽名，屠肆鱼盐俱真情。莫道缁流可轻弃，残碑须把文章评。监生吕光迎诗：巉空遥对姥山前，支遁幽栖息万缘。势压卧龙蟠下府，亭开放鹤近青天。云飞半岭千村雨，水落中洲一片田。此日登临须尽兴，马蹄归暮识斜川。"①姚诗始写游放鹤峰，重在写鹤喙饮俯仰，清唳翱翔，长眉朱顶，眼如青钱，诗末落脚鹤归芝田，鸣于九皋，音闻青天，恍恍惚惚再现支公放鹤景。何诗以鹅鼻峰相衬放鹤峰，以千崖万壑衬支遁坞，以昔人隐逸引出缁流不可轻，末尾结以文章，意或在点明杜甫所谓"道林才不世"。吕诗首联写支遁幽栖，颔联写亭开放鹤，尾联写马蹄暮归，支遁、鹤、马兼而及之。

民国《新昌县志》卷一六《古迹·沃洲山》录宋人陈东之诗："我本名山人，屡作名山兴。……李白寻真不得返，支遁卜筑还费钱。……长揖群仙谢儿辈，倒扶万里冥鸿飞。"又录明主簿曾衍诗："我来作簿山水县，家家屏障诗题遍。有客请赋沃洲山，却惭未闻沃洲面。沃洲好在贤人心，谁其主者支道林。禅床有月藤花落，丹灶无人桂树深。曾梦群峰接天姥，烟霞微茫不可数。几时结托芙蓉巢，而与青莲居士伍。……作诗寄与山中人，明日相从把琴早。"紧次沃洲山又有遁山，云："县西四十里，绵亘二十余里，

---

① 〔明〕田琯纂：《新昌县志》卷三第九、十页，《天一阁藏明代方志选刊》。

有支遁故居。《一统志》"①《宋诗纪事》卷七二名陈诗曰《游沃洲
山》②,诗以支遁卜筑还费钱谓沃洲最佳,以李白寻真不得返赞沃
洲胜天姥。曾诗则径谓支遁乃沃洲山之主者,亦可见其于沃洲山
之重要。

经由白居易《沃洲山禅院记》与前揭"愿与道林近,在意逍遥
篇。自有灵佳寺,何用沃洲禅""支公身欲老,长在沃洲多""身归
沃洲老,名与支公接"等唐代诗文,以及此后文士诗文的屡屡渲
染,沃洲与支遁几可互为指代。

二、支硎山

支硎山更因支遁而名。《高僧传·义解一·晋剡沃洲山支遁》
云:"后还吴,立支山寺,晚欲入剡。"③支山,即支硎山。支山寺,
可解作专名,谓所建寺名;亦可解作泛名,谓于支山所建之寺。无
论何解,其以支遁名则一。

(一)诸寺辨析

《吴郡志·郭外寺》云:"观音禅院,在报恩山,亦曰支硎山
寺。即古报恩寺基也。"④其下首录白居易《题报恩寺》诗,次录
钱俨《碑铭》。白诗云:"好是清凉地,都无系绊身。晚晴宜野寺,
秋景属闲人。净石堪敷坐,寒泉可濯巾。自惭容鬓上,犹带郡庭

---

① 金城修,陈畲等纂:《新昌县志》,《中国方志丛书·华中地方》第七九号,
　 台北:成文出版社有限公司,1970年,第1511、1512页。万历《绍兴府志》
　 卷五《山川志二·山下·沃洲山》即录陈东之、曾衍诗。(《四库全书存目丛
　 书》史部第200册,第444页上)
② 〔清〕厉鹗辑撰:《宋诗纪事》,上海:上海古籍出版社,2013年,第1780页。
③ 〔南朝梁〕释慧皎:《高僧传》卷四,第160页。
④ 〔宋〕范成大撰,陆振岳校点:《吴郡志》卷三二,第488页。

尘。"注云："朱《笺》：作于宝历二年（八二六），苏州。"①宝历
元年（825）三月四日，诗人除苏州刺史，二十九日发东都，五月五
日至苏州。二年五月末以眼病肺伤请百日长假。九月初假满，免郡
事。十月初发苏州②。诗作于宝历二年秋，时诗人正休病假。"闲
人"言此，"自惭"亦言此。"好是""都无"二句写闲心，净石敷
坐、寒泉濯巾摹写闲态。寒泉句袭用支遁诗"寒泉濯温手"③。

　　刘禹锡亦有《题报恩寺》诗，云："云外支硎寺，名声敌虎丘。
石文留马迹，峰势耸牛头。泉眼潜通海，松门预带秋。迟回好风
景，王谢昔曾游。"笺证按云："此诗与《送处州奚使君》及《馆娃
宫》、《姑苏台》三首皆当编在发苏州后，则苏州诗之前。"④大和
五年（831）十月禹锡出为苏州刺史，次年二月至苏州，八年七月移
汝州刺史⑤。马迹句点明支遁，亦即支硎寺名声敌虎丘之因。

　　皮日休则有《宿报恩寺水阁》诗，云："可怜此际谁曾见，唯
有支公尽看来。"⑥皮氏宿支硎山报恩寺水阁，见池文带月如铺
金簟，莲朵含风吹动玉杯，竹梢往往摇动翡翠，杉子时时掷于莓
苔，由此感叹此景惟有支公可得尽看。皮、陆、嵩起又有《报恩寺
南池联句》。陆龟蒙先出一句，皮日休对一句再出一句，嵩起对一
句再出一句，如此依序联句，最后嵩起对一句结束。嵩起以"支
硎僻亦过"对皮日休"赵论寒仍讲"，并出"斋心曾养鹤"，陆龟

① 谢思炜校注：《白居易诗集校注》卷二四《律诗》，第1929、1930页。
② 参谢思炜校注：《白居易诗集校注》附《白居易年谱简编》，第17页。
③ 〔东晋〕支遁著，张富春校注：《支遁集校注》卷上《诗·土山会集诗三首》
　　其三，第154页。
④ 瞿蜕园笺注：《刘禹锡集笺证》，第1447页。
⑤ 卞孝萱：《刘禹锡年谱》，《卞孝萱文集》卷一，第114—131页。
⑥ 王锡九校注：《松陵集校注》卷七《今体七言诗九十首》，第1589页。

蒙对"挥翰好邀鹅";嵩起出"翠出牛头崟",陆龟蒙对"苔深马迹跛",并注云"石上有支公马迹"①。苏轼《九日,寻臻阇黎,遂泛小舟至勤师院,二首》其一云:"扁舟又截平湖去,欲访孤山支道林。""〔查注〕《咸淳临安志》载二诗于《报恩院》条下。报恩院,开宝七年钱氏建。旧名报先,在孤山,有六一泉、东坡庵。时惠勤住此,故名勤师院。""〔查注〕《上天竺纪胜》:仁宗皇祐五年,吕溱知杭州,请法智下第一世实相法师梵臻,以天台教主天竺看经院。《教苑遗事》:熙宁五年,实相法师梵臻,移居南屏兴教寺。"②此诗熙宁六年(1073)九月九日作于杭州。臻阇黎即天台宗僧人梵臻,熙宁五年由天竺看经院移居南屏兴教寺。苏轼泛舟至惠勤师院即孤山报恩院,因有报恩寺关联报恩院,故以孤山支道林称美梵臻、惠勤,极为自然妥帖。

诸诗所言报恩寺在支硎山,故亦名支硎山寺。刘长卿《陪元侍御游支硎山寺》云:"支公去已久,寂寞龙华会。古木闭空山,苍然暮相对。林峦非一状,水石有余态。密竹藏晦明,群峰争向背。峰峰带落日,步步入青霭。香气空翠中,猿声暮云外。留连南台客,想象西方内。因逐溪水还,观心两无碍。"题下注云:"至德后幕僚多带台省官衔,时元载当兼台官,故称侍御。按元载上元二年始迁户部侍郎,题作侍御是。又按元载于至德二载冬迁豫章太守,游支硎山当在至德二载(七五七)秋。"③至德二载,刘长卿在长洲尉任上。是年秋,陪侍御元载游支硎山寺。起首即以支公点支硎山寺,谓其去已久,故龙华会寂寞,无限感慨寄寓其中。

---

① 王锡九校注:《松陵集校注》卷一〇《杂体诗八十六首》,第2382—2383页。
② 〔清〕王文诰辑注:《苏轼诗集》卷一〇《古今体诗五十二首》,第506页。
③ 〔清〕储仲君笺注:《刘长卿诗编年笺注》,第135—136、135页。

皎然亦有《五言奉陪陆使君长源诸公游支硎寺》诗，云："尝览高逸传，山僧有遗踪。佐游继雅篇，嘉会何由逢。尘世即下界，色天当上峰。春晖遍众草，寒色留高松。缭绕彩云合，参差绮楼重。琼葩洒巾舄，石濑清心胸。灵境若可托，道情知所从。"①陆长源，字泳，吴人。"历建、信二州刺史。韩滉兼领江淮转运使，辟署兼御史中丞以为副。入迁都官郎中，复出汝州刺史。"②兴元元年（784）夏，陆氏权领湖州刺史，秋改授信州。贞元元年（785）春，复从信州返浙西任职。皎然时往苏州从之游，作此诗③。诗题自注支硎寺即支公学道处，或为其时通行说法。开篇复以览传明其高逸，以有遗踪明其不灭。

《吴郡图经续记》卷中《寺院》云："天峰院，在吴县西二十五里报恩山之南峰。东晋时高僧支遁者尝居于此，故有支硎之号。山中有支遁石室、马迹石、放鹤亭，皆因之得名。昔唐自有报恩寺在山麓，故乐天、梦得游报恩寺作诗。盖自武宗时报恩寺废，虽兴葺不能复，故皮陆犹有报恩寺南池联句。其后益沦坏。至乾德中，钱氏于报恩寺基作观音院今名楞伽院，即其地也。所谓南峰者，乃古之报恩寺属院耳。"④《吴郡志·郭外寺》亦云："天

---

① 〔唐〕释皎然：《吴兴昼上人集》卷三第二页，《四部丛刊初编》本。
② 《新唐书》卷一五一《陆长源传》，第4822页。
③ 参贾晋华：《皎然年谱》，第122—123页。
④ 〔宋〕朱长文：《吴郡图经续记》，《景印文渊阁四库全书》第484册，第21页下。按：长文，字伯原，号乐圃，嘉祐四年（1059）进士，元祐中召为太学博士，未几迁秘书省正字。米芾《宝晋英光集》卷七《墓表·乐圃先生墓表》云："十九岁登乙科，病足不肯从吏趋，筑室居郡乐圃坊。有山林癖，著书阅古，乐尧舜道，久之，名称蔼然，一郡向服。……元符元年（1098）二月丙申，遘疾不禄，享年六十。"（《景印文渊阁四库全书》第1116册，第133页上）

峰院，在吴县西二十五里南峰山，亦名支硎山，即东晋高僧支遁
别庵也。皇朝祥符五年，刺史秦羲奏赐今名。"其下录元丰六年
（1083）龙溪曾旼《记》，云：

> 阊阖城西二十余里，山之巅有禅院，祥符诏书，赐名天峰。
> 考于《图记》，所谓报恩山南峰院者，是也。……今山下楞伽
> 院有石刻，言院即报恩遗址。原田中有《报恩惠敏律师塔碑》，
> 言：建塔于寺之西南隅，当八隅泉池之上，中峰兰若之下。碑
> 望楞伽，正在东北。而《记》所谓石室者，亦在楞伽，人犹谓
> 之支遁庵。自庵前西向登山，可数百步，林中一径，入中峰院。
> 自径前南行，其登弥高。又数百步，乃至天峰北僧院。其依一
> 山，而道周有石。盘薄平广，泉流其上，清泚可爱。居易诗云：
> "净石堪敷坐，清泉可濯巾。"其谓是也。昔庄周言：庖丁之
> 刀十九年，若新发于硎。陆德明释：硎，磨石也。余谓此石，
> 其平如砥，支硎之名，宜取诸此。而石文又有如蹄涔者，人谓
> 之马迹石。……若山下石室，山半石门，天峰之傍有待月岭，
> 岭下有碧琳泉，又有放鹤亭，其址犹在。而刘、白、皮、陆之
> 所赋咏，皆不及之，此又不可考者也。[1]

曾氏以岁时展省屡过天峰院，遂访遗诗旧刻求其地之所在。天峰
院在南峰，或名报恩寺、观音禅院、支硎（山）寺、支山禅院、南峰
寺、支遁别庵。刘长卿游支硎山寺诗、皮陆宿报恩寺水阁诗、刘白
题报恩寺诗所指即此。

　　支遁庵亦在南峰。《吴郡志·古迹》云："支遁庵，在南峰。古

---

①〔宋〕范成大撰，陆振岳校点：《吴郡志》卷九，第485—486页。

号支硎山,晋高僧支遁常居此。剜山为龛,甚宽敞。相传有村妇生子于中,庵顶遂中裂。道林又尝放鹤于此,今有亭基。道林喜养骏马,今有白马硎,云饮马处也。庵傍石上有马足四,云是道林飞步马迹也。”“支遁庵”下又列“放鹤亭”“白马涧”“马迹石”三古迹,每条下均云“见上”①。支遁庵、放鹤亭、白马涧、马迹石等遗迹及传说基本全备于此。

　　慧皎《高僧传》谓支遁后还吴立支山寺,钱氏碑铭云支遁所建支硎寺亦即观音禅院,唐景龙中(707—710)诏更名报恩,僧正安公以报恩旧地为观音禅院,然《吴地记》明谓山中报恩寺乃梁武帝置,非支遁所建,此或名支遁别庵之意。曾旼考报恩遗址即其时山下楞伽院,谓支遁庵在亦院内;又考支硎得名缘由及马迹石、放鹤亭所在。据此,楞伽院报恩遗址或即慧皎云支遁立支山寺所存,亦即支遁庵。支硎之硎,当如曾氏言源自其石盘薄平广如硎;支硎之支,则源自支遁。《太平寰宇记》卷九一《江南东道三·苏州·吴县》云:“支硎。晋高士支道林遁迹憩游其上,故有此名。”②《舆地纪胜·两浙西路·平江府·景物上》“支硎”亦云:“在吴县,乃报恩山之东南峰,晋支遁道林遁迹其上,故名。”《景物下》“放鹤亭”云:“在吴县天峰寺之南峰,晋高僧支遁尝居此,有石室及支硎山。”“天峰院”云:“在吴县西二十五里南峰山,亦名支硎山,即东晋高僧支遁别庵也。”“观音院”云:“在报恩山,亦曰支硎山寺,即古报恩寺基也。咸平钱俨碑铭云:苏州——(观音)禅—(院)即东晋支公道林所建支硎寺。”“马迹石”云:

---

① 〔宋〕范成大撰,陆振岳校点:《吴郡志》卷九,第112页。
② 〔宋〕乐史撰,王文楚等点校:《太平寰宇记》,第1820页。

"在吴县西报恩山。"①所云放鹤亭、天峰院、观音院、马迹石虽无出前人之右，然是书乃南宋地理总志之最善者，终究与《吴地记》《吴郡图经续记》《吴郡志》专记吴地不同。换言之，支遁诸遗迹由此进入"国家级"总志，其意义自是不凡。时至朱明，正德《姑苏志》卷八《山上》集前贤诸说之成并增益、考辨，总述支硎山支遁遗迹、传说及诗文云：

> 支硎山，在泷池山东北，以晋支遁尝居此，而山多平石，故名。按：《玉篇》"吴有临硎"，《吴都赋》亦云"右号临硎"。又按：《续图》：支硎一名报恩山，以昔有报恩寺也。山有石室、寒泉。遁诗云："石室可蔽身，寒泉濯温手。"相传遁冬居石室，夏隐别峰也。泉上刻紫岩居士虞廷臣书"寒泉"二字，径丈。高启诗：远落丛峰……倚筇杖。又有放鹤亭、马迹石，皆以遁得名。范成大诗：石门关外……白塔来。山有南峰寺及中峰、北峰二院。北峰宣德间移于鸡窠岭，中峰在寒泉上，又名楞伽院。南峰一名天峰，即唐支山院也，有碧琳泉、待月岭、南池、新泉、马坡本名养马坡。谚云马婆泉者误也。。坡南有石门，乃三巨石直上干霄，西连危峰，东临绝壑，中犹枨枨然。又有牛头峰。在寺门之下东趾有观音寺，故又云观音山。……
>
> 定山在支硎西，相传支遁创报恩寺于其麓，于此禅定，故云。按《楞伽院石记》云：乾德二年（964），当州奏帖付苏州府，西封定山、龙宫里、报恩寺，敕赐观音院。旧志疑定山即支硎之别号，非也。又按：道林在吴土山墓下，集同意者合入关斋时，道士白衣凡二十四人，道林作诗三章。《越绝书》：土山者，春申君治为贵人冢，去县十六里。疑即道林斋会之地，去支硎为近，岂即此也？

————————

① 〔宋〕王象之撰：《舆地纪胜》卷五，第291、293、297、298、299页。按：是书"景物上"前缺。咸平钱俨碑铭引文中"—"为原书省略符号，括号内文字为笔者所补。

按钱塘亦有定山，与此不同。其旁又有羊山，与长洲县分界。[1]

硎之为名孙吴已有，支硎之称亦是渊源有自。《志》引支遁诗为蒋清翊所辑，然以《土山会集诗三首》其三已有"寒泉濯温手"，似不当再见于支遁他诗。曾旼谓刘、白、皮、陆赋咏皆不及石室、石门、待月岭、碧琳泉、放鹤亭。或有感于此，《姑苏志》录支遁诗、高启诗、范成大诗以补其憾，所考《土山会集诗》土山所在亦有裨益于解读支遁诗。

（二）相关诗文

（1）曾旼《天峰院记》文末述其创作动机云：

> 昔逸少既谢会稽，安石犹卧东山，遁乃与之从游。自放虚寂之境，而有登临之适。故时人以为高逸。遁之所游多矣，维吴之报恩，越之沃洲最著。沃洲有养马坡、放鹤峰，故此山亦有马迹石、放鹤亭。传言遁常畜马纵鹤，其说皆有理趣，非窘拘于浮屠法者也。遁之没已七百余年，而事之传于名迹者犹不泯，其为世所慕如此。……予谓沃洲，居易为之记矣。而报恩寂寥，未有纪者。因为考论本末，书以畀之。[2]

《吴都文粹》卷八亦名此记为《天峰院记》[3]。旼，字彦和，漳州

---

① 〔明〕林世远、王鏊等纂修：《姑苏志》，《北京图书馆古籍珍本丛刊》第26册，第168页上至第169页下。按："入关斋"误，当作"八关斋"。

② 〔宋〕范成大撰，陆振岳校点：《吴郡志》卷三二《郭外寺》，第486页。按："昔逸少既谢会稽，安石犹卧东山"，陆氏点作"昔逸少既谢会稽安石，犹卧东山"，误，引文径改。

③ 〔宋〕郑虎臣编：《吴都文粹》，《景印文渊阁四库全书》第1358册，第799页上。

龙溪（今福建漳州市龙海区）人，熙宁六年（1073）进士，释褐吴县尉。次年五月甲辰，"陈州司法参军、律学士王白为中书礼房习学公事，吴县尉曾旼、新成都府户曹参军刘泾为提举修撰经义所检讨"①。元丰中（1078—1085），曾旼监润州仓曹，仕至太常少卿，博学富藏书，著有《书解》，朱熹、吕祖谦等皆取之。"吴中曾旼彦和、贺铸方回二家书，其子献之朝廷，各命以官。""曾旼彦和，博学之士也。"②因其先世坟茔在吴，故云吴中曾旼。元丰六年，曾氏受道友赟公长老所托为此记，谓吴之报恩与越之沃洲相当，德兴新天峰院与寂然成沃洲禅院相仿，而报恩寂寥，故曾氏效白居易为《天峰院记》。曾《记》有功于支硎山亦犹白《记》有功于沃洲山焉。

（2）叶梦得《游南峰寺》诗序云："游南峰寺，独登待月岭而还。长老才上人云，欲作亭岭上，以待予再至。因以诗赠云。"诗末云："但恐爱山意，多求尚成贪。愿借待月岭，重开石头庵。偃松久傲兀，碧琳故澄涵。言寻觉城路，更欲从遍参。"③

《吴郡志》于曾《记》后又录叶氏此诗及序。政和间（1111—1118）居吴时，梦得与程俱游支硎山南峰寺，作此诗。程氏《同叶内翰游南峰窃观壬辰旧题诗谨次严韵》云：

> 道林弥天辨，妙誉倾斗南。山阴有余赏，禹穴或已探。晚岁折筇杖，兹焉寄伽蓝。呼鹰阅神骏，对客手自谈。却顾夸夺子，心兵战方酣。当时蹇驴辈，蹴踏岂所堪。斯人不可见，荒

---

① 〔宋〕李焘：《续资治通鉴长编》卷二五三"神宗熙宁七年"，第6192页。
② 〔宋〕张邦基撰，孔凡礼点校：《墨庄漫录》卷五《藏书之富者》、卷六《鹤料》，北京：中华书局，2002年，第142、170页。
③ 〔宋〕范成大撰，陆振岳校点：《吴郡志》卷九，第487、488页。

径昔已谙。……恨无买山具，抚境思髻参。①

壬辰即政和二年（1112）。"而政和四年石林已移居湖州卞山，不在苏州。"②以是，《游南峰寺》当作于政和三年夏。叶诗用支郎、爱山典，并及放鹤地、石头庵、待月岭、偃松、碧琳泉等遗迹、景物；程诗连用呼鹰、神骏、手谈、买山等典，谓支遁、道安妙誉海内，评赏尤高。

（3）范成大《铁锡<small>支道林遗物</small>》云："八环流韵宝枝鸣，古铁无花紫翠明。莫遣闲人容易振，泉飞石落鬼寰惊。"《放鹤亭<small>亦道林故事</small>》云："石门关外古亭基，树老藤枯野径微。放鹤道人今不见，故应人与鹤俱飞。"《马迹石传<small>云道林骑白马升天遗迹，今石上双迹俨然，类蹄涔者，后人为小塔识其处。</small>》云："跨马凌空亦快哉，龙腰鹤背谩徘徊。游人欲识仙踪处，但觅苍崖白塔来。"③

三诗为范氏专咏支硎山支遁遗迹、遗物而作。成大，字至能，少号此山居士，后号石湖居士，平江府（今江苏苏州市）人，生于钦宗靖康元年（1126）六月初四日④，绍兴二十四年（1154）擢进士第，二十六年除徽州户曹参军，官至参知政事。周必大《资政殿大学士赠银青光禄大夫范公<small>成大</small>神道碑》云：

十四，能文词。是岁，秦国薨，公茕然哀慕，十年不出，

---

① 〔宋〕程俱撰：《北山集》卷三《古诗三》，《景印文渊阁四库全书》第1130册，第35页下。
② 土兆鹏：《两宋词人年谱》，第168页。
③ 〔宋〕范成大著，富寿荪标校：《范石湖集》卷三，上海：上海古籍出版社，2006年，第37—38页。
④ 于北山：《范成大年谱》，上海：上海古籍出版社，2006年，第2页。

竭力嫁二妹，无科举意。欲买山无赀，取唐人"只在此山中"之语，自号此山居士；又慕元鲁山（德秀）为人，一字幼元。……四年（1193）九月，公疾病……而公以是月五日薨。积官至通议大夫，爵自吴县开国男累封吴郡公，食邑三千二百户，实封一百户，享年六十有八。[①]

铁锡即锡杖，亦即禅杖，杖头有一铁卷，中段用木，下安铁篡，振时作声。《平江记事》云："支硎山，在吴县西南二十五里，晋沙门支道林尝卓锡于此。山多平石，平石为硎，又以支公处此，故名支硎。旧传，道林尝居石室中，所遗故物有木鞋、铁挂杖之属。旁有放鹤亭、马迹石，皆因之得名。"[②]《苏州府志》卷四〇《寺观二·吴县·南峰寺》亦云："堂庑有铁杖，相传是遁所遗物。明洪武初归并寒山寺，今废。"[③]此或据范氏《铁锡》题注。《铁锡》写支遁所遗锡杖振动八环流韵如宝枝鸣响，虚实结合；泉飞石落鬼寰震惊，全是虚写。《放鹤亭》古亭基、树老藤枯野径微实写，放鹤道人与鹤俱飞虚写。《马迹石》题注白塔可补《吴郡志》，跨马凌空、龙腰鹤背谩徘徊虚写，苍崖白塔实写。三诗写支遁遗迹，虚实结合，诚为此类诗的经典写法。

（4）顾瑛《书昂上人房壁》云："解说道林当日事，亦知灵运不如家。坐深白鹤归来晚，更汲寒泉为煮茶。"陆仁次云："神骏

① 湛之编：《杨万里范成大资料汇编》，北京：中华书局，1964年，第112—121页。

② 〔元〕高德基撰：《平江记事》，《景印文渊阁四库全书》第590册，第465页上。

③ 〔清〕李铭皖等修，〔清〕冯桂芬纂：《同治苏州府志》（二），《中国地方志集成·江苏府县志辑》第8册，南京：江苏古籍出版社，1991年，第253页。

嗟无支遁马，清游欲宿赞公家。岩底寒泉清可掬，明年还拟煮新茶。"于立《放鹤亭》其一云："为访支公鹤，重经洗马池。"其二云："欲将遗事访支硎，重上山中放鹤亭。"顾瑛次韵云："云满南林护翠微，支公亭子倚晴晖。飞来不似辽东鹤，解说前身是令威。"陆仁次韵云："胎禽无恙否，亭中秋月明。不随支公去，却逐浮丘生。"顾瑛《洗马池》云："道林只解观神骏，不洗人间万古名。"陆仁次云："秋水清如此，支郎洗马池。一从神骏化，无复见权奇。"于立次云："无人爱神骏，化宰忆支公。"于立《飞龙关》云："拄杖清秋登绝壁，欲访支公探遗迹。"陆仁《观音山》云："支公放鹤自有亭，石上细听寒泉声。楞伽丛桂亦已落，洗马池头秋草青。"顾瑛次云："道林越上还，卓锡支硎山。养鹤碧岩里，骑马飞龙关。飞龙关高鬼斧凿，一道银河迸空落。水积寒泉如镜平，清秋倒浸芙蓉萼。道林放鹤竟不归，我今远来犹好奇。……忘情不必说尔汝，买山定结山水缘。"陆仁次顾瑛《复游寒泉》韵二首其一云："支硎山上濯寒泉，洗马池头草若烟。"其二云："飞龙关口日晖晖，放鹤亭前路不违。谩说支郎林下少，未缘神骏眼中稀。"于立次云："放鹤亭中绝萧爽，飞龙关下愁攀缘。支公去后少神骏，一上高峰一自怜。"[1]

　　诸诗皆出自《玉山纪游》。该书由玉山宾客袁华编纂玉山雅集出游时诸人所作诗篇而成。"游非一人，而瑛为之主；游非一地，而往来聚会悉归玉山堂也。每游必有诗，每诗必有小序以志岁月。……而山水清音，琴樽佳兴，一时文采风流，千载下尚如将见之也。"[2]玉山雅集规模大，时间长，影响深远，顾瑛是雅集主

---

① 诸诗见〔元〕顾瑛辑：《玉山名胜集·土山纪游·观音山纪游诗》，第519—529页。

② 《四库全书总目》卷一八八《集部·总集类三·玉山纪游一卷》，第1711页上。

人，雅集地不囿玉山，附近支硎山（亦名观音山）、天平山等，甚至钱塘西湖亦为其出游雅集处。

顾瑛，又名德辉、阿瑛，字仲瑛，别号金粟道人，昆山人。殷奎撰《故武略将军钱塘县男顾府君墓志铭》云：“君讳德辉，字仲瑛，别名阿瑛，姓顾氏，世为苏之昆山人，实四姓之旧也。……岁戊申，从其子元臣迁临濠而卒，实洪武己酉（1369）三月十四日也。距其生之岁至大庚戌（1310），得年六十。……所为诗，有《玉山璞稿》二十卷，幽情遐致，一寄于斯。”①至正戊戌（1358）五月廿九日自制并书、袁华篆额《金粟道人顾君墓志铭》叙其家世、生平、所好云：

> 大父以上皆宋衣冠，太父任皇元，为卫辉怀孟路总管。始居昆山之朱塘里。父，玉山处士，隐德不仕在养。予喜幼读书，年十六而干父之蛊，遂废学焉。性结客，尚乘肥衣轻驰逐于少年之场，故达官时贵，靡不交识，然不坠于家声。三十而弃所习，复读旧书，日与文人儒士为诗酒友。又颇鉴古玩好。年逾四十，田业悉付子婿，于旧第之西偏垒石为小山，筑草堂于其址左右。亭馆若干所，傍植杂花木，以梧竹相暎带，总名之为“玉山佳处”。诗有《玉山倡和》等集行于世。

昆山又名玉山。顾瑛自三十岁复读旧书，日与儒释道诸名士乃至也里可温、答失蛮等为诗酒友。其《题见心上人清江行卷后》云：“开笼安放支遁鹤，凿池欲种远公莲。”②见心上人，即释来复，

---

① 〔元〕顾瑛辑：《玉山名胜集·玉山遗什》卷上《附录》，第654—655页。
② 〔元〕顾瑛著，杨镰整理：《玉山璞稿·顾瑛诗文辑存卷六》，北京：中华书局，2008年，第190页。

字见心，号蒲庵，又号竺昙叟，俗姓王，丰城（今江西丰城市）人，生于元仁宗延祐六年（1319）十一月冬至日（初三），先后住持定水院、天宁寺、灵隐寺，洪武十五年（1382）赴京任僧录司左觉义，住天界寺，善诗文，有《蒲庵集》十卷[①]。钱谦益《跋清教录》云："洪武二十四年，山西太原府捕获胡党僧智聪，供称胡丞相谋举事时，随泐季潭长老及复见心等往来胡府。复见心坐凌迟死，时年七十三岁。"[②]"清江行卷"即来复江西友契之诗文。郑元祐《题复见心清江行卷》云："见心携江西友契诗文一卷入吴中，读之，所谓幽然而光苍然而古者皆具有焉。……见心虽桑门，其于内外学高出人表，宜其所贮皆连城夜光云。"[③]开笼放鹤，凿池种莲，似是寻常，然饰以支遁、远公，遂觉高远清幽。年逾四十，顾瑛更筑玉山草堂、玉山佳处，与诸名士频繁雅集。释良琦玉山佳处《诗》云："草亭已为扬雄结，石壁还供支遁吟。"草亭、石壁指代住宿、题诗处，扬雄、支遁称美僧俗文士，意谓诸事均已备好。以玉山草堂命名缘由，则如郑氏《玉山草堂记》所云：

昔王摩诘置庄辋川，有蓝田玉山之胜。其竹里馆皆编茅覆瓦，相参以为室，于是杜少陵为之赋诗，有曰"玉山草堂"云者。景既偏胜，诗尤绝伦。后六百余年，吴人顾仲瑛氏家界溪，溪濒昆山，仲瑛工于为诗，而心窃慕二子也，亦于其堂庑之西，

---

① 参见何孝荣：《元末明初名僧来复事迹考》，《历史教学》，2012年第24期。

② 〔清〕钱曾笺注：《钱牧斋全集》第3册《牧斋初学集下》卷八六《题跋四》，第1804页。

③ 〔元〕郑元祐撰：《侨吴集》卷七《题》，《景印文渊阁四库全书》第1216册，第502页下。

茅茨杂瓦，为屋若干楹，用少陵诗语匾曰"玉山草堂"。①

　　《玉山纪游》所收顾瑛、于立、陆仁《观音山纪游诗》所吟咏寒泉、洗马池、放鹤亭，均为支遁遗迹。陆仁，字良贵，号樵雪生，又号乾乾居士，河南（今河南洛阳市）人，寓居昆山太仓（今江苏太仓市），明经好古，以诗名于时。"复工字学，楷草皆矜贵，所居曰乾乾斋，祀乡贤祠。按：张采志云：旧志言仁故太仓人，自称河南，乃陆姓郡名。"②于立，字彦成，号虚白子，南康（今江西赣州市南康区）人。"学道会稽山中，得石室藏书，遂放浪江湖，爱吴山水清旷，因寓焉。"③于氏《观音山纪游诗序》云：

　　　　至正辛卯秋九月八日，玉山顾君仲瑛、河南陆良贵与予同舟出阊阖门，登观音山，过小龙门，坐支公放鹤亭上。于时高秋气肃，慨古遐眺，神与意适，遂相与濯足寒泉。肩舆过山北，观盘松如春雷破蛰龙，鬼神变化，不可端倪。因入楞伽寺，寺僧昂天岸出速客，列坐大桂树下，摘银杏荐酒，赋诗乐甚。④

至正辛卯（1351）秋九月八日，顾、于、陆三人游观音山，憩息放鹤亭，濯足寒泉，复入楞伽寺，寺僧昂天岸邀坐大桂树下，饮酒赋

---

① 〔元〕顾瑛辑：《玉山名胜集》卷上《玉山佳处·诗》、卷上《玉山草堂》，第42、14页。
② 〔清〕王昶等纂修：《直隶太仓州志》卷三五《人物·文学一·太仓州》，《续修四库全书》第697册，第556页上。
③ 〔清〕李铭皖等修，〔清〕冯桂芬纂：《同治苏州府志（三）》卷一一一《流寓一》，《中国地方志集成·江苏府县志辑》第9册，第793页下。
④ 〔元〕顾瑛辑：《玉山名胜集·玉山纪游》，第519页。

诗。顾瑛于昂上人房壁题诗,谓诸人解说支遁当日于此山之种种事,益觉谢灵运乐游山水不如家实非无因,白鹤归来、更汲寒泉不仅切合言谈茶酒情景,且亦为道林当日事之一二。陆仁次韵诗和以支遁养马重其神骏事,和以杜甫宿赞公处,和以寒泉水清可掬,末句相期明年再于此煮新茶。

于立《放鹤亭》其一五言双起支公鹤、洗马池;其二七言前二句申明游意乃是上支硎山放鹤亭访支遁遗事,三句拄杖彭旬如闻三人访之声势,扫岩石如见三人访之神态,末句以惟恐岩石上留有前代未传经来解释缘何如此,写访如画。顾瑛次韵诗用七言,前两句写观音山景、放鹤亭景,后两句用《搜神记》卷一《丁令威》所载丁令威化鹤飞回家乡辽东切合支遁放鹤事,着实巧妙。陆仁次韵诗用五言,则化用浮丘公著《相鹤经》,径以胎禽无恙否开篇,继以亭中秋月明写景,三句写支遁放鹤,末句点明浮丘相鹤。

咏《洗马池》,顾瑛七绝首两句写池头秋草、池内秋水,第三句点支遁重神骏,末句赞其留却人间万古名;陆仁五绝首句写秋水清,次句言洗马池,三句点神骏,末句赞权奇;于立五绝首两句写寒泉水,三句点神骏,末句赞支遁。三诗虽非次韵,然结构大致相同,且有"秋""水""神骏"及"道林""支郎""支公"关联,仍有相和之意。

陆仁《观音山》总写此次出游,点明放鹤亭、寒泉声、洗马池因支遁而为山中胜境。顾瑛次韵诗循此起首即云支遁自越中卓锡支硎山,在碧岩里养鹤,在飞龙关骑马;继写飞龙关高银河洒落,水积寒泉平静如镜,由支遁放鹤鹤竟不归引出三人游观音山,最后又用头山典明了其山水缘。顾氏有感于释良琦、郯韶不能同游,赋诗以寄,并邀于、陆二人和寄,云:"适匡山人自越中、陆河南自娄江来,得同讨幽胜。九月七日,复游寒泉,登南峰之高。有

怀龙门留娄江，云台方长街走马，不能与此清会。遂赋二律以寄，
意且欲邀匡山、河南和寄云。"陆仁次韵两首一写濯足寒泉、洗马
池草；一写飞龙关、放鹤亭及支郎赏神骏。于立次韵两首其一亦写
寒泉、放鹤亭及赏神骏。亦如此前，仍以支郎与支遁典相关联，其
所指遂得为支遁。次年（1352）二月初一，释良琦、来复游寒泉，
亦憩昂上人房，读三人诗而作《壬辰二月初吉龙门释良琦与豫章
释来复游寒泉过支硎山寺憩昂上人房读仲瑛徵君彦成炼师良贵
进士去秋游山相怀之作遂相与联句以答三君子之意云》，联句末
良琦诗"数声亭上鹤，落日在山巅"[1]化用支遁放鹤典，谓日落山
巅时隐然仿佛听闻亭上有数鹤声。良琦又有诗咏碧梧翠竹堂，云：
"何意老骑支遁鹤，与君相对坐云床。"[2]

　　良琦，字元璞，号楚石，姑苏（今江苏苏州市）人。顾瑛编《草
堂雅集》卷一六有其小传，云："自幼读书，学禅白云山中。性操温
雅，澹然无尘想。诗声尤著江湖间。与杨铁崖、郯九成累过余草
堂，超然物外人也。"[3]《六研斋三笔》卷三亦云："释良琦，号楚
石，与顾金粟游极密，玉山草堂中诸词客每有倡和，必琦为发端。
诸公雅推重之。……云门者，即琦也。琦住持越之云门寺，又住持
吴之龙门寺，故又称龙门翁。"[4]《玉山名胜集》为顾瑛及其友朋
吟诵玉山草堂、玉山佳处等名胜之作。至正八年至十年（1348—
1350），顾瑛在其界溪旧宅西，营建玉山佳处，先后落成玉山草
堂及钓月轩、芝云堂、碧梧翠竹堂等"名胜"二十余处。杨维桢至

①〔元〕顾瑛辑：《玉山名胜集·玉山纪游》，第528、532页。
②〔元〕顾瑛辑：《玉山名胜集》卷下《碧梧翠竹堂·诗》，第170页。
③〔元〕顾瑛辑：《草堂雅集》，第1134页。
④〔明〕李日华撰，郁震宏、李保阳点校：《六研斋笔记》，南京：凤凰出版
　　社，2010年，第216页。

正八年八月初吉玉山佳处《记》云："昆隐君顾仲瑛氏，其世家在昆之西界溪之上。既与其仲为东西第，又稍为园池别墅，治屋庐其中。……合而称之，则曰'玉山佳处'也。"[1]顾瑛与诸名士诗酒觞咏其中，"因裒其诗文为此集，各以地名为纲，曰玉山堂、曰玉山佳处、曰种玉亭、曰小蓬莱、曰碧梧翠竹堂……每一地各先载其题额之人、次载瑛所自作春题，而以序记诗词之类各分系其后"[2]。碧梧翠竹堂为玉山名胜之一。高明至正九年九月既望《碧梧翠竹堂后记》云："昆山顾君仲瑛名其所居之室曰'玉山草堂'，筑圃凿池，积土石为丘阜，引流种树于中。为堂五楹，还植修梧钜竹，森密蔚秀，苍缥阴润，祥歊不得达其牖，羲晖不能窥其户，乃名其堂曰'碧梧翠竹'。堂中列琴壶觚砚图籍及古鼎彝器，非韵士胜友不辄延入也。"[3]良琦咏碧梧翠竹堂诗以支遁鹤既渲染碧梧翠竹之佳，又见出自己非凡。又有《题初士元松亭图》诗，云："定复还山有佳句，寄在支公放鹤亭。"[4]此诗见顾瑛辑《草堂雅集》卷一六。"又萃所友名公之作，如张承旨翥、李征君孝光、杨先生维桢、张外史雨而下刻梓者数十家，总题《草堂雅集》。"[5]诗前两句莲花峰烟、涧水松风摹写松，后两句以还山佳句寄在支公放鹤亭点明亭，题画诗之妙尽在其中。

（5）高启《姑苏杂咏》卷上《古迹·支遁庵》序云："在南峰，

---

①〔元〕顾瑛辑：《玉山名胜集》卷上《玉山佳处·记》，第39页。

②《四库全书总目》卷一八八《集部·总集类三·玉山名胜集八卷、外集一卷》，第1710页下。按："玉山堂"或应为"玉山草堂"。

③〔元〕顾瑛辑：《玉山名胜集》卷下《碧梧翠竹堂·记》，第167—168页。

④〔元〕顾瑛辑：《草堂雅集》卷一六《释良琦》，第1151页。

⑤〔元〕顾瑛辑：《玉山名胜集·玉山遗什》卷上《附录》殷奎《故武略将军钱唐县男顾府君墓志铭》，第655页。

晋高僧支道林剡山为龛以居。"诗云:"闲登待月岭,远扣栖云关。石室闭千载,高僧犹未还。残灯黄叶下,古座青苔间。不见跏趺影,鹤鸣空此山。"《古迹·放鹤亭》序云:"在天峰寺,支遁放鹤处也。予为作《放鹤辞》。"诗云:"放鹤去,当高飞。啄莫争鸡鹜食,游莫近虞罗机。云山海峤堪来往,明月千秋待尔归。"《古迹·白马涧》序云:"在天峰,支遁养马处,今有马迹石。"诗云:"白马何不居天闲,乃在古寺长松间。奇姿不受世羁络,远自竺国驮经还。洞边饮罢寒云起,恍惚化龙跳入水。空山夜雨不闻嘶,埋没蹄痕紫苔里。高僧一去今几年,世上神骏还谁怜。莫令老逐风尘子,憔悴哀鸣涂路边。"卷下《山水·寒泉》序云:"在支硎山,有石平广,泉流其上。"诗云:"远落丛峰间,平流盘石上。月照欲成潭,风吹不生浪。声兼寒叶下,色映秋苔涨。野客照羸颜,曾来倚筇杖。"卷下《寺宇·南峰寺》序云:"在吴县西二十五里,支遁别庵也。山有石门。"诗云:"樵归众山昏,天峰尚余景。欲投石门宿,更度西南岭。远闻云间钟,萝径入寺永。悬灯照静室,一礼支公影。鸟鸣涧壑空,泉响窗户冷。对此问山僧,何如沃洲境?"①

启,字季迪,号青丘子,长洲人,世为汴人,随宋室南渡,家于临安,元末浙中战乱,避地吴门,卜居长洲北郭。其《赠钱文则序》云:"余后生晚学,景仰二公于数百载之上,盖无能为役,而命亦舍磨蝎,又与文忠皆生丙子,是幸而偶与之同也。"②二公即韩愈、苏轼。高启自谓生年与苏轼同为丙子年,则其生于元顺帝至元二年丙子(1336)。"洪武初,被荐,偕同县谢徽召修《元史》,

---

① 〔明〕高启:《姑苏杂咏》,《四库全书存目丛书》集部第290册,第58页下、第58页下、第61页下至第62页上、第76页上、第79页上。

② 〔明〕高启著,〔清〕金檀辑注,徐澄宇、沈北宗校点:《高青丘集·凫藻集》卷三《序》,上海:上海古籍出版社,1985年,第889页。

授翰林院国史编修官，复命教授诸王。三年秋，帝御阙楼，启、徽俱入对，擢启户部右侍郎，徽吏部郎中。启自陈年少不敢当重任，徽亦固辞，乃见许。已，并赐白金放还。"[1]归乡后，作《姑苏杂咏》百余首。其洪武四年（1371）十二月序云：

> 　及归自京师，屏居松江之渚，书籍散落，宾客不至，闭门默坐之余，无以自遣，偶得郡志阅之，观其所载山川、台榭、园池、祠墓之处，余向尝得于烟云草莽之间，为之踌躇而瞻眺者，皆历历在目；因其地，想其人，求其盛衰废兴之故，不能无感焉。遂采其著者，各赋诗咏之。……名《姑苏杂咏》，合古今诸体凡一百二十三篇云。[2]

诗人生于姑苏，长于姑苏，于其山水人物之胜行躅殆遍，归乡后复阅郡志所载，因其地想其人，感慨赋诗以咏。《支遁庵》感叹石室已闭千载高僧依然未还，残灯黄叶青苔古座不见其跏趺影，此山空空惟闻鹤鸣响。登支遁放鹤亭，作《放鹤辞》，"当""莫争""莫近"意存警戒，寓身世之叹。《白马涧》则直为自己，写彼时白马以奇姿、以远自天竺驮经还本可居天闲而今却在古寺长松间，即使在此仍能化龙跳入水；而今空山夜雨中不闻其嘶鸣，紫苔埋没其蹄痕，高僧一去已是几多年，世上神骏再无人可怜，"莫令"二句寄无尽酸辛。《寒泉》"月照"二句写明月映照广平石上

---

[1]《明史》卷二八五《文苑传一》，第7328页。

[2]〔明〕高启著，〔清〕金檀辑注，徐澄宇、沈北宗校点：《高青丘集·凫藻集》卷三《序》，第907页。颜庆余《高启集版本考》云："今所见各本《姑苏杂咏》皆为一百三十六首，不知为谁所增入。"（氏著《读集丛考》，南京：凤凰出版社，2017年，第42页）

泉，水石一体故欲成潭，石终非水故风吹不生浪，着实巧妙，"野客"二句仍写自己。《南峰寺》直是游记，"悬灯"二句俨如韩愈"僧言古壁佛画好，以火来照所见稀"[1]，或其时南峰寺静室有支公影像，末句"何如沃洲境"复见称美山僧意。高启又有《游南峰寺有支遁放鹤亭》《再游南峰》二首七律。前者云："每向人间望碧峰，石门今得问幽踪。路缘风磴泠泠策，寺隔烟萝杳杳钟。窗下鸟来多坠果，亭前鹤去只高松。一龛愿借依香火，莫道诗人非戴颙。""今得"见出游寺心切，"亭前鹤去"点明放鹤亭，末句以自谦示称美。后者云："放鹤亭前落叶重，吟身独上夕阳峰。远村近浦分诸树，后岭前山应一钟。高阁倚残归鸟过，空林行尽老僧逢。支公骏马嗟何处，石上莓苔没旧踪。"[2]再游开首即写放鹤亭，"落叶重"点节序，"独上夕阳峰"明一人傍晚游南峰，末二句写马迹石，以"嗟何处""没旧踪"寓慨叹，为支公，为骏马，亦为自己。

（6）周南老《姑苏杂咏》卷上《古迹·支遁庵》云："陟彼支硎山，岩俯忽似龛。道林尝卓锡，构此栖禅庵。虚敞廓有容，地灵泉洁甘。龙驹骋神骏，致使林壑惭。苔荒蹄迹深，犹记曾停骖。白云閟岩扃，焚香礼瞿昙。"《古迹·放鹤亭》云："南峰具佳胜，翼然山上亭。凭栏放白鹤，振羽凌青冥。极目际（？）渺茫，纵影乘爽灵。去去久不返，物我俱忘形。支公好清吟，朗咏风泠泠。鹤从华□来，归时还姓丁。"卷下《山水·寒泉》云："道周有磐石，如砥平而广。山泉流石上，清泚挹西爽。涓涓漱甘寒，潺潺泻微响。支公留马迹，于焉税归鞅。山以支硎名，宜取磐石像。高逸清且幽，

① 〔唐〕韩愈著，〔清〕方世举编年笺注，郝润华、丁俊丽整理：《韩昌黎诗集编年笺注》卷二《山石》，北京：中华书局，2012年，第75页。

② 〔明〕高启著，〔清〕金檀辑注，徐澄宇、沈北宗校点：《高青丘集》卷一四《七言律诗》、卷一五《七言律诗》，第587—588、616页。

泉能慰怀想。"卷下《寺宇·南峰寺》云："穷玄陟南峰,跻攀待月岭。径入石门幽,山嵌石室迥。支郎昔安禅,秀出三峰顶。苔深印马迹,云随归鹤影。兹游喜清畅,决去事幽屏。为酌碧琳泉,岩前试山茗。"[①]

南老又名南,字正道,晚号拙逸,常熟人,至正间以荐补信州永丰县儒学教谕,又檄为吴县主簿,后改权江浙行省理问。洪武初征赴太常议郊祀礼,礼成谪临濠居住,著有《拙逸斋稿》《姑苏杂咏》等。吴沈《周先生墓碣铭》云："其先汝南人……第八世祖讳敦颐,官至虞部郎中,谥元公……先生既还自朝,与诸游从日以经史自娱。客至尊俎谈笑,与世相忘。洪武十六年(1383)四月十一日卒,春秋八十三岁。"[②]

周氏有感于高启杂咏之缺,又值老耄日无所事,遂因高题各赋五言六韵,亦名《姑苏杂咏》。万历四十六年(1618),周希爨将之合刻行世。除未咏白马涧外,南老咏支遁遗迹诗题及题下序几全袭高启。其洪武十年孟夏望日《姑苏杂咏自叙》云:

> 尝读高启季迪《姑苏杂咏》凡一百三十六篇,古今诸体咸备,命意骋辞如健鹘横空,如骏马历块,如春园桃李,如秋汀蘋蓼,超逸不群而俊丽可喜,深得诗人之妙者,然于纪事考实乃或遗焉,其于感发惩创之意则未多见。

较之高启诗,南老咏支遁遗迹诗多为纪事考实,全无慨叹意趣。

---

① 〔明〕周南老撰:《姑苏杂咏》,《四库全书存目丛书》集部第290册,第96页下、第96页下、第108页下、第110页下。

② 〔明〕钱毂撰:《吴都文粹续集》卷三九《坟墓》,《景印文渊阁四库全书》第1386册,第267页上至第268页下。

"周君之辞，纯雅苍古，凛乎史断之严；高君之作，模拟景物，蔚乎风骚之变，视前人有间矣。"[①]此言中肯。

（7）韩奕《支硎山古迹十二咏》，其中《石室》序云："支遁常居焉，世称支公庵。"诗云："山骨斫禅居，跏趺坐有余。多年人去闭，我欲借藏书。"《马迹石》序云："支遁飞步马处，石纹如马足者四，刘梦得诗'石纹如马足'。"诗云："蹄轻不动尘，顽矿痕如刻。游戏与僧同，有神宁有力。"《放鹤亭》序云："支遁放鹤处，人因建亭以识焉。"诗云："从去入高冥，空山惟旧亭。不知何鹳雀，爪迹印苔青。"十二咏末识云："支硎山去吴城甚迩，泉石清秀，晋唐来诸名人乐居而喜游之，遗迹尚多焉。奕之先茔在山下，往来无虚岁。展省之余，得以访诸名人遗迹，因托为图写而咏歌之，独庵公尝同而赋焉。高风远韵，相去千百载，纵不可以攀其逸驾，而清芬咫尺，犹可以想像而仰挹之也。洪武丁丑（1397）韩奕识。"[②]

此十二咏前有序，所言如前引诸书，兹不赘。奕字公望，号蒙庵（一作蒙斋），祖籍安阳（今属河南），吴县人。赵友同《故韩隐士行状》云："其先安阳人，宋魏国忠献王十一世孙也。……隐士生于甲戌（1334）三月十一日，卒于丙戌（1406）七月五日，享年七十有三。"[③]

韩奕与时人王宾、王履斋并称"吴中三高士"，有《韩山人诗

①〔明〕周南老撰：《姑苏杂咏》卷首、卷末附卢熊《姑苏杂咏后序》，《四库全书存目丛书》集部第290册，第87页上、第119页上。

②〔元〕韩奕撰：《韩山人诗集》卷七《五言绝句》，《续修四库全书》第1325册，第130页下至第132页上。

③〔元〕韩奕撰：《韩山人诗集》卷末附，《续修四库全书》第1325册，第142页上至第143页上。

集》，今存。姚广孝《韩山人诗集序》云："故其诗冲澹幽婉，无一点尘俗气，厕于晋唐作者之间亦毋忝也。"[1]此咏支遁遗迹三首五绝，写所见生动有力，如"斫""刻""印"三字；写所想平淡有思致，如"跏趺坐有余""蹄轻不动尘""从去入高冥"。支遁、马、鹤连同诗人情志，均宛然可见。

　　受以上诗文影响，明清文士写支硎，多涉放鹤亭、马迹石、支遁庵等遗迹。如赵宽《送僧住支硎山寺》云：

　　　回峰如戟倚江天，支遁风流尚宛然。马迹千年留石上，鹤飞何日返亭前。林泉有意寻幽赏，轩冕无因了俗缘。寺主相逢聊借问，几时方丈许参禅。[2]

宽，字栗夫，号半江，吴江（今江苏苏州市吴江区）人，有《半江集》十五卷。王鏊《广东提刑按察司按察使半江赵君墓志铭》云："成化辛丑（1481）春，礼部会试天下士，吴江赵君栗夫名在第一。……寻登进士上第，授刑部主事，历员外郎、郎中、浙江按察司提学副使。弘治乙丑（1505），进广东按察使，莅任甫越月，卒，年四十有九。"[3]诗为送僧住支硎山寺而写，故起首略写山势，接着详写山上支遁风流宛然尚在，由石上所留千年马迹，遂想不知亭前何日能再见其所放飞之鹤，最后落脚于送僧，"几时""许"

──────────

① 〔元〕韩奕撰：《韩山人诗集》卷首，《续修四库全书》第1325册，第98页上。
② 〔明〕赵宽撰：《半江赵先生文集》卷七《七言律诗》，《四库全书存目丛书》集部第42册，第219页下。
③ 〔明〕赵宽撰：《半江赵先生文集》附录《半江赵先生碑志》，《四库全书存目丛书》集部第42册，第368页上。

三字有留恋,更有期待,别意十足。

再如沈周《支遁庵》云:

> 千载支郎此说经,寒泉幽涧尚纵横。莺花浪示春声色,水
> 月犹通佛性情。嵌石半龛苔寄迹,空庭一个鹤留名。许询同化
> 无同调,只有溪山照眼青。①

周,字启南,号田石,又号田石翁、玉田生等,长洲人,工诗,尤工画,评者谓其画明世第一。王鏊《石田先生墓志铭》云:"有吴隐君子沈姓,讳周,启南字,而世称之唯曰石田先生。先生世家长洲之相城里……先生以正德四年(1509)八月二日卒,寿八十有三。"②

"千载支郎"曾于此说经,故"水月"至今"犹通佛性情","嵌石半龛"点明"庵","苔寄迹"即马迹石,空庭留鹤鸣即放鹤亭,末与许询相比见出支遁影响。

归庄《支硎山》诗则云:"支公遗迹邈难寻,山阁惟瞻观世音。士女春游常杂沓,只今明净爱秋林。"《夏日娄东旅舍杂述》云:"买山敢作支公计,贳酒难从武负谋。"③

庄,一名祚明,字玄恭,昆山(今属江苏)人,曾祖有光,生于

---

① 〔明〕沈周撰:《石田诗选》卷三《寺观》,《景印文渊阁四库全书》第1249册,第595页上至下。

② 〔明〕王鏊撰:《震泽集》卷二九《志铭》,《景印文渊阁四库全书》第1256册,第440页上至第441页上。

③ 〔明〕归庄著,中华书局上海编辑所编辑:《归庄集》卷一《诗词》,北京:中华书局,1962年,第107、143页。

万历四十一年（1613）七月十四日①，明诸生。"《诗话》：恒轩好奇，世目为狂生，善行草书，尝题其斋居柱云：'入其室，空空如也。问其人，嚣嚣然曰。'乡党传之，谓可入《启颜录》。"②著有《恒轩集》《山居诗》。前诗感叹支公遗迹邈然难寻，支硎山阁中世人惟瞻观音。后诗以"买山"对"贳酒"，以"支公计"对"武负谋"，"敢作""难从"可见其慨叹。贳酒武负用汉高祖刘邦典。"常从王媪、武负贳酒，醉卧，武负、王媪见其上常有龙，怪之。"③

第三节　传说之为绘图

五代以至明清，支遁及其爱鹰、爱马的传说又成为绘画题材，其接受遂多一途径。郭若虚《图画见闻志·五代九十一人》云："周行通，成都人。工画鬼神、人马、鹰犬、婴孩，得其精要。有《李陵送苏武》、《支遁》、《三隽》、《夺马》等图传于世。"④

若虚，太原府（治今山西太原市）人。"因此，郭若虚的生卒年可拟定为：约生于1030—1035年间，死于1085年以后。"⑤熙宁七年（1074）八月丁丑，"卫尉少卿宋昌言为正旦使，西京左藏库

---

① 参〔明〕归庄著，中华书局上海编辑所编辑：《归庄集》附录一《年谱》，第523页。
② 〔清〕朱彝尊选编：《明诗综》卷七九《归庄》，第3878页。
③ 《史记》卷八《高祖本纪》，第343页。
④ 〔宋〕郭若虚撰，邓白汴：《图画见闻志》卷二，成都：四川美术出版社，1986年，第141页。
⑤ 郭苏晨：《郭若虚的家世、生平和交游——对陆心源与索佩尔相关研究的再检讨》，范景中、曹意强主编：《美术史与观念史》，南京：南京师范大学出版社，2007年，第218页。

副使郭若虚副之"。八年秋七月癸未，"诏知丹州宋昌言降通判差遣，文思副使郭若虚降一官。坐使辽不觉翰林司卒逃辽地不获故也"①。

周密《草窗词话·仲殊题山阴图词》云："米元章与李伯时说：许玄度、王逸少、支道林、谢安石当时同游，遇于山阴，南唐顾闳中遂画为《山阴图》，三英老僧宝之，莫肯示人。"②以此知，顾闳中曾据许询、王羲之、谢安、支遁游山阴作《山阴图》。"顾闳中江南人也。事伪主李氏为待诏。善画，独见于人物。……故世有《韩熙载夜宴图》。"③

五代时，周行通画《支遁》图，顾闳中画支遁等游山阴图，支遁接受方式因此而更加多元。

一、支遁鹰马图

苏轼有《云师无著自金陵来，见余广陵，且遗余〈支遁鹰马图〉。将归，以诗送之，且还其画》诗。"〔合注〕诗有'去年相见古长干'句，似应编元丰八年，不应编元祐七年也。"④则元丰八年（1085）已有《支遁鹰马图》。周行通工画人、马、鹰等，未知其所画《支遁》是否有马、有鹰？或许与云师无著收藏《支遁鹰马图》有某种关联？

①〔宋〕李焘：《续资治通鉴长编》卷二五五神宗熙宁七年、卷二六六神宗熙宁八年，第6235、6534—6535页。

②葛渭君编：《词话丛编补编·草窗词话》，北京：中华书局，2013年，第218页。《云烟过眼录》卷上所载与此略同（《丛书集成新编》第50册，第194页下），所异著者惟"三英老僧"作"三吴老僧"。

③俞剑华标点注译：《宣和画谱》卷七《人物三　宋》，北京：人民美术出版社，2016年，第127页。

④〔清〕王文诰辑注：《苏轼诗集》卷二五《古今体诗五十一首》，第1345页。

（一）支遁养鹰

吴曾《能改斋漫录·议论·支遁臂鹰走马》在引前揭《世说新语》《高僧传》文字后云："然世但称其赏马，不称其赏鹰。惟东坡有谢云师无著遗支遁鹰马图诗，所谓：'莫学王郎与支遁，臂鹰走马怜神骏。还君画图君自收，不如木人骑土牛。'"①此"称"字当是称扬意。王士禛《池北偶谈·谈异三》承之，云："今人但知其赏马，不知其赏鹰，惟坡公有《支遁鹰马图诗》。"②改"称"为"知"字，乃谓不知支遁赏鹰事。钱锺书《谈艺录》补订云："《漫录》谓唯见坡诗，失之未考。"复补正云："刘君永翔告余，比阅新校印唐许嵩《建康实录》，乃知唐人用支遁养鹰故实盖出晋许恂集。……许集未佚时，亦必不如《世说》及《高僧传》之流播，故谈者多仅知遁之爱马耳。……九龄年辈稍早于嵩，即似未睹许氏家集者；不然，所赞为《鹰鹘图》，道林养鹰及马事，本地风光，题中固有之典，九龄俯拾即是，决不偏举养马而搭天桥作陪衬也。"③

《建康实录·孝宗穆皇帝·许恂传》案引《许玄度集》云："遁字道林，常隐剡东山，不游人事，好养鹰马，而不乘放，人或讥之。遁曰：'贫道爱其神骏。'"④支、许过从甚密。"这段文字虽不一定是原文，大约可信为《许询集》中的记载。"⑤《世说

①〔宋〕吴曾撰：《能改斋漫录》卷一〇，上海：上海古籍出版社，1979年，第278页。
②〔清〕王士禛撰，靳斯仁点校：《池北偶谈》卷二二，北京：中华书局，1982年，第536页。
③钱锺书：《谈艺录》，北京：生活·读书·新知三联书店，2008年，第195—196页。按："许恂"即许询。
④〔唐〕许嵩撰，张忱石点校：《建康实录》卷八，第217页。
⑤曹道衡：《中古文学史论文集·晋代作家六考·许询》，北京：中华书局，2002年，第315页。

新语·言语第二》惟言支遁养马而不及鹰,云:"支道林常养数匹马。或言'道人畜马不韵'。支曰:'贫道重其神骏。'"①因后世《许玄度集》远不如《世说新语》流布广,又因《建康实录》惟案引难为人关注,以致支遁是否养鹰甚或成一话题。实则《初学记·道释部·僧第七》"鹏耆鹰俊"引《高僧传》又惟言支遁常养一鹰而不及马,且"神骏"作"神俊",云:"支遁常养一鹰,人问之何以?答曰:赏其神俊。"②今本慧皎《高僧传》不见此条。《事类赋注·禽部一·鹰》"支遁则爱其神俊"注引《建康实录》亦作"神俊"或"神隽",云:"支遁好养鹰马而不乘放,人或问之,曰:'爱其神俊。'"《兽部二·马》"道林养之而不用"注云:"见《鹰赋》'支遁爱其神隽'注。"③《海录碎事·花鹰》引《世说》又作"花鹰骏马",云:"支遁好养花鹰骏马,曰:'我怜其神骏耳。'"④以是,支遁养鹰文献依据亦相当可信。

　　唐宋及其以降诗文亦偶有用支遁养鹰事典者。司空图《退栖》云:"燕昭不是空怜马,支遁何妨亦爱鹰。"⑤梅挚《留题重光寺罗汉院赠宪上人》云:"我来与话高僧事,冷笑支公学养鹰。"⑥梅尧臣《腊日出猎因游梅山兰若》云:"鹰想支公好,人

① 余嘉锡笺疏:《世说新语笺疏》卷上之上,第134页。
② 〔唐〕徐坚:《初学记》卷二三,北京:中华书局,2004年,第558页。
③ 〔宋〕吴淑撰注,冀勤等点校:《事类赋注》卷一八、卷二一,北京:中华书局,1989年,第379、438页。
④ 〔宋〕叶廷珪撰:《海录碎事》卷二二上,《景印文渊阁四库全书》第921册,第908页上。
⑤ 〔唐〕司空图著,祖保泉、陶礼天笺校:《司空表圣诗文集笺校》卷一《七言律诗》,合肥:安徽大学出版社,2002年,第28页。
⑥ 〔明〕周复俊编:《全蜀艺文志》卷一四,《景印文渊阁四库全书》第1381册,第135页上。

思灞上狂，归来何薄暮，烟火照溪光。"①余靖《慧照大师》云：
"因君支遁辈，徒擅养鹰名。"②王安石《重游草堂寺次韵三首》
其一云："鹤有思颙意，鹰无变遁心。"注云："支遁好养鹰马而不
乘放，人或讥之。遁曰：'贫道爱其神骏耳。'"③宋末王柏《鲁
斋集》卷一一《题贾菊径龙眠马图》云："昔有名僧，独爱养鹰与
马。人问之，曰：'独爱其风神峻耸耳。'"④此名僧无疑即是支遁。
支遁鹰甚至成为典故。耶律楚材《过白登和李振之韵》云："腾骧
谁识孙阳骥，俊逸深思支遁鹰。"⑤袁华《送权上人兼柬谅虚白
讲师》云："庭眠惠远鹅，臂驾支遁鹰。"⑥"支遁鹰"与"孙阳

---

①〔宋〕梅尧臣著，朱东润编年校注：《梅尧臣集编年校注》，第92页。

②中山大学中国古文献研究所编：《全粤诗》，广州：岭南美术出版社，
　2008年，第1册，第434页。余靖，字安道，韶州（今广东韶关市）人，天圣
　二年（1024）进士及第，官至工部尚书，生平详见欧阳修《赠刑部尚书余
　襄公神道碑铭》（〔宋〕欧阳修著，李逸安点校：《欧阳修全集》卷二三
　《居士集卷二三·碑铭三首》，北京：中华书局，2001年，第366—369
　页）。李贵录《余靖诗中若干人物考释》云："希白的长沙本法帖是很有名
　的。《皇宋书录》亦著其名。余靖诗中所谓'士林传字法'，也与此吻合，
　故慧照大师，即是此人，当可成为定论。那么，诗作的时间，也可以确定
　为余靖知潭州之时，即嘉祐元年至三年（1056—1058年）十月这一期间。"
　（《韶关学院学报（社会科学版）》，2002年第10期，第44页）

③〔宋〕李壁笺注，高克勤点校：《王荆文公诗笺注》卷二二《律诗》，第
　530页。

④〔宋〕王柏撰：《鲁斋集》，《景印文渊阁四库全书》第1186册，第171页上。

⑤〔元〕耶律楚材著，谢方点校：《湛然居士文集》卷三，北京：中华书局，
　1986年，第62页。"据《年谱》，作于公元一二二七年。"（第61页）宋子贞
　撰《中书令耶律公神道碑》云："公讳楚材，字晋卿，姓耶律氏，辽东丹王
　突欲之八世孙。……公以明昌元年（1190）六月二十日生。……公以其年
　（1244）五月十有四日以疾薨于位，享年五十五。"（《湛然居士文集》附
　录，第323—333页）

⑥杨镰主编：《全元诗》，第56册，第311页。

骥""惠远鹅"相对，又是一典。

（二）来龙去脉

于云师无著所藏《支遁鹰马图》，苏轼诗惟"莫学王郎与支遁，臂鹰走马怜神骏"与之相关，"王郎""支遁""臂鹰""走马"皆为画中人物形象。谛审此诗，苏轼于画图之态度颇值得玩味，"莫学王郎与支遁"已不可解，"不如木人骑土牛"似更悖情理。"〔诰案〕句谓画鹰马，无所用也。"①

惠洪《次韵曾韵句游山》云："世间安得支遁眼，画作嘶风神骏图。"②"支遁眼""神骏图"可谓密不可分。以是，此《支遁鹰马图》或又化身为所谓《韩幹神骏图》。《寓意编》云："松江曹泾阳藏唐韩幹神骏图。"③"阳"当作"杨"，且其后脱一字。《珊瑚网》卷四七《名画题跋二十三》即作"松江曹泾杨氏藏"，云："唐韩幹神骏图。"④今上海金山区有曹泾镇。"曹泾，在（松江）府东南七十里，介柘林、金山间。"⑤二氏所云《韩幹神骏图》后被收入清宫。《钦定石渠宝笈续编第二十八·重华宫藏五·韩幹神骏图一卷》云："〔本幅〕绢本，纵八寸五分，横三尺八寸，设色画支遁爱马故事。无名款。〔前隔水〕韩幹神骏图。金书。无名款。……谨按：

---

① 〔清〕王文诰辑注：《苏轼诗集》卷二五《古今体诗五十一首》，第1346页。
② 〔宋〕惠洪撰：《石门文字禅》卷七第十一页，《四部丛刊初编》本。
③ 〔明〕都穆撰：《寓意编》，《景印文渊阁四库全书》第814册，第643页下。
④ 〔明〕汪珂玉撰：《珊瑚网》，《景印文渊阁四库全书》第818册，第884页上。
⑤ 〔清〕顾祖禹撰，贺次君、施和金点校：《读史方舆纪要》卷二四《南直六·松江府·娄县》，第1210页。

是迹见《寓意编》,云:松江曹泾杨氏家藏。"①阮元《石渠随笔》卷一《韩幹神骏图卷》描述此画较详,云:"设色画。一僧坐磐石,不冠,赤足,挟杖。一人衣冠,背坐。一虬髯奴架鹰,侍立。一僮红袄,持棰,骑白马绝水来。盖画支遁故事。《庚子销夏记》载此。"②孙承泽曾在龚鼎孳处寓目此画,其《庚子销夏记》卷八《渡水神骏图》云:"画不知何人作,图中一童子骑马入水中,岸上石揭坐一士人、一僧,旁有大树,一侍者傍树而立,臂鹰。于龚芝麓寓见之。"③孙氏谓画曰《渡水神骏图》,显然不以其为韩幹所作。程晋芳《韩幹神骏图》诗言之亦详,云:

> 兀如山立如风旋,力蹑电影驰其前。高巅双壁夹两颧,长鸣思骋仰视天。非花非驳非连钱,沃雪遍体银丝缠。奚官脱帽衣袒偏,志不在马耽清泉。怒尘一洗毛鬣鲜,耀日不复烦鞍鞯。涉水水底蒸云烟,蹄间错落流珠溅。道人注目意静便,相赏逸格通高禅。胡奴韝鹰捉老拳,攫身择肉思秋田。矫矫元度趺脚眠,桐花下坠清露妍。奇姿绝态尺咫传,笔无瑕痕墨彩圆。目以韩幹然不然,先生曹霸差齐肩。肉不露骨骨益坚,一艺所到参幽元。残缣寸断神则全,渥洼精气连星躔。支公不作谁为怜,

---

① 〔清〕王杰等辑:《钦定石渠宝笈续编》,《续修四库全书》第1071册,第336页上。
② 〔清〕阮元撰:《石渠随笔》,《续修四库全书》第1081册,第426页下。
③ 〔清〕孙承泽撰:《庚子销夏记》,《景印文渊阁四库全书》第826册,第99页下。孙氏生平见王崇简《青箱堂文集》卷八《光禄大夫太子太保都察院右都御史吏部左侍郎孙公行状》(《四库全书存目丛书》集部第203册,第485页上至第487页上)。

驾辕服皂纷阗阗。千金市此勿舍游，丹青未必留空筌。①

　　诗前十二句写马兼及奚官；十三、十四句写道人注目；十五、十六句写胡奴韝鹰；十七、十八句写元（玄）度跂脚眠，十九句至末句赞画兼及支公怜神骏。此诗以画中僧人为支遁，以画中士人为玄度，"目以"二句可窥程氏于画作者之见。

　　辽宁省博物馆今藏此画，题名"传韩干神骏图卷"，云："绢本，重设色工笔，画东晋支遁爱马故事。前隔水缕金书'韩干神骏图'题签。作品风格不类韩氏，但技法精极，尤以人物表情之刻画，水波浪花之描绘，非凡手所能为。树石勾勒、渲染，则近乎唐人手脚。综合考察，有可能出自五代高手。"②"北宋苏轼题《云师无著遗予支遁鹰马图》诗中云：'莫学王郎与支遁，臂鹰走马怜神骏。'正是说此图画的内容……现在能知道的是，在明万历年间，先后归收藏家郭衢阶、顾正谊收藏，明末在陈洪绶手中。清初，又先后经梁清标、许沅、杨法收藏，乾隆时已入清宫。清末，由溥仪携至长春伪宫。第二次世界大战胜利后，失落民间。1962年，由丹东市抗美援朝纪念馆调给辽宁省博物馆。"③若苏轼所见果为此画，其态度或可解释。抑或苏轼已见出此画实五代人所作，故谓之木人骑土牛。

---

① 〔清〕程晋芳撰：《勉行堂诗集》卷三《索米集》，《续修四库全书》第1433册，第121页下。按："韩榦然不然"之"榦"似应从诗题作"干"字。程氏生平见是书卷首翁方纲《皇清诰授奉政大夫翰林院编修加四级戴园程君墓志铭并序》、袁枚《翰林院编修程君鱼门墓志铭并序》。

② 辽宁省博物馆编：《辽宁省博物馆》，北京：文物出版社，1983年，彩色图版82、83，图版说明第192页。按：该书原文之"韩干"即"韩榦"。

③ 辽宁省博物馆编委会编：《辽宁省博物馆藏书画著录　绘画卷》，沈阳：辽宁省美术出版社，1998年，第15页。按：该书原文之"韩干"，即"韩榦"。

（三）任颐《支遁鹰马图》

颐，字伯年，号小楼、次远，别号山阴道上行者、山阴行者等，生于道光二十年（1840）夏。父名鹤声，字淞云。"其父能画像，从山阴迁萧山业米商。"[①]四岁即从村塾师学画行像，二十六岁始游甬上（今浙江宁波市）以卖画为生。二十九岁至苏州，从族叔任熏游，得与胡公寿、姜石农等订交。三十岁至上海，由胡公寿介绍在古香室笺扇店画扇维持生计，三四年后画名已著。黄式权《淞南梦影录》卷四云："各省书画家以技鸣沪上者，不下百余人。其尤著者……画家如胡公寿、杨南湖之山水，钱吉生、任阜长、任伯年、张志瀛之人物……伯年亦善写照，用没骨法分点面目。远视之，奕奕如生。惟自秘其技，非知己者不轻易挥毫。"[②]宗白华《任伯年的一本册页》云："而任伯年的绘画不论是人物、花鸟、山水都注重写实，但又不拘泥于自然，在艺术风格上清新洒脱，别有意趣，蕴含着一种革新的精神。"[③]

光绪二年丙子（1876），任颐三十七岁。是年新秋，作《支遁爱马图》，款署："铭常仁五兄大人雅属即请正之，光绪丙子新秋，伯年任颐写于海上客斋。"[④]今藏上海博物馆。十一年乙酉，任颐四十六岁，是年三月作《支遁赏马图》，题识："光绪乙酉三月将望。山阴任颐伯年甫写于海上之寓斋。"钤"任颐印""任伯

---

① 徐悲鸿：《任伯年评传》，中国文物学会主编：《新中国捐献文物精品全集·徐悲鸿/廖静文　卷中》，北京：文津出版社，2015年，第290页。

② 葛元煦、黄式权、池志澄著，郑祖安、胡珠生标点：《沪游杂记 淞南梦影录 沪游梦影》，上海：上海古籍出版社，1989年，第139　140页。

③ 宗白华著：《美学的散步》，合肥：安徽教育出版社，2006年，第219页。

④ 丁羲元著：《任伯年年谱》，天津：天津人民美术出版社，2018年，第57页。按：任颐生平均参是书。

年""任"三印①。十三年丁亥,任颐四十八岁,又作《支遁鹰马图》,题识:"雨亭仁兄先生之属。光绪丁亥夏日山阴伯年。"钤二印。此画今藏美国华盛顿州西雅图艺术博物馆(Seattle Art Museum)②。任氏《支遁鹰马图》与《支遁爱马图》人物形象相似,然迥异于辽宁博物馆藏《传韩干神骏图卷》。光绪廿一年乙未十一月初四日,任颐卒于上海。

任氏上述诸画作于支遁接受史意义自是非同寻常。

二、李公麟之支遁与马图、山阴图

公麟,字伯时,自号龙眠居士,舒州(今安徽安庆市)人,第进士,历南康、长垣县尉。张澄撰《画录广遗》卷一云:

> (伯时)卒于朝奉郎,丹阳蔡天启志其墓,翟公巽书之石。
> 博古善画,尤长于佛神人物,率不入色而精微润彻,六法该畅,

① 〔清〕任伯年绘:《中国古今书画拍卖精品集成·任伯年》卷上,天津:天津人民美术出版社,2005年,第110页。是书卷下又有《远公和尚观马图》,题识:"泳南仁兄大人之属,即正。光绪庚寅夏六月上浣。山阴任颐伯年甫写于海上。"钤"任伯年""山阴任颐"二印(第19页)。按:任伯年数幅以人、马、芭蕉为题材的画作,题识未明人物身份,其后命名亦多不及此,故有《蕉荫高士》(1882年)、《相马图》(1882年)、《蕉荫憩马图》(1889年)之谓。另,广东省博物馆藏不见作时之任伯年《人马图》虽惟有人、马而无芭蕉,以人物与此三画相仿佛,实可一同视之。诸画参见《任伯年人物画欣赏(十)》(http://www.360doc.com/content/15/1225/06/19519242_522928960.shtml)。或因"贫道重其神骏",有如文中所言以其为支遁者,然以为慧远观马似诚难解释。
② 参姚进庄著,何子璐译:《西雅图的艺术传奇——富勒的中国艺术品收藏》,上海:上海书画出版社,2018年,第247页,《支遁鹰马图》图版标号为"图A.50"。

世谓王右丞后身。有《离骚九歌图》、《龙眠山庄图》、《莲
社十八贤》、《支遁相马》、《五王夜归》、《列子御风》、
《孝经图》、《玻璃镜繁杏图》传于世，而作《观音》尤亚吴
生。小楷亦精密云。①

《宋史》本传亦云："雅善画，自作《山庄图》，为世宝。传写人物
尤精，识者以为顾恺之、张僧繇之亚。"②苏轼于公麟画评价甚
高，其《题憩寂图诗并鲁直跋》云："因次其韵云：'东坡虽是湖州
派，竹石风流各一时。前世画师今姓李，不妨题作辋川诗。'……
此一卷公案，不可不令鲁直下一句。或言：……伯时一丘一壑，不
减古人，谁当作此痴计？子瞻此语是真相知。鲁直书。"③"前世
画师"言王维事，谓李公麟即王维再世，黄庭坚评此是真相知。

（一）支遁与马图

元祐六年（1091）正月，"二十三日，题李公麟（伯时）所画
《支遁养马图》。据《纪年录》。苏轼此文已佚"④。《纪年录》即
宋人傅藻编《东坡纪年录》。"在苏轼留存至今的诗文中，记载与李

① 〔明〕张丑撰，徐德明校点：《清河书画舫》溜字号第六《宋一·徽宗》，
　 上海：上海古籍出版社，2011年，第266页。张澄字达明，号澹岩居士，
　 舒城（今属安徽）人，建炎三年（1129）拜尚书右丞，卒于绍兴十三年
　 （1141）六月。楼钥《跋傅钦甫所藏职贡图》云："澹岩张公右丞达明，
　 龙眠之甥，亦言伯时于前人遗迹靡所不叩，则元帝之画当是其所临者。"
　 （曾枣庄、刘琳主编：《全宋文》卷五九五九，第264册，第269—270页）
② 《宋史》卷四四四《文苑六·李公麟传》，第13126页。
③ 〔明〕茅维编，孔凡礼点校：《苏轼文集》卷六八《诗词题跋》，第2138页。
④ 孔凡礼撰：《苏轼年谱》卷三〇《元祐六年》，北京：中华书局，1998年，
　 第950页。王水照编《宋人所撰三苏年谱汇刊》收有傅藻编《东坡纪年
　 录》，其中"元祐六年辛未"云："二十三日，题伯时画《支遁养马图》。"
　 （上海：上海古籍出版社，1989年，第432页）

公麟交往有关的文字，大约均在元丰末至元祐初。"①

　　元祐（1086—1094）时，苏轼曾请李公麟为画《三马图》，其《三马图赞并引》云："轼尝私请于承议郎李公麟，画当时三骏马之状，而使鬼章青宜结效之，藏于家。"②元祐二年（1087），作《次韵子由书李伯时所藏韩幹马》赞云："伯时有道真吏隐，饮啄不羡山梁雌。丹青弄笔聊尔耳，意在万里谁知之。幹惟画肉不画骨，而况失实空留皮。烦君巧说腹中事，妙语欲遣黄泉知。"③黄庭坚亦作《次韵子瞻和子由观韩幹马因论伯时画天马》，云："李侯一顾叹绝足，领略古法生新奇。……李侯论幹独不尔，妙画骨相遗毛皮。翰林评书乃如此，贱肥贵瘦渠未知。况我平生赏神骏，僧中云是道林师。"注引《世说》曰："支道林才藻新奇，花烂映发。"《高僧（传）·支遁传》谢安曰："九方歅之相马，略其玄黄而取其骏逸。"《高僧传》："支遁字道林，尝养马，人有讥之者，曰：'爱其神骏，聊复畜尔。'"④六年正月，苏轼复为《支遁养马图》题文，惜今不存。前已言及，张穆曾为屈大均作《支遁养马图》。与苏轼颇有交往的释仲殊则为李公麟《支遁相马图》题诗。《侯鲭录·仲殊题李伯时支遁相马图诗》云："月窟精神不受羁，白云野老太支离。当时若也无人识，骏骨灵心各自知。"⑤

---

① 杨胜宽：《苏轼与李公麟交往考评》，《江苏科技大学学报（社会科学版）》，2019年第1期，第14页。

② 〔明〕茅维编，孔凡礼点校：《苏轼文集》卷二一《赞》，第611页。

③ 〔清〕王文诰辑注：《苏轼诗集》卷二八《古今体诗四十五首》，第1504—1505页。

④ 〔宋〕黄庭坚撰，〔宋〕任渊、史容、史季温注，黄宝华点校：《山谷诗集注·山谷内集诗注》卷七，上海：上海古籍出版社，2003年，第167页。

⑤ 〔宋〕赵令畤撰，孔凡礼点校：《侯鲭录》卷六，北京：中华书局，2002年，第160页。

　　仲殊，字师利，号蜜殊、安州老人、太平闲人、雪川空叟，俗姓张，安州（今湖北安陆市）人，有《宝月集》。"仲殊出家当在元丰前，出家后居苏州承天寺、杭州宝月寺。……平生与苏轼交游甚善，苏轼知其人当在元丰年间甚至更早。……（元祐）六年（1091）正月，仲殊与苏轼雪中游杭州西湖，有诗酬唱。仲殊旋往苏州。"①苏轼谓其诗词文兼擅："苏州仲殊师利和尚，能文善诗及歌辞，皆操笔立成，不点窜一字。予曰：'此僧胸中，无一毫发事。'故与之游。"②题诗以骏骨灵心沟通支遁、马、伯时，赞惟其相识始成就此图。前云赵秉文亦有《支遁相马图》诗，惜未言及作者，或亦为伯时所画。

　　王恽又有《题李伯时画〈支遁观马图〉》诗，云："晋人大概尚虚谈，外物迁移等徇贪。千丈风光渠自有，却将风骏马中骖。"恽，字仲谋，号秋涧，卫州汲县（今河南卫辉市）人，累官至中奉大夫，赠翰林学士承旨。王公孺《大元故翰林学士中奉大夫知制诰同修国史赠学士承旨资善大夫追封太原郡公谥文定王公神道碑铭并序》云："不幸于大德甲辰岁（1304）六月辛丑以疾薨于私第正寝之春露堂，享年七十有八。"③诗首二句泛论晋人，后二句并赞支遁、马与伯时。

　　韩君美亦藏有李伯时画《支遁观马图》。魏初有《韩君美所藏〈支遁观马图〉》诗，云："千金奇骨岂易得，方外若人犹尔怜。

①　傅璇琮、王兆鹏主编：《宋才子传笺证　词人卷·释仲殊传》，沈阳：辽海出版社，2011年，第89—90页。
②　〔明〕茅维编，孔凡礼点校：《苏轼文集》卷七二《人物杂记·仲殊》，第2301页。
③　〔元〕王恽著，杨亮、钟彦飞点校：《王恽全集汇校》卷二五《七言绝句》，附录《生平传纪资料之属》，北京：中华书局，2013年，第1209、4445页。

自是龙眠有深意，不应参作画中禅。"其《遵海堂铭并序》云："中
统壬戌（1262），初卜居开远里，以教读为业。总管韩君通甫及其
弟君美以子侄辈见属，因相与往还。"[①]君美，名居仁，开封（今
属河南）人，"后居明州。仕至礼部郎中。学于小阳先生思"[②]。魏
初，字太初，号青崖，弘州顺圣（河北阳原县）人，生于金哀宗天兴
元年壬辰（1232）六月二十二日[③]，官至南台御史中丞，卒于官，享
年六十一岁，《元史》卷一六四有传。首二句赞支遁与马，后二句赞
图，"龙眠"二字点出《支遁观马图》作者。

　　王恽《韩氏遵海堂后记》云："及论夫居室善而内有则者，韩
氏为足称，长即总管通甫，次即君美判府。予御史里行在燕者凡
三年，用是交好甚款，知为人甚详。"[④]王恽、魏初诗所题画均名
《支遁观马图》，又均与韩君美交好，其所见实则为一，即韩君美
藏李伯时画《支遁观马图》。

　　傅藻谓苏轼题李伯时所画为"支遁养马图"，赵令畤谓释仲
殊题李伯时所画为"支遁相马图"，王恽、魏初诗题李伯时所画为

① 〔元〕魏初撰：《青崖集》卷二、卷五，《景印文渊阁四库全书》第1198册，
　　第710页下、第763页下。
② 〔清〕黄宗羲原著，〔清〕全祖望补修，陈金生、梁运华点校：《宋元学案》
　　卷七〇《沧洲诸儒学案下·小阳门人·礼部韩先生居仁》，北京：中华书
　　局，1986年，第2347页。
③ 魏初《顺圣温泉留题》诗序云："戊申岁初，年十有七，从先大父玉峰靖
　　肃公来拜祀先垅，曾浴于此。"《献龟》诗序云："六月二十二日，予降日
　　也。"（《青崖集》卷一《五言古诗》、卷二《七言绝句》，《景印文渊阁四
　　库全书》第1198册，第698页下、第707页上）张之翰《挽魏中丞太初》其
　　二云："生值壬辰岁又辰，嗟嗟六十一年身。"（《西岩集》卷八《七言律》，
　　（《景印文渊阁四库全书》第1204册，第418页下）
④ 〔元〕王恽著，杨亮、钟彦飞点校：《王恽全集汇校》卷三七《记》，第
　　1839页。

"支遁观马图"，颇疑诸氏所谓实为一画。李庭又有《跋支道林马图》诗，云：

> 衲僧爱马疑千载，好事相传入图画。一场讥评几时休，到底无人为开解。道人心镜湛虚明，照物何曾有留碍。等闲观色似观空，不离前尘得三昧。养生还自解牛悟，全德或因畜鸡解。我今说破老师心，从此披图莫生怪。

庭，字显卿，号寓庵，华州奉先（陕西蒲城县）人，仕至安西王府咨议，生平见王博文撰《故谘议李公墓碣铭并序》，云："至元壬午（1282）夏四月二十日，咨议李公卒于安西学宫之西馆，享年八十有四。……十六，应词赋进士举。比弱冠，两预乡荐，一赴帘试，方唾手取青紫，而金季已乱离矣。"[1]诗以说破老师心为主，惟首尾略言支道林、马、图，难明所画者为谁。

赵孟頫亦作《支遁相马图》。《爱日吟庐书画续录》卷一元赵孟頫《支遁相马图卷》云："大德丙午秋八月廿五日，吴兴赵孟頫画印二，赵氏子印朱文方印，下一印不可辨。"此下双行小字注云：

> 图画松椿杂树，山石坡陀。人约长六寸，马身自首至尾约七寸，自蹄至背约五寸。钩笔宛转如丝，水墨渲染。凡写支遁、围官及调马者共五人，马八匹，皆顾盼有致。惟收藏失所，屡次改装，绢丝有脱落，绢纹有斜曲，又有补绢、漏画及画而误会者。此皆古物之累也。而后生小子欲得古本为依归，舍此则

---

① 〔元〕李庭撰：《寓庵集》卷一《七言古诗》、卷八附录，《续修四库全书》第1322册，第307页上至下、第351页上。

临摹无自，安敢以破损薄之。①

赵孟頫，字子昂，号松雪道人，别号甲寅人、水晶宫道人、在家道人等，宋理宗宝祐二年（1254）九月十日生于吴兴（今浙江湖州市吴兴区）②，入元后官至翰林学士承旨，荣际五朝。杨载《大元翰林学士承旨荣禄大夫知制诰兼修国史赵公行状》云："宋太祖子秦王德芳之后。五世祖秀安僖王子偁，实生孝宗，始赐第居湖州，故公为湖州人。""其年（壬戌）六月辛巳，薨于里第之正寝。是日，犹观书作字，谈笑如常时，至暮翛然而逝。年六十有九。"③大德十年（1306），赵孟頫在浙江等处儒学提举任，八月廿五日作《支遁相马图》。

　　赵孟頫另有《支遁洗马图》，董其昌有题。《珊瑚网》卷三二《名画题跋八》录董其昌题《子昂春郊挟弹图》云："赵吴兴《挟弹走马图》，余以丙申（1596）岁得之武林。是时又有《支遁洗马图》，亦吴兴笔。今皆与好事者相易古画。盖余好山水，于画马非所习，我用我法耳。董其昌戊申（1608）重题于雪浪轩。"④此《支遁洗马图》或为赵氏又一关于支遁与马之作品。

　　（二）《山阴图》

　　元丰五年壬戌（1082）正月二十五日，李公麟继顾闳中后又作

---

① 〔清〕葛嗣浵撰：《爱日吟庐书画续录》卷一，《续修四库全书》第1088册，第500页下。

② 参任道斌：《赵孟頫系年》，郑州：河南人民出版社，1984年，第18页。

③ 任道斌编校：《赵孟頫文集》附录，上海：上海书画出版社，2010年，第273、279页。

④ 〔明〕汪珂玉撰：《珊瑚网》，《景印文渊阁四库全书》第818册，第609页上。

《山阴图》，仲殊亦为作《减字木兰花》赞之。周密《草窗词话·仲殊题山阴图词》云：

> 　　李公麟《山阴图》，藏子庆家。许玄度、王逸少、谢安石、支道林，缝用"米"姓之印、"睿思东阁"印。南舒李伯时为襄阳米芾作。公麟印甚奇。……伯时率然落笔，随米老所说，想像作此，潇洒有山阴放浪之思。元丰壬戌正月二十五日，与何益之、李君泽、魏季通同观。李琮记。
>
> 　　壬戌正月，过山阴，伯时作，迥若神明，顿还旧观。襄阳米芾。……"山阴道士。鹤目龟跌多秀气。右领将军。萧散精神一片云。东山大傅。落落龙骧兼虎步。潦倒支公。穷骨零丁少道风。"仲殊题。伯时为米芾作《山阴图》，精神萧爽，令人顾接不暇。今归希文家。宣和六年（1124）十二月十八日，子楚、师正同观。[①]

李公麟有感于三英老僧宝顾氏《山阴图》不肯示人，据米芾言率然自作。李琮谓之潇洒有山阴放浪之思；米芾谓之迥若神明顿还旧观，"余又尝作支、许、王、谢于山水间行，自挂斋室"[②]；仲殊则作《减字木兰花》词以赞四人。个中惟支遁"潦倒""穷骨零丁少道风"，或有寓自己酸辛之意。李伯时《山阴图》，宣和时归希文家，宋元之际归子庆家。

　　明时董其昌曾收《王摩诘山阴图》一卷。《詹东图玄览编》卷一云："王摩诘《山阴图》一卷，后有米元章与宋元诸贤题跋。旧

---

① 葛渭君编：《词话丛编补编·草窗词话》，第218页。《云烟过眼录》卷上所载与此略同（《丛书集成新编》第50册，第194页下），所异著者"甚奇"后有"尾有绍兴小玺"六字，"李君泽"作"李公择"。

② 〔宋〕米芾撰：《画史》，《景印文渊阁四库全书》第813册，第11页下。

在吾歙临河程氏，今闻鬻于河南。吾郡汪司马伯玉曾见，语余。余考摩诘无《山阴图》，图者为顾闳中，周公谨《云烟过眼》载，李伯时为米元章写《山阴图》，时有米及诸名人跋。今闻此卷归云间董翰林思白。"①詹氏惟听汪道昆言此《王摩诘山阴图》，并未寓目，其考亦言周密所载，审其意仅言非王维作，似无以之为李伯时《山阴图》意。顾复《平生壮观》卷六《图绘·王维》言之较详，云：

> 《山阴图》，绢本，袖卷，长四尺余。孤棹悠悠，长松落落，藤草夹叶，若印印泥。坡石勾而不皴不染。人物不盈寸，眉目宛然。前楷书题"王维《山阴图》"。于隔水跋者云是宋思陵书。首用乾卦图书，拖尾则北宋人李孝彦、吴继赞、仲元藏、似矩、贾洵辈题名白宋纸上，甚精。米元章跋于绢上，行书，百余字，字大如古钱，恐未必真。董玄宰一跋为之殿云。②

顾氏亦以为非王维作。此图后归清廷。《石渠宝笈三编》延春阁藏一〇《唐王维画山阴图一卷》，云："〔本幅〕绢本，纵八寸二分，横二尺六寸，设色画稽山镜水。三人坐坡陀上，一人放舟湖中。无款印。"后幅崇宁岁在壬午（1102）五月二日襄阳米芾、政和三年（1113）秋八月望既濮阳李孝彦题跋后有：

> "右《山阴图》，王右丞笔也。图中四像为许元度、王逸少、谢安石、支道林，其风流可想见。右丞此作，其亦有景慕之心

---

① 〔明〕詹景凤撰：《詹东图玄览编》，卢辅圣主编：《中国书画全书》（四），上海：上海书画出版社，1992年，第5页下。
② 〔清〕顾复撰：《平生壮观》，《续修四库全书》第1065册，第355页上。

哉。政和丙申（1116）腊月二日贾洵题。"钤印二："贾洵"，
"贾氏图书"。……"王右丞《山阴高会图》，五代时陆瑾皆
祖之，宋僧道潜题词，止谢安、王羲之与山阴道士支公四人耳。
此卷题者加许元（玄）度，稍异。观其画法，所谓云峰石色迥
出天机、笔意纵横参乎造化者不虚也。米海岳数行押，尤有献
之法。董其昌题。"无印。[①]

该画今藏台北故宫博物院，《故宫书画图录·名画卷》收录[②]。
胡敬《西清札记》卷四嘉庆乙亥（1815）八月"初三日乙卯"云：
"《清河书画舫》谓檇李项氏所藏《王右丞山阴图》卷系赵承旨手
笔，左方李孝彦、吴继赟、仲元臧、似矩等前后题名虽属古笔，并
从他处移来，其贾洵识殆好事补造增入。"[③]据董其昌题，又有所
谓王右丞《山阴高会图》，画谢安、王羲之、支遁三人。其昌，字玄
宰，号香光，别号思白。"画仿唐人青绿设色一派，山石、树干均有
勾无皴，笔法细劲，结构妥帖，应是宋代佳迹。……然思翁作考，
向不严谨，即使误定亦不足为奇。明清诸鉴藏印均真。"[④]董其昌
题"谢安、王羲之与山阴道士支公四人"一句以山阴道士支公为二
人显误，《西清札记》径录作"谢安、王羲之与山阴道士支公三人"

① 〔清〕英和等辑：《石渠宝笈三编》，《续修四库全书》第1077册，第86页
　　下至第87页上。
② （台北）故宫博物院编辑委员会：《故宫书画图录》十五，台北：故宫博物
　　院，1995年，第59—60页。按：据此，《石渠宝笈三编》录贾洵题"此作"
　　应为"作此"。
③ 〔清〕胡敬撰：《胡氏书画考三种》，《续修四库全书》第1082册，第109
　　页下。
④ 故宫博物院编：《徐邦达集》十《古书画伪讹考辨（壹）》，北京：故宫出
　　版社，2015年，第159页。

虽合事理，然已改董题原文。不论此《山阴图》《山阴高会图》是否王维作，单就图中贾洵、董其昌题言，将四（三）人坐实，解读为谢安、王羲之、支遁等似并无大碍。

周密之前，周煇《清波杂志》卷一二载叶梦得所藏《山阴图》，云：

> 煇顷于池阳一士大夫处见纸上横卷《山阴图》，乃叶石林家本。人物止三寸许，已再三临写，神韵尚尔不凡，况龙眠真笔邪！前有序，赞各八句，词翰皆出石林。……今乃著于是："龙眠李伯时画许玄度、王逸少、谢安石、支道林四人像，作《山阴图》。玄度超然万物之表，见于眉睫。逸少藏手袖间，徐行若有所观。安石肤腴秀泽，著屐，返首与道林语。道林羸然出其后，引手出相酬酢。皆得其意。俯仰步趋之间，笔墨简远，妙绝一时。碧林道人梵隆，少规模伯时，为余临写，真伪殆不辨。更三十年，世当不知有两伯时也。"此序也。……后又见一本，摹益失真，第书四赞而亡其序。①

梵隆乃梦得门僧，曾为其临写李伯时《山阴图》。叶氏作《东山图赞》，赞前有序述此事，见《建康集》卷二。周煇在池阳一士大夫家所见即此。由赞序可想象伯时所画《山阴图》之大概。梵隆摹本外，周煇又见一摹本，惟书叶氏四赞而无序。

自五代始，支遁接受愈加丰富和多元化。关涉支遁的图卷及其题作成为此期支遁接受的又一途径。欣赏者基于作品乃至作者创作信息、自己文化素养的阐释，如不逾情理，即是正常接受，是

---

① 〔宋〕周煇撰，刘永翔校注：《清波杂志校注》，第528—529页。

非对错之分实在其次。简言之，放鹤亭、马迹石、支遁庵等遗迹成为诗文创作素材的同时，支遁与鹰、与马及其与许、王、谢山阴之游也成为绘画的题材，诸画作连同其题跋构成唐以降支遁接受的另一番风景。

第五章　支遁述作之接受

支遁是中国第一位有诗文集传世的僧人。《高僧传·义解一·晋剡沃洲山支遁》云："凡遁所著文翰集有十卷盛行于世。"[1]《隋书·经籍志四》云："晋沙门《支遁集》八卷。"注云："梁十三卷。"[2]据此，《支遁集》梁时卷数已异，至隋惟存八卷。《旧唐书·经籍志下》与《新唐书·艺文志四》均作十卷[3]。《宋史·艺文志》不录，或其时已佚。《出三藏记集》卷一二《杂录》收陆澄奉敕撰《法论》目录及序，其中著录支遁文十六篇。《历代三宝纪》卷七支遁部分乃删改慧皎支遁传而成，著述惟增陆澄所录《辩三乘论》《本业经序》，表明支遁作品著录已难有突破。

第一节　南朝以迄隋唐佛教法集之收录

《出三藏记集·杂录·序》云："自尊经神运，秀出俗典，由汉届梁，世历明哲。虽复缁服素饰，并异迹同归。至于讲议赞析，代代弥精，注述陶练，人人竞密。所以记论之富，盈阁以牣房；书序

---

① 〔南朝梁〕释慧皎：《高僧传》卷四，第164页。
② 《隋书》卷二五，第1067页。
③ 《旧唐书》卷四七，第2076页；《新唐书》卷六〇，第1597页。

之繁，充车而被轸矣。"①时至晋宋，佛教影响中国社会日深，佛教撰述日富。历代大德各竞所能，或讲议，或注述，或记论，或书序，虽经沙汰百难存一，然偶有藉他书存留一斑者。支遁著述即藉陆澄《法论》、僧祐《出三藏记集》及道宣《广弘明集》等而为后世稍知一二。

一、陆澄《法论》

澄，字彦渊，吴郡吴（今江苏苏州市）人。澄少好学，博览无所不知，行坐眠食，手不释卷。起家太学博士，宋明帝泰始初为尚书殿中郎，齐高帝建元二年（480）转给事中，秘书监，迁吏部。永明初为度支尚书，领国子祭酒。《南齐书·陆澄传》云："隆昌元年（494），以老疾，转光禄大夫，加散骑常侍，未拜，卒。年七十。谥靖子。当世称为硕学，读《易》三年不解文义，欲撰《宋书》竟不成，王俭戏之曰：'陆公，书厨也。'家多坟籍，人所罕见。撰《地理书》及《杂传》，死后乃出。"②传中未及陆澄所撰《法论》。《出三藏记集·杂录·序》云："宋明皇帝摽心净境，载餐玄味，乃敕中书侍郎陆澄撰录法集。陆博识洽闻，苞举群籍，铨品名例，随义区分，凡十有六帙，一百有三卷。其所阅古今，亦已备矣。"③宋明皇帝即刘彧，景和元年（465）即位，泰豫元年（472）崩。《法论》乃中书侍郎陆澄奉刘彧敕撰，"盖其主体乃取刘宋以前释教论著，辑为十六帙，共一百零三卷，中附以经序及杂文"④。僧祐录《法论目录序》云："又支遁敷翰远国，述江南僧业，故兼

---

① 〔南朝梁〕释僧祐：《出三藏记集》卷一二，第428页。
② 《南齐书》卷三九，第761—762页。
③ 〔南朝梁〕释僧祐：《出三藏记集》卷一二，第428页。
④ 汤用彤：《汉魏两晋南北朝佛教史》，第401页。

录。"①见出陆氏于支遁及其著述之重视。兹参考汤用彤《汉魏两晋南北朝佛教史》将《法论目录》录支遁著述胪列如下：

　　《法论》第一帙《法性集》十五卷，其中录《即色游玄论》，注云王敬和（洽）问支答。前揭《世说新语·文学第四》第三十五条云支道林造《即色论》，《高僧传·义解一·晋剡沃洲山支遁》谓在石城山栖光寺注《安般》《四禅》诸经、著《即色游玄论》《道行指归》《学道诫》②，《历代三宝记》卷七《译经东晋》云《即色游玄论》一卷、《辩三乘论》一卷、《道行旨归》一卷③，吉藏《中观论疏》卷二末《因缘品第一》云"次支道林著《即色游玄论》，明即色是空，故言《即色游玄论》"④，《广弘明集》卷二八《启福篇第八》录晋王洽《与林法师书》⑤。此帙又录《辩著论》；《释即色本无义》，注云王幼恭（肃之）问，支答；《支书与郗嘉宾》，此前录有《郗与支法师书》。嘉宾，郗超小字。

　　《法论》第三帙《般若集》六卷，其中录《道行指归》，注云何敬问支答。前揭王洽《与林法师书》云："今《道行指归》通叙色空，甚有清致。"前揭《高僧传》《历代三宝记》亦述及。"按此亦明即色义，王洽读之有疑。作书问之，〔书载《广弘明集》中〕支公乃答以《即色游玄论》。"⑥

　　《法论》第六帙《教门集》十二卷，其中录《辩三乘论》，《历

①〔南朝梁〕释僧祐：《出三藏记集》卷一二，第429页。陆澄《法论·目录》著录支遁著述见是书第429页至446页。
②〔南朝梁〕释慧皎：《高僧传》卷四，第161页。
③《大正新修大藏经》卷四九，第73页上。
④《大正新修大藏经》卷四二，第29页上。
⑤《大正新修大藏经》卷五二，第323页上。
⑥汤用彤：《汉魏两晋南北朝佛教史》，第180页。

代三宝记》云一卷；《座右铭》，《高僧传·义解一·晋剡沃洲山支遁》云支遁在剡山沃洲小岭立寺行道，随学僧众百余人，时或有堕者，乃著《座右铭》，其下录此铭[1]；《道学诫》，慧皎谓在石城山栖光寺著《学道诫》；《切悟章》，慧皎谓同学法虔先遁亡，遁叹曰乃著此，临亡成之落笔而卒[2]；《支道林答谢长遐书》，"长遐不知何人。疑即朗"[3]。

《法论》第七帙《戒藏集》八卷，其中录《般若台众僧集议节度序》，《般若台众僧集议节度》或为"众僧听讲时的规约"[4]。

《法论》第八帙《定藏集》四卷，其中录《本起四禅序并注》，前揭《高僧传》云在石城山栖光寺注《四禅》即《本起四禅经》。

《法论》第十帙《杂行集》十卷，其中录《本业略例》《本业经注序》，"按支公著作中有《本业略例》，《本业经注》，此本业应即谓《璎珞本业经》，而非支谦所译之《菩萨本业经》一卷也。支译《本业》只一品，当《华严净品》、《十住》二品，未言及《十地》，且至简略，支公未必著二书以释之。至若《璎珞本业》有二卷，八品，事数又至繁也"[5]。

《法论》第十四帙《缘序集》二卷，其中录《支法护像赞》《与高句骊国道人书》，《高僧传·译经上·晋长安竺昙摩罗刹（竺法护）》谓支遁为之像赞云云，则《支法护像赞》当为《竺法护像赞》；同书《义解一·晋剡东仰山竺法潜》引《与高句骊国道

①〔南朝梁〕释慧皎：《高僧传》卷四，第160—161页。

②〔南朝梁〕释慧皎：《高僧传》卷四，第164页。

③汤用彤：《汉魏两晋南北朝佛教史》，第127页。

④温金玉：《僧制建设的现代启示》，吴言生主编：《中国禅学》第3卷，北京：中华书局，2004年，第258页。

⑤汤用彤：《竺道生与涅槃学》，氏著《儒学·佛学·玄学》，第113页。

人书》作《与高丽道人书》①。

陆澄《法论》收录支遁作品计十六篇，后世藉此得窥其创作之一斑，慧皎传支遁或即得益于此。

二、僧祐《出三藏记集》

释僧祐，是稍后于陆澄的著名律学大师，俗姓俞，其先为彭城下邳（今江苏邳州市）人，父世居建业。宋文帝元嘉二十二年（445），僧祐生于建业，二十岁受具足戒后受业于法颖律师，又从沙门法献问学。僧祐大精律学，受重于齐梁朝野。齐竟陵王萧子良每请其讲律，听众常达七八百人；梁武帝萧衍凡僧事硕疑，皆就之审决。天监十七年（518）五月二十六日，僧祐卒于建初寺，享年七十四岁。"初祐集经藏既成，使人抄撰要事，为《三藏记》、《法苑记》、《世界记》、《释迦谱》及《弘明集》等，皆行于世。"②

《出三藏记集》十五卷，"融佛典目录、译经文献、译人传记于一炉，以译经为中心，相互联系，构成一部综合而完整的佛教书录"③。僧祐除在是书卷一二收陆澄《法论》目录及序有功于支遁外，卷八还收录支遁《大小品对比要钞序》，功亦大焉，此序惟见于是书。卷一二《杂录序·弘明集目录序第八》之目录谓《弘明集》第八卷收支道林法师《与桓玄论州符求沙门名籍书》一首，序云："祐以末学，志深弘护，静言浮俗，愤慨于心。遂以药疾微间，山栖余暇，撰古今之明篇，总道俗之雅论。其有刻意剪邪，建言卫法，制无大小，莫不毕采。又前代胜士，书记文述，有益三宝，亦皆编

①〔南朝梁〕释慧皎：《高僧传》，卷一第23页、卷四第157页。
②〔南朝梁〕释慧皎：《高僧传》卷一一《明律·齐京师建初寺释僧祐》，第441页。
③〔南朝梁〕释僧祐：《出三藏记集·序言》，第5页。

录，类聚区分，列为十卷。"①僧祐撰集《弘明集》旨在弘法护教，重在采辑古今道俗剪邪卫法之作，"所辑皆东汉以下至于梁代阐明佛法之文……然六代遗编流传最古，梁以前名流著作今无专集行世者，颇赖以存，终胜庸俗缁流所撰述"②，"在材料来源与编撰方法，悉受过《法论》影响"③。《弘明集》非一次编定，初为十卷本，后增益为十四卷，前者在齐梁间有所流传，今传为后者。相对于十卷本，部分篇目位次在十四卷本中有所调整。据前揭《出三藏记集》所收《弘明集目录》，《与桓玄论州符求沙门名籍书》在十卷本《弘明集》卷八；在今传十四卷本《弘明集》中，此书则在卷一二。今传《弘明集》卷一二卷首有一小序，云"余所撰《弘明》，并集护法之论"④，《与桓玄论州符求沙门名籍书》无疑属护教之作。

僧祐以《与桓玄论州符求沙门名籍书》作者为支遁，然是书开篇即曰隆安三年（399）四月五日，与《高逸沙门传》《高僧传》所云支遁卒于太和元年（366）相抵牾。《汉魏两晋南北朝佛教史》第十一章《释慧远·晋末朝廷之佛教》云：

> 安帝元兴初，玄入京师，杀道子及其子元显等，自为侍中丞相录尚书事，又自称太尉扬州牧，总百揆。与八座书论沙门不致敬王者之妄，并曾致书慧远，询其意旨(上均见《弘明集》)。及篡帝位，乃许令不致敬，疑从远公之言也。夫僧尼能与帝王抗礼，宜乎得出入宫掖，参与政事，桓玄重建沙门尽敬之议，疑有为而发也。

① 〔南朝梁〕释僧祐：《出三藏记集》，第492页。
② 《四库全书总目》卷一〇八《子部十八·术数一》，第1236页中。
③ 〔南朝梁〕释僧祐撰，李小荣校笺：《弘明集校笺·前言》，第34页。
④ 〔南朝梁〕释僧祐撰，李小荣校笺：《弘明集校笺》，第636页。

又在同时，桓玄曾下教令沙汰沙门（见《弘明集》。其远公答书称桓太尉。按桓自称太尉在元兴元年。又《弘明集》又载隆安三年京邑沙门等《与桓论求沙门名籍书》，题为支遁作。但支已早死，其妄可知）。[1]

此书非支遁所作甚明。或以重护教故，僧祐《出三藏记集》不为支遁立传，不辨《与桓玄论州符求沙门名籍书》乃托名之作而将其收入《弘明集》，甚至《弘明集》卷三孙绰《喻道论》亦无慧皎《支遁传》所引支道林者识清体顺云云，然《出三藏记集》录陆澄《法论》目录及序，录支遁《大小品对比要钞序》，于其作品流布亦有功焉。《佛祖历代通载》卷一二于狄仁杰疏谏后论曰引法师支遁曰沙门之于世也云云即出自《与桓玄论州符求沙门名籍书》[2]。

《与桓玄论州符求沙门名籍书》，连同"以围棋为手谈"、兰亭雅集、善草隶等，尽管未必有，然后世信其有者代不乏人。由此形成支遁接受史另一种风景：或以为事典，或考辨其事。《艺文类聚·巧艺部·围棋·序》引沈约《棋品序》云："支公以为手谈，王生谓之坐隐。"[3]支遁因此进入围棋史叙事。柳宗元《韩漳州书报徹上人亡因寄二绝》其一云："他时若写兰亭会，莫画高僧支道林。"韩醇《柳文诂训》云："王羲之尝与桑门支遁游，兰亭修禊，遁亦与焉。故后人写《修禊图》，遁亦在其列。"[4]斯人逝矣，其事纷纭，仁者见仁，智者见者，实乃接受史之常事，然均无关斯人矣。

---

[1] 汤用彤：《汉魏两晋南北朝佛教史》，第250页。
[2] 《大正新修大藏经》卷四九，第585页上。
[3] 《艺文类聚》卷七四，第1274页。
[4] 尹占华、韩文奇校注：《柳宗元集校注》卷四二《古今诗》，第2873、2875页。

三、道宣《广弘明集》

与僧祐重在护教不同，道宣《广弘明集》收录广泛，搜罗繁富，甚或有泛滥之嫌，故其文献价值高，成为后人辑佚的渊薮。

道宣，俗姓钱，字法遍，丹徒（今江苏镇江市丹徒区）人，一作长城（今浙江长兴县）人，开创南山律宗，世称南山律师，乾封二年（667）十月三日坐化，春秋七十二，僧腊五十二。《宋高僧传·明律篇第四之一》有传，云："母娠而梦月贯其怀，复梦梵僧语曰：'汝所妊者即梁朝僧祐律师，祐则南齐剡溪隐岳寺僧护也。宜从出家，崇树释教'云。""撰《法门文记》、《广弘明集》、《续高僧传》、《三宝录》、《羯磨戒疏》、《行事钞》、《义钞》等二百二十余卷。"①《广弘明集》乃增广《弘明集》而成。"其书续梁僧祐《宏明集》而体例小殊，分为十篇……其书采摭浩博、卷帙倍于僧祐。"②《弘明集》于所辑文献不分类，首尾及卷一二有自撰序文；《广弘明集》则与《法论》相类，按所辑文献内容分为归正、辩惑、佛德、法义、僧行、慈济、诫功、启福、悔罪、统归等十篇，第一卷卷首有自撰总序，每篇前有自撰小序，部分文后还附有后记。《广弘明集》原本三十卷，为历代大藏经所收，亦有单刻本传世，明代出现分卷不同的本子，然内容无大异。宋、元、高丽藏、明吴惟明刊为三十卷本，明南北藏、清藏为四十卷本。《四库全书》子部释家类、《四部丛刊》子部所收为三十卷本，《四部备要》子部释道家所收为四十卷本。

支遁作品主要收录于是书《佛德篇第三》和《统归篇第十》两

---

① 〔宋〕赞宁：《宋高僧传》卷一四，第327、329页。

② 《四库全书总目》卷一四五《子部·释家类·广宏明集》，第1236页下。

部分①。《佛德篇》序云："故序现迹之祥瑞，又述颂作之盛德，随类览历，岂不昭彰心性乎？"是篇所收录有二：一是佛菩萨现迹之祥瑞，一是颂佛菩萨之盛德。支遁《释迦文佛像赞并序》《阿弥陀佛像赞并序》及十一首菩萨赞即属后者。《统归篇》序有总结全书之意，云："广弘明者，言其弘护法网开明于有识也。……所以写送性情，统归总乱，在于斯矣。"②是篇由晋宋以迄隋唐数百家文集中收录信重佛门志之所之之作，以备博观。支遁《四月八日赞佛诗》《咏八日诗三首》《五月长斋诗》《八关斋诗三首并序》八首赞佛诗及《咏怀诗五首》《述怀诗二首》《咏大德诗》《咏禅思道人并序》《咏山居》等十首诗因此入选。

　　《广弘明集》《出三藏记集》所收支遁作品连同慧皎《高僧传》因作传需要引支遁《座右铭》《上哀帝书》《与高丽道人书》《竺法护像赞》《于法兰像赞》《于道邃铭赞》，成为后世辑佚支遁作品的主要来源。

　　《广弘明集·佛德篇第三》所收未题撰人之《文殊像赞并序》，北宋清凉山大华严寺坛长妙济大师赐紫沙门延一重编《广清凉传》卷下《大圣文殊师利古今赞颂二十三》亦录此像赞并序，题云"晋支道林撰"③。在《广弘明集》中，《文殊像赞并序》位次殷晋安《文殊像赞》后、谢灵运《佛影铭并序》前。据是书此卷体例，当属殷晋安无疑，且殷氏赞前为慧远《佛影铭》及《晋襄阳丈

----

① 三十卷本在《佛德篇》第三之初，四十卷本在《佛德篇》第三之一；三十卷本在《统归篇》第十（前有第十之上），四十卷本在《统归篇》第十之三。
② 《大正新修大藏经》卷五二，第195页中、第335页中。
③ 《大正新修大藏经》卷五二第198页下至第199页中、卷五一第1124页下至第1125页中。此赞亦见《续修四库全书》景印明天顺刻本《广清凉传》（第718册，第390页上至第391页上）。

六金像赞序因释和上立丈六像作》，慧远二文前即支遁《佛菩萨像赞》十三篇，故道宣不以《文殊像赞并序》为支遁文甚明。旧说殷晋安即殷铁，字景仁，曾任江州晋安郡南府长史掾，故称殷晋安，《宋书》卷六三有传。晋安帝义熙七年（411），刘裕任太尉职，辟殷景仁为参军。景仁离得阳东下时，陶渊明作《与殷晋安别》诗相赠[1]。严可均据《广弘明集》将此文收入《全宋文》卷二九殷景仁名下，文末谓此文辑自"《广弘明集》卷十六"[2]。然而，如前所言，后世颇有以《广清凉传》为据将《文殊像赞并序》归属支遁者。

第二节　南朝以迄隋唐著述之称引

南朝以迄隋唐，文人亦时常称引支遁著述，由此形成支遁著述接受之又一重要路径。

一、《世说新语》刘孝标注之称引《逍遥论》《妙观章》

《世说新语·文学第四》第三十二条刘孝标注引支遁《逍遥论》一百四十六字：

> 夫逍遥者，明至人之心也。庄生建言大道，而寄指鹏、鷃。

---

① 刘奕：《陶渊明友人"殷晋安"考》（程章灿主编：《古典文献研究》第二十一辑下卷，南京：凤凰出版社，2018年）在邓安生《陶渊明年谱》（天津：天津古籍出版社，1991年，第150页）基础上，进一步论证了殷晋安非殷景仁、殷晋安当是殷隐。

② 〔清〕严可均辑：《全上古三代秦汉三国六朝文·全宋文》卷二九，第2596页上至下。

鹏以营生之路旷，故失适于体外；鹍以在近而笑远，有矜伐于心内。至人乘天正而高兴，游无穷于放浪，物物而不物于物，则遥然不我得，玄感不为，不疾而速，则逍然靡不适。此所以为逍遥也。若夫有欲当其所足，足于所足，快然有似天真。犹饥者一饱，渴者一盈，岂忘蒸尝于糗粮，绝觞爵于醪醴哉？苟非至足，岂所以逍遥乎？①

成玄英《南华真经注疏序》将古今解释《逍遥游》者略为三释，一为顾桐柏，一为支道林，一为穆夜。"第二，支道林云：'物物而不物于物，故逍然不我待；玄感不疾而速，故遥然靡所不为。以斯而游天下，故曰逍遥游。'"②二家引文略异。依刘孝标注所引，成玄英疏序支道林云"玄感"后当脱"不为"二字，应据补；依成玄英疏序所引，刘孝标注引"不我得"或作"不我待"。

　　《南华真经注疏》亦名《庄子疏》，乃成玄英研精覃思三十年而成，影响深远。此《序》为人广泛引述，支遁《逍遥论》亦因此光扬。"玄感不疾而速"虽屡被述及，然读刘孝标所引，始知"玄感"后补"不为"二字方为顺畅。

　　《世说新语·文学第四》第三十五条支道林造《即色论》刘注又引《支道林集·妙观章》"夫色之性也，不自有色。色不自有，虽色而空。故曰色即为空，色复异空"二十八字③。所谓《即色论》当即前揭陆澄《法论》所收《即色游玄论》。汤用彤《魏晋玄学流别略

①余嘉锡笺疏：《世说新语笺疏》卷上之下，第242页。
②〔晋〕郭象注，〔唐〕成玄英，曹础基、黄兰发点校：《南华真经注疏·疏序》，北京：中华书局，1998年，第2页。
③余嘉锡笺疏：《世说新语笺疏》卷上之下，第245页。

论》谓"色即为空,色复异空"为《般若经》文[1]。刘孝标注《即色论》引《支道林集》之《妙观章》,而不引《即色游玄论》,着实令人疑惑。

二、《肇论》疏之称引《即色论》或《即色游玄论》

僧肇《不真空论》将即色宗概括为:"即色者,明色不自色,故虽色而非色也。"南朝陈时,《涅槃无名论》《物不迁论》《不真空论》《般若无知论》及《宗本义》被汇编一书,名曰《肇论》。历代注疏《肇论》者甚夥。"《肇论集解令模钞》说:'始自有唐,终于炎宋,疏钞注解,二十余家。非但述人繁多,抑亦申义繁杂。'仅五百多年,就有二十多家注疏,如历代注疏全能保存下来,恐怕至少有三十余家。"[2]藉此,支遁《即色论》一再被后人论及。

唐释元康《肇论疏》卷上《不真空论》"即色者明色不自色下"疏云:"第二破晋朝支道林即色游玄义也。今寻林法师《即色论》,无有此语。然《林法师集》别有《妙观章》,云:'夫色之性也,不自有色。色不自色,虽色而空。'今之所引,正此引文也。"[3]谓林法师《即色论》无僧肇所云色不自色虽色而非色;复谓《林法师集》之《妙观章》所云正为僧肇引文,然其引《妙观章》文之"虽色而空"与刘孝标注引同,与僧肇所谓"故虽色而非色"稍异。依此下诸氏引文,似以"空"为正。

元康前,慧达亦有《肇论疏》。慧达疏大约成书于陈、隋之

---

[1]《汤用彤学术论文集》,第239页。

[2]〔东晋〕僧肇著,张春波校释:《肇论校释》,第40页、《绪论》第8页。

[3]《大正新修大藏经》卷四五,第171页下。

际，是现存最早的《肇论》注疏[1]。此疏保存了较多有关支遁的文献，除前引七住顿悟外，卷上《不真空论》第二解"即色者"疏引支道琳法师《即色论》亦非常重要，云："吾以为'即色是空，非色灭，空'，此斯言至矣。何者？夫色之性，色虽色而空。如知不自知，虽知恒寂也。"[2]支道琳法师即支遁。汤用彤《魏晋玄学流别略论》谓"即色是空，非色灭，空"为《维摩经》文，又依《妙观章》在"色虽"间加"不自色"三字[3]。日本安澄《中论疏记》卷三末引兴皇法朗《中论疏》（又名《山门玄义》）第五卷亦云："第八支道林著《即色游玄论》云：'夫色之性，色不自色。不自，虽色而空。知不自知，虽知而寂。'"又引《述义》云："其制《即色论》云：吾以为'即色是空，非色灭，空'，斯言矣。何者？夫色之性，不自有色，色不自有，虽色而空，知不自知，虽知恒寂。"[4]

　　谛审慧达与安澄及刘孝标引文，安澄引《述义》作"斯言矣"有脱文，慧达所引"此斯"重复，应作"斯言至矣"。慧达引"色虽色而空"前一"色"字后亦有脱文，应依安澄引《山门玄义》补"不自色"三字，然《山门玄义》"不自""虽色"间亦有脱文，应依诸

---

①石峻《读慧达〈肇论疏〉述所见》云："日本《续藏》二编乙第二十三帙载有《肇论疏》三卷（后文简称《旧疏》），系陈慧达撰。原录作晋慧达，实误。盖晋并州竺慧达，本名刘萨阿者，年代较肇早，当不得作《肇论疏》也。又陈朝小招提慧达法师，仅言：聊寄一序，托悟在中。查所见原书篇目次第，亦似与此不同，则招提寺僧或亦未尝作疏，故此作者究是何人，尚待后考也。然安澄《中论疏记》之作（801～806年），已有引称，而此疏所引均出南北朝以前著作，可知决在唐前。故现存《肇论》章疏，当推此为最早。"（《石峻文存》，北京：华夏出版社，2006年，第63—64页）
②《大藏新纂卍续藏经》卷五四，第59页中。
③《汤用彤学术论文集》，第239页。
④《大正新修大藏经》卷六五，第94页上。

氏引文补“有色，色不自有”六字，“而空”后应依慧达所引作“如知不自知，虽知恒寂也”。慧达引文“寂也”后应依刘孝标注引文补“故曰色即为空色复异空”十字。故所存支遁《即色论》（或曰《即色游玄论》《妙观章》）文可录作：

> 吾以为“即色是空，非色灭，空”，斯言至矣。何者？夫色之性也，色不自色，不自有色。色不自有（色），虽色而空。如知不自知，虽知恒寂也。故曰：“色即为空，色复异空。”

慧达疏引支遁其他文献如下：

蔚蹬玄室（《奏秦王表》），疏云：“支道林《与高丽道人书》云：炳蔚中士，既其日立曜也。”[①]慧皎《高僧传·义解一·晋剡东仰山竺法潜》引支遁《与高丽道人书》无此十字，可用以辑佚。

卷上《涅槃无名论义记上·折幾玄第三》疏：“支道琳师《物有玄幾论》云：物有幾玄于未兆。”[②]陆澄《法论》及皎传、祐录均不见此论，可据补支遁著述篇目，亦有辑佚之用。

卷中《般若无知论》“岂唯无知名无知，知自无知矣”疏：“支道林云：智即空之无知，惑即空之无知。”[③]明清诸《支遁集》辑本无此二句。支遁于《般若经》用功甚勤，曾著《大小品对比要钞》研寻大小品《般若经》之同异，今惟存其序。此疏引“支道林云”显异于前揭“支道琳师《物有玄幾论》云”“支道琳法师《即

①《大藏新纂卍续藏经》卷五四，第45页中。
②《大藏新纂卍续藏经》卷五四，第53页上。
③《大藏新纂卍续藏经》卷五四，第65页中。

色论》云"，不仅"琳"作"林"，且无"师""法师"之尊称，无出处，然后此二处亦如是引，故"智即空之无知，惑即空之无知"可作为支遁著述失名遗文存录。

卷中《隐士刘遗民书问无知论》"企怀风味，镜心象迹"疏："苓怀，支道林云：起苓悟旨。……镜心者，支道林云：子淡五心。"[1]此亦如上，然更为简略，亦以支遁著述失名遗文存之可也。

三、陆德明《经典释文》称引《逍遥游》注

前云皎传谓支遁退而注《逍遥篇》。支注虽早佚，然陆德明《经典释文·庄子音义上》采摭支注七条：

（1）坳堂　支遁云：谓有坳垤形也。

（2）抢　支遁云：抢，突也。

（3）苍　支遁云：冢间也。

（4）朝菌　支遁云：一名舜英，朝生暮落。[2]

"舜英"，或作"舜华"。罗愿《尔雅翼》卷二《释草·熏草》云："《庄子》所谓'朝菌'岂亦谓此耶？然司马云'大芝'，支遁云'舜华'，许慎云'朝生暮死之虫'，其说各异，故不可得而一。"[3]郭庆藩《庄子集释》引卢文弨曰："案菌，芝类，故字从

---

[1]《大藏新纂卍续藏经》卷五四，第67页下至第68页上。校云："苓，现流论作企。"

[2]〔唐〕陆德明撰，黄焯断句：《经典释文》卷二六，北京：中华书局，1983年，第360页上、下。

[3]《景印文渊阁四库全书》第222册，第268页上。

艸。支遁、潘尼以木槿当之，说殊误。"①

（5）而征　支云：成也。
（6）六气　支云：天地四时之气。②

成玄英疏亦云："又支道林云：六气，天地四时也。"郭庆藩案："《释文》引诸家训六气，各有不同。司马以阴阳风雨晦明为六气，其说最古。李氏以平旦、日中、日入、夜半并天玄地黄为六气，颇近牵强。王逸、支遁以天、地、四时为六气。夫天地之气，大莫与京，四时皆承天地之气以为气，似不得以四时与天地并列为六。"③

（7）敖者　支云：伺彼怠敖，谓承夫闲殆也。④

王夫之《庄子解·内篇·逍遥游》"小知不及大知，小年不及大年"下引支遁曰："以小知结上鹏蜩，以小年生下一段譬喻。"⑤然方以智《药地炮庄·逍遥游第一》云："林云：以小知结上鹏、蜩，以小年生下一段譬喻，何其文之幻！"⑥此"林云"非谓支道林云，乃谓林希逸云。希逸，南宋理学家，著有《老庄列三

①〔清〕郭庆藩撰：《庄子集释》卷一上《逍遥游》，第14页。
②〔唐〕陆德明撰，黄焯断句：《经典释文》，第361页上。
③〔清〕郭庆藩撰：《庄子集释》卷一上《逍遥游》，第23—24页。
④〔唐〕陆德明撰，黄焯断句：《经典释文》，第362页上。
⑤〔清〕王夫之著，王孝鱼点校：《庄子解》卷一，北京：中华书局，2009年，第77页。
⑥〔明〕方以智著，张永义等校点：《药地炮庄》卷一，北京：华夏出版社，2016年，第107页。

子口义》。钱澄之《庄屈合诂》即径谓："《口义云》：'以小知结上鹏蜩，以小年生下段譬喻。'"①三氏引文与林希逸《庄子口义》大同小异，是书《内篇·逍遥游》云："以小知大知一句，结上鹏鸠，又以小年大年一句，生下一段譬喻。"②林、钱、方三氏均未言支遁，王氏忽然言之凿凿，诚令人生疑。

四、《文选》李善注等称引《天台山铭序》

《文选·赋己·游览》孙兴公《游天台山赋》李善注曾两次称引支遁《天台山铭序》，一是《游天台山赋》题下引曰："余览《内经·山记》云：剡县东南有天台山。"二是"赤城霞起而建标，瀑布飞流以界道"引曰："往天台当由赤城山为道径。"③

旧题隋杜公瞻《编珠》卷一《天台地肺》引支遁《天台山铭序》曰："剡县西有天台山。盖仙圣之所栖翔，道士之所鳞萃。"④

《文苑英华·器用七》陆龟蒙《有即席探得麈尾赋》云："支上人者，浮图其形，左拥竹杖，右提山铭。"注云："支遁有度世竹杖。""支遁常著《天台山铭》。"⑤前揭诸书不见有关支遁《天台山铭并序》的著录，李善注及《编珠》称引可补支遁著述，亦可用作辑佚。前揭范成大咏支遁遗物诗《铁锡》或为此"度世竹杖"的衍变。

────────────

① 〔清〕钱澄之撰，殷呈祥点校：《庄子精释　屈赋精释（庄屈合诂）》，合肥：黄山书社，1995年，第6页。

② 〔宋〕林希逸著，陈红映校点：《南华真经口义》卷一，昆明：云南人民出版社，2002年，第6页。

③ 〔南朝梁〕萧统编，〔唐〕李善注：《文选》卷一一，第493、496页。

④ 《景印文渊阁四库全书》第887册，第51页上。

⑤ 《文苑英华》卷一〇八，第495页上。

天台山位于今浙江省东中部，东连宁海、三门，西接盘安，南邻仙居、临海，北界新昌。剡县即今嵊州，在今新昌县北。天台山当在剡县东南，《编珠》谓"剡县西有天台山"误，当以李善注引为是。谛审之，李善注引、《编珠》引支遁《天台山铭序》可合云：

余览《内经·山记》云：剡县东南有天台山。盖仙圣之所栖翔，道士之所鳞萃。

往天台当由赤城山为道径。

第三节　明清之辑钞支遁著述

赵宋时业已散亡的《支遁集》，至明代复被辑佚。因支遁名僧兼名士的声望，又因所辑诗文规模不大，故明清两代支遁诗文复以钞本或刊本形式流布，并形成两个系统：一为二卷本《支遁集》，已知钞本以明代都穆藏最早，稍后有杨仪七桧山房嘉靖乙未（1535）钞本，杨钞本为其后明代诸钞本和清代诸刻本的祖本；二为一卷本《支道林集》，以嘉靖十九年（1540）皇甫涍辑刊本为早，明末吴家骊将之与史玄辑《支道林外集》合刻。

一、二卷本《支遁集》

二卷本《支遁集》主要以钞本和刊本两种形式流布。今所知二卷《支遁集》常为明代吴地藏书家传钞，主要有杨钞、秦钞、毛钞、冯钞、叶钞，晚清民国时又有李盛铎、马钟琇钞本；清代中晚期有僧寒石嘉庆刊本、潘锡恩道光刊本及徐翰光绪刊本。

（一）钞本

明代，书籍传钞甚或成为一种时尚。"明人好钞书，颇重手钞本，藏书家均手自缮录，至老不厌。"①宋元钞本今极罕见，明钞本时见，清钞本则多见。明清钞本中藏书家所钞最可宝贵。叶德辉《书林清话·明以来之钞本》云：

> 明以来钞本书最为藏书家所秘宝者，曰吴钞，长洲吴匏庵宽丛书堂钞本也……曰杨钞，常熟杨梦羽仪七桧山房钞本也……曰秦钞，常熟秦酉岩四麟致爽阁钞本也……曰毛钞，常熟毛子晋汲古阁钞本也……曰冯钞，常熟冯己苍舒、冯定远班、冯彦渊知十兄弟一家钞本也……此外吾家二十五世祖石君公树廉朴学斋……皆竭一生之力，交换互借，手校眉批，不独其钞本可珍，其手迹尤足贵。②

明中期，钞本《支遁集》已被吴地藏书家庋藏。

1. 都穆藏本

邵武徐氏丛书本《支遁集补遗》卷末有蒋清翊题识，云：

> 余家藏明人钞本，尾有"都穆藏书"朱印，仅二卷，凡诗文三十二首，似出后人钞辑。读挈经室《四库未收书目提要》，又校吾郡支硎山寺刊本，其卷目皆与家藏本相符，知支公集存世者只有此本。③

---

① 袁同礼：《明代私家藏书概略》，《图书馆学季刊》，1927年第2卷第1期，第8页。

② 叶德辉撰，李庆西标校：《书林清话》卷一〇，上海：复旦大学出版社，2008年，第238页。

③ 《丛书集成续编》第122册，第351页上。

蒋氏谓其家藏明钞本《支遁集》尾有"都穆藏书"朱印，卷目与支硎山寺刊本相符。

　　都穆，字玄敬，其先丹阳（今江苏丹阳市）人，宋时徙苏州居吴县南濠里（今苏州市阊门外南浩街），父印，封工部都水司主事，母朱氏，赠安人。都穆七岁能诗，及长不习章句，泛滥群籍，杜门笃学几二十年，绝意进取，后巡抚都御史何公、提学御史林公重其名，强之应举，遂于弘治乙卯（1495）秋领应天乡荐，己未（1499）第进士，历任工部都水主事、礼部主客郎中，年五十四乞休，加太仆少卿致仕。归老之日，斋居萧然，日事雠讨，卒于嘉靖四年（1525）九月二十二日，著有《西使记》《金薤琳琅》《周易考异》《史补类抄》《寓意编》《铁网珊瑚》《南濠诗话》等，生平见胡缵宗《明中宪大夫太仆寺少卿致仕都公墓志铭》①。

　　都穆喜藏书，撰有《都氏书目》若干卷，"是时吴中藏书家，多以秘册相尚，若朱性甫、吴原博、阎秀卿、都元敬辈，皆手自钞录"②。吴宽，字原博，号匏庵，长洲人，成化八年（1472）状元，官至礼部尚书，卒谥文定，藏书楼名丛书堂，其钞本用红印格纸钞写，以私印记之，所藏钞本有《嵇康集》十卷、《陆士龙文集》十卷③。黄丕烈《荛圃藏书题识》云："六朝人集，存者寥寥，苟非善本，虽有如无。此《嵇康集》十卷，为丛书堂钞本，且匏庵手自雠

① 〔明〕钱谷撰：《吴都文粹续集》卷四三《坟墓》，《景印文渊阁四库全书》第1386册，第362页下至第363页下。
② 〔清〕朱彝尊著，姚祖恩编，黄君坦校点：《静志居诗话》卷八《杨循吉》，北京：人民文学出版社，1990年，第227页。
③ 参见刘运好：《台湾藏吴氏丛书堂抄本〈陆士龙文集〉叙录》，《南京师范大学文学院学报》，2014年第3期，第134—136页。

校，尤足宝贵。历览诸家书目，无此集宋刻，则旧钞为尚矣。"①
都元（玄）敬所藏《支遁集》或与丛书堂钞本《嵇康集》《陆士
龙文集》相类，亦当为其手钞，亦无宋刻，亦当"为尚矣"。因都
穆藏《支遁集》与支硎山寺刊本卷目相符，故可由后者以见前者
卷目。

　　支硎山寺刊本即嘉庆乙丑（1805）僧寒石刻本，潘奕隽曾为此
本作序。

　　奕隽，字守晟，号榕皋，又号水云漫士、三松居士，晚号三松老
人，室名三松堂，吴县人，乾隆三十四年（1769）进士，官至户部主
事，有《三松堂集》。《三松自订年谱》云：

> 　　迨唐广明、光启间，逢时公以闽人两任歙州刺史，任满致
> 仕，父老攀辕，遂家于歙之西篁墩，卒葬狮山之阳榧山营，今
> 名潘村上坞，又名潘坞。是为迁歙始祖。……玉溪公生筠友公，
> 筠友公生子二，长讳景隆，次其蔚公，浙江杭州府岁贡生，候
> 选主事，卜宅苏城，是为迁吴始祖。……曾祖敷九公，其蔚公
> 长子也，浙江钱唐县岁贡生，处州府松阳县教谕，配汪孺人，
> 卒葬苏州府吴县光福之河亭桥。是为葬吴始祖。……皇清乾隆
> 五年庚申（1740）三月初七日亥时，余生于阊门内刘家浜之谦
> 益堂。②

奕隽、奕藻、奕基，兄弟三人。乾隆五十八年（1793）奕基次子世

---

①〔清〕黄丕烈著，屠友祥校注：《荛圃藏书题识》卷七，上海：上海远东出
　版社，1999年，第499页。
②《北京图书馆藏珍本年谱丛刊》第110册，第135—136页。

恩状元及第，六十年奕隽子世璜中探花。世璜次子希甫道光十五年（1835）中举，长子遵祁二十五年（1845）进士及第。世恩孙祖荫咸丰二年（1852）中探花。

《三松堂集》卷一《支遁集序》云：

> 梁会稽沙门慧皎辑《高僧传》云遁所著文翰集有十卷盛行于世。今时海内藏书家当必有全本，而吴中未见有存者。此二卷为明嘉靖中礼部员外郎吴郡杨仪臧本，支硎山麓吾与庵僧寒石钞付剞劂，请序于余。①

潘氏所云杨仪臧本即杨钞《支遁集》。以是知支硎山寺本底本为杨钞《支遁集》无疑。《荛圃藏书题识》卷五《子类二·珩璜新论一卷》亦云：

> 余向藏七桧山房钞本有《支遁集》，支硎吾与山居曾借本刊行，余本后亦转归他所。此本又后得，同系七桧山房所钞。顷检唐人集部有《李义山诗集》，为杨五川所钞校者。五川手迹止此二本矣。庚辰中秋后一日记。②

庚辰中秋后一日即嘉庆二十五年（1820）八月十六日。王荫嘉先生云："七桧山房钞本《支遁集》，即黄荛翁以付吾与庵寒石上人重刊之祖本也，曾藏莫氏铜井文房。其散出时乃入于一不知者之手。

---

① 《续修四库全书》，第1461册，第66页下。此序亦见寒石刊本《支遁集》卷首。
② 〔清〕黄丕烈撰，余鸣鸿、占旭东点校：《黄丕烈藏书题跋集》，上海：上海古籍出版社，2015年，第282页。

惜哉！"①

以是，都穆藏《支遁集》当为该集赵宋时亡佚后现今所知最
早的辑钞本。

2. 杨仪钞本

杨仪，字梦羽，号五川，常熟人，高祖福，祖集，父叔震。"杨
福，国初人，曾辟贤良不就，盖进士集之祖，而五川仪之高祖
也。……父滐，亦高士，今景泰甲戌登科录载之甚明。可见杨氏
世有令德，而藏书之富，积学之宏，所从来远矣。"②杨集，字浩
然，永乐十九年（1421）九月二十日生，国子生，治《诗经》，景泰
五年（1454）甲戌科进士③，官安州知州，年七十八卒；集子舫，治
《诗经》，成化十三年（1477）应天府乡试第五十六名中举④，官
莒州知州，临政清简，听决明辨。杨仪生于弘治元年（1488）七月
十三日⑤，博览强记，兼攻真草书，承家学习《诗经》。正德三年

---

① 〔清〕叶昌炽著，王欣夫补正，徐鹏辑：《藏书纪事诗附补正》卷二《杨仪
梦羽》补正"苍虬按"，上海：上海古籍出版社，1989年，第181页。苍虬乃
王欣夫兄荫嘉字。

② 〔明〕管一德纂：《皇明常熟文献志》卷一一《人物志·义侠补·杨福》，北
京师范大学图书馆编：《北京师范大学图书馆藏稀见方志丛刊》，北京：
北京图书馆出版社，2007年，第7册，第21页。

③ 参龚延明主编，方芳点校：《天一阁藏明代科举录选刊　登科录》（点校
本·上），宁波：宁波出版社，2016年，第202页。

④ 参龚延明主编，方芳点校：《天一阁藏明代科举录选刊　乡试录》（二），
宁波：宁波出版社，2016年，第1065页。

⑤ 〔明〕杨仪《南宫集》卷六《七言律·生辰得子和姚生韵》诗后自注云："甲
辰七月十三日得子，与予生辰偶同，因名同寿。"（《北京图书馆古籍珍本
丛刊》第106册，第812页下）张应遴《海虞文苑》卷八《杂体·诗余》杨
仪《长相思·题唐伯虎画折枝》词后自注云："是岁正德丙寅，予年十又九
矣。"（《四库全书存目丛书》集部第382册，第386页上）

（1508）始更习《礼记》，十一年以之中应天府乡试第八十二名①。嘉靖五年（1526）进士及第，除工部主事，历兵、礼二部，迁郎中。夏言雅重之，谘以谋议，后出为山东按察司副使。"（夏）言以公儒者，当谟谋庙堂，而使居贼冲，自伤不能左右，为宋人长短句饯之，其词甚痛。公遂移病归，不复起。家居惟以读书、著述为事，构万卷楼聚书其中，率多宋元旧板及名人墨迹，缮写人间遗书，尤秘惜，每纸识数语。"②著有《南宫集》十卷、《明良记》四卷、《保孤记》一卷等。《藏说小萃》本《保孤记》附《桂翁老先生遗孤还宗序》末李鄂翀跋云："五川公志，乃公同邑金宪钩玄沈公应魁所撰。末云：'癸亥岁，首相徐公命撰《桂州保孤记》，遂为绝笔。公没于嘉靖甲子正月。'"③嘉靖甲子即四十三年（1564）。"莒州知州杨舫墓在宝岩桑翘铭，子山东副使仪袝沈应魁铭。"④杨仪卒后其藏书一部分归外孙莫是龙城南精舍⑤，一部分归钱谦益

① 参龚延明主编，方芳点校：《天一阁藏明代科举录选刊　乡试录》（二），第1224页；《南宫集》卷二《送李司训致仕序》（《北京图书馆古籍珍本丛刊》第106册，第741页下）。

② 〔明〕龚立本撰：《常熟县志》卷一〇《文苑·杨仪传》，第二十八页，国家图书馆藏民国五年（1916）丁秉衡钞本。杨集、杨舫事见是书卷九《气节》，第七十六页至第七十七页。

③ 《北京图书馆古籍珍本丛刊》第83册，第266页上。

④ 〔清〕郑钟祥、〔清〕张瀛修、〔清〕庞鸿文等纂：《光绪常昭合志稿》卷四三《冢墓志·明》，《中国地方志集成·江苏府县志辑》第22册，第734页上。

⑤ 莫是龙父名如忠。莫如忠，字子良，号中江，嘉靖十七年（1538）进士，以浙江右布政使致仕。林景旸《明故通奉大夫浙江布政使司右布政使中江莫公行状》云："公初娶富氏，副宪春山公女。继杨氏，仪部五川公女。……公生于正德己巳（1509）四月七日，卒于万历己丑（1589）八月五日，享年八十有一。"（《玉恩堂集》卷九《行状》，《四库全书存目丛书》集部第148册，第681页下）

绛云楼，余皆散失。

潘奕隽所谓杨仪藏本即杨仪钞本，今藏上海图书馆。沈津《书城挹翠录》云：

> 半页九行十八字，黑口，书口上镌有"嘉靖乙未七桧山房"。一册。题"东晋沃州山沙门支道林"。民国莫棠跋。藏上海图书馆。……是本莫棠跋云："此明嘉靖中吴郡杨仪抄本，光绪辛亥得于苏州，顷又获嘉庆十年潘奕隽序支硎山僧寒石刻本，盖即从此本转写者。……"跋后又有傅增湘题识曰……钤印有"杨氏梦羽"、"华阴世家"、"又玄子"、"五川居士"、"礼部员外郎吴郡杨仪校"，又有汪士钟"曾藏汪阆源家"，潘介祉"潘菽坡图书印"、"潘氏桐西书屋印"，莫棠"独山莫氏收藏经籍记"、"莫氏秘籍"、"莫棠楚生父印"等。[1]

杨仪以家有七株桧树而名其藏书处曰七桧山房，嘉靖乙未即嘉靖十四年（1535）。七桧山房钞本即杨钞，与秦钞（秦四麟致爽阁钞本）、毛钞（毛晋、毛扆汲古阁钞本）、冯钞（冯舒、冯班、冯知十兄弟钞本）、钱钞（钱谦益绛云楼钞本、钱曾述古堂钞本、钱谦贞竹深堂钞本）齐名。杨钞用纸版心上方镌有"嘉靖乙未七桧山房"或"万卷楼杂录"字样，蓝格，十行，白口，单鱼尾，左右双边，框高二十厘米、宽十四厘米，藏书印有"杨氏梦羽""华阴世家""五

---

[1] 沈津：《书城挹翠录》，上海：上海社会科学院出版社，1996年，第158—159页。按：沈氏引莫棠跋"光绪辛亥"误。光绪元年为1875年乙亥，三十四年为1908年戊申，次年改元宣统，中间无辛亥年。笔者复印上海图书馆藏杨钞《支遁集》，卷首莫棠跋实作"光绪辛卯"（1891年）。另："僧寒石刻本"作"僧寒石刊本"，"篇目相同"作"篇卷相同"。

川居士""礼部员外郎吴郡杨仪校""杨仪梦羽收藏图书之记""海虞杨仪梦羽图书"等。《邵亭知见传本书目》卷一二上《集部二上·别集类一上·汉至盛唐·支遁集二卷》傅增湘订补云："明嘉靖十四年杨仪七桧山房写本,十行十八字,余曾传录一帙。释寒石曾据此本刻本行世。"[1] 傅氏曾传录杨钞本《支遁集》,谓其十行十八字,异于沈氏所云"半叶九行十八字"。笔者通过上海图书馆文献传递服务和管理系统(http://ill.digilib.sh.cn/)获得该馆藏杨钞本《支遁集》复印本,据此知杨钞《支遁集》确为半页十行十八字。另:卷末"支遁集卷下"五字黑框外左上有"一字斋查唯二十核(?)"八小字,其中"斋"字位置与"支"字相当;又有"彦均室藏""无相自在室主人觉元印""观□道人"等印[2]。

"又玄子"为秦四麟印。邵武徐氏丛书本《支遁集》卷下末有震泽叶弈题识:

> 崇祯己巳得是集于曹生,舅氏为余录就,八月二日晚李涵冲偕余对勘一过。原本乃嘉靖乙未七桧山房钞,为景阳主人旧籍,五川居士校,各有印记。五川居士氏杨讳仪,字梦羽,礼部员外郎。震泽叶弈。[3]

---

① 〔清〕莫友芝撰,傅增湘订补,傅熹年整理:《藏园订补邵亭知见传本书目》,北京:中华书局,2009年,第942页。

② 参见刘明:《高僧名士有余韵:明杨氏七桧山房抄本支遁集鉴赏》,《藏书报》2017年第24期,第12版(6月19日)。按:拜读刘文前,笔者向河南师范大学美术学院刘凤山博士及文学院李文博博士并通过李博士向焦作市文联毋立先生请教,识认此三印文字与刘文同。

③《丛书集成续编》第122册,第343页。

景阳主人即秦四麟。叶氏言之凿凿，谓其崇祯己巳年（1629）从曹生处所得嘉靖乙未七桧山房钞《支遁集》，各有杨仪、秦四麟印记。上海图书馆藏本卷首首行"支遁文集录目"最下端有"又玄子"印记。汪璐《藏书题识》云影宋钞本《古今类事》不具名跋下有"又玄子"印，王欣夫案云："又玄子为常熟秦四麟。""据《敏求记》葛洪《神仙传》：'袁陶斋藏书，后归秦四麟又玄斋。'此书前有袁表跋，则又玄子即四麟别字也。"①"又玄子"当为秦四麟藏书印。

　　秦四麟为诸生（秀才）②，兄三麟为万历八年（1580）贡生。二人乃成化乙未科（1475）进士秦藩从孙。姚崇仪辑万历《常熟县私志》卷一六《叙族·陆河秦氏》云："秦藩，字良翰，居陆河，成化辛卯乡荐，乙未进士，任浦江令，以失刘瑾欢，罢归。……秦三麟，号凤岩，藩从孙，万历初年贡，授宜兴训（导），年七十余卒。秦四麟，号景旸，尝试学台第一，以忧不得廪，好蓄古书……死未几，所蓄一空。"（第二十七页）卷二八《叙遗》云："其余孝廉陈子忠之好砚也，茂才秦四麟之好古书也，御史蒋以化之好扇、好画、好书、好鐏彝也，皆累千百金致之，骨肉未寒，悉化乌有。悲哉！"（第十五页）③冯复京《常熟先贤事略》卷一三《文苑》云："何錞，字子端。秦四麟，字季公。两人皆邑诸生也，性皆好书，

————————

① 〔清〕叶昌炽：《藏书纪事诗附补正》，第198、263页。
② 关于秦四麟功名或阙如，或以为万历贡生。后者如刘炳藜等编《中外人名辞典》（上海：中华书局，1947年，第644—655页）、曹惆生编《中国音乐、舞蹈、戏曲人名词典》（北京：商务印书馆，1959年，第142页）、瞿冕良编著《中国古籍版刻辞典》（苏州：苏州大学出版社，2009年，第624页"致爽阁"条）、胡道静主编：《简明古籍辞典》（济南·齐鲁书社，1989年，第115页）等。故于此拈出。
③ 引文原文影像见雕龙中日古籍全文资料库"中国地方志续集–江苏省–苏州市"：http://hunteq.com /ancientc/ancientkm。

得即钞校，朱黄两豪不省去手。时有蒋肖圃者，亦好学，周旋两公间。……后之言书者，无不以三家为善本也。"①关于秦四麟的功名，姚氏谓其茂才，冯氏谓其邑诸生，意同，即秀才。姚氏复谓四麟尝试学台名列第一，然以丁忧不得食廪即为廪膳生员。康熙《常熟县志》卷二〇《文苑》云："秦四麟，号景旸，试督学第一，以丁艰不得廪，多畜古书，得即钞校，工音律，学于昆山魏良辅。"试督学与试学台意同，"以忧"与"以丁艰"同，然"学于昆山魏良辅"则可补姚氏阙。同书卷一三《选举表》万历八年乡举"秦三麟"下注云："秦三麟，仲祥，宜兴训导，年七十余。"②此亦可补姚氏万历初年贡之不详。《光绪常昭合志稿》卷三二《人物志十一之三·藏书家》综以上诸书所述，云："秦四麟，字景旸，号季公，兄三麟，号仲祥，贡生，宜兴训导，世居邑西大河，家故饶。四麟屡试督学第一，善填词曲，精解音律……秦氏所藏书，有'秦氏四麟之印''又玄亭收藏图书记'诸朱，题跋称秦西岩钞本，板心有'元览中区'四字。"③云四麟贡生者当误以此贡生谓四麟，然四麟字号似当为字季公号景旸，屡试督学第一益"屡"字甚无谓，诸朱后疑有脱字。又玄亭为三麟、四麟昆季藏书处；西岩或谓西岩山人，乃四麟别称。

　　据前揭叶弈题识，秦四麟藏杨钞《支遁集》经曹生收藏后，于崇祯二年转至叶氏。

---

① 周骏富辑：《明代传记丛刊·综录类52》，台北：明文书局，1991年，第150册，第164—165页。
② 〔清〕高士巘、〔清〕杨振藻修，〔清〕钱陆灿等纂：《康熙常熟县志》，《中国地方志集成·江苏府县志辑》第21册，第488页下、第247页下。
③ 〔清〕郑钟祥、〔清〕张瀛修，〔清〕庞鸿文等纂：《光绪常昭合志稿》，《中国地方志集成·江苏府县志辑》第22册，第558页下。

　　叶弈，或作叶奕，吴县人，宋叶梦得二十世孙。吴定璋《七十二峰足征集》卷六四《叶奕》云："奕字林宗，好学多藏书，名与石君上下，子祖仁、祖裕，皆少有才名。"[1]二子守其家学，迭为酬唱，有《二叶诗稿》。钱龙惕《大兖集》卷五《二叶诗稿序》云：

　　　　吾党叶君林宗，家于洞庭之东山，而侨寓于虞。其为人质直笃厚，性无所嗜好，独好书籍图史。凡羽陵委宛二氏、四部之遗，无不搜；山崖碑板、盘鉴彝鼎之镌，无不购。间有挟以求售者，虽数百里之远不惮往，损衣缩食不惮费。其未经梨枣者，或转相借贷分手抄录不惮劳。故入其室者，见其堆积几案纵横压叠无非书也，见其焚膏宿火据梧隐几无非丹黄也，见其传写正定刊落讹谬无非善本也。呜呼，其亦可谓之好学也已。林宗二子，长曰修，字德祖，次曰裕，字仁祖，皆年少能文。[2]

　　钱氏谓叶弈长子修字德祖、次子裕字仁祖，异于吴氏。叶弈三十余年遍访海内收藏家，搜求不遗余力，藏书处有松风书屋、覃思馆、宝稼轩等，与钱曾为挚友。《读书敏求记》卷一《经·陆德明经典释文三十卷》云："吾友叶林宗，笃好奇书古帖，搜访不遗余力。每见友朋案头一帙，必假归躬自缮写，篝灯命笔，夜分不

---

[1]《四库全书存目丛书补编》第44册，济南：齐鲁书社，2001年，第6页上。

[2]《清代诗文集汇编》第33册，第481页上。按：《大兖集》卷五《己亥除夕》诗云"守岁丘园五十年"，《辛丑元旦次韵》诗云"衰老垂垂五十三"（第33册第468页下、第470页下）。己亥为顺治十六年（1659），辛丑为十八年（1661），故钱氏当生于万历三十七年（1609）。"委宛"或当作"宛委"。此羽陵代指穆天子，宛委代指夏禹。

休。我两人获购得秘册,即互相传录,虽昏夜叩门,两家童子闻声知之。"康熙四年乙巳(1665)春,叶弈卒。《爱日精庐藏书志》卷三一《集部·别集类·南兰陵孙尚书大全文集七十卷》叶石君康熙四年乙巳(1665)三月廿六日跋云:"此书向为从兄林宗借去,久未得归,几十年矣。乙巳之春,林宗卒,为之整理书籍,始得捡归。"叶弈卒后,其藏书遂星散不存。《皕宋楼藏书志》卷七〇《别集·沈下贤文集十二卷》叶石君康熙戊申(1668)跋云:"崇祯戊寅(1638),从阊门坊中得沈亚之集旧人钞本,才取归,为从兄林宗借去。经载相索,以本见偿,其原本则干没矣。近来林宗物故,书籍星散,宋元刻本尽废于狂童败妇之手,所谓旧抄者已不可知矣。"①

据前揭《荛圃藏书题识》卷五所云,叶弈之后杨钞《支遁集》辗转至黄丕烈处,其后黄氏将之转手他人。

丕烈,字绍武,号复翁、秋清居士等,乾隆二十八年(1763)五月十一日生于长洲②。石韫玉《秋清居士家传》云:

> 居士姓黄氏,名丕烈,字绍武,一字荛圃,先世居闽之莆田,其十世祖秀陆迁至江宁,及曾祖琅始移居吴门,再传至君考维,号耐庵,以忠信直谅训其子弟。君生有至性,克承家范,谨以持己,直以待人……平生无声色鸡狗之好,惟性喜聚书,

---

① 《续修四库全书》第923册第86页下、第925册第519页上、第929册第116页上。
② 〔清〕黄丕烈著,〔清〕潘祖荫辑,周少川点校:《士礼居藏书题跋记》卷五《集类·姚少监文集》云:"壬申五月十有一日,为余五十贱辰,诸亲友之以礼物相遗者,余敬谢弗敢拜嘉,而相知中又有以笔墨文玩诸物为赠,则弗敢固辞矣。"(北京:书目文献出版社,1989年,第204页)按:壬申即嘉庆十七年(1812)。

遇一善本，不惜破产购之。尝得宋刻书百余种，贮诸一室，顾南雅学士颜其室曰：百宋一廛。每获一书，必手自雠校，一字一句之异同，必研索以求其是。……晚年自号秋清居士。道光乙酉，春秋六十三，秋八月，微示疾，遂不起。①

乾隆四十六年（1781），黄丕烈中秀才，入长洲县庠；五十三年（1788）举江南孝廉，位列第三；嘉庆六年（1801）逢举人大挑，名列一等，捐得候补兵部主事衔，不久返归故里；七年春又赴京参加会试，依旧不第。"壬戌夏五月自都门归，世事皆淡，惟此几本破书尚有不能释然者"②，从此断绝入仕之念，致力于藏书、校书、刻书。佞宋是其藏书最为显著的特色，有"佞宋主人"之称。黄氏建百宋一廛、求古居专藏宋版书，并请顾莼题写"百宋一廛"室名，请顾广圻作《百宋一廛赋》，嘱陈鸿寿刻"百宋一廛"白文长方印。道光乙酉（1825）八月二日，黄氏于病榻上跋宋刊旧钞合本《学斋占毕》残本二卷曰："予之所以必欲归此残宋刻一卷者，为予又将作《续百宋一廛赋》，所以备料也。"③绝笔中念念不忘者仍是"宋"，十一天后，即八月十三日卒。瞿中溶《瞿木夫先生自订年谱》道光五年乙酉云："八月携根儿赴苏扫墓，下榻彭芋闲姊婿新宅，知黄荛圃于十三日作古，往哭之。"④

---

① 〔清〕石韫玉：《独学庐四稿》卷五《传》，《续修四库全书》第1467册，第1页上至下。石韫玉生平参陶澍《陶文毅公全集》卷四五《文集·墓志铭·恩赏翰林院编修前山东按察使司按察使琢堂石公墓志铭》，《续修四库全书》第1503册，第524页上至第526页下。
② 〔清〕黄丕烈著，〔清〕潘祖荫辑，周少川点校：《士礼居藏书题跋记》卷五《集类·戴石屏诗集十卷明刻本》，第244页。
③ 〔清〕黄丕烈撰，余鸣鸿、占旭东点校：《黄丕烈藏书题跋集》，第273页。
④ 《北京图书馆藏珍本年谱丛刊》第131册，第326—327页。

　　黄丕烈卒后，其藏书多归汪士钟。潘祖荫同治十二年（1873）十二月十八日《艺芸书舍宋元本书目·跋》云："吾郡藏书家，自康雍之间碧凤坊顾氏、赐书楼蒋氏后，嘉庆时以黄荛圃百宋一廛、周锡瓒香严书屋、袁寿阶五砚楼、顾抱冲小读书堆为最，所谓四藏书家也，后尽归汪阆源观察士钟。荫之姑母，归观察之子珠林比部德英。"①《文明小史》第六十回《一份礼耸动骨董名家　半席谈结束文明小史》冯存善亦道："听说荛翁遗物，身后全归汪氏，汪氏中落，又流落出来。于是经史归了常熟瞿氏，子集及杂书归了聊城杨氏，这书或者又从杨氏流落出来的，也未可知。"②

　　"曾藏汪阆源家"为汪士钟藏书印，则杨钞《支遁集》又为汪氏收藏。士钟，字春霆，号朗园，一作阆源（原），长洲人，曾任民部尚书郎、观察使，原籍徽州。其父文琛，号厚斋，在苏州经营益美布号，富甲吴下，嗜好藏书。士钟以父藏多寻常书，而着力广搜宋元旧刻，原江南四大藏书家黄丕烈、周锡瓒、顾之逵、袁廷梼（时人谓之藏书四友）藏书多归之，藏书楼名艺芸书舍，著有《艺芸书舍宋元本书目》。顾广圻道光二年（1822）壬午闰月朔《艺芸书舍宋元本书目序》云：

　　　　汪君阆原，藏书甚富……今汪君宿具神解，凡于有板以来，官私刊刻，支流派别，心开目瞭，遇则能名，而又嗜好所至专意在兹，仰取俯拾，兼收并蓄，挥斥多金，曾靡厌倦。以故郡中传流有名秘笈搜求略遍，远地闻风挟册趋门朝夕相继。如是

---

① 〔清〕潘祖荫：《滂喜斋丛书》第3册，北京：北京图书馆出版社，2003年，第628页。
② 〔清〕李调元著，韩秋白点校：《文明小史》，北京：中华书局，2002年，第383页。

累黍，遂获目中所列宋元若干种，既精且博，希有大观。海内好古敏求之士，未能或之先也。汪君之于宋元本，可谓知之深而爱之笃矣。①

黄丕烈嘉庆二十四年（1819）十一月撰《汪刻衢本〈郡斋读书志〉跋》亦云：

> 迩年阆原观察英年力学，读其尊甫都转厚斋先生所藏四部之书，以为犹是寻常习见之本，必广搜宋元旧刻以及《四库》未经采辑者，于是厚价收书，不一二年，藏弆日富，犹恐见闻未逮，日从事于诸家簿录，讨其源流，究其同异，俾古书面目毕罗于心胸，其好古之深心为何如？②

尊甫为对他人父亲的尊称，都转为清时都转盐运使司长官的省称。由黄氏此称见出汪文琛曾任都转一职，而非惟一布商。士钟深心好古，笃爱宋元本，尤喜有黄丕烈跋者，不惜厚价志在必得。周星诒书钞阁行箧书目跋云："复翁收百宋一廛诸刻本售与山塘益美布商汪阆原，虽残帙十数叶，亦有至十数金者。阆原购书，有复翁跋，虽一行数字，必重价获之。以故吴中书贾于旧刻旧钞，虽仅有一二卷，倘有复翁藏印，增价必倍；若题识数行，价辄至十数金矣！即至残破签题，毁损跋语，亦可单售一二金。至今犹然，盖自汪氏始。"③士钟如此钟情于黄氏藏书及题跋，其或有强取

---

① 〔清〕潘祖荫：《滂喜斋丛书》第3册，第627页。
② 〔清〕黄丕烈撰，余鸣鸿、占旭东点校：《黄丕烈藏书题跋集》，第692页。
③ 张钧衡编·《适园藏书志》卷五，《海王邨古籍书目题跋丛刊》，北京：中国书店，2008年，第6册，第319页下至第320页上。

豪夺之意。道光五年（1825）七月七日，黄丕烈重读《鱼玄机集》一过，集集中句成七绝八首，第八首自注云："吾家百宋一廛中物，案图索骥，几为一空。惟此以予所钟爱，得以守之弗失。此宋廛百一之珍也，子孙其世守之，勿为豪家所夺。"次日即中元前三日又跋曰："此书曾为艺芸主人指名相索。予曰：'留此为娱老之资，虽千金不易也。'从此无有过而问焉者。"①言辞中于汪士钟颇有微词。杨钞《支遁集》虽非黄丕烈所佚，然由"五川手迹止此二本矣"亦见出其"转归他所"后的落寞之情。是书或由"他所"辗转至汪士钟处；或黄氏讳言，"他所"即汪士钟处，亦即径为汪氏所得。

　　"潘茮坡图书印""潘氏桐西书屋印"非潘介祉藏书印，当为潘介繁藏书印。介繁，字谷人，号菽坡，又作茮坡、椒坡，奕隽曾孙，世璜孙，生于道光八年（1828）十月十三日，卒于光绪十九年（1893）正月十八日，年六十六②。咸丰二年（1852）中顺天乡试举人③，官至茶陵州知州，著有《桐西书屋诗钞》一卷、《文钞》一卷、《晓梦春词》一卷。杜文澜《憩园词话》卷二《潘椒坡大令词》云：

　　　　余录潘补之舍人词，深惜其少。今得读其长君椒坡大令所

①〔清〕黄丕烈撰，余鸣鸿、占旭东点校：《黄丕烈藏书题跋集》，第843—844、848页。

②生卒时间参见潘景郑：《著砚楼读书记》，沈阳：辽宁教育出版社，2002年，第623页。

③"咸丰二年九月二十三日内阁奉上谕：此次覆试顺天乡试举人，其列入一等之袁瓛等二十名，列入二等之潘介繁等三十五名，列入三等之禄纲等五十七名，均著准其一体会试；列入四等之安永龄、文郁俱著罚停会试一科。钦此。"（中国第一历史档案馆编：《咸丰同治两朝上谕档》第二册（咸丰二年），桂林：广西师范大学出版社，1998年，第338页下）

作晓梦春红词，为之一快。椒坡名介繁，壬子孝廉，以大令需次楚北。幼年即承家学，词赋俱工，出语必惊其长老。词虽刊刻，已付劫灰。精力方强，造诣正未可量。即此引商刻羽，白石不得专美于前矣。[①]

潘补之舍人即潘希甫，官内阁中书舍人。介繁为其长子，故谓长君。潘氏为藏书世家，奕隽建三松堂已初具规模，其藏书分传给遵祁、希甫二孙。介繁喜读书、藏书，曾作《邓尉读书图》。邓尉即邓尉山，在苏州城西南三十公里。介繁、介祉兄弟继承了奕隽部分藏书，加之自己努力，在藏书史上均有一定影响。"关于'桐西书屋'为何人藏书处，尚有不同意见。林申清认为这是潘介繁的藏书处，但潘景郑却认为这是介繁弟介祉的藏书处。……潘景郑为潘介繁、介祉的族孙，且曾收有两家藏书，其说有一定影响。今也有人认为是潘介祉藏书室名的。但实际上潘景郑在这里是误记了。"[②]潘祖荫、潘介繁为从兄弟，汪士钟儿媳为潘祖荫姑母，故介繁得杨钞《支遁集》亦在情理中。

　　"无相自在室主人觉元"或为许樾身。《许乃钊乙丑日记》二月小建己卯初二日戊辰云："荫庭奉官将军委运扬盐……税额有无额减。"注云："荫庭：许樾身，字荫庭，号榴仙、息安，后称无相自在室。"十一月大建戊子十六日丁丑云："重庆信局寄到……并附到恒斋九月十九安禀一件，又无相自在室禀一件……又董福禀一扣。"[③]

---

① 唐圭璋编：《词话丛编》，第2887页。
② 江庆柏：《近代江苏藏书研究》，合肥：安徽文艺出版社，2000年，第263页。
③ 国家清史编纂委员会编，宋建昃、王雪迎点校，孙昉等整理：《晚清文献七种》，济南：齐鲁书社，2014年，第488、512页。

　　樾身法名灵虚,出自杭州横河桥许家,"同治二年(1863)蒙城解围案内奉旨开复以知县用,同治四年(1865)三月克复常州案内尝换花翎嗣加捐道员分省补用,并加二品顶戴"①。齐学裘《劫余诗选》卷五《焦山喜晤许荫庭_{樾身}太守》云:"许子豪迈人,多才复多技。习射穿杨叶,为文证秋水。酒酣耳热时,慷慨谈世事。高歌泣鬼神,睨笑怜狐媚。每因儿女情,数下英雄泪。晨昏奉庭闱,避地居吕四。……顷闻吾婿_{于汉卿}言,知君修净业。"②此前有《九月十二日焦山访芥航开士于定慧寺方丈作诗赠之》《甲子九月十二日游焦山喜晤吴平斋_云观察歌以赠之》二诗,则齐、许焦山(相传东汉处士焦先隐此)晤面亦当在甲子(1864)九月十二日前后。至迟在光绪三年(1877),许樾身全家迁往苏州,住在华阳桥平江路直北楼门内。上海东本愿寺僧松江哲贤《李舟日记》云:"许在苏州人称他为许大菩萨。其邸内装饰宛如佛殿。为张常惺、沈善登等之头领。张的费用皆由许出。许的兄长许樾身在北京位居军机大臣之职,息庵则毫无入世之念。"③

　　樾身笃信佛教,为金陵刻经处创始人之一,同光年间多次施资金陵刻经处刻印佛典,又是当时扬州、苏州学佛团体的领军人物,曾刻明释真可《紫柏老人集》二十九卷、《圜中语录》一卷,今存南京图书馆、复旦大学图书馆。杨钞《支遁集》留有无相自在

---

① 吴仁安:《明清江南望族与社会经济文化》,上海:上海人民出版社,2001年,第20页。

②《续修四库全书》第1531册,第418页上。

③〔日〕高希贤正:《东本愿寺上海开教六十年史》,上海:东本愿寺上海别院发行,1937年,第59页,转引自罗琤:《金陵刻经处研究》,上海:上海社会科学出版社,2010年,第106页。按:"许的兄长许樾身"误,当为"许的兄长许庚身"。

室主人印章，亦在情理之中。俞樾《许荫庭观察挽联》序云："观察乃恭慎公之胞弟，生平笃好内典，年六十六而卒。"挽联云："古稀将届未满四龄，如何慧业已终佛坐催归大弟子；恭慎云亡甫逾两稔，谁料德星又陨乡间顿失老成人。"[①]兄庚身卒后甫逾两年，即光绪二十一年（1895）樾身亦卒，享年六十六岁。

莫棠谓光绪辛卯（1891）得杨钞《支遁集》于苏州，则应在潘、许二氏后。莫棠[②]，字楚孙、楚生，贡生，祖与俦，父祥芝，伯父友芝。曾国藩《翰林院庶吉士遵义府学教授莫君墓表》云：

> 君讳与俦，字犹人，一字杰夫，贵州独山人。先世居江南上元县，有名先者，明弘治时从征都匀苗，因留守家焉。……道光二十一年（1841）七月二十二日卒官，春秋七十有九。……子九人：希芝；次殇；次方芝，州学增生；秀芝；友芝，辛卯科举人；庭芝，拔贡生；瑶芝、生芝，州学附生；祥芝，湖南候补县丞。[③]

莫棠游宦两广十余年，官至广东韶州知府，晚年寓居苏州，藏书富足一时，藏书楼有"铜井文房""文渊楼"等，著有《铜井文房书跋》。"独山莫氏收藏经籍记""莫氏秘笈""莫棠楚生父印"

---

① 〔清〕俞樾：《春在堂全书》第5册《楹联录存四》，南京：凤凰出版社，2010年，第663页上。

② 《莫友芝日记》同治四年（1865）八月初二日甲午云："阴，大北风，中夜雨。丑正舍弟举一偓，命之曰棠。"（〔清〕莫友芝著、张剑整理，南京：凤凰出版社，2014年，第155页）丑时为1点至3点，丑正即2点。张元济《黄丕烈校本〈贾子新书〉跋》云："戊辰（1929）秋，友人莫楚生殁于苏州。不数月而藏书尽散。"（《张元济全集》第十卷《古籍研究著作》，北京：商务印书馆，2010年，第140页）

③ 〔清〕曾国藩著，王澧华校点：《曾国藩诗文集·文集》卷三，上海：上海古籍出版社，2005年，第308—310页。

为其藏书印。潘氏藏书颇有为莫棠所得者。叶德辉壬戌（1922）上
元后一日撰《明宋学士文粹跋》云：是书为吾友莫楚生观察所藏，
出以共赏，并出《续文粹》十卷，亦汪、潘二家旧藏。"①莫棠去世
后，所藏书被书贾柳蓉邨收去，同时藏书家丁初我、刘公鲁、徐乃
昌、潘承弼（字景郑）、傅增湘等也购得不少。

　　"彦均室藏"为潘承谋藏书印。王欣夫《松崖读书记·辑例》
云："是编之辑，时历十年，所据各本，除自藏外，多假之同好执
友，如……吴县潘氏承谋彦均室……用志卷首，以示不诬。"②承
谋，"字聪彝，号轶仲，行一，同治甲戌年（1874）八月初一日吉时
生，江苏苏州府吴县附监生，民籍，祖籍安徽徽州府歙县。……五
世祖奕隽……嫡堂叔祖介繁……"③光绪二十三年（1897）顺天
副贡，官农工商部员外郎，著有《瘦叶词》。潘承厚（号博山）、潘
承弼继承潘祖同竹山堂全部藏书，并留意三松堂失散的书籍，其
他如曹元忠笔经室、莫棠铜井文房、孙毓修小绿天等家藏书，潘
氏兄弟所得亦不少。潘景郑《明弘治活字本古贤小字录》云："此
本为吾族桐西书屋旧物，未知何时流入独山莫氏铜井文房，有楚
生先生朱笔题识。"④潘承谋得杨钞《支遁集》背景当与此同。

　　一字斋云云当是流传过程中所题。"一字斋"在明钞本中时
见。南京图书馆藏明钞元大德刊刘黻《蒙川先生遗稿》卷九《赞

① 叶德辉：《郋园山居文录》卷上，《叶德辉诗文集》（一），长沙：岳麓书
　　社，2010年，第412页。

② 王欣夫撰，鲍正鹄、徐鹏标点整理：《蛾术轩箧存善本书录》下，上海：上
　　海古籍出版社，2002年，第1321页。

③ 来新夏主编：《清代科举人物家传资料汇编》第46册，北京：学苑出版
　　社，2006年，第253—255页。

④ 潘景郑：《著砚楼书跋》，上海：古典文学出版社，1957年，第207页。

铭·贾镕境墓志铭》惟有篇题，题下注曰：“天台林主簿南材录
至。”另起一行曰：“以下蠹蚀不能录，俟有他本，以待后日。”又
另起一行曰：“一字斋记。”①日本大仓文化财团藏一字斋写本
《蒙川先生遗稿》十卷之一册，“卷中有一字斋主人朱笔校改并
手识文”②。《静嘉堂秘籍志》卷三一《集部·别集类一》著录一
钞本石崇撰《金谷集》，案云：“卷末有某氏跋，云：‘《金谷集》一
卷，乃慈公何先生借抄，云得自越客者。并有《沈休文集》一册。以
书近二三百叶，姑舍以俟后日。崇祯四年（1631）秋九月十三日，虚
舟子笔于一字斋中。’”③慈公何先生即何大成，常熟人，藏书处
名娱野园。复旦大学图书馆藏明末曹氏书仓钞本《白莲集》十卷，
“卷十终有柳佥跋语，并缀‘天启七年（按：1627）仲冬，借绿斐
堂抄本录于一字斋中，虚舟子记’之语”④。曹氏书仓为曹学佺室
名。柳佥，字大中，号安愚，别号味茶居士，吴县人，隐居不仕，活
动于正德嘉靖间，性惟嗜书，藏书处曰清远楼，搜罗钞校甚夥，开
影钞本风气之先。绿斐堂或为菉斐堂。菉斐堂乃明末常熟冯廷章书
斋名。此钞本《金谷集》《白莲集》题识一字斋之主人乃虚舟子。
杨仪外孙莫是龙号虚舟子。前云杨仪去世后一部分藏书归莫氏城
南精舍。是龙，字云卿，后字廷韩，号秋水，又号后朋、玉关山人、虚
舟子等，华亭（今上海市松江区）人，生于嘉靖十六丁酉年（1537）

---

① 参祝尚书、范金晶：《谈〈蒙川遗稿〉十卷、四卷之关系》，周裕锴主编：
《新国学》，成都：四川大学出版社，2016年，第200页。
② 严绍璗：《日藏汉籍善本书录》下册，北京：中华书局，2007年，第1591页。
③ 〔日〕河田罴撰，杜泽逊等点校：《静嘉堂秘籍志》，上海：上海古籍出版
社，2016年，第1202页。
④ 潘定武：《〈白莲集〉版本考述》，鲍恒主编：《古籍研究》，合肥：安徽大
学出版社，2013年，第29页。

七月六日，卒于万历十五丁亥年（1587）七月初旬，卒年五十一①。如此，于一字斋笔录之虚舟子当非莫是龙。

　　与"一字斋主人"高仿，传世钞本《支遁集》中又有题名"一字主人"者。中国国家图书馆藏马钟琇钞《支遁集》二卷，下卷卷末附录谢安《与支遁书》后依次有一字主人、震泽叶弈、箸羲题识。马氏钞本叶弈题识与前揭崇祯己巳云云全同。叶弈题识前、谢安《与支遁书》后有一字主人题识，云："崇祯庚午三月一字主人记。"叶弈题识后为箸羲红字题识，云："丙午十一月十八日夜十二钟一刻校毕，是夜月色甚好。箸羲识于京庽。"此钞本《支遁集》目录前有"从翰文斋假得底本影钞"一行红字题识②。马钟琇，字仲莹，号箸羲，河北廊坊市安次区人，藏书家③。翰文斋光绪十二年（1886）开业，主人韩俊华，字星垣，又号心源，河北衡水人。二十一年，韩俊华去世，翰文斋由其子韩林蔚接续经营。翰文

---

① 莫秉清《傍秋庵文集》卷二《家传》云："秋水公，名是龙，字云卿，后以字行，更字廷韩，亦字后朋，生嘉靖丁酉……卒年五十一，疾革时，尚与友人对弈，已较胜负，收其子，翛然而逝。……公襁褓时即丧杨安人，外王父五川公抱之归海虞。比长，间岁一归，故公微操吴音。五川公名仪，官宪副，多蓄异书古玩，暮年得子且不慧，故悉以付公。"（沈云龙编：《明清史料汇编》八集第八册，台北：文海出版社有限公司，1973年，第163—165页）莫是龙《石秀斋集》卷六《五言律诗》有《余生辰七月六日友人朱孟所欢宋姬以丝履见赠》一诗（《四库全书存目丛书》集部第188册，第456页下）。冯梦祯《快雪堂日记》卷四七《丁亥》云："廷韩以七月初旬弃人间矣。"（《四库全书存目丛书》集部第164册，第669页下）

② 参见王京州：《〈支遁集〉版本叙录》，《古籍整理研究学刊》，2014年第3期，第25—29页。受京州兄大文启发，笔者赴国家图书馆北海馆查阅目验并复制了马钟琇钞本相关部分。

③ 参见马重韬：《马钟琇先生》，中国人民政治协商会议河北省廊坊市委员会学习文史委员会编：《廊坊文史资料》第六辑，1996年，第106—107页。

斋实力雄厚，收售善本、钞本、孤本甚夥①。丙午（1907）十一月
十八日夜，马钟琇将其钞自翰文斋一字主人钞本《支遁集》与底
本校毕。马氏影钞本叶弈题识在一字主人题识后，当是翰文斋藏
底本如此。若然，则叶题当在庚午年（1630）八月二日，一字主人
亦当为其舅氏之号。谢安《与支遁书》亦当为一字主人即叶弈舅氏
所附录。或以谢安此书非支遁作品，故徐榦刊刻时将之连同一字
主人题识一并删去。次年十月舅氏又为叶氏印写《张蠙诗集》。上
海图书馆藏明末钞本《张蠙诗集》有叶跋，云："崇祯四年辛未十
月，舅氏伯仁从柳大中钞本为余印写，校时改正十字。十三日夜，
叶弈记于南坛之书室。"②叶氏舅父字号或为伯仁。然伯仁是否
有一字斋则诚难确定。

3. 叶弈（一字主人、周星诒、李盛铎、马钟琇）钞本

据林传芳《支遁传考略》注五四，日本龙谷大学藏有叶奕
（弈）编《支遁文集》二卷抄本③。光绪时徐榦刊印叶弈钞《支遁
集》，收入《邵武徐氏丛书初刻》，并附蒋清翊辑《支遁集补遗一
卷》。《丛书集成续编》曾影印此本（见台湾新文丰出版公司本第
122册，上海书店本第98册）。

叶钞本底本为秦四麟旧藏七桧山房钞本。徐榦于叶弈题识
后识云："归安陆氏藏有崇祯间钞本，因辗转写得之。"④归安即
今浙江湖州市，陆氏为陆心源。心源，号存斋，曾藏崇祯间叶弈钞

①　参见萧新祺：《琉璃厂最古老的书店——翰文斋》，载中国人民政治协商
　　会议北京市委员会文史资料研究委员会编：《文史资料选编》第四十辑，
　　北京：北京出版社，1991年。
②　沈津：《书城挹翠录》，第179页。
③　张曼涛主编：《现代佛教学术丛刊》第13册，第86页。
④　《丛书集成续编》第122册，第344页。

《支遁集》。《皕宋楼藏书志》卷六七《集部·别集类一·支遁集二卷》云："旧抄本,季沧苇旧藏。"①陆氏此藏为傅以礼所赠。

"傅以礼,字节子,原名以豫,字戊臣,号小石,别署节庵学人,会稽人,大兴籍,父士奎,兄以绥,已有传。以礼少习举业,而不得志于有司。性好聚书,并嗜金石,收藏之富,几与孙氏平津馆相埒。咸丰辛酉之难,散佚殆尽……光绪廿四年(1898),卒于福州,年七十二。"②光绪十七年(1891),傅以礼代理福州知府,二十年任福建舆图局提调,藏书处曰长恩阁,编有《长恩阁书目》四卷,撰《华延年室题跋》二卷。俞人蔚宣统元年(1909)排印本《华延年室题跋》卷中《支道林集》云:

> 其散佚由来旧矣。至明嘉靖中,始有苏州皇甫涍辑本二卷刊行。明人征引载籍,往往不著出处。一时遂诧为秘笈,互相传写。钱氏《述古堂书目》《读书敏求记》所收,及阮氏依汲古阁旧藏过录进呈者,皆皇甫本也。……此本为明季旧钞,末有崇祯庚午震泽叶氏手识。曾经泰兴季氏收藏,卷首有"季振宜印""沧苇"两朱记。同治壬申冬从福州陈氏购得。陆存斋

---

①〔清〕陆心源撰:《皕宋楼藏书志　皕宋楼藏书续志》,北京:中华书局,1990年,第755页上。陆氏全录叶弈手跋,云:"崇祯己未得是集曹生,舅氏为余录就。八月二日晚,李涵仲偕余对勘一过。原本乃嘉靖乙未七桧山房钞,为景阳主人旧籍,五川居士校,各有印。五川居士氏杨,字梦羽,官礼部员外郎。震泽叶弈。"(第755页下)按:"崇祯己未"误,当作"崇祯己巳";徐翰刊本"李涵冲"或当作"李涵仲",《皕宋楼藏书志》卷六七《别集类一·贞白先生陶隐居集一卷》录叶弈记亦作"李涵仲"(第765页)。

②绍兴县修志委员会辑:《绍兴县志资料》第一辑《人物列传》,《中国方志丛书·华中地方》第五三八号,台北:成文出版社有限公司,1983年,第3026页。

观察见而爱之，因辍赠焉。①

傅氏云明嘉靖中始有皇甫涍辑本二卷刊行不确，前揭都穆藏及杨钞《支遁集》无疑在其前，二卷应为一卷；"钱氏《述古堂书目》《读书敏求记》所收，及阮氏依汲古阁旧藏过录进呈者，皆皇甫本也"亦误，详后。佐之以前揭马锺琇钞本，可知傅氏所谓崇祯庚午（1630）震泽叶氏手识之语甚当。俞人蔚云其外祖傅氏："同时交游若杭州丁大令丙、湖州陆观察心源，以藏书雄海内。而会稽赵大令之谦、李农部慈铭、仁和魏盐尹锡曾、祥符周太守星诒，又皆一时方闻之彦。公与诸子方驾联镳，邮问往来无虚日。每得珍椠佳本，秘笈精钞，辄彼此饷遗，互相赏析。由是所见益富，而考证亦精。"②同治壬申（1872）冬，傅以礼从福州陈氏购得季振宜旧藏叶钞《支遁集》，后转赠给陆心源。

　　李盛铎曾传录一字主人崇祯庚午钞本《支遁集》。《木犀轩藏书题记及书录》卷四《集部·别集类·汉至唐》云："【支遁集】二卷〔晋释支遁撰〕抄本〔清光绪三十一年（1905）木犀轩传录明崇祯三年（1630）抄本〕……末录谢安《与支遁书》，后题'崇祯庚午〔三年·1630〕三月一字主人记'。盖从明抄传录。"③是书

① 国家图书馆编：《国家图书馆藏古籍题跋丛刊》第15册，北京：北京图书馆出版社，2002年，第638页。按：俞本《华延年室题跋》分上、中、下三卷。前二卷为《华延年室题跋》，中卷末附傅以礼子栻《蒇庐题跋》及丁震手书、陈三立撰《俞鸣斋先生及配夫人墓志铭》及丁震撰《华延年题跋书后》；卷下为《残明大统历》及《残明宰辅年表》。

② 《华延年室题跋》卷中俞人蔚志，国家图书馆编：《国家图书馆藏古籍题跋丛刊》第15册，第733页。

③ 李盛铎著，张玉范整理：《木犀轩藏书题记及书录》，北京：北京大学出版社，1985年，第253页。

〔〕内文字为整理者增补。或因难明谢安《与支遁书》究为一字主人从他处辑录，抑或其所见明抄《支遁集》后已附录，故李氏惟云"盖从明抄传录"。盛铎，字椒微，号木斋，德化县东乡潭家畈（今江西九江市廉溪区桂花镇谭畈村）人，近代四大收藏家之一，藏室名木犀轩。木犀轩藏书后由北京大学收藏，李氏传录《支遁集》即藏于北京大学图书馆。此《支遁集》封面题曰"乙巳夏钞藏，癸丑冬重装。盛铎记"，卷下卷末附录谢安《与支遁书》后题曰"崇祯庚午三月一字主人记"[①]。乙巳即1905年，癸丑即1913年。与马钟琇钞本相校，臆测二氏所据底本均为叶弈舅氏伯仁钞本，惟李氏钞本脱叶弈题识，马氏钞本卷下目录误"首立菩萨赞"为"百立菩萨赞"，难明为钞误，抑或所见本即如是。

　　中国国家图书馆又藏常熟翁氏旧藏《支遁集》，每半页九行行十八字，扉页标识"传录五川居士本"，题作"支遁文集"，卷末亦录谢安《与支遁书》一篇，题识"丙寅中冬初一日灯下录于杨桥巷儆舍。曼嘉"[②]。翁氏藏书始自翁心存收同邑陈揆稽瑞楼藏书。心存，字二铭，号遯庵，常熟人，道光二年（1822）进士，官至体仁阁大学士，卒谥文端[③]。翁心存藏书室曰知止斋，子同书、同龢继承其藏书。翁同书所继承藏书经四世守藏，于1950年前后由其四世孙翁之

---

① 河南师范大学文学院郝凯利老师在北京大学攻读博士学位期间，征得管理人员同意代为拍摄了李盛铎传录《支遁集》封面和卷末一字主人题识页，同时又抄录了支遁诗文目录。在此特表谢忱！

② 参见王京州：《〈支遁集〉版本叙录》，《古籍整理研究学刊》，2014年第3期。笔者亦于国家图书馆北海馆查阅目验并复制了此二页。

③ 翁心存生平详参缪荃孙：《续碑传集》卷四《咸丰朝宰辅》陈澧《体仁阁大学士赠太保翁文端公神道碑铭》、杨彝珍《体仁阁大学士翁文端公神道碑铭》、孙衣言《体仁阁大学士赠太保文端翁公墓志铭》，周骏富辑：《清代传记丛刊·综录类四》，第115册，第230—249页。

熹捐赠中国国家图书馆。曼嘉传录《支遁文集》当为其中之一。曼嘉，为周星诒字。星诒，一字季贶，号巳翁，一号窳翁，官福建建宁府知府，晚年挈子妇依适女儿周萱（即冒广生之母），居苏州，命其斋为窳櫎，有《窳櫎诗质》一卷，《勉熹词》一卷，《窳櫎日记钞》三卷[1]。孙诒让《窳櫎诗质跋》云：

> 先生昆弟五人，咸以高文邃学名重一时，而季弟季贶先生，学尤淹洽，喜收藏异书，箸录数万卷，多宋、元旧椠，及乾嘉诸老精校善本，三荣郡斋不是过也。先君曩官江东，季贶先生亦需次闽中，时驰书从先生借钞秘籍，辄录副见寄，手自理董，丹黄杂沓，精审绝伦。诒让尝与校读，每伏案钦诵，以为抱经、荛圃未能专美。[2]

星诒建书钞阁、传忠堂藏之，以生于道光癸巳镌"癸巳人"一印，手编《窳櫎藏书目》一册及《书钞阁行箧书目》二册。1936年罗振常补正、刊削周氏藏书目，题名《传忠堂书目》石印刊行。是书卷四《集部·支遁集一卷外集一卷—册》云："晋释支遁撰，钞本。"[3] "周氏在福建期间，也经常流连于大街小巷，搜求散落零本孤帙，《敏求记》'圣宋皇祐新乐图记三卷'条眉批云：'星诒于

①周星诒生平详参李时灿：《中州先哲传·文苑》（国家图书馆编：《中国古代地方人物传记汇编》第102册，北京：北京燕山出版社，2008年），郑伟章：《文献家通考（清—现代）》中册（北京：中华书局，1999年，第1044—1048页）。
②许嘉璐主编，雪克点校：《孙诒让全集·籀庼述林·附录》，北京：中华书局，2010年，第362页。
③《丛书集成续编》第5册，第391页上。

丙寅冬初，在福州南后街书肆得一影写本，甚精好。'"①丙寅中冬，即同治五年十一月。杨桥巷，"在南大路之西，通往南后路，与东街相对，宋时称右通衢，以东街称左通衢也。一名丰盈坊。旧有登俊坊，固又名登俊里。通称杨桥巷，以巷西有雅俗桥，俗呼杨桥也"②。同治五年十一月初一日（1866年12月7日），周星诒在福州杨桥巷租赁屋内灯下钞录《支遁集》及谢安《与支遁书》。

周星诒钞、傅以礼购《支遁集》均附录谢安《与支遁书》，疑皆为叶奕钞本，周氏钞本扉页题"传录五川居士本"或误。陆氏得叶钞《支遁集》于傅氏，据前揭傅以礼题跋、《皕宋楼藏书志》，是本曾为季振宜收藏。振宜，字诜分，号沧苇。《季沧苇藏书目·宋元杂板·文集》云："支道林、石崇、清虚子集。"注云："一本。"③

叶奕从弟叶石君亦钞《支遁集》。据前揭莫棠跋"近人有藏叶石君抄本者，亦据此本校过"④。叶万，字石君，又名树廉，号潜夫，性嗜书，传是楼徐乾学作有《叶石君传》（详下）。其《金石文随录·自序》云：

> 崇祯己卯岁，余年二十有一。初冬，同冯己苍及从兄林宗游西洞庭，寓于包山之天王殿。……辛卯，己苍遭王龙标之祸□死而非其罪。癸巳，祖德病色死。戊戌，祖仁以继母故不容于父，抑郁而死。乙巳，林宗因一媳一孙之不肖，愧怒而死。定远多读古，善诗能书，穷且老，不谐于世，癸亥冬死，病榻

① 李军：《周星诒藏书事迹征略——以〈书钞阁题跋〉及周批〈读书敏求记〉为主》，《书目季刊》，2009年3月第四十二卷第四期。
② 林家溙：《福州坊巷志》，福州：福建美术出版社，2013年，第112—113页。
③《续修四库全书》第920册，第620页上。
④ 沈津：《书城挹翠录》，第159页。

萧然，犹以黑纸白字展玩，知其好矣。①

此谓叶奕子名祖德、祖仁，又异于此前吴定璋、钱龙惕所言。叶石君钞本亦称叶钞，钞本格纸左栏外下方有"朴学斋"三字。孙从添《藏书记要》第三则《钞录》云："余见叶石君钞本，校对精严，可称尽美。"第四则《校雠》又云："古今收藏书籍之人，不校者多，校者甚少。惟叶石君所藏书籍，皆手笔校正，临宋本、印宋钞，俱借善本改正，博古好学，称为第一。叶氏之书，至今为宝，好古同嗜者赏识焉。"②

4.冯知十、毛扆、阮元、刘喜海钞本

《支遁集》又有冯钞本。赵万里撰集《国立北平图书馆善本书目》卷四《集部·汉魏六朝别集类·支遁集二卷》云："晋支遁撰，冯彦渊家抄本。"③王重民《中国善本书提要》集部三别集类《汉、魏、六朝·支遁集二卷》云：

> 晋释支遁撰，卷内有："冯氏藏本"、"大冯君"、"知十印"、"冯彦渊读书记"、"范印承谟"、"谦牧堂藏书记"、"汉阳叶名澧润臣甫印"、"叶氏珍藏秘笈"、"叶印志诜"、"居汉之阳"、"东郡杨绍和字彦合藏书之印"等印记。按冯知十字彦渊，常熟人，复京季子也。是编上卷诗十八首，下卷书铭及赞十五首，与阮元进呈本同。阮氏据汲古阁本过录，而

①王国维撰，王亮整理：《传书堂藏书志》卷二，上海：上海古籍出版社，2014年，第461—462页。
②《丛书集成新编》第2册，第754页下、第755页上。
③《旧京书影——（1933年）北平图书馆善本书目》，北京：人民文学出版社，2011年，第861页下。

冯、毛有姻娅之联，则两本或同出一源也。

《唐·追昔游诗三卷》云：

　　　　一册　　与《支遁集》合订。……卷内有："冯彦渊读书记"、
"冯彦困收藏记"、"知十印"、"冯印长武"、"窦伯父"、
"海滨渔父"、"谦牧堂书画记"、"汉阳叶名琛名澧同读过"、
"东郡宋存书室珍藏"等印记。卷末有冯武题记；武，知十长
子也。时在康熙二十六年矣。其题记云：
　　　　　　太岁丁亥腊月望夜，取校汲古阁本。与此本同。明故海虞
烈士彦渊冯公遗书，长子武藏。①

《支遁集》冯钞本与汲古阁钞本同出一源，此源即是杨钞本。阮
元曾过录汲古阁钞本，并撰有提要。《揅经室外集》卷二《支遁集
二卷提要》云："《读书敏求记》及《述古堂书目》作二卷。知缺
佚多矣。是编依毛扆汲古阁旧钞本过录。上卷诗凡十八首，下卷书
铭及赞凡十五首。"②《述古堂书目》载《支遁集》实为一卷，详
后。中国国家数字图书馆中华古籍资源库有此冯钞《追昔游诗》
《支遁集》二书影像版，然不见王氏提要所云冯武题记及多数印

---

① 王重民：《中国善本书提要》，上海：上海古籍出版社，1983年，第493、
　507页。
② 〔清〕阮元撰，邓经元点校：《揅经室集》，北京：中华书局，1993年，第
　1215页。按：阮元任浙江学政、巡抚时，着力搜访凡宋元以前为四库未收、
　存目未载之书，共得一百六十余种。所收各书均据旧本仿《四库全书》款
　式精钞影写，每书撰一提要。嘉庆时，阮元将书与提要一并上奏朝廷，仁
　宗赐名"宛委别藏"，后被运往台湾。1981年台湾商务印书馆将其全部影
　印出版，1988年江苏古籍出版社据之影印。毛钞《支遁集》因之流布。

记，当非全璧。韦力撰《批校本》刊有一副书影，题云："《支遁集》二卷，晋释支遁撰，明末苏州冯氏抄本，清顺治四年冯武手校并跋。"①书影上冯武题跋清晰可辨，与王氏所云同。"太岁丁亥腊月望夜"，即顺治四年（1647）腊月十五日夜。书影上藏印自右至左、自上至下依次为"冯长武印""窦伯父""东郡宋存书室珍藏""壶中天""花丛""海滨渔父""国立北平图书馆收藏""汉阳叶名琛名澧同读过""兼牧堂书画记""知十印""冯彦困收藏记"。王氏所谓"谦牧堂书画记"当作"兼牧堂书画记"，除"壶中天""花丛""国立北平图书馆收藏"三印外均为前揭《追昔游诗三卷》提要言及。韦著书影或来自国家图书馆藏《追昔游诗三卷》卷首或卷末，因《支遁集二卷》《追昔游诗三卷》合订，故王、韦二氏言之有别。

　　冯知十，字瞻淇，又字彦渊，常熟人，复京②季子，长兄舒，次兄班，皆酷嗜收藏兼善钞书，家有空居阁、孱守堂等藏书楼。"乙酉（1645）七月十三日，知十死于兵。"③藏书印有"冯氏藏书""冯彦渊图书记""知十印""彦渊收藏""冯彦渊读书记"等。王文进《文禄堂访书记·支遁集二卷》云："明冯己苍钞本。半叶九行，行十八字。黑格。左栏外刊'冯氏家藏'四字。有'宋本'印、'冯氏藏本'、'冯彦渊读书记'、'范承谟'、'徐元梦'、

① 韦力：《批校本》，南京：江苏古籍出版社，2003年，第13页。
② 钱谦益《冯嗣宗墓志铭》云："君讳复京。世为常熟人，国初戍怀远卫，高祖讳玘，官御史，弘治中疏请归故籍。祖讳梁，父讳觉，皆不仕。妻盛氏，生三男子：舒、伟节、知十。天启二年卒，年五十。"（〔清〕钱曾笺注：《钱牧斋全集》第2册《牧斋初学集中》卷五五《墓志铭六》，第1378页）
③〔清〕高士玑、〔清〕杨振藻修、〔清〕钱陆灿等纂：《康熙常熟县志》卷二〇《文苑·冯复京》，《中国地方志集成·江苏府县志辑》第21册，第492页下。

‘陈浩’、‘叶志诜’、‘东郡杨绍和字彦合’、‘聊城杨氏’、‘宋存书室珍藏’印。"①冯舒，字已苍，号默庵，与弟班并称二冯②，有"上党大冯收藏图籍"印。王氏或以"大冯君"为冯已苍藏书印。《藏园群书经眼录·子部一·中论二卷》云："冯武朱笔题识。黄丕烈手跋。钤有‘大冯君’、‘冯氏藏书’、‘冯长武印’、‘窦伯’……"③冯武，知十长子，一名长武，字窦伯，号简缘。冯钞《支遁集》现存台北"中央"图书馆，北京中国国家图书馆藏有缩微胶卷。国家图书馆出版社2013年出版《原国立北平图书馆甲库善本丛书》第六四九册收有此本④，亦无前揭韦著所收书影。

谦牧堂为明珠次子揆叙室名。揆叙，又名容德，字恺功，号惟实居士，官至左都御史，卒谥文端。王掞撰《皇清诰授光禄大夫经筵讲官起居注议政大臣都察院左都御史兼翰林院掌院学士事教习庶吉士管佐领事加七级谥文端揆公墓志铭》云：

> 始祖星根达尔汉，据纳兰部，因氏焉。五传讳扬家努，为公高祖；讳金太石，为公曾祖；讳倪迓汉，公之祖也。世为业

---

① 王文进：《文禄堂访书记》卷四，上海：上海古籍出版社，2006年，第245页。

② 参陈望南：《海虞二冯研究》，广州：中山大学出版社，2011年，第20—25页。

③ 傅增湘：《藏园群书经眼录》卷七，北京：中华书局，1983年，第550页。

④ "九一八"事变后，国立北平图书馆将甲库善本转移至上海租界。太平洋战争爆发前夕，为使南迁存沪善本免遭日寇劫掠损毁，时任馆长袁同礼通过当时驻美大使胡适与美国政府斡旋，决定将存沪善本寄存美国国会图书馆，以允其摄制显微胶卷作为酬报。2013年7月中国国家图书馆以运台胶卷为主，以馆藏原甲库善本为辅，除去《中华再造善本》已影印者，遴选版本优良的甲库善本，汇编为《原国立北平图书馆甲库善本丛书》出版。

黑国王。……入本朝，国除。倪迟汉以佐领，累赠光禄大夫。夫人墨尔齐氏，累赠一品夫人。生子太子太师明公，公之考也。……公贮书最富，凡锓刻无本者，辄令人钞录，大半皆手经丹椠。……公生于康熙甲寅（1674）二月二十四日寅时，卒于丁酉（1717）正月初七日辰时，年四十四岁。[①]

明珠父子俱好藏书，藏书室有通志堂、谦牧堂，藏书印有"谦牧堂藏书记""兼牧堂书画记"等。揆叙编有《谦牧堂藏书目》，刘喜海味经书屋曾刊印此书目。喜海，字燕庭（一作燕亭），又字吉甫，诸城（今山东诸城市）人，嘉庆二十一年（1816）举人，官至浙江布政使，署巡抚，著名金石学家、藏书家，藏书处名嘉荫簃、味经书屋、清爱堂、金石苑，藏书印有"东武刘氏味经书屋藏书""清爱堂""嘉荫簃藏书""文正曾孙""喜海""燕庭藏书"等。中国国家图书馆藏味经书屋校钞《支遁集》二卷，钤有"嘉荫簃藏书"印，卷末钞阮元《四库未收书提要》之《支遁集二卷提要》，识云："右阮中丞元所进《四库遗书提要》一首，喜海录出附于本集后，以备参考。""此《支遁集》钞本盖从冯氏家藏本转抄。冯彦渊钞本《咏怀诗》其三所脱'晞阳熙春圃，悠缅叹时往。感物思所托，萧条逸'一行，此本沿之。"[②]味经书屋校钞《支遁集》底本即冯钞《支遁集》。

范承谟，沈阳人，大学士文程次子，顺治九年（1652）进士，

---

① 中国文物研究所、陕西省古籍整理办公室编：《新中国出土墓志》（北京〔壹〕下册），北京：文物出版社，第335—336页。
② 王京州：《〈支遁集〉版本叙录》，《古籍整理研究学刊》，2014年第3期，第28页。笔者亦于国家图书馆寓目味经书屋校钞《支遁集》，所引刘氏识即寓目所见。

官至福建总督。郭棻《范忠贞公传》云："公讳承谟，字觐公，号螺山，文肃公仲子也。沈毅英敏，期抱伟岸。年十七，充侍卫。顺治八年辛卯（1651），诏八旗茂秀子弟应制科，遂登贤书。明年，成进士，改庶吉士，读书翰林院，犹间日入侍。"①康熙十三年（1674）三月，耿精忠据福州反，拘絷范承谟于土室。柯汝霖编《范忠贞年谱》十五年丙辰（1676）云："九月，大兵破仙霞关，耿逆将降，冀饰辞免死，忌公暴其罪恶。十六夜，遣逆党害公。……一时同死者，自幕友至隶卒，凡五十三人。贼聚一坑瘗之。"②范承谟被杀后，清廷追赠兵部尚书、太子少保，谥忠贞。王氏所谓"范印承谟"即范承谟藏书印。

"汉阳叶名澧润臣甫印"为叶名澧藏书印。名澧，汉阳人，道光十七年丁酉（1837）举人，官内阁侍读。朱琦《叶中宪君传》云：

　　君讳名澧，字翰源，一字润臣。……赠公志诜，屡举京兆不售，其家多金石，文史博学，能教子。君少与兄名琛并著称，然兄由翰林累官督两广，以抚夷晋男爵，拜大学士。而君当家门贵势鼎盛之时，仅一登丁酉乡荐，为中书舍人，居恒嗜诗，于书无不窥。……君丞思侍亲，以赀出为浙江试用道。中途闻兄丧，邑邑抵浙，病痁，遽卒。是为咸丰九年（1859）八月朔日也，年四十九。③

①〔清〕刘可书编：《范忠贞集》卷一，《景印文渊阁四库全书》第1314册，第5页上。
②《北京图书馆藏珍本年谱丛刊》第82册，第698—699页。
③〔清〕叶名澧撰：《敦夙好斋诗续编》卷首，《清代诗文集汇编》第639册，第219页下。

潘祖荫同治十年（1871）序叶著《桥西杂记》云："叶丈润臣，承家学，拥书数万卷，有志篡述，少以诗名，故群目为诗人。……己庚之间，丈改官赴浙，膺疾遽賷，闻者痛伤。乃不及十年，藏书散尽，遗箸沦诸废纸，已刻诗编亦不知归何所。"①名澧父志诜，兄名琛。

> 叶志诜，字仲寅，号东卿，晚自号遂翁，生有殊姿，夙称慧业。……师翁覃溪学士、刘石庵相国，肆力金石文字，凡三代彝器及古篆籀源流，参以图籍，贯穿六书，搜剔辨证，剖释无滞，虽郑夹漈、赵明诚未能过也。……仕至兵部武选司郎中，清识秉正，吏不能上下手。……同治二年卒于里第，年八十有五。②

志诜师从翁方纲、刘墉，博学好古，精金石考证。叶昌炽云："润臣父东卿先生，名志诜，收藏金石书画甚富。余曾见其家藏印曰'叶志诜及见记'，又有'叶名琛名澧兄弟同鉴定'一印。"③胡凤丹《前太子少保体仁阁大学士两广总督叶公家传》云：

> 公姓叶，讳名琛，昆臣其字也。曾祖廷芳始由江南溧水占籍湖北汉阳，遂为汉阳人。祖继雯，乾隆庚戌（1790）进士，官至刑科给事中，世称云素先生。……辛卯（1831）举于乡，乙未（1835）成进士，授编修。……乙卯（1855）春，上命以

---

① 《续修四库全书》第1181册，第25页下。
② 《民国夏口县志·人物志二·文职·清》，《中国地方志集成·湖北府县志辑》第3册，第197页上至下。
③ 〔清〕叶昌炽：《藏书纪事诗附补正》，第665页。

总督协办大学士。次年，授体仁阁大学士。①

叶氏家多金石书画，"叶印志诜""居汉之阳""叶氏珍藏秘笈""汉阳叶名琛名澧同读过"均为其父子藏书印。

"东郡杨绍和字彦合藏书之印"为海源阁第二代主人杨绍和藏书印。绍和，同治四年（1865）进士，山东聊城人，祖兆煜，父以增。钱仪吉《赠资政大夫陕西巡抚故山东莱州府即墨县学教谕熙崖杨公墓碑铭》云：

> 公姓杨氏，讳兆煜，字炳南，别字熙崖，嘉庆戊午（1798）举于乡，年三十一。后十年，大挑二等。又五年，选授莱州府即墨县教谕……公二子：以增，以坊。以坊入县庠，从公家居；以增登戴兰芬榜进士，为县令，累荐擢官……公卒年七十有一。②

①〔清〕缪荃孙撰：《续碑传集》卷四《咸丰朝宰辅》，周骏富辑：《清代传记丛刊·综录类四》，第115册，第249—251。黄宇和《两广总督叶名琛》引《四国新档·英国档》第1257号1859年8月7日云："迨至九年二月二十日后带去食物已尽，小的们请在彼处添买。主人不允，且云，我之所以不死而来者，当时闻夷人欲送我到英国。闻其国王素称明理，意欲得见该国王，当面理论，既经和好，何以无端起衅，究竟孰是孰非，及冀折服其心，而存国家体制。彼时此身已置诸度外，原期始终其事，不意日望一日，总不能到他国。淹留此处，要生何为，我所带粮食既完，何颜食外国之物。屡经翻译官将食物送来，一概杜绝不用。小的们屡劝不从，于二月二十九日（1858年4月12日）得病不食，至三月初七日（4月20日）戌时病故。临终并无别语，只说辜负皇上天恩，死不瞑目。"（〔澳大利亚〕黄宇和著，区鉷译：《两广总督叶名琛》，北京：中华书局，1984年，第157—158页）

②〔清〕钱仪吉撰：《衎石斋记事稿·续稿》卷九，《清代诗文集汇编》第541册，第622页上至第623页上。

以增,道光二年壬午（1822）进士,官至江南河道总督。杨氏藏书始于兆煜。受其父影响,以增为官之余亦大量收购书籍。任江南河道总督八年间,正值汪士钟等江南大家藏书散出之时,杨以增肆力购藏。杨绍和《楹书隅录初编自序》云:"先端勤公,平生无他嗜,一专于书,所收数十万卷,庋海原阁藏之,属伯言梅先生为之记,别辟书室曰宋存,藏天水朝旧籍,而以元本、校本、钞本附焉。"①绍和为以增次子。张英麟《翰林院侍讲学士杨公墓志铭》云:

公讳绍和,字彦合,又字勰卿,姓杨氏,系出华阴,迁山西洪洞。明初有以军功授临清卫指挥者,遂为山东都司东昌卫右所人。国初改归聊城,民籍。曾祖考讳如兰,议叙州吏目。……已而举同治四年进士,改庶吉士,散馆一等授翰林院编修……光绪元年（1875）十二月二十二日卒,距生于道光十年（1830）十二月二十二日年四十有六。……藏书之富冠于海内,著有《楹书隅录》二十卷,诗文集十二卷。②

绍和为官京师,又值怡亲王府乐善堂、明善堂藏书散出,亦是积极购入。柯劭忞《楹书隅录续编跋》云:"杨氏以藏书为世业,宋椠元钞,集诸家之大成,故藏弆之富,鉴别之审,海内推先生第一,然端勤公之学之传于先生者,世或不尽知也。"③绍和及子保彝不仅世

---

① 〔清〕杨绍和撰:《楹书隅录》,《续修四库全书》第926册,第547页下。
② 〔清〕陈庆蕃修,〔清〕叶锡麟、〔清〕靳维熙纂:《宣统聊城县志·耆献文征》卷又下,《中国地方志集成·山东府县志辑》第82册,南京:凤凰出版社,2004年,第318页下全第319页下。
③ 〔清〕杨绍和:《楹书隅录》,《续修四库全书》第927册,第43页上。

守藏书,而且编纂多种目录。《宋存书室宋元秘本书目》即是绍和于《楹书隅录》《楹书隅录续编》外专记其宋元本及校本、钞本之书目。"东郡宋存书室珍藏"即其藏书印。是书《集部·钞本》云:"旧钞本支遁集一册。"①宋存书室所藏即冯钞本《支遁集》。

　　简言之,都穆藏本、杨钞本、毛钞本、冯钞本均属同一系统,我们称之为二卷本系统。另外,钱曾亦藏有《支遁集》。《读书敏求记》卷四上《集》云:"支遁集二卷。"章钰案云:"述古本今入瞿目。平津馆别有一本,上下卷,诗文篇数均同。"②孙星衍《平津馆鉴藏记书籍·补遗·写本·支遁集二卷》云:"题'东晋沃州山沙门支遁'。前后无序跋。上卷诗十八首,下卷书、铭、赞十五首。钱曾《读书敏求记》有此书。……此是后人掇拾之本。"③章氏所谓"平津馆别有一本"即是此本,与《读书敏求记》所载同,二者即为二卷本系统。

　　(二)刊本

　　清时,二卷本《支遁集》有僧寒石、潘锡恩刊本、徐榦《邵武徐氏丛书》三种刊本。

　　1. 寒石、潘锡恩刊本

　　前云僧寒石钞黄丕烈藏《支遁集》而刊印,潘奕隽为之序。潘《序》先据皎传略叙支遁,次叙支遁集,次论释道非有歧,次论支遁为释氏所宗,次论寒石向往支遁,次叙是集概况及其所缺,末补叙《后汉书·襄楷传》以见后汉时即以老子为佛。云:

①《续修四库全书》第927册,第156页。
②〔清〕钱曾撰,管庭芬、章钰校证:《钱遵王读书敏求记校证》,北京:中华书局,1990年,第183页。
③〔清〕孙星衍著,焦桂美、沙莎标点:《平津馆鉴藏记书籍》,上海:上海古籍出版社,2008年,第144页。

今支硎山有放鹤亭，相传为道林放鹤处也。……道林为释氏所宗，今读所著大抵脱尘滓，尚元同，与《老》《庄》无异。其所云常无为而天下归宗，执大象而天下自往，皆老氏之旨也；其咏怀云涉《老》咍双元，披《庄》观太初，俯欣质文蔚，仰悲二匠徂，则其所得固已自言之矣。寒石寄迹沙门，颐情风雅，所为诗亦翛然有出尘之致，宜其于支公向往不能已也。集分上下二卷，计诗十八首，书一通，铭赞十四首。①

支硎山古称临硎山，位于今苏州高新区（虎丘区）枫桥街道，在古城西二十五里，因山有巨石平坦如磨刀石而以硎名，又因支遁曾居此而名支硎山。同治《苏州府志》卷四〇《寺观二》载石韫玉《吾与庵后记》云："由苏州府治西行一舍有山，曰支硎，晋林公之道场所在也。其旁有静室，曰吾与庵，澄谷大师自天台来，卓锡于此。其地在平陆，四山环之，东望灵岩，西接天平、寒山诸峰，旷如奥如，信方外栖真福地。"吾与庵在支遁道场旁，原名善英庵。乾隆五十九年（1794），澄谷大师驻锡于此，改名吾与庵。林衍源《吾与庵记》云："澄谷上人，本浙江天台人，主持吾苏鲟门外之天宁禅寺有年矣。乾隆五十九年，付其徒某，而自徙居于支硎山之善英庵。上人易去善英，而名之曰吾与，尚未有记。今年春，来属予为之。……今上人名其庵而亦曰吾与，岂真同于夫子之所云耶？亦姑取其意云尔。虽然，上人之心亦可得见矣。"②吾与，

---

① 《续修四库全书》第1461册，第66页下至第67页上。按：序中因避讳改"玄"为"元"字。

② 〔清〕李铭皖等修，〔清〕冯桂芬纂：《同治苏州府志（二）》，《中国地方志集成·江苏府县志辑》第8册，第258页上、第257页下。按：林衍源记末云撰于"乙巳三月"，乾隆五十九年为甲寅，此后嘉庆二年为丁巳，疑"乙巳"乃形近而误，当作"丁巳"。

取意《论语·先进第十一》孔子喟然叹曰"吾与点也"①。澄谷即寒石。寒石刊本卷尾有嘉庆十年（1806）冬十有二月望日陈鳣撰《吾与庵记》，云：

> 方外友寒石长老……即其在吾杭也，希踪南磵，悟道云栖，山光绕佛髻以长青，潭影并禅心而俱净。已而聊为行脚，历遍吴头，担簦茂苑城隅，卓锡天宁方丈。……因小憩于支硎，结一庵曰吾与。……众壑阴晴，浮岚媚妩，养马之坡宛在，放鹤之涧依然，胜留越绝之书，迹著吴都之赋。履苍苔之绣错，古洞门深；对素练之横拖，碧琳泉冽。洵称净域，堪设道场。盖此山以支公道林著，而长老适震其坠宗，继其绝纽，古人可作异世同情已缘是。②

　　寒石，名古风，一名际风，字澄谷，晚号独树老人，今浙江天台县人，俗姓王，寒石为其字或号。张问陶嘉庆癸酉年（1813）作《澄谷和尚七十寿诗》云："法界空灵岁月长，金仙原喜寿无量。清闲才是真禅悦，功德曾开几道场。诗草不随三乘小，昙花能接六朝香。未知饮酒陶彭泽，可许莲台侑一觞。"③据此，寒石当生于乾隆九年（1744）。前揭《苏州府志》卷一三四《释道一·释·国朝》云：

---

① 〔宋〕朱熹：《四书章句集注》，第130页。
② 〔清〕僧寒石刊：《支遁集》附录，中国国家数字图书馆·中华古籍资源库·天津图书馆古籍。
③ 〔清〕张问陶撰：《船山诗草》卷二〇《药庵退守集下·癸酉（1813）》，北京：中华书局，1986年，第550—551页。

古风，一名际风，字澄谷，号寒石，天台王氏子，七龄脱白于禅林寺，十五具戒于国清寺，二十得法于理安渔陆和上，乾隆四十四年来苏，居葑门天宁庵。庵久倾颓，际以和平广大为众所归，不数年，蔚为丛席。为沙弥时，天台齐侍郎目为法器。游杭，与钱塘梁学士为世外交。及来苏，尤为长洲彭进士所重。葑溪开讲，步牒时通。阅六年，退居支硎之吾与庵，题其室曰：倚杖处。江左胜流游吴门者，必造焉。嘉庆十一年冬，浙江抚部清公安泰延主理安，因慨然曰："此祖庭也，不可不往。"开席四年，门庭复振。十六年退归，梁学士书"隐谷归云"四字赠之。际以无师智通内外典，禅诵之余兼事吟咏。入灭，塔于理安寺之侧，钱塘吴锡麒作铭。[①]

渔陆即实月，俗姓李，金陵人，法字智朗，号渔陆，住持理安寺，大振临济宗风。乾隆四十四年（1779），寒石到苏州，居城东葑门天宁庵。

吴锡麒《有正味斋骈体文续集》卷八《塔铭·理安澄谷大师生塔志铭》云：

生而警悟，踵居士之风……而乃寓怀冲漠，敛迹孤岑，退息支硎，结吾与庵以居焉。诚以役我者物，物谢则我存；织累者心，心空则累绝。仰眺重岫，俯镜清流，萝石开鲜，松霞献藻，不待买山而隐，有时纵鹤而回。邈想余徽，后先相映矣。

---

① 〔清〕李铭皖等修，〔清〕冯桂芬纂：《同治苏州府志（四）》，《中国地方志集成·江苏府县志辑》第10册，第458页。

然而落叶粪本，见反始之心；游云还山，喻知归之义。①

　　前揭《世说新语·赏誉第八》第一百三十六条支遁云见王胡之"警悟交至，使人不得住，亦终日忘疲"，吴锡麒或以此故称许寒石"生而警悟"。

　　《苏州府志》卷三九《寺观一·无隐庵》载石韫玉《无隐庵记》云："嘉庆初，吴令吴公之诚斥去故僧，别选梵行清高者。于是，庵归天台澄谷风公。而风公先为尺木彭居士延主吾与庵，因令其徒涵虚上人分主其地。"②寒石主持天宁庵，以其平和宽厚而为众所归。数年后，天宁庵法席盛大，闻名江浙，人称澄谷大师或寒石大师。乾隆五十九年，寒石将天宁庵付其徒，自己徙居支硎山善英庵，易善英名改曰吾与，题其室曰倚杖处。吴越官宦名流游吴门，多造访吾与庵。黄丕烈嘉庆己巳（1809）四月芒种前一日《寒石上人倚杖吟后序》云："凡春秋佳日，名流逸士游支硎者必款关访之，无论识与不识，上人悉与之晋接，招登见山阁，沦茗清谈，极宾主之欢而散。"③每有诗文，寒石辄加以收藏。"买山而隐""纵鹤而回"二典见出寒石、支遁之神似。嘉庆十一年（1806）冬，浙江巡抚清安泰延请寒石主持理安寺。待其门庭重振后，于十六年退归支硎。是年二月，黄丕烈"偕石琢堂廉访同游西泠，宿松颠阁。时寒石长老犹主理安寺方丈，不久将退院，归吴门"，五月二十日"放舟西山，至支硎山下吾与庵，访寒石大师。时师新自理安归吴"；二十一年六月二十八日，黄丕烈"作五言长古，

①《续修四库全书》第1469册，第182页上至下。
②〔清〕李铭皖等修，〔清〕冯桂芬纂：《同治苏州府志（二）》，《中国地方志集成·江苏府县志辑》第8册，第241页上。
③〔清〕黄丕烈撰，余鸣鸿、占旭东点校：《黄丕烈藏书题跋集》，第710页。

哭吾与庵天台澄谷大师",闰六月十四日,"送澄谷大师龛归西湖理安寺,下榻松颠阁中"①。以是,寒石嘉庆十六年五月二十日已归支硎山吾与庵,二十一年六月二十八日已坐化,稍后闰六月十四日其龛被送归理安寺,塔于寺侧。

寒石与吴越名流多有交游。王芑孙《书吾与汇编》云:"寒石喜为诗,与东南士大夫以诗相应答既久。今念实集前后所得为《吾与汇编》,次其时地,釐为六卷。"②今苏州图书馆藏有嘉庆二十一年(1816)刻本《吾与汇编》十卷,由吴翌凤与同人醵资刊刻,王芑孙、吴翌凤、沈钦韩为之作序。诗文作者有彭启丰、彭绍升、洪亮吉、赵翼、姚鼐、王芑孙、黄丕烈、吴骞、陈鳣、潘曾沂、石韫玉、吴锡麒、吴荣光、潘奕隽、沈钦韩、钮树玉、顾承、陆鼎、顾鹤庆等③。

寒石喜为诗,有《倚杖吟》初稿、续稿各一卷及《和法雨大师山居诗》一卷。黄丕烈将之连同后所得诗编次整理,统为四卷,名曰《寒石上人诗》,并作跋。《荛圃藏书题识》卷一〇己巳(1809)中秋八日《弘秀集残本八卷宋本》题识云:"僧而诗,非僧之本分也。诗而僧,是诗之方外也。余交吾与庵僧寒石,余事作诗,久而成帙,吴中石远梅为刻其《倚杖吟》一卷。近主浙之理安方丈,又得诗若干首,余为之梓于吴中,并前所定者,编次为初稿一,续稿

---

① 〔清〕江标撰,王大隆补,冯惠民点校:《黄丕烈年谱》卷下,北京:中华书局,1988年,第55、56、72页。

② 〔清〕王芑孙撰:《渊雅堂全集·渊雅堂文续稿》,《续修四库全书》第1481册,第408页上。

③ 参见王幼敏:《吴翌凤研究·乾嘉姑苏学界考略》,上海:上海文艺出版社,2008年,第85页。

一云。"①辛未（1811）大除祭书日《寒石上人诗跋》云："澄谷上人主理安席，已六易岁矣。曾携其初、续稿各一卷，属刻于吴门，去年庚午又刻《和法雨大师山居诗》一卷，今夏返支硎，复辑近岁所得诗合为一卷，而属余排比先后，统为四卷……遂不辞而笔诸卷尾。"②

　　寒石不仅请潘奕隽为刊印《支遁集》作序，还以《和法雨禅师山居诗》向潘氏索序。《三松堂续集》卷一《喜吴皋绣归里即次惠题归帆图原韵·廿载扶犁食地肥》"坐禅有客频招隐"注云："西湖理安寺僧寒石，寄余方竹杖，又以《和法雨禅师山居诗》索序，且订秋中下榻松颠阁。"③法雨禅师即明释契灵，曾卓锡理安寺。"寺在理安山之麓，明僧契灵卓锡于此，得古法雨泉，遂以法雨自号，缚茅孤楼，有虎穴，感之他徙，郡士多为诗扬之。"④

　　寒石诗远承六朝诗歌，自然率真。洪亮吉《北江诗话》云："僧寒石诗，如老衲升坛，不碍真率。"⑤张问陶《和澄谷上人七十自嘲十首元韵》亦云："支硎山下卓长藤，指引儿孙接祖灯。不落旁门缠五蕴，早开觉路演三乘。法施饥鬼贫偏有，血战天魔老更能。一卷新诗凌庾鲍，令人神往六朝僧。"注云："师居支硎，所著诗曰《倚杖吟》。"⑥

　　寒石刻本《支遁集》刻工为夏天培。李国庆辑录《清版刻

---

① 〔清〕黄丕烈著，屠友祥校注：《荛圃藏书题识》，第784页。
② 〔清〕黄丕烈撰，余鸣鸿、占旭东点校：《黄丕烈藏书题跋集》，第711页。
③ 《续修四库全书》第1461册，第155页上。
④ 〔清〕梁章钜撰，陈铁民点校：《浪迹续谈》卷一《理安寺》，北京：中华书局，1981年，第237页。"楼"字下陈氏校云"疑为'栖'字"。
⑤ 〔清〕洪亮吉著，陈迩冬校点：《北江诗话》卷一，北京：人民文学出版社，1983年，第6页。
⑥ 〔清〕张问陶撰：《船山诗草》卷二〇《药庵退守集下·癸酉》，第563页。

工知见录（续）》云："《支遁集》2卷，嘉庆十年刻本，夏天培刊。"①华东师范大学图书馆、天津图书馆、香港中山图书馆现藏有寒石刊本《支遁集》②。《增订四库简明目录标注》卷一五《集部二·别集类一·支遁集二卷》续录云："嘉庆乙丑僧寒石刻明嘉靖中礼部郎杨仪钞本，今钞本在莫氏。道光中潘锡恩刊本。佳。邵武徐氏丛书本，有补遗。"③寒石、潘锡恩刊杨钞本为藏家称许。《邵亭知见传本书目》卷一二上《集部二上·别集类一上·支遁集二卷》云："嘉庆乙丑僧寒石刻。〇明支硎山本，可。〇道光中潘锡恩刻本，佳。"④或云："近代私人目录学名著《邵亭知见传本书目》，系莫友芝在同治六年十二月中旬至同治七年二月初的较短时间内，撮录邵懿辰、张金吾、阮元、于敏中、彭元瑞、钱曾等人著述并杂以己见而成，因而存在诸多缺陷，莫友芝并无意成书。"⑤此《支遁集》二卷为莫氏所增入《四库全书》未著录之书，然"明支硎山本"一说实可疑。"明支硎山本可"于"嘉庆乙丑僧寒石刻""道光中潘锡恩刻本"间实显突兀。若果有是本，莫友芝既曰可，寒石钞杨仪藏本再刻似颇无谓，潘奕隽序无只言及之

① 上海图书馆历史文献研究所编：《历史文献》第五辑，上海：上海科学技术出版社，2001年，第133页。

② 香港藏寒石刊《支遁集》，参见贾晋华主编《香港所藏古籍书目》，上海：上海古籍出版社，2003年，第251页。中国国家数字图书馆中华古籍资源库天津图书馆古籍有寒石刊《支遁集》，可查看全文。

③〔清〕邵懿辰撰，邵章续录：《增订四库简明目录标注》，上海：上海古籍出版社，1979年，第638页。

④〔清〕莫友芝撰，傅增湘订补：《藏园订补邵亭知见传本书目》，第941页。

⑤ 张剑：《〈邵亭知见传本书目〉真相发覆》，《文献》，2015年第1期，第34页。

亦似闻寡。莫友芝曾为丁日昌持静斋藏书编目。叶德辉《郘亭知见传本书目》序云:"即如书中每云'静持室',此揭阳丁禹生中丞书斋名,其后刻书目乃名'持静斋'。今各卷'静持'均改'持静',又改'室'为'斋',是知其一不知其二也。中丞喜藏书,每得一书,必请先生鉴别,故《经眼录》中所载大半丁氏所藏书。"[1]《经眼录》即莫友芝著《宋元旧本经眼录》与《郘亭书画经眼录》。《持静斋书目四·集部二·别集类一·支道林集二卷》云"嘉庆乙丑僧寒石刊明支硎山本,有顾沅湘舟印"[2],不知丁氏藏《支道林集》二卷是否经莫友芝鉴别,然所谓"寒石刊明支硎山本"诚误。《郘亭知见传本书目》或袭此而来,并于"明支硎山本"后增益评语"可",傅氏整理时以郘亭"知见"此本而在"明"字前冠以"〇"[3]。

　　顾沅,号湘舟,又号沧浪渔父。潘锡恩《湘舟顾君小传》云:"曾祖讳济美,号怡斋,广西布政使。祖讳增光,号竹坡,河南唐县知县。父讳霖,号润庵,广西宣化县八尺寨巡检。……至于荟萃图籍,则建艺海楼以藏之。搜罗碑版及周秦汉代鼎彝、历代古钱,则有吉金乐石之斋、古泉精舍以贮之。而收藏之富,鉴赏之精,交游之广,犹不足以尽君也。……君生于嘉庆四年(1799)五月二十八日,卒于咸丰元年(1851)七月二十九日,年五十有三。"[4]济美收藏已富,湘舟承之益富。张履《艺海楼藏书记》云:"吾友顾君湘舟……自其曾祖中丞怡斋公、族曾祖尚书随庵公旧藏外,加以己所

①〔清〕莫友芝撰,傅增湘订补:《藏园订补郘亭知见传本书目》卷首。
②赵春晨编:《丁日昌集》,上海:上海古籍出版社,2010年,第1506页。
③傅氏《〈藏园订补郘亭知见传本书目〉凡例》云:"莫氏原文及〔附〕、〔补〕各条注中,每一不同版种之书均冠以〇,以资区分。"(〔清〕莫友芝撰,傅增湘订补:《藏园订补郘亭知见传本书目》卷首)
④〔清〕顾沅辑:《吴郡文编》第6册附录,第654页上至下。

衰集,卷余十万,吴中历代文献及远近方志尤备。凡宋元版及名人校勘本十居一二,明版及传钞本十居三四,余亦初印本为多。"①

顾氏藏书印有"古吴武陵叔子湘舟氏珍藏""武陵怀古书屋收藏""顾沅湘舟氏"等。叶昌炽云:"湘舟辟疆园在郡城甫桥西街,庚申之劫,其所藏尽为丰顺丁中丞捆载以去。《持静斋书目》所著录,多其家书也。"②丰顺丁中丞即丁日昌。

顾氏《乾坤正气集序》云:

> 已复留意搜辑古来忠臣义士著作……辄思刊布以传,而力弗逮。癸卯(1843)秋,桐城姚石甫廉访道出金阊,相与话旧及之,石甫谓同年潘芸阁河帅性伉爽好义,当以捐资商之。河帅慨然应允,遂将各公古今体诗先付梓,名曰《乾坤正气诗集》,仍复加意搜访各文集,汇萃付刊,共得一百有一家,分为五百七十四卷。

潘锡恩《乾坤正气集序》亦云:

> 时道光二十三年(1843),石甫缘事入都,道经袁浦,谈次谆谆,以梓是集为属,余慨然任之。及阅其目,仅六十三家,且有《四库》著录之书未经列入者,爰从文宗阁所藏补抄,并属顾湘洲广为搜访,节次付梓,起自癸卯迄于戊申(1848),凡六年殆竣事……道光二十八年(1848)八月,泾县潘锡恩芸

①〔清〕张履撰:《积石文稿》卷九《记》,《清代诗文集汇编》第574册,第472页上。
②〔清〕叶昌炽:《藏书纪事诗附补正》,第679页。

阁氏书于袁江节署之求是斋。①

　　顾沅、姚莹、潘锡恩辑《乾坤正气集》五百七十四卷，由潘氏出资刊印。"泾县潘文慎公《乾坤正气集》，五百七十四卷，凡一百一家，本出顾湘舟沅手，文慎出赀刻之，遂署公名，与魏默深所纂《经世文编》借刻于贺制府长龄者同。"②锡恩，泾县人（今属安徽），字纯夫，又字芸阁，嘉庆十六年（1811）进士，官至江南河道总督兼漕运总督，谥文慎，室名求是斋，道光年间曾刊印芮日松《禹贡今释》等，《清史稿》卷三八三、光绪《重修安徽通志》卷一九〇《人物志·宁国府》有传。前揭《邵亭知见传本书目》著录《支遁集》二卷于嘉庆乙丑僧寒石刻后云道光中潘锡恩刻本佳，顾沅曾藏寒石刊《支遁集》，故疑道光中潘锡恩刻印《支遁集》与《乾坤正气集》相类，亦是顾氏因潘氏"伉爽好义"，"以捐资"刻印其所藏《支遁集》"商之"，得"河帅慨然应允"而事遂；又因潘氏"出赀刻之"，遂署其名。

2. 徐榦刊本

　　徐榦于邵武徐氏丛书本《支遁集》叶弈题识后识云：

　　　　余惟古书日微，况支公清标高指，名流推挹，其文章诚可宝贵，方谋筹梨枣。适吴县蒋君敬臣，同官浙垣，见示所辑补遗一卷，皆集外文，遂并付诸梓。③

---

① 陈斌编校：《周顺昌研究资料汇编》，苏州：苏州大学出版社，2013年，第119、118页。

② 〔清〕平步清撰：《霞外捃屑》卷六《玉树庐录》，《笔记小说大观》第三十三编，台北：新兴书局，1975年，第4册，第348页。

③ 《丛书集成续编》第122册，第344页。

徐氏辗转钞得陆心源藏叶弈钞《支遁集》意欲刊印，蒋清翊在家藏都穆钞《支遁集》基础上复辑补遗一卷，以之示徐。徐榦遂将叶钞《支遁集》及蒋氏补遗列入其丛书初集一并付梓。

榦，字伯开，一字小勿，邵武（今福建邵武市）人。光绪《重纂邵武府志》卷一七《选举·府学·邵武县·优贡·徐榦》云："同治乙丑贡，见《宦绩传》。"同治乙丑即同治四年（1865）。优贡与岁贡、恩贡、拔贡、副贡合称五贡。清制，省学政三年任满，由各府、州、县教官选定在学生员中文行俱优者呈送学政，由学政和总督、巡抚进行三院会试，按定额列名录取优秀者贡入京师国子监学习，即是优贡，但需再经廷试合格后方可任职。同治中规定，优贡可按知县、教职分别任用。是书卷二〇《宦绩·邵武·国朝》云：

> 徐榦，字伯开，一字小勿，父引之，嘉庆戊寅（1818）举人。榦由优贡考取琉球官学教习，以知县分发浙江。初试上虞县，勤敏莅事，案无留牍。再权嵊县。邑多讼，以胥吏得陋规，讼词不遵定期。榦禀请泐碑申禁，讼风稍息。尤嗜学，政暇则与诸生讲论诗赋，故二邑皆有书院、小课之刻。每得古人遗籍，辄手自雠校付梓，以永其传。久之，遂成丛书十六种。寻卒于官，年六十有三。[1]

明清时琉球向中国派遣留学生，其中由政府派遣者称为官生，在京师国子监学习，所有费用由中国政府承担。琉球官学教习潘相《琉球入学见闻录》卷三《师生》云："明时，琉球入学不设教习，

---

[1] 〔清〕胡升猷修、〔清〕张景祁纂：《重纂邵武府志》，《中国地方志集成·福建府县志辑》第10册，第349页下、第427页下。

其教法甚略。至我朝康熙二十七年（1688）梁成楫等入学，上特命司成于肄业正途贡生中，遴学行之优者，奏举一人为教习，专司讲解。”同治六年（1867），琉球国中山王尚泰遣陪臣子弟葛兆庆、林世忠、林世功、毛启祥等四人入监读书。次年，徐榦由优贡入监作琉球官学教习，传授其作试帖诗。光绪《上虞县志校续》卷三《职官表·国朝·光绪·知县·徐榦》云：“号小勿，邵武人，同治乙丑补行甲子优贡，五年六月署任。”其后“唐煦春”云：“七年四月复任。”①同治三年（甲子）福建乡试因故停科，于次年（乙丑）补行，故曰同治乙丑补行甲子。光绪五年（1879）六月，徐榦署任上虞知县，七年四月离任，十年任嵊县知县。牛荫麟等修、丁谦等纂1944年铅印本《嵊县志》卷九《职官志·职官·县令》云：“徐榦，光绪十年任。窦光仪，光绪十五年任。”②徐榦嗜学，喜古籍，每得之辄亲自校刊，积久而成《邵武徐氏丛书》。《丛书》初集十五种八十六卷，二集八种六十四卷。一九八六年，江苏广陵古籍刻印社影印出版《邵武徐氏丛书》四十四册。《支遁集》印于光绪十年（1884）甲申春三月，或与徐榦知嵊县有关，因为支遁立寺行道的沃洲山即在此附近。徐氏卒于嵊县任，享年六十三。

邵武徐氏丛书本《花间集》末附蒋清翊识述徐榦学行，云：

　　　　徐小勿先生，名榦，福建邵武人，博学工书法。潘伯寅尚书尝属其书鲍氏《观古阁泉说》刻之，今广东巡抚吴公大澂时在翰林，亦为尚书书戴氏《古泉丛话》，选钱家珍为精本，

①《中国地方志集成·浙江府县志辑》第42册，第50页下。
②《中国方志丛书·华中地方》第二一二号，台北：成文出版社有限公司，1975年，第664页。

称泉苑二妙。先生局度严整，练达政事，历宰上虞、嵊县，吏不能欺。喜古籍，刊《徐氏丛书》中多秘笈，以亏帑项，板输入官。又刻《丛书》二集，未竟而卒。……谈及琉球夷为冲绳，先生辄掌几情懑，怒形于色。讵知越宿而已为古人乎！先生有子二人，皆先殁。……光绪十四年七月吴县蒋清翊字敬臣识。①

潘祖荫，曾祖亦基，祖父乾隆癸丑（1793）状元世恩（谥文恭），“以道光十年（1830）庚寅十月初六日生于京都米市胡同，文恭公名之曰祖荫，字东镛，号伯寅，小字凤笙”②，光绪间任工部、刑部等尚书。徐翰以刊印《丛书》而亏帑项，板片被没收入官，二集之《花间集》刻未竟而卒于官，由蒋清翊督工藏事。《清代野记·琉球贡使》云：“闻亡国之王为世子时，曾在京师国子监肄业，徐小勿孝廉为其教习，授以试帖诗，居然能工，逮归国为王后，常与臣下联吟，亦不废政事。”③如此，便无怪徐翰谈及琉球夷为冲绳情绪之激动。蒋氏识于光绪十四年（1888）七月，此前有徐氏光绪戊子（十四年）跋，而窦光仪十五年任嵊县知县，则徐翰卒于光绪十四年或十五年，以享年六十三，则其生年当在道光六年（1826）或七年（1827）。

蒋清翊，字敬臣，淮安府学教授蒋锡宝次子，吴县诸生，官武义县知县，著有《王子安集笺注》二十卷、《纬学源流兴废考》三卷，光绪十八年（1892）二月廿九日以疾卒于家，春秋五十有三，

---

①《丛书集成续编》第205册，第195页下至第196页上。
②〔清〕潘祖年编：《潘文勤公年谱》，《北京图书馆藏珍本年谱丛刊》第171册，第1页。
③张祖翼撰：《清代野记》卷中，北京：中华书局，2007年，第129页。

二十年十一月二十日卜葬于陕西山阳县，生平、家世详见其长子蒋黼撰、章治平镌蒋清翊及妻钱胜合葬墓志[1]。清翊天资敏异，善诗词及骈俪之文，以民朴事简而日惟闭阁拥书，铅椠不离左右，武义县知县任满后举家卜居淮安，买地构精舍，名曰抱布新筑。蒋氏在前人辑佚支遁诗文的基础上，据北宋沙门延一重编《广清凉传》卷下《大圣文殊师利古今赞颂二十三》辑出《文殊像赞并序》，据《文选·天台山赋》李善注辑出《天台山铭序》"余览《内经·山记》云剡县东南有天台山""往天台当由赤城山为道径"二句，据《世说新语·文学》刘孝标注辑出《即色论·妙观章》，据明人王鏊《姑苏志》卷八《山上》辑出"石室可蔽身，寒泉濯温手"二句残诗。

二、一卷本《支道林集》

嘉靖时，皇甫涍辑《支道林集》一卷并刊刻行世。史玄复辑《外集》一卷，录支遁"隽语佳事"，其中惟《逍遥论》属支文。吴家骐将皇甫涍辑《支道林集》一卷与史玄辑《外集》一卷合刻行世，并于《支道林集》卷端"支道林集"次一行低十字题"长洲皇甫涍子安编"，又次一行低十字题"吴江史玄弱翁校"；于《支道林外集》卷端次一行低十字题"吴郡史玄弱翁辑"，又次一行低十字题"新安吴家骐龙媒校"。中国国家图书馆现存皇甫涍辑刊《支道林集》和吴家骐刻、清吴仰贤跋《支道林集》，且已在线发布于中华古籍资源库网（http://mylib.nlc.cn/web/guest/shanbenjiaojuan），可全文查阅，颇便使用。

---

[1] 墓志铭拓片见赵平编辑：《中国西北地区历代石刻汇编》第10册，天津：天津古籍出版社，2000年，第102页。

（一）皇甫汸辑刊《支道林集》

《北京图书馆古籍善本书目·集部·汉魏六朝别集类·支道林集一卷》云："晋释支遁撰，明嘉靖十九年皇甫汸刻本，一册，九行十六字，白口，四周双边。"①皇甫汸辑刊《支道林集》又藏于上海图书馆、香港大学图书馆②等。一卷本《支道林集》前有皇甫汸《支道林集序》，此序亦见《皇甫少玄集》卷二三。

1. 皇甫汸及吴中习尚六朝之风

汸，字子安，号少玄，长洲人，祖父信以文学起家，太学生，未仕而卒，父录，弘治六年癸丑（1493）进士，仕终顺庆（治今四川南充市）知府③，母夫人黄氏生冲、汸、汸、濂四子，嘉靖十一年（1532）进士。"皇甫汸，贯直隶苏州府长洲县，民籍。国子生。治《易经》。字子安，行二，年三十六，六月二十五日生。曾祖通。祖信，赠礼部员外郎。父录，知府。母黄氏，封宜人。具庆下。兄冲，贡士。弟汸，知县；濂。娶刘氏。应天府乡试第二名，会试第十一

①《北京图书馆古籍善本书目》，北京：书目文献出版社，1987年，第1997页。
②香港藏皇甫汸辑刊《支道林集》，参见贾晋华主编：《香港所藏古籍书目》，第251页。
③《四库全书总目》卷一四三《子部·小说家类存目一·杂事·明记略四卷》云："录，字世庸，号近峰，长洲人，宏治丙辰（九年，1496）进士，官至顺庆府知府。《明史·皇甫汸传》称父录官重庆府知府。按：录《下陴纪谈》载顺庆事甚详，则《明史》字误。"（第1219页下至第1220页上）《明史》卷二八七《文苑三·皇甫汸传》云："父录，弘治九年进士。任重庆知府。"（第7373页）《明史》谓皇甫录"任重庆知府"固误，谓其"弘治九年进士"亦误。张璧《阳峰家藏集》卷三四《中宪大夫四川顺庆府知府皇甫君墓志铭》云："公讳录，字世庸，领弘治壬子（1492）应天乡荐，登癸丑（1493）进士。……逾年，出知顺庆府……公归自顺庆，后以仲子汸贵，进封中宪大夫。嘉靖十九年（1540）五月十日卒于家，距其生成化庚寅（1470）夏五月旦日，得年七十有一。"（《四库全书存目丛书》集部第66册，第632页下）

名。"①皇甫涍生于弘治十年（1497）六月二十五日，卒于嘉靖二十五年（1546）三月九日享年五十岁，生平详见《明史》卷二八七本传、《嘉靖十一年进士登科录》《嘉靖十一年进士同年序齿录》及文徵明《浙江按察司佥事皇甫君墓志铭》，有《皇甫少玄集》二十六卷、《外集》十卷，收入《四库全书》集部别集类。

皇甫涍"雅性闲靖，慕玄晏先生所为，自号少玄子，作《续高士传》以著志"②。玄晏先生乃皇甫谧自号。正德十五年庚辰（1520）秋，作《续高士传》十卷，其《华阳兄编采〈高士传〉序》云：

> 予读《晋书》，感其所著《高士传》者，而于他书往往见之，窃有慕焉。庚辰秋，尝续其书十卷，藏于笥。又思得掇拾遗文，以成本传。羁绁俯仰，竟弗克终。今年秋，予与兄下第还。兄遂编采手书，示予心斋。予再黜有司，不能脱然以逝，庚辰之志若将忘焉者。抚卷兴惶，辄自悼其衰且陋也。③

皇甫冲，字子浚，号华阳，又号因是子。前序当作于嘉靖四年乙酉（1525）秋，时兄弟二人又下第，汸中举。冲已七试，涍亦再试，均不利。二人归途慨然有出尘、无志簪笏之想，还家后冲编采手书《高士传》，涍为序自悼其庚辰续《高士传》之志衰且陋。

嘉靖七年，皇甫冲、皇甫涍中举，次年皇甫汸第进士。十一

---

① 龚延明主编，邱进春点校：《天一阁藏明代科举录选刊　登科录》（点校本·中），第476—477页。

② 〔明〕文徵明著，周道振辑校：《文徵明集》卷二三《墓志铭五·浙江按察司佥事皇甫君墓志铭》，上海：上海古籍出版社，1987年，第755页。

③ 〔明〕皇甫涍：《皇甫少玄集》卷二三《序》，《景印文渊阁四库全书》第1276册，第645页上。

年，皇甫涍第进士，初授工部虞衡司主事，寻改礼部精膳司，再改
仪制司进员外郎，升主客司郎中。与杨仪相类，皇甫涍亦为夏言
深知。"在仪制时，夏言为尚书，连疏请建储，皆涍起草，故言深
知涍才。比简宫僚，遂用为春坊司直兼翰林检讨。"①十八年己
亥（1539）秋，皇甫涍谪广平府通判，其《鸂言赋序》云："己亥
之秋，余谪官魏郡，胡表觐北上。"②次年庚子召为南京刑部主
事，五月十日父卒，未及赴任。"逾年召为南京刑部主事，未任，
丁父忧。"③皇甫兄弟因而重聚家中。皇甫汸《水部君墓志铭》
云："庚子，承中宪公讳，与伯氏冲、仲氏涍暨余居帷中，读礼暇
辄扬榷艺文，讥评诗法。"④水部君即皇甫濂，甲辰（1544）科进
士，曾任工部都水主事。大致与杨仪嘉靖乙未七桧山房钞《支遁
集》同时，皇甫涍于庚子年秋辑刊《支道林集》，序云：

> 庚子之秋，予既淹迹魏墟，旋迈江渚，徜徉西山，乃眷
> 考卜，颇悦幽人之辞而玩焉。往岁获觌支篇，时复兴咏，自得
> 于怀，并拾遗文附为一集，刊示同好，用寄遐想，尤有以窥作
> 者之用心。即其才情，何谢潘、陆取喻江海，同波而异澜者
> 乎？⑤

---

① 《明史》卷二八七《文苑三》，第7373页。
② 〔明〕皇甫涍：《皇甫少玄集》卷一《赋》，《景印文渊阁四库全书》第1276
　　册，第501页下。
③ 〔明〕文徵明著，周道振辑校：《文徵明集》卷二三《墓志铭五》，第
　　754页。
④ 〔明〕皇甫汸：《皇甫司勋集》卷五七《家志》，《景印文渊阁四库全书》第
　　1275册，第882页上。
⑤ 《续修四库全书》第1304册，第43页。

　　洪武元年（1368）改广平路为府，治所在永年县（今河北邯郸市永年区）。淹迹魏墟谓通判广平，旋迈江渚谓归家赴父丧。支硎山在苏州城西，故谓西山。己亥遭贬，庚子父丧，皇甫涍徜徉支遁隐居之西山，心灰仕途。因往昔已时常兴咏支篇，托怀玄胜，遂乘此暇并拾支遁散逸诗文，结集刊布。序复谓支遁才情何谢陆海潘江，实同波而异澜；终许支遁由晤言而冥赏，因禅理而兴慨，其诗文既可启发读者钦赏宗会之理趣，又能涵括缘情之秘奥，既可存寄通佛玄之胜，又能彰并标立体、敷言之美。同时，皇甫涍辑刊《支道林集》还与其诗歌创作取径、诗学理论取向有关。

　　皇甫涍生而韶秀异常，能言即解诵书占对，敏给如成人。皇甫兄弟四举人、三进士，四人自相师友，并好学工诗，一时名文学之盛，三吴之士鲜其俪者，时称皇甫四杰。文徵明《浙江按察司金事皇甫君墓志铭》云：“所莅天台、宁、绍诸郡……以其暇逸，览观山川，发为篇咏，委蛇张弛，文治灿然。……诗尤沉蔚伟丽。早岁规仿初唐，旋入魏、晋。晚益玄造，铸词命意，直欲窥曹、刘之奥而及之，惜乎未见其止也。”[1]谓皇甫涍政事则宿蠹为清、管内振肃，政暇则游览山水、发为篇咏，其诗早岁学初唐，旋学魏晋，晚年铸词命意直欲窥曹植、刘桢之奥堂。皇甫冲《编次仲弟少玄集目序》亦云：

　　　　其于诗，铸辞精而为旨远，体骨奇峻，辞彩英发。陈风谕
　　则婉而不迫，叙政事则直而不俚，颂功德则艳而不诬。不取妍

──────────

① 〔明〕文徵明著，周道振辑校：《文徵明集》卷二三《墓志铭五》，第754—755页。

于一字，不求工于一辞。肇端莫测，归趣难探。咏之而有遗音，咀之而无穷味，使观者动心悦志。又以拙宦不达，多感慨之辞，亦忧患之意与。拟议而谈，则建安、开元之盛，盖瞻忽间耳。[1]

皇甫冲认为其仲弟诗主要特点有三：一曰铸辞精，辞彩英发；二曰为旨远，体骨奇峻；三曰多感慨，以抒屡踬不达之情。为旨远表现在陈风谕婉而不迫、叙政事直而不俚、颂功德艳而不诬三方面；铸辞精表现在不以一字一辞取妍求工，而以诗意含蓄蕴藉、咏之有遗音、咀之无穷味求胜。皇甫汸《司直兄少玄集叙》叙其兄诗歌创作取径、诗学理论变迁及诗赋文特色云：

> 方其家食含章，与徐生、二黄定交笔札之间，笃嗜工部。既而何、李篇出，病其蹊径，专意建安，尝曰："诗可无用少陵也。"至解巾登仕，与蔡、王二行人，广搜六代之诗，披味耽玩，稍回旧好，雅许昌穀，乃曰："诗可无用近体也。"又与王文部、李司封、唐陈二编修，剧谈开元、天宝之盛，而心醉焉，乃曰："诗虽选体，亦无使尽阙唐风也。"至为歌行，一本乐府，而参以太白，骚括铙吹之余，犹曰："七言易弱，恐降格钱、刘也。"故其诗特工五言，而七言近体薄不经想。……诗盖错综魏晋，而托宿于唐英；赋则驰骋屈宋，而逸驾于散骑；文则陶铸班贾，而呈范于中郎。[2]

---

[1]〔清〕黄宗羲编：《明文海》卷二四二《序三十二·文集》，《景印文渊阁四库全书》第1455册，第689页下至第690页上。

[2]〔明〕皇甫汸：《皇甫司勋集》卷四〇《序家集》，《景印文渊阁四库全书》第1275册，第766页上。

皇甫涍学诗屡迁，初受徐缙①及黄省曾兄弟影响倾心北学，而笃嗜杜诗；既病何景明、李梦阳诗必盛唐的蹊径，而专意建安诗；入仕后与同年蔡汝楠、王廷乾广泛搜玩六朝诗歌，稍复先前所好六朝诗，推许徐祯卿；又与王慎中、李开先、唐顺之、陈束等畅谈，而心醉于开元、天宝诗歌之盛。《四库全书总目·集部·别集类二十五·皇甫少元集》则径云：

> 其诗则宪章汉魏，取材六朝，古体多于近体，五言多于七言。其持论谓王（祎）、宋（濂）反元习之靡而不能不病于声，李、何矫一时之弊而不能不泥其迹，可谓笃论。……然其鉴李、何之弊则云诗可无用少陵，取法迪功则云诗可无用近体，又云七言易弱恐降格为钱、刘，亦类于惩羹吹齑者矣。王世贞《艺苑卮言》尝谓其如轻绡短幅不堪裁翦，陈子龙《明诗选》亦谓其无纵横荡逸之致。岂非以取径太狭，故窘于边幅欤。要其婉丽之词，绵邈之神，以骖驾昌穀、苏门固无愧色也。②

宪章汉魏，取材六朝，错综魏晋，托宿唐英，可谓皇甫涍诗歌创作及诗学思想的主要特色。其持论云云源自前揭皇甫冲《编次仲弟

---

① 〔清〕钱谦益《列朝诗集小传》丁集上《徐处士缙》云："绍卿少为诸生，受学于其舅氏，诗文皆得指授。长与黄省曾兄弟善，绍卿少省曾一岁，鲁曾顾兄事之。……绍卿少为诗，与二黄及皇甫子安，互相摩切，晚而称同调者，则子循与二黄之子河水、姬水也。"（上海：上海古籍出版社，1983年，第416—417页）
② 《四库全书总目》卷一七二，第1506页上至中。

少玄集目序》，四库馆臣首肯其持论，复以惩羹吹齑①之典讥其过犹不及，以致诗作取径太狭而气格局促，终谓其诗婉丽之词、绵邈之神可与徐祯卿、高叔嗣齐名，所析持此论之因源自前揭皇甫汸所言。《列朝诗集小传》丁集上《皇甫佥事涍》于此论述更详，云：

> 余观国初以来，中吴文学，历有源流，自黄勉之兄弟，心折于北地，降志以从之，而吴中始有北学。甫氏，黄氏中表兄弟也。子安虽天才骏发，而耳目濡染，不免浸淫时学。子循之序，所谓"笃好少陵"者，非好少陵也，好北地师承之少陵也。已游于蔡、王，而轨躅始分；既游于唐、陈，而质的始定。于是壹意唐风，而尽弃黄氏之旧学矣。子循之所谓"无用少陵"者，非薄少陵也，薄北地剽拟之少陵也。子安刻《迪功外集》，皆昌穀未遇空同之作，深非李子守化之言，以为知之未尽，厥有旨哉。②

钱氏厘清"北地师承之少陵"与"少陵"两个概念，谓皇甫涍所弃乃黄省曾旧学，所薄者乃李、何及其追随者剽拟之少陵，复谓皇甫涍所刻《迪功外集》均是徐祯卿遇李梦阳前所作，即未受"时学"影响、能代表吴地文风之作。

　　明代中晚期，吴中文士习尚六朝文学。正德、嘉靖之交，吴中文坛前辈或离吴，或卒亡，或失交，后来之秀渐起。其时习尚六朝

---

① "惩羹吹齑"典本《惜诵》"惩于羹者而吹齑兮"，注云："言人有歠羹而中热，心中惩忿，见齑则恐而吹之，言易改移也。"（〔宋〕洪兴祖撰，白化文等点校：《楚辞补注》，北京：中华书局，1983年，第125页）
②〔清〕钱谦益：《列朝诗集小传》，第412—413页。

者,以黄省曾及皇甫涍兄弟最著。

　　黄省曾,字勉之,号五岳,嘉靖十年(1531)举人,有《五岳山人集》①。黄氏极崇谢灵运,集中颇多仿大谢诗者,而《闺情》《咏扇》《咏梅》等则学齐梁宫体及咏物诗,有力于"四变而六朝"。王世贞《答王贡士文禄》云:"国初诸公承元习,一变也,其才雄,其学博,其失冗而易。东里再变之,稍有则矣,旨则浅,质则薄。献吉三变之,复古矣,其流弊蹈而使人厌。勉之诸公四变而六朝,其情辞丽矣,其失靡而浮。……六朝之华,昌穀示委,勉之泛澜,如是而已。"②杨士奇号东里,李梦阳字献吉,徐祯卿字昌穀。一如徐祯卿、顾璘,黄省曾亦倾心北学。《列朝诗集小传》丙集"黄举人省曾"条云:"……李献吉以诗雄于河洛,则又北面称弟子,再拜奉书,而受学焉。"③与徐祯卿所异者,黄省曾无悔少时习尚。其《临终自传》云:"时大学士王公整钱守江上,守出百卷,公咸挥贬,独赏山人之文规俨六代。"④忆及初冠时与诸生

---

① 黄省曾之子姬水所撰《伯父中南府君行状》云:"伯父中南府君,长余父二岁,后余父二十四岁而没。"(〔明〕黄姬水:《高素斋集》卷二五《行状三首》,《四库全书存目丛书》集部第186册,第267页上)《五岳山人集》卷三八《临终自祭文一首》:"维嘉靖十九年岁次庚子七月庚寅朔,越二十六日癸丑,以清酌庶羞之奠,呼将徂之神而言曰:呜呼!汝神象帝之先,庚戌以往,貌在虚玄,寓形黄氏,婴孺超然。"(《四库全书存目丛书》集部第94册,第849页上)嘉靖十九年庚子七月庚寅朔,癸丑为二十四日(1540年8月25日);越二十六日应为乙卯。以是,省曾生年为庚戌即弘治三年(1490),卒年为庚子即嘉靖十九年(1540)。

② 〔明〕王世贞:《弇州四部稿》卷一二七,《景印文渊阁四库全书》第1281册,第139页上至下。

③ 〔清〕钱谦益:《列朝诗集小传》,第320—321页。

④ 〔明〕黄省曾:《五岳山人集》卷三八,《四库全书存目丛书》集部第94册,第849页下。

游，王鏊独赏自己规摹六朝文，自喜之情跃然可见。

皇甫与省曾为中表亲，涍、汸二人始从黄氏兄弟游，虽也多拟谢诗，然又好北学；皇甫涍与唐顺之、陈束、杨慎等游，刊行徐祯卿所悔早年作品，以徐氏流风矫北地痼习，试图重塑其文学史形象。皇甫涍《徐迪功外集序》云："尝谓徐君之于诗可以继轨二晋，标冠一代，斯不诬矣。"①《迪功集》六卷乃徐祯卿手选。郑善夫《迪功集跋》云："今所行于洛阳者，献吉多为更定，失昌穀真。盖献吉虽与同调，其丰神气魄亦自有不相能者矣。"②以是，皇甫涍复征访徐氏所弃百余篇取其中可采者，于嘉靖二十一年刊刻。皇甫汸《徐迪功外集后序》云："自今观之，徐集独综菁英，莫可瑕颣，非其佳秽，自得去取过严乎？家兄山居，搜逸稿于元子伯虬，乃叹曰：丹以素掩华，兰以熏夺气，顾变态不穷，岂形质夐绝者哉。"③皇甫汸高寿，兄弟中诗名最著，"若论精当雄浑，无如皇甫少玄、百泉两兄弟"④。汸字子循，号百泉、百泉子，嘉靖八年（1529）进士，有《皇甫司勋集》六十卷，收入《四库全书》。胡应麟《题皇甫司勋集》云："先是，吴中为六代者数家，类矜局未畅。昌穀、伯虎，书尺工美，诸体蔑闻。至子循，操笔纵横，靡弗如志，几化于六代矣。以较江左诸人，虽渊藻不足，而神令殊超，总之名

---

① 〔明〕皇甫涍撰：《皇甫少玄集》卷二三《序》，《景印文渊阁四库全书》第1276册，第649页上。
② 〔明〕郑善夫：《少谷集》卷一六，《景印文渊阁四库全书》第1269册，第198页上。
③ 〔明〕皇甫汸：《皇甫司勋集》卷三六《序集》，《景印文渊阁四库全书》第1275册，第746页下。
④ 〔明〕李开先：《闲居集》之六《序·市井艳词又序》，路工辑校：《李开先集》，北京：中华书局，1959年，第323页。

家，本朝而必传来世者。"①在胡氏看来，皇甫汸当是吴中学六朝
文士之翘楚，其诗文几乎与六朝无二致。

贬谪、父丧、丁忧、习尚六朝文学的吴中士风，诸种因素使
皇甫涍先辑刊《支道林集》以表彰六朝时乡先贤之文学，又选
刻《迪功外集》以揭橥吴地六朝风流之足可"继轨二晋，标冠一
代"。与之相类，黄省曾亦曾辑支遁文，《五岳山人集》卷二四《支
道林文集序》云："仆是流观内典，辑萃高文。托慕切而片语皆
珍；抱味谐而诵言若晤。譬之囊看少玉疑临昆圃之华，勺挹蹄浖
宛得全溟之势，则安般四注，漆旨千言，皆可该妙于此集矣。序
而藏之，以传好者。"②惜黄氏辑本后世未见流传。其实，杨仪钞
《支遁集》亦当在此背景中来理解。

2. 皇甫涍辑刊《支道林集》藏书印考

中国国家图书馆藏皇甫涍辑刊本有二十二枚藏书印。卷首
"支道林集序"五字下依次有"北京图书馆藏""席鉴之印""席
氏玉照""铁琴铜剑楼""朴学斋"五印，五字右下依次有"居
（？）士沈绮之印""素君""臣理之印""雨楼"四印；"支道林
集目"五字下有"铁琴铜剑楼""钱曾之印""遵王"三印，右下
有"李流芳印""涵仲""西溪小隐"三印；"支道林集目终"页左
下有"西溪草堂藏书之印"一印；正文首页"支道林集"五字下有
"铁琴铜剑楼""曾在吴兴丁崇城家"二印；卷末"支道林集终"
下有"蒹山珍本""北京图书馆藏""虞山钱曾遵王藏书"三印，

---

①〔明〕胡应麟：《少室山房集》卷一〇五，《景印文渊阁四库全书》第1290册，
　　第765页上。
②《四库全书存目丛书》集部第94册，第724页下至第725页上。

左下有"铁琴铜剑楼"一印①。

　　"席鉴之印""席氏玉照""莫山珍本"为明末清初常熟藏书家席鉴藏书印。徐州图书馆藏《四书章句集注》即有"席鉴之印""席氏玉照""别字莫山"等印②。《光绪常昭合志稿》卷三二《人物志十一之三·藏书家·国朝》云:"席鉴,字玉照,藏书极富,于说部小集尤留心搜访……所藏书有姓名及莫山珍藏、学然后知不足诸朱记。"③席鉴,号茉莫山人,太学生,父永恂,祖父启寓,曾祖本桢④。吴伟业《太仆寺少卿席宁侯墓志铭》云:

　　　　君讳本祯,字宁侯,别字香林,其先安定人,以唐礼部尚书豫为始祖,五传为武卫将军温,避黄巢乱挈三子尚、常、当以渡江,侨居洞庭。君则常之后也。自常十三世为安邦,在明初有壹行。安邦五世孙曰程,程生纲,纲生旋,旋生铢,铢生赠大夫怡泉公洙。著家训,修隐德,有四子,其季乃赠大夫端攀,是为君父右源公。右源与其兄左源用废箸起家,吴人称东

----

①诸印章文字主要由河南师范大学文学院孙志波博士、孙达时博士识别。在此深表谢意!

②参见李致忠:《昌平集》卷二《徐州市图书馆发现宋本〈四书章句集注〉》,上海:上海古籍出版社,2012年,第111页。

③〔清〕郑钟祥、〔清〕张瀛修,〔清〕庞鸿文等纂:《光绪常昭合志稿》,《中国地方志集成·江苏府县志辑》第22册,第561页上。

④参见杨丽莹:《扫叶山房史研究》,上海:复旦大学出版社,2013年,第12—16页。按:杨著谓席永恂"娶吴伟业女为妻"(第15页)误,张云章《朴村文集》卷一三《工部虞衡席君传》云:"君之配曰吴孺人,国子监祭酒讳伟业之女,子二人:永恂,贡生,候选教谕;前席,贡生,候选内阁中书。"(《四库禁毁书丛刊》集部第168册,第41页上)

山者曰左右源席氏。①

常熟藏书源远流长，自嘉靖始涌现众多藏书家和藏书楼，《光绪常昭合志》特设藏书家一门。黄廷鉴《〈爱日精庐藏书志〉序》叙藏书云：

> 吾邑自明五川杨氏以藏书闻于时，厥后秦酉岩、赵清常辈继起，皆以购访古籍为事，至绛云而集其成。其储藏之富，雠勘之精，称雄海内。迨劫烧之后，尚有汲古毛氏、述古钱氏两家鼎峙。羽翼之者，有叶石君、冯已苍、陆敕先诸君子，互相搜访，有亡通假。故当时数储藏家者，莫不以海虞为称首。迨两家陵替，诸书散佚，吾邑藏书之风浸微，然亦未尝绝也。以余所闻，如玉照席氏、庆曾孙氏、虞岩鱼氏，皆斤斤以雪抄露校，衍其一脉。惟多留心于说部小集，以一二零编自喜，而于经史之大者转略焉。②

席鉴酿花草堂等使常熟藏书风气在述古堂、汲古阁后得以延续。叶昌炽《藏书纪事诗》咏席鉴玉照云："牛耳毛钱狎主盟，菉山珍本出书城。酿花扫叶皆清课，坐拥寒毡对短檠。"③乾嘉之际有张金吾爱日精庐、陈揆稽瑞楼，近世则有瞿镛铁琴铜剑楼。

---

① 〔清〕吴伟业：《梅村家藏稿》卷四七《文集·墓志铭六》，《续修四库全书》第1396册，第260页上至下。
② 〔清〕黄廷鉴：《第六弦溪文钞》卷二，《丛书集成新编》第76册，第189页下。
③ 〔清〕叶昌炽：《藏书纪事诗附补正》，第435页。

"朴学斋"为叶树廉藏书印。《士礼居藏书题跋记》卷五《蔡中郎文集十卷校本》云:"且有朴学斋、归来草堂两图记,知为叶石君旧藏。"①瞿镛《铁琴铜剑楼藏书目录》卷一八《子部六·道家类》"抱朴子内篇二十卷外篇五十卷旧钞本"云:"旧为叶石君藏书。"双行小注云:"卷首有朴学斋、叶树廉、石君诸朱记。"②朴学斋为叶氏藏书处,亦用作藏书印。叶石君不仅手钞《支遁集》,且藏有皇甫涍辑刊《支道林集》。徐乾学《叶石君传》云:

> 叶石君者,隐君子也。性嗜书,世居洞庭山中,尝游虞山,乐其山水,因家焉。……石君所好书与世异,每遇宋元抄本,收藏古帙,虽零缺单卷,必重购之,世所常行者勿贵也。其所得书,条别部居,精辨真赝,手识其所由来,识者皆以为当。有三子,时诫之曰:"若等无务进取,但能守我书读之,足矣。"年六十七卒于家。……石君名树莲,尝为邑诸生,已而弃去。石君其字也。子鸿,精方舆之学,亦奇士。③

叶树廉工书博学,笃嗜藏书,"所藏书校勘精严,钱遵王书装饰虽华,不及也,故叶氏书至今为宝。其藏书跋多题南阳縠道人,有朴学斋、归来草堂、金庭玉柱人家诸朱记"④。

———————

① 《续修四库全书》第923册,第788页上。
② 《续修四库全书》第926册,第302页上。
③ 《续修四库全书》第1412册,第760页上。
④ 〔清〕郑钟祥、〔清〕张瀛修,〔清〕庞鸿文等纂:《光绪常昭合志稿》卷三二《人物志十一之三·藏书家》,《中国地方志集成·江苏府县志辑》第22册,第560页上。

"居（？）士沈绮之印""素君"为常熟女诗人沈绮印。清蔡殿齐编《国朝闺阁诗钞》第八册卷八云："沈女史绮，字素君，江苏常熟县人，诸生殷壿室，博通经史，兼精律历，著有《环碧轩诗集》四卷、《文集》四卷、《四六》二卷、《唾花词》一卷，《管窥一得》十二卷，《徐庾补注》四卷。"[1]或谓年二十一而卒。沈善宝《名媛诗话》卷一云："常熟沈素君绮……年二十一而卒，著作等身，笔情超迈，弱龄夭折，其夙慧天授欤？《大风泊舟包山》云……写奇险之境，历历如画，诗亦苍劲。"[2]或谓年二十六而卒。郭麐《灵芬馆诗话》续卷二云：

> 澄江殷耐甫壿老，诗人也。其从子焯然思尹为嘉善令，因来署中，见访灵芬馆。……耐甫又以其亡室沈夫人绮《环碧轩图》属题。图为夫人女兄次昇所画，风鬟烟鬓，渲染如生。夫人少孤，夙慧，塾师训之识字，一过辄不忘，生时著作甚夥，诗文外兼通星纬夕桀之学，年二十六而卒，殆所谓昙华示现者耶？[3]

沈绮乃一典型才女，诗文词赋兼擅，又通经史律历，生年仅二十余即著作等身。若"居士沈绮之印"不误，则又可见出其思想具有浓郁的佛教因素。

李流芳，字长蘅，又字茂宰，号檀园、香海、古怀堂、沧庵，晚号慎娱居士、六浮道人，万历丙午（1606）举人，著有《檀园集》。钱谦益《李长蘅墓志铭》云：

---

① 《续修四库全书》第1626册，第635页下。
② 《续修四库全书》第1706册，第558页下。
③ 《续修四库全书》第1705册，第437页上至下。

长蘅姓李氏，讳流芳，其先徽州歙县人也。其祖赠奉训大夫讳文邦，始徙嘉定。文邦之子讳汝筠，继室以陈氏生长蘅。……再上公车不第，又再自免归，皆赋诗以见志。自是绝意进取，誓毕其余年暇日以读书养母，谓人世不可把玩，将刳心息影，精研其所学于云栖者，以求正定之法。未久而病作，犹焚香洮颜，手书《华严》不辍。……亡何，遂不起，崇祯二年之正月也。享年仅五十有五。……其尤敬爱者曰程嘉燧孟阳，孟阳谓长蘅书法规橅东坡，画出入元人，尤似吴仲圭，诗仿佛斜川、香山，晚于格律更细，尤叹赏《皋亭》、《南归》诸篇，以为非今人可及也。①

流芳擅诗文书画，与唐时升、娄坚、程嘉燧交游最善，世称嘉定四先生。《四库全书总目·集部·别集类二五·檀园集》谓李流芳："虽才地稍弱，不能与其乡归有光等抗衡。而当天启、崇祯之时，竟陵之盛气方新，历下之余波未绝，流芳容与其间，独恪守先正之典型，步步趋趋，词归雅洁，二百余年之中，斯亦晚秀矣。"②其篆刻宗法文彭，是"吴门派"代表人物之一。此"李流芳印"为其自刻姓名印，略长方形白文大印，"以小篆书字形入印，结字丰满圆浑。回文格式布列印字，四字均衡分割印面空间，章法停匀"③。

"钱曾之印""遵王""虞山钱曾遵王藏书"为钱曾藏书印。

---

①〔清〕钱曾笺注：《钱牧斋全集》第2册《牧斋初学集中》卷五四《墓志铭五》，第1349—1350页。
②《四库全书总目》卷一七二，第1515页上至中。
③顾琴编著：《明代流派印赏析100例》，南昌：江西美术出版社，2015年，第152页。

曾,字遵王,号也是翁,又号贯花道人、述古主人,虞山(今江苏常熟市)人,谦益族曾孙,编有《也是园书目》《述古堂书目》《读书敏求记》。钱谦益《族孙嗣美合葬墓志铭》云:

> 钱氏自武肃有国,三世为文僖公惟演,南渡后八世光禄公端仁,为常熟始祖。宋亡,十二世千一公玄孙为常熟始迁祖。入国朝,十七世镛居丽园,吾祖珍居奚浦,常熟之钱始分。镛孙衡,以人才擢吏部稽勋司主事。后六世岱,举进士,万历初为名御史。岱生时俊,亦用进士卒官湖广副使。嗣美名裔肃,副使长子也。万历乙卯,以《春秋》举顺天。……卒于丙戌岁之十月,年五十有八。妻蒋氏,子四人,长召,亦举于乡,次名,次即曾,次鲁。孙男女二十三人。曾好学能诗,藏书益富,趾美成宗,固于是乎在。①

钱曾为裔肃三子,藏书踵美其父,卓然成宗,其《述古堂藏书自序》云:"竭予二十余年心力,食少兼味,衣少重裘,摒挡家资,悉藏于典籍中,如虫之负版,鼠之般姜,甲乙部居,粗有条理……生平所酷嗜者,宋刻为最。友人冯定远每戏予曰:昔人佞佛,子乃佞宋乎?相与一笑,而终不能已于佞也。"《述古堂藏书目录》卷七《文集》云:"支遁集一卷一本。"双行小注云:"抄。"②此即前揭章钰案所谓"今入瞿目"之"述古本",即皇甫涍辑刊本。当然,钱曾亦藏有二卷本《支遁集》。《也是园藏书目》卷六《集部·文

---

① 〔清〕钱曾笺注:《钱牧斋全集》第6册《牧斋有学集下》卷三一《墓志铭》,第1148—1149页。
② 《续修四库全书》第920册,第425页上、第493页下。

集》云："支遁集二卷。"①

　　"铁琴铜剑楼"为常熟瞿氏藏书常用印。瞿氏五世藏书，始于绍基，藏书处曰恬裕斋，后因获古铁琴、古铜剑，又以铁琴铜剑楼名其藏书处。李兆洛《署阳湖县训导瞿君墓志铭》云：

　　　　君讳绍基，字厚培，又字荫棠，籍常熟县，系出唐金紫光禄大夫昉。公力学工文，既补弟子员，旋食饩。六应乡举三荐不成，援例以训导分发试用。署阳湖县学训导，不及一年，而士辈皆颂贤明。……尤嗜书籍，值佳本必购之，所藏至十万卷。道光十六年（1836）二月五日卒，春秋六十有五。曾祖仁德。祖蟠，国子生。考进思，候选州同知。②

绍基一生惟好聚书，经史子集，手自雠校，又值士礼居、艺芸书舍宋元善本散出，故所藏颇多宋元本，与其前映雪孙氏、汲古毛氏、述古钱氏及其时陈揆、张金吾相较，有过之而无不及。其子镛，字子雍，生于乾隆五十九年（1794）十二月初六，卒于道光二十六年十月二十四日，享年五十二③。瞿镛克承父志，肆力搜求，藏书富至十余万卷。张瑛《子雍瞿府君诔》云："呜呼！自吾母舅子雍瞿府君殁，吾邑中鲜笃学嗜古者矣。府君好聚书，自先德荫棠府君储藏之富，称于海虞，至府君而益廓之，既博且精，视子准月霄诸先辈家殆有过焉。性沉默，既饩于庠，即弃举业。暇辄静坐，手一卷，或鉴别古玩，率以为常。涩于言，酣于酒，醉后语刺刺不休。
或有所忤，弗顾也。"①《铁琴铜剑楼藏书目录》即前揭"瞿目"。
是书卷一九《集部一·别集类·支道林集一卷明刊本》云："晋释支
遁撰。凡诗十八首，杂文十六首，嘉靖间郡人皇甫涍辑录成帙序而
刊之。"双行小注云："卷首有'钱曾之印''遵王''朴学斋'诸朱
记。"②

　　"曾在吴兴丁崇城家"印亦见台北"中央"图书馆藏李复言
编《续幽怪录》四卷钞本。杜泽逊《四库存目标注·子部十六小说
家类·续元（玄）怪录四卷》云："台湾'中央图书馆'藏钞本，半
叶九行，行十八字，目录后有尹家书籍铺刊行一行，知从宋本出。
钤'曾在吴兴丁崇城家'、'茂苑香生蒋凤藻秦汉十印斋秘箧图
书'、'东莞莫氏福功堂藏书'、'柯逢时印'等印记。"③李盛铎
木犀轩藏旧钞本不分卷《王子安集》则有"曾藏吴兴丁崇城家"
印。《木犀轩藏书题记及书录》卷四《集部·别集类·汉至唐》云：
"前有杨炯序及《旧唐书》本传，后有黄荛圃手跋。收藏有'崇
城私印'白文、'久庵'朱文二方印，'曾藏吴兴丁崇城家'朱文方
印。"④嘉庆十四年（1809）中秋前五日黄丕烈手跋钞本《王子安
集》。《士礼居藏书题跋记续》卷下《王子安集钞本》云："己巳中
秋前五日晨起，有书友吴立方候于门，携书一包，云从乍浦韩家得
来者。书皆可观……收此《王子安集》二册，钞本，虽不为善本，

① 仲伟行、吴雍安、曾康编著：《铁琴铜剑楼研究文献集》，上海：上海古籍
　　出版社1997年，第23页。
②《续修四库全书》第926册，第306页上。
③ 杜泽逊撰：《四库存目标注》卷四七，上海：上海古籍出版社，2007年，第
　　4册，第2334页。按：宋人因避讳改"玄"为"幽"。
④ 李盛铎著，张玉范整理：《木犀轩藏书题记及书录》，第256页。

然传本少,以家刻零种易之。复翁记。"①黄氏跋仅此,则木犀轩藏本诸印或在其后。"曾在吴兴丁崇城家""曾藏吴兴丁崇城家"当为一人之印。"崇城私印"又见袁氏卧雪庐藏《此木轩经字韵编》。王礼培《复壁藏书书目·经总类附字书韵著纬书乐书之属》云:"《此木轩经字韵编》不分卷二册。不著撰人。朱丝栏,有崇城私印白文,勺庵朱文,袁氏卧雪庐藏书。"②袁芳瑛,字漱六,湖南湘潭人,室名卧雪楼,亦名卧雪庐,道光二十五年(1845)进士,咸丰四年(1854)官至苏州知府。李盛铎曾入袁芳瑛幕,袁氏藏书珍品多被其掠买,奠定了木犀轩善本的基础。

　　"涵仲"印,未审与前揭叶弈跋《支遁集》所谓"李涵仲偕余对勘一过"之李涵仲有无关联?此外"臣理之印""雨楼""西溪小隐""西溪草堂藏书之印"等亦难确考。

　　诸家印记为皇甫涍辑刊《支道林集》增色不少。黄丕烈题识《开元天宝遗事二卷明刻本》云:"《开元天宝遗事》上下,顾氏文房小说本也。书仅明刻耳,在汲古毛氏时已珍之,宜此时视为罕秘矣。初,书友以是书及皇甫涍辑本《支遁集》示余,索直甚昂,为有诸名家图记也。余许以家刻书直千钱者易之,未果,携之去。明日往询,云需三饼金。后日亲访之,其《支集》为他人以千钱易去矣,遂持此册归,稍慰求古之心。"识中未言《开元天宝遗事》图记,疑"有诸名家图记"者为皇甫涍辑刊《支遁集》。黄氏"以家刻书直千钱者"交换二书,而后他人则"以千钱"买《支集》一书,由"稍慰求古之心"可窥其未得《支集》的抱憾之状。又识

①《国家图书馆藏古籍题跋丛刊》第7册,第5页。
②易新农、夏和顺:《近代藏书家王礼培》,长沙:岳麓书社,2015年,第251页。

云："案，支集与旧藏钞本现经吾与山居重刊者不同，惜未校其异同。"①前已言及黄氏曾藏七桧山房钞《支遁集》并借与吾与庵僧寒石刊刻，即此所谓旧藏钞本云云。

上海图书馆藏皇甫涍辑刊《支道林集》有清人徐康跋，云："曩（曩）岁辟兵海上，书贾纵荡，虎邱捆载而来，皆艺芸书舍汪氏藏本。因无力多购且遭难以来百念俱灰，仅收得一二百种，此其一也，当是嘉靖初年刻本。李君叔兰藏书颇多，昨见其案头支集仅有抄本，因以临之。丙寅六月吴门归棹记。"②徐康，字子晋，号窳叟，长洲人，著有《前尘梦影录》《神明镜诗》等。光绪十二年（1886）三月十九日李芝绶序《前尘梦影录》云："吴郡徐君子晋，博雅耆古，世擅岐黄，尤工篆隶，凡书籍字画古器奇珍，一入其目，真赝立辨，盖阅历深也。"③徐氏先前已从书贾处购得汪士钟艺芸书舍旧藏《支道林集》，同治五年（1866）六月又从李叔兰处临钞本《支遁集》，见出其不仅博雅嗜古，亦有寄寓浓郁乡土情愫之意。

（二）吴家骕刊《支道林集》

吴家骕刊《支道林集》藏于南京图书馆，《续修四库全书·集部·别集类》将之影印出。吴家骕本《支道林外集》卷首有史玄《支道林外集小序》，云：

> 晋支遁道林，隐吴郡西山，山纳名支硎。余家去支硎山一

① 〔清〕黄丕烈撰，余鸣鸿、占旭东点校：《黄丕烈藏书题跋集》，第311、784页。

② 转引自王京洲：《〈支遁集〉版本叙录》，《古籍整理研究学刊》2014年第3期，第26页。

③《续修四库全书》第1186册，第724页下。

水耳，闭门读《世说》一书，时见道人挥麈语，风期高亮，多
所标会。王令、谢公并重其人，固桑门之领袖，朝士之冰镜矣。
《集》故有八卷，子安所拾才十有三四。余更以道人隽语佳事
并而列之，附为别集。一语厌心觉咫尺，道人不远，风流邈矣。
解人蔑焉，传布斯文，以当尚论。吴郡史玄弱翁序。①

此吴郡西山可与前揭皇甫淲《支道林集》序徜徉西山相发明。史
玄家与支硎山仅隔一水，无怪其闭门读《世说》能时见支遁挥麈
而语的风采，有沙门领袖、朝士冰镜之誉，更无怪其继皇甫淲后辑
成《外集》。

1. 史玄及其辑《支道林外集》动因

玄，吴江（今属江苏苏州市吴江区）人，明诸生，父遗直，字信
甫，天启甲子（1624）举人。潘柽章《松陵文献》卷九《人物志·文
学》云：

> 史玄，字弱翁，天才隽拔，学有根柢，与吴易、赵涣齐名，
> 以古文词相切劘，有《东湖倡和集》。三人者才气相埒也，后
> 易登朝死国难，而玄与涣俱落魄不偶。玄留心经济，尝从水道
> 至京师，作《河行注》一卷，盐策、河漕之要略具焉。数游公
> 卿间，以策干时，无所遇，困顿以死。诗宗少陵，老健无敌，
> 古体尤工。②

史玄与吴易、赵涣相唱和，世称"东湖三子"。陈去病《巢南诗

---

①《续修四库全书》第1304册，第54页下。
②《续修四库全书》第541册，第480页下。

话·邢孟贞》云:"弱翁名玄,明诸生。……自日生起义讨虏殉国,弱翁亦侘傺失志以死。风流文采,渐焉尽灭。故孟贞有《己丑追哭诗》……盖伤之者至矣。"①其《五石脂》云:"同邑徐嵩,少事弱翁,晚岁舍之于家,相待良厚。殁又经纪其丧,并搜辑其遗稿,乞朱愚庵叙之。以无力刊布,仅乞邓孝威选十余首入《诗观》中,可云义矣。尝有悼史弱翁先生六十韵,叙事特详,不啻为史遗民撰一篇行状也。"②陈氏全录徐嵩诗,史玄生平遭际尽见于此诗。邢昉(字孟贞)《石臼集》后集卷三有《追哭史弱翁三首》,题下注云"己丑"③,己丑即顺治六年(1649),则玄当卒于是年。潘陆(字江如)亦有《哭史弱翁》诗④。朱鹤龄(字愚庵)《史弱翁诗集序》云:"弱翁尊君某甫登贤书而殁。弱翁艰窭万状,遂发愤为诗文,绝意干禄之学。"谓史玄父刚中举即去世。"归而抵永嘉,寓金陵,所与唱和者如顾与治、邢孟贞、杨龙友、方尔止辈皆名士。""弱翁之诗,峥泓萧瑟,初值钟、谭主盟,相率为凄声促节,未能自振于古。后居东湖,与惕斋联和,则全法少陵,格律日进。及遭崩坼之变,方期偕余辈数人晞发湖滨,修《谷音》《海录》之故事,而未几死矣。惜哉! 弱翁殁十余载,蒸尝不续,遗书散落人间,其所著《盐法志》《燕京遗事》《松陵耆旧传》无能搜讨,所在仅得诗若干首,

<hr>

① 陈去病著,张夷标点:《浩歌堂诗钞》附录,上海:上海古籍出版社,2016年,第341页。
② 陈去病著,甘兰经等点校:《五石脂》,南京:江苏古籍出版社,1999年,第333页。
③《四库禁毁书丛刊》集部第51册,第227页下。
④ 见〔清〕孙鋐辑评:《皇清诗选》卷一六《五言律》,《四库全书存目丛书》集部第398册,第432页下。按:孙氏误"潘陆"为"潘睦"。

为评选而欲梓之。"①史玄所与唱和者多吴中名士,其诗初受钟惺、谭元春竟陵派影响作凄声促节,后与吴易等东湖唱和即宗法杜甫,老健无敌,尤工古体。史玄绝意干禄之学,留心经济,发愤为诗文:"盐法筹丁灶,河行课水船。京都详帝迹,耆旧别乡贤。文运韩欧笔,诗裁李杜篇。"②

史玄编辑《支道林外集》当如同其编著《吴江耆旧传》,亦为"别乡贤"。所谓《外集》,乃史玄掇拾与支遁有关的"隽语佳事"而成,其中:《世说》四十则、《逍遥论》、《高逸沙门传》(节略)、《晋书》二则、《世说注》二则、《吴地记》一则、《吴郡疏》一则,并附录谢安《与支道林书》、王珣《法师墓下诗序》。同时,史玄还以按语形式进行简单考辨、补充。《高逸沙门传》后按云:"道林终于剡之石城山,有王珣《法师墓下诗序》可据。此云终于洛阳,恐误。"东晋之时南北分裂,支遁绝无"终于洛阳"之理,史玄以王珣《法师墓下诗序》为据,可谓有理有据。《吴地记》后云:"杨循吉《吴邑志》云:支公好蓄骏马,今有马足迹四存,及石上有马溺黄色一带。"循吉,字君谦,吴县人,成化二十年(1484)进士,官礼部主事,弘治元年(1488)致仕返乡,结庐支硎山下,以读书、藏书、著书为乐事,所藏书十余万卷,著述几及千卷。《吴邑志》为杨循吉与苏祐合著,卷一一《山·城西名山·支硎山》载山中古迹有支公石室,石有马迹石。《吴郡疏》后按云:"《吴地记》《吴郡疏》所述二则,并以《世说》有常养数匹马之文为是依托之语,且《道林传》遁既终于剡之石城山矣,何缘得有乘白马

①〔清〕朱鹤龄:《愚庵小集》卷八《序二》,上海:上海古籍出版社,1979年,第341、342、343页。按:《松陵耆旧传》亦作《吴江耆旧传》,上海图书馆藏有清钞本。
②陈去病著,甘兰经等点校:《五石脂》,第334页。

升云而去邪？"①袁宏道《楞伽》谓《吴地记》所云支遁乘白马升云而去"不见于本传，岂非好事者因《世说》神骏一语，附会其说邪"②，文末所记马迹石及其俗说，当本于《吴邑志》。

2. 吴家驹及其刊刻《支道林集》动因

吴家驹《读支道林外集后》云：

> 支公集始于子安，外集则余友弱翁编辑，余请刊布以鼓风流者也。晋世清谈宗尚简要，弱翁至性鲠亮，于书无所不敢，而寄情幽胜，政使人人自远。《诗》云：我思古人，实获我心。余于弱翁，差籍此两言写照矣。新安吴家驹龙媒跋。③

《诗经·邶风·绿衣》云："我思古人，实获我心。"朱熹集传云："故思古人之善处此者，真能先得我心之所求也。"④吴氏合刊皇甫滓辑、史玄校《支道林集》与史玄辑、吴家驹校《支道林外集》之动因可由此窥知——在于鼓舞魏晋风流。吴刊《支道林集》首页版心下方有"长洲周明征书"六字，知周氏为此书书工。《名媛诗归》三十六卷卷一首页版心下方有"周明征书"四字⑤。《池北偶谈·谈艺八·名媛诗》云："周婴方叔极称辨博，然有不必辨者，如诠钟辨文明太后青台雀歌，杜兰香赠张硕诗数条，不知《名媛诗归》，乃

①《续修四库全书》第1304册，第60页上至下。
②〔明〕袁宏道著，钱伯城笺校：《袁宏道集笺校》卷四《锦帆集之二——游记　杂著》，上海：上海古籍出版社，2008年，第176页。
③《续修四库全书》第1304册，第61页上。
④〔宋〕朱熹撰，赵长征点校：《诗集传》，北京：中华书局，2011年，第23页。
⑤《四库全书存目丛书》集部第339册，第9页下。

吴下人伪托钟、谭名字，非真出二公之手，何足深辨？"①崇祯六年
（1633）大隐堂刻本姚希孟《秋旻集》十卷、二刻一卷、续刻一卷，
目录卷端首行"秋旻集目录"五字下有"长洲周明徵书"六字②。
希孟，字孟长，吴县人，万历四十七年（1619）进士，生平见《明史》
卷二一六本传。史玄为吴江人，姚希孟为吴县人，周明徵为长洲人，
《名媛诗归》亦为吴下人伪托，疑吴家驌刊《支道林集》即在吴地。

　　新安吴家驌，或如新安朱熹，以新安谓徽州。龙媒，为吴氏字
号。崇祯十年（1637），吴家驌曾刻印明释智舷《黄叶庵诗草》二
卷，有陈继儒序。今南京图书馆藏此书上卷。

　　释智舷，字苇如，号秋潭，晚年自称黄叶老人、黄叶头陀，嘉兴
（今属浙江）人，俗姓周，父洙，母丁氏。年十七，礼金明千江禅师
海月，得度为沙弥。万历中期住持秀水金明寺，晚年于秀水西郊筑
黄叶庵。李日华《秋潭禅师传》云："崇祯庚午（1630）秋，患脾疾，
至冬十一月廿三日，命侍者扶起，端坐念佛，喉中嗑然有声，化去。
寿七十有四，腊五十有七。"智舷有道行，能诗文。李氏《黄叶头陀
诗集序》云："善吟者金华吴少君曰：君识是否？是为舷公。出语
烟霞冰雪，殆昼徹之流，贯休、齐己，不足数也。"《黄叶庵无住诗
倡和集序》又云："吾郡舷公夙擅惠休、皎然之誉，兼攻行草，在亚
栖、高闲上。"③少君，吴孺子字，晚号懒和尚，又号玄铁道人。昼

---

①〔清〕王士禛撰，靳斯仁点校：《池北偶谈》卷一八，第435页。

②沈乃文主编：《明别集丛刊》第5辑第35册，合肥：黄山书社，2015年，第6
　页上。

③〔明〕李日华撰，赵杏根整理：《恬致堂集》，上海：上海古籍出版社，
　2012年，卷二五《传》第948页，卷一五《序》第662、663页。按：李日华，
　陈继儒弟子，字君实，一字九疑，号竹懒，嘉兴人，万历二十年（1592）进
　士，授九江推官，官至太仆寺少卿，擅诗文，工书画。

彻即唐代诗僧清昼与灵澈。刘禹锡《澈上人文集纪》云："独吴兴
昼公能备众体。昼公后澈公承之。"①严羽《沧浪诗话·诗评》亦
云："释皎然之诗,在唐诸僧之上。唐诗僧有法震、法照、无可、护
国、灵一、清江、无本、齐己、贯休也。"②智舷殆是皎然、灵澈之
流,素擅惠休、皎然之誉,能诗擅书,兼攻行草。《崇祯嘉兴县志》
录有本邑人谭昌言《黄叶庵诗草叙》,云："若其诗则纵横今古,变
现溪山。其亦史亦禅,吞若惠休、灵澈者八九,总非热闹场中可道
只字,明眼人自能勘取。"③

智舷与支遁相类,吴氏刊印其集动因亦当相类,亦在于"鼓
舞风流"。时至有清编纂《四库全书》时,《黄叶庵诗》被列入军
机处奏准全毁书目。《闽浙总督陈辉祖奏第二十二次缴送应毁书
籍折(附清单一)》云："《黄叶庵诗》五部,刊本。是书释智舷著。
一部全,四部不全。"④

3.吴家骐刊《支道林集》藏家题识、印记

《续修四库全书》第1304册影印南京图书馆藏吴家骐本《支道

① 瞿蜕园笺证:《刘禹锡集笺证》,第520页。
② 〔宋〕严羽著、郭绍虞校释:《沧浪诗话校释》,北京:人民文学出版社,
1983年,第188页。
③ 〔明〕汤齐、〔明〕罗炌修,〔明〕李日华、〔明〕黄承昊纂:《崇祯嘉兴县
志》卷二一《艺文》,《日本藏中国罕见地方志丛刊》,北京:书目文献出版
社,1991年,第892页上。钱谦益《山东青登莱海防督饷布政使司右参政
赠太仆寺卿谭公墓志铭》云:"公讳昌言,字圣俞,万历甲午(1594)举乡
试第一,辛丑(1601)举进士,知苏州常熟县,改徽州婺源县。……出为福
建提学参议,以山东布政司右参政为青、登、莱海防督饷监军。天启五年
(1625)三月十四日,卒于官,年五十有五。"(〔清〕钱曾笺注:《钱牧斋全
集》第2册《牧斋初学集中》卷五三《墓志铭四》,第1329页)
④ 中国第一历史档案馆编:《纂修四库全书档案》,上海:上海古籍出版社,
1997年,第1627页。

林集》皇甫涍序前有藏家题识，云："此本明皇甫涍编序诗文，数与汲古合，后有史弱翁以道人隽语佳事辑为外集，自为序，而新安吴家骃又为后跋。岂即所谓支硎本耶？"①此题识亦见丁丙《善本书室藏书志》卷二三《集部二·别集类一·支道林集一卷外集一卷》②。

国家图书馆藏吴家骃本《支道林集》颇多藏家题识。卷端"支道林集序"五字下钦"北京图书馆藏""眉老"二印，《序》首句"庚子之秋"四字右侧题"为万历二十八年"七字。如前所云，此"庚子"为嘉靖十九年（1540），非万历二十八年（1600）。序末钞录阮元《四库未收书提要》之《支遁集二卷提要》，在末行"著也"二字下钦"小匏庵"印，复题云：

> 此帙为皇甫子安所编，在毛季斧前，即汲古阁本所从出也。原书久亡，兹从各集中掇拾而成，仅三十有肆篇，以不分卷数为是。复经史弱翁刺取《世说》中数十则附之，尤足资谈麈之指挥也。光绪庚辰（1880）四月望后五日牧骃识。

"牧骃识"下钤"吴牧骃"印。吴仰贤，字鲁儒，号牧骃，别署小匏庵，浙江嘉兴人，行三，生于道光乙酉年（1825）四月十六日吉时，咸丰二年（1852）进士，选庶吉士，散馆授知县，官至云南迤东兵备道，善诗词，初学李商隐，后师朱彝尊，工力甚深，晚年主讲武水鸳湖书院，著有《小匏庵诗存》六卷、《小匏庵诗话》十卷等，其家世参见《清代朱卷集成》之咸丰壬子恩科③。前已言及，汲古阁本《支遁集》底本

---

① 《续修四库全书》第1304册，第43页上。
② 《续修四库全书》第927册，第431页下。
③ 参见顾廷龙主编：《清代朱卷集成》第17册，台北：成文出版社有限公司，1992年，第161—164页。

为七桧山房钞本，非出自皇甫溠刊本，兹不赘。此题识后另纸七个半页钞录慧皎《高僧传》之《晋高僧剡沃洲支道林传》，首行行末"慧皎撰"下钤"牧驺手校"印。传后为《支道林集目》，在首行"支道林集目"下钤"佩德斋珍藏印""牧驺手校"二印。

　　佩德斋为傅增湘长子忠谟斋名。忠谟，字晋生，号海文，幼时即从父学习版本目录，得观诸多古籍善本，1950年后转入国家文物局工作，专事玉器鉴定，曾整理其父遗稿编成《藏园校书录》四卷、《双鉴楼藏宋金元秘本书目录》四卷等。《支道林集目》后为《支道林集》，首行"支道林集"下钤"双鉴楼藏书印""牧驺"二印，左侧第二、第三行钤"藏园"印。"双鉴楼藏书印""藏园"为傅增湘藏书印。增湘，初字润沅，后字沇叔，晚号藏园居士，别署双鉴楼主人、藏园居士等，父世榕，曾任直隶怀安县知县[1]。傅增湘生于同治壬申年（1872）九月初八日，早年就读于保定莲池书院，师从吴汝纶，光绪二十四年（1898）戊戌科进士，入翰林院为庶吉士，散馆授编修，出为直隶提学使，1917年4月出任北洋政府教育总长，1927年任故宫博物院图书馆馆长，著有《藏园群书题记》二十卷、《藏园群书经眼录》十九卷、《双鉴楼善本书目》四卷等。傅氏工行楷，精鉴赏，搜书勤勉、藏书富盛、版本精善为近代诸藏书家之首。因从祖父藏书中继承一部元刊《资治通鉴音注》，1916年又从端方藏书中购得一本南宋绍兴二年（1132）两浙东路茶盐司刊《资

---

[1] 王式通撰《清故资政大夫直隶怀安县知县江安傅公墓志铭》云："公姓傅氏，讳世榕，字申甫，四川江安人。曾祖凤龄。祖登奎。父诚，河北通判。（钱仲联主编：《广清碑传集》，苏州：苏州大学出版社，1999年，第1036—1037页）傅增湘家世、生年等参见来新夏主编：《清代科举人物家传资料汇编》第24册，第405—412页，生平参见其《藏园居士七十自述》等。

治通鉴》，即以"双鉴"名其藏书楼。后又购得盛昱藏南宋淳熙十三年（1186）宫廷写本《洪范政鉴》，"双鉴"遂为宋本《资治通鉴》与《洪范政鉴》。北京西城西四石老娘胡同新居建成后，傅增湘取苏轼《病中闻子由得告不赴商州三首》之一"惟有王城最堪隐，万人如海一身藏"①名曰藏园。

　　《文殊师利赞》题下，吴仰贤识云："唐释慧祥撰《古清凉传》，宋释延一撰《广清凉续传》中载六朝人文如晋释支遁《文殊像赞序》，又殷晋安《郗济川赞》，并世所希见。而遁序尤足补本集之所佚。阮元《四库未收书目提要》。"此提要亦见阮元《揅经室外集》卷二，题曰《古清凉传二卷广清凉传三卷续清凉传二卷提要》，云："延一收捃故实，推广祥传，更记寺名胜迹，以及灵异药物，其中多涉及儒家，且有六朝人文。如晋释支遁《文殊像赞序》，又殷晋安《郗济川赞》，并世所希见。而遁序尤足补本集之所佚。"②二者相校，知吴氏题识"广清凉续传中载"脱略数语。在《支道林集》卷末吴仰贤题云："又，晋剡山于法兰死，遁追立像赞：于氏超宗，综体元旨，嘉遁山泽，仁感虎兕。梁沙门慧皎撰《高僧传》。""又，阙公则赞，大唐内典录念佛宝王三昧论：大哉阙公，歆虚纳灵。神化西域，迹应东京。徘徊霄墟，流响耀形。岂钦一赞，示以匪冥。"题后钤"吴仰贤字鲁儒号牧驺"印。如前所言，支遁《阙公则赞》见唐释飞锡《念佛三昧宝王论》卷中《高声念佛面向西方门第十一》。

　　"念佛宝王三昧论"误，当为"念佛三昧宝王论"。《大唐内典录》，麟德元年甲子岁（664）京师西明寺释氏撰。《宋高僧传·译经篇第一之三·唐大圣千福寺飞锡传》云飞锡："天宝初游于京阙，多止终

---

①〔清〕王文诰辑注：《苏轼诗集》卷四《古今体诗四十六首》，第156页。
②〔清〕阮元：《揅经室集》，第1227页。

南紫阁峰草堂寺。"①天宝元年为742年，《大唐内典录》不当言及飞锡《念佛三昧宝王论》甚明。《支道林外集》之《高逸沙门传》末"终于洛阳"下吴氏题云："《石林诗话》云：支遁本姓关，从支谦学，故为支遁。"《王珣法师墓下诗序》末复录叶梦得《避暑录话》云："孙绰《道贤论》以当时七僧比七贤，竺法护比山巨源，帛法祖比嵇叔夜，竺法乘比王濬冲，竺法深比刘伯伦，支道林比向子期，竺法兰比阮嗣宗，于道邃比仲容，各以名迹相类者为配。""孙绰"前脱"《高僧传》略载"②五字，如此易致歧义。此后于"支道林外集终"行末钤"牧骀"印，复于吴家驷《读支道林外集后》末按云：

> 弱翁，吴江人，崇正间携新姬今宵出都诗：京华贵束湿，龙沙事烽烟。黄金养末士，此辈无高贤。今宵燕姬名也。弱翁纳之，喜甚，自命题曰倾城悦名士，邀朋辈赋诗。卢雅雨《感旧集》小传注。弱翁有《东湖唱和集》，朱愚庵曰：弱翁诗初值钟、谭主盟……惜哉。董通（？）声曰：弱翁诗宗少陵，老健无敌，古体尤工。《松陵诗征》前编。

卢雅雨即卢见曾，《感旧集》为渔洋山人王士禛选，德州卢见曾补传，吴仰贤题语见是书卷三《史元（玄）》③，然"小传注"之"注"字衍；朱愚庵曰见前引朱鹤龄《史弱翁诗集序》。朱、董二氏语当引自《松陵诗征》前编，是书由吴江人殷增辑六朝以迄明季三百五十六家而成。题语末行"前编"下钤"吴三"印。吴仰贤行三，故有是印。

① 〔宋〕赞宁：《宋高僧传》卷三，第47页。
② 参〔宋〕叶梦得：《避暑录话》卷上，《丛书集成新编》第84册，第623页上。
③ 《四库禁毁书丛刊》集部第74册，第206页上。

三、《支遁集》《支道林集》之关系及诸总集于
支遁诗文之辑佚

（一）《支遁集》《支道林集》之关系

与二卷本《支遁集》相较，皇甫涍刊本多出一篇《与桓玄论州符求沙门名籍书》。是书出自《弘明集》卷一二，开篇即曰"隆安三年四月五日"即公元399年5月25日，与《高僧传》所载支遁卒于"晋太和元年闰四月四日"①即公元366年5月29日相抵牾。二卷本不以之入支遁集亦非无因。其余诗文，赞佛、咏怀、咏利城山居、咏大德等十八首诗出自《广弘明集·统归篇第十之三》卷首，《释迦文佛像赞》《阿弥陀佛像赞》及诸菩萨赞十一首出自《广弘明集·佛德篇第三之一（初）》卷首；《上皇帝书》（《还东山上书》）、《座右铭》出自慧皎《高僧传·义解一·晋剡沃洲山支遁》。在《高僧传》《广弘明集》中，这些诗文极易检阅、辑钞。由此臆测，前云都穆藏《支遁集》、黄省曾辑藏《支道林文集》应是各自辑钞《广弘明集》《高僧传》支遁诗文而成，皇甫涍"往岁获觏"者亦是二书之"支篇"。除辑自《高僧传》中的《座右铭》《还东山上书》外，皇甫涍刊本《支道林集》与《广弘明集》支道林诗文篇序完全一致。宋元及其以降，《高僧传》《广弘明集》被收入诸多大藏经，故支遁诗文因之或单行或随诸藏经流布于世。

对比皇甫涍刊本《支道林集》及今存《广弘明集》，二者稍异处在于：首先，皇甫涍合《广弘明集》之《四月八日赞佛诗》《咏八日诗三首》为《四月八日赞佛诗四首》，取消《咏八日诗三首》篇名，将此三首诗依次题口其二、其三、其四以相别；其次，皇甫涍取消《广弘明集》之"八关斋诗序"题名，代之以"八关斋诗三首"五字，在第

①〔南朝梁〕释慧皎：《高僧传》卷四，第163页。

二、第三首诗前亦分题其二、其三以相别, 此下《咏怀诗五首》《述怀诗二首》亦作类似处理。以杨钞本为代表的二卷本《支遁集》与之显异。如皇甫湜刊本开篇《四月八日诗四首》, 在杨钞本中则居于卷上倒数第三, 一如《广弘明集》分作《四月八日赞佛诗》《咏八日诗三首》; 再如皇甫湜刊本《八关斋诗三首》《咏山居》, 杨钞本分别题作《土山会集诗三首》①《咏利城山居》, 据《中华大藏经》校勘语《径山藏》本《广弘明集》即题作《咏利城山居》②。至于杨钞本、皇甫刊本之异文, 在在皆是, 兹不赘。

　　就支遁十三首赞而言, 杨钞《支遁集》、皇甫刊《支道林集》及《广弘明集》相异处惟在诸菩萨赞十一首之篇目: 一有无"诸菩萨赞十一首"七字, 二是题作一行"法作菩萨不二入菩萨赞"抑或分两行题作"法作菩萨赞""不二入菩萨赞", 三是作"首闲"抑或作"闲首"。今存《广弘明集》主要有单行本和藏经本两种: 前者有《四部丛刊》影印汪道昆本、《四部备要》影印常州天宁寺本及亦可视作单行本的《四库全书》本 (实为明吴惟明刊本), 后者有宋元明清藏经所收《广弘明集》。《中华大藏经》底本为《赵城金藏》,《赵城金藏》阙者补以《高丽藏》, 参校本有《房山云居寺石经》、宋《资福藏》、《影印宋碛砂藏》、元《普宁藏》、明《永乐南藏》、明《径山藏》(或名《嘉兴藏》《方册藏》)、《清藏》、《高丽藏》八种。现据《中华大藏经》及其校勘语将诸藏经本《广弘明集》、单行本《广弘明集》与杨仪钞本《支遁集》、皇甫湜刊本《支道林集》诸菩萨赞十一首上述三种相异处胪列如表一。

_____

① 不明缘何作此题。
②《中华大藏经》第63册, 第452页上。

表一　支遁诸菩萨赞十一首各本之异同

	单行本《广弘明集》	《中华大藏经》本《广弘明集》		杨钞《支遁集》	皇甫泽刊《支道林集》
一	无	《赵城金藏》、宋《资福藏》，宋《影印末碛砂藏》，元《普宁藏》，明《永乐南藏》，《高丽藏》，《清藏》、《房山云居寺石经》无	《径山藏》有	有	无
二	一行题作"法作菩萨不二入菩萨赞"	《赵城金藏》、《房山云居寺石经》、《高丽藏》、《影印末碛砂藏》，元《普宁藏》，明《永乐南藏》分两行题作"法作菩萨赞""不二入菩萨赞"	《径山藏》《清藏》一行题作"法作菩萨不二入菩萨赞"	一行题作"法作菩萨不二入菩萨赞"	一行题作"法作菩萨不二入菩萨赞"
三	阙首	《赵城金藏》、《房山云居寺石经》、《高丽藏》作"首阙"；宋《资福藏》，元《普宁藏》，《径山藏》，《清藏》南藏》、《影印末碛砂藏》、明《永乐南藏》、《清藏》作"阙首"		阙首	阙首

　　综上，不仅皇甫泮辑刊《支道林集》诗、赞底本均为《广弘明集》，而且都穆藏本、七桧山房钞本《支遁集》诗、赞之祖本亦当辑自《广弘明集》，因所据《广弘明集》版本不同，故二集略异，同时二集中诗部分均经辑佚者二次编辑。相较而言，皇甫泮刊本更近《广弘明集》原貌。我们将皇甫泮辑《支道林集一卷》、史玄辑《支道林外集一卷》称为一卷本系统，将都穆藏本、杨钞本《支遁集》称为二卷本系统。

　　简言之，宋时业已散亡的《支遁集》，至明代复被辑佚，以钞本或刊本形式流布，并形成两个系统：一为二卷本《支遁集》，以都穆藏明钞本为早，稍后有杨仪七桧山房嘉靖乙未钞本、叶弈钞本、叶石君钞本、冯已苍钞本、毛扆汲古阁钞本等。清嘉庆时支硎山吾与庵僧寒石、道光时潘锡恩刊刻杨钞本，阮元过录毛扆汲古阁钞本并将之收入《宛委别藏》，光绪时徐榦将叶弈钞本与蒋清翊辑《支遁集补遗一卷》收入《邵武徐氏丛书初刻》。二为一卷本《支道林集》，以嘉靖十九年皇甫泮辑刊本为早，明末吴家驌将皇甫泮辑《支道林集》与史玄辑《支道林外集》合刻。

（二）诸总集于支遁诗文之辑佚

　　明代一些总集也收录有与前揭各辑本相当的支遁诗文。

1. 冯惟讷《古诗纪》

　　《古诗纪》卷四七《晋第十七》收录支遁诗计十八首，与诸钞、刊本同①。对比《古诗纪》与皇甫泮刊本《支道林集》所收支

────────

① 据北京大学图书馆藏明万历年间吴琯刻本《古诗纪》卷首"引用诸书"目录，冯惟讷编纂《古诗纪》参考了《支道林集》（参高虹飞：《〈古诗纪〉编纂与复古派关系考论》，北京大学中国古文献研究中心编：《北京大学中国古文献研究中心集刊》第十四辑，北京：北京大学出版社，2015年，第334页）。雕龙中日古籍全文资料库·六府文藏—集部—总集类—明代万历刻本方天眷重订《古诗纪》，"刻诗纪凡例"后为"引用诸书"，其中亦有"支道林集"：http://hunteq.com/ancientc/ancientkm。

遁诗,相异处惟在:冯氏据《广弘明集》又将《四月八日赞佛诗四首》分作《四月八日赞佛诗》《咏八日诗三首》,将《咏山居》易名《咏利城山居》。

惟讷,字汝言,号少洲,临朐(今山东临朐县)人,军籍,生于正德八年(1513)癸酉六月十九日,嘉靖十七年(1538)戊戌科进士。"国子生。治《诗经》。字汝言,行五,年二十六,六月十九日生。曾祖春。祖振,赠南京户部署郎中事员外郎。父裕,按察司副使。母伏氏,封宜人。具庆下。兄惟健,贡士;惟重,同科进士;惟敏,贡士。弟惟直。娶熊氏。山东乡试第五十六名,会试第一百二十三名。"①以江西布政使加光禄寺卿致仕,诗作有《光禄集》《冯少洲集》。余继登《明通奉大夫光禄寺卿少洲冯公墓志铭》云:

> 庄皇帝之壬申岁(1572)三月二十又一日,光禄寺卿致仕少洲冯公卒。……冯氏之先世为青临朐人,高祖思忠徙家辽左。自辽左复归于青,则公父宪副公始也。宪副公有丈夫子五人,四登科第,并以文章、政事擅名于时,东海冯氏遂有声称于天下。公讳惟讷,字汝言,别号少洲,正德癸酉宪副公为萧令生公于萧。公生有奇质,风神秀彻。既长,开敏沉毅,辨悟绝伦,名起齐鲁间。一试辄受廪领,嘉靖甲午(1534)乡荐,登戊戌进士,庚子(1540)除宜兴令。②

---

① 龚延明主编,邱进春点校:《天一阁藏明代科举录选刊　登科录》(点校本·中),第707页。
② 〔明〕余继登:《淡然轩集》卷六《志铭》,《景印文渊阁四库全书》第1291册,第871页下。

　　《古诗纪》之编纂，"始事于甲辰（1544）之冬，集成于丁巳（1557）之夏，岁凡十四稔"，动因和旨趣在于："见世之为诗者多根柢于唐，鲜能穷本知变以窥风雅之始……弘治间，北地李先生献吉始以唐风为天下倡，一时人士宗之，文体一振焉。及其敝也，株守名家，矜其学步，千金享帚，斯不远览之过尔。余故谓先生是编之集，大有功于雅道云。"①惟讷由宜兴令调魏县，又升蒲州知州。"在这十四年间，冯惟讷由蒲州知州调扬州府同知、松江府同知，迁南京户部员外郎郎中、北京驾部郎中，出为陕西佥事。"②是书前集十卷，为古逸诗；正集一百三十卷，为汉魏以至陈隋诗；外集四卷，旁采仙鬼之作；别集十二卷，为前人论诗之语。尽管李梦阳亦云"诗至唐，古调亡矣""三代而下，汉魏最近古"③，何景明更云"学歌行、近体有取于（李、杜）二家，旁及唐初、盛唐诸人，而古作必从汉魏求之"④，然终为其"诗必盛唐，非是者弗道"⑤的倡言所埋没。天下人士风起宗之，及其流弊更甚，故《古诗纪》"将以著诗体之兴革，观政俗之升降，资文囿之博综，罗古什之散亡，故备录之，不暇选择。若必云本道德之旨，叶风雅之

① 〔明〕张四维：《古诗纪序》，雕龙中日古籍全文资料库·六府文藏—集部—总集类—明代万历刻本《古诗纪》卷首。
② 李庆立、张秉国：《〈古诗纪〉考论》，《韶关学院学报（社会科学版）》，2003年第2期，第1页。
③ 〔明〕李梦阳：《空同集》卷五二《序·缶音序》，卷六二《书·与徐氏论文书》，《景印文渊阁四库全书》第1262册，第477页下、第564页上。
④ 〔明〕何景明：《大复集》卷三四《序十三篇·海叟集序》，《景印文渊阁四库全书》第1267册，第302页上。
⑤ 《明史》卷八七二《文苑二·李梦阳传》，第7348页。

音，参校论叙，成一家之书，尚有望于大雅君子焉"①。其意仅在通过全集式编纂，彰显诗体流变，网罗散亡古什，而无暇以"本道德之旨，叶风雅之音"为准的进行删繁芜出菁华式的"选择"。

"然上薄古初，下迄六代，有韵之作，无不兼收，溯诗家之渊源者，不能外是书而别求。固亦采珠之沧海，伐木之邓林也。厥后，臧懋循《古诗所》，张之象《古诗类苑》，梅鼎祚《八代诗乘》，相继而出，总以是书为蓝本。"以其能得正变源流，"故至今惟惟讷此编为诗家圭臬"②。以是，《古诗纪》收诗虽与诸钞刊本同，支遁诗歌史地位却藉之得以彰显。

《古诗纪》中方外之有诗始见于《晋第十七》所收支遁诗十八首，次收鸠罗摩什《十喻诗》《赠沙门法和》，次收惠远《庐山东林杂诗》《报罗什偈一首》，次收庐山诸道人《游石门诗并序》，次收庐山诸沙弥《观化决疑》，次收史宗《咏怀诗》，次收帛道猷《陵峰采药触兴为诗》，次收竺僧度《答苕华诗》及苕华《赠竺度》，次收张奴《歌一首》。《宋》无方外诗。《齐第七》收释宝月《估客乐》二曲。《梁第三十一》收释宝志《谶诗》五言二首、七言二首，释智藏《奉和武帝三教诗》，释惠令《和受戒诗》，惠慕道士《犯虏将逃作》，僧正惠偘《咏独杵捣衣》《闻侯方儿来寇》。《陈第十》收张君祖《赠沙门竺法頵三首》《道树经赞》《三昧经赞》《答庚

①〔明〕冯惟讷：《古诗纪·凡例》，雕龙中日古籍全文资料库·六府文藏—集部—总集类—明代万历刻本《古诗纪》卷首。

②《四库全书总目》卷一九八《集部·总集类四·古诗纪一百五十六卷》，第1716页下。前揭《古诗纪》卷首《所引诸书》即有"古诗类苑"，故四库馆臣所谓厥后相继而出欠妥。又：《四库全书总目》此处"之象书又以题编次竟作类书，鼎祚书仅汉魏全录、晋宋以下皆从删节，已非完备之观"，《景印文渊阁四库全书》第1379册第2页上《古诗纪·提要》脱"鼎祚书"三字。

僧渊》，庾僧渊《代答张君祖》①《又答张君祖》，何处士《春日从将军游山寺》《别才法师于湘还郢北》《敬酬解法师所赠》《通士人篇》。《北魏》《北齐》《北周》无方外诗。《隋第九》收僧法宣《爱妾换马》《和赵郡王观妓应教》，释慧净《和琳法师初春法集之作》《和卢赞府游纪国道场》《于冬日普光寺卧疾值雪简诸旧游》《英才言聚赋得升天行》《杂言》，释智炫《游三学山》，释昙迁《缁素知友祖道新林去留哀感赋诗一首》，释玄逯《言离广府还望桂林去留怆然自述赠怀》《戏拟四愁聊题两绝》，释灵裕《临终诗二首》，释智命《临终诗》，释智才《送别》，昙延《戏题方圆动静四字》，沸大《淫洗曲》《委靡辞》，新罗人释慧轮《悼叹》，释慧英《一三五七九言》，无名释《生忍颂》《顺益颂》《禅暇》。

　　综观《古诗纪》所收方外诗，几全为僧诗，其中以支遁诗最早、最多。继阮籍咏怀诗、左思咏史诗、郭璞游仙诗之后，支遁以诗赞佛、咏人、咏画、咏居处，进一步开拓了诗歌题材，尤为重要者，在中国文学史上，支遁是第一位致力于佛教文学创作的文人。"诗人只要求宇宙的一小部分作为他们的领土。他们当中偶尔有一位，比其余的人更为大胆，或更有天赋和学力，动手扩大他的王国的疆域，但是大多数诗人则对征服新版土不大关心；他们宁愿在国内巩固政权，平静地享受他们的遗产。……在诗人把题材

---

① "张君祖，名翼，下邳人。官东海太守，善草隶。晋穆帝誉为与王羲之相伴。君祖于竺法頵西还华山时，曾作诗三首相赠，意含嘲讽。僧渊读到后，代法頵作答，故称'代答'。"（沈玉成、印继梁主编：《中国历代僧诗全集·晋唐五代卷》，北京：当代中国出版社，1997年，第1—2页）是书在支遁前收康僧渊《代答张君祖诗》《又答张君祖诗》二首，收佛图澄《吟》诗（第1—2页）。

化为诗以前,它无论如何要成为诗人个人生活的一部分。"①无疑,佛教是支遁个人生活最为重要的部分。宗教的热情,不世的才情,使得支遁不仅能够大胆地开拓文学疆土,还以佛玄交融引领东晋玄言诗的发展。

《古诗纪》卷四二至五四为东晋诗,计十三卷,除陶渊明外,收诗五首及以上者有七人,详见表二。

表二　《古诗纪》收陶渊明之外东晋诗人五首及以上者统计表

	诗人	诗名	诗数
1	杨方	合欢诗二首、杂诗三首	5
2	孙绰	表哀诗、三月三日、秋日、情人碧玉歌二首②、兰亭集诗二首	7
3	庾阐	孙登隐居诗、三月三日临曲水、三月三日、观石鼓、登楚山、衡山、江都遇风、采药诗、游仙诗四首(后两首残)、游仙诗六首	18
4	曹毗	咏史、咏冬、夜听捣衣、正朝、霖雨	5
5	湛方生	庐山神仙诗、后斋诗、帆入南湖、还都帆、天晴诗、诸人共讲老子、怀归谣、秋夜诗、游园咏	9
6	赵整	酒德歌、讽谏诗二首、谏歌、琴歌	5
7	支遁	四月八日赞佛诗、咏八日诗三首、五月长斋诗、八关斋诗三首、咏怀诗五首、述诗二首、咏大德诗、咏禅思道人、咏利城山居	18

陶渊明之外,《古诗纪》所收东晋诗数量以支遁和庾阐为最,

①〔英〕阿尔多斯·赫胥黎著,倪庆饩译:《水滴的音乐》,广州:花城出版社,2016年,第212—213页。

②〔宋〕郭茂倩编:《乐府诗集》卷四五《清商曲辞二·吴声歌曲二》亦收此二诗,惟词略异,引《乐苑》曰:"《碧玉歌》者,宋汝南王所作也。碧玉,汝南王妾名。"注按云:"宋无汝南王,晋有,疑宋或当作晋。"(北京:中华书局,1979年,第663—664页)

均为十八首，其次为湛方生，收诗九首。六朝中东晋享祚最长，近百年间玄学清谈炽盛。"诗的花，是开在生活的土上的。"①玄言诗创作风行实在情理中。许询、孙绰"并为一时文宗，自此作者悉体之"②，总量自应不菲，然经时间沙汰，传世玄言诗极罕见。冯氏所得孙绰诗七首，许询诗无一首。孙绰玄言诗仅四首；支遁十八首或以佛为主兼及玄理，或以玄为主兼及佛，无疑后者乃是典型的玄言诗；庾阐十八首诗则多山水清音。《古诗纪》虽收东晋诗十三卷，相较此前收魏诗九卷、西晋诗十一卷，此后收宋诗十一卷，似亦不少，然若虑及其时间跨度，十三卷便觉尴尬，且其中玄言诗甚少。支遁在中国诗歌特别是在玄言诗和佛教诗歌发展史上地位因此而突显。诚如陈允吉《东晋玄言诗与佛偈》所云：

　　　　就以许询、孙绰的玄言诗章来说，纵经许文雨、余嘉锡、逯钦立诸家细心辑逸，数量依然少得可怜，甚至想要找一二首他们的代表作来做些具体分析，竟然成了一件谈何容易的事。
　　　　稍有不同的倒是支遁咏制的诗什，依赖佛书的记录整理，幸运地留存下来一部分完整作品可供检阅。大概出于他属方外人的考虑，故一般史料及诗论列举玄言诗的代表作家，大率只及许询、孙绰，较少提到他的大名。其实支遁才藻警绝，作诗造诣甚高，慧皎《高僧传》尝称"凡遁所著文翰集，有十卷盛行于世"。他在玄言诗兴起这股潮流中扮演的角色，其重要性

① 臧克家：《诗与生活》，《臧克家文集》第六卷，济南：山东人民出版社，1994年，第43页。
②《世说新语·文学第四》第八十五条刘孝标注引《续晋阳秋》，余嘉锡笺疏：《世说新语笺疏》卷上之下，第288页。

绝不亚于许、孙两家。[①]

　　梅鼎祚《六朝诗乘》踵武《古诗纪》而加以"选择"。"文籍日兴，散无统纪，于是总集作焉。一则网罗放佚，使零章残什，并有所归；一则删汰繁芜，使莠稗咸除，菁华毕出。是固文章之衡鉴，著作之渊薮矣。"[②]《晋诗》卷五《东晋》梅氏收支遁《四月八日赞佛诗·三春迭云谢》及《咏怀诗·晞阳熙春圃》二首[③]。梅氏选支遁诗，或受李攀龙《古今诗删》影响。《古今诗删》三十四卷，其中卷七《晋诗》即如此选。

　　"李攀龙　贯山东济南府历城县（今济南市历城区），民籍。府学生。治《诗经》。字于鳞，行三，年三十一，四月十八日生。曾祖祯。祖端，义官。父宝，典膳。前母郭氏，母张氏。慈侍下。兄登龙、跃龙。弟化龙、成龙。娶徐氏。山东乡试第二名，会试第三十九名。"[④]正德九年（1514）四月十八日，攀龙生。殷士儋《嘉议大夫河南按察使李公墓志铭》云：

　　　　乙巳，以疾告归。归则益发愤励志，陈百家言俯而读之，

---

①　陈允吉：《古典文学佛教溯缘十论》，第17页。

②　《四库全书总目》卷一八六《集部·总集类一》，第1685页中。

③　参《域外汉籍珍本文库》第三辑，重庆：西南师范大学出版社，北京：人民出版社，2012年，集部第一册，第342页。

④　龚延明主编，邱进春点校：《天一阁藏明代科举录选刊　登科录》（点校本·中），第818—819页。蒋鹏举《李攀龙简谱》（《聊城大学学报（社会科学版）》2005年第1期，第15页）据李攀龙《与许殿卿》所谓"昔在正月之二十一日，岂复谓'更值览揆之辰'，而乃睹兄八诗之盛于指掌"（〔明〕李攀龙著，包敏第标校：《沧溟先生集》卷二九《书》，上海：上海古籍出版社，1992年，第676页），认定其生于正德九年正月二十一日，或此"揽揆之辰"非谓攀龙。

务钩其微抉其精，取恒人所置不解者，拾之以绩学。盖文自西
汉以下，诗自天宝以下，若为其毫素污者，辄不忍为也。丙午，
还京师，聘充顺天乡试同考试官，简拔多奇士。丁未，授刑部
广东司主事。既曹务闲寂，遂大肆力于文词。……寻升河南按
察使，遂奉太恭人俱。越四月，而太恭人卒。于鳞持丧归，甚
毁。及小祥，而渐平。无何，暴疾，再日而绝，岁庚午（1570）
八月二十日也。年五十有七。所著有《白雪楼集》行世，他诗
尚若干首，文若干首。①

李攀龙九岁父卒，十八岁为诸生，嘉靖十九年庚子（1540）乡
试第二名，二十三年甲辰会试第三十九名，赐同进士出身，试政吏
部文选司。二十六年丁未三月，王世贞进士及第，四月试政大理
寺。经李先芳引介，王世贞与时为刑部广东司主事的李攀龙相识。
二十七年戊申王世贞授刑部主事，李、王定交。二十八年己酉，攀龙
迁刑部员外郎，二十九年庚戌迁刑部山西司郎中，三十一年壬子侍
母归济南，三十二年癸丑出守顺德，三十五年丙辰擢陕西按察司提
学副使，三十七年戊午拂衣东归。"宦郎署五六年，倡五子、七子之
社，吴郡王元美以名家胜流，羽翼而鼓吹之，其声益大噪。及其自
秦中挂冠，构白雪楼于鲍山、华不注之间，杜门高枕，闻望茂著，自
时厥后，操海内文章之柄垂二十年。"②家居期间，李攀龙倾力编

---

① 〔明〕殷士儋：《金舆山房稿》卷一〇《墓志》，《四库全书存目丛书》集部
　　第115册，第782页下至第784页上。王世贞《祭李于鳞文》谓"维隆庆四年
　　八月十九日，河南按察司按察使沧溟李先生于鳞卒于苫次"（《弇州山人
　　四部稿》卷一〇五《文部·祭文》，台北：伟文图书出版社有限公司，1976
　　年，第4889—4890页），异于殷氏所言八月二十日。
② 〔清〕钱谦益：《列朝诗集小传》丁集上《李按察攀龙》，第428页。

纂《古今诗删》三十四卷,收诗二千一百八十余首。"李于鳞评诗,少见笔札"①,能见出其诗学观者当属《古今诗删》等诗歌选本。《古今诗删》虽惟以经验、直觉删选,无片言只语评点,然李氏诗学主张及其标榜七子诗歌创作风尚的意图则显而易见。嘉靖三十八年己未(1559)正月,王世贞以台谒顺道过访李攀龙。王氏《书与于鳞论诗事》于此有详尽叙述,云:

> 于鳞烹一豚,候我田间,出蟹胥佐醅苦。剧谈久之,尽一瓿苦,五十六螯。漏且行尽,于鳞睨谓余曰:"吾起山东农家,独好为文章,自恨不得一当古作者。既幸与足下相下上,当中原并驱时,一扫万古,是宁独人间世哉。奈何不更评搉所至,而令百岁后傅耳者,执柔翰而雌黄其语也。"余唯唯。于鳞乃言曰:"王君足下,行弃我济上去矣,焉用自苦龁龁为也。其不以吾二人更标帜者几希,请为世人实之……"

二氏通过评搉其作品优劣长短,反思结盟以来创作得失。此时王氏甫成旨在系统检省评述历代诸家诗文、深入探讨诗文法度的《艺苑卮言》初稿,李氏始纂《古今诗删》,其意均为提供典范、指引路径。王世贞《古今诗删序》云:

> 是故存诗而曰删。曰删者,删之余也。为若不得已而存也。夫以孔子之于诗,犹不能废游、夏,而于鳞取其独见而裁之,而遽命之曰删。彼其见删于于鳞而不自甘者,宁无反唇也?虽

---

① 〔明〕王世贞著,罗仲鼎校注:《艺苑卮言校注》卷四,济南:齐鲁书社,1992年,第164页。

然，令于鳞以意而轻退古之作者，间有之；于鳞舍格而轻进古
之作者，则无是也。以于鳞之毋轻进，其得存而成一家言，以
模楷后之操觚者，亦庶乎可矣。①

"模楷后之操觚者"当亦是李攀龙意。"是编（《古今诗删》）为
所录历代之诗，每代各自分体，始于古逸，次以汉魏南北朝，次
以唐，唐以后继以明。多录同时诸人之作，而不及宋元。盖自李
梦阳倡不读唐以后书之说，前后七子率以此论相尚，攀龙是选犹
是志也。江淹作杂拟诗，上自汉京，下至齐梁，古今咸列，正变不
遗⋯⋯然则文章派别不主一途，但可以工拙为程，未容以时代为
限。⋯⋯然明季论诗之党判于七子，七子论诗之旨不外此编，录而
存之，亦足以见风会变迁之故，是非蜂起之由，未可废也。"②前
云冯惟讷《古诗纪·凡例》不暇选择，李攀龙在冯氏成书之时即着
手编纂《古今诗删》，当是有意进行选择，其欲以此引领文坛之意
图甚是显明。虽李攀龙鲜有评说，然王世贞前有《艺苑卮言》，后
有拟古七十首，合观之，"七子"之意已具备且了然可见矣！支遁之
诗歌史地位亦藉此而发覆。

　　明清之际，陈祚明《采菽堂古诗选》以冯惟讷《古诗纪》为
底本选评支遁诗十一首。是书正集卷一四《晋六》选支遁《咏怀
诗·晞阳熙春圃》一首，补遗卷二《晋二》选支遁《四月八日赞佛
诗·三春迭云谢》《八关斋诗三首》《咏怀诗·端坐邻孤影》《咏怀
诗·闲邪托静室》《述怀诗·总角敦大道》《咏大德诗》《咏禅思

---

①〔明〕王世贞：《弇州四部稿》卷七七《文部》、卷六七《文部》，《景印文
　渊阁四库全书》第1280册，第297页下、第163页上至下。
②《四库全书总目》卷一八九《集部·总集类四》，第1717页中至下。

道人》《咏利城山居》十首。

　　陈祚明，字胤倩，号稽留山人，钱塘人，明诸生，著有《稽留山人集》等。祚明父名肇，长兄潜夫，仲兄丽明（或单名丽），弟晋明。康熙《仁和县志》卷一九《淳行》云："陈肇，字存之，幼孤寒，能自力向学，从游张蔚然之门，大为所引重。……发闻于世子四人：长曰潜夫，以御史殉国难；次丽明、祚明、晋明，博学能文，以兄故执节不仕。"①陈肇或号石耕。陆嘉淑《稽留山人集序》云："钱塘陈石耕先生，以名德宿儒读书笃行，终老不遇，而发闻于嗣子：曰御史退庵，曰总戎贞倩，曰处士胤倩、康侯。"②祚明生于明熹宗天启三年（1623），"五岁诗书略上口，八岁九经通训诂。小时咏兔叶宫商，大来赋鹊成纂组"，"弱龄习章句，俯首读文史"③，"年十五，就试学使者……面试拔置第一"④，"为文

---

①〔清〕赵世安纂辑：《仁和县志》，《中国地方志集成·浙江府县志辑》第5册，第391页下至第392页上。

②〔清〕陈祚明：《稽留山人集》卷首，《四库全书存目丛书》集部第233册，第452页上。

③〔清〕陈祚明：《稽留山人集》卷四《荧惑不见歌》、卷一九《壬子十月下浣五十贱诞邸门诸先生四方高贤乡里同学赠贻为寿漫成志谢》，《四库全书存目丛书》集部第233册，第501页上至下、第658页下。张伟《陈祚明及其诗学思想研究》（上海：上海三联书店，2019年，第14页）据后诗及计东《改亭文集》卷七《陈胤倩寿诗集序》"今月之二十五日，先生方举五十之觞"（《续修四库全书》第1408册，第168页上）、孙治《孙宇台集》卷一五《传·亡友陈祚明传》"先生以亥年生……今以寅年终"（《四库禁毁书丛刊》集部第149册，第22页上），谓陈祚明生于天启三年十月二十五日，然是年闰十月，实难明其生日为十月二十五日（1623年11月17日）抑或闰十月二十五日（1623年12月16日）。

④〔清〕魏峻修，〔清〕裴琏等纂：《钱塘县志》卷二二《人物·文苑》，《中国地方志集成·浙江府县志辑》第4册，第416页下。

章千言立就，出入班马，扬厉风骚"①。

陈氏有感于"今选者多挟持己意，豫有所爱憎，引绳斤斤，用一切之法绳之。合吾意则登，不则置，不足以观变、尽众长"而选评诗歌，康熙二年癸卯（1663）夏，"会胡先生移疾家居，多暇日，以稍差次旧牍。于是汉、魏、六朝古诗，三唐诗，及明李献吉、何景明、边华泉、李于鳞、王元美、谢茂秦诸集，即渐评阅并竟"②。此后，选评仍在持续。"始选陶诗，舍置十许篇。及后覆阅，又登七首于续集。壬子冬，再览一过。……无一首可删也。乃尽载正选中，惟《联句》一首不录。"③壬子即康熙十一年（1672）。可以说，直至去世前二年，陈祚明还在进行选评工作。

"对文学史家或中国文学批评史而言，最有价值或者说最精彩的当是陈祚明对诗人诗作所作的评点与分析了。"④通过选评，支遁诗歌的诗史地位及其艺术特质得到进一步彰显。严沆《稽留山人集序》云："山人平生于诗、古文辞操衡尺议论，引绳切墨于古来作者……大之自竖义搆章之原，细之至单词只字之末，无不辨析推详，穷微极眇。自有诗文以来，并无有阐发及之者。"⑤此论虽有溢美之嫌，然于支遁诗则诚然。《采菽堂古诗选》所选支遁十一首诗，《述怀诗·总角敦大道》陈氏选而未评，其余十首评

---

① 〔清〕孙治：《孙宇台集·传·亡友陈祚明传》，《四库禁毁书丛刊》集部第149册，第21页下。

② 〔清〕陈祚明评选，李金松点校：《采菽堂古诗选·凡例》，上海：上海古籍出版社，2009年，第1、13页。

③ 〔清〕陈祚明评选，李金松点校：《采菽堂古诗选》卷一三《晋五·陶渊明》，第389页。

④ 〔清〕陈祚明评选，李金松点校：《采菽堂古诗选·前言》，第12—13页。

⑤ 〔清〕陈祚明：《稽留山人集》卷首，《四库全书存目丛书》集部第233册，第442页上至第443页上。

语有一百五十多字。其中短者如评《咏怀诗·晞阳熙春圃》"时有苍秀之句"仅六字，评《八关斋诗三首》"三章章法条递，道气闲静，迢然自远"仅十四字；长者如评《咏怀诗·闲邪托静室》"自言其所得，诚有之，故津津可味，与阳浮慕饰词者夐异。余补收支公诸篇以此。'芳泉'四句，乐在其中，写景如此乃佳耳！'石字庇微身'，语尤雅。'孤哉自有邻'，用经翻新"至六十四字[①]。"余补收支公诸篇以此"道出补收支遁诗的原因。

陈氏评诗重其情、辞："诗之大旨，惟情与辞。曰命旨，曰神思，曰理，曰解，曰悟，皆情也；曰声，曰调，曰格律，曰句，曰字，曰典物，曰风华，皆辞也。曰神，曰气，曰才，曰法，此居情辞之间，取诸其怀而术宣之，致其工之路也。"[②]评《咏怀诗·端坐邻孤影》"清机洞转，尤见俊爽。晋时禅理，不过如此。乃庄老之余绪也"为评诗理之语，评《咏大德诗》"'乘彼'四句，言理洞彻。'蔚若充甸网'，创语奇警"诗理外兼及语句，评《咏禅思道人》"起六句，境地萧森。通首能言禅玄理一"诗理外兼及写景，评《咏利城山居》"述宣真素，可见其人"诗理外兼及诗人[③]。前揭《咏怀诗·闲邪托静室》评语则兼及理、景、句，《八关斋诗三首》评语亦兼及理、章法。不过，前揭《咏怀诗·晞阳熙春圃》惟评其句，《四月八日赞佛诗·三春迭云谢》评语"矜琢调秀，以此为难"亦惟评其调。"是时诸家皆务矜琢，琢则远自然，然自成其

---

①〔清〕陈祚明评选，李金松点校：《采菽堂古诗选》，第441、1382、1383页。

②〔清〕陈祚明评选，李金松点校：《采菽堂古诗选·凡例》，第1页。

③〔清〕陈祚明评选，李金松点校：《采菽堂古诗选》卷一四《晋六·支遁》，第1383、1384、1384、1385页。

古"①。此诗虽矜琢然能调秀,故而为难。简言之,支遁诗以理为主,写景抒情时有佳句。此特点因陈祚明选评而更加显豁。

2. 释正勉等裒辑《古今禅藻集》

《古今禅藻集》由释正勉、性涵同编,普文裒辑,以支遁二十三首诗开端。"曰禅藻者,犹曰僧诗云尔。所载上起晋支遁,下讫性涵所自作,以朝代编次,每代之中又自分诸体。"②显见是书以支遁为中国佛教诗歌第一人。李元度《橘榴山馆诗集序》云:"若《古今禅藻集》,则网罗尤富,非若宋九僧诗但备数家而已……(卧云)上人之诗,骎骎乎争支遁、皎然之席矣。"③《古今禅藻集》卷首有钱塘虞淳熙序,卷一除将支遁上述十八首诗悉数收录外,复收《文殊师利赞》《弥勒赞》《维摩诘赞》《善思菩萨赞》《月光童子赞》,计二十三首。上海图书馆、湖北浠水博物馆藏有万历四十七年(1619)刻本④,《四库全书》之《集部八·总集类》所收底本为浙江汪启淑家藏本。"与四库本相比,万历本最明显的标志是多出了卷首的三篇序、十则凡例和《历代诗僧履历略节》。"⑤

《古今禅藻集》附《历代诗僧履历略节》载有性涵、正勉、普

---

① 〔清〕陈祚明评选,李金松点校:《采菽堂古诗选》卷一四《晋六·支遁》《晋六·陶渊明二·悲从弟仲德》,第1381、434页。

② 《四库全书总目》卷一八九《集部·总集类四》,第1724页上。

③ 〔清〕李元度:《天岳山馆文钞》卷二八,《续修四库全书》第1549册,第437页下。

④ 《中国古籍善本书目·集部》,上海:上海古籍出版社,第1592页。按:《古今禅藻集》编号为一七一七三,藏书单位编号为〇二〇一、二三八三三(集部第2733页)。

⑤ 郭宜兰:《〈古今禅藻集〉研究》,江西师范大学中国古代文学专业硕士学位论文,2015年,第6页。

文三人生平事略,云:

> 性涵,字蕴辉,姓邹氏,梁溪人,住金陵孔雀庵。人峭直,不尚饰,具烟霞气骨,吐水月光华,雅有古人风。不禁雕虫技,下笔有神,构思有论。后遂长揖词林,研穷大事,有不暇事爪发者。集有《嚣然草》。①

梁溪为无锡别称。孔雀庵位于清凉山。性涵自号孔雀头陀,所著《南华发覆》八卷今存明天启刻本。是书卷首陈继儒天启丙寅(1626)《〈南华发覆〉叙》云:"《南华发覆》,清凉山孔雀庵蕴晖老人所著也。"《自叙》末题云:"明金陵清凉山孔雀头陀梁溪性涵具草。"②清凉山古名石头山、石首山,踞于南京城西隅,位于广州路西端,以建有清凉寺得名,是南唐帝王的避暑行宫。曹学佺《孔雀庵访韫辉上人》云:"我欲寻支遁,翛然物外期。应门疑隔岭,入寺识前时。林竹山中径,莲花石上池。所居皆古壁,何处写新诗。"③或谓孔雀庵在马湘兰故居右方,徐府东园左方。顾梦游《杜于皇生日饮眺孔雀庵》其二自注云:"孔雀庵左为马湘兰故居,右为徐府东园。"④马湘兰,名守真,小字玄儿,

---

① 此处及下文所引性涵、正勉、普文三僧履历,均为友生郑州大学文学院副教授梁帅博士2021年7月21日在上海图书馆据该馆藏万历本《古今禅藻集》抄录。特此致谢!
② 《续修四库全书》第957册,第1页上、第14页上。
③ 〔明〕曹学佺:《石仓诗稿·金陵集》,《四库禁毁书丛刊》集部第143册,北京:北京出版社,第203页上。
④ 〔清〕顾梦游:《顾与治诗》,《四库禁毁书丛刊》集部第51册,第338页上。顾氏生平见《施愚山文集》卷一七《传记二·顾与治传》(〔清〕施闰章撰,何庆善、杨应芹点校:《施愚山集》,合肥:黄山书社,1992年,第338—339页)

又字月娇，以善画兰，自号湘兰子，能诗画，有诗集二卷。或谓孔雀庵即马湘兰宅。陈作霖《东城志略·志水》云，小运河自金陵闸东北傍白塔巷而流，迤北为丁官营，直东为长塘，旧长板桥所跨，桥西为教坊："而过孔雀庵中，_{一名因是庵。}寻守真_{马湘兰字}。手植朱藤，清阴散馥。经门外玩月桥，证色空之旨，得真诠焉。黄虞稷诗：'马湘兰宅作招提'，大彻大悟矣。"①万历刻本《古今禅藻集》每卷卷首均题"金陵清凉山释性涵蕴辉甫"，或以此故，四库馆臣以之为应天人②。

　　　正勉，字道可，一字水芝，俗出长水孙氏。幼入胥山之先
　福寺，习染衣教，一日有觉，即废然长往；后乃卜居于白苎村，
　清净自活，别立家风焉。集有《蕉上草》。岳石帆先生叙曰：
　　　独憾公眉宇森秀，少嗜琴书，恂恂儒者气象。假令昌黎接引，
　　　政恐阆仙让席。假令玄度往还，未必道林居左。而寥寥寂寂于
　　　《蕉上》一编，番疑古宿利养，名闻未必如斯。

长水、白苎均在嘉兴。《古今禅藻集》卷一九《明五言诗》收正勉三首诗，其中《出林》诗引曰："予堕地十四年，每念生死，遂税驾五浊，顶礼法王，越三载祝发。"《葬亲》诗引曰："先父母生余兄弟六人，伯仲皆成立，食贫，予最幼，钟二人爱。会己丑（1589）岁疾疫，我母弗禄，而父亦相踵下世。明年四月，感念生死，出家胥山之古刹。身为释子，业尚兼儒，每诵《蓼莪》之什，潸然泫

---

①陈继儒、陈诒绂撰：《金陵琐志九种》（上），南京：南京出版社，2008
　年，第115页。
②《四库全书总目》卷一八九《集部·总集类四》，第1724页上。

涕。"①据此，正勉生于万历五年（1577），兄弟六人，以最幼而为父母钟爱。万历十七年己丑疾疫，双亲相继去世。次年四月十四岁时在胥山先福寺出家，三年后断发。先福寺或曰广福寺。平湖沈季友编《檇李诗系》卷三三《明·水芝开士正勉》云："祝发于长水广福寺，后结茅郡之白苎村水芝庵。读书谈道，儒典梵策，靡不淹贯。独苦心于诗理，出句简冷，不袭浮绮。卒于天启辛酉（1621），有《蕉上编》《香牙团草》《古今禅藻集》。谭扫庵取黄叶、水芝两稿梓之，题曰《长水两僧诗》。"②谭贞默，字梁生，号扫庵，崇祯元年（1628）戊辰科进士，其《道可移居香牙园雨中过话出所集禅藻属余序》诗云："才得幽栖世外心，清溪浅浅树深深。经春递数梅花尽，积雨平添藓色侵。窄径屐痕开寂寞，扁舟诗策共招寻。几头禅藻摽新帙，品量支公直到今。"③沈氏所谓香牙团疑误，当为香牙园。宋张商英《佛国禅师文殊指南图赞》善财童子第四十一诣法界讲堂参释种瞿波女，赞曰："因游法界讲堂中，逢见瞿波女不同。尽说目前千万事，又云尘劫许多功。法云容曳舒群岳，教网张罗满太空。检点人生成好笑，香牙园里杏花红。"香牙园在《华严经》中为游观戏乐处，亦作香芽园。武周时于阗国三藏实叉难陀奉制译《大方广佛华严经》卷七五《入法界品第三十九之十六》云："尔时，太子受父王教，与十千采女诣香芽园，游观戏乐。"④

---

① 《景印文渊阁四库全书》第1416册，第509页下、第510页上。
② 〔清〕沈季友编：《檇李诗系》，《景印文渊阁四库全书》第1475册，第770页上。
③ 〔明〕汤齐、〔明〕罗炌修，〔明〕李日华、〔明〕黄承昊纂：《崇祯嘉兴县志》卷二〇《艺文志·遗文二·诗》，《日本藏中国罕见地方志丛刊》，第811页下至第812页上。
④ 《大正新修大藏经》卷四五第803页上、卷一〇第408页上。

正勉以香牙园名其居处，意或在此。岳元声，字子初，号石帆，万历十一年（1583）癸未科进士，官至南京兵部右侍郎，有《潜初子集》《潜初杂著》《圣学范围图》。

> 普文，字理庵，姓薛氏，嘉善阡西人。薙染于郡之天宁寺。性嗜读书，独喜名僧诗编及古德语录，故其架上所积，唯古今诗书，案头所题，唯禅德姓名。……当集是诗也，尝托人募收诗集，则厚赠以行，至有负者，唯发一笑而已。偶得片言只句，辄不顾寒暑录之。丙午迄今，历年十二，而苦辛则倍是，孟浪费者亦倍是。公临终时无暇及后事，唯刻诗一事关心，顾谓法孙道盛曰："汝祖平生无他好，好在僧诗。今值剞劂之初，我已欲去，殿后之功，须汝收之，亦不失为继述者矣。"……同社正勉和南谨述。

四库馆臣"裒辑则释普文也"[1]之言不虚。自万历丙午（1606）始，普文集诗历时十二年，并参与《古今禅藻集》第一卷的选诗。书籍初付梓时，已处弥留之际的普文所挂念者唯刻诗一事。"同社正勉和南"，则普文亦属水芝社。以好僧诗，普文在万历二十七年己亥（1599）冬翻刻计谦亨己卯（1579）刻本《寒山子诗集》一卷。国家图书馆藏本卷后牌子云："大圣愍众生伙（同溺）于淫杀业海，不能解脱。是以乘大愿轮，垂迹混尘，触境题咏，含蓄至理，此其阴有遗付也。凡具夙心者请勤觉悟云。万历己亥冬，

---

[1]《四库全书总目》卷一八九《集部·总集类四》，第1724页上。

释普文题于幻寄斋。"①此实为普文翻刻本②。幻寄当为普文斋名。

3. 梅鼎祚《释文纪》

相较辑本《支遁集》或《支道林集》，梅鼎祚《释文纪》卷七《晋五》复从《高僧传》辑出《与高骊道人论竺法深书》《竺法护像赞》《于法兰赞》《于道邃像赞》，从《出三藏记集》卷八《序》辑出《大小品对比要抄序》。可以说，于支遁文辑佚，梅氏之功甚著。

梅鼎祚编历代《文纪》和《释文纪》，"在选本式的总集之外，开全文总集之体"③。"裒辑历代名僧之文以及诸家之文为释氏而作者"而成《释文纪》四十五卷，"二卷以迄四十三卷，为东汉至陈、隋之作，四十四卷、四十五卷则无名氏时代者，然皆唐以前人所著也，采摭极为繁富。每人名之下各注爵里，每篇题之下各注事实，亦颇便检阅。……然六代以前之异学，则已斑斑然矣"④。

鼎祚，字彦和，一字禹金，晚号胜乐道人，宣城（今安徽宣城市）人，父守德，嘉靖二十年（1541）进士，官至云南布政使司左参政，以富于藏书著称。鼎祚《进阶太中大夫云南布政使司左参政先府君宛溪先生行状》云：

---

① 中国国家数字图书馆中华古籍资源库。按：傅增湘《藏园群书经眼录》卷一二《集部一·寒山子诗集一卷》录此牌子"生"作"心"，"伙"作"怅"（第1014页），疑误。

② 参钱学烈：《寒山子与寒山诗版本》，《文学遗产增刊》十六辑，北京：中华书局，1983年，第141页。

③ 曾枣庄：《古籍整理中的总集编纂》，《四川大学学报（哲学社会科学版）》1986年第3期，第75页。

④ 《四库全书总目》卷一九八《集部·总集类四》，第1722页下。

　　府君讳守德，字纯甫，宁国之宣城人。梅氏惟宣城繁而皆非一族。唐末有伦叙公，授新安郡学教，生之慨。之慨生远，五代时为宣城掾，家焉，世居郡城州学之西。自之慨公传四世为诚公，尚书公询从弟也。……荣宗公生五子，而长为府君之曾祖珍。珍生六子，第三子友竹公楷为府君大父。友竹公四子，而府君先考为仲子。赠中宪大夫古庵公继先有四子，府君居长。……府君以正德庚午（1510）六月初五日巳时生，以万历丁丑（1577）十一月初九日午时即世，得年六十有八。①

　　鼎祚高祖珍，曾祖楷（字时正，号友竹，行三），祖继先（字汝孝，号古庵，行二）。嘉靖二十八年（1549）正月初三日，鼎祚生于北京，十岁补邑庠生，十六岁廪诸生，诗文博雅，然从十九岁始，九次参加秋试均未中举，三十三岁时以母病力辞副贡，三十九岁副庐州，中途病归，四十二岁补恩贡，四十三岁顺天府秋试再次失利，遂绝意仕宦。鼎祚弃举子业后游逸书带园，构玄白堂、天逸阁，以藏书、读书、著述为乐，万历四十三年（1615）八月二十四日去世②。梅氏一生著述宏富，诗文有《鹿裘石室集》六十五卷、《梅禹金集》二十卷，编著有《历代文纪》《释文纪》《八代诗乘》《古乐苑》《唐乐苑》《李杜诗钞》《书记洞诠》《才鬼记》《女士集》等。
　　支遁的文学史地位和意义因《古诗纪》《古今禅藻集》《释文

---

① 〔明〕梅鼎祚：《鹿裘石室集·文》卷二〇《行状》，《续修四库全书》第1379册，第377页下至第382页下。《嘉靖二十年进士登科录》谓梅守德"行四……兄守仁，监生；守约。弟守恒、守忠、守信"（龚延明主编，邱进春点校：《天一阁藏明代科举录选刊 登科录》（点校本·中），第751页），未详孰是。
② 参徐朔方：《晚明曲家年谱》第四卷《赣皖卷·梅鼎祚年谱》。

纪》三部总集而得以彰显。

第四节　明清之拟作支遁赞佛咏怀诗

拟作是借所拟对象的风格、语汇和意象完成自己的创作，是对所拟作家、作品的能动接受。由着力彰显诗学主张的拟作，更可见出拟作者的价值判断。

明初，"吴中四杰"之一的高启为诗已兼师众长，随时摹拟。《四库全书总目·集部二十二·别集类二十二·大全集》提要云："启天才高逸，实据明一代诗人之上。其于诗，拟汉魏似汉魏，拟六朝似六朝，拟唐似唐，拟宋似宋。凡古人之所长，无不兼之。"[1]成化、弘治年间，茶陵派崛起，李东阳主张诗学汉唐。之后，前后七子继起，以北方京师为中心，力倡复古，主张文必先秦两汉、诗必汉魏盛唐。与此同时，南方吴中、金陵文人则多祖述六朝文学，蜀人杨慎亦高张宗六朝旗帜。如同梅鼎祚编选《六朝诗乘》，在崇尚六朝的背景下，支遁诗亦成为吴中乃至浙闽等地文士拟作的对象。

一、王世贞拟《支道人赞佛》诗

王世贞曾拟作《支道人遁赞佛》诗。《弇州四部稿》卷九《诗部·五言古体七十首·拟古序》云：

> 不佞既以罢官陆还，挟策仅文通一编。忽忽无博奕之欢，绌绎穷愁，窃仿厥体，自李都尉而下至休上人凡二十九，广自

---

①《四库全书总目》卷一六九，第1471页下至第1472页上。

苏属国至韦左司凡四十一。时代既殊，规格从变。虽未足鼓吹诸氏，庶几驱驰江、薛云尔。①

世贞，字元美，号凤洲，晚自称弇州山人，嘉靖五年丙戌（1526）十一月初五日生于南直隶苏州府太仓州州城东牌楼（今江苏太仓市浮桥镇牌楼村附近）祖居，卒于万历庚寅（1590）十一月二十七日，享年六十五岁。家世、生平、事功详见其子士骐撰《明故资政大夫南京刑部尚书赠太子少保先府君凤洲王公行状》②。世贞祖父倬，成化十四年（1478）进士③，官至南京兵部右侍郎。倬季子忬即世贞父，字民应，号思质，嘉靖十年（1531）举应天乡试，二十年中进士，授行人司行人，时世贞十六岁。

世贞幼称神童，六七岁已能读父书，至数十万言，十八岁举于乡，二十二岁进士及第④，四月试政大理寺左寺评事，受同年濮州人李先芳招延入其诗社。二十七年授刑部主事，入同舍郎吴维岳诗

---

① 《景印文渊阁四库全书》第1279册，第105页下。
② 周颖：《王世贞年谱长编》附录二《生平行实之重要文献》录有此文，上海：上海三联书店，2016年，第790—804页。此处及此下王世贞生平事实多参周著。
③ 《成化十四年进士登科录》谓王倬："贯直隶苏州府昆山县，军籍。国子生。治《易经》。字用检，行三，年三十二，十月二十八日（1447年12月5日）生。曾祖质。祖琳。父辂。母张氏。具庆下。兄侨，知县；僙。娶陈氏，继娶陈氏。应天府乡试第六十五名，会试第一百二十四名。"（龚延明主编，方芳点校：《天一阁藏明代科举录选刊 登科录》（点校本·上），第493页）
④ 《嘉靖二十六年进士登科录》谓王世贞："贯直隶苏州府太仓州，军籍，昆山县人。州学附学生。治《易经》。字元美，行十九，年二十二，十一月初五日生。……应天府乡试第五十八名，会试第八十二名。"（龚延明主编，毛晓阳点校：《天一阁藏明代科举录选刊 登科录》（点校本·下），第14—15页）

社，十一月经由李先芳介绍识李攀龙。王、李相识倾心，引为同道。三十五年十月，世贞升山东按察司副使兵备青州。三十八年五月，王忬以滦河战事失利，严嵩及其党羽构之下狱论死。世贞闻讯遂自劾解官，七月得允。是年冬，以父狱少纾，世贞归家。所谓"罢官陆还"，即云此。以旅途无所欢，且挟书仅江淹一编，遂继薛蕙仿江淹《杂体诗三十首》作拟古诗七十首。《支道人遁赞佛》即其中之一。

薛蕙，字君采，号西原，亳州（今属安徽）人，举正德九年（1514）进士，官至吏部考功司郎中，有《考功集》十卷。是书云："诗自曹刘，下逮颜谢，体裁各异，均一时之隽也。及江文通拟诸家三十首，虽间有未尽，然可谓妙解群藻矣。余慕其殊丽，依之为二十首，略者十人，惭凫企鹤，罔量非伦云尔。"[1]薛氏拟作略去《古离别》《李都尉从军》《嵇中散言志》《孙廷尉杂述》《许征君自序》《殷东阳兴瞩》《王征君养疾》《袁太尉从驾》《谢光禄郊游》《休上人怨别》等十首；所拟诗题材亦有变更，《刘文学感遇》易作《刘文学公谦》，《王侍中怀德》易作《王侍中从军》，《张司空离情》易作《张司空闺情》，《陆平原羁宦》易作《陆平原行旅》。叶梦得《石林诗话》卷下云："魏晋间人诗，大抵专工一体，如侍宴从军之类，故后来相与祖习者，亦但因其所长取之耳。谢灵运《拟邺中七子》与江淹《杂拟》是也。梁锺嵘作《诗品》，皆云某人诗出于某人，亦以此。"[2]薛氏诗学倾向可见一斑。

王世贞所拟亦阙《古离别》一首，复增益以苏武至韦应物等凡四十一人，计七十首。何焯谓江淹杂体诗三十首："意制体源，

---

① 〔明〕薛蕙：《考功集》卷二，《景印文渊阁四库全书》第1272册，第20页上。
② 〔清〕何文焕辑：《历代诗话》，第433页。

闳轶尺寸，爰自椎轮汉京，迄乎大明、泰始。五言之变，旁备无遗矣。"①王世贞所拟七十首亦具此意，即寄寓五言古诗"时代既殊，规格从变"的发展演变史。自汉迄宋，王氏增《苏属国武别友》《孔北海融述志》《郦征士炎见志》《应文学玚侍集》《应侍中璩百一》《繁主簿钦咏蕙》《何司空劭赠贻》《张黄门协苦雨》《曹司马摅感旧》《傅司隶咸杂感》《陆司马云赠妇》《谢仆射瞻秋饯》《支道人遁赞佛》《宋文帝北伐》等十四首，并调整部分诗歌顺序、题目，使之更加符合五言古诗发展实际。尤为值得注意的是，在此汉魏以迄盛唐的五言诗谱系中，支遁及其赞佛诗有了一席之地，这在支遁接受史上无疑具有重要意义及影响。

拟作支遁诗始自王世贞，其《支道人遁赞佛》沿袭并略加调整江淹《杂体诗三十首》标目方法，采用"所拟诗人姓+称谓+名+题材"的方式，意在明示支遁与赞佛题材的关系。"每个作家仅拟其一种题材，并非因为该作家仅有这种题材，而是指该种题材为某作家最擅长，有的是首创。"②支遁赞佛诗第一次将赞佛引进中国诗歌创作，中国佛教文学因此而兴。这是支遁对中国诗歌及中国佛教文学的重要贡献。王世贞通过拟作支遁赞佛诗，将支诗纳入五言诗发展谱系，肯定了支遁首创诗歌佛教题材及其赞佛诗的成就。《支道人遁赞佛》诗云：

> 群象倡明茂，四气适清和。凌晨将投礼，首宿事奢摩。闪若太阳来，朗耀周九阿。诸天从帝释，旌拂纷婀娜。修罗戢怨

---

① 〔清〕何焯著，崔高维点校：《义门读书记》，第938页。
② 葛晓音：《江淹"杂拟诗"的辨体观念和诗史意义》，《晋阳学刊》，2010年第4期，第90页。

刃，波旬解障魔。馥郁旃檀树，彪炳珊瑚柯。醍醐酿甘露，徐
挟神飓过。千叶青芙蓉，一一凌紫波。流铃相间发，宝座郁嵯
峨。上有慈悲父，金顶秀青螺。端严八十相，妙好一何多。微
吐柔细音，雍如鸣凤歌。惠泽彻无间，哀响遍婆娑。密迹中踊
跃，大士亦隗俄。独解舍利子，回心乾闼婆。灵花散优钵，智
果结庵罗。法鼓撞震方，慧灯导恒河。方广距由旬，成违仅刹
那。冥心归真谛，毋使叹蹉跎。①

王氏拟古逼肖，张岱谓其"学《史》而《史》，学《左》而《左》，学
《骚》而《骚》，学子而子，直书簏中一大盗侠耳"②。此诗结构
袭用支遁原作《四月八日赞佛诗》，首叙天清气和，次写诸天帝释
佛菩萨降临，末赞佛抒怀。二诗显异处在于：支诗赞佛而玄味浓
郁，玄佛交融的时代特点鲜明；王诗却着力赞佛而无玄味。究其原
因，或与其时世贞忧父心境有关。此前，嘉靖三十七年，世贞"暑
迫谒台，遂为所强，留滞弥月。闻儿病，疾驱东归，则小棺卧壁间
三日矣。摧痛几不聊生，间取佛书读之，粗得过耳"，读佛书成为
世贞纾缓亡儿摧痛之法。明年四月朔，"以行部道出莱芜，会家大
人有边事，事甫定，乃乞灵于太岳，以间登焉"③。滦河战事失利，
世贞登泰山为父乞灵。以此来理解此诗赞佛之意，或更可体贴诗

① 〔明〕王世贞：《弇州四部稿》卷九《诗部》，《景印文渊阁四库全书》第
　1279册，第112页上至下。
② 〔明〕张岱：《石匮书》卷二〇二《文苑列传上·石匮书曰》，《续修四库全
　书》第320册，第112页上。
③ 〔明〕王世贞：《弇州四部稿》卷一二〇《文部·吴峻伯》、卷七二《文
　部·游太山记》，《景印文渊阁四库全书》第1281册第43页下、第1280册第
　232页下。

人内心。佛道二藏经乃其"九友"之一。其《九友斋十歌》序云：
"斋何以名九友也？曰山，曰水，斋以外物也。曰古法书，曰古石刻，曰古法籍，曰古名画，曰二藏经，曰古杯勺，并余诗文而七，则皆斋以内物也。是九物者，其八与余周旋，而一余所撰著，故曰九友也。"其六云：

> 我闻瞿昙四十九年说法无一法，其如阿难总持成百夹？鸠摩莲花舌本生，玄奘舍利毫尖发。白马东来象教崇，青牛西去微言空。成都玉局授书后，渐与金仙相对雄。光庭灵素不须病，雅有片言为破诤。但令世幻一切捐，法宝玄珠炯双映。归去来何快哉，两藏恰面湖山开。我不能一麻一米骨作柴，亦不能噉硫黄钟乳十二钗。顾家阿瑛竖子尔，亦解僧帽道人鞋。光明藏中大自在，有骨不借青山埋。①

或许嘉靖三十八年正月王、李论诗已有共识，或许心有灵犀，二人均将支遁诗纳入自己所构五言古诗发展谱系。《弇州四部稿》卷三六《诗部》有七律《得徐汝宁子与书云刻余拟古诗因答》，今宁波天一阁文物保管所藏有徐中行辑刻王世贞《拟古诗》一卷。在两位"后七子"领袖的影响下，支遁及其赞佛咏怀诗很快进入文人视野。罗懋登《三宝太监下西洋记通俗演义》第六回《碧峰会众生证果　武夷山佛祖降魔》亦径引王世贞此首《拟支道人遁赞佛》诗②。由此可窥此诗之影响。

———————————

① 〔明〕王世贞：《弇州四部稿》卷二二《诗部》，《景印文渊阁四库全书》第1279册，第280页下、第282页上。

② 〔明〕罗懋登著，陈树仑、竺少华校点：《三宝太监下西洋记通俗演义》，上海：上海古籍出版社，1985年，第76—77页。

二、盛时泰拟《支道人赞佛》诗

万历元年（1573），盛时泰次王世贞韵亦作《拟古诗七十首》。时泰，字仲交，号云浦，晚号大城山樵，上元县（治今南京市）人，所编《秣陵盛氏族谱》云：

> 盛氏之系，其详既不可考，而所知者则自洪武之二十四年（1391）始。是时，高皇帝甫定京师，徙四方之富豪以实之。曰三老者，为苏之长洲人，生八子。其第三子以中赘于同县胡氏，遂与同来金陵，生子五人，而讳全者，高祖也。高祖娶贾氏，生子五人，而讳荣者，曾祖也。曾祖娶任氏，生子五人，而讳经者，祖也。祖娶李氏，生先子及先叔。……先子讳鸾，字天祥，娶张氏。夫人与之同庚，生于弘治五年（1492），生子三人，长曰时春，季曰时东，而次则泰也。

是谱前有司马泰嘉靖四十一年（1562）壬戌序，云：“仲交，吾庠名士，屡荐案元，人皆以魁解期之。顾每临场屋，不为病室，即为制拘，天可谓困之矣。夫天困之者，正欲高之也。”[1]谱中有关盛氏生平的史料惟此而已。钱谦益《列朝诗集》谓时泰：“年五十而卒。”[2]时泰辑《牛首山志》二卷万历刻本后有子敏耕跋，云：

> 至戊寅秋，倏有大故，竟未及正。会祠部李公游山中，访志，命住山僧住率之。时不肖方襄大事，荒迷间觅原稿不获，遽以应命。……万历七年孟夏廿六日（1579年5月21日），

---

① 《丛书集成续编》第246册，第21页下至第22页上、第19页下。
② 〔清〕钱谦益撰集：《列朝诗集》丁集第七《盛贡士时泰》，第4608页。

不肖孤敏耕泣血稽颡谨跋。①

　　敏耕所谓大事即其父丧。《礼记·乐记》云："是故先王有大事，必有礼以哀之；有大福，必有礼以乐之。"郑玄注："大事，谓死丧。"②以此可知，时泰卒于万历六年戊寅（1578）秋，享年五十，并可推出其生年为嘉靖八年己丑（1529）。朱多炡《寄答恩公时闻友人盛仲交之讣》云："江左贫支遁，南州病许询。书工短长说，梦觉去来因。康字先生谥，斯文后死身。不知盛览赋，零落属何人。""多炡字贞吉，宁献王之孙，弋阳多煌弟也。颖敏绝人，善诗歌，兼工绘事，见古人墨迹，一再临模，如出其手。尺牍小札，日可百函，语皆有致。"③恩公即雪浪洪恩。《西京杂记》卷二《百日成赋》载牂牁名士盛览问作赋于司马相如④。多炡以支遁比洪恩，以许询喻自己，以盛览谓时泰。焦竑《澹园集》卷三五《祭文·祭盛仲交》云："先生以振古之才，博览之学，贯穿驰骋，不名一家。方其伸纸行墨。众方劫劫，先生如百川灌河，秋水时至，手不停挥，目不辍瞬，而长篇短章，咄嗟已办。"⑤"众方劫

---

① 《四库全书存目丛书补编》第94册，第54页上。
② 〔清〕孙希旦撰，沈啸寰、王星贤点校：《礼记集解》卷三七，北京：中华书局，1989年，第998页。
③ 〔清〕钱谦益撰集：《列朝诗集》闰集第五《宗室十人·奉国将军多炡》，第6693、6690页。李维桢《弋阳王孙贞吉墓志铭》云："贞吉者，高皇帝仍孙，宁献王昆孙，弋阳僖顺王曾孙，辅国将军竹隐公仲子也。""贞吉卒万历己丑（1589），距生之日岁在嘉靖辛丑（1541），得年四十有九。"（《大泌山房集》卷七七《墓志》，《四库全书存目丛书》集部第152册，第321页上、第323页下）
④ 〔东晋〕葛洪：《西京杂记》，北京：中华书局，1985年，第12页。
⑤ 〔明〕焦竑撰，李剑雄点校：《澹园集》，北京：中华书局，1999年，第555页。

劫”语本韩愈《贞曜先生墓志铭》“人皆劫劫，我独有余”①。卷三一《墓志铭》有焦氏为敏耕及其妻子合葬所作《茂才盛君伯年暨配徐氏合葬墓志铭》，云：“子振之葺君遗草，为《轩居集》若干卷，并仲交《大城山集》以传，且排缵事行，谒余为志。嗟乎，法虔逝而支言莫赏，荀君少而钟委后事，车亡辅在，老任壮责，宁不悲夫！”②焦氏自幼交好敏耕，万历初曾与盛氏父子唱和。法虔，支遁同学。法虔去世，支遁慨叹冥契既逝发言莫赏。焦竑以此喻自己和敏耕，见出二人情深意笃。

《国朝献征录》卷一一五《艺苑·盛仲交时泰传》云：

> 天才敏捷，自幼好读书，为古诗文下笔辄数千百言，声名大振，求之者殆无虚日。每有作，即濡毫伸纸，一挥而成，无留思，文成亦不加点定。虽刻烛击钵，未足言速；正平子建，更觉非奇也，然为诸生，竟累试不第。尝游吴，王元美与相见，大奇之，赠之诗云：能令陆平原，不敢赋《三都》。一时海内文士，无不知有盛仲交者。③

焦氏极言时泰才思敏捷、名誉海内，点出其累试不第，自京师归未及仕便以偶疾卒于游大城山之途。王兆云《皇明词林人物考》卷一一《盛仲交》云：“其为诗，宗盛唐，专尚风骨；为古文赋，非姬秦以前不道也。乡先生陈金宪玉泉称文章大家，一见仲交所为文若诗，亟艳赏之。西蜀升庵杨公，吴门衡山文公，俱一代人豪，皆

---

① 刘真伦、岳珍校注：《韩愈文集汇校笺注》卷一九，第2047页。
② 〔明〕焦竑撰，李剑雄点校：《澹园集》，第491页。
③ 《续修四库全书》第531册，第527页上。

折节忘年友仲交。其人可知已。"①王氏申言时泰文学宗尚及诗文赋作成就，全录《大城山樵传》以见其志。

盛时泰《拟古诗七十首·序》云："万历改元，予因陪贡寓娄水，于俞仲蔚邂逅顾按察，投诗为赠，婉娈绸缪，不我遐弃。离筵既陈，贻以王凤洲先生《拟古诗》。披省慨然，因次其韵，三日而毕。"钱谦益谓"元美殊气夺也"②。万历元年，时泰以陪贡寓居太仓，在俞允文处邂逅顾章志③。王世贞《盛子时泰过访有赠》云："盛子金陵来，语语甘小巫。能令陆平原，不敢赋《三都》。彩笔健秋鹰，锦囊压奚奴。暮寻华阳馆，眼醉天模糊。莫逐时名去，人言多自诬。"④时泰获赠王世贞《拟古诗》，读后慨然而次其韵。"三日而毕"见出盛氏拟作实有逞材相较高下之意，钱氏所谓"元美殊气夺也"意即赞时泰才气。盛诗既拟支遁，又次王世贞拟诗

---

①《续修四库全书》第532册，第729页下。按：陈凤，字羽伯，号玉泉，上元县人，嘉靖十四年乙未（1535）进士，累官陕西参议。

②〔清〕钱谦益撰集：《列朝诗集》丁集第七，第4609页。

③顾章志《明处士俞仲蔚先生行状》云："君姓俞氏，初名允执，更名允文，仲蔚其字也。世为昆山人……其生以正德八年癸酉（1513）六月十七日，距其卒享年六十有七。……赐进士亚中大夫前贵州布政使司右参政升广西按察司按察使疏请致仕友人武陵顾章志撰。"王世贞《明故处士俞仲蔚先生墓志铭》云："先生之友按察使顾君谓不佞：'章志最习先生，宜为状；子最知先生，宜志而铭其窀封之石。'不佞唯唯，顾君之状略曰：……先生生以正德癸酉六月十七日，卒以万历己卯（1579）八月初四日。"（〔明〕俞仲蔚《仲蔚先生集》附录，《四库全书存目丛书》集部第140册，第800页下至第802页下，第803页上至第804页上）按："正德癸酉"，《弇州续稿》卷九一《文部·墓志铭·俞仲蔚先生墓志铭》作"正德壬申"（《景印文渊阁四库全书》第1283册，第310页上），疑误，应据《仲蔚先生集》是正。

④〔明〕王世贞：《弇州四部稿》卷一五《诗部·五言古体五十九首》，《景印文渊阁四库全书》第1279册，第193页下。

韵，难度自然更大。首二句云："震旦值熙阳，首夏时清和。"[①]
古代印度称中国为震旦，此处语本支遁《四月八日赞佛诗》"圆
光朗东旦"，东旦即东方震旦。"熙阳"出自支遁《咏怀诗五首》
其三"晞阳熙春圃"。"首夏"出自支遁《四月八日赞佛诗》"三春
迭云谢，首夏含朱明"，"清和"出自支遁《土山会集诗序》"清和
肃穆"[②]。与王世贞拟诗"群象倡明茂，四气适清和"相较，盛诗
"拟味"更重。

三、费元禄拟《拟支道人遁赞佛》诗

万历三十二年（1604），费元禄作《拟支道人遁赞佛》。《列朝
诗集》丁集第十《费秀才元禄》云：

> 元禄字无学，铅山人。南太仆卿尧年之子也。费为故相
> 家，又贵公子，而无学折节读书，为歌诗，落笔数千言，蕴义
> 生风，倾慕贤士大夫，如恐不及。刻《甲秀园集》，侑以好贿
> 问遗海内名士，轮蹄舟楫交错吴会闽楚间，史称郑庄置驿，殆
> 无以过。……太仆病革入冥，见冯祭酒开之主东岳，举以自代。
> 无学卒，亦有异梦如李长吉白玉楼事，江右人能道之。[③]

铅山横林费氏，亦是科第世家，兴起于元明之际，开基祖名
有常。自景泰初至嘉靖末百年间，费氏先后有进士六人、举人十一
人，其中以成弘正嘉四朝元老、状元费宏为最著。宏弟完为元禄
曾祖。元禄父尧年，嘉靖四十一年壬戌（1562）进士，官至南京太

---

① 〔清〕钱谦益撰集：《列朝诗集》丁集第七，第4611页。
② 〔东晋〕支遁著，张富春校注：《支遁集校注》，第191、74、190、26页。
③ 〔清〕钱谦益撰集：《列朝诗集》，第5070页。

仆寺正卿。元禄《甲秀园集》卷三四《文部·显考太仆寺卿食一品俸唐衢府君行状》云："府君讳尧年，字熙之，别号唐衢，其先自汉大将军袝爰始有闻。五季之乱，播迁江介，故遂为铅山人。……年二十余登壬戌进士，授工部营缮司主事。……子男二：长即元禄，杨氏夫人出；次元裕，妾吴氏出。孙男二：士骥、士骐，元禄子。"甲秀园为费氏私家园林，由费宏、费完兄弟开创，元禄继往开来，形成一林、三园、五湖结构，有"五湖烟雨""龙门春深"等八景点。《甲秀园集自序》云：

> 至岁乙未，余年二十有一，时读书甲秀园中。……戊戌，余从园中辟晁采馆。更因孟坚得交吴元卿。元卿，吾畏友也。……元卿曰："子之集可谓有秦汉，有六朝，有唐有宋，有何李，有弇州、历下，有濂洛关闽。今之集大成者，舍此集将谁属哉。"……内外双遣，名相尽忘，当办一瓣香从世尊前忏悔，如白香山所言，愿以今生狂言绮语之障，为后世赞佛乘转法轮之因。丈夫结局断不在文字中作活计，遂负如来也。①

元禄，尧年长子，生于万历三年（1575）乙亥十一月初七日午时②，字无学，一字学卿。二十一岁读书甲秀园，二十六年戊戌（1598）构馆其中，题曰晁采，有《晁采馆清课》二卷。吴元卿谓其《甲秀园集》集大成，或以此故，万历三十二甲辰（1604），元禄读江淹、薛蕙、王世贞拟古诗而作《拟古七十一首》。《甲秀园集》

① 〔明〕费元禄：《甲秀园集》，《四库禁毁书丛刊》集部第62册，第533页上至535页下、第184页下至第186页下。
② 费正忠主编：《鹅湖横林费氏宗谱》，北京：中国文史出版社，2013年，第244页。

卷五《诗部·拟古七十一首叙》云：

> 夫赓歌风雅，汉赋楚谣，魏晋迭兴，五朝更制。迨彼唐李，波蒸云郁，体以代殊，格以人异。顾创始颇难，而沿述为易，要以才情所适，或工自运，或巧规摹，亦各言其至也。……自梁文通拟古二十九首，明兴，考功嗣响，元美集成，广至七十。彼此互发，兴致翩翩，雄矣。不佞甲辰岁园居岑寂，蒋生之三益无闻，杨子之一区独处，备读三家，聊辇西子。始《古别离》，终韦左司，凡七十一首。虽未敢谓拟议变化以成日新，而抵掌优孟，或附鹤鸣子和之义云尔。①

费氏增补薛、王所阙《古离别》作《古别离》而成七十一首，诗歌题目，以及诗叙"体以代殊""格以人异""创始""沿述""不佞""优孟抵掌"等因袭世贞，"拟议变化""日新"等典亦见李攀龙《古乐府》序②。由此知元禄所叙诗学主张同于王、李。卷一五《诗部·七言律诗·读弇州四部稿怀王元美先生》云："江左高名海岱齐，雌雄出匣动虹霓。诗回大历星辰上，文压三都日月低。侍从法垣知累疏，仙才玉笥得刀圭。自从天柱昆仑去，长史人间路已迷。"元禄于王世贞敬仰之情溢于言表。其《拟支道人遁赞佛》云：

> 大块启玄朗，朱明畅细缊。五体遍投地，凌晨礼世尊。玉毫现震旦，金相流春温。人天超净土，功德讵能论。倬彼四王

---

① 〔明〕费元禄：《甲秀园集》，《四库禁毁书丛刊》集部第62册，第246页下至第247页上。

② 〔明〕李攀龙著，包敏第标校：《沧溟先生集》卷一《古乐府》，第1页。

从，肇兹不二门。旃檀散馥郁，璎珞纷玙璠。或洒阿耨水，或荫给孤园。仿佛非情想，恬泊无声闻。庄严诸妙相，端好间清芬。微音示慈摄，雝如鸣凤文。千叶青莲花，一一凌紫芬。奇荣结舍利，灭没障魔蹯。酥酪出醍醐，眇然化生恩。神为慧者得，象为下士存。神飚响金铎，如诵真谛言。邈哉玄古思，可以解烦冤。寄谢穷俗人，回向心坠源。

"凌晨礼世尊""雝如鸣凤文""千叶青莲花，一一凌紫芬"亦袭世贞诗，然"大块启玄朗，朱明畅绳缊""仿佛非情想，恬泊无声闻"等得支遁原作佛玄交融旨趣处却为世贞诗所无，原因在于世贞作诗时其父尚在狱中。卷四七《文部》复云：

> 慧远蓄马重其神隽，支遁养鹤贵其凌云，皆得趣于骊黄牝牡之外，然铩翮垂翅，养令羽成，有天际浮云想韵胜于彼矣。
> 葛稚川、陶贞白，皆一代文士，寄情铅汞，希踪不死，然其诗文结撰，足称真不死矣。支道林、远法师，高人韵流，托迹方外，文采不能自遍，时见一班，便可争衡作者。唐宋以还，仙释虽盛，卒庸庸无取，不足望数君藩篱矣。[1]

费氏葛稚川云云当因袭胡应麟《诗薮》[2]。应麟极崇世贞，世贞

---

[1] 〔明〕费元禄：《甲秀园集》，《四库禁毁书丛刊》集部第62册，第359页上、第252页上、第663页下。按：费氏谓"慧远蓄马重其神俊"，且与"支遁养鹤贵其凌云"相对，以之审视前揭《远公和尚观马图》，当亦非无谓之作。

[2] "葛稚川、陶贞白，皆文士也，寄趣铅汞耳，其诗文笔札，自足不死。支遁、慧远并高人韵流，托迹方外，文采不能自遍，时见一斑，便足争衡作者。唐、宋以还，仙释虽盛，率庸琐不足望数君。"（〔明〕胡应麟：《诗薮》外编二《六朝》，上海：上海古籍出版社，1979年，第151页）

亦极重应麟才学。胡氏论葛洪、陶弘景、支遁、慧远，着眼其文士
身份、文学才华，谓其诗文自足不死，文彩亦足争衡诸文士。此论
实可与王世贞拟作《支道人遁赞佛》相发明，元禄惟承继世贞诗
学衣钵而已。及至诗文之愿尽，俄顷家遇暴客，先世所宝、父亲
四十年俸余俱归乌有，元禄内外双遣后，心情或可与世贞拟作时
相体贴。元禄卒时，如其父亦有异梦，所梦则如李贺梦白玉楼事。
李商隐《李贺小传》云：

> 长吉将死时，忽昼见一绯衣人，驾赤虬，持一版，书若太
> 古篆或霹雳石文者，云当召长吉，长吉了不能读，欻下榻叩头，
> 言："阿𡢃老且病，贺不愿去。"绯衣人笑曰："帝成白玉楼，
> 立召君为记。天上差乐，不苦也。"长吉独泣，边人尽见之。
> 少之，长吉气绝。[1]

四、刘凤《咏怀拟支道林》三首

与王世贞为表兄弟的刘凤，则作有《咏怀拟支道林》三首。

刘凤，字文起，更字子威，号罗阳，长洲人，先世为河南开封
人。《刘子威集》卷三二《家传》之《汀州府君行状》云：

> 先府君讳，字世鼎，松石其号也，其先本汴人，统领公
> 迁金陵，榷茶公又徙吴。二世为退轩教谕，则府君之高祖也，
> 生素庵公。素庵生怡晚公，怡晚生廛隐公，廛隐生府君及南郭
> 叔。……癸卯，不肖举于乡，甲辰第进士……太孺人吴氏子一，

---

[1]〔唐〕李商隐著，刘学锴、余恕诚校注：《李商隐文编年校注·未编年
　文》，北京：中华书局，2002年，第2266页。

即不肖。孤凤，娶顾氏。凤姊娣各一，孙男一济隆，孙女三。

此后《封太孺人母吴述》云："丁丑，产不肖于京邸。"①《嘉靖二十三年（甲辰，1544）进士登科录》谓刘凤："府学生。治《易经》。字文起，行一，年二十八，六月二十九日生。曾祖镗。祖相，义官。父梅，推官。"②刘凤生于正德十二年丁丑（1517）六月二十九日，父名梅，字世鼎，号松石。乾隆《苏州府志》卷五六《人物十》云：

> 　　刘凤，字子威，文恭公铉族孙。生时母梦白凤集于房，故以为名。登嘉靖甲辰进士，授中书舍人，选御史，中考功法，从谪籍沿牒至广东佥事，又补河南佥事，被论归。遂一意著述，终其身，年八十四。其文颇奥劲，自为一家。晚好禅旨，自云悔其宿习。有文集《吴中先贤赞》《吴释传》。《先贤赞》持论时乖，又纪事多讹谬，人弗谓然也。③

刘铉，字宗器，永乐中以善书征入翰林，举顺天乡试，授中书舍人，天顺元年（1457）进少詹事，卒谥文恭，赠礼部侍郎。刘凤为其族孙。皇浦汸《刘侍御集序》云："夫刘子早岁以明经擢第，拜中书舍人，选为侍御史，著声南台三辅，至今犹钦挹风裁。同官嫉

---

① 〔明〕刘凤：《刘子威集》，《四库全书存目丛书》集部第120册，第304页下至第306页下、第307页上。
② 龚延明主编，邱进春点校：《天一阁藏明代科举录选刊　登科录》（点校本·中），第793页。
③ 〔清〕雅尔哈善《苏州府志》卷五六第十八页，国家图书馆藏乾隆十三年（1748）刊本，影像版见中华古籍资源库。

其能，竟遭播迁，乃谪理兴化，移倅吴兴，有是作也。"①皇浦氏所谓"明经擢第"不知何据？

刘凤性嗜书，家多藏书，建厞载阁、清举楼以贮之，其藏书后尽为钱谦益所得。曹溶《绛云楼书目题词》谓钱氏"尽得刘子威、钱功父、杨五川、赵汝师四家书"②。魏学礼《刘子威文集序》云："而刘子威先生者，超绝有奇质，家多藏书，学勤博记，安世之三策，不足称焉。"其诗文受王世贞影响，力求复古。王氏《刘侍御集序》云："子威材甚高，于子史百家言无所不治，独不喜习大历以后语。……子威所推许独历下，次乃北地，而刊削弹摘之甚苦……其文亦不受人役，得自致其拟议，外足于象，而内足于意，兴而言，尽而止。其贤于余远矣。"③刘凤才高复勤学博览，拘守李攀龙"唐无古诗"说，喜为涩体佶饤之文，繁富奥僻，受人称许，亦受人讥弹。钱谦益《列朝诗集》丁集第八《刘金事凤》云：

> 其有所撰述也，累僻字而成句，字稍夷更刺僻字以盖之；累奥句而成篇，句稍顺更撼奥句以窜之。而字之有训故，句之有点读，篇之有段落，固茫如也。佶饤堆积，晦昧诘屈，求如近代之江亶爰、李沧溟且不可得，而况于古人乎？④

① 〔明〕刘凤：《客建集》卷首，王德毅主编：《丛书集成三编》第42册，台北：新文丰出版股份有限公司，1997年，第100页下。
② 〔清〕钱谦益：《绛云楼书目》，《续修四库全书》第920册，第321页下。
③ 〔明〕刘凤：《刘子威集》卷首，《四库全书存目丛书》集部第119册，第565页下、第563页下至第564页下。
④ 〔清〕钱谦益撰集：《列朝诗集》，第4789页。按：钱氏谓刘凤嘉靖庚戌进士误，当为嘉靖甲辰进士。

　　朱彝尊《静志居诗话》亦云："子威局守于鳞'唐无古诗'一语，叹为知言。其诗襞积纂组，节节俱断，俾读者茫然如堕云雾中。"①

　　刘凤《咏怀拟支道林》三首见于《客建集》卷二。第一首云：

　　　　沉情寄澄漠，逸志凌冲虚。神理日迁化，游仪运不居。怀哉缅灵墅，超翰栖云卢。修林吐清气，玄圃滋神蔬。仰漱欣流液，俯映鉴回渠。萧条远风集，因之奋轻躯。高步寻化士，抗首临飞除。道会冥无象，归损斥有余。为心一何散，夙已情故祛。聊因投照朗，遐与形骸疏。

《客建集》为刘凤谪迁闽中所作诗之汇编。皇浦汸《刘侍御集序》云："谛览闽中诗，凡所赋乐府，尽合古调；及所拟名家，咸类其人。虽鲍照代东武诸篇，宫商杂奏而并出雅音；江淹拟陈思诸作，丹素互施而悉呈艳缋，又曷过焉。非妙思通方，兼才具体，能臻是耶？"②此拟作足见其诗特点。首句化用支遁《咏怀诗五首》其一"瞢瞢沈情去"及其二"及鉴归澄漠"，次句化用《述怀诗二首》其一"逸志腾冥虚"，七句化用《咏怀诗五首》其四"修林畅轻迹"、《善思菩萨赞》"玄和吐清气"，十三句化用《咏怀诗五首》其三"中有寻化士""高步振策杖"及《述怀诗》其二"高步寻帝先"，十七句化用《咏怀诗五首》其五"余生一何散"③。同时，"神理""神蔬""萧条""道会"等词支遁诗亦多次出现。第二、

────────────

①〔清〕朱彝尊：《静志居诗话》卷一二，第354页。
②〔明〕刘凤：《客建集》，《丛书集成三编》第42册，第126页下、第100页下。
③〔东晋〕支遁著，张富春校注：《支遁集校注》，第51、61、108、85、444、74、116、97页。

三首大致如此。刘凤拟支遁《咏怀》诗，且连拟三首，"咸类其人"，则是其独到处。

五、程于古拟《拟支遁颂佛诗》

程于古，字范卿，号谷帘，秀水（今浙江嘉兴市秀州区）人，系出新安程氏，有《落玄轩集选》十二卷。是书卷一一《传·家乘总传》云："晋新安太守讳元谭，当永嘉中为郡有安集勋，赐第郡之篁墩，子孙家焉。十四传为忠壮公，讳灵洗，值侯景乱，勇于捍御，没而有神，民庙食之，号曰世忠庙。"元谭为新安程氏始祖，灵洗则成为后世崇仰的对象，篁墩有程朱阙里之称。"两夫子本于灵洗，其祖自徽迁中山，自中山迁河南，源流详欧阳公著《文简先德铭》中。"程颐、程颢亦为新安程氏。于古不到十岁，父亲即去世。郭起凤天启癸亥（1623）九月《落玄轩集序》谓自己十四岁即和于古为友，"知其前十年为失怙之子"①。《康熙秀水县志》卷四《贡选》谓其天启间贡生②。于古曾为中书舍人吴怀贤幕僚。谈迁《枣林杂俎》和集《丛赘·黄汝亨》云："中书舍人新安吴怀贤幕客程于古，偶阅《邸报》，涂抹之。苍头怨怀贤，讦于东厂，捕下狱。怀贤承之，掠死，崇祯初赠官。"③程于古偶阅邸报而涂抹之，仆人怨恨怀贤而向东厂告讦，怀贤独自承担而被掠致死，颇有令人生疑处。程演生《天启黄山大狱记》引陈建《皇明通

①〔明〕程于古：《落玄轩集选》，《四库未收书辑刊》陆辑第25册，北京：北京出版社，2000年，第435页下、第436页上至下、第312页下。

②〔清〕任之鼎修，〔清〕范正辂纂：《康熙秀水县志》，《中国地方志集成·浙江府县志辑》第31册，第865页上。

③〔清〕谈迁著，罗仲辉、胡明校点校：《枣林杂俎》，北京：中华书局，2006年，第602页。

纪》云：

> 怀贤目击不平，每阅邸报，有摘发逆谋者及杨涟二十四大
> 罪疏，击节痛快，逐加圈点评注……讵意同官傅应星，即逆珰
> 嫡甥也。闻之切齿，入告忠贤，而番役棋置怀贤左右矣。……
> 径差旗尉百余席卷寓所，将怀贤绑拷，妾邱氏，子廪监吴道升，
> 并西席贡生程于古，皆系之去。怀贤曰："我独当之，汝辈死
> 无益。"于是于古得免到厂。①

陈建卒于隆庆元年（1567），程演生所引当为《皇明通纪》的续
补之作。据此，谈迁所谓偶阅邸报涂抹之者当是吴怀贤。作为幕
客，程于古亦因此被系，复因怀贤独自承当而得免到厂。崇祯年
间，程氏任广东肇庆府通判，十一年（1638）升湖北沔阳知州。光
绪《沔阳州志》卷七《秩官·名宦》云："程于古，浙江秀水人，恩
贡，肇庆通判，崇祯十一年升沔阳知州，豁达大度而风采凛然，振
刷积滞，为政精覈，胥吏不敢欺。"②颇称许其为人、为政。黄国
樊《落玄集序》又云："乃秀州程范卿实有别才别趣，不随人爱唐
诗，而独取坡仙'小草落玄泉'之句以名其轩。"③见出其才趣异
于众好，以苏轼诗句名其轩更是标榜其旨趣所在。沈季友《檇李
诗系》卷二三《程沔阳于古》谓其"有《谷帘集》，诗思峭刻，是欲

---

① 沈云龙编：《明清史料汇编》七集第二册，第6—7页。
② 《中国地方志集成·湖北府县志辑》第47册，第225页上。
③ 〔明〕程于古：《落玄轩集选》，《四库未收书辑刊》陆辑第25册，第315页
　　上。按：苏轼《次韵王忠玉〈游虎丘绝句〉三首》其二云："青盖红旗映玉
　　山，新诗小草落玄泉。"（〔清〕王文诰辑注：《苏轼诗集》卷三一《古今体
　　诗四十四首》，第1664页）

效孟东野而去其诉穷叹屈者也"①。《落玄轩集选》刊于天启三年（1623），《谷帘集》或为其另一集子。

《落玄轩集选》卷三《五言古体》有《拟支遁颂佛诗》，云：

> 出日万国晓，恒沙涵众妙。无情与有情，不药毒自疗。
> 生以云何生，猕猴水月照。六一明净尽，龙象虮虱肖。舌亦
> 匪语用，眼自得闻窍。尘法何功罪，魔道两家笑。自从昭王来，
> 嵩山鬼胡跳。雁门虎溪头，石块坐不要。试问丈六金，泥土
> 可是料。

诗题下注云："四月八日社中分赋。"②有明一代文人结社尤盛，而南直与浙江则为其时文人结社最为活跃的地区。观景赋诗、分题拈韵是文人社集的重要活动之一。聂大年《社集湖楼》述其盛况云："佳时秋未半，裙屐集高楼。击钵催诗句，折花传酒筹。主人扶大雅，余子足风流。不觉夕阳暮，刺舟清夜游。"③四月八日为佛诞日，社友聚集，分赋赞佛，程氏拟作此诗。与支遁赞佛诗相较，此诗多了份谐谑，而少了份玄味。

六、魏畊拟支遁诗

明末清初，魏畊不仅作《拟支遁四月八日赞佛》，而且作《拟

---

① 〔清〕沈季友：《槜李诗系》卷二三，《景印文渊阁四库全书》第1475册，第530页上。
② 〔清〕程于古：《落玄轩集选》，《四库未收书辑刊》陆辑第25册，第362页上。
③ 〔明〕聂大年：《东轩集选补遗》卷上《诗》，《丛书集成续编》第140册，第26页上。

支遁述怀诗五首》，在诸拟作支遁诗人中数量最多。畊，字楚白，号雪窦，又号白衣，慈溪（今浙江慈溪市）人。其从弟魏霞《明处士雪窦先生传》云：

> 先生初讳时珩，又名畊，字楚白，号雪窦，予从兄也。生明万历甲寅（1614）四月六日，父讳忠显，读书怀古，尝游学霅川，逍遥山川，以歌咏自娱。……康熙元年（1662）六月一日，殉节于会城官巷口。……先生著述甚多，有《道南集》《息贤堂初后集》《吴越诗选》，今皆仅有存者。

全祖望《雪窦山人坟版文》谓其原名璧，明亡后更名苏，云：

> 雪窦山人魏畊者，原名璧，字楚白，甲申后改名，又别名甦，慈溪人也。粤人屈大均不可一世，独心折先生之诗，尝曰："平生梁雪窦，是我最知音。一自斯人死，三年不鼓琴。"是矣，大均盖尝再从先生寓鄞，其风格颇相近云。①

魏畊乃世家之子，少颖异，七岁从叔父学，越三年而学业大进，十四岁母卒，随父至霅川（或名苕溪、苕上、归安）。不久，父病逝。时大理卿凌义渠之侄、湖州书吏凌祥宇奇其才，遂招赘为婿并入籍归安。崇祯十二年己卯（1639）岁试，浙江督学许豸以之第一，食饩为诸生。顺治二年（1645）清军占领杭州，旋取湖州，

---

① 〔清〕魏畊：《雪翁诗集》卷十七《附录下》，《丛书集成续编》第171册，第536页下至第537页上、第537页上至第538页上。

魏畊弃诸生，志图匡复，参与苕上之役。事败，披发僧装，亡命江湖。事解，与钱缵曾居苕溪闭户为诗，并交长洲陈三岛，称莫逆，又与故明东阁大学士朱赓之孙士稚、金都御史祁彪佳之子理孙、班孙等交善，得尽读淡生堂藏书。其诗明匡复志，气势非凡，"一时，吴越人士莫不传诵"[①]。明亡后，魏氏曾于别鲜山之阳筑堂读书。魏畊《雪翁诗集自序》云：

> 崇、弘后作诗若干，总名之曰《息贤堂诗集》。息贤堂，在吴兴郡城东南别鲜山之阳，余以乙酉（1645）居此。考地志，为晋元帝时沈祯、沈聘避乱栖隐此山。前有渡，曰息贤，盖二沈名此渡以自寓肥遁之意。而余既遭乱，遂书其额于草堂。生平有所撰述，悉以名之，而诗其一也。[②]

别鲜山在今浙江湖州市吴兴区。嘉泰《吴兴志》卷四《山·乌程县》云："别鲜山，在县东十三里，别，孤秀不相连属，因名焉。唐高士沈聘、沈征君居之。《尔雅》曰：'小山别大山为鲜。'郭璞注云：'不相连也。'"[③]二沈名山前渡口曰息贤以寄肥遁勿用之意，魏氏循此名其堂，名其集。

朱彝尊《静志居诗话》谓魏畊论诗云：

> 诗以达情，情贵极其所至，故乐必尽乐，哀必尽哀。由唐

---

① 〔清〕屈大均：《皇明四朝成仁录·魏畊》，《四库禁毁书丛刊》史部第50册，第699页上。
② 〔清〕魏畊：《雪翁诗集》卷首，《丛书集成续编》第171册，第439页下。
③ 〔宋〕谈钥：《吴兴志》，《宋元方志丛刊》，第4696页上。按：上云沈聘为晋元帝时人，此云唐时人，疑误。

以前，诸家体不必相蒙，而其为至则一也。学者各尽其途径而
入，入之愈深，见其畛域愈广，恣睢淫佚于其际者久之，乃始
得其澄漾之乐。故涉猎众家，不若专致一家，一家之趣既竭，
而后驰而去之，再适一家。其于一家犹是也，然后古人之长见，
而我之长亦见。

魏氏主张诗务达情，情贵极至，学众家诗不如专学一家诗，一家
趣竭再适一家。朱士稚（字伯虎）云："楚白五古，初摹汉、魏，至
其得手，则在景纯游仙、支遁赞佛，游行晋、宋之间。若五律，纯
祖少陵，离奇夭矫，难以准绳相格。"徐祯起云："楚白诗得力于
汉、魏，而沉酣于杜、李二家。"周青士云："白衣锐意学杜，晚一
变而神游于谪仙之门，遂升其堂奥。"朱彝尊云："故其中年专学
子美，末年专学太白，惜乎未见其止也。"①全祖望《奉万西郭
问魏白衣〈息贤堂集〉书》亦云："白衣少负异才，性轶荡，傲然自
得，不就尺幅。山阴祁忠敏公器之，为遍注名诸社中。其诗远摹晋
魏，下暨景纯游仙、支遁赞佛，游行晋宋之间，近律纯祖杜陵，已
复改宗太白。"②祁彪佳（谥号忠敏）器重魏畊，为之遍注名诸社
中，可与程于古四月八日社中分赋《拟支遁颂佛诗》相发明。魏氏
初摹汉魏古诗，至得心应手时则摹郭璞游仙诗与支遁赞佛诗，能
出入于晋宋间；中年则专学杜甫，晚年复专学李白，亦能得二家旨
趣。由此可见出其诗学取向和诗歌创作的变化。
　　魏畊《题赠祁理孙画像引》诗云："魏畊他年拂衣去，《楞

---

①〔清〕朱彝尊选编：《明诗综》卷七八《魏璧》，第3845—3846页。
②〔清〕魏畊：《雪翁诗集》卷十七《附录下》，《丛书集成续编》第171册，
　　第539页上。

伽》一卷须相与。"此或为魏畊拟作支遁诗的思想缘由。《上巳与
济芝禅师登岘山约于秋间入武康风渚湖共结茅安禅作》云："摩
腾门下客,相对楚云愁。岘首桃花发,亭前雪水流。城隅虽洞壑,
歌管近秦楼。已厌豪华味,何当支许酬。舍身资净侣,选佛爱林
丘。风渚今安在,为庐符九秋。"①济芝禅师,名行觉,慈溪人,
俗姓王,临济宗南岳下第三十五世传人,晚年任杭州大雄禅寺
住持。"师于康熙庚申(1680)八月望后,染微疾,更衣沐浴。侍
者请示语,师厉声呵曰:'无语定死人不得么。'遂坐脱。""世
寿六十四,僧腊四十二。弟子奉全身,葬于大觉老人衣钵塔之
右。"②诗人将自己与济芝禅师比作许询、支遁,并相约秋日到武
康风渚湖结茅安禅。《道光武康县志》卷三《地域志·山川下·风
渚湖》云:"在县东南十七里,一曰九里湖,一曰巽(渚)湖,一曰
封渚湖,一曰下渚湖。"③魏畊《拟支遁四月八日赞佛诗》云:

> 炎精排春飙,仲序育朱华。世珍青阳际,业崇玄会奢。大
> 觉调御师,应期乘绛霞。神景焕彩庭,灵颜一何葩。倾柯芬陀
> 荣,白毫感四遐。栏楯交珠网,凯风奏陵迦。紫霞洒芳津,甘
> 露霈璃沙。祥祥升堂肃,礨礨钦仪嘉。道为默者授,神为恭者
> 加。恬愉研寂妙,夕惕承圣化。尘刹摄毚躯,万劫炼无邪。稽

---

① 〔清〕魏畊:《雪翁诗集》卷五《五言古》、卷一一一《五言排律》,《丛书集
　成续编》第171册,第486页上、第521页上。
② 〔清〕京都圣感禅寺住持僧超永编辑、京都古华严寺住持僧超揆校阅:
　《五灯全书》卷八〇补遗《临济宗·杭州大雄济芝觉禅师》,〔清〕天台国
　清达珍编:《正源略集》卷四《杭州良渚崇福济芝行觉禅师》,《大藏新纂
　卍续藏经》卷八二第435页上,卷八五第28页中下。
③ 〔清〕疏筤修,〔清〕陈殿阶、〔清〕吴敬羲纂:《道光武康县志》,《中国地
　方志集成·浙江府县志辑》第29册,第570页上。

首东旦洲，圆光倚委蛇。铜池挺玉芝，淑气相纷挐。濯阴汗漫府，腾波济虚查。愿奉解脱宝，六度拯恩河。超拔下务尸，游遨睹史陀。

"倾柯""芳津""甘露""祥祥""东旦""圆光"出自支遁《四月八日赞佛诗》，"炎精""凯风""亹亹""恬愉""夕惕""腾波"出自支遁《五月长斋诗》，"下务尸"出自支遁《咏八日诗三首》其一，拟作痕迹明显。又有《拟支遁述怀诗五首》，其一云：

> 敛神玩灵府，振褐披冲玄。同同幽室中，晖晖想层巅。负笈寻妙德，共调无为弦。晨起陟万涂，夕驾周三天。郁嵯见云楼，排虚临重渊。倾崖逼风霄，帀地攒岳莲。解轮息嗷嚣，顿策离尘荃。仰啸若木林，俯漱飞蕊泉。至人时往来，咄哉皆金仙。烦情隗隗颓，大智荡荡存。漏尽证泥洹，泥洹得自然。翱翔随宇化，竦眄彭殇间。①

魏畊拟作一如支遁咏怀，玄味十足。此首既有"灵府""冲玄""妙德""无为弦""尘荃""至人""自然""彭殇"等玄学词汇，又有"金仙""烦情""漏尽""泥洹"等佛家词汇点缀其间；此下四首更甚，颇得支遁咏怀神韵。

不过，魏畊并未隐世。他一如既往地投入反清斗争中，与活跃于东南沿海的抗清武装张煌言、郑成功相交通。在顺治十六年（1659）郑、张联师攻伐南京的战争中，魏畊发挥了重要作用。业

---

① 〔清〕魏畊：《雪翁诗集》卷一《五言古》，《丛书集成续编》第171册，第446页下、第447页上。

已降清的湖州人孔孟文，向满清镇海大将军刘之源首告魏畊等通书郑、张。魏畊在祁家被捕，执至钱塘后于康熙元年六月一日死难，与同死于杭州的张煌言、杨文琮被时人称作"西湖三忠"。其妻凌氏、次子崿亦随之自缢而亡。

七、张瑞图《效支道林》诗

瑞图，晋江（今福建晋江市）人，万历三十五年（1607）进士，殿试第三名，授编修，历官詹事府少詹事，天启六年（1626）迁礼部侍郎，秋以礼部尚书入阁，晋建极殿大学士，加少师，著有诗集《白毫庵》《果亭翰墨》。其表弟林欲楫《皇明赐进士及第特进光禄大夫左柱国少师兼太子太师吏部尚书中极殿大学士特赠太傅文隐张公暨元配累封一品夫人王氏合葬墓志铭》云：

> 公讳瑞图，字无画，别字二水，晚岁结果亭水中自怡，人称果亭先生云。……公早擅书名，蘸发泼墨，奇恣如生龙动蛇，无点尘气。……诗格冲澹容与，绘写性情，其在陶谢之间乎！……公生于隆庆庚午（1570）二月初六日辰时，薨于崇祯辛巳（1641）三月二十日寅时，享年七十有二。[1]

张瑞图先祖世居今晋江陈埭镇湖中村，十余传至古直公，入赘于

---

[1] 粘良图选注：《晋江碑刻选》，厦门：厦门大学出版社，2002年，第298—304页。按：墓志铭刻于隆武二年（1646），1956年出土于青阳下行山，现存其后裔家。拓片参见黄江华《明大学士张瑞图及夫人墓志铭浅析》（《福建文博》，2010年第4期，第73—76页）。林欲楫，字仕济，晋江人，亦为万历三十五年进士，选庶吉士，授翰林院编修，天启元年（1621）擢少詹事，晋礼部右侍郎，因不附魏党去职，崇祯间起用为礼部尚书掌詹事府事，著《水云居诗草》《友清堂文集》等。

霞行（今福建晋江市青阳街道下行社区）陈氏。乾隆《泉州府志》卷五四《文苑·明文苑三·张瑞图》云："幼负奇气，不为俗学所拘，五经子史皆手写熟读，坊刻时稿未尝寓目。为诸生时，每夜辄拈戴经一题，弹指立就，翌日即喧传郡邑。由此经义盛行，文声大噪。"①早擅书名，与董其昌、米万钟、邢侗并称晚明四家，有"南张北董"之誉。清人梁巘《评书帖》云："瑞图行书初学孙过庭《书谱》，后学东坡草书《醉翁亭》。明季书学竞尚柔媚，王、张二家力矫积习，独标气骨，虽未入神，自是不朽。"②

　　在二十一年的仕宦生涯中，张瑞图四次告假还乡。天启六年（1626）春夏之际，已居家两年的张瑞图再次赴京，七月与施凤来等一同升为礼部尚书兼东阁大学士。七年八月，熹宗驾崩，思宗继位，十二月张瑞图三次上疏引病求归。崇祯元年（1628）三月，终获准致仕，加太保，荫一子中书舍人。次年二月名列"逆案"第六等论徒三年，后纳资赎罪为民③。此后，张瑞图在家乡每日以参禅、饮酒、诗书画为乐。其《迟轩兄和余望湖诗再次前韵戏酬》诗云："晚节爱禅逃，回心调狂犷。"《庄长孺见和拙诗用前韵荅之》诗亦云："削迹每寻僧作伴，达生应共酒为年。"故其崇祯十二年（1639）腊月《白毫庵·引》云："生平所为诗，宦游十一，归田十三。近岁戊巳，二竖为痼，床几汤药之中，反得十六七。以其情动而作，情达而止，不强至所不至也。"④巳字或当为己。戊己即

---

① 《中国地方志集成·福建府县志辑》第24册，第89页上至下。
② 华东师范大学古籍整理研究室编：《历代书法论文选》，上海：上海书画出版社，2012年，第576页。
③ 参见未署名：《张瑞图年表》，《中国书画》，2015年第5期，第7页。
④ 〔明〕张瑞图：《白毫庵·杂篇》，《四库禁毁书丛刊》集部第142册，第576页上、第619页上、第446页下。

戊寅、己卯，意谓此二年为病所困，在床几汤药之中所得诗反有十之六七。此引末署"白毫庵道人张瑞图识"，集内各卷首题作"白毫庵道者著"。清嘉庆年间晋江东石蔡永兼《西江杂志》云："白毫庵，在晋江二十七都霞行乡，明太祖洪武七年甲寅（1374）九月，乡绅张德俭为其出家从妹月华姑而建。……史载，天启间建极（殿）大学士张瑞图少时就读于斯，自号白毫居士，丙寅年请旨重修，遂成前后殿。"[1]天启六年丙寅，张瑞图请旨重修白毫庵，或已寓终隐于此之意。

　　生值晚明，阳明心学与狂禅之风流布蔓延，张瑞图亦深染此风，《白毫庵》内篇《禅肤》专收其有关诗作。《都门送彦白上人南游》云："儒释本异门，是非互相丑。吾意乃不然，同异亦何有。清净苟不殊，藩篱真可剖。忆在丙辰春，遘汝潞河口。爱汝谭楞严，辩若珠壑走。"[2]丙辰，即万历四十四年（1616），是年春，张瑞图与彦白上人在潞河口相遇，曾听其谈《楞严经》。短暂相聚后又复分手，款款深情中蕴含诗人对佛理的感悟。

　　《白毫庵·杂篇》又有《贱生日庄八梅迟轩二兄浪云彦白百川三上人皆用苏韵有赠各次答之·和彦白》，云："何时从尔清津上，闲听滩声了十玄。"致仕回乡途中，瑞图作《寄挽雪关和上》，序云："余以崇祯戊辰北归，过信州，访无异、雪关父子于博山，颇以道气相期。嗣后，衲子还往江闽，通信激扬，殆无虚岁。十年之中，相继迁化，石火电光，令人兴感。余晚罹忧患，思学禅逃，二师既

① 蔡永兼《西山杂志》未曾刊印，蔡氏及《西山杂志》的有关考述可参林少川《渤泥"有宋泉州判院蒲公之墓"新考》（载《海交史研究》，1991年第2期，第57—64页）。兹据张瑞图后人张建阳先生惠赐抄本图片。
② 〔明〕张瑞图：《白毫庵·内篇·禅肤》，《四库禁毁书丛刊》集部第142册，第494页下。

往，谁受之耶。情见乎词，临风一写。"①无异元来，一名大舣，字无异，庐州舒城（今安徽舒城县）人，俗姓沙，万历三十年（1602）应邀至信州主持广丰县博山能仁寺②。元来提倡禅净双修，构建了百法归禅和禅是中道的禅学理论体系，创立并发展了曹洞宗博山法系。智誾，字雪关，信州上饶（今江西上饶市）傅氏子，万历十三年九月初一日生，八岁丧父，二十六岁参元来，成其入室大弟子，天启七年（1627）出主瀍山曹洞法席，崇祯四年（1631）继席博山③。自元年过访博山以道气相期，嗣后张氏与二师通信激扬殆无虚岁。然十年中二师相继离世，令诗人感慨万千！

《白毫庵》内篇《禅肤·与余集生年丈谈禅》诗云：

> 须发非神明，何用议去留。爱河苟不溺，在家亦远游。佛恩良宜报，世毒不足尤。可坐方丈室，可入歌舞楼。清净固本然，亦非不思修。一字可不识，万卷何妨抽。死后吾不知，但从生处求。吾生非一境，苦乐每环周。得丧及毁誉，安危与荣羞。一切平等观，了无恩与仇。以此推死后，何所不自繇。净土可往生，魔境亦可游。可为龙与象，可为马与牛。但认本性在，有何喜与忧。大可包天地，细可等蚱蜉。近可延刹那，远

---

① 〔明〕张瑞图：《白毫庵·杂篇》，《四库禁毁书丛刊》集部第142册，第626页上、第622页下至第623页上。

② 无异元来生平事功见南海普陀嗣祖沙门西蜀性统编集：《续灯正统》卷三八《曹洞宗·寿昌经禅师法嗣》，《大藏新纂卍续藏经》卷八四，第624页下至第636页上。

③ 智誾雪关生平事功见曹学佺《博山雪关智誾禅师传》、黄端伯《信州博山能仁寺雪关大师塔铭》，徐自强主编：《中国历代禅师传记资料汇编》中册，北京：全国图书馆文献编微复制中心，1994年，第109页下至第111页下。

可促千秋。吾论禅如此，君以谓然不。

余大成，江宁（今江苏南京市江宁区）人，字集生，万历三十五年
（1607）进士，官至山东巡抚，曾至博山参元来得悟，《明史》卷
二四八有传。诗起首用前揭《世说新语·排调第二十五》第四十三
条典。在张瑞图看来，须发无关神明，在家亦可远游，得丧、毁
誉、安危、恩仇、方丈室与歌舞楼、净土与魔境、龙象与马牛、天
地与蜉游，均平等无二。或以此故，张瑞图又号平等居士。

论禅如此，无怪《白毫庵》杂篇有《效支道林》诗，云：

> 十笏空王地，一蒲净可布。妄识依幻躯，有如藤倚树。树
> 倒藤枯时，迷瞀失归路。所以古至人，炼情归元素。猕猴不妄
> 窥，鸿鹄岂虚慕。象先无剩语，教外有别趣。冥念游希夷，精
> 进策衰暮。游戏生灭场，摆落世俗务。蕴以返照空，道籁无心
> 遇。神马得缰衔，识浪回奔注。旷然开法界，纵心何思虑。①

古至人炼情归于元素，象先无有剩语，冥念游于希夷，无心而遇
道，同于支遁诗之玄味十足；而树倒藤枯的禅趣则为支诗所无。

---

① 〔明〕张瑞图：《白毫庵》，《四库禁毁书丛刊》集部第142册，第494页上
　至下、第578页上。

结　语

　　支遁的佛玄思想、清谈艺术、著述创作，是佛教中国化在东晋结出的硕果。因应时代需要，支遁以般若空观回应玄学有、无之辩，使佛学般若空观与庄子无待逍遥相互印证，禅法数息观与老庄重玄相互补充，于佛学为"六家七宗"之一，于玄学则有"支理"之誉。具有中国特色的士大夫佛教体系因此而建构，影响后世深且远。

　　就思想文化而言，弥陀信仰、维摩信仰在中国古代社会长期盛行不衰，支遁不惟有首倡之功，而且前者在其所建构佛教体系中信仰形态业已完备，同时道教重玄学、儒家内圣外王等思想亦受其沾溉。就文学创作而言，支遁可谓中国佛教文学的鼻祖，中国文学在传统题材之外又增添了佛教这一新的题材，同时玄言诗、山水诗等繁盛与即色游玄的"支理"亦不无关系，其首创的为画题诗、称诗为首在后世则司空见惯。

　　基于此影响，在《世说新语》中，活跃于东晋清谈场上的支遁高频出现，形象丰满生动、个性鲜明典型的身披袈裟的名士因此定型；在《高僧传》中，慧皎博选、改写有关素材并综合运用史学、文学等多种叙事手法，又将支遁塑造成了"绍明大法，令真理不绝"的一代高僧。支遁名僧兼名士的形象借助二书得以完满、传世。

　　支公、林公、支遁、支道林、道林以及支安、林远等成为僧侣的美称，其与谢安、王羲之特别是与许询的交游，更成为僧俗交游的代称，其养鹰马、好鹤等雅好演成支遁鹤、支公鹤、支遁马、支遁青骊、支公怜神骏、支遁鹰、支遁爱鹰等事典，甚至其买岬山亦衍生出买峰、买山钱、道林钱、支遁隐等事典。这些传说又进一步物化：或为支遁庵、放鹤峰、放鹤亭、养马坡、马迹石等遗迹，或为《支遁鹰马图》《支遁相马图》《支遁养马图》《支遁观马图》《山阴图》等绘图。通过一次又一次的用典、吟咏、绘画、题跋，支遁名僧、名士的形象在集体记忆中变得愈加鲜活。

　　支遁又是中国第一位有诗文集传世的僧人。虽然如同其时多数文士，集子难免亡佚，不过幸运的是，其少量诗文借助于佛典而得以传世。

　　南朝以迄隋唐，陆澄《法论》、僧祐《出三藏记集》、道宣《广弘明集》等佛教法集均著录有支遁著述、诗文；《世说新语》刘孝标注、《高僧传》、《肇论》疏、《经典释文》、《文选》李善注等亦屡屡称引支遁著述、诗文。这些著录、称引既是此期支遁接受的重要内容，又为其后支遁接受奠定了基础。

　　辑钞、刊印、拟作，是明清支遁诗文接受的显著特色。

　　今存杨仪嘉靖乙未七桧山房钞、冯彦渊钞二卷本《支遁集》以及皇甫涍辑刊一卷本《支道林集》、吴家骝合刊皇甫涍本与史玄辑《外集》之《支道林集》，不惟有益于支遁诗文流布，其本身也具收藏价值。诸多收藏印记和题识彰显了支遁诗文的接受轨迹，增添了文本的厚重感。相较而言，名家钞本文物价值更高，刊刻本则化身千百。无论如何，二者均丰富了支遁接受的内涵。嘉庆时，支硎山吾与庵僧寒石借黄丕烈藏杨钞《支遁集》刊刻行世；光绪时，徐乾将陆心源藏叶弈钞《支遁集》及蒋清翊在家藏都穆钞《支遁集》基础上所辑《补遗》列入其《邵武徐氏丛书初集》一并付梓。于是,钞本《支遁集》亦得以广泛传世。

《古诗纪》《古今禅藻集》《释文纪》等总集不仅收录有与诸钞刊本数量相当的支遁诗文,又以其独特的方式表彰了支遁创作在六朝文学史与佛教文学史上的地位与意义。同时,李攀龙《古今诗删》选录支遁诗二首,王世贞创作包括《支道人遁赞佛》在内的《拟古诗七十首》,陈祚明《采菽堂古诗选》选评支遁诗十一首,在汉魏以迄盛唐的五言诗谱系中为支遁及其赞佛诗挣得了一席之地。这在支遁接受史上也具有重要的意义。此后,盛时泰、费元禄、刘凤、程于古、魏畊、张瑞图等均有拟支遁赞佛咏怀诗,王世贞实有功焉。

支遁的接受,实即一缩微版的佛教中国化。佛学、玄学、文学,名士、高僧,佛典著录、著述称引、诗文用典,传说遗迹、绘画题材,作品辑钞、刊刻流布,总集收录、文人拟作,林林总总,方方面面。虽勉力而为形象、传说、述作三部分,然未知是否允惬?且行文考多论少,尚有进一步阐释论述和理论提升的空间。就考而言,囿于学养、学识及文献阙如,吴家骃等及"一字斋查唯二十核(?)""曾在吴兴丁崇城家""臣理之印""西溪草堂藏书之印""无相自在室主人觉元印"等相关人事又难以确考、详考。此等缺憾,惟望来日有机会弥补。

主要参考文献

一、影印古籍

北堂书钞　〔唐〕虞世南编撰，北京：中国书店，1989年。

太平御览　〔宋〕李昉等撰，北京：中华书局，1960年。

文苑英华　〔宋〕李昉等编，北京：中华书局，1966年。

宋本册府元龟　〔宋〕王钦若等编，中华书局，1989年。

舆地纪胜　〔宋〕王象之撰，北京：中华书局，1992年。

唐音癸签　〔明〕胡震亨著，上海：上海古籍出版社，1981年。

景印文渊阁四库全书　台北：台湾商务印书馆。

四库全书总目　〔清〕永瑢等撰，北京：中华书局，1965年。

四库全书存目丛书　《四库全书存目丛书》编纂委员会编，济南：齐鲁书社。

四库未收书辑刊　《四库未收书辑刊》编纂委员会编，北京：北京出版社。

四库禁毁书丛刊　《四库禁毁书丛刊》编纂委员会编，北京：北京出版社。

续修四库全书　《续修四库全书》编纂委员会编，上海：上海古籍出版社。

四部丛刊初编　张元济主编，上海：商务印书馆，1919年。

丛书集成新编　新文丰出版公司编辑部编著,台北:新文丰出版股份有限公司,1985年。

丛书集成续编　王德毅主编,台北:新文丰出版股份有限公司,1989年。

丛书集成三编　王德毅主编,台北:新文丰出版股份有限公司,1997年。

全上古三代秦汉三国六朝文　〔清〕严可均辑,北京:中华书局,1958年。

全唐文　〔清〕董诰等编,北京:中华书局,1983年。

清代诗文集汇编　《清代诗文集汇编》编纂委员会编,上海:上海古籍出版社,2010年。

宋元方志丛刊　中华书局编辑部编,北京:中华书局,1990年。

中国方志丛书　台北:成文出版社有限公司。

大正新修大藏经　〔日〕高楠顺次郎、渡边海旭等编,东京:大正一切经刊行会。

大藏新纂卍续藏经　石家庄:河北佛教协会影印,2006年。

中华大藏经　《中华大藏经》编委会编,北京:中华书局,1984年。

北京图书馆古籍珍本丛刊　北京图书馆古籍出版编辑组编,北京:书目文献出版社,1998年。

北京图书馆藏珍本年谱丛刊　周和平主编,北京图书馆编,北京:北京图书馆出版社,1999年。

中国地方志集成·江苏府县志辑　南京:江苏古籍出版社,1991年。

中国地方志集成·四川府县志辑　成都:巴蜀书社,1992年。

中国地方志集成·浙江府县志辑　上海:上海书店,1993年。

中国地方志集成·福建府县志辑　上海:上海书店,2000年。

中国地方志集成·湖北府县志辑　南京:江苏古籍出版社,2001年。

中国地方志集成·湖南府县志辑　南京：江苏古籍出版社，2002年。

中国地方志集成·山东府县志辑　南京：凤凰出版社，2004年。

中国地方志集成·河南府县志辑　上海：上海书店，2013年。

二、古籍整理著作

史记　〔汉〕司马迁撰，〔南朝宋〕裴骃集解，〔唐〕司马贞索隐，
　〔唐〕张守节正义，北京：中华书局，1982年。

汉书　〔汉〕班固撰，〔唐〕颜师古注，北京：中华书局，1962年。

后汉书　〔南朝宋〕范晔撰，〔唐〕李贤等注，北京：中华书局，
　1965年。

三国志　〔晋〕陈寿撰，〔南朝宋〕裴松之注，北京：中华书局，
　1982年。

晋书　〔唐〕房玄龄等撰，北京：中华书局，1974年。

宋书　〔南朝梁〕沈约撰，北京：中华书局，1974年。

南齐书　〔南朝梁〕萧子显撰，北京：中华书局，2017年。

梁书　〔唐〕姚思廉撰，北京：中华书局，1973年。

南史　〔唐〕李延寿撰，北京：中华书局，1975年。

隋书　〔唐〕魏徵、〔唐〕令狐德棻撰，北京：中华书局，1973年。

旧唐书　〔后晋〕刘昫等撰，北京：中华书局，1975年。

新唐书　〔宋〕欧阳修、〔宋〕宋祁撰，北京：中华书局，1975年。

旧五代史　〔宋〕薛居正等撰，北京：中华书局，1976年。

宋史　〔元〕脱脱等撰，北京：中华书局，1977年。

明史　〔清〕张廷玉等撰，北京：中华书局，1974年。

清史稿　〔清〕赵尔巽等撰，北京：中华书局，1977年。

资治通鉴　〔宋〕司马光编著，〔元〕胡三省音注，北京：中华书
　局，2011年。

续资治通鉴长编 〔宋〕李焘撰，上海师范大学古籍整理研究所、华东师范大学古籍整理研究所点校，北京：中华书局，2004年。

老子道德经注校释 〔三国魏〕王弼注，楼宇烈校释，北京：中华书局，2008年。

周易注 〔三国魏〕王弼撰，楼宇烈校释，北京：中华书局，2011年。

肇论校释 〔东晋〕僧肇著，张春波校释，北京：中华书局，2010年。

支遁集校注 〔晋〕支遁著，张富春校注，成都：巴蜀书社，2014年。

水经注校证 〔北魏〕郦道元著，陈桥驿校证，北京：中华书局，2007年。

世说新语汇校集注 〔南朝宋〕刘义庆撰，〔南朝梁〕刘孝标注，朱铸禹汇校集注，上海：上海古籍出版社，2002年。

世说新语笺疏 〔南朝宋〕刘义庆著，〔南朝梁〕刘孝标注，余嘉锡笺疏，周祖谟等整理，北京：中华书局，2015年。

世说新语汇校汇注汇评 〔南朝宋〕刘义庆撰，周兴陆辑著，南京：凤凰出版社，2017年。

文选 〔南朝梁〕萧统编，〔唐〕李善注，李培南等标点整理，上海：上海古籍出版社，1986年。

高僧传 〔南朝梁〕释慧皎撰，汤用彤校注，汤一玄整理，北京：中华书局，1992年。

出三藏记集 〔南朝梁〕释僧祐撰，苏晋仁、萧鍊子点校，北京：中华书局，1995年。

弘明集校笺 〔南朝梁〕释僧祐撰,李小荣校笺,上海:上海古籍
出版社,2013年。

李太白全集 〔唐〕李白著,〔清〕王琦注,北京:中华书局,
1977年。

杜诗详注 〔唐〕杜甫著,〔清〕仇兆鳌注,北京:中华书局,
1979年。

李白集校注 〔唐〕李白著,瞿蜕园、朱金城校注,上海:上海古
籍出版社,1980年。

艺文类聚 〔唐〕欧阳询撰,汪绍楹校,上海:上海古籍出版社,
1982年。

经典释文 〔唐〕陆德明撰,黄焯断句,北京:中华书局,1983年。

元和郡县图志 〔唐〕李吉甫撰,贺次君点校,北京:中华书局,
1983年。

建康实录 〔唐〕许嵩撰,张忱石点校,北京:中华书局,1986年。

郑谷诗集笺注 〔唐〕郑谷著,严寿澄、黄明、赵昌平笺注,上海:
上海古籍出版社,1991年。

王子安集注 〔唐〕王勃著,〔清〕蒋清翊注,上海:上海古籍出
版社,1995年。

刘长卿诗编年笺注 〔唐〕刘长卿著,储仲君笺注,北京:中华书
局,1996年。

法苑珠林校注 〔唐〕释道世著,周叔迦、苏晋仁校注,北京:中
华书局,2003年。

刘禹锡全集编年校注 〔唐〕刘禹锡著,陶敏、陶红雨校注,长沙:
岳麓书社,2003年。

岑嘉州诗笺注 〔唐〕岑参撰,廖立笺注,北京:中华书局,
2004年。

白居易诗集校注　　〔唐〕白居易撰，谢思炜校注，北京：中华书局，2006年。

温庭筠全集校注　　〔唐〕温庭筠撰，刘学锴校注，北京：中华书局，2007年。

刘禹锡集笺证　　〔唐〕刘禹锡著，瞿蜕园笺证，上海：上海古籍出版社，2009年。

韩愈文集汇校笺注　　〔唐〕韩愈著，刘真伦、岳珍校注，北京：中华书局，2010年。

白居易文集校注　　〔唐〕白居易撰，谢思炜校注，北京：中华书局，2011年。

贯休歌诗系年笺注　　〔唐〕贯休著，胡大浚笺注，北京：中华书局，2011年。

丁卯集笺证　　〔唐〕许浑撰，罗时进笺证，北京：中华书局，2012年。

柳宗元集校注　　〔唐〕柳宗元撰，尹占华、韩文奇校注，北京：中华书局，2013年。

权德舆诗文集编年校注　　〔唐〕权德舆撰，蒋寅笺，唐元校，张静注，沈阳：辽海出版社，2013年。

北山录校注　　〔唐〕神清撰，〔宋〕慧宝注，〔宋〕德珪注解，富世平校注，北京：中华书局，2014年。

续高僧传　　〔唐〕道宣著，郭绍林点校，北京：中华书局，2014年。

韩偓集系年校注　　〔唐〕韩偓撰，吴在庆校注，北京：中华书局，2015年。

李白全集编年笺注　　〔唐〕李白撰，安旗等 笺注，北京：中华书局，2015年。

陆龟蒙全集校注　　〔唐〕陆龟蒙著，何锡光校注，南京：凤凰出版社,2015年。

酉阳杂俎校笺　〔唐〕段成式撰,许逸民校笺,北京:中华书局,
2015年。

孟浩然诗集校注　〔唐〕孟浩然著,李景白校注,北京:中华书
局,2018年。

松陵集校注　〔唐〕皮日休、〔唐〕陆龟蒙等撰,王锡九校注,北
京:中华书局,2018年。

梅尧臣集编年校注　〔宋〕梅尧臣著,朱东润编年校注,上海:上
海古籍出版社,1980年。

苏轼诗集　〔宋〕苏轼撰,〔清〕王文诰辑注,孔凡礼点校,北京:
中华书局,1982年。

四书章句集注　〔宋〕朱熹撰,北京:中华书局,1983年。

五灯会元　〔宋〕普济著,苏渊雷点校,北京:中华书局,1984年。

苏轼文集　〔宋〕苏轼撰,〔明〕茅维编,孔凡礼点校,北京:中华
书局,1986年。

吴郡志　〔宋〕范成大撰,陆振岳校点,南京:江苏古籍出版社,
1986年。

宋高僧传　〔宋〕赞宁撰,范祥雍点校,北京:中华书局,
1987年。

方舆胜览　〔宋〕祝穆撰,〔宋〕祝洙增订,施和金点校,北京:中
华书局,2003年。

唐诗纪事校笺　〔宋〕计有功撰,王仲镛校笺,北京:中华书局,
2007年。

释氏要览校注　〔宋〕释道诚撰,富世平校注,北京:中华书局,
2014年。

唐才子传校笺　〔元〕辛文房著,傅璇琮主编,北京:中华书局,

1995年。

草堂雅集 〔元〕顾瑛辑，杨镰、祁学明、张颐青整理，北京：中华书局，2008年。

玉山名胜集 〔元〕顾瑛辑，杨镰、叶爱欣编校，北京：中华书局，2008年。

唐音癸签 〔明〕胡震亨著，上海：上海古籍出版社，1981年。

珂雪斋集 〔明〕袁中道著，钱伯城点校，上海：上海古籍出版社，1989年。

龙膺集 〔明〕龙膺撰，梁颂成、刘梦初校点，长沙：岳麓书社，2011年。

全唐诗 〔清〕彭定求等编，北京：中华书局，1960年。

列朝诗集小传 〔清〕钱谦益著，上海：上海古籍出版社，1983年。

藏书纪事诗附补正 〔清〕叶昌炽著，王欣夫补正，徐鹏辑，上海：上海古籍出版社，1989年。

静志居诗话 〔清〕朱彝尊著，姚祖恩编，黄君坦校点，北京：人民文学出版社，1990年。

荛圃藏书题识 〔清〕黄丕烈著，屠友祥校注，上海：上海远东出版社，1999年。

钱牧斋全集 〔清〕钱谦益著，〔清〕钱曾笺注，钱仲联标校，上海：上海古籍出版社，2003年。

历代诗话 〔清〕何文焕辑，北京：中华书局，2004年。

读史方舆纪要 〔清〕顾祖禹撰，贺次君、施和金点校，北京：中华书局，2005年。

列朝诗集 〔清〕钱谦益撰集，许逸民、林淑敏点校，北京：中华书局，2007年。

明诗综　〔清〕朱彝尊选编，北京：中华书局，2007年。

采菽堂古诗选　〔清〕陈祚明评选，李金松点校，上海：上海古籍出版社，2009年。

藏园订补郘亭知见传本书目　〔清〕莫友芝撰，傅增湘订补，傅熹年整理，北京：中华书局，2009年。

庄子集释　〔清〕郭庆藩撰，王孝鱼点校，北京：中华书局，2012年。

黄丕烈藏书题跋集　〔清〕黄丕烈撰，余鸣鸿、占旭东点校，上海：上海古籍出版社，2015年。

先秦汉魏晋南北朝诗　逯钦立辑校，北京：中华书局，1983年。

老子校释　朱谦之撰，北京：中华书局，1984年。

全唐诗补编　陈尚君辑校，北京：中华书局，1992年。

全宋诗　北京大学古文献研究所编，北京：北京大学出版社，1995年。

词话丛编　唐圭璋编，北京：中华书局，2005年。

历代诗话续编　丁福保辑，北京：中华书局，2006年。

全宋文　曾枣庄、刘琳主编，上海：上海辞书出版社，合肥：安徽教育出版社，2006年。

天一阁藏明代科举录选刊　龚延明主编，方芳点校，宁波：宁波出版社，2016年。

三、今人论著

禅宗思想的形成与发展　洪修平著，南京：江苏人民出版社，2011年。

凡俗与神圣——佛道文化视野下的汉唐之间的文学　高华平著，长沙：岳麓书社，2008年。

佛教征服中国：佛教在中国中古早期的传播与适应　〔荷兰〕许

理和著,李四龙、裴勇等译,南京:江苏人民出版社,2017年。

古学甄微　蒙文通著,成都:巴蜀书社,1987年。

汉魏两晋南北朝佛教史　汤用彤著,北京:中华书局,2016年。

金明馆丛稿初编　陈寅恪著,北京:生活·读书·新知三联书店,
　　2015年。

金明馆丛稿二编　陈寅恪著,北京:生活·读书·新知三联书店,
　　2015年。

儒学·佛学·玄学　汤用彤著,南京:江苏文艺出版社,2009年。

汤用彤学术论文集　汤用彤著,北京:中华书局,2016年。

魏晋玄学人格美研究　高华平著,成都:巴蜀书社,2000年。

魏晋玄学史　余敦康著,北京:北京大学出版社,2016年。

中国佛教史(第一卷)　任继愈主编,北京:中国社会科学出版
　　社,1981年。

中国佛教史(第二卷)　任继愈主编,北京:中国社会科学出版
　　社,1985年。

中国佛教思想史稿　潘桂明著,南京:江苏人民出版社,2009年。

中国文学中的维摩与观音　孙昌武著,北京:高等教育出版社,
　　1996年。

中国哲学原论　唐君毅著,台北:台湾学生书局,1986年。

中国重玄学　卢国龙著,北京:人民中国出版社,1993年。

周叔迦佛学论著全集　周叔迦著,北京:中华书局,2006年。